经济科技档案工作管理创新和档案信息资源开发利用

案例集

（下册）

国家档案局经科司 编

石油工业出版社

内容提要

本书以习近平新时代中国特色社会主义思想、习近平总书记关于档案工作的系列重要指示批示精神为指导，按照《"十四五"全国档案事业发展规划》要求，总结了经济科技档案信息资源开发利用和档案工作管理创新的经验和做法。本书旨在宣传经济科技档案信息资源在服务中心大局中发挥的重要作用，调动档案部门和人员的工作创新积极性，推动经济科技档案工作高质量发展。

本书适合企业档案工作人员学习参考。

图书在版编目（CIP）数据

经济科技档案工作管理创新和档案信息资源开发利用案例集：2019—2021. 下册 / 国家档案局经科司编 . -- 北京：石油工业出版社，2024.12. -- ISBN 978-7-5183-7030-6

Ⅰ . G275.3；G272

中国国家版本馆 CIP 数据核字第 2024LL6957 号

出版发行：石油工业出版社
　　　　　（北京市朝阳区安华里二区 1 号　100011）
　　　　　网　　址：www.petropub.com
　　　　　编辑部：（010）64523785
　　　　　图书营销中心：（010）64523633
经　　销：全国新华书店
印　　刷：北京九州迅驰传媒文化有限公司

2024 年 12 月第 1 版　2024 年 12 月第 1 次印刷
787 毫米 ×1092 毫米　开本：1/16　印张：43.25
字数：730 千字

定价：350.00 元
（如出现印装质量问题，我社图书营销中心负责调换）
版权所有，翻印必究

《经济科技档案工作管理创新和档案信息资源开发利用案例集(2019—2021)》

编委会

主　任：高　嵌

副主任：李　忱

委　员：蔡盈芳　肖　妍　张晶晶　袁　瑞　车昊珈

《经济科技档案工作管理创新和档案信息资源开发利用案例集(2019—2021)》

编 委 会

主　任：高　嵌
副主任：李　忱
委　员：蔡盈芳　肖　妍　张晶晶　袁　瑞　车昊珈

前 言

为深入贯彻落实习近平总书记对档案工作的重要指示批示精神和党中央关于档案工作的决策部署，推动经济科技档案工作创新和高质量发展，近年，国家档案局组织开展了全国经济科技档案工作管理创新和档案信息资源开发利用案例征集工作。此项工作深度挖掘了经济科技档案工作创新的鲜活案例，有效激发了档案部门及人员的积极性、主动性、创造性，有力宣传了经济科技档案信息资源在服务中心大局中发挥的重要作用，取得了较好的工作成效。

为更好地发挥创新案例的示范引领作用，国家档案局经科司在前期创新案例出版的基础上，继续将2019—2021年的214个创新案例集结出版。这些案例展现了广大档案工作者立足岗位创新开展经济科技档案工作的好经验、好做法及取得的效益。如2019年中国商飞上海飞机设计研究院《攻坚克难，建立试飞档案管理体系；鉴往知来，助力打造商用飞机精品》展现了档案工作主动支撑大型客机研制核心业务，并取得显著经济效益和社会效益的成果；2020年国家电网武汉供电公司《为生命护航，专题档案助力战"疫"奇迹》展示了档案工作在应对重特大事件中发挥作用的方法和途径；2021年自然资源部中国海洋档案馆《档案发声再现建党百年海洋成就，蓝色印记绽放科技档案文化魅力》凸显了建党百年来中国海洋事业走过的不平凡历程和取得的成就，树立了科技档案发挥社会价值和文化价值的示范。通过这些创新案例的交流和学习，相信档案部门和档案工作者能够继续加大经济科技档案工作创新力度，自觉围绕"国之大者"，发挥好档案工作存史、资政、育人的独特作用，为以中国式现代化全面推进中华民族伟大复兴贡献档案力量。

本案例集由国家档案局经科司组织编写，在编写过程中得到了案例形成单位的大力支持，在此表示感谢！

由于时间仓促，水平所限，书中错漏之处在所难免，敬请读者批评指正。

编者
2024 年 12 月

目 录

2021

特别案例

活化红色历史档案，铸造"延安红街"品牌，弘扬爱党爱国精神
　　——万达集团档案部门利用党史档案资源助力企业发展　　/3
档案发声再现建党百年海洋成就，蓝色印记绽放科技档案文化魅力　　/12
赓续红色血脉，名舰恭贺百年
　　——档案助力完成"长江"舰1∶1复原工作　　/20
旗帜领航创伟业　抚今追昔感党恩
　　——国家电网有限公司庆祝建党百年档案展　　/25
建设南光历史文化馆，赓续红色初心使命创造境外央企档案工作价值　　/33

一类案例

经典名方档案赋能中医药传承创新，抗疫"三药三方"之宣肺败毒方展文化自信　　/40
省级电网企业档案信息资源共享中心在江苏"4·30"风灾应急抢修中的应用　　/47
拆迁档案开发利用促进征收工作、防止国有财产流失、优化基层社会治理　　/52
档案服务基层治理，资源助推乡村振兴　　/56
档案出庭作证，维护"新华"权益，保护百姓健康
　　——档案助力新华制药系列商标侵权案胜诉　　/68
交通信息档案在城市综合交通规划系统中的资源开发和应用案例介绍　　/76
科学丰碑　档案基石
　　——中国科学院档案馆弘扬科学家精神探索与实践　　/83
利用档案化解"*ST毅达"退市风险，实现国有资产的保值增值
　　——上海中毅达股份有限公司成功实现恢复上市　　/91
挖掘档案信息，"透视"电站"脉络"
　　——工程竣工图在地下管线系统构建应用案例　　/100

守初心、开新局，境外项目档案工作规范化管理与档案资源开发利用 / 111

发挥勘探开发档案价值，助力页岩油新会战取得历史性重大突破 / 120

应对历史罕见极端特大暴雨灾害，国网河南电力全力做好电网抢修档案服务 / 130

融合知识管理模式，助力优化设计企业档案信息资源开发利用 / 137

光影变幻中，寻记忆，解乡愁
  ——挖掘城市记忆，用老照片讲述鞍山故事 / 145

生产力，创造力，核心竞争力，建设项目档案服务见证中建集团高质量发展 / 155

深化档案利用，延续煤炭记忆，助力公司发展
  ——王石凹煤矿工业遗址项目档案利用案例 / 163

二类案例

人工智能技术助力唐山建筑设计企业智慧档案建设 / 171

精雕细琢，企业经济科技档案助力城市更新 / 176

奋楫笃行续辉煌
  ——档案讲述五峰山大跨成长的光辉历程案例 / 181

档案助力南鹿岛与大陆联网工程 / 190

创新企业档案管理机制，服务马钢高质量发展 / 197

智慧化档案管理，开拓城市地下综合管廊高效运营新篇章 / 205

城建声像档案生动展现广州老城市新活力 / 213

活用历史档案重现骑楼古巷民风永庆坊改造留下城市记忆记住乡愁 / 218

石柱县农旅集团利用档案资源助力民宿旅游项目建设典型案例 / 223

激活气象科技档案资源，助力新时代乡村振兴 / 226

村级合同专项档案管理的探索与实践 / 235

工程在线云平台助力新机场高速连接线工程建设保障胶东国际机场顺利转场 / 239

激活档案资源，打造"双科"宣传平台
  ——深圳湾实验室开发利用档案资源　助力科技宣传及科学普及 / 250

科研档案赋能科技创新
  ——记10兆瓦高温气冷实验堆档案的开发利用 / 261

讲好数学故事，弘扬科学精神
  ——中科院数学院建党100周年科研档案开发利用案例 / 267

机器人技术在文档智能管理中的应用研究 /274

挖掘开发档案资源，高效利用助力发展
　　——航天企业收并购项目档案利用的研究与实践 /283

档案数据可视化开拓档案展示新方向
　　——以航空工业规划总院"纪念改革开放40周年"档案展为例 /290

科学有效利用档案，助力大国重器成功研制 /300

石油档案赓续红色基因
　　——中国石油兰州石化公司石油精神教育基地 /309

基于实物ID的电网设备档案资源共享利用 /321

万里长江第一坝，企业档案展芳华
　　——档案利用服务葛洲坝发电40周年案例 /329

听党指挥、勇于担当、团结奋斗、使命必达
　　——专题档案服务见证中建集团重大应急事件"零失误"处置 /337

珍存历史、鉴往知来、深挖档案信息，助力上海航空志编修工作 /345

深中通道打造智慧工地，档案管理向"单套制"迈进 /350

科技档案助力先进人物事迹查考 /357

核电工程设计档案结构化数据治理与虚拟仿真展示 /364

三类案例

留住乡愁，助力振兴，斑斓档案描画新时代美丽乡村 /377

改造核酸实验室，为生命健康护航 /386

基于地理空间大数据的档案信息化管理创新实践 /394

大唐双鸭山热电有限公司关于档案文件开发利用为燃料消防系统改造提供
　　安全保障为企业盈利60万元的案例 /403

档案助力公司成为国内首家A股上市金融租赁企业 /407

钢铁脊梁·南钢档案的开发与利用 /413

招标投标电子档案，推动企业加快数字化转型步伐 /422

农网工程项目档案援藏帮扶创新实践 /429

聚力四个"首创"，打造世遗档案工作泉州样板 /436

创新岩芯保存为枢纽运行及本质安全提供坚实档案支撑 /442

与死神赛跑，档案服务助力事故应急抢险跑出"加速度"
　　——国网十堰供电公司"6·13"应急抢险档案利用案例　　/ 448

定制"管家式"模式，为数据中心站建设提供精准利用服务　　/ 454

科研档案助力粤港澳大湾区重大调水工程建设　　/ 460

崖洞里的初心
　　——宣汉县土主变电站　　/ 466

中国白酒文化的活化石
　　——"金徽酒海"的抢救保护与开发利用　　/ 476

喀什地区档案馆脱贫攻坚档案利用开发案例　　/ 482

建设产品设计档案管理平台，助力企业数字化转型　　/ 487

一隧跨海通达，一馆博古论今
　　——青岛·海底隧道博物馆开创海底隧道特色档案利用新模式　　/ 494

"活化"深圳国贸大厦历史档案资源，传承弘扬经济特区改革开放精神
　　——深圳国际贸易中心历史陈列案例　　/ 503

助力合规经营，保障底层创新
　　——中兴通讯档案管理体系构建之路　　/ 515

国家遥感影像档案时空多维管理创新实践　　/ 523

档案见证"一带一路"友谊
　　——中科院版纳植物园档案资源开发利用　　/ 534

提升档案效能，助力特资工作显成效　　/ 539

挖掘照片档案价值，传承首堆"四新"智慧　　/ 545

面向中俄核能合作典范项目，探究档案资源智能开发利用　　/ 557

档案见证百年信物，航天精神薪火相传
　　——从于本水院士讲述"红旗二号"防空导弹研制始末讲起　　/ 565

飞航档案成就《中国飞航史》　　/ 573

《丰碑之重托与荣光——航空赤子七十载筑梦报国志》专题档案资源开发案例　　/ 577

为雷达工业留史烙印，向建党百年献礼致敬　　/ 586

牢记初心使命，传承红色基因
　　——我军指挥信息系统发展史档案编研案例　　/ 596

构建档案资源与科研互动平台，助推研制创新能力　　/ 605

立体化的基建档案资源	/609
注重"地质—井筒—地面"工程资料一体化归档，助力打造世界一流储气库	/613
传承红色基因，凝聚奋进力量	
——大庆油田档案工作助力党史学习教育纪实	/621
工程项目档案助力水电站库坝管理智能化转型	/633
档案利用服务电厂中央空调改造助力企业环保节能显实效	/638
天健美朗电厂基于电子信息技术的企业电子档案	/642
快速反应，与时赛跑，精准服务	
——中建八局二公司档案管理筑牢人民生命安全线	/645
档案管理助力 CRTS Ⅲ 型先张法预应力轨道板智能自动生产线设计关键技术研究	/654
建世纪工程，创一流档案	
——港珠澳大桥岛隧工程项目档案管理的探索与实践	/660
树丰碑，颂忠魂，历史印记永留存	
——档案助力山丹马场场史馆建设	/671
改革开放诞大亚，核电精神耀党辉	
——"博物大亚湾"档案品牌系列宣传活动	/677

2021

活化红色历史档案，铸造"延安红街"品牌，弘扬爱党爱国精神

——万达集团档案部门利用党史档案资源助力企业发展

一、案例概述

进入数字时代以来，国内企业发展创新日新月异，企业不断面临崭新而强大的竞争压力，对档案资源的开发利用与探索，是企业提高内因竞争力的有效手段。总部设立在北京市的万达集团，作为非公企业突破传统立项思路，将项目建设与人文历史相融合，建立"延安红街"项目。运用集团总馆藏档案1120万件的管理经验，以延安党史丰富的档案资源为基础，共挖掘、整合了4195件有效档案，从中提炼文化共鸣点。以传播文化价值为目的，打造万达文创产业品牌。

自2019年起，历时两年筹建的"延安红街"项目。以回顾党中央光辉革命历史，伟大革命精神为主题，向中国共产党百年诞庆献礼。"延安红街"开业首月即接待中外游客200余万人次，展示出强大的文化吸引力与价值创造力。2021年延安红街被授予"延安市非物质文化遗产传承基地"的荣誉称号，使企业获得了社会效益与经济效益双丰收。

二、实施背景

万达集团作为一家非公有制企业，旗下子公司遍布全国，业务涉及商业、文化、投资等，从传统的地产到商业管理、酒店管理、影院、体育、儿童娱乐等业态，涉及的档案从形式到内容都差异巨大。2019年万达集团着力开发文旅项目"延安红街"，将红色文化理念融入项目建设，这对档案的开发利用也提出更高的要求，档案管理部门不但要做好企业档案资源利用，也要迎合企业发展需求，深入挖掘革命历史档案价值，有效利用外部档案资源，打造特色企业文化品牌，传播红色文化精神，助力企业经营。

三、创新做法

2021年是中国共产党成立100周年，作为建党百年的重要节点，万达集团2019年年初正式开始筹建大型红色主题文化项目——延安红街。历经2年筹备，在2021年6月12日最终落成，全长1.5千米，总规划面积7.33万平方米，布展面积1362平方米。"延安红街"通过展示延安历史档案及档案形成背景，叙述长征精神，融合科技互动体验，让人们感受延安革命圣地的精神与文化内涵。

（一）紧密围绕"延安红街"项目建设，深挖党史档案信息资源

项目立项后，档案管理部门在开工前，就与集团规划院召开了专题研讨会。对规划院的整体项目安排、推进工作节点、党史需求等内容进行了可行性的分析确认。同时确定了档案搜集思路、辐射范围、跨越年代等关键工作指标。档案管理部门主要工作重点在两方面：（1）"延安红街"将历史故事作为主线，除了1935年至1948年党中央在延安13年的历史档案外，还应对相关资料、资源进行大规模的收集、整理、穿插、辅证，包括长征期间发生的重大历史事件、重要人物和重要战役战斗等。（2）项目建设依托延安老建筑的风格进行复原设计，规划部门需要大量延安古城风貌的资料用以精准复原，做到一步、一街、一景都要有据可查、有历可依、有事可讲。

档案管理部门组织人力现场办公，在延安商管公司专门设置的档案办公室，长期驻派人员现场指挥档案收集工作的开展及督进。经过多方协同努力，收集了较为丰富的延安党史档案资源，通过与中国延安精神研究会、党史研究室等部门协同合作，以走访、查档等方式收集党史大事记、人物传记、口述史、建筑照片等文献资料及历史文物。

档案部门将收集的老建筑的旧貌、人文历史、革命故事，延安精神等进行归纳总结，并专门组织会议进行系统化讲解，为规划院提供设计灵感及规划思路。规划院通过对老旧建筑的图纸、图片逐一分析，选择可以融入项目的建筑风格。经过多次研讨，最终确定了以延安古城城楼、陕北传统牌楼等地域特色，采用城楼楼阁形式的明代建筑风格，如飞檐翘角、拱券窑洞为主要表现形式的主体项目设计定位。建筑细节则采用陕北及古建筑元素，如青砖拱形城门、歇山顶式二层结构木楼等为代表的特殊设计进行加持。

"延安红街"将老建筑作为回忆点，研究建筑的风格和设计手法，并结合现

代建筑技术，串联起党中央在延安十三年的历史演变。比如"延安红街"的会师楼还原了1937年中央红军进入延安古城时期的古城楼安定门（图1）；"延安红街"的红色讲堂则借鉴了延安中央大礼堂的造型风格等（图2），这些建筑体现了党在艰苦环境下逐步取得革命胜利的历史记忆。

档案管理部门以项目建设为核心，深挖党史档案数据为基础，有力保障了"延安红街"的建设规划，为打造具有深厚的文化底蕴及万达特色的"延安红街"夯实了坚实的基础。

（二）深度融合"延安红街"项目运营，多元化呈现红色文化内涵

为有效开发利用党史资源，多元化方式传承红色文化内涵。档案管理部门与商管公司走访多家博物馆、联系多位老收藏家洽谈合作，在街区中设置延安大事记、红色大生产博物馆、隐蔽战线英雄馆等多家场馆进行档案展示及宣传，档案利用开发不仅获得更为丰富的档案资源，也完善了"延安红街"历史文化体系。

1. 延安大事记——"时光之门"

"时光之门"采用类似大事记的方式将党中央在延安期间重要的工作活动、重大事件进行立体展示（图3）。为最大限度地开发利用档案信息资源，万达集

图1　延安安定门旧照片、万达"延安红街"会师楼实景照片

图2　延安大礼堂旧照片、万达"延安红街"红色讲堂实景照片

图3 "延安红街"时光之门

团档案管理部门查找、梳理了党中央在延安生活期间重要工作活动、重大事件等历史文献。根据项目的整体设计约束,严格筛选列入"时光之门"中的历史事件。在148个重大历史事件中摘录了58个革命发展历程及重大转折点,包括1935年八一宣言发表、1937年平型关大捷、1940年百团大战、1949年中华人民共和国成立等。

大事记展示以漫步登高的方式,利用从延湖到圣地广场的地形高度差,设置拾级而上的彩虹步道,一个台阶对应一件大事,镌刻历史人物及事迹。让参观者拾级而上的每一步间,都能够回顾在中华人民共和国诞生前的时刻,那曾经出现过的一幅幅壮阔的历史篇章。

"时光之门"的展示,反映了党中央在中华人民共和国诞生前,所经历和取得的历史性成就,一步一历史的展示方式,也让所有参观者切身地体会到历史的沉重与奋进。为整个的文化宣传,增添一笔浓重的人文色彩与厚重的历史使命感。

2. 合作共建红色大生产博物馆

为集中体现延安大生产期间历史文化内涵,传承艰苦奋斗的革命精神,促进党史档案文化资源共享。万达集团与延安当地的著名收藏家共同合作建设红色大生产博物馆(图4),协力打造出延安历史文化宣传阵地。红色大生产博物馆位于"延安红街"的红色生产区域,是集收藏、陈列、研究于一体的综合性人文科学历史博物馆,馆藏 3000 余件抗战时期历史文献及实物档案。

图 4 红色大生产博物馆

红色大生产博物馆共有 2 层,建筑面积 637.2 平方米,一楼主要展示与党史有关历史文献资料,如毛主席视察南泥湾胶卷原件(图 5)、延安鲁艺作家洪流手稿原件(图 6)、王震将军布告等珍贵档案,再现延安革命时期大生产的历史场景;二楼主要展示南泥湾大生产运动期间人民生产和生活的工具、军民训练的器材等实物档案。展现了当年红军在延安大生产时期的艰苦卓绝与物力维艰。

图 5 毛主席视察南泥湾照片原件

红色大生产博物馆依托历史文献、实物档案,多方位地体现了延安大生产运动时期拥军爱民、自力更生、艰苦奋斗的延安精神,使参观者直观感受、了解党中央在延安的发展历程,更好地诠释大生产运动对中国革命作出的历史性贡献。

图 6　延安鲁艺作家洪流手稿原件

3. 隐蔽战线英雄馆

毛主席曾指出"战胜敌人必须打两种战争,一种是公开战争,一种是隐蔽战争。"隐蔽战争从创建"中央特科"开始,在不同历史时期和特定历史阶段发挥着非常重要的作用,在对敌斗争中建立了不朽功勋。一直以来,有关隐蔽战线英雄们的史料均隐秘束阁,档案方面的利用及展示更是尤为珍贵。

为最大限度挖掘隐蔽战线英雄的档案资源,将档案价值发挥到极致。万达集团采用自主运营模式,在延安红街建造一座英雄馆,致敬隐蔽战线的无名英雄。档案管理部门委派专人至延安档案馆、博物馆搜寻一些隐蔽战线英雄历史事件,查找与事件相关的老照片及物件,整理、精选出一系列发生在隐蔽战线上惊心动魄的革命斗争事迹。隐蔽战线英雄馆以陈列历史老照片及物件等档案为主,如李克农、熊向晖、卢志英等英雄照片、老式电报机等,再现隐蔽战线的复杂艰险和峥嵘岁月。

隐蔽战线英雄馆采用故事形式来挖掘、表现和传达特殊年代隐蔽战线上的红色特工及其甘愿无名和牺牲的精神。以历史事件作为背景,以"伪装""密写与秘密传输""电报破译与发送"为核心撰写脚本、搭配场景营造、灯光,音效等科技元素,打造的沉浸式体验馆。让参观者重回当年的谍战岁月,亲历中国共产党当年地下工作者的学习生活。

延安红街通过展示延安大事记、大生产运动文化档案、隐蔽战线英雄史料，揭示了党中央一路走来筚路蓝缕不畏险阻的革命历程，让大家在沉浸式体验中回忆历史、铭记历史，触发爱国爱党的认同感和使命感，传承红军战士们浴血奋战、奋勇抗敌的革命精神。

（三）扎实收集"延安红街"项目档案，构建文创项目档案专题库

"延安红街"是万达集团首次开发的以党史文化为主题的项目，整个项目推进过程中所涉及自身建设形成的大量项目档案，也包括大量征集和制作加工的相关红色档案资源。档案管理部门为了有效地保存历史，留下文化印记，留存建造经验，依靠现代技术手段，通过档案管理系统与业务系统对接，将档案收集工作贯穿项目始终。由于文化项目建设体量大、周期长，产生档案类型及数量庞大，必须通过前端业务系统获取项目整体进展等情况，方可实现档案收集齐全完整。

延安红街建设期拆分为 254 个工程节点（图 7），生成详细的工程阶段、进度节点、档案归档时间、归档负责人等任务编排，前端业务系统将数据推送至档案系统后，档案系统自动分析生成代办任务并分配给指定档案员，要求按时完成后续实体档案归档工作。

图 7　前端业务系统"延安红街"节点图

同时，档案管理部门在档案管理系统中建立延安红街档案专题库，对延安红街项目全套档案进行系统编研及分析，以项目为单位，完整保存围绕项目设计、开发、建设、竣工、招商、宣传、运营的全过程档案。专题库将档案划分为12个类别，如延安党史资料、规划设计、施工文件、竣工文件、开业文件、招商文件、运营管理等。各业务部门可以根据需求在线查看、检索、调取档案数据，减少信息不畅导致的工作滞缓，不但提高工作效率、实现信息共享，也为项目建设留下了宝贵的历史和文化的记录，为再次打造文旅特色主题项目提供参考价值和借鉴依据。

四、效果和影响

档案是重要历史文化遗产，是传承文明、记录历史的无价瑰宝。而档案的开发与利用绝不仅仅限于备份与查阅。其中更蕴含着极大的文化价值与社会价值。

（一）社会效益

万达集团打造"延安红街"以复原延安标志性建筑、展示党史老档案、大事记等方式，讲述了档案背后的历史，重现了红军陕北会师、火热的延安岁月直至走向伟大胜利的峥嵘历程。"延安红街"开业后，与中国红色促进会、延安干部培训学院等知名机构合作，成为全国党建的示范基地、全国党员党建的首选之地。"延安红街"社会反响巨大、文化影响深远，持续激发了广大人民群众爱党爱国情怀。为国内外不同国家、不同民族、不同文化的人们接触中国、了解中国拓展了新的窗口。

"延安红街"充分展现红色革命主题，汇聚丰富的业态，注重互动体验。开街后，引发中央电视台、广播电视台等权威媒体广泛关注、竞相报道。尤其受到中央电视台高度重视、对其进行了多频道多角度的系列报道，如2021年6月14日CCTV-4中国国际频道，报道了"陕西延安：红街塑造红色旅游新名片"；2021年6月24日中央电视台CCTV-13新闻频道，报道了"延安红街－再回延安"；同时，"延安红街"的多篇文章被央广网、网易、腾讯网等数十家主流媒体纷纷转载报道，如腾讯网报道了"一起打卡延安红街"等。"延安红街"引起了社会各界高度赞誉，被授予"延安市非物质文化遗产传承基地"的荣誉称号。

（二）经济效益

"延安红街"现已成为万达集团独特的品牌文化，赢得稳定的市场。据统计，开业首日总客流达到 26 万人次，开业首月累计总客流超过 200 万人次，2021 年 6—8 月，"延安红街"共接待省内外各级政府部门、企业考察调研 300 余次，规模达 3000 余人。开业 2 个月产生的直接经济和间接经济价值高达 3343.04 万元，保护传承陕北非物质文化遗产项目 10 个，扶持文创 IP 18 个，为当地市场创造 1515 个工作岗位，依附红街项目间接产生了 540 个工作岗位。同时作为文创旅游重点项目，为拉动当地经济活力，改善城市形象作出了积极贡献。陕西省委组织部及各市县组织部、陕西省商务厅及各市县商务局、北京市团委、青海省人大常委会等单位先后前来调研，对红街的发展予以高度肯定。"延安红街"增强企业的核心竞争力，提高企业文化软实力，为公司创造了极大的经济效益及品牌效益。

万达"延安红街"是档案文化与市场经济结合的创新模式，这种全新的创新管理模式，不仅有利于社会效益与经济效益的统一，也有利于企业可持续发展。"延安红街"建设后，不仅拉动街内商户的经营业绩，也带动街区周边市场环境的明显提升，对区域经济及产业模式创新起到了积极的引领作用。

案例形成单位：大连万达集团股份有限公司（北京总部）
案例形成人：董志慧、陈莹、薄晓瑞、李铮

档案发声再现建党百年海洋成就，蓝色印记绽放科技档案文化魅力

一、案例概述

2019年10月，中国海洋档案馆建成以馆藏科技项目档案及其信息为核心的"蓝色印记"展厅。展厅面积450平方米，展陈海洋事件100余个，图片、本体和实物等档案660余件。展厅以诸多"首次"视角，再现了建党百年来中国海洋事业走过的不平凡历程和取得的成就。

展厅建设坚持精确定位、精选事件、精准脉络原则，在保证主要展品为馆藏档案的前提下，开发档案信息产品，丰富展陈内容。通过巧妙构思，赋以新颖有寓意的档案表现；通过量身定制，带给观展者沉浸式的体验。展厅呈现了新中国海洋事业发展的档案荟萃；形成了助力党史学习和党性锻炼的新平台；传播了海洋知识，提升了受众的海洋意识；树立了专门档案馆发挥社会价值和文化价值的示范，彰显了科技档案的文化魅力。

二、实施背景

中国海洋档案馆是国家海洋档案集中保管和开发利用基地，馆藏丰富、覆盖面广。馆藏档案以其特有的海洋学科专业价值，在海洋管理、海洋开发、海洋保护和权益维护等工作中，发挥着决策参考、追溯凭证和科学研究等不可或缺的重要作用。但由于其安全性要求，长期以来馆藏档案的受众面有一定的局限，导致馆藏档案作用的发挥不够全面，尤其是蕴藏其中丰富的科学知识、历史知识和人文精神，正是海洋意识宣传、海洋文化建设的重要信息之源，而社会公众却未能通过这些特色的馆藏档案来认识海洋、了解海洋和海洋工作。因此，开发利用海洋档案的社会价值和文化价值成为中国海洋档案馆新时期工作的重要内容之一。

举办档案展览是让档案发声、让深闺珍品走向大众视野的最好手段。国家

档案局中央档案馆在《关于在全国档案系统加强社会主义精神文明建设的意见》中指出:"各级国家档案馆都要建设好一个对外开放的展厅,主动配合重要纪念日、重大历史事件、重大社会活动以及党和国家不同时期的中心工作,举办档案展览,充分发挥档案馆在社会主义精神文明建设中的作用。"近年来,中国海洋档案馆积极贯彻落实有关档案宣传工作要求,挖掘馆藏档案特色价值,利用"国际档案日""全国海洋宣传日"以及重大事件纪念活动,举办了多个以图片为主体的专题展览,如"档案·棱镜背后的蓝色印记""大海与星辰的邂逅"等,越来越多的人通过这些展览体会到海洋的魅力和档案的价值,海洋档案的文化价值得到一定的表现。但这些展览专题性强,展陈时间短,观展群体小,影响力也有限,不能较为全面地发挥馆藏档案的作用,更不能体现出中国海洋和海洋工作的状况。

为更好地迎接中华人民共和国 70 周年华诞和中国共产党成立 100 周年,中国海洋档案馆结合"不忘初心、牢记使命"主题教育,将建设档案展厅提上了日程。但中国海洋档案馆馆藏档案资料还不足以全面反映中国海洋发展和海洋工作状况,不满足建设系统反映"中国海洋发展史"或"新中国海洋发展史"展厅需求。而且,展陈可用空间仅 400 多平方米,经费投入也很有限,这些现实问题限制了展陈恢宏、现代等效果。建设一个什么样的档案展厅、选什么内容的主题成了棘手问题。经过反复研究和论证,提出了"三精一辅"的展厅建设思路和"小空间大世界"的建设目标,创新拓展展陈内容和表现形式,让档案发声,再现建党百年海洋发展成就,向社会公众绽放海洋科技档案的文化魅力。

三、创新做法

(一)立足"三精",丰富且延伸档案展陈内涵

展厅建设立足"三精"目标,即精确定位、精选事件、精准脉络,将一个个看起来零碎的海洋科技活动,通过海洋事业发展潜在的脉络,有机联系起来,形成了主题鲜明且有特色的展陈内容,极大延伸了展陈内涵。

1. 精准定位

展厅建设精确把握时代脉搏,定位"初心"和"成就",在"不忘初心、牢记使命"和"创新与传承"的时代背景下,彰显出非常好的教育效果。其中"初

心"是点，不仅是党领导新中国海洋事业的初心，更是海洋事业的每一个开端和创造。"成就"是面，以点带面，构成海洋工作从无到有的发展构架，如专项调查、大洋矿区和极地科考等领域设计了成就展区，不仅丰富了展厅的内容，而且将展厅提升到建党百年海洋成就展的层次。

2. 精选事件

展陈事件从馆藏档案中精选，以"首次""首创"为海洋工作"初心"体现，侧重事件产生的意义、影响力和效果。如海洋调查有首次全国海洋综合普查、首次远洋科学调查、首次南极科考等；海洋管理有第一篇海洋管理署名文章、首次海洋巡航执法、第一条省际海域界线划定等；海洋公益服务有首份海洋预报图、第一套海洋整编资料集和第一个海洋科普展览、海洋邮票、海洋宣传日等。这些事件展示均以馆藏档案为载体，给人以真实感和厚重的历史感。

3. 精准脉络

展陈脉络总体上分为两个层次。一是按照海洋事业发展重大起点划分，即认识海洋、管理海洋、和谐海洋三个部分，并冠以"梦想足迹""蓝色经纬""人海依存"板块标题。二是在同一版块内按照事件发生先后顺序和相互关系进行组织，如首次远洋调查展陈事件，其"承前启后"作用表现：事件起源为我国首次洲际导弹发射飞行试验工程，成果为五次远洋并圆满完成工程保障任务，而其中一个航次首次获得了锰结核样品，并成为引出了大洋矿产资源开发有关展陈事件的线索。通过这样的展陈思路有效地将上百个看起来相对独立的事件，组成了互相联系、密不可分的新中国海洋发展整体。

（二）开发辅助，突破且拓展档案展陈的外延

为了能够在小空间里呈现大世界，"蓝色印记"展厅（图 1）打破传统档案展览主要展出档案本体或档案图片的束缚，充分利用馆藏专业档案特有的海洋学科数据，发挥信息产品开发技术优势，研制了具有浓郁海洋特色的展品，并选择恰到好处的陈列位置，在展厅建设中发挥了事半功倍的作用。

一是利用馆藏世界大洋基础地理数据，制作了我国蓝色国土沙盘，展品朴实但信息量大。该沙盘标注了国界线、海岸线、领海基线以及大洋海底主要地理实体名称和位置等，并采用陆地和海洋不同纵向比例尺的方法，在保证我国疆域完整的基础上，尽量向东延伸海洋表现空间，凸显海底地形形态。沙盘不仅很好地

展示了我国陆地版图和海洋版图，宣传了国家版图意识，而且成为我国在不同海域开展海洋科技工作的表现平台，如马里亚纳海沟的深潜试验、海底地理实体命名工作等。

二是利用馆藏的南极基础地理数据和我国南极考察档案，制作了南极立体沙盘。沙盘以白色和蓝色为基准格调，清晰地表现了南极区域的地理状况，同时也

图1 "蓝色印记"档案展主展厅

呈现了我国已建 4 个和建设中 1 个的南极科学考察站在南极区域的位置。该沙盘以一个立体挂件的方式与 4 个科考站建站历程档案、介绍图文、企鹅标本、两代雪龙船模型等融为一体，呈现在我国极地科考成果展示橱窗里，成为讲述我国南极科学考察历史和成就的平台。

三是制作了关于 1963 年提出加强海洋工作建议的 29 名专家的短视频。该视频利用中国海洋档案馆 29 名专家档案资料征集成果，归纳总结并提炼 29 名专家学识、经历和贡献等信息，展现了中华人民共和国成立之初一批海洋工作者寻求中国海洋事业发展之路的非凡贡献和"爱祖国、爱海洋"的执着之心。该视频与 29 名专家档案资料本体以及提出建议前后的海洋工作重点事件集成在同一个主题区内。

类似产品还有全国海洋观测站点分布图、我国大洋矿区分布图、全球 ARGO 浮标分布图、2012 年钓鱼岛维权大事记短视频和多个交互式信息集成查询系统等。这些基于档案信息开发的产品，客观上弥补了单纯展示档案的不足，成功地拓展了档案展陈的外延，支撑了展厅在回顾历史之外扩充科普和教育等功能的需要。

（三）巧妙构思，赋以新颖有寓意的档案表现

传统档案展览一般以展柜陈列档案文件外加配套图片的方式为主，"蓝色印记"展厅则拓展了展陈方式，解决了丰富的展陈内容与有限展陈空间之间的矛

盾，从造型设计、寓意体现等方面营造了样式新、技术新，富于新鲜感的观展氛围，也实现了"小空间大场面"的观展效果。

一是充分利用原本狭长的楼道，改建为序厅，顶部布设"星辰大海"灯组，两侧悬挂中国重要海洋事件展板。繁星闪烁象征中国共产党的领导，顶部星座展现古代航海时辨别方向的"牵星术"，也寓意星辰守护大海。观展者漫步其中，犹如在"星辰大海"环境里，了解中国海洋文化，走向主展厅，也迎来中国共产党领导下的海洋工作。

二是海洋重大科技项目档案展示区，设计了一排可活动的外形类似档案密集架的抽拉板，每个抽拉板上是一个国家海洋重大项目的图文介绍，让人有走进档案库房、抽取档案查看的亲历感，其一侧和下方设置展橱陈列专项档案本体，起到了互相补充和映衬的作用。这样的表现形式既拓展了展陈空间，又丰富了展览的档案元素。

三是充分利用原来的空间基础，实现展陈空间的最大化，形成了错落有致的展厅效果。如利用原有窗户的窗台布设内嵌展橱，将特定主题的图、文、物，甚至内嵌视频集于一体，形成相对独立的展示空间。利用原有不可移动的六根柱子进行装饰，成为独立的中岛展示区，正面内嵌蓝色国土沙盘，与上方拼接大屏相呼应，背面则是成套的海洋观测旧仪器和经典海洋工作制服等，与周边相关海洋工作相呼应。

整个展厅在展陈手段、空间布局等方面，构思新颖、设计巧妙，实现效果较好。

（四）量身定制，带入沉浸式的档案观展体验

档案展览增加观展体验是展厅建设的重要考量，巧妙的设计拉近了人与档案之间的距离，精心的展品陈列和人与展品的互动，加深了观展者对海洋和档案的了解。针对不同观展群体定制解说词，增强了档案展厅的趣味性和吸引力，给观展者体验感达到最佳效果的同时，牢牢地"拴住"了观展者的注意力，更好地提高了展厅观看效果。

展品选择方面充分考虑对不同参观者年龄层次、知识结构和专业背景等方面，既有适合老同志重温历史的工作照片、工作旧设备和亲历形成的档案资料，也有吸引学生的企鹅和海龟标本、海底矿物样品、调查船模型、沙盘以及集知识

性和趣味性一体的海洋事件等。展厅也设计了观展者主动融入展览的环节,或互动操作,或如亲临现场。如在提出加强海洋工作建议的专家展区,内设视频播放器,橱窗玻璃未通电时通透,可以观看橱窗内的展品,通电后则为视频展示区,观展者可以通过肢体控制多媒体操作,调动了观众的积极性和趣味性;首次远洋科学调查展区,设计了音频播放按钮,时代感很强的新闻播报将观展者带入1980年我国首次洲际导弹发射成功前后那段激情燃烧的岁月。另外,展厅展出了部分档案复制件和资料,容许并引导观展者翻阅,让观展者直接感受什么是档案,档案到底承载着什么。而大国重器"蛟龙"号模型,特别设计了可开启舱门,观展者可以通过操作了解潜航员的工作环境等。

展厅展品虽然简单明了,每件展品背后却蕴含着丰富多彩的信息。针对不同的观展群体,展厅解说立足参观者背景,从历史事件中挖掘展品蕴含的情怀、精神、文化、知识和成就等多维度信息,定制解说内容,从不同的角度将观展者从展厅带入海洋的世界。

四、效果及影响

承建展厅的国家海洋信息中心海洋档案馆,获评自然资源部2020年度自然资源好新闻和宣传工作业绩突出的单位。中国自然资源报、中国档案报等多家媒体从不同角度广泛报道和宣传了"蓝色印记"档案展厅好的做法和广泛的影响。

(一)以档为证,呈现了新中国海洋事业发展档案荟萃

展厅侧重回顾视角,满足了公众"一个展厅一台海洋大戏"的观展需求;深入海洋专业视角,提供了"文、档、图、物"一体化展示的海洋科技工作宣传方式;立足"讲故事"视角,将历史融入公众乐于接受的每一个情节中,海洋工作宣传效果通过观众的认可得以提升。大部分参观者,都会很有感触:"很多事情是第一次知道""我们的工作原来那个时候就有了""国家的海洋工作真了不起"等。

展厅聚焦用档案还原一代代海洋工作者无私无畏的家国情怀、奋勇争先的使命担当和默默无闻的辛勤坚守,引发观展者强烈的情感共鸣。观展者深深感受到,海洋事业和海洋科技工作不仅仅是一组组数据、一个个成就,其背后是海洋工作者经年累月的奋斗。自然资源部有关领导评价展厅充分展现了"创新与传

承"的海洋工作精神。原国家海洋局党组成员李春先评价展厅建设是"办了一件大好事"。

（二）以档为介，形成了助力党史学习党性锻炼新平台

新中国海洋成就是在中国共产党领导下取得的，每一个海洋重大活动和重要事件，都离不开党的领导和英明决策，这是展厅彰显的重要内容之一。展厅也通过展品和解说重现了临时党支部在南极考察、大洋调查等工作的战斗堡垒作用。

展厅运行后，被有关单位列为"不忘初心、牢记使命"主题教育场所，20余个党支部在展厅开展了主题党日活动，讲党课、学党史、重温入党誓词，特别是2021年党史学习教育期间，参观展厅的广大党员干部在展厅浓郁的红色历史氛围中接受了一个又一个"初心"的洗礼，感受了中国共产党领导下海洋事业取得的一个个突破性成就。自然资源部海洋预警监测司党支部在展厅开展了主题党日活动，其支部书记以展厅为平台，结合自身海洋工作经历，以及了解的海洋事件和海洋人物，为支部党员讲了一场生动的党课。

（三）以档为媒，传播了海洋知识提升了受众海洋意识

展厅展出的大量沙盘、模型、实物，均是活生生的海洋科普道具，展厅注重展品设置和宣传讲解，重点融入与海洋国土意识、海洋经济意识、海洋环保意识、海洋权益意识和海洋合作意识等有关知识点及讲解引导词，把意识教育潜藏在观展过程中。目前该展厅已成为"全国海洋科普教育基地""科普中国共建基地""京津冀海洋科普协同创新共同体"的工作场馆。一些观众认为展厅适合丰富孩子们的海洋知识，特别期待能带孩子来看，来自大中小学的学生观众表示非常喜欢展厅及其展陈内容。

展厅给社会各阶层人士了解海洋知识感受海洋文化提供了窗口，对于海洋文化的宣传契合"文化自信"的内涵，也为海洋文化建设贡献了力量。海洋文化作家李明春认为，"这是一部新中国海洋事业发展史的合成展，把历史的成就告诉后人，是一种自信，对现实与未来都是一件功德之事"。

（四）寓档以美，树立了专门档案馆社会文化价值示范

展厅的建成破除了非档案领域人员对档案馆"发黄故纸堆""密级档案盒"

的刻板印象。展厅引入新手段、新技术，对多门类多层次的综合性文化产品进行精细化打磨，让回忆、情怀、感恩、自豪、憧憬这些抽象的体验与情感，在适合观众不断提升的审美层次下得以强化，提高了观众对于档案的审美情趣和审美境界。很多观众参观完毕后都会说一句，没想到海洋档案馆还能做出这么漂亮且有意义的东西。而在受众的认可中，档案馆充满浓浓书香、充满文化气息、充满美学元素的形象也在逐渐树立。

展厅的建设运行，充实扩展了专门档案馆在做好档案"收管存用"之外的公共服务属性，探索了专门档案馆新的发展空间——宣传的阵地、教育的阵地和文化的阵地，为同类型档案馆发挥科技档案文化魅力，履行社会服务职能提供了示范。

案例形成单位：自然资源部
案例形成人：薛惠芬、徐文斌、于钊、孙晓燕、门翔、卢明生

赓续红色血脉,名舰恭贺百年

——档案助力完成"长江"舰1:1复原工作

一、案例概述

"为了反对帝国主义的侵略,我们一定要建立强大的海军",1953年2月,毛主席登上"长江"舰,留下著名题词,为新中国海军发展吹响铿锵前行的号角。

建党百年之际,这艘历史名舰被人民海军以原样复建并入驻青岛海军博物馆(图1),成为国家彰显"向海图强"战略,勠力实现强军梦的重要标志。在"长江"舰涅槃重生的过程中,中国船舶技术档案馆积极作为,多措并举,发挥关键作用。"民权"号("长江"舰前身)等重要历史档案的保护利用,是落实习近平

图1 停靠在海军博物馆海上舰艇展区1:1复制的"长江"舰

总书记重要指示,把蕴含党的初心使命的红色档案保管好、利用好的有力体现。

二、实施背景

"长江"舰(荣誉军舰,荣誉舷号 53-219),1929 年由江南造船所建造,命名为"民权"号,1949 年 11 月在重庆起义加入人民海军,1950 年 4 月更名为"长江"舰。1953 年 2 月 19—22 日,毛泽东视察"长江"舰并随舰航行四天三夜,在舰上挥毫写下"为了反对帝国主义的侵略,我们一定要建立强大的海军"的著名题词,并接见了林一山等水利界人士,提出了建设三峡大坝的伟大构想。"长江"舰成为中国建设强大海军的历史起点和荣誉载体。

从某种程度上讲,纪念舰是对历史的另一种铭刻。它们就好像是一本本立体的书,让人在回味血色岁月时更加真切地看清来路与去路,以便在今后书写出新的不凡历史。为庆祝中国共产党成立 100 周年,为进一步用心用情用力保护好、管理好、运用好红色资源,人民海军受命复制"长江"纪念舰,江南造船厂作为原建造单位受海军委托严格按照毛主席视察时的舰容和配置进行施工。据历史记载,1981 年"长江"舰因故拆解。本身已经荡然无存的"长江"舰,复建工作的开展需要借助当年舰艇的设计图纸和资料。但江南造船厂找到的相关原始底图档案非常有限,复建项目迟迟不能动工,这为七一前按期完成交付任务,助力人民海军向党百年华诞献礼增加了前所未有的压力。

技术档案馆在了解到这一情况后,立即组建专门的查档小组,积极查找馆藏,多次向江南造船厂提供查找到的成套、系统的"民权"号图纸资料(图 2),并配合做好来馆调研工作,使得"长江"舰的复建工作有序开展。复造工程于 2021 年 2 月 19 日开工并于同年 6 月 20 日完工,档案资料在"长江"舰高质高效的复建工作中发挥了十分重要的支撑保障作用。

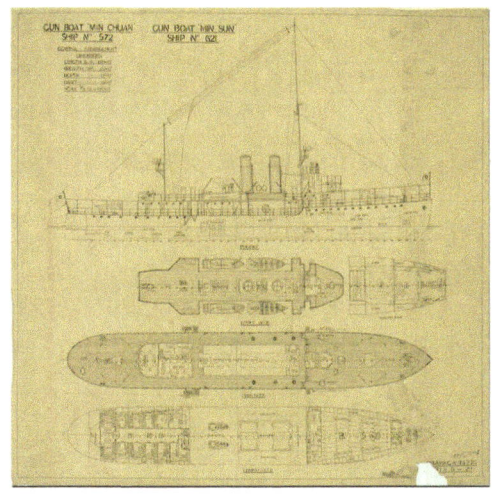

图 2　技术档案馆馆藏"民权"号底图

三、创新做法

（一）转变理念，积极作为，让档案"活"起来

长期以来，我国传统军工档案馆工作理念比较陈旧，思想观念仍停留在"重管轻用"上，利用工作停留在"你提我给"的阶段。加之军工系统涉密信息较多，大多数人担心在档案信息资源开发利用过程中出现失泄密事件，所以秉持"多一事不如少一事"的想法，导致出现害怕开发利用的心态，将档案束之高阁，从而限制了档案资源的开发利用。

2021年1月1日，新修订的《中华人民共和国档案法》（以下简称《档案法》）正式实施，新《档案法》通篇贯穿了习近平总书记关于档案工作"三个走向"（即走向依法管理、走向开放、走向现代化）的重要论述，对档案工作提出了由封闭向开放、由重保管向重服务"两个转变"的时代新要求。技术档案馆积极响应时代号召，主动提供服务，助力江南造船厂开展"长江"纪念舰的复建工作，进一步发挥好档案"留凭、存史、资政、育人"的作用。

（二）多措并举，保利兼顾，把档案"用"起来

技术档案馆作为国防船舶军工行业唯一的专业档案馆，馆藏船舶集团104个全宗单位，最早的档案可追溯到1905年。1979年，江南造船厂解放以前的2295卷、43216张历史底图档案移交进馆，其中包括"民权"号、"联鲸"号、"东风轮"等图纸和照片。技术档案馆在得知"长江"舰复建过程中遇到的难题后，立即组建专门的查档小组，并安排专人在馆内档案管理信息系统检索查询与"长江"舰相关的原始资料，确定档案位置和存档内容。因档案资料年代久远，期间又有多个库管人员经手，所以技术档案馆安排查档小组的成员将目录与档案实体逐一进行核对，认真做好确认、登记工作，共查询到底图档案43张。

查找到的"民权"号图纸中有3张硫酸纸底图，均存在泛黄、变脆、断裂、破洞的情况，急需修复。借助"历史硫酸纸底图档案保护修复研究"项目中硫酸纸环氧乙烷气相脱酸、硫酸纸底图档案纯棉丝网加固和"微量沉淀壳聚糖加固剂"字迹加固等研究成果，技术档案馆依托各试验数据进行分析，有针对性地提出了"民权"号硫酸纸底图的修复方案，成功实现保护加固目标，为档案提供利用工作奠定了坚实基础。

随后，在确定这些档案资料不涉密的前提下，技术档案馆积极联系江南造船厂告知其查档结果，并对这批档案进行了数字化处理，在转换成相应的格式后刻录成光盘。2021年1月至3月，技术档案馆先后三次向江南厂提供"民权"号历史底图档案资料，刻录光盘近30张。技术档案馆通过此次利用工作，总结经验，提出建立起历史名舰档案数据库的前瞻性建议，之后陆续对馆藏名舰档案进行了数字化扫描和加工，将信息资源建设工作落到实处，使后续的档案利用工作提高了服务效率。

在"长江"舰的复造过程中，尽管有原来"民权"舰的图纸作为参考，但仍有不少细节需要补充，2021年4月，全国政协委员、江南造船厂总工程师胡可一行到技术档案馆开展相关调研工作，技术档案馆积极配合，及时补充资料，完善相关信息。最终，江南造船厂利用当年的全套设计底图，按照图纸和工艺复制了"长江"舰，可以说，除了没有安装动力系统，都和原舰一模一样。

（三）发挥功能，彰显特色，将档案"传"起来

习近平总书记指出：档案工作是一项非常重要的工作，主要是因为档案工作是一项基础性工作，经验得以总结，规律得以认识，历史得以延续，各项事业得以发展，都离不开档案。技术档案馆馆藏的珍贵历史档案利用率极高，人为的磨损和自然因素的侵蚀，加速了底图档案真迹的损毁，有的老底图甚至到了"用一次，少一块"的地步。针对上述情况，技术档案馆厚积薄发、逐年发力，2015年制作了珍贵历史档案仿真件，2017年成功申报国家档案局"历史硫酸纸档案保护修复研究"项目，2018年建设珍品档案特藏室，不断探索和完善档案保护体系，推动档案保护工作转型升级、提质增效。目前，修复后的"长江"舰底图被完好地保存在特藏室中，超常规的保管环境和保管措施，最大限度地延长了档案的寿命，保障了档案价值的长期有效传承。

特藏室作为中国船舶工业历史发展足迹对外展示的一个窗口，充分体现了技术档案馆聚焦主业实业、勇于开拓进取、业务不断创新的价值追求。此次利用经历也被纳入特藏室讲解的范畴中，作为一个典型案例在对外服务中与参观者进行交流，起到了很好的档案文化宣传、档案利用宣传的作用，使双方都进一步加深了对档案资源开发利用工作的重视度，提升档案文化自信。

四、效果及影响

江南造船厂利用90年前的原始图纸成功复建"长江"舰,说明了底图档案作为一种知识形态的生产力,借助其所存储的科学技术可实现向物质形态的生产力转化,进而发挥重要的条件作用和指导作用。此外,通过提供利用已有的"民权"号底图档案,可以不用重新制图,避免进行重复劳动,使得设计活动节约了大量的劳动支付,提高了经济效益。

"长江"舰的传奇经历具有重要的历史价值,它凝聚着中国海军人员的心血,是象征中国海军不屈精神的战舰。这些档案的提供利用,为复原"长江"舰发挥了重要作用。如今,新"长江"舰顺利驻泊海军博物馆,成为镇馆之宝。在该舰一侧停放的是有着"四大金刚"之称的07型驱逐舰,也代表着那个年代的海军记忆。而同在青岛的不远处的军港中,人民海军现代化的航母战斗群正整装待发,航向深蓝。舰艇设备的发展,从不同方面反映了在中国共产党领导下,船舶工业向海图强的昂扬风貌和战风斗浪的精神力量。而驻泊在海军博物馆的新"长江"舰也会充分发挥资政育人功能,将档案中蕴藏的精神力量传递给来参观的每一个游客。此外,央视国防军事频道以"长江"舰的发展历程和复造过程为主线,讲述了这艘中国海军传奇名舰的红色故事,深入人心。

技术档案馆主动作为,转变因循守旧的观念,管好用好军工档案资源,最大限度地发挥档案价值,使档案资料"活起来""用起来""传起来",很好地落实了习近平总书记把蕴含党的初心使命的红色档案保管好、利用好的重要指示精神,为国内军工行业档案馆"走向开放"起到了表率作用,有非常高的借鉴意义。

全国政协委员、江南造船厂总工程师胡可一在来馆调研后赞许:"正是因为技术档案馆主动作为,将这批档案资料进行了系统的保护和保管,并积极主动地提供利用,才使得'长江'舰的复建工作能够高质高效地开展。技术档案馆在档案保护和价值开发上行出实效,值得大家学习。"

案例形成单位:中国船舶技术档案馆
案例形成人:卫新宏、常悦悦、曹瑞萍、马娟娟、曹昭、朱一好

旗帜领航创伟业 抚今追昔感党恩

——国家电网有限公司庆祝建党百年档案展

一、案例概述

为庆祝党的百年华诞,生动讲述在党的领导下电力工业的百年复兴之路,国家电网有限公司(以下简称国家电网公司)于2021年6月21日举办了"旗帜领航创伟业 抚今追昔感党恩——国家电网公司庆祝建党百年档案展"。公司将展览作为党史学习教育的重要组成部分,公司党组书记、董事长辛保安亲自为展览作序,并带领全体党组成员观展,公司各单位党委班子带头学习,营造了学党史、感党恩、跟党走的浓厚氛围。同时,为提升展览的影响力和辐射力,公司开展了"多地同展、多线联动、多维融合"的全方位、立体式宣传。通过在西单总部和四个在京办公区同步布展、下发展览电子版、制作画册、将观展纳入国网大学培训课程范围、报纸和新媒体同步推介等方式,拓宽宣传渠道,扩大宣传范围,取得了良好宣传效果,公司内外部观展反响强烈,唱响了爱党爱国的时代主旋律。

二、实施背景

习近平总书记在对档案工作的重要批示中指出:"要把蕴含党的初心使命的红色档案保管好、利用好,把新时代党领导人民推进实现中华民族伟大复兴的奋斗历史记录好、留存好,更好地服务党和国家工作大局、服务人民群众。"国家电网公司深入贯彻落实习近平总书记的重要指示批示精神,利用庆祝建党百年契机,深入挖掘红色电力档案资源,举办"旗帜领航创伟业 抚今追昔感党恩——国家电网有限公司庆祝中国共产党成立100周年档案展",回顾电力工业波澜壮阔的发展史,回望公司攻坚克难的奋斗路,对激励公司广大党员及干部职工坚定理想信念、践行初心使命具有重要意义。

（一）举办展览是全景展现党领导下电力工业发展成就的现实需要

百年来，在党的领导下，我国电力工业从小到大、由弱到强。在烽火硝烟的战争年代，在党的启蒙下，老一辈电业工人为了党的事业抛头颅、洒热血，用生命铸就了永远跟党走的鲜明底色。中华人民共和国成立以后，在党的领导下，电力工业自力更生、奋起追赶，沐浴着改革的春风，从一穷二白到如今傲然屹立于世界电力强国之林。进入新时代，在党的指引下，电力工业特别是国家电网公司更是持续位于《财富》世界 500 强前列，保持了全球特大电网最长周期的安全纪录，建成多项特高压输电工程，成为世界上输电能力最强、新能源并网规模最大的电网。这些成功实践是党领导人民从胜利走向胜利在电力行业的光辉写照。举办展览，旨在多角度、全景式阐释了党对电力工业的重视与关爱、党领导电力发展的巨大成就和电力电网始终红心向党的矢志追随，为中国共产党成立 100 周年献礼。

（二）举办展览是助推党史学习教育走向深入的有力举措

电力红色档案记载着百年来中国共产党领导电力工业艰苦奋斗的光辉历程，蕴藏着电力前辈们对马克思主义的坚定信仰，彰显着共产党人坚不可摧的理想信念，揭示了我们党历经苦难而成就辉煌的精神密码，镌刻着中国共产党的红色基因和精神谱系，具有独特的历史、文化和教育价值，是开展党史学习教育的生动素材。这些宝贵经验、鲜活事例、感人故事对于引导公司各级干部职工树立大历史观、继承革命传统、传承红色基因有十分重要的意义，这也正是档案的价值所在。公司将档案展打造成讲好红色故事、传承红色基因的主阵地，使公司广大党员干部走进党史、电力工业史、公司发展史，感悟在党的指引下，革命先辈舍身为国、电力前辈以身许国的忠诚与担当，把党的百年奋斗史作为滋养初心使命的"营养剂"、砥砺党性品质的"磨刀石"，切实做到学党史、悟思想、办实事、开新局，增强加快公司高质量发展的使命感和责任感。

（三）举办展览是加强档案宣传扩大档案工作影响力的重要途径

2021 年是中国共产党的百年华诞，利用档案展示党的百年奋斗史具有重要意义。国家电网有限公司档案部门利用此契机，立足主责主业，发挥自身优势，强化靠前意识，通过挖掘电力红色档案，策划了庆祝建党百年档案展，充分发挥了档案部门所长,彰显了档案资源在党史学习教育中的独特作用。公司以展览为中心,通过开发衍生产品、开设专栏专版、线上线下同步推送等全方位、立体式的宣传,使广大员工走进档案、了解档案工作,树立并强化了"人人都是档案员"的意识,真正使档案工作从幕后走向前台,有力提升档案工作影响力,为档案工作营造良好的内外部发展环境。

三、创新做法

(一)深挖档案故事,呈现百年红色记忆

展览紧扣庆祝建党百年主旋律,通过挖掘珍贵的电力红色档案,讲好百年党史、电力发展史、公司奋斗史。展览共展出档案220余件,以时间为脉络,分为"救国·星火燎原耀东方""兴国·自力更生建家园""富国·改革开放当先锋""强国·复兴路上显担当"四个篇章。

第一篇章——救国·星火燎原耀东方(1921—1949年)。此篇章通过档案见证了在党的指引下,电力工人积极向党靠拢的初心历程和电力工业冲破黑夜坚毅前行的奋进之路。档案中记载了毛泽东同志在湖南创办工人夜学启蒙工人成长,到周恩来同志在绍兴与电力青年促膝长谈,从电力工人积极投身"南陈北李、相约建党"活动,到上海、湖南等地电力工业党组织逐步涌现的珍贵记忆。档案中展现了在安源大罢工、五卅大罢工中电力工人主动向前、以笑对生死的王孝和,誓把牢底坐穿的何敬平为代表的英烈,用生命谱写了一曲可歌可泣的电力工人运动赞歌。

第二篇章——兴国·自力更生建家园(1949—1978年)。此篇章通过档案真实展现了毛泽东同志对电力工业的亲切关怀,展示了党领导电力工业在一穷二白的基础上艰苦创业,闯出一片新天地的艰辛历程。从建国初期集中力量恢复电力供应,到将电力工业作为先行产业;从"大跃进"后实行"八字方针",到"文革"之后"突出抓电"整顿恢复,发电装机和发电量逐步提升,以220千伏电压等级为主的省网陆续形成。新生的电力电网将奔涌的电流输送至党和人民最需要的地方,全力服务党和国家的重大战略决策部署。

第三篇章——富国·改革开放当先锋(1978—2012年)。此篇章通过档案展现了邓小平、江泽民、胡锦涛等党和国家领导人关怀指导电力工业成长壮大的珍

贵瞬间，以点带面再现了党领导电力工业在改革潮涌中铿锵前行的壮美画卷。从新"八字"方针提出要千方百计把电搞上去到推动多渠道集资、多家办电；从"政企分开、省为实体、联合电网、统一调度、集资办电"的"二十字"方针到"厂网分开、竞价上网、打破垄断、引入竞争"，电力工业迎来蓬勃发展阶段。用档案展现了自2002年国家电网公司成立以来，在推进全国联网、服务社会主义新农村建设、抗灾保电等方面全力服务党和国家事业发展需要。

第四篇章——强国·复兴路上显担当（2012—2021年）。此篇章用档案展现了习近平总书记对能源电力超越时代的深邃思考和对电力企业的殷切期盼，生动呈现了国家电网公司全面贯彻落实习近平总书记关于国资国企和能源发展的重要论述精神，推动电网向能源互联网升级，有力支撑绿色低碳发展的实践成果。通过档案展现了党的十八大以来，国家电网公司秉承人民电业为人民的企业宗旨，助力脱贫攻坚、决胜抗疫保电、电网铁军精神、旗帜领航再登高的生动实践。

（二）加强组织策划，成功完成布展

国家电网公司将策划庆祝建党百年档案展览作为本年度的重点攻关任务之一，强化顶层设计，加强系统联动，群策群力、合力攻关，有计划、有步骤地开展了展览筹备各项工作，历时半年，最终圆满完成展览的制作和展出。

1. 加强工作组织

国家电网公司党组高度重视此次展览工作，要求办好展览，为中国共产党成立100周年献礼。2021年年初，策展工作启动，国网办公室、党建部、宣传部等党史学习教育领导小组办公室成员部门的主要负责同志成立专项工作领导小组，召开推进会，统筹协调、专项推动。相关部门及单位员工组成专项工作组，制订工作实施计划，确定任务分工，开展展览筹备系列工作。

2. 策划展览方案

工作组经过深入思考，多次研讨，为紧扣庆祝建党百年主基调，有效融合党史、电力工业史、国家电网史，最终确定了"旗帜领航创伟业 抚今追昔感党恩"的展览主题，并设置了"党和国家领导人电力情怀的历史再现""党的历史与电力电网发展的关联对应""电力工业在国计民生重大事件中的作用发挥"三条展览主线，明确了策展方案。

3. 梳理展览线索

根据确定的展览思路和框架，工作组在公司系统近 8 亿件馆藏档案资源基础上，进行深入挖掘和检索，同时通过查阅《中国电力工业史》《中国电力工业志》《中国电力报》等各种资料 800 余万字，梳理出 700 余条展览事件线索。而后根据预计的展览规模，层层筛选，最终确定采用的线索 130 余条。

4. 征集展览素材

国家电网公司在全系统先后部署开展了两轮展览素材征集，系统各单位积极响应、盘点家底，累计移交了具有底蕴、富有特色的珍贵档案 5000 余件。同时创新档案征集方式，在《中国档案报》《国家电网报》《中国电力报》、"国网档案"微信公众号等媒介发布通知，首次开展专项档案公开征集，收集了离退休老同志和系统外电力工作者捐赠的珍贵资料 1400 余件。在征集档案素材的基础上，最终精选采用了 220 余件档案。

5. 起草展览脚本

公司对选用的每份档案拟制档案说明，并撰写前言、章节导语、结束语等，最后进行串接、整合，形成完整展览脚本 3 万余字。同时，为便于解说人员向观众详细、规范介绍展览，在展览脚本的基础上，撰写了展览解说词，并选拔具有丰富经验的员工作为本次展览的讲解员，提前介入，熟悉展览内容，为后续讲解工作打好基础。

6. 设计制作布展

在展览场地上，总部展览选择在西单大楼四层大厅，在京单位选择在四个集中办公区同时布展，方便公司员工随时观展；在展览设计上，突出红色主题，并融合建党百年元素和电力电网特色；在展示手段上，综合运用文书、照片、实物、声像等多种档案类型进行立体式展示，动静相宜、声光互补，有效增加了展览的生动性和感染力；在互动形式上，利用微信公众号平台，开通线上、线下留言板，增强互动性和体验感。设置"扫码查看更多""扫码听讲解"，通过扫描二维码可线上听讲解和查看延伸阅读，有效拓展了展览内容，打造"情景式党课""沉浸式观展"。

（三）丰富宣传方式，扩大展览影响

立足此次主题展览，国家电网公司精心策划，依托梳理出的翔实档案资源、挖掘出的大量鲜活史实，在中国共产党成立100周年的伟大历史时刻，全面动员档案、党建、宣传等各部门，丰富载体形式，拓宽宣传渠道，通过档案这个"点"，串联历史发展这条"线"，展示历史规律这幅"面"，深化对共产党领导下能源电力发展规律的阐释。

1. 打造矩阵式宣传阵地

一是搭建一个线下主阵地和若干分展，以国家电网公司总部展览为主阵地，同时在国网冀北公司、国网大学和都城大厦办公区、北七家办公区4个在京单位办公区布展，做到在京单位观展全覆盖；二是将参观学习展览纳入国网大学教学和培训课程范围，宣教结合，拓展延伸；三是将展览电子版下发所属各单位，并将展览内容纳入各单位党委理论学习中心组学习素材。各单位结合本单位特色素材制作专题展览，实现了公司系统学习全覆盖；四是在展览内容基础上，设计制作展览画册，进一步丰富了展览的展示载体。

2. 推动全媒体宣传报道

利用报纸、新媒体等多种媒介开展线上线下综合宣传。一是通过公司协同办公系统下发学习通知，将展览内容纳入各单位党史学习教育内容；二是在《国家电网报》和"国网档案"微信公众号连续刊发专题报道，集中宣传；三是结合党史学习教育，聚焦展览精华，开设"红色档案中的电力历史"专栏，深挖档案背后的故事，推出系列报道，充分发挥电力红色档案独特作用。

3. 开展立体式宣传推介

除在系统内大力宣传外，还拓展渠道，积极社会公众宣传，扩大社会影响力。一是在《中国档案报》《中国档案》杂志、《中国电力报》等档案和电力行业主流媒体刊发通稿，围绕展览重点内容组织系列专稿，有针对性地进行推送；二是积极邀请国家档案局、国资委等上级领导机关和中国华电、中国移动等中央企业实地观展，介绍电力发展历史，开展业务交流，提升公司档案工作影响力。

四、效果及影响

（一）展览反响热烈，营造庆祝建党百年的浓厚氛围

总部展览开展以来，国家档案局、央企党史学习教育指导组、国资委、工信部、华电集团等16个上级机关与兄弟单位，总部25个部门全体人员、16个在

京直属单位领导班子集体观展,共计70批次、2500余人次,得到高度评价,产生了广泛社会影响力。2021年6月21日,国家电网公司党组书记、董事长辛保安带领党组成员观展并给予"时机好、主题好、内容好、讲解好"的肯定。上级机关的同志观展后表示:"经济发展以电为先,为电网人战天斗地的精神而感动,被电网强势助力抗疫抗洪所震撼。"总部多个部门领导同志表示:"作为一名当代电力人,感受到的是幸福、自豪,更是沉甸甸的责任,更加增强了加快建设具有中国特色国际领先的能源互联网企业的使命感。"在京直属单位很多党员干部在观展后更是感慨:"展览使党史学习教育更加生动且贴近身边工作,进一步认识到电力工业发展史与党的发展史一脉相承。"电力兄弟央企参观后表示:"展览充分展示了电力工业对国家的支撑作用和电力人的担当。"

(二)展览作为宣传阵地,有效助推党史学习教育走深走实

电力红色档案是中国共产党伟大奋斗历程最直接、最准确的历史凭证,是广大干部员工的精神富矿,是最真实生动的党史学习教材。将展览打造成党史学习教育前沿阵地,对于激发党史学习教育"磁场效应",推进党史学习教育进一步走向深入具有重要意义。展览期间,总部各党组织、在京各单位党委将参观展览作为党史学习教育的重要内容,积极踊跃预约参观,甚至出现预约太多,参观批次只能错峰安排的火热情形。为此,国家电网公司将展览电子版下发公司系统各单位,公司1.2万名专兼职档案人员积极参与展览筹备,各单位专题展览作为党史学习教育的重要载体和抓手全面铺开、深度辐射。

(三)展览鼓舞员工斗志,凝聚起干事创业的强大合力

作为滋养初心使命的"营养剂"、磨砺党性品质的"磨刀石",展览让观众走进历史,感悟在党的指引下,革命先辈、电力前辈舍身为国、以身许国的忠诚与担当,有力激励了广大干部员工进一步增强"四个意识"、坚定"四个自信"、做到"两个维护",增强发展好党的电力事业、建设好国家电网的政治责任感、历史使命感和职业荣誉感。教育引导广大干部员工从党的伟大历史中、从电力工业的巨大成就中,感悟思想伟力,激发奋进力量,努力构建以新能源为主的新型电力系统、加快建设具有中国特色国际领先的能源互联网企业,把党的电力事业发展好,在民族复兴的伟大征程中作出新的更大贡献。

（四）展览服务中心工作，推动档案工作品牌化发展。

此次展览，正是因为有档案的支撑，所以翔实可信、不容置疑；因为有档案的细节，所以直抵人心、动人心魄；因为有档案的底色，所以意蕴深厚、历久弥新。在建党 100 周年之际，国家电网公司深入贯彻习近平总书记用好红色资源、学好党史重要指示精神，通过举办档案展览积极服务中心工作、融入发展大局，展现了档案工作的独特魅力，在党史学习教育中发挥了独特作用，有效提升了档案工作价值，切实增强了社会影响力，打造了具有鲜明电力企业特色的"国网档案"品牌。

案例形成单位：国家电网有限公司

案例形成人：王抒祥、何欣、姬广鹏、李德波、蔺肖军、李磊、周峰

建设南光历史文化馆，赓续红色初心使命
创造境外央企档案工作价值

一、案例概述

南光集团与共和国同龄，是唯一总部驻澳中央企业，也是唯一一家澳门生澳门长的中央企业，厚重的红色底蕴、丰富的红色资源，孕育出独具南光特色的档案文化。作为承载百年瞬间的载体，南光历史文化馆充分利用馆藏资源举办各类特色专题展览和主题活动，打造了一座展示澳门老一辈奋斗历史的精神殿堂，开启了特区央企用好红色资源、讲好红色故事，让红色基因世世代代在澳门传下去的档案开发利用新篇章。

二、实施背景

1949年8月，南光公司的前身南光贸易公司在澳门新马路100号"新中行"阁楼上悄然成立，当时只有5万元港元启动资金、4套办公桌椅、4名员工，条件极其艰苦。在中华人民共和国成立前后，面对西方国际社会的封锁和孤立，新政权巩固、发展社会经济，需要资金和设备，面对高频率的物资中转和高强度的"支前""抢运"残酷的环境，在国家的领导下，南光人不怕牺牲、英勇斗争，积极团结爱国人士何贤、马万祺和崔德祺等，创造了一个又一个奇迹，书写了一篇又一篇英雄史诗，铸就了一座又一座精神丰碑，凝聚起"加入南光就是参加革命""用最好的回报社会"的独特南光精神。

三、创新做法

（一）合理化建议，让久居深闺的档案"活"起来

2019年集团办公室提出建设历史文化馆建议，被集团作为合理化建议采纳

并快速通过审批。2019年6月，历史文化馆开工建设之际，集团领导提出要遵循"还原历史、呈现历史、讲好历史"的理念，努力打造南光文化品牌。南光的历史不仅是企业的、澳门的，也是国家近代史的重要组成部分，一定站在集团成立70周年的关键节点，站在澳门回归祖国20周年的高度，用澳门行得通、乐于接受、激发情感的方式体现出"一国两制"伟大实践。

历史文化馆的策划、组织、实施，是在集团办公室的领导下进行的，筹建工作得到集团领导高度重视和关心，集团董事长傅建国等领导多次关心过问并作出批示，历史文化馆也得到了南光老一辈、澳门家国情怀历史学会、南光葡文班老领导梁自然和广大员工的大力支持。2019年8月8日，在南光成立70年之际，南光历史文化馆以珍贵的564件档案迎来了第一批参观者——耄耋之年的南光澳门老领导、老员工，大家在一张张图片前驻足、沉思，寻找自己16岁、18岁的"靓仔和靓女"（靓仔和靓女为广东话，意思是小男孩和小女孩）形象，重温"加入南光就是加入革命"的峥嵘岁月，座谈时说到动情之处无不热泪盈眶。大家一致认为历史文化馆真实记录了革命、建设、改革、新时代各个时期的南光大事件。

（二）加强组织协调，让筹建项目时效"跑"起来

2019年6月启动历史文化馆项目，集团办公室充分发挥敢打硬仗能打胜仗的优良作风，在时间短、任务重、要求高的情况下，抽调业务骨干组建工作团队，邀请集团老一辈南光人和澳门社会知名人士讲述南光故事，集团葡文班老员工担任展览顾问，竭尽全力把历史文化馆打造成为澳门爱国主义教育品牌。从构思策划、文案撰写、展览设计、施工管理等各个环节，实行倒排督办，紧密配合，相互支持，高质量完成了文化馆基础设施建设和布展工作。集团主要领导多次审阅文稿和图片，并到施工现场检查指导工作，为整个项目提速完成创造了条件。

"七一"前后，历史文化馆以百年华诞为主题，深挖红色档案资源，制作"百年征程 风华正茂 辉煌澳门 南光同行"图片专栏。1949年以前的殖民地碑、1949年10月1日在濠江中学升起的澳门第一面红旗、1952年7月25日关闸事件、1988年1月15日中葡两国互换联合声明批准书仪式、1999年12月21日中葡双方政权交接仪式……很多档案都是首次展出，珍贵的档案带着参观人员重温了"三史"。每一张图片背后都是档案人的不懈努力，都凝结着品智慧和汗水。为做好布展工作，档案人员兵分四组，一组收集整理馆藏资源，一组前往澳门档

案馆和澳门公共图书馆借阅档案资料，一组开展内部档案征集，一组前往澳门基本法推广28周年图片展参观学习等，让澳门历史上的重大事件再次生动呈现在参观者面前。

（三）挖掘档案史料，让历史文化馆"火"起来

"以史为鉴，可以知兴替"，历史文化馆作为南光72年奋斗历程的精彩缩影，不断从南光前辈的历史足迹中探寻初心，吸取力量，在深挖原有档案的基础上，先后两次下发档案征集通知，得到集团在职员工和退休员工的积极响应和大力支持，多渠道收集了大量图片、文字、书籍、影视和实物档案，集团办公室在历史文化馆为捐赠人员举办了小型捐赠仪式，退休员工洪淑燕女士以个人和家族名义先后向历史文化馆捐赠了29件珍贵档案，包括20世纪60年代入职南光证明、20世纪70年代澳门工人学习和宣传毛泽东思想展览画册等；退休领导梁自然女士以个人名义向历史文化馆先后捐赠40件中英葡三语种葡文班珍贵档案，包括1959—1981年南光葡文班历史和1967年发行的葡文版《反对葡帝国主义在澳门的血腥暴行》，其中葡文版《灯塔报》88期油印原件首次在澳门展出，真实地反映了南光为国家培养外交人才、翻译人才和团结土生葡人支援国家建设发挥的积极的特殊的作用，这些经过精心挖掘整理的珍贵红色档案，印证并串联起了南光的72年发展历史，极大地丰富了集团档案资源，也进一步激发企业的发展信心和前进动力。

（四）创新服务模式，让经典红色"响"起来

南光历史文化馆反复精雕细琢，不断创新档案服务模式，2020年以来，为配合疫情防控要求，还配置了多功能无线讲解器和"南南"机器人，综合运用文字、图片、音视频、人机互动等手段，让参观者全方位感受企业档案的独特魅力，开创档案服务新模式。

（五）组建红色讲解团队，让档案力量"聚"起来

2019年历史文化馆从档案队伍中挑选出2名"政治思想好、知识储备好、讲解服务好"的档案工作者作为讲解员，2020年，集团引进2名专职档案员，并扩充到讲解团队，讲解团队由原来的2名讲解员增加到4名，讲解语言由单一的普通话讲解拓展到粤语和普通话双语讲解，2021年为契合百年华诞讲解活动，

南光历史文化馆还为讲解团队配备了有着良好寓意的统一红色"战袍"。开馆以来，4名讲解员的115场的专业讲解广受赞誉，成为南光红色故事的精彩讲述者、红色文化的忠实传播者。

四、效果及影响

南光历史文化馆开馆以来，以神秘的红色魅力吸引了澳门社会爱国爱澳团体慕名参观，极大地发挥了存史资政育人的红色档案资源作用，创造了6个"第一次"：第一次将南光70年的历史进行了收集和系统梳理，兴建展馆，全面地向内外部人士展示南光往昔故事，南光员工从此有了集文化历史教育、爱国爱澳传承、宣传"一国两制"在澳成功实践的阵地；第一次迎来了澳门特区行政长官崔世安，并在参观后与南光领导班子座谈；第一次迎来了澳门中联办全体领导班子成员，并在集团举办了学习教育座谈会；第一次迎来了澳门三大社团及澳门社会各界人士，为他们了解南光、加深对祖国的认同感提供了平台；第一次迎来了国家各部委，特别是国家档案局领导，大家对南光境外档案管理和红色档案开发利用，给予了高度的肯定；第一次在百年华诞的历史时刻，通过文化馆精准地把国家在澳门的历史进行了弘扬。

（一）历史文化馆是南光集团对外宣传的"新名片"

南光的档案是见证国家、澳门和企业发展不可再生和替代的唯一凭证，具有史料研究和文物珍藏的价值，更是追溯和印证在国家的领导下澳门发展历史的重要依据和原始凭证，历史文化馆是南光集团一笔"富矿"。2020年以来，驻澳机构、特区政府、各大社团、内地政府部门和各大集团拜访南光集团，把参观历史文化馆作为必去的"第一站"，再进行会谈，历史文化馆已成为南光集团对外宣传的新名片。

（二）历史文化馆是爱国爱澳教育"新阵地"

开馆以来，共接待了参观者115批次，约1668人，其中接待澳门政府部门官员参观3批次28人；上级单位参观28批次420人；集团员工参观31批次623人；内地省市及兄弟单位参观36批次316人；澳门及内地社会各界参观17批次281人。

2021年7月,历史文化馆迎来1批特殊的参观团队——80名澳门本地大学生,这是澳门教育青年局首次与企业合作,利用档案馆开展的爱国主义教育思政课。

两年间,历史文化馆还接待了外交部驻澳门特派员公署领导、国资委各厅局有关领导和团体、澳门中联办8个部门领导和同事、澳门教青局和文化局相关领导、湖南省委有关领导和南京市有关领导等重要团组参观来访。

(三)历史文化馆是精神文化"新家园"

2021年"七一"前后,历史文化馆以百年华诞为主题,深挖红色档案资源,制作"百年征程 风华正茂 辉煌澳门 南光同行"图片专栏。各驻澳中央机构首选南光历史文化馆作为专项学习教育基地。以澳门妇联、工联、街坊总会为代表的澳门各界社团纷纷来馆学习参观。澳门社会各界争相预约南光历史文化馆作为6月和7月重要学习活动打卡地,重温历史、净化心灵、不忘初心再出发。文化馆已经成为一座新桥梁,澳门同胞透过年轻的父辈感受那一辈人对家国情怀的执着,对国家领土完整、澳门回归祖国的坚定信念,也为大家提供了精神文化教育的新场所。

集团各职能部室、二级公司以及南光青协以历史文化馆为依托,纷纷组织座谈会、主题日、学习教育等活动,有的还与老员工面对面交流。"七一"前夕,集团组织两级班子分批参观学习研讨。在这里,72年南光精神历久弥新,点亮人生、滋养精神,深深熔铸在每个南光人的思想、意识、情感和行为之中,激发出强大的正能量。

2021年8月,南光集团董事长傅建国在专项工作会议上学习并传达习近平主席对档案工作的重要指示批示精神时强调:近年来,集团特区档案管理得到新加强,档案建设得到新发展,特别是历史文化馆在红色档案资源开发利用、企业文化建设、助力在商言政和"一国两制"大局上体现了新作为,成为澳门爱国主义教育红色热门"打卡地",得到澳门各界广泛赞誉,值得高度肯定。

(四)历史文化馆是档案开发利用"新平台"

保管红色资源,加强档案利用,是文化馆的一个重要功能,结合文化馆建设,南光集团边干边总结,深挖南光红色档案资源,在总结中提高,在总结中升华。作为唯一在澳中央企业,作为在澳中资企业的一面旗帜,在档案开发利用服务澳门社会,传承爱国爱澳理念方面,南光历史文化馆始终坚持,让档案发声,提高政治站位,着眼为澳门社会大众办实事的原则,以档案为平台,既要用档案来讲述历史的过往,推动南光集团"在商言政"的话语权,又要用档案来讲好家国情怀故事,弘扬南国之光的精神。

(五)历史文化馆是干事创业的"新引擎"

"以史为鉴,可以知兴替",历史文化馆作为南光70年奋斗历程的精彩缩影,不断从南光前辈的历史足迹中探寻初心,吸取力量,促进企业坚定发展信心,激发前进动力,在这里,一个企业的文化软实力可以产生乘数效应,成倍地扩充和放大硬实力,使企业综合能力变得更强大,深化对企业战略使命的认识,为推动集团高质量发展铆足劲头,做好准备。

(六)历史文化馆是展现风采的"新舞台"

无论是筹建历史文化馆初期,还是举办"百年征程 风华正茂 辉煌澳门 南光同行"图片展,南光档案人以极其敏锐的政治站位,把握档案服务发展大局的主动靠前意识,强化政治战略思维,在发挥特区央企档案服务澳门社会上下功夫,吸引澳门社会走进来共享企业红色资源,对开展特区专项学习教育活动进行了有效尝试。对于每一位参与者来说,既是为百年华诞献礼,也是将专项学习教育成效转化为服务大局、服务澳门和为群众办实事的一次生动实践。

(七)开发档案新业务,服务大局"新探索"

百年华诞之际,南光集团在中国与葡语国家商贸合作服务平台综合体,分别承办了"'筑梦'荣光——见证百年中国铁路发展主题展"和"中国共产党的100年——庆祝中国共产党成立100周年大型主题图片展"两场大型图片展,着力推动"中国版中国故事"的国际传播,以档案载体的中华文化走出去,得到了澳门社会各界一致好评。为依托档案向澳门同胞讲好"中国故事"提供了成功范例,展览先后吸引近7万人次入场参观。

(八)社会各界评价

2019年9月18日,澳门特别行政区行政长官崔世安参观后,对南光历史文化馆的功能定位、时代价值以及重要的现实意义和深远的历史意义给予了充分的肯定。南光历史文化馆为讲好南光历史，树立在澳中央企业良好形象，推进"一国两制"在澳门的成功实践作出了自己的贡献。

2021年5月21日，中央政府驻澳门联络办公室领导一行参观南光历史文化馆。在"七一"中联办座谈会讲话时提出，南光集团通过南光历史文化馆这样一个学习教育基地，用在澳门行得通的方式，宣传国家的奋斗历史、国家领导的"一国两制"事业伟大成就，很有意义。南光历史文化馆是澳门开展专项学习的主要平台和基地。历史文化馆不仅限于南光，正潜移默化地影响和感召澳门社会各阶层。

国家档案局领导表示：充分感受到了南光厚重的历史文化传承，也为我们上了一堂生动的爱国主义教育思政课。

2021年6月18日，工联参观后表示南光历史文化馆建设澳门，成就超凡；2021年6月16日，街坊会参观后表示南光历史文化馆爱国爱澳爱企，弘扬历史文化；2021年6月25日，妇联参观后表示南光历史文化馆红色血脉根相连，美好生活心同向。

澳门参观嘉宾表示：百年华诞之际，澳门举办了不少展览，但最好的展览还是南光历史文化馆，这里有我们父辈的身影，有我们熟悉的故事，有我们熟悉的场景，这里的每一张图片有故事、有热血、有温度、有汗水、有执着、有信念，非常有意义。参观者每到动情之处，总会以热烈的掌声来表达自己内心的骄傲和自豪。

档案展现了过去，也关乎未来。红色档案让那些革命理念、思想智慧、历史和文化不仅关乎过去，更关乎现在与未来。南光历史文化馆让那些抽象的历史故事、思想智慧、价值理念能够以具象化的方式呈现在人们面前，帮助人们触摸和回味。连接历史与未来，让收藏在文化馆里的爱国宣言、陈列在展区中心的业绩勋章、书写在葡文报刊里的葡文都活了起来，以时代精神激活新南光人的生命力，用文化凝心聚力，为发展注入精神力量。

从南光集团72年的发展中走来，从档案文化自信中传承红色基因汲取奋进力量，南光集团必将为"一国两制"行稳致远再创新的辉煌。

案例形成单位：南光（集团）有限公司
案例形成人：赵玉阜、史黎明、吴玉英、刘文明、胡艳芸、冯晓佳

经典名方档案赋能中医药传承创新，抗疫"三药三方"之宣肺败毒方展文化自信

图1 中医药抗疫"三药三方"之宣肺败毒方简介

一、案例概述

2020年新冠肺炎疫情在武汉暴发，在早期无特效药、无疫苗情况下，中医"国家队"深入发掘古代经典名方等档案资源，结合临床筛选出宣肺败毒方等"三药三方"为代表的一批有效方药。

其中，天津中医药大学张伯礼院士团队研发的宣肺败毒方（图1），是在麻杏石甘汤、麻杏薏甘汤、葶苈大枣泻肺汤、千金苇茎汤等经典名方档案基础上凝练而来。可缩短新冠肺炎患者临床症状消失时间、体温复常时间、平均住院天数等，能一定程度阻断轻型、普通型转重型。

二、实施背景

（一）习近平总书记十分重视中医药事业

新冠肺炎疫情发生后，习近平总书记在第一时间强调要中西医并重，组织优势医疗力量，在降低感染率和死亡率上拿出更多的有效的治疗方案。习近平总书记还指出，中医药学实际上凝聚着深邃的哲学智慧和中华民族几千年的健康养生理念和实践经验，是中国古代科学的瑰宝，也是打开中华文明宝库的钥匙，在促进文明互鉴、维护人民健康等许多方面发挥着重要作用，中医药是其中一个杰出的代表。

（二）坚持"四早"防控原则，源头防控扭转局面，为使用中医药提供基础

2020年1月底，武汉市疫情已出现广泛的社区传播，医疗资源严重挤兑，大量感染者往返于医院和社区，形势非常严峻。中央指导组贯彻习近平总书记"应收尽收、刻不容缓"重要指示，筛查出"四类人员"1.8万名，扩容床位近11万张，实现了从居家隔离到集中收治、"人等床"到"床等人"转变，扭转了疫情防控被动局面，为普遍使用中医药打下坚实基础。

（三）坚持把人民群众生命安全和身体健康放在第一位，为"三药三方"筛选提供前提和可能

2020年1月底，武汉市累计报告确诊和疑似患者超1万例，治愈率仅4%。中央指导组贯彻习近平总书记"把医疗救治工作摆在第一位"重要指示，从一开始就把救治作为重中之重，35次就医疗救治进行专题研究，23次到定点医院和方舱医院实地考察，听取一线专家和医务人员意见建议162人次，提出注重关口前移、统筹重症轻症、科学精准施治的总体思路，优化诊疗方案、医疗管理、治疗技术、资源配置、中医药服务。这些都为筛选"三药三方"提供了前提和可能。

（四）坚持集中力量办大事的制度优势，为普遍使用中医药提供根本保证

习近平总书记强调，湖北省、武汉市是全国疫情防控的主战场，要举全国之力予以支援。30个省区市和新疆生产建设兵团、军队等调派42000多名医务人员支援湖北省、武汉市。医用防护服日调度供应量从2020年1月27日前日均2.1万件，增加到峰值2月29日27万件；N95口罩日调度供应量从1月27日前日均7.2万只，增加到峰值3月1日56.2万只，做到了医疗物资动态保3天、救治药品标配10天、医疗设备按标准应配尽配、成品粮油储备30天。九信中药生产、煎煮、配送了中药汤药84万袋，向武汉市39个隔离点、7家医院、10个方舱医院供应，采购中药材品种255个、728批次、1600余吨。《柳叶刀》评价，除了中国，没有任何一个国家可以用这样的速度动员各种资源，速度之快、规模之大，世所罕见。正是党的领导和社会主义制度强大的政治和制度优势，为普遍使用中医药提供了根本保证。

三、创新做法

（一）通过分析病例档案，创新提出湿毒疫理论，促进中医药理论发展

传染病在中医体系中属于"疫"的范畴，明确疾病证候特征和演变规律是科学制定中医诊治方案的前提。武汉抗疫期间，天津中医药大学紧急编制新冠肺炎症候学调查症候表，开发了 COVID-19 中医证候学临床调查 App。张伯礼院士到武汉第一时间买了 100 台手机，让医生带着手机进红区，把病人症候通过手机传输到后方平台。短短十天，就组织湖北、天津、河南等省市 10 多家医院进行多中心大样本证候学调查研究，纳入病例 1000 余例。通过对 1000 余份病例档案的数据分析，得到新冠肺炎中医证候特征和临床规律。明确湿、热、毒、瘀、虚是证候要素，湿毒郁肺为其核心病机。新冠肺炎的中医病名应为"湿毒疫"，呈现兼挟发病的区域特点，据此明确了治疗方向，取得较好治疗效果。且之后临床表现出的起病缓和、可突然转重、病情复杂多变、病程黏腻胶着等也符合湿邪病证特点和演变规律，丰富了中医疫病理论。

（二）依据组分中药库的档案大数据，筛选出抑制新冠肺炎病毒的中药有效成分

天津中医药大学组建组分中药重点实验室（2020 年 8 月 9 日，被评为全国中医药系统首个国家重点实验室）已有 10 多年，张伯礼院士带领团队重点围绕中医方剂配伍的科学基础性问题大力开展了系列研究，形成了以"化学组成表征确切，制备质量可控，具有明确生物活性"为特征的组分中药理论和关键技术体系，并搭建了有 6 万余种中药组分的实物库，在现代中药创新、大品种二次开发、中药智能制造等领域得到了推广应用。依托 6 万多味中药的档案大数据，通过分析每味中药材的有效成分，根据新冠肺炎患者的症状，调出组分库里对症的药材，用计算机筛选出哪些药材里的有效成分可以抑制病毒，最后拟出宣肺败毒方。

（三）依据档案数据，阐释中医药作用机制

天津中医药大学组织多个团队，依据档案数据，采用动物模型、细胞实验及网络药理学方法，从调控机体生物分子网络的角度阐释了宣肺败毒颗粒多成分多

靶标治疗COVID-19的作用机制，初步阐释了中医药治疗新冠肺炎的主要原理是通过调节免疫功能的紊乱，抑制炎症因子风暴，保护主要脏器功能，同时也有一定的抑杀病毒作用。

（四）依据档案数据，科技助力中药老药新用

在疫情早期，化学药和疫苗都没有可及性，天津中医药大学利用组分中药国家重点实验室等国家级科研平台，依据6万多味中药的档案数据，开展已上市中成药快速筛选和抗新冠病毒中药活性筛选及新药研发。对已上市中成药的档案数据做了筛选和评价工作，最终筛选出65种广谱抗病毒、抗细胞因子风暴、抗肺纤维化的中成药。

（五）档案数据助力新药研发和临床评价

创建了应急状态下中药新药发现模式和关键技术，建立"经典文献档案—组分筛选—药理评价—临床验证"技术流程和关键技术，成功研制了中药制剂并在一线应用。针对新冠肺炎核心病机，梳理治疗"疫""瘟"及呼吸道传染病的经典方剂档案，结合临床档案数据，形成基本处方，进而进行成药性综合评价，研制出中药新药宣肺败毒颗粒（图2），是在麻杏石甘汤（出自《伤寒论》）、麻杏薏甘汤、葶苈大枣泻肺汤（出自《金匮要略》）、千金苇茎汤（出自《备急千金要方》）等经典名方档案基础上凝练而来的。

图2 2021年国家药监局批准宣肺败毒颗粒等上市

（六）依据档案信息，隔离并普遍服用中药

吸取抗击非典的经验，打有准备的仗。在2020年1月27日会议上，张伯礼院士提出对疑似患者、发热人群、确诊患者及密切接触者等人群要严格地隔离，但严格的隔离只隔离不服药，只成功了一半。因为隔离后不吃药，有的病人可能在潜伏期，有的病人可能只是发热流感，如不治疗，可能会出现并发症。一些轻症不治疗，可能会转成重症，所以一定要治疗。根据档案记载，古人治疫病和传染病，在县城的东南西北中的地方，支起五口大锅煮中药，全城的人拿起碗来

喝中药，古书档案上记载称为"中药漫灌"。中央指导组批准后，在严格隔离基础上普遍服用中药，抢得了治疗时机，安抚了恐慌情绪，取得了较好效果，上述"四类人"中确诊者所占比例从2月初的80%降到2月中旬的30%，3月初降到10%以下，这是阻断病情蔓延之势的有效举措。

（七）依据档案信息，开拓中医方舱医院，创新中医药疫情救治组织模式

张伯礼院士边战"疫"、边总结、边实践，依据2003年抗击非典档案信息，总结了"社区整群干预、方舱医院集中干预、定点医院集中救治和康复驿站恢复期支持"各环节紧密衔接、功能明晰的序贯式、全过程的中医药介入新发传染性疾病防治模式，开拓了中医方舱医院模式。张伯礼院士组建天津、江苏、河南、湖南、陕西五省市中医医疗队，两批300多个医务工作者，成建制承包江夏方舱定点医院，采用以中医综合疗法为主的救治模式，有利于尽早总结中医药治疗的疗效和规律，为中医药应对大规模突发公共卫生事件探索了新的介入路径。舱内564例轻型和普通型新冠肺炎患者，无一例转为重症，出院无一人复阳，单独使用中医药完全可以治疗轻型和普通型患者。将经验在武汉十几所方舱医院推广后，方舱医院转重率下降至2%～5%，明显低于通常10%～20%的转重率。

（八）依据档案信息，支部建在方舱，用温暖驱赶恐惧

依据中国革命成功之处是支部建在连上的档案信息，把党组织建在方舱里，这是非常有意义的管理创新。组建患者支部、医生支部，两个支部对接。江夏方舱用布帘子给患者隔出私人空间，保护隐私；患者过生日，给他开个生日Party；病区里设有励志的格言墙；组织练习太极操、八段锦，选举"三好"舱友等。方舱像个大家庭，关心、抚慰普遍存在恐惧、焦虑、无助感的患者，让患者感到贴心暖心，积极配合治疗。到后来，甚至有的患者不愿意出舱，说"我就在这里住着隔离吧，这里太好了"。

（九）依据档案信息，制定恢复期康复方案，减少后遗症

面对一些新冠肺炎患者出院后仍出现呼吸功能、躯体功能等障碍，疲乏、心悸、肌肉酸痛等表现，张伯礼院士提出需进行及时中西医康复干预，并早在2020年3月，组织国内中西医专家依据档案信息，联合编制《新型冠状病毒肺

炎恢复期中西医结合康复指南》，有效指导恢复期患者的中西医结合康复治疗。2021 年年初在河北疫情救治期间，张伯礼院士团队依据档案信息，在总结武汉近一年的康复经验基础上制定康复介入方式和诊疗方案，并研制了方药，形成"河北康复模式"。探索出了从定点收治医院直接对接康复定点医院的早期全流程干预模式，达到及早康复、综合康复、规范康复的治疗目标。

四、效果及影响

（一）习近平总书记高度评价

习近平总书记指出，中西医结合、中西药并用，是这次疫情防控的一大特点。用一个多月的时间初步遏制了疫情蔓延势头，用两个月左右的时间将本土每日新增病例控制在个位数以内，用 3 个月左右的时间取得了武汉保卫战、湖北保卫战的决定性成果。习近平总书记称赞广大医务人员是最大功臣、"新时代最可爱的人"。

（二）副总理孙春兰高度评价

副总理孙春兰在《求是》杂志发表文章提到："中医药是这次疫情防控的一大特色和亮点。在没有特效药和疫苗的情况下，注重发挥中医药治未病、辨证施治、多靶点干预的独特优势，首次大范围有组织实施早期干预，首次全面管理一个医院，首次整建制接管病区，首次中西医全程联合巡诊和查房，首次在重型、危重型患者救治中深度介入，探索形成了以中医药为特色、中西医结合救治患者的系统方案，成为中医药传承创新的一次生动实践。国际社会高度评价："中西医结合的方式是抗击疫情的重要方案，正为全球抗疫作出贡献。""广大医务人员不惧风险、义无反顾，发挥了火线上的中流砥柱作用，展示了精湛的医术和良好的风貌。"

（三）社会各界认为中医药发挥了重要作用，成为这次疫情防控的一大亮点

全国新冠肺炎确诊病例中有 74187 人使用了中医药，占 91.5%，其中湖北省有 61449 人使用了中医药，占 90.6%。临床疗效观察显示，中医药总有效率达到了 90% 以上。中医药能够有效缓解症状，改善肺部炎症的吸收，加快病毒转阴，

能够减少轻型、普通型向重型发展的数量,能够提高治愈率,降低病亡率,能够促进恢复期人群机体康复。

(四)加速推进中药现代化和国际化步伐

以临床科研协作为切入点,一方面提升中药材品质,规范化种植,保证道地药材基本药效,生成无公害中药材。另一方面要提供更多的临床有效证据。不仅需要通过现代医学研究中药的作用机理,还要拿出过硬的循证证据,这是中医药国际化的前提。同时,作为中医药宗主国,有责任发挥引领作用,标准先行。

(五)重症辅助治疗,中医药也能力挽狂澜

对重症患者,西医为主,同时配合中医药治疗。中医药虽是配合,但在某些临床病理环节能起到四两拨千斤的作用。有病人呼吸机氧的流量给得很大,但血氧饱和度仍上不去,中医辨证发现病人气虚,服用几天独参汤补气后血氧饱和度稳定。有病人肺里炎症很重,用抗生素和激素控制不住时,加些清热解毒的中药,如热毒宁、痰热清,互相协同,用药三四天后,炎症逐步减轻消散。

(六)中西医结合比单纯西医治疗效果好

张伯礼院士与刘清泉教授承担的科技部中西医结合临床救治项目研究,用108个病例回顾性研究对比得出一组数字:CT的影像学改变,中西医组是93.2%,西医组是74.3%;临床治愈率,中西医组是91.8%,西医组是71.4%;转重率,中西医组是4.1%,西医组是11.4%。中国新冠肺炎病人康复后,后遗症出现概率和程度都比国外轻得多,与普遍使用中药有密切关系。

(七)宣肺败毒方的临床效果明显

在武汉市中医医院、湖北省中西医结合医院、江夏方舱医院,对使用宣肺败毒方治疗500例患者开展的队列研究结果显示,轻型和普通型患者,发热、咳嗽、乏力等症状明显减轻,CT诊断也显示治疗后显著改善,且无一例转重。

案例形成单位:天津中医药大学
案例形成人:崔静、张俊华、杨丰文、袁萍萍、李莉

省级电网企业档案信息资源共享中心在江苏"4·30"风灾应急抢修中的应用

一、案例概述

2021年,在江苏"4·30"龙卷风灾、台风"烟花"等多次应急抢修中,国网江苏省电力有限公司(以下简称国网江苏电力)打破地域壁垒,依托省级档案信息资源共享中心大档案"资源池",省、市、县公司档案部门一体部署,实时联动,为应急抢险救灾提供主动、精准、及时的档案服务。其中,地处重灾区的国网南通供电公司快速共享借鉴了盐城阜宁"6·23"龙卷风冰雹特大灾害应急抢修专题档案,梳理备好重灾区工程建设项目档案,通过实体档案快速检索、供阅,电子档案信息化检索秒级响应、秒级授权,为指挥部和灾区现场提供应急预案、竣工图纸、设备参数等档案,实现了档案的跨区域共享利用,为设备抢修、电网运行、物资供应、财产理赔等工作提供了快速精准的技术和档案支撑,助力50个小时内实现近30万受损用户全部复电的"国网速度",为减少各类经济损失、快速恢复地方经济作出了巨大贡献。

二、实施背景

2021年4月30日18—21时,江苏沿江及以北地区发生飓风和冰雹灾害,全省132个乡镇遭遇10级以上大风,南通地区最大风力达14级,南通、盐城、扬州及泰州部分地区出现冰雹,大树倒伏压断电杆、彩钢瓦和大棚覆膜掀至架空线等情景随处可见。受此影响,江苏电网共计发生500千伏线路跳闸3回;220千伏线路跳闸11回;110千伏线路跳闸15回;35千伏线路跳闸13回;10千伏线路跳闸278条,影响供电台区12586个,282341户居民用户停电。

灾情发生后,国网江苏电力第一时间成立应急指挥部,办公室作为应急指挥领导小组成员部门,立即启动档案工作应急预案,明确要求:"在确保人员安全的情况下，受灾地区档案人员及时恢复在岗，通过档案信息资源共享中心提前准备应急抢修专题档案，以及受灾严重地区变电站、线路、配农网项目竣工图、设备等项目档案，打开档案借阅利用绿色通道，实行抢修救灾档案'零审批'，全力支撑抢险救灾工作。"随即，地处重灾区的国网南通供电公司快速共享借鉴了盐城阜宁"6·23"龙卷风冰雹特大灾害应急抢修专题档案，梳理备好重灾区工程建设项目及配农网项目档案，为制订抢修计划、供应物资、财产理赔等工作提供了快速精准的技术和档案支撑。灾区现场抢修人员急需的竣工图纸、设备参数等档案，实行非涉密档案利用"零审批"、电子档案线上借阅"秒授权"，助力50个小时内实现近30万受损用户全部复电的创举，为又一次创造"国网速度"贡献了档案力量。

三、创新做法

（一）秒级共享利用，为科学决策提供信息支撑

灾害发生后，南通公司档案人员在档案信息资源共享中心即时调阅盐城阜宁"6·23"龙卷风冰雹特大灾害应急抢修专题档案及相关突发事件处置应急预案，并汇报给应急抢修指挥部，大大缩短了指挥部科学制定应急抢修方案的时间。在"4·30"风灾电力保障应急会商会议及各类抢修专项工作会议上，指挥部及工程专家陆续从档案信息资源共享中心调阅各类变电站、线路、配变、台变及重要用户等受灾设备及相关工程建设档案电子文件超过200件，为恢复运行、安全督查、物资供应、财产理赔等决策提供了第一手情报支撑，也为抢修复电工作的顺利实施赢得了宝贵时间。

（二）即时精准调阅，为现场抢修复电争分夺秒

灾情发生后，国网江苏电力和灾区市县公司档案人员全员到岗，省、市、县三级联动、紧密配合，与抢修现场保持密切联系，第一时间掌握现场受损最严重的输电线路杆塔和配农网线路。根据现场抢修人员用档需求，档案人员利用档案信息资源共享中心档案数字化程度高、检索速度迅速等优势，通过实施档案利用"零审批"、电子调阅、实时传输等方法，为抢修现场提供精准服务，提供纸质竣工图、设备档案等共计76卷，为抢修复电争分夺秒，节省了大量时间，也为后

续灾情处置、恢复运行奠定了坚实基础。

（三）主动延伸服务，为灾情处置提供有力保障

在服务现场抢修用档的同时，档案部门还主动对接安监部、调控中心、运检部、营销部、物资部、财务部等部门人员，有力保障了应急抢修工作整体推进、一体部署实施。一是为调控中心、运检部、营销部等提供《防台防风处置应急预案》《薄弱供电方式实施细则》等11件档案，助力确定抢修施工方案、薄弱运方保电工作及用户恢复送电优先级。二是根据现场损坏的塔基编号、线路杆塔形式等设备信息，调阅相关建设工程项目竣工图纸为物资部门提供杆塔型号、绝缘配置、主要供货商等设备相关参数，配合完成抢修线路段的材料表编制，助力物资部门确定物资准备方案，在72小时之内备齐35千伏及以上线路工程所需铁塔、金具、导线等全部应急物资并送至现场，档案人员同步参与设备开箱验收。三是为财务人员提供受损设备资产价值档案数据50余条，发挥档案凭证作用，助力收集和统计财产损失情况，快速启动了保险理赔事宜。

（四）初试"共建共享"，更好服务公司现代化治理

国网江苏电力严格贯彻落实国家档案局下发的《重大活动和突发事件档案管理办法》，在档案信息资源共享中心建立了风灾抢修保电专题档案，省、市、县三级单位共同参与专题档案数据库维护，为风灾应急抢修提供了档案保障。同时加强抢修保电全过程文件材料的收集归档，进一步补充完善应急数据库数据资源，共计收集抢修档案300余件。共享中心的推广应用，实现档案从收集归档到共享利用的螺旋式提升，为挖掘档案价值提供了翔实的数据资源，也为后续档案利用奠定了坚实基础，而这种档案资源"共建共享"模式的探索和尝试，也为企业应对突发事件和提升现代化治理提供了决策参考和档案信息支撑。

四、效果及影响

省级档案信息资源共享中心在"4·30"风灾应急抢修的成功应用，助力国网江苏电力实现在50个小时内为近30万受损用户全面复电，再次刷新了"国网速度"。档案电子化、信息化共享利用为抢修工作赢得了宝贵时间，同时节约了人工来回调阅实体档案等大量的成本费用，及时保险理赔也保障了公司合法利

益，减少了损失，产生的经济效益显著。而大面积停电的快速复电工作，彰显了公司坚守"人民电业为人民"的不变初心，勇于履行社会责任的担当，有力彰显了公司当表率、做示范、排头兵的形象。

（一）助力提速降损，经济效益可观

在"4·30"风灾抢修复电过程中，通过公司档案信息资源共享中心提供的受灾区域杆塔、配变、线路、变电站等设备设施技术参数，设计图纸、物资供应商等相关信息，以及受损设备资产价值等凭证。借助各类档案情报和凭证作用，缩短抢修方案制定时间50%，缩短受灾设备设施设计时间70%，缩短物资供应时间30%，预计节省各类费用数千万元。在本次抢修救灾过程中，国网江苏电力依托档案信息资源共享中心，联合省、市、县三级档案部门，将档案信息资源转换成抢修保电和复电的生产力，大大缩短了各环节工作时间，降低了公司损失，取得了显著的直接经济效益。此后，在吴江龙卷风、台风"烟花"等多次应急抢修中，国网江苏电力借助档案信息资源共享中心，复制和借鉴前述档案利用经验，为公司减少各类经济损失、快速恢复地方经济作出了巨大贡献。

（二）刷新"国网速度"，提升企业形象

在"4·30"风灾抢修复电过程中，国网江苏电力档案信息资源共享中心第一时间提供档案支撑，为指挥部确定抢修施工方案提供了决策辅助；为现场抢修人员"抄作业"提供了精确"范本"；为抢修实施、恢复运行、物资供应、财产理赔等专项工作提供了凭证。国网江苏电力在50个小时内实现受损用户全面复电，反应迅速，处置有力，再次刷新了"国网速度"，充分体现了供电人的铁军精神和牺牲精神，有效彰显了"国家电网"企业形象，获得政府、用户、媒体高度肯定和广泛赞誉，多家市县公司获当地政府肯定表扬。

（三）提升法治水平，治理体系更加现代

本次风灾过程中，以档案资源共享中心为依托，档案信息资源的利用水平显著提升，响应速度、共享程度及开放程度得到广泛认可。大量工程建设项目档案的快速利用，为现场抢修人员和专项工作组带来了实实在在的便利和效益，实现了档案资源"形成—收集—整理—归档—利用"的流程闭环。在此过程中，许多参与用档的项目经理看到自己经手归档的档案最终又在关键时刻极大地帮助了

自己，表示"有强烈的获得感和荣誉感""以后要更尽责地做好工程项目归档工作"。档案信息资源的有效利用大大提升了公司员工的归档意识，助力提升公司档案管理的规范化和法治化水平，为企业应对突发事件提供更加精准的决策参考和坚强支撑。

案例形成单位：国网江苏省电力有限公司、国网南通供电公司
案例形成人：颜庆国、陈莉、景海洋、孙平、余冠霖、陆鹏程

拆迁档案开发利用促进征收工作、防止国有财产流失、优化基层社会治理

一、案例概述

随着绍兴大城市框架的确立,越城区城市建设步伐不断加快,对建设土地的需要不断加大。紧邻城市绿心——镜湖区块的斗门街道成为城市开发建设主战场之一,农村房屋征收工作成为街道的首要工作。

近3年来,该街道已经整村征收3个行政村,部分征收13个行政村,征收面积约348万平方米,涉及资金41亿元。斗门街道通过查阅拆迁档案数字化成果,核对查证已安置人员139余人,为国家节省了约5500平方米的安置面积,折算为安置成本价值约8000万元。

二、实施背景

农村房屋征收工作是一项极其复杂的社会系统工程,更是一项极易失稳的民生民心工程。说它是一项复杂的社会系统工程,是因为每次工作都会涉及数百上千个被拆迁主体;其中不仅有巨大的经济利益,而且有巨大的政策风险、法律困境、时效压力和资金困难。说它是一项极易失稳的民生民心工程,是因为拆迁安置本身就涉及具体的民生,大量的具体利益因缺乏细致的法律政策规范而难以调和众口。因此,政府拆迁安置工作的重心往往投放在安抚拆迁安置的主体和市民方面,导致工作重维稳轻前期准备,重经济补偿,轻过程管控。实践表明,大量的拆迁纠纷多数是拆迁安置早期工作不细致,特别是不注重拆迁安置过程档案管理工作所导致的。

三、创新做法

（一）提前对接，确保拆迁档案资料收集齐全

针对以往镇街拆迁办对拆迁档案工作不够重视，档案资料收集不够齐全的情况，越城区档案馆提前对接，在新的拆迁计划开始前，提前开展拆迁档案的指导工作，做到区委区政府重点工作推进到哪里，档案工作就跟进到哪里。通过走访镇街，进行充分调研，档案馆根据拆迁工作前期资料审核阶段、签约阶段、安置阶段三个阶段的不同情况，制定了归档范围和保管期限表格。同时，加强对镇街档案人员的业务培训，提升其依法开展本镇街拆迁档案的指导检查的业务能力。

（二）争取资金，完成存量拆迁档案的数字化工作

在2019年越城区区划调整时，袍江管委会和高新区管委会所管辖的镇街回归越城区管理。在办理档案移交工作时，发现高新区6422卷的拆迁档案没有得到有效整理和数字化扫描。越城区档案馆一方面与办理移交的工作人员清点、保护好相关档案，一方面积极向区政府争取预算外资金，经招投标后确定档案外包服务公司及时进行整理和数字化加工，便于今后的查档利用。

（三）数字赋能，实现新增拆迁档案的实体与电子件同步形成

在数字化改革中，拆迁档案工作与时俱进，实现了从入户丈量、确权确户、签约、结算、安置的全流程信息化运行。越城区档案馆指导镇街开展系统功能、流程图、资料清单等内容设计，镇街与使用该系统的拆迁第三方公司签订保密协议，确保电子档案不外泄。同时，越城区档案馆与区委政法委对接，将拆迁档案目录接入区社会治理MIG矩阵式省级智治平台，让查阅利用拆迁档案更加便捷，为区级社会综合治理提供决策依据，探索档案"智治"新路径。

（四）细致服务，为社会各界提供个性化查阅服务

拆迁档案所包含的内容信息是十分敏感的，不光包含了房屋拆迁补偿协议书、房屋拆迁补偿认定清单、房屋拆迁补偿补助费用结算表、房屋重置价评估表、拆迁房屋装修和附属物评估表等结论性材料，也有原房屋的土地证、房产

证、建房批复等证明材料，拆迁评估过程中拍摄的房屋原始面貌照片。申请房屋拆迁裁决、实施强制拆迁的有关文件材料等其他过程性材料。

针对上述情况，越城区档案馆根据不同申请查档主体设置了不同的查询范围。如拆迁户本人可以凭本人身份证查阅结论性的档案，如拆迁补偿协议书等。镇街工作人员凭镇街介绍信和本人身份证可以查介绍信上写明的档案内容，公检法系统人员凭调查令等法律文书和本人身份证或工作证可以查文书上写明的档案内容。这样既满足了群众的查档需要，也确保了拆迁档案的敏感信息不在查档环节发现泄露。截至2020年年底累计已查阅685人次，调档1300余份，出具证明1174份，6079页。

四、效果影响

（一）体现档案本身无可取代的凭证价值

档案是工作的原始记录，是历史的真凭实据，在法律上具有凭证作用，是不同于并优于其他各种资料的作用的最基本的特点。拆迁工作中的很多纠纷问题就是由于早期建房审批的档案不够齐全、资料存在瑕疵而产生的。如今档案工作与拆迁工作同步跟进，建立完整的档案并进行数字化加工，方便日后查询利用，为今后征收工作、基层社会治理和纠纷矛盾化解提供了强大的凭证价值。

（二）在工作程序上倒逼拆迁工作的公平、公正

为每一户拆迁户建立一份资料完整、手续齐全的拆迁档案，从程序上倒逼拆迁工作人员规范工作流程，有效杜绝了靠人情、走关系、开后门等违规违纪的行为，增强征收工作的公平、公正，赢得群众的信任，促进征收工作平稳有序推进。

（三）优化基层社会治理模式，减少拆迁引起的信访纠纷

拆迁档案的作用不仅是防止国家资产的流失，还能在拆迁安置阶段后期为化解矛盾纠纷发挥重要作用。众所周知，拆迁引发的家庭纠纷多发期或者爆发期是在拆迁工作后期的安置分房阶段。随着时间的流逝、家庭情况的变化，不少家庭在安置阶段会出现新的矛盾纠纷，这些问题处理不好，往往会引发相关的信访事

件。只有用真实可靠的档案作为依据，给群众摆事实、讲道理，才能厘清问题、化解矛盾，提升基层社会治理水平。

案例形成单位：绍兴市越城区档案馆
案例形成人：董湘颐、王锐勋、王龙

档案服务基层治理，资源助推乡村振兴

一、案例概述

2019年10月，巢湖市黄麓镇建中行政村被确定为档案工作服务农村基层社会治理全国试点村。该村夯实乡村治理档案工作基础，将档案工作纳入农村基层社会治理工作整体规划；聚焦农村基层社会治理的主要任务和实际需求，创新农村档案工作管理体制机制；研究制定符合基层治理建设需求的村务管理档案基本目录，规范管理村级档案；推进档案资源共建共享和在线利用服务，档案资源有力促进基层社会治理，有效助力乡村振兴。

二、实施背景

（一）决胜脱贫攻坚与实施乡村振兴战略

脱贫攻坚工作是习近平总书记亲自谋划亲自部署的历史伟业。精准扶贫档案的整理、管理，是巩固精准扶贫工作成果，全面建成小康社会的翔实凭证。在脱贫攻坚工作中，要充分发挥档案职能作用，记录基层乡村脱贫事业点滴，全面准确记载帮扶过程、帮扶效果，加强对扶贫档案开发研究，深度挖掘利用潜能，构建全民减贫记忆，承载伟大减贫奋斗精神，彰显民族文化自信，为扶贫事业和全国减贫奋斗历程留下"档案记忆"。

与此同时，党的十九大报告提出："要按照产业兴旺、生态宜居、乡风文明、治理有效、生活富裕的总要求，建立健全城乡融合发展体制机制和政策体系，加快推进农业农村现代化。"2021年2月21日，中央一号文件正式出炉，主题是"全面推进乡村振兴加快农业农村现代化"，把乡村建设摆在社会主义现代化建设的重要位置，全面推进乡村产业、人才、文化、生态、组织振兴，走中国特色社会主义乡村振兴道路，促进农业高质高效、乡村宜居宜业、农民富裕富足……全面推进乡村振兴的号角已经吹响。

站在新的历史起点，全面实施乡村振兴战略意义深远，决胜脱贫攻坚之后更需要及时归集档案总结宝贵经验，为实施乡村振兴战略提供档案支撑。

（二）治理体系与治理能力的现代化

党的十八届三中全会提出："全面深化改革的总目标是完善和发展中国特色社会主义制度，推进国家治理体系和治理能力现代化。"

基层治理是国家治理的基石，也是乡村振兴的重要保障。推进乡村治理体系与治理能力的现代化，是巩固党在农村执政基础、满足人民群众美好生活需要的必然要求，也是推进国家治理体系和治理能力现代化的必然举措。档案作为基础资料，有力服务基层治理，充分发挥原始记录与凭证作用。新形势下，档案也有助于构建共治共享治理新格局，着力解决服务群众"最后一米"问题，在促进基层治理体系与治理能力现代化过程中发挥着基础性、助推性作用。

（三）档案服务乡村建设发展实际需求

巢湖市黄麓镇建中行政村总人口4820人，紧邻镇域，村民利用档案开展土地确权、修建房屋、出具证明等需求明显。建中行政村在早期建立村级档案室的基础上，结合档案服务农村社会治理试点工作，对本村形成的各门类各载体档案实行集中统一管理，成立档案工作领导组，构建档案管理网络，完善档案工作各项规章制度，做到各门类档案收集齐全，整理规范，档案"八防"设施设备齐全；研究制定符合基层治理建设需求的村务管理档案目录，推动村级档案工作规范化，促进村务公开和基层工作减负增效，在维护村级档案资源完整有效的同时避免"痕迹主义"，秉承以人民为中心的档案服务理念，打通服务群众"最后一米"。档案利用有一定的社会效益和经济效益，能够有效地服务农村基层社会治理与提供群众便民服务。

三、创新做法

（一）服务经济建设，打造"档案＋葡萄文旅"

充分发挥档案服务农村经济工作原始凭证作用，结合建中行政村经济建设实际，打造"档案＋葡萄文旅"。结合试点工作，建中行政村主动为村居企业、农村合作经济组织等提供档案服务，帮助市场主体建档，打造名优品牌，服务经济发展。

建中行政村以"土地"为纽带，链接产业发展。通过搜集土地承包合同、租赁原始凭证等资料，整理集体资产与经济组织使用计划，利用大事记记录村域经济发展历程及优势产业，为经济发展提供思路。2017年7月，建中行政村拟打造精品水果产业园，农户土地承包资料及早期经济结构、种（养）殖等集体经济资产档案为产业目标确定与规划招标建设提供档案服务。依托档案资料，建中行政村锚定"一村一品"葡萄工程，流转农户承包土地，运转集体资产，打造"种植规模化、生产标准化、产品品牌化、施药组织化、经营产业化"的生态精品水果大棚扶贫种植示范基地（图1）。创建葡萄种植栽培、葡萄文化旅游节特色档案，结合省级美好乡村昶方自然村，谋划打造村域旅游与生态采摘共建的"葡萄文旅产业"。

图1　黄麓镇建中行政村精品水果大棚扶贫产业园（畅欣园文旅农庄）

（二）融汇档案元素，打造"档案＋人居环境"

充分发挥档案改善农村人居环境的参考价值，植入文化和旅游融合发展的档案元素，依托档案资源打造绿水青山和乡村特色文化，共建"档案＋人居环境"，将档案与农村环境整治工作有机结合。

建中行政村专项整理环境整治、农村改厕、农田水利等档案，梳理现有村庄建设布局与水系建设条件，利用档案资料溯源"九龙攒珠"村落建筑格局（图2），为农村人居环境整治提供有效决策，为因地制宜实施人居环境整治提供基本依据。昶方自然村依托建中行政村规划、管网等档案资料,融汇"九龙攒珠"传统文化,创建美丽乡村建设专项档案,定点分析、科学投资,投入1500多万元全力推进昶方美丽乡村建设,建成省级示范点,真正起到了乡村建设示范引领作用(图3)。

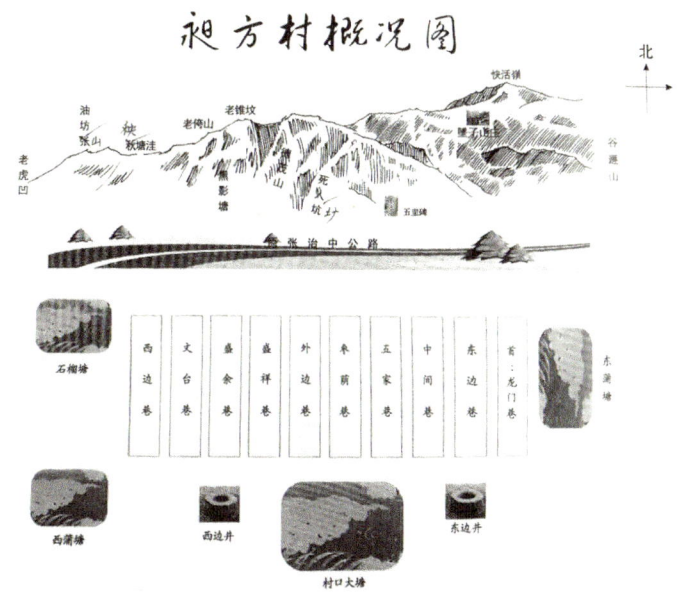

图2　建中昶方自然村"九龙攒珠"建筑格局档案资料(九龙攒珠❶)

图3　建中昶方自然村塘口人居环境整治前后对比

---

❶ 九龙攒珠:对巢湖北岸独特村落形态的一种形象描述。根据昶方宗谱族谱及相关档案资料记载,昶方自然村是典型的"九龙攒珠"村庄格局,"如遇到大雨,九条水沟滚滚直入池塘,活像九龙戏水,群众评此为九龙攒珠"。

（三）承载文化历史，打造"档案+村史古训"

档案凝聚亲情乡情，承载历史变迁，传承文化记忆。建中行政村凸显档案资源优势，发挥档案记录功能和保存价值，以档案力量共建"档案+村史古训"。以建中行政村为例，通过搜集村志、地方志等资料，记录行政村变迁历程；编写大事记，记录发展历程；编写档案编研材料，记录文化历程。将档案作为传承文化的载体，打造承载乡愁、记载地情的资料库。

昶方自然村是建中行政村利用档案资源承载文化历史，还原村史古训的一个缩影和范例。早期的昶方自然村，因资料缺乏、环境混乱，未受重视。村史馆成立之际，通过梳理旧有文卷、向高龄老人询问记录、深入群众走访调查和参阅地方志资料等，整理汇编村际档案，系统地还原了昶方建村历史与村训内涵，档案为美丽乡村建设及昶方自然村村史馆打造提供了文化力量（图4、图5）。

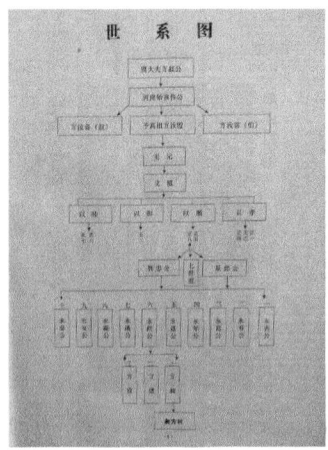 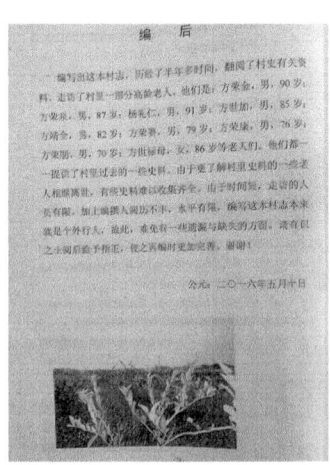

图4　建中行政村挖掘和完善昶方自然村村史档案

昶方自然村村训"胸怀昶凌，德行方寸"（图6），寓意高空凌志，开阔无际，象征昶方先祖历尽艰辛、开荒拓土的精神。村史馆建设以此为精神内核，结合村内农耕器具等老物件、名人等历史寓意与介绍，唤醒村民乡情记忆与文化符号，激励昶方人民传承历史、内化古训、接续奋斗。

（四）破解治理难题，打造"档案+综治维稳"

以服务基层为根本，秉承以人民为中心的档案服务理念，寻求治理路径，让档案服务惠及百姓，发挥综合治理效能。建中行政村加强档案管理，汇编惠民惠企政策文件，搭建线上服务平台，充分发挥档案的原始凭证作用与法律证明效果，聚焦档案服务乡村治理着力点，联系村民百姓重点关注的土地、建房等问题，化解群众纠纷、维护群众合法权益，打造"档案＋综治维稳"，有效解决基层矛盾。

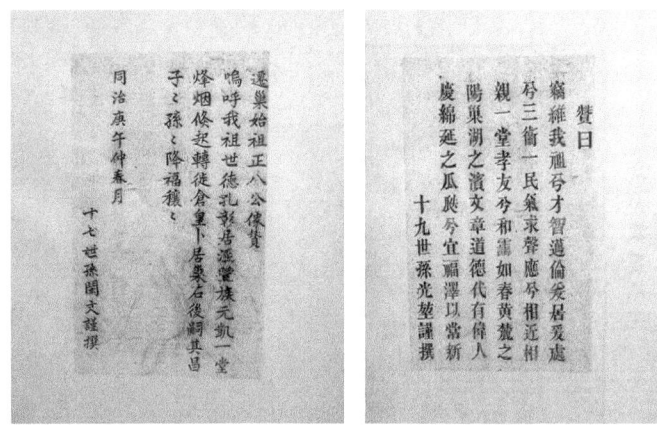

图 5　建中昶方自然村历史起源档案记载

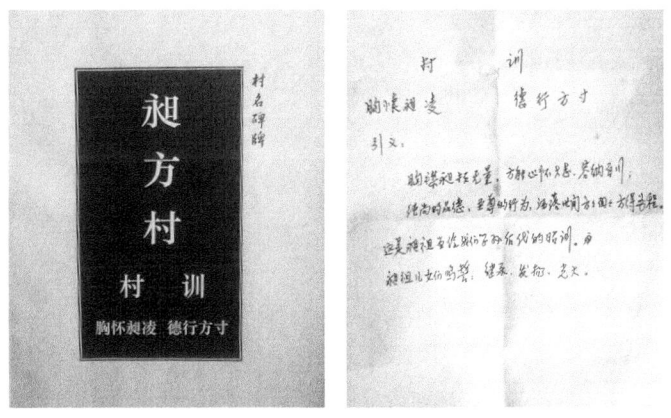

图 6　建中行政村昶方自然村村训

建中行政村收集整理土地确权档案 1267 件，保留宅基证、宗地四至及承包协议等原始记录；收集综治信访档案，翔实记录历年群众矛盾调解过程，为综治信访提供经验支持和档案依据，破解旧有"无有效证件、无文字记录"等尴尬治理困局。利用档案凭证解决政策宣传、拆迁补偿、合同纠纷等各类信访矛盾，出具各类证明，服务乡村综合治理。

（五）记录脱贫攻坚，打造"档案+精准扶贫"

搜集综合管理类、精准识别类、精准施策类、精准脱贫类、贫困户户档以及扶贫产业园详细资料，及时整理归档。制定脱贫攻坚专项政策文件汇编材料，认真梳理扶贫资料成套标准化体系与规范。在前期建档开发过程中，包村干部逐户下村上户调查摸底，确保基础信息准确，在此基础上，完善扶贫资料，整理扶贫档案，并全文扫描数字化，构建"档案+精准扶贫"（图7）。

图7 建中行政村扶贫档案开发利用与管理（部分）

搜集整理扶贫档案，详细记录脱贫攻坚奋斗历程，为夯实精准扶贫工作基础、打赢脱贫攻坚战、全面实现小康社会提供档案依循。

（六）服务发展大局，打造"档案+基层治理"

建中行政村着力加强档案建设工作，为各项中心任务开展、经济建设服务提供基础支撑。根据村情实际建立档案清单，强化"六有"保障，即有分管领导、有管理制度、有管理人员、有专用库房、有档案资料、有登记台账；开发利用村级档案，完善已有档案、及时更新扩充新建档案；利用信息化平台实现档案资源百分百数字化。以村级档案建设开发服务基层社会治理，以数字资源活用助推乡村振兴，打造"档案+基层治理"，服务各项事业发展大局。

建中行政村全面构建包含村民情况、户籍、入党、新农合参保、优抚、土地承包等多方面的村民基本信息库；着力推动城乡档案公共服务均等化，利用信息化数字化建设平台，维护村级档案资源安全完整，探索农村基层减负增效新路。档案在第七次全国人口普查、庆祝中国共产党成立100周年、村庄规划编制实施、村两委换届、美丽乡村建设中发挥服务、参谋等作用，有力促进乡村基层治理（图8）。

图8　建中行政村档案开发利用（档案管理与手检目录、全宗卷）

四、效果及影响

（一）"档案 + 葡萄文旅"，凝聚产业兴旺新动能

打造"葡萄文旅"标识牌，融入对接"黄麓葡萄"产业品牌；以产业带动经济发展，助力脱贫攻坚。2017年建中行政村申报精品水果大棚扶贫产业园项目，整合产业扶贫资金，采用基地 + 贫困户的方式，吸纳93户贫困户参与项目生产，带动种植约4000亩，户均年收入增收达到700元，整个项目区增加产值120万元，集体经济年收入由2017年的7万元增收至现今约50万元，收益明显。现今，建中行政村拟以"文旅建中"新定位为目标，继续发挥档案服务优势，依托葡萄节专业档案，优化葡萄产业种植，"档案 + 葡萄文旅"助推产业兴旺和乡村振兴。

（二）"档案 + 人居环境"，建设生态宜居美乡村

昶方自然村深挖传统文化，整理"九龙攒珠"资料，开展人居环境整治，建成以"九龙攒珠"为核心理念的美丽宜居新农村（图9），成为巢湖市旅游示范村、新晋知名打卡地。目前村里户户通自来水、户户用卫生厕所、户户污水有效

图9 建中生态昶方"九龙攒珠"村庄布局结构手绘及治理现状图

处理,村内环境更加美丽宜居;2019年1月24日,全国农村生活污水治理工作推进现场会在建中昶方召开,中央政治局委员、国务院副总理胡春华,农业农村部副部长余欣荣,生态环境部副部长黄润秋至现场考察调研,推进全国农村生活污水处理与环境改善工作。据统计,建中昶方村已接待全国各地人居环境整治参观调研人员与游客共计4万余人次。

(三)"档案+村史古训",留住浓浓乡愁老记忆

利用档案资料,结合村史古训、发展变迁等,记录2005年建中行政村建村以来大事记50余条,全方位还原村域经济建设发展历程,有效维护村级档案资源安全完整;根据档案汲取灵感,挖掘中国非物质文化遗产"掇英轩粉蜡笺"传统加工制作技艺(图10),浓缩中华优秀传统文化。打造昶方自然村村史馆(图11),还原村史古训与古老文化,铭刻乡情记忆。着力构建档案与村史、乡风文明建设相结合模式,挖掘乡风记忆,倡导移风易俗,评选十星级文明户,建设农村新时代文明新风尚,增强人民群众的获得感、幸福感和安全感。

图 10　非物质文化遗产——建中"掇英轩粉蜡笺"加工制作技艺

图 11　建中档案元素昶方自然村村史馆内外景

（四）"档案＋综治维稳"，提升治理成效惠群众

依托档案数字化建设平台，一方面构建共建共治共享新局面，实现村务、党务公开透明，保障人民的知情权、参与权、表达权、监督权，有效化解潜在矛盾纠纷，提升治理效能；另一方面充分发挥档案资料作用，先后为1035余人次提供1523余卷（件）调阅服务，出具相关证明903份，化解群众土地矛盾纠纷、承包合同纠纷等问题17个，将多起信访问题化解在萌芽状态。2019年7月，建中行政村成功申报全国社区治理示范村。现今，建中行政村依托村级档案室，实现"群众少跑腿、查档不出村"，同时为跨地域解决矛盾纠纷提供依据，为基层乡村治理提供可参考经验。

（五）"档案+精准扶贫"，共迈生活富裕新路子

加强对扶贫档案的研究开发，深度挖掘扶贫档案利用潜能，为村两委科学决策、破解民生发展难题提供参考。其中，利用扶贫统计数据、帮扶政策等资料，为全村脱贫户制定专项脱贫方案、申请政策扶持；针对贫困户，根据档案动态记录过程，实现扶贫对象精细化管理、扶贫资源精确化配置、贫困户精准化扶持。通过对扶贫档案的深入研究利用，有效助力全村146户259人贫困人口全面脱贫，留下近5000份珍贵档案资料，为乡村振兴提供重要参考。

（六）"档案+基层治理"，谱写乡村振兴新篇章

延伸档案工作，为群众提供便捷高效的档案公共服务；结合数字化档案室工作，帮助解决群众多元化利益诉求（图12）。档案调阅、借阅服务辅助基层开展工作，高质量完成第七次全国人口普查工作，提炼疫情防控经验，助力基层疫情管控。为新农合、城乡居民养老保险、医疗保险缴纳提供信息，为基层党组织建设和村两委换届提供经验。档案有效服务基层治理，2015年建中行政村获评巢湖市信访优秀"三无村居"一等奖，2019年11月被确定为"扫黄打非"进基层全国联络示范点，档案工作为乡村振兴注入新活力。

图12　建中行政村档案建设服务基层治理（线下实体化+线上数字化）

建中行政村档案服务基层治理经典案例：

巢湖市黄麓镇建中行政村民周杨保，2000年后一直在外务工，没有办理土地二轮承包确权。2018年回家后，他发现自家原来承包的田地已被邻居耕种，早不在自己名下了。"家里几代人种的地，怎能成了别人家的？"周杨保愤愤不平，两家人也闹得不可开交。村里多次调解，均因依据不足，两家的工作都做不下来。

纷争之际，村干部想到去村档案室找找，或许有突破。果不其然，在会计档案里，找到了周杨保多年前上交农业税的收据，证明土地确实是他承包的。档案证据面前，邻居作出退让。办理确权后，周杨保重新种上了土地。

巢湖市黄麓镇建中行政村以档案工作为着力点，服务基层社会治理，乘数字化建设东风，用活档案资源，助推乡村振兴。目前建中行政村档案资源开发利用工作取得了一定的经济社会成效，也总结出一批可复制可推广的经验做法，但仍需进一步创新档案工作，紧跟时代步伐、充分挖掘档案信息资源在乡村治理与建设中的价值，为实现乡村振兴助力，为推进基层治理赋能，为见证、记录、实现社会主义现代化和中华民族伟大复兴中国梦持续高质发挥档案作用。

案例形成单位：巢湖市档案局、巢湖市黄麓镇建中行政村委会
案例形成人：凌小丹、周安银、张凤飞、方生权、张婷凤、赵育恒

档案出庭作证，维护"新华"权益，保护百姓健康

——档案助力新华制药系列商标侵权案胜诉

一、案例概述

山东新华制药股份有限公司（以下简称新华制药）享有对"新华"商标的独占使用权。在近几年的商业竞争中，河南、湖北、浙江、辽宁、北京、淄博的部分涉医药领域企业分别在自己的主办网站、药房或企业注册过程中使用带有"新华"字样的徽标或文字。凡此种种不正当竞争行为严重侵犯了新华制药的声誉与利益，新华制药遂对各种不同形式的"新华"商标侵权行为提起诉讼，展开系列"新华"商标维权行动。在诉讼过程中，档案出庭作证，助力"新华"商标系列侵权案件全部胜诉。

二、实施背景

（一）"新华"商标的历史与价值

新华制药是大型制药企业，是 H 股、A 股上市公司，全球最大的解热镇痛药生产和出口基地，国内重要的心脑血管类、抗感染类、中枢神经类、生物药物等生产企业。其前身是 1943 年由胶东解放区八路军司令员许世友将军一手创办的山东新华制药厂。"新华"二字按字面解释即崭新中华或新兴中华之意。1950 年 11 月 16 日，山东新华制药厂由中央私营企业局正式核准注册使用"新华"商

图 1　1950 年新华制药注册的"新华"商标

标（图1），商标外形是显著的医药特征苯环，内含新华二字，至今已有70多年的使用历史。随着企业的不断发展壮大，"新华"也成为家喻户晓的驰名商标。

"新华"商标发展过程及重要荣誉见表1。

表1 "新华"商标发展过程及重要荣誉一览表

1950年	"新华"商标由中央私营企业局核准注册使用
1978—1999年	6个产品分获国家金质奖章和银质奖章；部分药品制药技术领域有重大创新
1994年	"新华"布洛芬及片剂、吡哌酸等产品被评为山东名牌
1998年	"新华"药品被评为山东省名牌产品
1998年	"新华"品牌被省政府列为五个重点培植的国际知名品牌之一
1992—2007年	"新华"商标四次被评为山东省著名商标
2002年	"新华"商标荣膺中国驰名商标称号
2003年	新华集团与新华制药签订"新华"商标使用许可协议
2003年	在中国最有价值品牌评选中，"新华"商标价值35.42亿元
2000以来	"新华"商标在美国、印度、印度尼西亚、秘鲁、泰国、巴西、巴基斯坦七个国家进行国际注册
2002年以来	"新华"药品始终保持了100%的合格率
2005—2008年	"新华"商标被评为商务部重点培育和发展的出口名牌

（二）"新华"商标侵权情况严重

当今市场经济下，"傍名牌、搭便车"侵权行为愈演愈烈，知识产权纠纷呈"爆炸式"增长。很多不法涉医药领域企业注册与"新华"商标很接近或者雷同的商标，或者在企业名称字号中使用"新华"字号，利用法律的漏洞损害新华制药的合法权益。近几年，青岛新华某兽药厂、浙江新华制药某公司、河南新华药业某公司、葫芦岛新华大药店、淄博新华大药房、北京新华医药网等公司纷纷使用"新华"商标，进行生产经营销售等活动，严重侵犯了新华制药的合法权益。

（三）"新华"商标侵权涉及民生，危害重大

商标是消费者购物的导向，患者到药房药店，一句"我要新华牌的"，是对健康的渴望，是对新华品牌的信任。"新华"商标专用权得不到保护，广大消费

者的合法权益就无从得到保障,"新华"商标侵权是关系人民群众用药安全的大事,是关系民生的重大问题。

作为享有"新华"商标的独占使用权的新华制药,如果对商标侵权置之不理就等同于放纵此类不法行为,终将给自己的品牌和企业发展带来严重影响,给人民群众用药安全带来极大危害,维权势在必行。

三、创新做法

(一)档案利用时间跨度长,涉及范围广,档案内容多

本案例中以某新华大药房侵权诉讼案件为例,了解此类案件的档案利用情况。此次诉讼共查借阅档案24人次,利用档案2300件次,照片85张,光盘8张,复制档案制作诉讼材料2700多页,提供电子版1656件,利用原件936件,形成三卷卷宗(图2),全部由档案室提供完成。

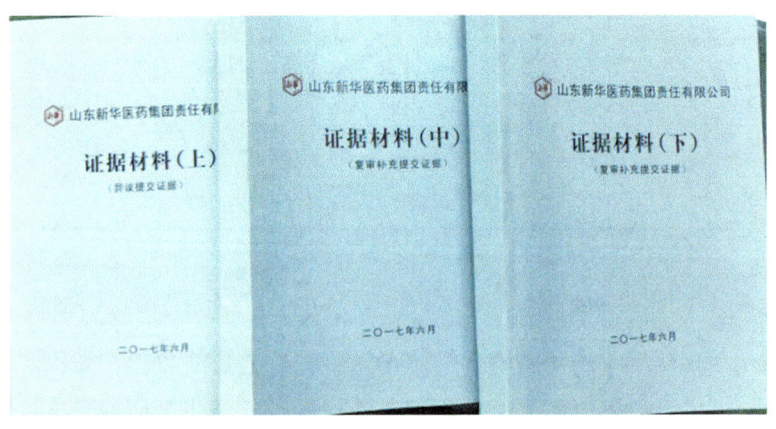

图 2　某侵权诉讼案件材料

诉讼系列案件,需要提供商标权利证据材料用以证明权利人对商标享有专用权或商标许可使用权。需要提供"商标注册证""注册商标使用许可协议"及在商标局备案的相关材料;需要提供证明"新华"作为驰名商标的公司荣誉和产品荣誉证书;需要提供公司为树立企业形象所开展的大量公益活动的声像及影像资料;需要提供证明新华商标权一直在使用的产品销售合同及广告宣传合同等一系列材料。利用这些档案资料形成证据链条,为庭审助力。根据案件的需求,在时间紧任务重的情况下,档案室工作人员积极主动做好档案的提供利用服务。提供

了从 1943 年至 2018 年 75 年间有关产品、文书、实物、声像、会计、合同七大类档案。其中包括新华制药的第一枚商标、第一支股票、第一张贺年片以及各种重要的荣誉证书、实物，有关商标使用费的发票单据、财务年报、销售合同、广告合同等档案（表 2），使案件的证据材料日渐丰盈翔实。

表 2 "新华"大药房商标侵权案件档案利用统计表

档案类别	主要利用档案	数量
产品档案	1. 1950 年的商标注册证 1 件； 2. 1952 年带有新华标志的贺年片 1 件； 3. 商标使用许可协议 1 件； 4. 商标注册证 193 件； 5. FDA 证书（出口美国）5 件； 6. COS 证书（出口欧洲）9 件； 7. 新药证书 40 件； 8. 生产批件及药品注册证 894 件； 9. GMP 证书（符合国内药品生产规范）43 件； 10. 历年带有新华商标的药品包装材料 36 件； 11. 新华药品在各大报纸及杂志做的广告样本 168 件； 12. 公司与电视台、电台的广告播出证明 10 件； 13. 新华产品宣传彩页 30 件	1431 件
实物档案	1. 公司荣誉：1943 年以来的公司获得的国家、省、市级以上荣誉 45 件。 2. 产品荣誉： （1）1978 年新华牌斯锑黑克和咖啡因重大工艺改进科学大会奖证书 1 件。 （2）1983—1989 年新华牌布洛芬、葡萄糖酸钙国家金质奖章奖状 3 件。 （3）产品荣誉：1981—1990 年新华牌阿司匹林、吡哌酸、米妥尔银质奖奖状 6 件。 （4）产品荣誉：1984—1988 年新华牌吡哌酸片、安乃近国家优质产品奖状 12 件。 （5）产品荣誉：1979—1991 年新华牌茶碱等产品被评为省优质产品奖状书 11 件。 （6）产品荣誉：新华牌格列美脲等产品国家重点新产品证书 3 件。 （7）新华牌 L-350 等国家火炬项目计划证书 5 件。 （8）历年产品荣获的证书、奖状、光荣册 98 件。 3. 社会责任荣誉："淄博市慈善奖"等历年捐赠证书及社会责任相关荣誉 28 件。 4. 品牌价值荣誉：1997—2003 年品牌价值评估证 7 件。 5. 专利证书：历年专利证书 104 件。 6. 其他档案：1946 年新华药厂发行的第一张股 1 件。	324 件

续表

档案类别	主要利用档案	数量
文书档案	1. 1957—1964 年回忆录 55 件； 2. 1972 年，急救解毒药乙酰胺针投产并独家生产专集及报道 1 件； 3. 企业技术中心被确定为国家级技术中心文件 1 件； 4. 设立博士流动工作站文件 1 件； 5. 1965 年六个产品经济指标全部第一的文件 1 件； 6. 1984—2003 年新产品开发研制相关文件 35 件； 7. 有关公司的宣传报道、各地感谢信 16 件	110 件
声像档案	1. 新华的创建地：牙前县后垂柳村。 2. 当时的生产厂景：大生产运动。 3. 1944 年建立实验室，日本人佐竹义继等参与工作。 4. 1976 抗震救灾。 5. 支援淮海战役照片。 6. 1949 年 10 月 1 日，董永芳等职工代表参加开国大典。 7. 1950 年研制成功斯锑黑克针，扑灭肆虐大半个中国的黑热病。 8. 1950—1953 年，支援抗美援朝的照片。 9. 第一个现代化化学合成原料非那西汀车间建成投产。 10. 1953 年，第一台搪玻璃罐首次试制成功。 11. 1966 年建成 600 吨的醋酸车间。 12. 1975 年生产拉练。 13. 1979 中越自卫反击战。 14. 1986 沂源扶贫。 15. 1996—2003 年与东方时空联谊捐助希望小学。 16. 群众、职工活动剪影。 17. 1991—2003 年新华新闻光盘（视频资料）	照片：85 张 光盘：8 张
会计档案	1. 商标使用费的发票单据； 2. 财务年报； 3. 广告宣传费用凭证	236 件
合同档案	1. 产品销售合同； 2. 广告宣传合同（各大报纸、电视台、公交公司等）	114 件
合计	本次诉讼共查借阅档案 24 人次，利用档案 2300 件次，照片 85 张，光盘 8 张，复制档案制作诉讼材料 2700 多页，提供电子版 1656 件，利用原件 936 件	

（二）多方式的档案收集，为诉讼奠定了良好的利用基础

新华制药档案室多措并举，丰富室藏，优化室藏结构，夯实利用基础。一方面通过下发归档计划、业务指导、加强考核、集中收集、分散收集、上门收集、

随时收集、跟踪收集、网上收集等丰富档案资源。另一方面,通过开展档案征集、档案摄影大赛、走访老同志等多种活动不断充实室藏,为新华商标侵权系列案件提供证据材料奠定了坚实的利用基础。

(三)多渠道的创新服务,拓展了档案利用方式

在为商标侵权提供档案的过程中,档案人员一方面注重向利用者了解利用需求,积极改进管理方法和服务方式,在传统的档案查询、借阅服务的基础上,增加了电话查档、网络查档、档案咨询、送档上门、重点追踪服务等方式书;另一方面积极开展了档案资料的编研加工,将一些分散的、繁杂的、不系统的资料进行了综合、浓缩、精练,先后编制了《新华商标发展史》《新华商标注册证汇编》《新华产品系列介绍》等编研资料(图3),同时,为利用者提供了更加有针对性的服务。

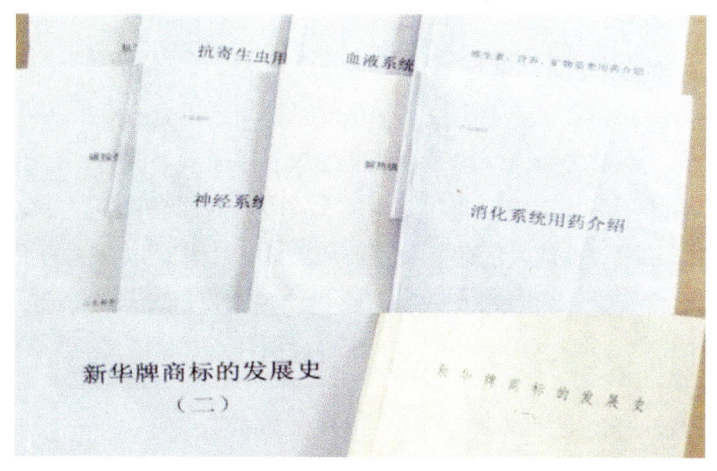

图3　档案资料编研加工成果

(四)数字化的档案信息资源,提供了高效快捷服务

新华制药充分利用现代数字化、信息化技术手段为经济建设服务。档案管理系统与公司各数据系统之间安装有归档接口,各业务系统之间数据互联互通,不再是信息孤岛。目前,新华制药已基本实现档案数字化,室藏原文档案数字化率达70%以上。该案件所需的档案部分通过公司办公系统在线归档到档案系统,部分通过离线载体导入档案系统,部分通过数字化扫描挂接档案系统。在公司局

域网内,档案利用人员登录档案网站即可查询自己权限范围内的档案目录或原文信息,很多繁杂的工作流程在办公系统上快速实现,并可以按照权限对所需档案进行在线浏览、下载打印,节约了大量的查阅原件时间,极大提升了档案利用效率。

四、效果及影响

(一)切实保护企业知识产权,营造良好知识产权保护环境

随着企业的快速发展,商标所承载的品牌价值和生命力在市场竞争中越发凸显,而与之相对应的商标侵权现象屡禁不绝。"新华"商标系列侵权案件中,河南药业的"新华"商标侵权案件被中国法院网列为典型案例,被河南法院列为知识产权司法保护十大典型案例,"新华"大药房案件被淄博市中院列入淄博法院十大知识产权案例。

"新华"商标侵权系列维权案件的胜诉,维护了企业品牌的无形资产,保护了企业的知识产权,为企业带来巨大经济效益,增强了企业经济实力,使企业在市场竞争中立于不败之地,保障了企业的健康有序发展。同时,有了这类经典案例的示范,也呼吁了社会各企业和企业法人代表对商标维权的高度重视,一旦发现自己的商标专用权被他人侵犯,一定要积极取证,并采取合法的手段保护自己的商标专用权。置之不理就等同于放纵,终将给自己的品牌发展带来不利影响,从而最终共同为企业知识产权的保护营造良好的社会环境。

(二)切实为企业创造经济效益和社会效益

商标就是企业的无形资产。当消费者遇到假冒或近似的"新华"商标时,如果不辨真伪,买到名不符实、质量低劣的药品,就会产生消极后果:一方面,企业因侵权产品冲击而使商品滞销、效益受损、生产能力受挫;另一方面,消费者因受假冒之害,"一朝被蛇咬,十年怕井绳"的信任危机会由此而生,不愿或者不再去购买商标被假冒过的药品,这就会使企业市场丧失,无法扩大再生产。所以,保护企业品牌不受伤害,就是保护企业的经济利益和社会效益不受损害。据统计,近3年来的"新华"商标侵权诉讼系列案件为新华制药创造直接经济效益200余万元。同时,对外提升了新华品牌的美誉度,增加了产量,提升了市场占

有份额，增长了利润，切实保护了企业的利益，促进了企业又好又快发展。

（三）切实保障人民群众用药安全，保障民生

习近平总书记指出："药品安全责任重于泰山，保障药品安全是一项民生工程。"此类案件系涉民生案件，属典型的药品行业的"傍名牌"行为，与人民群众的生命健康安全息息相关，危害更甚；消费者买到假药或质量低劣的药品，会严重危及消费者身体健康及生命财产安全。同时，消费者因受骗上当，有的甚至会对社会产生不满情绪，成为不安定因素。所以，药品安全是关系民生的大事。新华制药对"新华"商标的保护，就是对人民群众的身心健康的保护，同时也一定程度地维护了社会稳定。

（四）切实促进良性竞争，维护良好的市场经济秩序

商标在规范市场行为中扮演重要角色，保护商标专用权就是维持正常的市场秩序。在市场经济竞争中，当"新华"商标受到非驰名商标挑战时，新华制药积极应对，以保持自己在竞争中的领先地位。同时，非驰名商标企业也会加快发展，努力追赶，如此便形成了良好的市场竞争秩序，促使市场经济健康发展。75年来，新华制药依规合法经营，用"产品质量关系人的生命"的理念不断加大投入，确保产品质量，使得"新华"品牌深入人心，走入寻常百姓家。然而，肆虐的商标侵权行为使"新华"商标专用权不断受到侵犯，真正的新华产品受到冲击，"新华"品牌的美誉遭到质疑，正常的市场竞争秩序被打乱。所以，新华系列商标维权行动对维护良好的市场经济秩序起到了的促进作用，确保了市场的良性竞争。

案例形成单位：山东新华制药股份有限公司
案例形成人：李颖颖、吕春峰

交通信息档案在城市综合交通规划系统中的资源开发和应用案例介绍

一、案例概述

现代信息技术已经渗透到社会发展的每一个领域,人们的社会活动随之也有了极大的改变。而在交通信息档案的管理中,以往传统的纸质档案以及一些落后的档案管理方法与观念已不再适用。这几年,中国交通信息档案管理的工作逐渐向技术化、信息化发展,交通档案信息化建设已成为大趋势。因此,通过提升交通信息档案的大数据管理,可以最大限度地提高交通规划档案管理的便捷性和精确性,极大地提升城市管理者的管理效能。

2020年,根据"十四五"规划和二〇三五年远景目标纲要中提出加快数字发展的总体要求,南宁市建筑设计研究院有限公司组织开展了"交通规划档案信息化在城市交通中的资源开发利用"的案例研究。

本案例从手机信令、拥堵专题、交通基础档案数据、交通运行档案、交通综合调查档案、交通年报档案等模块对城市交通档案数据进行收集、处理入库、分析挖掘与大数据算法研究。一是在交通规划档案中基于分布式混合存储技术搭建综合交通档案大数据中心;二是在交通规划档案管理中对基于分布式混合存储架构的综合交通档案大数据进行管理;三是在交通规划档案中基于云计算、GIS、大数据建立多层次分析模型;四是在综合交通规划系统中应用优化后的交通规划信息档案提供数据分布式分析架构。

实践证明,交通信息档案大数据是"互联网+交通"发展的关键支撑,是"互联网+交通"科学决策的重要依据,是构建智能出行系统、缓解城市交通拥堵、实现绿色出行的基础。因此,在"互联网+交通"背景下,不仅要关注交通信息档案大数据的发展方向和发展形势,而且要解决交通信息档案大数据的来源、安全、储存及使用效率问题,充分发挥交通信息档案大数据的价值。随着南宁市智慧城市及大数据技术的发展,以及车路协同的热点应用逐步推行,用大数据理念指导城市交通发展将成为重点,城市交通规划从业者将要拥抱互联网和智慧交通,依托大数据平台形成交通规划、建设、管理、运营闭环,促进行业发展。

二、实施背景

随着互联网、大数据、车联网等技术越来越多地渗透到交通领域,交通规划档案的"线上资源开放共享、线下高效优质运行"新格局正在形成,这就为解决当下交通规划管理工作严峻而复杂的问题和形势提供了可能。

根据高德地图 2017 年发布的《中国"互联网+交通"城市指数研究报告》,交通规划领域中档案大数据开放、档案资源共建、空间档案大数据等方面发展势头强劲,与政务智能服务、智能出行、交通拥堵、绿色出行等热点展现出深度融合的趋势,相关的应用在北京、上海、广州、深圳等几个一线城市有了创新应用案例,比如通过政府部门与有关企业进行交通规划档案大数据共享,在疏通堵情、路况与避堵方案提示、节假日出行预测等方面均取得了良好的社会效果。

因为交通规划档案管理体系的复杂性,"互联网+交通"关联到多个产业与领域,导致交通信息档案大数据面临以下难题:

一是交通信息档案孤岛丛生。各部门档案数据独立存储,未打通原有体系建立集中、畅通的档案数据平台,阻碍交通信息档案大数据整合、分析和应用。

二是多样化交通档案大数据融合难。交通档案大数据形式多样,包含结构化与非结构化数据格式,不同单位生产的数据库的表结构和视图也各不相同,这些都成为交通信息档案大数据平台融合过程中的"堵点"。

三是档案数据提取处理效率低。交通档案大数据的数据处理量级达 PB 级,且数据条目达千万甚至上亿,传统技术难以对其进行提取、处理及分析。

四是档案数据分析方法单一。行业内统计报表与综合交通指挥演示系统普遍应用,分析方式比较单一,缺乏有效的可视化分析手段。

针对上述背景,本案例通过居民出行调查、交通运行大数据、手机信令等数据档案和历年交通年报等交通规划数据档案,开展了交通规划档案管理领域中大数据、地理信息、云计算技术等关键技术的应用,并建设了南宁市综合交通规划档案大数据中心及综合交通规划信息系统,为分析南宁市城市交通需求、改善交通状况和开展交通规划提供了科学依据,从而为有效解决上述问题提供了行之有效的方法。

三、创新做法

（一）基于分布式混合存储技术搭建综合大数据中心，形成交通信息档案

以业务应用和管理目标为导向，以档案信息资源的综合利用为目标，对南宁交通档案数据进行科学提取、梳理、分析和挖掘，基于分布式混合存储技术搭建了交通信息档案的综合大数据中心，形成交通信息档案的一个基础档案库、一个交通规划档案库、一个交通运行档案库、一个传统交通调查档案库及一个交通年报档案库等数据库，满足在档案库中统一数据标准、统一空间坐标要求，对不同数据的特点及更新机制，统一形成从数据抓取、处理、融合、质检、入库、分析、挖掘到可视化的技术流程体系（图1）。

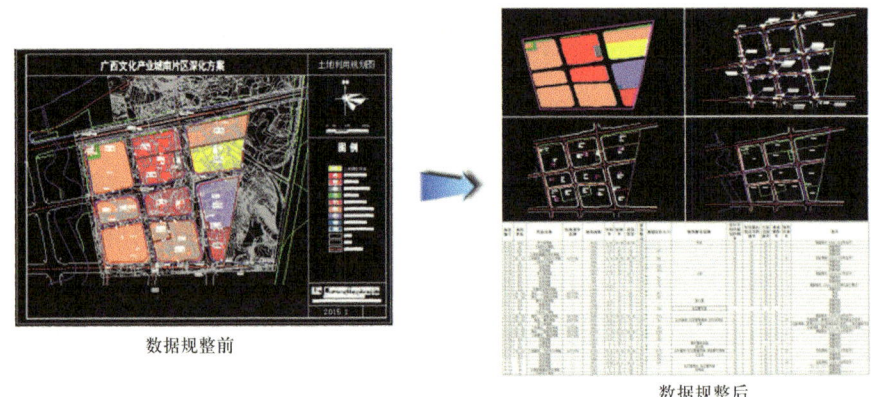

数据规整前

数据规整后

图1　南宁交通档案数据归整前后对比

此处的创新亮点，还在于引入手机信令数据，提供更全面、动态、精准、强有力的档案数据分析支撑，搭建街道、交通小区、中区、大区等多维的交通信息档案大数据库，对原始数据、空间数据、分析结果数据、业务系统数据、临时数据的高效整理与统一存储管理。

通过整理、分析挖掘出一整套数据进而形成南宁市城市交通信息档案，为政府管理机构提供管理和宏观决策参考，为交通规划编制、建设、管理与决策提供数据支持和定量分析基础，为制定南宁市交通规划发展战略及规划方案进行测试评价、定量分析提供数据支撑，为区域出行分布预测提供理论支撑和技术指导。

（二）在搭建的交通信息档案管理中的综合应用、管理、维护与资源共享，基于大数据高效渲染引擎，实现交通档案数据的高效和动态浏览、查询功能

针对档案大数据普遍存在的诸如内容多样、来源不同、格式各异、无法进行融合分析的问题，在现有通用 IT 基础设施的基础上，依据数据结构、数据量、数据特点和应用需求，基于分布式混合存储架构，形成集成空间数据库（PostgreSQL）、非关系数据库（ElasticSearch）、共享文件系统、分布式文件系统（HDFS）等当前主流的数据库引擎，实现各类交通档案数据的综合应用、管理、维护与资源共享，实现交通档案数据的高效和动态浏览、查询。基于大数据高效渲染引擎，及时准确地为政府管理部门科学决策提供服务，充分发挥出交通信息档案的价值。

（三）在交通信息档案中基于云计算、GIS、大数据建立多层次分析模型

借助云计算、地理信息技术、大数据分析等技术，依托大数据技术架构，在交通信息档案中建立"个体—控规单元—片区—组团""街道—行政单元"等多层次分析模型（图2）。实现了对城市交通基础数据、传统交通调查数据、多源动态的交通信息档案大数据的组织、描述、管理、处理、分析挖掘和可视化，通过交通信息档案对从车流到人流的城市交通变化进行分析及多指标评价，从而为分析南宁市城市交通需求、改善交通状况和开展交通规划提供了科学依据。

（四）在综合交通规划系统中优化后的交通信息档案提供数据分布式架构分析

以交通业务需求及实际应用为导向，集成 Hadoop、Spark 与 ElasticSearch 为主的大数据技术框架，构建综合交通规划系统，包含手机信令、拥堵专题、交通基础档案数据、交通运行、交通综合调查、交通年报等模块，实现高效的数据分析、检索与可视化，实现基于大数据量实时计算评估全市域行政区、组团、片区及控规单元不同尺度下基础设施覆盖情况、职住状态，全市各等级道路的拥堵状况、变化趋势，公交车、出租车、轨道交通、公共自行车等公共设施运行服务指标，并集成 MapV、ECharts 和 Openlayer 提供多维动态的交通信息档案大数据空间信息的可视化能力,实现居民出行轨迹、南宁市城市人口、就业岗位动态分布及道路拥堵水平复原(图3)。

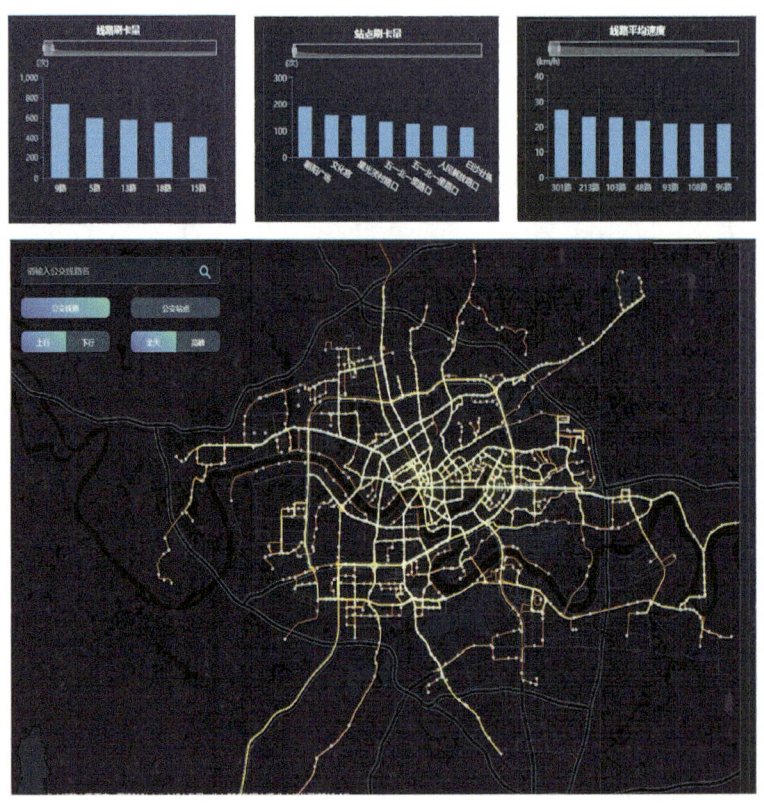

图2 多层次分析模型

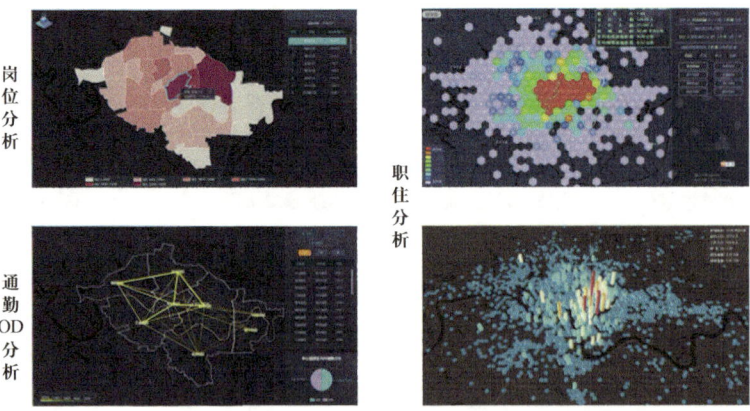

图3 采用Hadoop、Spark、ElasticSearch等开源框架进行数据挖掘与分析

四、效果及影响

（一）城市交通的效果和影响

本案例历时12个月的研究，通过手机信令、交通规划信息档案大数据算法研究，形成了一套以大数据服务体系及大数据解决方案为平台的完善的交通信息档案，其在城市交通中的具体应用效果如下。

1. 在城市管理方面的应用

当前该研究成果已在轨道交通运输部门、交通局等交通管理部门得到充分应用，平台为相关部门提供了城市历史运营档案数据评估分析结果，包括轨道交通层面的轨道交通客流量、线路客运强度、乘降量等，公交车层面的线路刷卡量、站点刷卡量等指标。

该研究成果有助于制定发车频率与间隔、站点布设等交通运营管理政策，识别出交通运输网络存在安全隐患的点和区域，有助于针对性地制定改善措施并及时制定养护方案，减少养护费用；有效推动了南宁市市政交通行业的健康可持续发展。研究成果不但促进以大数据为载体的各类交通信息档案资源的整合、共享和利用，而且为政府、企业、社区和公众提供高质量的交通应用服务，加快城市信息化进程，为交通信息档案智慧化在南宁的建设打下良好的基础。

2. 辅助城市战略数据库建设，助力规划评估及总规修编

该研究成果为南宁市新一轮城市总体规划编制工作以及多规合一工作的开展提供了一套完善的交通信息档案，辅助开发了战略数据库平台，部署于南宁市有关行政部门，并以政务内网的形式对外提供服务。该交通信息档案还以数据库形式提供了人口分布、岗位分布、职住平衡、通勤特征等分析成果，形成"规划→监测→调整→监测"这种循环式的决策过程，及时反馈了实施绩效，为南宁市总体规划编制、实施及未来城市发展决策提供支撑。

3. 在智慧交通方面的应用效果

该成果构建全市统一、内容丰富、更新维护及时、共享交换便捷的南宁市交通信息档案系统，应用于南宁市综合交通规划信息系统。当前该系统已在南宁市有关行政管理部门得到充分应用，提高了交通规划的合理性，促进行政部门之间的交流沟通，有效推动了南宁市市政交通行业的健康可持续发展。

4. 在交通建模方面的应用效果

建立的交通信息档案数据库为交通模型的建立、标定奠定了基础，在交通建模的研究中，信息档案中的机理、知识、数据的系统化应用具有特殊的意义，倒逼交通模型的自我完善，特别是混合交通流特性的研究、交通出行行为规律的发现、动态交通流时空特征的提取等基础问题。

（二）社会效益

（1）通过对交通档案信息的整合与分析，提高城市运维管理能力：通过整合分析手机信令、地铁、公交、出租车等大数据，为有关行政管理部门等提供了城市规划、公共交通部署等方面的科学参考。

（2）提升了交通信息档案的档案服务水平：系统与各类政务信息共享互联，整合数据资源，为政府各部门提供交通行政监管服务、为企业和大众提供交通信息服务，从而可进一步提高城市交通的运营管理和综合服务水平。

（3）通过交通信息档案的云平台数据提高城市运行效率：通过详细获取用户的出行起讫点，形成南宁城区人口出行布局情况及各分区间联系强度分布图，更合理地引导城市交通规划的制定和交通资源的分配，最终使城市交通规划乃至城市规划更加"以人为本"，方便居民出行，提高城市运行效率。

（4）推动智慧南宁建设：本交通信息档案中形成了一套面向决策者的指标评估、精细化监测管理的解决方案，为"智慧南宁"打下坚实的基础。

（5）对政务信息化的示范作用：通过交通信息档案平台的建立，统一数据标准及接口标准，实现与各类政务信息共享互联，为政务信息化建设提供了建设思路。

综上所述，交通信息档案的管理和应用与城市经济发展紧密关联，其应用是针对国民经济的发展而生的。从某种角度而言，档案管理工作是对经济发展的文字描绘，可以说其是一种文字型缩影。对交通信息档案的资源进行合理规划，充分发挥信息资源的价值，同时有效激发档案管理价值，进而促进国民经济中城市交通的健康稳定发展。另外交通信息档案的应用具体地将当前的经济发展态势明确清晰地表征出来，并作为今后经济发展的有效依据，通过为经济实践活动提供理论基础，进而获取更好的经济效益与社会效益。

案例形成单位：南宁市建筑设计研究院有限公司

案例形成人：赵思媛、吕翔、黄炎佳、韦波

科学丰碑　　档案基石

——中国科学院档案馆弘扬科学家精神探索与实践

一、案例概述

中国科学院档案馆(以下简称中科院档案馆)多年来坚持"将反映科学家精神的档案开发好、利用好、宣传好,充分发挥档案在弘扬科学家精神中的作用"的工作理念,深耕科技档案特色资源,讲好科学家故事,推出了一系列主题鲜明、亮点突出的编研成果,组织开展了丰富多彩、影响力大的宣传活动,着力打造中科院科学家档案宣传品牌。目前,已编辑出版《中国著名科学家手稿珍藏档案选》、建成"中国科学院著名科学家档案展室"、以国际档案日为契机组织全院举办科学家档案系列展览、组织全院"档案中的科学家故事"百部档案微视频征集与展播活动、开展以档案讲述科学家故事为主题的党日活动、编导并表演《档案中的科学家家风传承》情景剧,同时,构建科学家档案专题数据库并在此基础上探索建立科学家人物知识图谱等,获得院内外高度关注和强烈反响,探索出了利用档案弘扬科学家精神的可推广、可复制的长效机制。

二、实施背景

(一)国家在弘扬科学家精神方面的要求

2019年6月11日,中共中央办公厅、国务院办公厅印发《关于进一步弘扬科学家精神加强作风和学风建设的意见》,要求各地区各部门结合实际认真贯彻落实。强调要大力宣传科学家精神、创新宣传方式、加强宣传阵地建设,把弘扬科学家精神、加强作风和学风建设作为践行社会主义核心价值观的重要工作摆上议事日程。

2020年9月11日,习近平总书记在科学家座谈会上指出,"科学成就离不开精神支撑""我国科技事业取得的历史性成就,是一代又一代矢志报国的科学家前赴后继、接续奋斗的结果"。当今世界正经历百年未有之大变局,我国面临的国内外环境发生深刻变化。新时代,我们更需要弘扬科学家精神,坚定创新自信,勇攀世界科技高峰。

(二)档案事业发展的要求

2014年5月,中共中央办公厅、国务院办公厅印发《关于加强和改进新形势下档案工作的意见》,提出建立健全方便人民群众的档案利用体系,强调加大档案开发力度,不断挖掘档案的价值,努力把"死档案"变成"活信息"、把"档案库"变成"思想库"。

2020年6月20日,新修订的《中华人民共和国档案法》提出鼓励开发利用档案资源,通过开展专题展览、公益讲座、媒体宣传等活动,进行文化与核心价值观的传承与传播,进一步明确档案资源开发的社会价值,指出利用档案资源开展社会人文服务的新方向,成为档案资源开发利用工作的新遵循。

2021年7月6日,习近平总书记批示:"档案工作存史资政育人,是一项利国利民、惠及千秋万代的崇高事业。希望你们以此为新起点,加强党对档案工作的领导,贯彻实施好新修订的档案法,推动档案事业创新发展,特别是要把蕴含党的初心使命的红色档案保管好、利用好,把新时代党领导人民推进实现中华民族伟大复兴的奋斗历史记录好、留存好,更好地服务党和国家工作大局、服务人民群众!"

(三)中科院在弘扬科学家精神方面的使命担当

中国科学院作为国家战略科技力量的重要组成部分,自成立以来,始终与祖国同行、与科学共进,为我国科技事业发展作出了重大贡献,也荟萃了我国现代科学技术主要领域的奠基人,汇聚了一大批德高学富、功勋卓著的科学家。他们献身科学,服务国家,造福人民,为新中国科技事业的开创和发展作出了彪炳史册的卓越贡献,他们组成的时代群像彰显着爱国、创新、求实、奉献、协同、育人的伟大力量。中科院档案馆保存着中科院乃至我国重要的科技发展记忆,这些档案不仅是科学家个人学术生涯的生动记录,也从侧面展示了新中国科学技术事业筚路蓝缕、走向辉煌的历程,是新中国科技发展史的重要组成部分。利用好档案、讲好科学家的故事，充分发挥档案存史资政育人的作用，是中科院档案馆义不容辞的责任。

三、创新做法

近年来，中国科学院院、所两级档案部门坚持"保存历史 支撑创新"的使命，主动作为，采取一系列有效措施，深耕科技档案优势资源，组织院、所两级积极推出高质量档案编研成果，开展丰富多样的档案宣传活动，打造科学家档案宣传品牌，在感召引领后学继承优良传统、勇攀科技高峰方面起到了积极的促进作用，为弘扬新时代科学家精神，助力科技创新和建设科技强国贡献力量。

（一）纳入中科院工作规划和档案馆年度工作要点，并给予充分的条件保障和业务指导

2016年，中国科学院印发《中国科学院"十三五"档案工作发展规划》，明确了"深化档案资源开发利用"重点任务，要求"院、所两级要深入开发档案资源，围绕'国际档案日'、院庆、所庆等重大活动，编研系列产品、举办档案展览""引导、支持院属单位开展档案编研工作，促进档案编研工作融入科研工作和文化建设"。

中科院档案馆将"编辑出版《中国著名科学家手稿珍藏档案选》""建设著名科学家档案展室"和"组织开展全院国际档案日系列宣传活动"等工作纳入年度工作要点，作为重点任务狠抓落实。

中科院档案馆每年为院属单位匹配专项经费，支持和保障各单位档案资源开发利用工作的落实与成效。同时，将档案编研与宣传培训纳入中科院档案工作培训体系，持续在全院开展档案弘扬科学家精神方面的业务培训和经验交流。

（二）以重大时间节点为契机推出系列档案资源开发成果

1. 编辑出版《中国著名科学家手稿珍藏档案选》

2019年，中华人民共和国成立70周年、中科院建院70周年之际，中科院档案馆精选馆藏70位著名科学家的近百件手稿档案，编辑出版了《中国著名科学家手稿珍藏档案选》（图1）。入选该书的70位科学家包括新中国科学技术事业的开创者、"两弹一星功勋奖章"获得者，国家最高科学技术奖、国家自然科

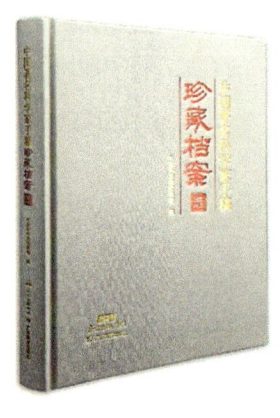

图 1 《中国著名科学家手稿珍藏档案选》封面照片

学奖一等奖等奖项的获得者等。书中收录的手稿都是最能代表他们科研成果和成就的科研手稿，如论文、著作、实验记录、科技建议信、研究报告、课程讲义等，每一份都是经过认真严格的鉴定为科学家亲笔所写，有钢笔写的小楷、行书，毛笔书法、手绘图表，还有英文、拉丁文、德文、俄文等外文手迹，一篇一页、一句一字、一笔一画，都各具风采，一丝不苟，不仅代表科学家的科研成就，还充满了他们的人格魅力，体现出他们勇攀高峰的执着追求和严谨认真的学术风范。同时，还为每位科学家精心选配了一张本人工作照片、一则语录、一个签名。

2. 建设"中国科学院著名科学家档案展室"

2021年，在中国共产党成立100周年之际，中科院档案馆建成"中国科学院著名科学家档案展室"（图2），展示了中国科学院百位著名科学家的近300件纸质、声像、实物等多种不同载体类型的珍贵档案。展品包括科学家代表性的科研成果，如论文、著作、手稿、研究报告、科技建议、工作笔记、实验记录、奖

图 2 展室现场照片

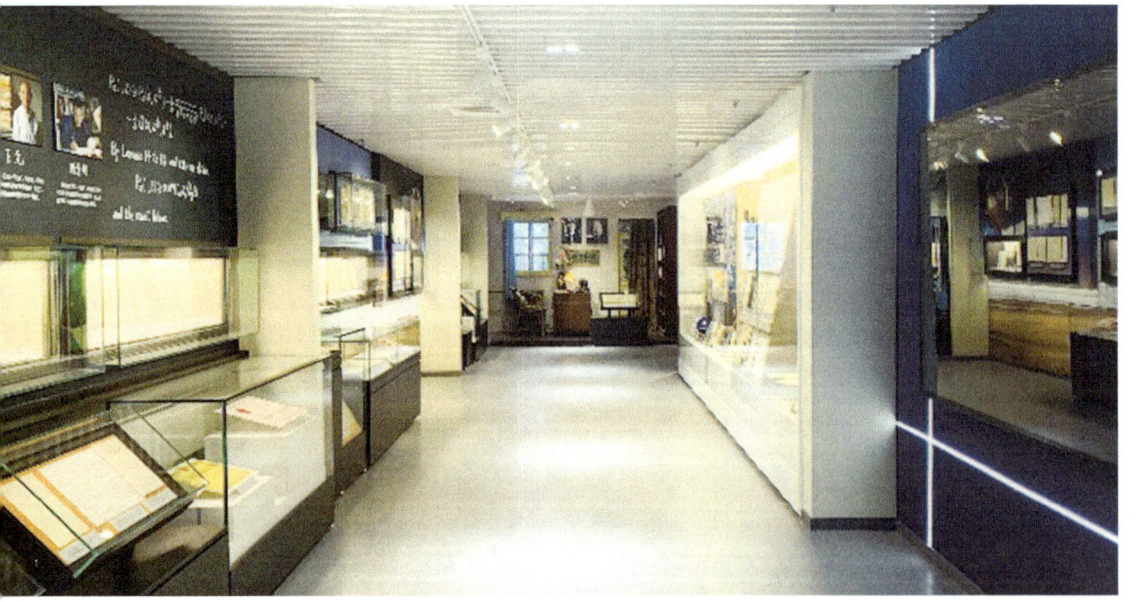

状证书、地图等，以及反映个人成长、家庭、爱好方面的材料，如入党志愿书、自传、信件、毕业证书、画作等；除了纸质档案外，还有关于科学考察活动的声像档案、科研工作原始影像，以及科学家使用过的显微镜、计算尺等实物档案，同时，还搭建了"两弹一星"功勋科学家钱三强家中书房场景。

中科院档案馆采取一系列措施保证《中国著名科学家手稿珍藏档案选》、"中国科学院著名科学家档案展室"的规范性、内容质量和效果。一是建立"小核心、大团队"的工作团队：建立了以中科院档案馆人员和院史专家组成的核心团队，以及院属单位档案人员，科学家的同事、学生、秘书、家属等组成的可靠的支撑团队，明确各方职责，对素材遴选和文字内容进行严格审核把关。二是加强全过程规范管理：明确了周密细致的工作流程与计划，制定科学家遴选、档案挑选标准，以及文字内容撰写体例等规则性文件。三是严格档案公开审核流程，确保档案信息安全。

3. 构建科学家档案专题数据库，探索建立科学家人物知识图谱

中科院档案馆依托多年来深耕的科技档案资源，精选有关科学家的珍藏档案，优化档案元数据著录规则，构建了"科学家档案专题数据库"（图3），充分利用信息化手段，借助数字档案馆平台，挖掘档案内容，扩大利用范围，汇聚图书、文献等多类型资源，拓展呈现形式，探索建立科学家人物知识图谱。

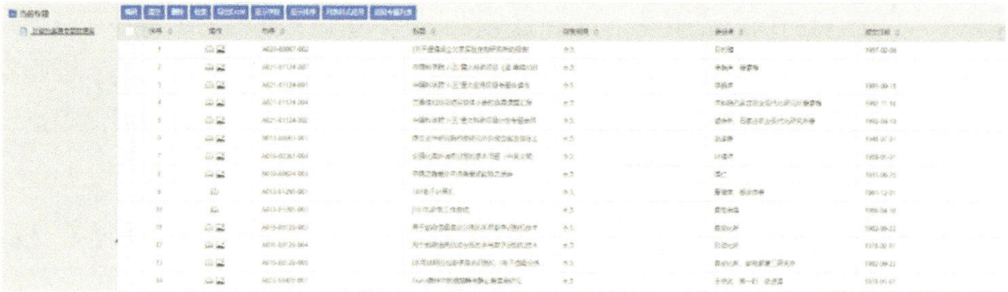

图3 科学家档案专题数据库

4. 院属单位以院庆、所庆、科学家诞辰为契机，形成多项档案编研成果

"十三五"期间，院属单位以院庆、所庆、科学家诞辰为契机，形成多项档案编研成果。昆明植物所编辑《吴征镒名人档案宣传册》，西北研究院编辑出版《施雅风手迹》，金属所编辑《金属之魂——李薰先生纪念画册》，上海微系统所编辑《邹元曦书信选》等。

（三）院所两级联动打造覆盖全院的档案开发与宣传格局

1.连续6年组织举办全院"国际档案日"宣传活动

2016年以来，中科院档案馆连续6年组织举办全院"国际档案日"宣传活动，积极打造院、所两级联动的档案开发与宣传格局，在全院范围形成了走进档案、了解档案、关注档案的浓厚氛围，扩大社会影响力，得到院内外广泛好评。目前，每年均有百余家院属单位通过举办档案展览、制作档案微视频、编辑档案图册、征文、组织讲座邀请科学家讲述档案背后的故事等多种形式，从机构沿革、大科学工程、先导专项、野外科考等不同方面回顾科研发展光辉历程，生动展示各学科领域著名科学家的成长历程和科研成就。例如，西北研究院"传递严谨的治学之风——施雅风等老一辈科学家手稿展（冰川篇、沙漠篇）"、版纳植物园"大地之子——蔡希陶档案展"、工程热物理所"吴仲华院士档案展"、动物所"童第周院士档案展"、大气物理所制作叶笃正等多位科学家档案网上展厅等。

为确保活动成效，中科院档案馆在活动策划和组织上下功夫，多措并举加强组织协调。一是精选活动主题。2016年以来，每年分别以"依法依规做好新时期档案工作""档案，我们共同的记忆""档案，见证改革开放""新中国科技事业发展记忆""我们的现在我们的未来""档案话百年"为主题组织开展宣传活动。二是提供稳定经费支持。每年向院属单位拨付种子经费，支持和鼓励各单位开展活动。三是加强业务指导。开展全过程业务指导和审核把关，引导和鼓励院属单位开发和宣传特色档案资源，讲好科学家故事。四是创新宣传方式。鼓励院属单位以线上为主、线下结合的方式，利用微信、抖音等媒体平台开展多渠道宣传，扩大宣传范围，提升影响力。

2.组织中国科学院"档案中的科学家故事"百部档案微视频征集与展播活动

2021年，中科院档案馆组织全院开展"档案中的科学家故事"百部微视频征集与展播活动，在中科院档案馆网站、"中科院档案馆"微信公众号和视频号等同步展播了近百家院属单位制作的华罗庚、钱学森、郭永怀、张大煜、陶诗言等100部主题鲜明、特色突出、制作精良的作品，获得院内外广泛关注，反响热烈，阅读量2.6余万人次，同时，"中科院档案馆"微信公众号因此位列全国档案微信排名周榜第19名。

四、效果及影响

近年来，中科院档案馆深耕科技档案优势资源，以重大时间节点为契机推出高质量编研成果，充分利用新媒体等创意立体地讲述档案中的科学家故事，融合多媒体宣传充分扩大影响力，在引领和感召后学继承优良传统、勇攀科技高峰方面发挥了积极作用。

（一）充分展示了科技档案价值，提升了中科院档案工作社会影响力

中科院档案馆组织全院推出的系列科学家主题的档案资源开发成果，在院内外、线上线下不同渠道宣传推广，良好地展示了科技档案价值，提升了我院档案工作的社会影响力。档案展览和微视频等线下观看累计9.7万余人次、线上观看累计19.3万余人次；《中国档案报》、国家档案局网站，中国档案资讯网、"中国档案杂志"微信公众号多次报道中国科学院档案编研与宣传情况。《中国著名科学家手稿珍藏档案选》一经推出，就在当当网社会科学新书榜排名第五，深受大众欢迎；"手稿记录着一些有意思的事情""这是极为珍贵的资料"是读者给出的最多评价；该书还作为院庆70周年大会和中国科学院大学2021届新生入学赠书，为新一代青年学子树立学习楷模；同时，多次在中科院档案馆和院属单位党支部专题学习会中交流分享，让更多党员同志学习并领悟老一辈科学家精神。

（二）多项成果屡获奖项，提升了中科院档案工作业内影响力

2018年，由中科院档案馆组织、国家天文台承担制作的《天眼之书——FAST项目档案管理纪实》获国家档案局建设项目档案专题片一等奖，《南仁东：一眼万年》获"最佳人物纪实奖"、中国科学院获优秀组织奖。2019年，由中科院档案馆组织、高能物理研究所承担制作的《陈和生：大国重器背后的筑梦者》和由海洋研究所承担制作的《"科学"密码——海洋科学综合考察船建造档案》均获国家档案局建设项目档案微视频二等奖，上海硅酸盐所与上影集团上海东影传媒有限公司联合制作的严东生院士《诗与真》传记电影获第15届中美电影节"金天使奖"最佳纪录电影奖。上海药物所"时代楷模"王逸平主题档案展获评2020年全国经济科技档案工作创新案例二类案例。《中国档案报》（2021年5月24日，总第3682期）登载专访报道《"两弹一星"精神指引勇攀科技高峰——中国科学院开发利用档案资源弘扬科学家精神服务科技创新掠影》。

（三）促进了中科院档案征集工作，丰富了馆藏档案资源

中科院档案馆在利用档案讲好科学家故事，弘扬科学家精神工作中，还积极开展征集工作，征集到了国家最高科学技术奖获得者谢家麟等多位著名科学家的手稿、书信、实物等珍贵档案，既有助于档案编研出精品，也丰富了馆藏，两者相辅相成，互相促进，对科技档案"收得齐 管得住 用得好"起到了良好推动作用。

（四）提升了全员档案意识，促进档案工作发展

中科院档案馆通过开展科学家精神主题档案宣传，充分发挥了档案在见证中国科学院科技事业发展历程、服务创新文化建设等方面的重要作用，大力提升了院属单位档案工作主管领导、科研人员、管理人员对档案工作的认识和重视程度，增强了全院"收好、管好、用好档案"的意识，同时，也增强了全院档案人员的归属感和职业自信，促进了档案工作发展。自2016年以来，院属单位领导、院士观展、观看微视频留言共计200余人次。中科院数学院院长席南华院士在观看数学家档案专题展后说"这个档案展中的档案材料都是可以写入数学院'人与事'的好故事。"上海光机所王育竹院士留言："档案工作是十分重要的，它保存着历来的科技成果和经验教训，可用于促进科学研究发展。"院属单位档案人员曾感慨"这几年通过院档案馆组织的国际档案日宣传活动，感到越来越有存在感、成就感、归属感了。"

案例形成单位：中国科学院档案馆
案例形成人：潘亚男、翟瑶、陈雨、赵迪

利用档案化解"*ST 毅达"退市风险，实现国有资产的保值增值

——上海中毅达股份有限公司成功实现恢复上市

一、案例概述

2019年1月，信达证券股份有限公司（以下简称信达证券）所管理的信达兴融4号资管计划（以下简称资管计划）成为上海中毅达股份有限公司（以下简称中毅达或上市公司）新任控股股东后，信达证券派出工作组积极克服极端困难局面，取得相关档案，通过开发利用档案资源，按时披露年度报告、设计实施救助措施，化解退市风险，实现国有资产的保值增值，挽救了近七万股民的利益，使中国证券市场上首家管理层集体失联的上市公司重获新生。

二、实施背景

中毅达是上海证券交易所 A 股与 B 股同时上市的一家老牌上市公司，前身为中国纺织机械股份有限公司。2014年，上市公司实施股权分置改革，大申集团有限公司（以下简称大申集团）成为上市公司控股股东。2015年4月24日信达证券所管理的资管计划以股票质押式回购方式向中毅达当时的控股股东大申集团融出资金。后因大申集团未能按时支付利息及偿还本金，发生实质性违约，2018年12月27日上海市一中院裁定将该2.6亿股质押股票交付资管计划抵偿债务。2019年1月3日，信达证券所管理的资管计划通过司法划转取得原中毅达第一大股东大申集团的2.6亿股股票，成为中毅达第一大股东，持股比例为24.27%，信达证券作为资管计划管理人代为行使股东权利。

此时，中毅达非独立董事、监事、高级管理人员及具体工作人员已集体失联，上市公司信息披露中断，对下属子公司均失去控制和联系，主营业务处于停滞状态，银行账户及资产被司法查封，负债累累、诉讼缠身，公司治理彻底瘫

痪，濒临破产，已经被实施退市风险警示，存在较大退市风险。

信达证券作为控股股东资管计划的管理人，同时作为有担当、有能力的央企金融机构，紧急抽调一批专业人才组建中毅达工作组，进驻中毅达，并对中毅达进行接管并开展纾困、救助工作。但因中毅达原管理层及相关工作人员集体失联，注册地址、办公场所人去楼空，没有办理正常交接，公章、营业执照、会计档案资料下落不明。由于会计档案资料是编制年度报告的基础和前提，在不掌握会计档案资料的情况下，根本无法编制 2018 年年度报告。如中毅达未能在规定时间内披露 2018 年年度报告，则存在被上海证券交易所直接退市的风险。如果中毅达退市，不仅导致国有资产遭受重大损失，还将导致七万股民真金白银的投入收回无望，同时可能引发大规模中小投资者纠纷、诉讼，甚至会引发群体性事件，对我国资金市场的健康发展造成极为恶劣的影响。

三、创新做法

面对无先例的极端局面，工作组会同中介机构连夜研究中毅达公开披露的公告文件及相关法律法规，根据所掌握的有限资料紧急制定工作方案，并在救助过程中结合陆续取得的相关档案资料，逐步取得了上市公司的实际控制、追讨上市公司资产及会计档案资料、编制 2018 年年度报告、实施资产及债务重组等具体措施，最终成功化解上市公司退市风险，实现恢复上市。

（一）通过分析股东名册，找到最快召开股东大会改组董事会的方案

由于中毅达时任董事、监事失联，且当时资管计划持股时间未达到《中华人民共和国公司法》股东自行召集股东大会需要连续持股 90 日的要求，故无法自行召集股东大会改组董事会。经过工作组与律师等专家团队对记载于中毅达 2017 年年度报告的前十名股东名册等档案资料的研究，发现第二大股东、第三大股东合计持股比例超过 10%，且持股时间均超过 90 日，满足《中华人民共和国公司法》规定的股东自行召集股东大会的要求，为改选董事会找到了可行的方案。经过反复论证、沟通，合计持股超过 10% 的第二大股东、第三大股东及中证中小投资者服务中心同意联合召集股东大会，并顺利完成了董事会、监事会、管理层的改选，由信达证券派驻的工作组全面接管中毅达董事会、监事会及管理层。工作组在无案例可循的极端情况下，以法律允许下的最快速度，将改组

董监高的时间提前了近两个月，从治理结构上实现对中毅达的实际控制，为编制2018年年度报告、实施后续重组赢得了宝贵时间。

（二）追讨中毅达公章证照及会计档案资料

由于中毅达前任管理层失联，相关档案资料没有交接给新任管理层，中毅达的公章、营业执照、会计档案均下落不明，新任管理层无法开展正常的公司治理，更不具备编制2018年年度报告的基础。针对上述情况，中毅达召开董事会审议通过了《关于要求返还公司印章证照、财务会计资料以及各类公司财产的议案》并对外公告，要求相关主体在2019年3月17日前向中毅达董事会返还所侵占的中毅达的营业执照、公章以及会计凭证、财务账簿等会计档案资料及各类财产。但至上述截止日期，中毅达仍未收到印章证照、会计档案资料以及各类公司财产。同时，中毅达在相关报刊发布公告，提示债权人在规定的期限内及时申报债权。

2019年3月21日，中毅达以前任管理层涉嫌隐匿会计凭证、会计账簿、财务会计报告罪向上海市公安局虹口分局报案。在公安机关的大力支持下，中毅达于4月22日取得了部分财务凭证、会计账簿等会计档案以及重要合同等纸质档案资料。随后，又陆续追回了中毅达部分台式电脑，获取了存储在其中的电子财务会计账套、重要合同扫描文件等电子档案；经与监管部门及相关主管部门反复沟通，中毅达于2019年5月取得了补办的营业执照及补刻的公章，取得了实施公司治理的必要工具。

（三）开发利用追回的档案资料，编制并披露2018年年报，成功避免直接退市

在获取中毅达纸质及电子会计档案、合同档案并补办公章、营业执照后，积极对档案资料进行分类整理、开发利用，结合在各开户银行调取的银行资金流水对账单，梳理中毅达各项资产、负债及主要业务的经营情况，逐笔核对并完善中毅达的财务会计凭证、账套，并在此基础上编制2018年年度报告，同时聘请中喜会计师事务所开展审计。最终于2019年6月28日披露2018年年报，避免了因未披露年度报告而直接退市。2019年7月19日，中毅达虽因2017年及2018年连续两年被出具无法表示意见的审计报告被暂停上市，但成功为实施重组及恢复上市赢得了一年时间。

（四）开发利用追回的档案资料，梳理资产、债务情况并实施重组，中毅达实现恢复上市

1. 梳理中毅达债权债务档案，实施债务重组，化解债务危机

中毅达新任管理层自上任以来，通过核查董事会、股东大会决议及相关公告，核查中毅达签署的重要合同、会计凭证、银行流水，核查债权人申报获取的信息，查询中国人民银行企业征信系统等各类档案资料，理清了中毅达存在的重大债权债务情况以及对外担保事项。在债权债务清晰的基础上，充分发挥中国信达不良资产处置优势，与中毅达金融机构债权人及主要非金融机构债权人进行谈判并设计实施了债务重组方案，化解了中毅达约5亿元的巨额债务危机，同时妥善解决了重大诉讼，解除了全部失信被执行人状态、资产查封及银行账户冻结状态。

2. 梳理中毅达失控子公司档案资料，形成处置方案，完成失控子公司剥离

自2017年11月开始，中毅达及其子公司陆续出现资金链断裂、无力支付员工工资、员工辞职潮爆发等情况，中毅达逐步对全部子公司失去控制。为解决子公司失控的问题，中毅达及其聘请的律师、会计师多次赴厦门、贵州、深圳、新疆等子公司所在地调查，与有关人员、部门联系沟通，查找相关资产、档案资料。但因上述子公司原有管理层及相关工作人员失联或拒不配合，而无法恢复对上述子公司的控制。为了最大限度保护上市公司及中小股东的利益，中毅达以在实地调查、访谈中取得的档案资料和查阅的公开信息为基础，梳理各子公司资产负债情况、拟定剥离方案，并于2019年年末通过公开挂牌转让及解除股东资格的方式，完成了全部失控子公司的剥离。

3. 筛选标的资产，实现优质资产注入

为彻底解决主营业务停滞、持续经营能力问题，信达证券发挥在化工领域的资源优势积极遴选优质资产，通过综合比较最终选择在多元醇行业具有显著竞争优势的赤峰瑞阳化工有限公司作为重组标的资产。信达证券、中毅达与各中介机构对标的资产的财务、业务、法律等方面进行了充分尽职调查，结合前期档案资料开发利用过程中梳理完成的中毅达基本情况，形成了尽职调查的档案、报告及重大资产重组交易方案。2019年11月，交易方案经过中毅达董事会、股东大会

审议通过，顺利完成股权过户，实现了总资产近13亿元、年收入超过10亿元的优质资产注入，持续经营能力显著增强。2020年4月28日，中毅达编制完成并披露了2019年年度报告。

综上所述，通过实施上述措施，中毅达解决了造成暂停上市的全部问题，符合了恢复上市的相关条件，并根据前期形成的各种档案资料，编制了恢复上市申请文件。经上海证券交易所同意，中毅达股票于2020年8月17日恢复上市交易（图1）。经过一个完整年度的良好经营运转，在中毅达披露2020年年度报告后，经上海证券交易所审核同意，中毅达股票于2021年5月19日起，撤销其他风险警示（图2）。

上海中毅达股份有限公司

关于公司股票恢复上市的公告

> 本公司董事会及全体董事保证本公告内容不存在任何虚假记载、误导性陈述或者重大遗漏，并对其内容的真实性、准确性和完整性承担个别及连带责任。

重要内容提示：

- 公司恢复上市的股票种类为A股与B股，A股股票数量为375,574,590股无限售流通股，B股股票数量为360,360,000股无限售流通股；公司股票将于2020年8月17日在上海证券交易所恢复上市交易。

图1　2020年8月11日在上海证券交易所网站披露《上海中毅达股份有限公司关于股票恢复上市的公告》

四、效果及影响

中毅达的恢复上市，是一个通过档案资源开发利用使上市公司摆脱困境、重获新生、化解重大退市风险的实例，充分体现了档案资源对公司的重要作用，为所有公司敲响了重视档案资源管理和利用的警钟。中毅达在面临退市风险的危急时刻，信达证券通过各种措施追讨档案资料为起点，以追回的档案资料为基础，通过档案资源充分开发利用，发挥出档案的最大价值，使上市公司摆脱困境、重获新生，化解重大退市风险，挽回七万股民的投资及资管计划持有的股权资产几

上海中毅达股份有限公司
关于公司股票撤销其他风险警示的公告

> 本公司董事会及全体董事保证本公告内容不存在任何虚假记载、误导性陈述或者重大遗漏,并对其内容的真实性、准确性和完整性承担个别及连带责任。

重要内容提示:
- 撤销其他风险警示的起始日:2021 年 5 月 19 日
- 撤销其他风险警示后,上海中毅达股份有限公司(以下简称"公司")A 股证券简称由"ST 毅达"变更为"中毅达",证券代码"600610"保持不变,B 股证券简称由"ST 毅达 B"变更为"中毅达 B",证券代码"900906"保持不变,A 股及 B 股股票价格的日涨跌幅限制由 5%变为 10%。

图 2　2021 年 5 月 18 日在上海证券交易所网站披露《上海中毅达股份有限公司关于公司股票撤销其他风险警示的公告》

乎无法收回的风险,在保护和创造经济效益和社会效益的同时,维护了资本市场的良好发展秩序,得到了《中国证券报》《上海证券报》《证券日报》等报刊、财经媒体以及监管部门的高度赞扬。中毅达的恢复上市也是信达证券另类投行业务的一次成功实践,充分体现了信达证券在方案设计、资本运作及困境企业救助等方面的专业能力,发挥了中国信达不良资产处置优势、资金资源优势及金融全牌照优势,为信达证券及中国信达创造了上市公司纾困的优秀案例,在资本市场树立了良好的品牌形象和示范效应。

(一)中毅达摆脱困境、重获新生

在不掌握中毅达档案资料的情况下,中毅达工作组通过各种措施追讨档案资料,以追回的各类档案资源为基础,对中毅达进行了全面的尽职调查,设计并实施恢复公司治理、资产债务重组等一系列救助方案,对困境企业中毅达的资金、资产、人才、技术、管理等要素进行了全方位重新配置,构建了新的生产经营模式,帮助中毅达摆脱了经营困境和财务危机,恢复了持续经营能力,实现企业价值再造和提升。2020 年全年,中毅达实现营业收入 10.79 亿元,净利润 4556 万元,经营管理步入正轨,意味着中国证券市场上首家管理层集体失联的上市公司终于解困而重获新生。

（二）避免中毅达退市，实现七万股民投资及国有资产的保值增值

2017年11月起中毅达公司治理混乱、子公司失控等事件引发股价持续下跌，并被实施退市风险警示，A股股价最低跌至1.23元，较2017年10月末下跌83%，中小股民投资损失严重。如中毅达股票退市，将造成七万股民的投资及资管计划持有股权资产几乎无法收回，再次面临巨大经济损失。

2019年1月3日至2021年4月30日（自资管计划取得控制权至中毅达撤销风险警示的前一交易日），信达证券对中毅达实施了一系列救助措施、实现恢复上市并满足撤销风险警示条件。其间，中毅达A股股价上涨347%，资管计划持有的2.6亿股股票价值上涨至22亿元，为七万股民挽回了损失，实现了国有资产保值增值（图3）。

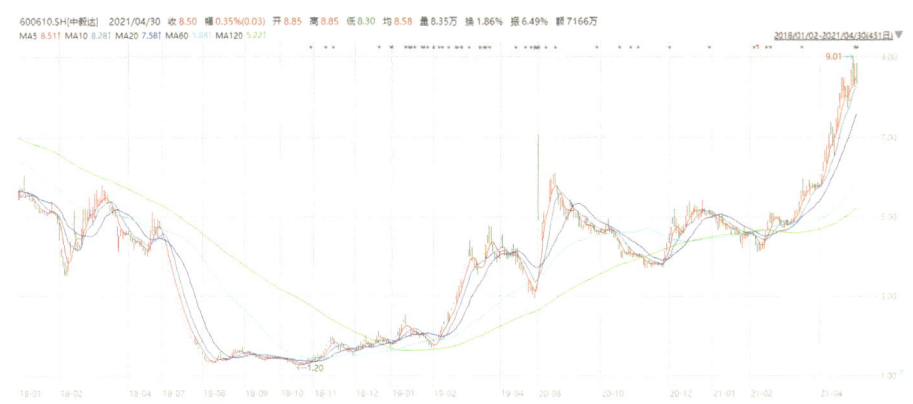

图3　2018年1月1日至2021年4月30日，中毅达（600610）股票价格走势图

（三）维护了资本市场的良好发展秩序，得到市场和监管部门的一致好评

中毅达股票恢复上市，使得近七万名股民的投资利益得以保全，国有资产得到保值增值，成功避免了一场管理层集体失联造成的上市公司退市的风险事件，维护了资本市场的良好发展秩序。中毅达恢复上市的消息公开发布后，宣告退市风险彻底化解，股吧一片欢腾，《中国证券报》《上海证券报》《证券日报》《证券时报》《中国基金报》《新浪财经》等报刊、财经媒体以及监管部门对中国信达、信达证券及中毅达相关人员在中毅达恢复上市期间化解中毅达退市风险、挽救七万股民利益所做出的努力表示了高度赞扬（图4）。

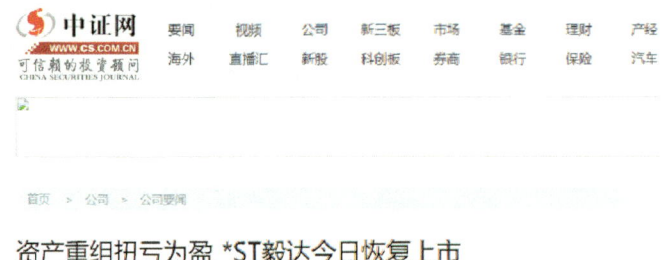

图 4　中毅达恢复上市后相关报道

（四）体现了信达证券作为央企的专业能力与责任担当

在资管计划成为中毅达控股股东后，信达证券作为资管计划的管理人，主动承担起挽救上市公司的重任，派遣专业人员组建工作组进驻中毅达，从追讨对公司最重要的档案资料入手，通过对档案资源的开发利用，抽丝剥茧般地梳理资产、债务、经营情况，并利用在资本运作方面的专业能力设计并实施救助方案。在中毅达存在重大退市风险的情况下，工作组成员甘愿冒着被列为失信被执行人或被监管处罚的风险担任中毅达董事、监事、高级管理人员等角色，作为央企工作人员，充分践行着信达证券作为央企的责任担当。

案例形成单位：信达证券股份有限公司
案例形成人：马建国、虞宙斯、蔡文洁、夜文彦、胡家胜、侯静

挖掘档案信息,"透视"电站"脉络"

——工程竣工图在地下管线系统构建应用案例

一、案例概述

工程建设项目中,大量管线敷设于地下以节约地上空间、优化地面环境,但管线深埋于地下,其走向、定位、深度等都无法直观查看,极易造成管线被误挖,从而影响到项目建设的安全和进度。三门核电项目地下管线总里程逾8万千米,仅2014—2018年就发生了13起较为严重的地下管线被误挖事件,延误工期约592.8天,直接经济损失约102万元,间接经济损失近千万元。

为精准掌握地下管线信息,科学开展管线施工和维修,保障电厂安全平稳运行,2019—2021年,三门核电比对和梳理,从50余万份档案中筛选出数千份竣工图,经内容分析及转化处理,提炼有效档案信息,最终完成了地下工程信息管理系统的数据输入,利用数字虚拟技术构建起了一座包含厂区路网、厂区建(构)筑物及厂区管线(沟、廊)及其附件(如阀门、窨井等)信息在内的虚拟电厂,直观"透视"电站"脉络"(图1)。通过深入挖掘档案信息,建立立体

图1 三门核电地下工程信息管理系统展示界面

的管线展示平台，辅以智能数据技术，实现精细化和个性化服务，将档案"资源库"变为"知识库"，为地下工程施工提供准确信息，赋能项目四大控制科学决策，驱动数字化转型，助力智慧电厂建设。

二、实施背景

（一）工程建设行业发展的必然趋势

地下管线包括给水、排水、电气、通信、工艺、暖通等专业的管线（沟、廊）及其附属设施，是保障核电现场生产和生活的重要基础设施。近年来，国家对地下管线的重视力度逐步加深。2013年9月出台的《国务院关于加强城市基础设施建设的意见》强调应"坚持先地下、后地上""在普查的基础上整合城市管网信息资源，消除地下管网安全隐患"。2014年3月国务院印发的《国家新型城镇化规划2014—2020年》中提出"发展智能管网，实现城市地下空间、地下管网的信息化管理和运行监控智能化。"2012年5月住房和城乡建设部提出的《国家智慧城市试点指标体系》中明确规定地下管线与空间综合管理指标：实现城市地下管网数字化综合管理、监控，并利用三维可视化等技术手段提升管理水平。在这样的政策环境下，建设核电地下工程信息管理系统，提高地下管线管理水平，逐步推进电厂施工管理的数字化程度，是行业发展的必然趋势。

（二）AP1000全球首堆建设的特点要求

三门核电一期工程作为三代核电AP1000全球首堆，在设计、采购、建造等方面有很多新要求、新技术和新特点（如模块施工、非能动系统设计等），相较于其他核电项目，一期工程建设工期长、设计变更多、图纸升版也更为频繁，这就给电厂的地下管线管理带来更多风险和挑战。一方面，由于图纸升版频繁，使得部分管线的实际埋设情况与图纸不符，可能存在现场管线信息错误的情况。另一方面，因项目建设工期较长，施工期间大量的人员流动可能导致部分地下工程信息缺失。由于上述两方面的原因，地下管线误挖导致工期延误的情况时有发生。据统计，在三门核电一期工程土建安装高峰期，仅2014—2018年间就发生了13起较为严重的地下管线被误挖事件，涉及电缆管线、氢气取样管线、通信管线、火警管线和消防水管线，累计耽误工期约592.8天，造成直接经济损失约

1019200元，间接经济损失近千万元。管线被挖断不仅影响施工进度，更会导致相关区域停水、停电、通信中断等严重后果，对电厂的安全、质量、进度和成本控制等均造成较大负面影响。

（三）三门核电企业数字化转型的战略驱动

在数字经济蓬勃发展的时代背景下，整个社会的生活方式和生产体系都发生了巨大变化，核电企业亦无法置身事外，因此，通过数字化技术推动电厂业务创新与升级，实现高质量发展是公司重要的战略任务。三门核电地下工程信息管理系统正是在这一背景下探索数字化施工管理的积极实践，该项目也是中国核电数字核电三维平台的规划内容。通过对档案资源的深度挖掘，建立以管线数据为中心的地下工程信息管理系统，可实现对管线和管网数据的有效治理，提升施工安全管理水平，为电厂迈向数字化管理不断聚势赋能。

三、创新做法

如果说信息系统是管理方式的固化，那数据则是系统的灵魂，只有保持数据准确有效且持续更新，才能让系统始终保持旺盛的生命力。三门核电地下工程信息管理系统的核心是管线数据（包括管线的材质、管径、管高等基础信息和管线的位置、走向、接口关系等综合信息），而数据的直接来源则是项目的设计文件、施工文件和竣工文件。因此，三门核电信息文档处组织梳理管线相关的文档清单、开展图纸识别及数据挖掘和录入工作，为系统投运奠定数据基础。

（一）建立健全管理网络，为档案信息开发做好组织保障

三门核电地下管线工程包含给水、排水、电气、通信、工艺、暖通等不同专业，范围涵盖厂前区、已完工一期工程及待开工二三期工程，涉及工程管理处、设备管理处及公司办公室等多个责任部门。为明确三门核电地下工程信息管理系统的数据来源及管理职责，三门核电信息文档处在系统开发初期即牵头开展需求收集，组织相关部门反馈意见，明确需录入系统的图纸范围，厘清各部门对图纸的审查、录入和维护职责，规定图纸数据进入系统的时间，建立起高效的组织体系，并发布了《三门核电地下工程信息管理系统数据管理要求》，从源头上确保了三门核电地下工程信息管理系统的管线数据完整真实且更新及时。

此外，作为系统开发的牵头部门，信息文档处一方面负责项目全过程的组织管理，另一方面还抽调文档一线骨干成员成立项目组，从初始的档案清单信息核对、图纸内容信息校核到后期的图纸内容识别转化及图纸数据录入，全程参与系统数据处理工作。

（二）筛选档案信息资源，准确定位系统数据来源

确定了责任部门及数据来源后，信息文档处继续牵头开展文件清单梳理工作。根据责任部门的反馈，三门核电地下管线划分为工程、生产和厂前区管线三部分，每部分的管线数据又分为设计数据和完工数据。在第一轮梳理中，由各责任部门提供工程管线、生产管线和厂前区管线的设计文件、施工文件和竣工文件清单，清单汇总后由文档人员对清单条目逐一核对，剔除图纸目录、示意图、坡面图、剖面图等无须录入的图纸，筛选出可用于管线绘制的有效图纸；再将有效图纸的信息与三门核电文档管理系统中的信息进行对比，确认清单中图纸的版本和状态为当时最新。此外，经过筛选发现，第一轮由业务部门提供的文件清单仅包含地下管线数据，缺乏管廊信息，因此文档人员又开展了第二轮梳理，通过筛选三门核电文档管理系统中标题包含"管廊"的设计文件和竣工文件，再结合设计院的 IED 清单及一期工程核岛和常规岛的竣工文件清单，经比对和查重，在清单中补充了一期工程及全厂通用管廊相关图纸。

经两轮梳理，三门核电地下工程信息管理系统的数据来源得到最终确认，一期工程 334 份竣工图及二期工程 171 份设计图被确定为本次系统建设的有效管线数据来源。完整和准确的文件清单（图 2）确保了系统中的管线数据与规划设计情况及现场建设情况完全一致。

（三）分析档案信息资源，确保采集数据精准可靠

地下管线文件清单确认后，三门核电文档人员即根据清单开展文件的整理和清查，为数据录入奠定基础。经清查发现，文件问题分为文件信息不齐全及文件系统性不完整两类。文件信息不齐全主要包括设计文件上管线的部分坐标点没有位置信息且无法通过其他点推算，设计文件管线上的管径、管材等基础信息缺失，竣工文件上的变更信息未用云图标注等，例如标题为"4 号机组氢气抽气管道图"的图纸上缺少高程信息；标题为"主厂区 1 区室外消防管线布置图"的

文件编码	版次	标题	状态	文件类型	编制单位	接收日期	备注
[1]主厂区管线综合图							
[2]厂区综合管廊施工图							
SMS-002-X2-201	1	3、4号机组厂区综合管廊分区图	CFC	图纸	核工业南京建设集团有限公司	2016-8-22	
SMS-002-X2-202	0	3、4号机组厂区综合管廊定位图（一）	CAE	图纸	核工业南京建设集团有限公司	2016-6-21	
SMS-002-X2-203	1	3、4号机组厂区综合管廊定位图（二）	CAE	图纸	核工业南京建设集团有限公司	2016-6-21	
SMS-002-X2-204	2	3、4号机组厂区综合管廊定位图（三）	CFC	图纸	上海核工程研究设计院（3、4号机组）	2018-6-7	
SMS-002-X2-205	0	浙江三门核电项目3、4号机组厂区综合管廊定位图(四)	CFC	图纸	上海核工程研究设计院（3、4号机组）	2014-5-9	
SMS-002-X2-206	2	浙江三门核电项目3、4号机组厂区综合管廊定位图(五)	CFC	图纸	上海核工程研究设计院（3、4号机组）	2018-6-7	
SMS-002-X2-207	0	浙江三门核电项目3、4号机组厂区综合管廊定位图(六)	CFC	图纸	上海核工程研究设计院（3、4号机组）	2014-5-9	
SMS-002-X2-208	0	浙江三门核电项目3、4号机组厂区综合管廊定位图(七)	CFC	图纸	上海核工程研究设计院（3、4号机组）	2014-5-9	
SMS-002-X2-209	0	3、4号机组厂区综合管廊竖向施工图（一）	CAE	图纸	核工业南京建设集团有限公司	2016-6-21	
SMS-002-X2-210	1	3、4号机组厂区综合管廊竖向施工图（二）	CAE	图纸	核工业南京建设集团有限公司	2016-6-21	
SMS-002-X2-211	2	浙江三门核电项目3、4号机组厂区综合管廊竖向施工图(三)	CFC	图纸	上海核工程研究设计院（3、4号机组）	2018-6-7	
SMS-002-X2-212	0	浙江三门核电项目3、4号机组厂区综合管廊竖向施工图(四)	CFC	图纸	上海核工程研究设计院（3、4号机组）	2014-5-9	
SMS-002-X2-213	2	浙江三门核电项目3、4号机组厂区综合管廊竖向施工图(五)	CFC	图纸	上海核工程研究设计院（3、4号机组）	2018-6-7	
SMS-002-X2-214	0	浙江三门核电项目3、4号机组厂区综合管廊竖向施工图(六)	CFC	图纸	上海核工程研究设计院（3、4号机组）	2014-5-9	
SMS-002-X2-215	0	浙江三门核电项目3、4号机组厂区综合管廊竖向施工图(七)	CFC	图纸	上海核工程研究设计院（3、4号机组）	2014-5-9	
SMS-002-X2-D01	3	3、4号机组厂区综合管廊总平面施工图图样目录	CFC	图纸	核工业南京建设集团有限公司	2018-7-12	
SMS-002-XE-201	1	浙江三门核电项目3、4号机组工程厂区综合管廊负挖总平面定位	CFC	图纸	上海核工程研究设计院	2013-12-4	
SMS-002-XE-202	0	浙江三门核电项目3、4号机组工程厂区综合管廊横断面图(一)	CFC	图纸	上海核工程研究设计院	2013-11-1	
SMS-002-XE-203	0	浙江三门核电项目3、4号机组工程厂区综合管廊横断面图(二)	CFC	图纸	上海核工程研究设计院	2013-11-1	
SMS-002-XE-204	0	浙江三门核电项目3、4号机组工程厂区综合管廊横断面图(三)	CFC	图纸	上海核工程研究设计院	2013-11-1	
SMS-002-XE-211	1	浙江三门核电项目3、4号机组工程主厂区综合管廊负挖平面布置	CFC	图纸	上海核工程研究设计院	2014-3-26	
SMS-002-XE-212	1	浙江三门核电项目3、4号机组工程主厂区综合管廊负挖剖面图	CFC	图纸	上海核工程研究设计院	2014-3-26	
SMS-002-XE-D01	1	浙江三门核电项目3、4号机组工程厂区综合管廊负挖总平面施工图图样目录	CFC	清单	上海核工程研究设计院	2013-12-4	
SMS-002-XE-D02	1	浙江三门核电项目3、4号机组工程主厂区综合管廊负挖施工图图样目录	CFC	图纸	上海核工程研究设计院	2014-3-26	
SMS-002-S0-201	1	综合管廊结构设计总说明	CAE	图纸	核工业南京建设集团有限公司	2016-6-21	
SMS-002-S0-202	0	浙江三门核电项目3、4号机组工程I台下综合管廊结构平面图	CFC	图纸	上海核工程研究设计院（3、4号机组）	2013-11-14	
SMS-002-S0-203	0	综合管廊人孔及安装孔详图	CAE	图纸	核工业南京建设集团有限公司	2016-6-21	
SMS-002-S0-204	0	B21、A21段综合管廊结构平面及剖面详图	CAE	图纸	核工业南京建设集团有限公司	2016-6-21	
SMS-002-S0-205	1	B22、B23、A22段综合管廊结构平面及剖面详图	CAE	图纸	核工业南京建设集团有限公司	2016-6-21	
SMS-002-S0-206	0	浙江三门核电项目3、4号机组工程B24、B27、B28、B29(局部)段综合管廊结构平面及剖面详图	CFC	图纸	上海核工程研究设计院（3、4号机组）	2014-3-28	
SMS-002-S0-207	1	浙江三门核电项目3、4号机组工程B29(局部)、C21、C22段综合管廊结构平面及剖面详图	CFC	图纸	上海核工程研究设计院（3、4号机组）	2015-6-15	
SMS-002-S0-208	1	浙江三门核电项目3、4号机组工程C23、C24(局部)、G21、G22段综合管廊结构平面及剖面详图	CFC	图纸	上海核工程研究设计院（3、4号机组）	2015-6-15	
SMS-002-S0-209	0	浙江三门核电项目3、4号机组工程A25、A26、D21段综合管廊结构平面及剖面详图	CFC	图纸	上海核工程研究设计院（3、4号机组）	2014-3-28	

图 2　三门核电地下工程信息管理系统部分图纸清单

图纸上缺少管线长度，导致无法推算下端管点坐标；文件系统性不完整主要包括设计文件中同一根管线接口相关的图纸尚未发布、部分竣工文件未与变更文件建立关联关系等，例如与标题为“详图 1 消防水罐区消防管线布置图 1：2000”的图纸对接的 4 张图纸尚未发布，导致该图纸管线信息暂时不完整。针对设计文件的相关问题，三门核电信息文档处牵头联系设计管理处对相关问题进行解答，对于需要设计院澄清或整改的，也协调院方及时解决。针对竣工文件的相关问题，信息文档处联系竣工文件的编制单位进行整改，并在三门核电文档管理系统中对缺失的竣工文件和变更文件的关联关系进行补充。上述文件的清查和整改工作，以文件质量确保了系统数据质量，从数据输入前端提升了系统的可用性。

（四）提炼档案信息资源，实现“数字化”到“数据化”的提升

核电地下管线涉及众多专业，设计图及竣工图亦由不同的设单位绘制，因此图纸和文件存放的方式和格式多样，采用的坐标系也不尽相同，图纸数据录入时会涉及坐标系转换、比例尺转换、平面与球面的转换、中英语言的转换等多种信

息提取、计算和转化的处理过程。此外，地下工程信息管理系统是一个专业性极强的系统，图纸绘制、检查、确认和更新维护工作都相当精细和烦琐，需要较高的专业水准。因此在数据录入工作开始前，围绕数据处理能力提升，信息文档处先后组织了由系统开发承包商讲解的系统使用培训、数据处理模板培训以及由工程管理处和设备管理处讲解的图纸识图培训，通过培训，文档人员了解了模板使用及数据导入处理方式，具备了工程设计文件的基础识图能力。在录入过程中，信息文档处积极联系相关业务部门，对识图中存在困难的图纸由专业工程师进行一对一答疑，对坐标转换、坐标点计算、平面与球面转换等问题逐一解答，确保了录入数据的准确性（表1）。在录入完成图纸数据进入系统测试库后，再组织相应工程师根据专业和分工进行复核，经复核无误的数据才能转入正式库开放查询使用。经过上述三级的培训、录入和复核工作，确保了进入地下工程信息管理系统中的数据与图纸内容相吻合并且能真实反映现场的情况。

（五）实时利用反馈机制，持续优化档案资源利用效果

在数据录入完成后，三门核电信息文档处牵头，组织设备管理处、工程管理处和公司办公室对系统的管线数据处理情况进行了验证和评估，并发布了《三门核电地下工程信息管理系统地下管线数据结果报告》。

在验证和评估阶段，各业务处室主要针对文件清单，结合系统中生成的管线数据，对文件内容与系统数据的一致性进行逐份验证，将验证发现的坐标点误差、设备设施标注失准、管线缺失、管线基础信息错误等问题详细记录并形成问题台账，由信息文档处牵头完成数据问题整改。

在问题整改及报告发布阶段，信息文档处对问题数量、整改情况、遗留项等情况做了详细统计，使数据处理形成闭环。此外，根据业务部门验收发现的问题总结了地下管线数据处理的常见问题和处理要点，对后续新增管线的数据处理工作具有参考和借鉴意义。

在系统投用后，信息文档处组织了系统使用情况收集工作，通过调研走访、系统维护申请统计、经验反馈统计等多种渠道了解系统的使用情况，进一步明确了后续系统建设中需要补充的管线信息，并反馈至文档日常工作中，在三门核电文档管理系统的文件元数据中对管线相关设计文件和竣工文件增加了"管线"这一关键字，便于系统开发时后续快速检索和利用相关文件。

表 1　三门核电地下工程信息管理系统数据处理模板

项目名称	三门核电项目 3、#4 机 500KV GIL 沟道									图纸类别		布置图	
管线类型	排水管线												
	废水												
管径或断面尺寸，mm			平面坐标，m		高程，m			埋深，m	设计单位	图纸名称（图纸内容）		数据来源（PDF 文件名）	
			X（图纸上 N 值）	Y（图纸上 F 值）	地面	管（沟块）顶	管（沟块）内底						
管线点预编号	连接点号												
W1	W2	3500	5513.012	8006.978	12.300	1.15	−2.350	11.15	华东电力设计院有限公司	核电项目 3、4 号机组 #3、#4 机 500KV GIL 沟道总布置图		SMS−041−S0−P201	
W2	W1	3500	5516.056	8017.880	12.300	1.12	−2.384	11.18	华东电力设计院有限公司	核电项目 3、4 号机组 #3、#4 机 500KV GIL 沟道总布置图		SMS−041−S0−P201	
W2	W3	3500	5516.056	8017.880	12.300	1.05	−2.452	11.25	华东电力设计院有限公司	核电项目 3、4 号机组 #3、#4 机 500KV GIL 沟道总布置图		SMS−041−S0−P201	
W3	W2	3500	5537.681	8011.841	12.300	0.93	−2.569	11.37	华东电力设计院有限公司	核电项目 3、4 号机组 #3、#4 机 500KV GIL 沟道总布置图		SMS−041−S0−P201	
W3	W4	3500	5537.681	8011.841	12.300	0.93	−2.569	11.37	华东电力设计院有限公司	核电项目 3、4 号机组 #3、#4 机 500KV GIL 沟道总布置图		SMS−041−S0−P201	
W4	W3	3500	5539.602	8013.157	12.300	0.93	−2.569	11.37	华东电力设计院有限公司	核电项目 3、4 号机组 #3、#4 机 500KV GIL 沟道总布置图		SMS−041−S0−P201	

续表

项目名称		三门核电项目3、4号机组#3、#4机500KV GIL沟道					图纸类别			布置图	
W4	W5	3500	5539.602	8013.157	12.300	0.93	-2.569	11.37	华东电力设计院有限公司	核电项目3、#4机500KV GIL沟道总布	SMS-041-S0-P201
W5	W4	3500	5556.278	8024.574	12.300	0.93	-2.569	11.37	华东电力设计院有限公司	核电项目3、#4机500KV GIL沟道总布	SMS-041-S0-P201
W5	W6	3500	5556.278	8024.574	12.300	0.93	-2.569	11.37	华东电力设计院有限公司	核电项目3、#4机500KV GIL沟道总布	SMS-041-S0-P201
W6	W5	3500	5569.633	8033.718	12.300	0.93	-2.569	11.37	华东电力设计院有限公司	核电项目3、#4机500KV GIL沟道总布	SMS-041-S0-P201
W6	W7	3500	5569.633	8033.718	12.300	0.93	-2.569	11.37	华东电力设计院有限公司	核电项目3、#4机500KV GIL沟道总布	SMS-041-S0-P201
W7	W6	3500	5577.247	8310.592	12.300	0.96	-2.545	11.35	华东电力设计院有限公司	核电项目3、#4机500KV GIL沟道总布	SMS-041-S0-P201
W7	W9	3500	5577.247	8310.592	12.300	0.96	-2.545	11.35	华东电力设计院有限公司	核电项目3、#4机500KV GIL沟道总布	SMS-041-S0-P201
W9	W7	3500	5683.745	8001.854	12.300	1.30	-2.200	11.00	华东电力设计院有限公司	核电项目3、#4机500KV GIL沟道总布	SMS-041-S0-P201
W9	W10	3500	5683.745	8001.854	12.300	1.30	-2.200	11.00	华东电力设计院有限公司	核电项目3、#4机500KV GIL沟道总布	SMS-041-S0-P201

四、效果及影响

三门核电项目通过对竣工图数据提取分析,充分挖掘档案信息资源,结合地理信息技术(GIS)、数据库技术和3D仿真技术搭建了一座包含厂区路网、厂区建(构)筑物及厂区管线(沟、廊)及其附件信息在内的虚拟电厂。系统在顺利通过验收的基础上取得了良好的经济效益、社会效益并获得了较高的用户评价,主要体现在以下方面。

(一)沉寂在库房的档案可视化,档案"出镜率"显著提升

三门核电地下工程信息管理系统经过前期的需求收集、调研走访及立项采购流程,于2020年8月正式开始系统开发及数据录入工作,经过7个月的开发和试运行,于2021年4月正式通过三门核电信息文档处、设备管理处、工程管理处、公司办公室及维修处的联合验收。公司各业务部门一致同意系统通过验收并对系统使用体验做出较高评价。各业务部门认为,三门核电地下工程信息管理系统以仿真的方式形象地展现了公司地下管线的埋深、材质、形状、走向及接口情况和周边环境,相较于以往的平面图,极大地方便了对排管、设备设施占用情况、位置等信息的查找,为今后地下管线资源的统筹利用和科学布局、管线占用审批、用地用水审批等工作提供了准确、直观、高效的参考。

通过深入挖掘地下管线相关的竣工图信息,辅以智能数据技术,实现精细化和个性化服务,将档案由"资源库"变为"知识库",竣工图数据直观展示在系统中,查询更精准,沉寂在库房的档案活跃化、可视化,使"经验得以总结、规律得以认识、历史得以延续",更好地发挥了档案支撑公司中心工作的作用,档案价值得到充分认可。

(二)建立立体的管线展示平台,为地下工程施工提供依据

三门核电地下工程信息管理系统既可实现对局部地区地下管线空间分布状况的查阅,综合展示同一区域内不同专业的管线交错分布情况,使得原本需要查阅多张图纸才能获取的信息一次性、直观式呈现;又可对厂区地下管线进行二维、三维联动的全景模拟浏览,使得本来在平面显示下错综复杂的管线变得更加清晰和立体。局部查阅和综合展示互相印证,让开工准备和技术交底等施工准备工作更加直观。而在施工过程中,系统支持距离量算、面积量算、管点管线标注、扯

旗标注等操作，供施工及质保人员随时进行标注和计算。

此外，三门核电地下工程信息管理系统融地理信息、业务办公和辅助决策等地上、地下建筑规划管理于一体，通过科学规划、集中施工，不仅有助于避免项目建设过程中对路面的多次开挖破坏，而且可极大地降低施工中的事故隐患，避免管线被误挖造成停气、停水、停暖、通信中断等严重事故。据了解，自2020年12月系统上线投用至今，三门核电现场在建或竣工的一期项目生产改造施工及全厂通用的项目施工中，未发生管线误挖事件，避免经济损失数百万元，有效地提升了电厂工程项目安全管理水平。

（三）提高应对管网突发事件处置能力，为抢修排障提供参考

三门核电地下工程信息管理系统具有连通性分析和爆管关阀分析功能，能在管线突发紧急情况时，为迅速高效的应急处置提供故障排查和爆管关阀相关的决策支撑。当发生停水、断电、断网等管线事故时，维修人员可通过系统查看管线网络的连通情况，在管线上任意选择两点，系统可自动判断该两点间是否连通，作为辅助判断故障点位的依据。当确认了事故点位后，维修人员可在系统地图上定位该点，系统图形化模拟爆管事故的扩散情况，显示受影响的管线、管点，再通过查询爆管处的管线、设备资料，判断关闭相关阀门，以便及时缩小影响范围，方便后续开展故障维修工作。

（四）促进项目四大控制，辅助科学决策，助力数字电厂建设

三门核电地下工程信息管理系统以厂区数字地图、三维空间场景为背景，以设计文件、施工文件和竣工文件的管线数据为主体，实现对电厂管网空间数据的空间分布展现，将看不见的地下管网变成可视化、数字化、虚拟化的直观图像，并可提供地下管线的定位、查询、统计、剖面分析、净距分析及地面景观三维漫游和二维、三维场景联动等功能，可在后续的厂区规划、工程预算、造价管理等方面为公司管理层提供决策支持，避免以往信息不全、信息分散甚至信息不准导致的规划失策。此外，系统可节省规划审批的流程和环节，提高施工申请的审办效率，从而节约工时、压降成本，最终促进对核电建设项目安全、质量、进度和成本的有效控制。

（五）利用反馈机制为档案质量把关，促进档案五性持续提升

三门核电地下工程信息管理系统输入的管线数据包括设计文件、施工文件和竣工文件。在数据准备阶段，业务部门和文档人员的分工核查对相关文档的质量来说是一次全面的梳理和提升。针对核查时发现的文件内容不齐全和文件系统性不完整的问题，通过业务部门反馈至设计方及施工方并协调问题最终得到解决，这就从业务的角度重新审视了文档的质量，并从业务层面推动了文档问题的解决。此外，在地下工程信息管理系统建设过程中开发管线相关的档案资源，还促使业务部门进一步认识到档案的价值，推动业务人员从文件形成阶段就重视记录质量并注意及时归档，有助于推动公司文档管理工作朝着良性循环不断发展，促进项目档案的完整性、准确性、系统性、规范性和安全性不断提升。

案例形成单位：三门核电有限公司
案例形成人：岳振兴、王晨玮、雷宇、瞿向阳、万小燕

守初心、开新局，境外项目档案工作规范化管理与档案资源开发利用

一、案例概述

振华石油控股有限公司（以下简称振华石油）作为专业化国际石油公司，是国家实施"走出去"战略和能源安全战略的重要团队之一。艾哈代布油田是振华石油在伊拉克战后签订的第一个国际石油合作合同，在项目运行管理过程中形成了包括科研档案、采购档案、地面工程建设档案等全面反映项目建设过程的项目档案。艾哈代布油田项目档案资源覆盖了从绿地建设到投产运营全生命周期的全过程，包括多种档案类别和不同档案载体，数量合计5400余盒，31300件。2018年，艾哈代布油田项目档案帮助振华石油在伊拉克成功获取东巴格达油田项目，振华石油也第一次成为大型油田的作业者。项目档案助力振华石油业务开拓，为振华石油未来进一步深耕伊拉克这一重点国别市场打下了坚实基础。

二、实施背景

艾哈代布油田项目由振华石油负责油田投资建设和运营管理。2009年3月开工建设以来，振华石油通过有效管控各类风险，努力发挥专业资源整合优势，持续加强技术创新、精益生产和精益管理，积极履行社会责任，有力保证了项目成功运营，于2016年11月收回全部投资。

在项目运营阶段，项目团队通过梳理问题发现，前期建设和科研阶段形成的项目档案对于项目整体运维和公司深耕海外石油市场具有重要价值。因此，由振华石油领导组织牵头，项目团队成立了工作专班，着手开始项目档案规范化管理和质量提升专项工作。通过制定计划、落实责任、持续改进，加快推进了境外项目档案管理工作的规范化，创新使用新技术手段保障档案工作更好服务项目建设与运营。

项目团队通过对该项目建设及运营过程中产生的项目档案资料进行梳理，发现了一些典型问题。

（一）缺乏具有针对性的规章制度，难以对境外项目档案工作进行管控

艾哈代布油田项目于2008年签订合同，2009年开始建设，当时国际环境复杂，伊拉克战争刚结束，恐怖袭击频发，参与在伊拉克投资建设存在极高的安全风险，无法有效开展档案工作；此外，当时能够学习和借鉴的境外档案管理做法较少。

（二）历史档案大量累积，档案工作亟须进行集中统一管理

境外项目缺乏统一有效的档案管理体系，导致档案管理办法的执行效力发挥不足。由于不同国家在政治、经济、文化等方面的差异，相比国内档案管理工作，境外项目产生的文件材料，在收集、整理、管理和保管等方面存在更多的难点和障碍。境内档案管理办法在具体实施过程中缺乏约束力，且指导性不足，需要项目人员根据实际情况结合具体管理要求，制定出符合档案工作要求的档案制度体系，规范文件归档内容、档案整理要求和档案保管条件。

（三）非英语语种外文档案的工作基础薄弱

境外项目档案保存着大量非英语语种的外文档案，尚未研究和探索如何开展其他语言环境下的档案管理工作，由于语言的隔阂和差异，导致这部分文件材料难以梳理和分类，外文档案管理工作成为境外项目档案管理的薄弱环节。

通过对上述典型问题的梳理和分析，振华石油充分认识到境外项目档案工作的难点和重要性。艾哈代布油田项目作为伊拉克战后对外启动的第一个国际石油合作项目，是中伊两国能源合作领域的重点项目，也是振华石油重要的海外投资项目，得到公司上下高度重视。项目档案管理工作应同步提升重要性，充分发挥项目档案资源服务项目建设运营的支撑作用。

随着国家逐步加大境外项目档案管理力度和数字档案馆建设等信息技术管理能力的提升，振华石油提出必须扎实做好境外项目档案管理，要综合运用信息技术手段，结合国家最新法律法规和公司管理制度要求，以科学高效的方法加强境

外项目档案管理的制度建设,提升管理能力和利用水平。

三、创新做法

境外项目档案资源收集和整理是档案管理工作的第一要务,梳理档案归档范围和保管期限,有效开展档案资源鉴定,关口前移,落实档案资源收集整理的主体责任,既是对档案管理的实践经验总结,也是档案资源收集和整理工作的创新发展,为境外项目档案的归档完整性提供制度保障。

(一)建立健全境外项目档案工作机制

以项目行政管理部门为主体,设立艾哈代布油田项目的档案归口管理部门,明确各部门档案工作职责,组织档案制度的制定与宣贯,逐步搭建起自上至下的档案工作体制机制,为规范振华石油境外项目档案管理工作提供制度保障。由项目行政管理部门牵头,从档案资料梳理、档案库房建设、档案专业培训等多个方面展开重点工作,保障项目档案管理的科学高效运转。目前已经颁布实施了《绿洲石油有限责任公司档案管理办法》。

(二)关口前移,落实项目档案收集管理责任

自2018年,项目行政管理部门陆续深入项目相关业务部门,就档案资料管理情况进行调研,落实项目档案的收集管理责任,将档案收集整理工作关口前移至与项目档案直接发生关联的业务部门。通过摸底调查,秉承尊重历史、结合实际的工作思路,由行政管理部门建立并执行档案资料备案审批制度,组织各业务部门及岗位人员开展的资料清点整理与档案咨询工作,完成行政部、采办合同部、财务部、人力资源部等职能管理部门的项目档案收集共计21300余件;完成井下作业部、勘探开发部、地面工程部、生产作业部等业务部门的档案整理5230余盒,10000余册。

在整理过程中,行政管理部门与业务部门共同完成了项目档案的清点、整理、鉴定、归档、建立档案目录等工作。在落实档案收集管理责任制的同时,由行政管理部门统一协调解决档案整理过程中产生的问题,陆续完成档案入库管理。通过关口前移,落实项目档案收集管理责任,完成项目档案资源的建设(图1)。

图 1　档案资料整理前后的状态对比

（三）克服境外艰苦环境，完善项目档案的保管条件

项目团队克服伊拉克长期战乱带来的基础设施匮乏、政府工作效率低下等问题，发扬人民兵工优良传统，精诚协作，高速推进项目建设。在项目建设过程中明确了"安保是根本、环境是基础、后勤是保障、统一协调是关键"的建设思路，构建了营地、井场、油田中心处理站等区域完备的物理安保防护网，形成了多层面立体化的"护卫城堡"，实现了中方人员恐怖袭击零伤亡目标。在建筑用地紧张，周边环境复杂的情况下，项目团队坚决克服困难，专门设计建设档案保管库房（图2），改善项目档案资源的保管条件。

图 2　档案保管库房

针对当地环境特点，严格落实"八防"要求（图3），特别注重加强防火、防盗、防鼠、防漏雨的防范措施，尽可能保障档案库房的恒温恒湿，防止档案发

霉变质、信息消失（如热敏纸），特别建设了档案库房的消防报警系统。

（四）探索不同语言环境下的境外项目档案管理

创新突破项目档案管理过程中的文化背景与交流障碍，克服境外地缘政治、语言环境等复杂因素影响，严格按照国内档案管理制度规范开展项目档案管理工作。对2019年前形成的项目档案制定分步实施标准化管理计划，完善投标制度，强制规范本地供应商标书尺寸，统一档案整理入库标准。聘请当地人员参加档案管理工作，加大管理理念和管理要求的沟通交流，增加双方的互信和合作，加大我方对阿拉伯语档案资料的管控力度，避免文化背景、语言方面的差异造成的档案管理问题。

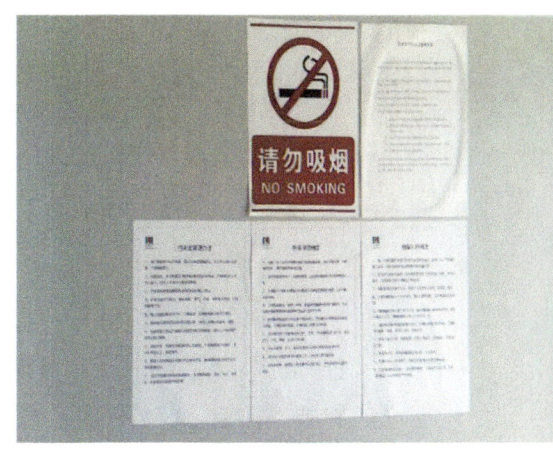

图3　档案库房管理制度

主动学习国内有关境外项目档案管理工作的政策文件和制度要求，宣贯传达文件精神。在项目现场组织开展驻外部门有关人员的档案知识培训，并邀请当地承包商单位参加，以项目监理档案为例，结合管理实际，开展档案检索应用成果的讲解，使相关人员进一步认识档案管理的重要性，掌握具体管理方法。在宣贯培训的同时，开展档案管理互问答疑等交流活动。

（五）开展项目数字档案实时归档，深度挖掘科研档案数据价值

项目团队综合分析当前项目档案工作的管理情况，在开展纸质档案管理工作的同时，对项目产生的数字档案开展收集、整理和著录工作。结合项目数字文件的产生环境和实际作用，综合研判数字文件类型、文件利用频率等因素，对高频次使用的数字文件进行集中收集和价值鉴定，开展数据挖掘，保障数字档案收集的完整性。

基于国际石油业务的特点，项目团队重点加强科研档案的管理，对科研数据、研究专利、论文等技术成果集中统一管理，深度挖掘科研档案的经济价值，形成了以科技档案为代表性的科研档案动态数据的管理方法。同时，项目现场开发了数字档案管理软件，形成了数字化管理平台。项目团队充分利用管理平台，

分批次组织完成了数字档案的迁移和上传工作。在数字化管理平台中建设"档案资料管理库",有效开展项目数字档案的检索和利用工作。

四、效果及影响

(一)经济效益

1. 充分利用档案资源,探索老井二次酸化的应对技术

2019年艾哈代布油田项目建设完成后,存在老井酸化的技术需求。项目人员通过查找前期整理的科研档案,在相关研究成果基础上,研究提出了水平井老井酸化的技术对策,指导完成了AD4-3-2H先导试验井的优化方案。

项目团队加强对项目新产生科研数据的收集与规范整理,覆盖项目立项论证、研究实施及过程管理、结题验收及绩效评价、成果管理等内容,形成了具有保存价值的文字、图表、数据、图像、音频、视频、标本、样本等多种形式和载体的科技档案。

2020年在先导试验的基础上,项目团队借助项目科研档案加大了技术推广和应用力度。基于科研档案的相关技术内容,工艺组累计酸化8井次,酸化复产后平均单井产能提高3倍,措施成功率100%,平均初产油604桶/天,累产油达48万桶。其次,通过挖掘科研档案中的优化通井、返排作业等技术要求,探索修井、放喷的降本空间,优化用酸量,累计节约成本58.82万美元(表1)。

表1 利用档案资源探索老井二次酸化技术取得的经济效益

项目	年份		总计
	2019	2020	
节约修井成本(万美元)	14.25	12.35	26.6
节约用酸成本(万美元)	11.3	3.71	15.01
节约通井成本(万美元)	0	14.24	14.24
酸化管柱优化成本(万美元)	1.78	1.19	2.97
总计(万美元)	27.33	31.49	58.82

这项技术研究成果论文被EI检索收录,并在沙特·达曼举办的第12届国际石油技术大会(SPE_IPTC)上进行宣讲,得到同行高度认可。

2. 研发数字化档案管理平台，动态挖掘数据信息

由于项目的油田地质、油藏、钻完井专业存在大量电子数据，数据内容较多、数据质量参差不齐，油藏工程师在技术支持时须对各类数据进行大量前期准备工作，简单地进行数字档案归档保存无法对如此庞杂的数据进行分类整理和利用。为此，项目团队针对油田的电子数据管理问题，开展了数字化管理平台建设工作（图4）。基于数字化管理平台，系统开展电子数据的分析和著录等工作，形成了Dashboard数据管理软件及生产动态分析与诊断的数字化档案管理平台，并取得了相关管理软件著作权。

图4 数字化软件平台

通过利用数字化管理平台开展油田电子数据的分析、鉴定、分类和归档工作，项目团队完成了对大量、动态数据的及时保存，实现电子数据的集中管理和深度分析。在数字化管理平台开发应用的基础上，项目团队充分利用相关数字档案资源，发挥了档案资源在制定油水井的治理对策及生产动态预警、查找油田开发中存在的典型问题的信息支撑作用。例如，针对Mi4低渗油藏在开发方案中的直井开发模式，项目团队结合其初产低、累产低、压降快的主要生产特征，深入挖掘前期数字档案资源，利用相关档案信息内容探索提出了水平井开发的技术思路，并成功在油田实施。综合分析，实施该技术后，水平井平均日产达1000bbl/d以上，单井提高产能4倍以上，极大地提升了Mi4油藏开发效果，在

数字档案中开展快速、精准的数据分析,挖掘相关技术支持和技术升级思路,档案资源为提升油田开发管理水平发挥了重要作用。

此外,项目团队还基于已归档的数字档案资源,开发了基于月度指标的对比分析数据平台。过去需要人工统计和分析的油田数据资料,可在数字档案完整收集的基础上,实现单井生产日报数据的自动化处理,使得检泵周期统计和电泵工况分析效率大幅度提高。统计分析工作时间从原来的2~3天缩减至5分钟,统计准确率达100%。由此可见,数字档案资源管理能力的提升,带来了项目管理工作效率的提升。

(二)社会效益

项目团队重视环保建设与档案留存,赢得了伊拉克社会的广泛赞誉。在完成项目运营的同时,项目团队以追求"安全发展、绿色发展、和谐发展"为目标,及时建立了垃圾处理站,对工业和生活垃圾进行无害化焚烧处理,建设投产天然气处理系统,主动策划和推动有效利用冗余天然气方案,引入高标准废泥浆处理系统。在这些环保工程的建设过程中,产生了项目档案,例如设计文件、招投标文件、环评文件、施工建设文件、监理文件等,项目团队注重在项目建设环节做好前期环境评估报告的保管,对设计文件、招投标文件、施工建设文件、监理文件加大管控和整理力度,主动与伊拉克当地政府签订环境污染权责协议,在档案资料中记录和明确双方在权责划分上的权利与义务,在为公司赢得社会赞誉的同时,也保证了振华石油在非母语环境国家的合法权益得到有效保障,避免陷入司法陷阱,造成不必要的经济损失。伊拉克环保部门称赞艾哈代布油田项目开创了伊拉克石油钻井史上保护环境的先河,并建议其他国际石油公司借鉴该项目建设经验。

(三)助推公司重点国别项目深耕

艾哈代布油田的项目档案完整记载了项目从绿地建设到项目建成投产再到项目成熟运营的全过程,是一座丰富的信息资源库。从档案资源中可以提取信息分析附近区域的地下油藏资源情况、地面油气生产和处理设施的情况、伊拉克国家的营商环境等重要信息,项目档案信息资源为振华石油深耕伊拉克国别市场打下了坚实基础。2018年年底,振华石油通过与伊拉克政府直接独家谈判新获取了东巴格达油田项目。在这一新项目的收购谈判过程中,艾哈代布油田项目档案发挥了重要作用：一方面，在对东巴格达油田进行经济评价的过程中，评价模型中的一些核心参数，如单井投资、作业费用等，都参考了艾哈代布油田生产运营档案中的数据，为团队更加科学准确地评估东巴格达油田经济价值提供了支撑；另一方面，因艾哈代布油田是伊拉克战后第一个重启的油田项目，其合同条款是比较优惠的，东巴格达油田收购团队对艾哈代布油田合同进行了深度解读，挖掘有利于振华石油的要点，并在谈判中以此为依据积极争取，最终成功获得了优于其他同时期油田项目的条件。

除前期并购阶段外，在东巴格达油田项目的运营过程中，艾哈代布油田项目档案也在勘探开发、地面工程、生产作业、采办等各个方面提供了宝贵的参考，特别是伊拉克油田是国内少见的碳酸盐岩储层，相关经验较为缺乏，前期艾哈代布油田科研团队开展了有针对性的课题研究，形成的科研档案为两个项目更好地运营，以及未来振华石油在伊拉克这个重点国别市场开拓更多业务创造了可能性。

案例形成单位：中国北方工业有限公司
案例形成人：张琛、卫化昱、周霞

发挥勘探开发档案价值，助力页岩油新会战取得历史性重大突破

一、案例概述

2020年12月，习近平总书记对大庆油田古龙页岩油勘探开发作出重要批示，这是总书记继2019年致大庆油田发现60周年贺信之后，再次对中国石油及大庆油田发展作出的重要指示批示。认真贯彻落实总书记重要指示批示精神，大庆油田以新发展理念指导，全面打响了新时代页岩油新会战。档案部门围绕中心、服务大局，主动作为、密切配合，通过构建精细化档案服务体系、打造信息化应用平台、建设岩心数字化图像系统等"六化"措施，积极提供档案信息支持，助力页岩油勘探开发取得重大战略性突破和阶段性重要成果，产生了巨大的间接经济效益和社会效益，其各项举措的成功实践具有典型的借鉴意义和参考价值。

二、实施背景

（一）加快大庆页岩油勘探开发是支持国民经济高质量发展、保障国家能源战略安全的客观要求

随着经济的发展及"煤改气"的推行，我国石油、天然气需求剧增。继2017年超越美国成为世界最大石油进口国之后，2018年我国又超过日本成为世界最大的天然气进口国。油气进口量的持续大幅增加，使我国石油和天然气对外依存度随之快速攀升。出于为经济建设保驾护航的考虑，避免受制于人和"卡脖子"问题的发生，亟须加大国内油气资源的勘探开发力度，确保国家能源战略安全。

20世纪90年代末，美国页岩油气革命拉开了世界石油工业非常规时代的序

幕，以页岩油气为代表的非常规油气资源成为全球石油行业的新热点。

我国页岩油气资源十分丰富，是未来油气增储上产的重要接替领域。习近平总书记多次就大力发展非常规能源作出重要指示批示。2021年5月，在国家两院院士大会暨中国科协第十次全国代表大会上，总书记进一步强调，要从国家急迫需要和长远需求出发，在石油天然气、基础原材料、高端芯片等方面关键核心技术上全力攻坚。推进页岩油等非常规能源勘探开发，既是国家经济建设的切实诉求，也是实现国家对能源安全政治期望的必然途径。

（二）打好打赢新时代页岩油新会战是大庆油田贯彻落实习近平总书记重要指示批示精神的具体体现

2019年9月，习近平总书记在致大庆油田发现60周年的贺信中作出重要指示：站在新的历史起点上，大庆油田要肩负起当好标杆旗帜、建设百年油田的重大责任，要为国家实现"两个一百年"奋斗目标、实现中华民族伟大复兴的中国梦作出新的更大的贡献！2020年12月，习近平总书记再次对大庆油田古龙页岩油勘探开发作出重要批示，充分体现了对石油工业的高度关注和殷切期望，给百万石油员工以极大鼓舞和鞭策。大庆是党的大庆、共和国的大庆，为国分忧、保障国家能源安全，是大庆油田的政治责任与使命担当。

作为我国最大的石油基地，大庆油田开发建设60多年来，已累计生产原油24.3亿吨，为中国能源安全作出了突出贡献。长时间的高效开发，主力油田储采严重失衡，储采比不断下降，开发进入特高含水、特高采出程度的"双特高"阶段，突显出后备储量严重不足的问题。向页岩油进军，加快页岩油勘探开发进程，实现页岩油历史性突破，将从根本上改变老油田储采失衡的现状，对于推进中国石油建设综合性国际能源公司、促进大庆油田及区域经济社会发展、引领我国陆相页岩油革命，具有十分重大的意义。

2020年，古龙页岩油实现历史性重大突破。贯彻落实习近平总书记重要指示批示精神，中国石油天然气集团有限公司党组，黑龙江省委、省政府，大庆市委、市政府高度关注，分别成立专班推进，在各个方面全力支持。大庆油田把页岩油新会战作为头等大事，以目标任务为导向，油田上下广泛动员，全面打响新时代页岩油新会战，努力闯出一条具有大庆特色的页岩油勘探开发之路。

（三）服务中心大局，发掘档案价值，提供档案利用，全力保障页岩油科技攻关是档案部门的应有之义

早在 20 世纪 80 年代，大庆油田就开始探索页岩油，先后通过钻探直井和水平井探索等有效提产技术，积累了大量宝贵的岩心和试油等地质档案资料。作为国家非常规能源勘探开发的重点工程和典型示范区，松辽盆地古龙页岩油不仅地质资源量巨大，同时也面临着诸多瓶颈技术问题。深化页岩油形成环境、成岩演化、油气赋存机理等基础理论和核心技术研究，解决瓶颈问题，离不开档案信息支持。

履行"为党管档、为国守史、为民服务"的档案工作职责，主动融入企业中心工作，强化大局意识、宗旨意识，借助现代化、数字化、信息化等手段，深挖档案科技价值，全力支持保障页岩油勘探开发，为科研人员高质量档案信息服务，这是档案部门的职责所在、使命所系。

三、创新做法

本着简化手续、方便利用的原则，大庆油田档案部门聚焦问题导向，变被动为主动，围绕"收、管、用、展"，创新服务理念和方式方法，构建"六化"措施，积极助推页岩油勘探开发。2019 年以来，油田档案部门累计为页岩油勘探开发提供钻井、录井、测井、试油等勘探开发纸质档案利用 8556 件次、1565 人次；磁带 1204 件次，113 人次；岩心 5842 件次，3586 人次。

（一）构建精细化服务体系，提高档案利用水平

大庆油田档案部门科学界定不同用户利用不同档案的不同规则，根据档案级别和用户类型进行分级管理，最大限度简化审批流程、减少审批环节；及时跟进项目研究内容，通过电话、企业即时通信软件、档案信息服务平台等，第一时间与科研人员主动联系，征集档案利用需求，找到相应的关键词，通过档案信息服务平台和勘探开发档案数据中心，对馆藏资源进行整合集成，形成专题目录，为方便利用创造条件；细化落实项目档案验收专项管理，开展跟踪服务，完善归档范围确认制和备案审批制，确保档案应收尽收，为档案利用奠定资源基础；建立档案系统远程联动机制，实行首问负责制，对于首问者查不到的档案，通过向档案馆反馈，启动联动查找，以全资源满足每一个用户的利用需求。

（二）打造信息化应用平台，提高档案利用时效

大庆油田档案部门配合页岩油勘探开发项目部，提供专题档案目录，开发"大庆油田页岩油集成应用系统"（图1），整合录井专业库、实验分析库和岩心精细描述库，建立岩心数字化共享应用平台，实现"取心设计—实验分析—过程跟踪和评价—成果共享应用"全过程管理；建立实验室资源共享大数据平台，为管理人员、决策人员、技术人员和档案人员提供统一入口和资源共享服务；开发项目总体进度跟踪、单井阶段进度跟踪和重点井进度报表，方便各类人员及时掌握和分析项目进展。

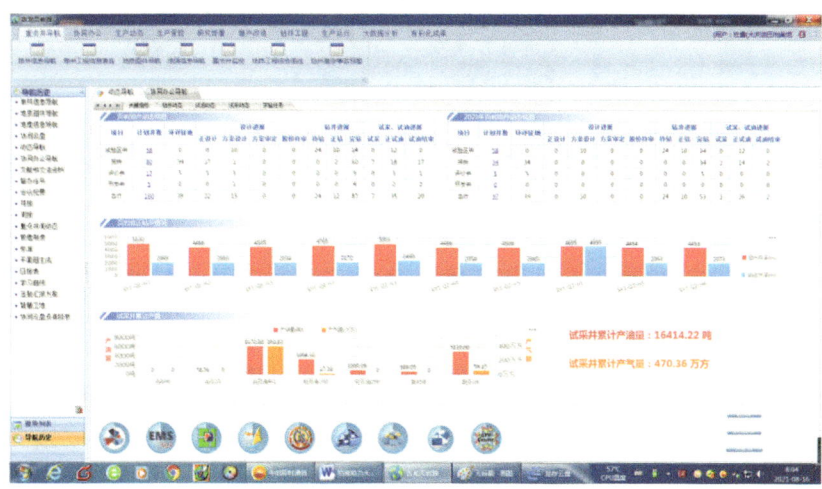

图1　大庆油田页岩油集成应用系统

通过智能化应用、全域实验分析数据查询、历史数据收集整理和入库，提高了实验分析数据的利用效率，为项目高效推进提供一体化、可视化、智能化、协同化工作环境。

（三）建设数字化图像系统，丰富科研攻关手段

针对录井公司岩心扫描图像分辨率低、可用性差，无法满足科研人员对岩心图像数据利用需求的问题，档案部门主动调研数字化发展现状，对岩心扫描设备进行优选评定，采购目前国内最为先进的岩心高清图像扫描仪，使岩心扫描图像分辨率由200DPI提升至800DPI，并组织专人专岗负责对古龙页岩油岩心进行扫描，将所获图像与测井、实验分析数据、古生物信息等组合形成综合图谱，上传至"大庆油田页岩油集成应用系统"（图2），方便科研人员实时调用所需数据，并与其他资料进行综合比对，形成精准评价，最大限度减少岩心档案的现场观察及上下架次数，有效缩短攻关周期。

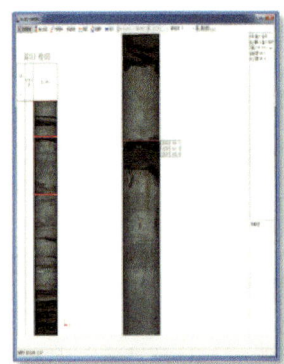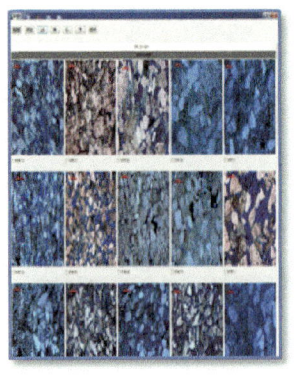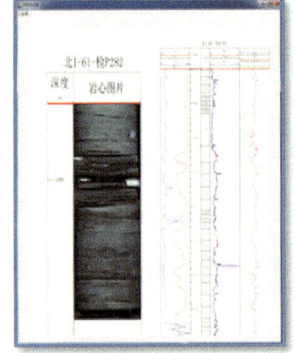

图2　数字化图像系统

（四）应用现代化技术手段，满足科研攻关需求

作为资源采掘型企业，岩心档案是油田极为重要的勘探开发实物档案，也是认识地下和寻找油气藏、上报地质储量、编制油田开发方案、校验解释成果等第一手资料。针对岩石物理模拟等特殊性实验对岩心造成破坏，从而导致后期岩心利用出现空白和断档的问题，大庆油田岩心资料室研究应用模仿人造砂岩岩心技术，改良页岩油岩心人造样品的制造工艺，通过选用环氧树脂与相应粒径材料，按一定含量进行配比，在一定温度和压力下压制形成实验所需的高度相似的人造

岩心，在满足科研实验对岩心样品需求的同时，从根本上解决科研实验对岩心的彻底性破坏。此外，从不同剖切工艺入手，通过实际效果对比分析，优选剖切设备，对所有古龙页岩油岩心优先进行必要性剖切，其中的三分之一作为永久性保存，剩余三分之二供科研实验分析取样使用。

（五）实现标准化永久保存，促进档案安全保管

在推进页岩油勘探开发实践中，岩心档案的利用非常频繁。与其他砂砾岩岩心相对比，古龙页岩油岩心纹层极为发育，泥质含量高，脆性系数大，微裂隙纵横，科研人员在观察、取样过程中极易造成岩心的磕碰和破裂。同时，在保存过程中，面对风化、日照、变温等因素影响，其保存难度较大，必须实施有效的科学性保护。为此，大庆油田开展技术攻关，通过查考大量实物档案保护手段，形成诸多针对性保护措施，从胶体介质的含量配比，到凝固时间的确定，再到密闭存储容器的考量，最终形成了一整套页岩油岩心永久保存技术（图3），并成功申报企业标准 Q/SY DQ1919—2023《岩心浇筑方法》，有效解决了档案安全保管的难题，最大限度为科研人员提供了永久性的可调、可观、可看的岩心基础资料。

图3 页岩油岩心永久保存技术

（六）推进开放化教学展览，发挥档案教育功能

图4 大庆油田档案专项展厅

为做好古龙页岩油科普、展览和宣传工作，大庆油田打造了两处档案专项展厅（图4），即岩心科普教学展厅和泥页岩专项展厅。其中，科普教学展厅从所有现存的5343口取心井、43.1万米岩心资料中进行优选，制作全国长度最长、岩性最全、覆盖最广的558米巨型岩心墙，真实反映油田科技工作者勇闯禁区、不断挑战极限的奋进历程；泥页岩专项展厅，依托岩心永久保存技术，系统展示古龙油页岩地质演变历程，为页岩油技术攻关提供重要科研参考。两处展厅建成以来，先后接待各级领导、两院院士、高等院校以及新闻媒体等数百次的调研和采访，为高层领导坚定古龙页岩油勘探开发信心、专家学者论证古龙页岩油发展方向、社会大众了解古龙页岩油潜力趋势提供了高质量平台和窗口。

四、效果及影响

（一）经济价值

新时代页岩油新会战，是大庆油田落实国家战略、发挥标杆旗帜示范引领作用的重要举措，对于保障国家能源安全具有战略意义。页岩油巨量资源是几代石油人"大庆底下找大庆"的梦想。打赢页岩油新会战，将从根本上甩掉老油田储采失衡的帽子，进一步推进百年油田建设。通过近些年的研究和攻关，已初步取得关键性认识和重要成果。多口页岩油勘探井获高产油气流，不断证实了大庆油田颠覆传统找油理论、攻关形成的"四项革命性认识"的科学性，实现了从陆相

页岩生油到陆相页岩产油的创新突破。在助力页岩油勘探开发实践中，档案开发利用为科研人员加快科研攻关、提高建产效率，产生了巨大的间接经济效益。

2020年，大庆油田松辽盆地北部古龙页岩油勘探重大发现获中国石油天然气集团有限公司特等奖（图5）。

图5　古龙页岩油勘探重大发现所获特等奖

（二）社会效益

松辽盆地古龙页岩油作为国家陆相非常规能源勘探开发的重点工程，是大庆油田发展的新领域、新战场，也是大庆油田振兴发展的新希望、新起点。打赢页岩油新会战，实现规模总量增长，有利于形成可观的上下游一体化产业链、价值链，将进一步推动黑龙江省"油头化尾"战略实施。页岩油新会战打响以来，备受社会各界瞩目，油田档案部门多次接待清华大学、中国地质大学等高等院校参观学习，通过启蒙石油地质思想，系统讲解油气田勘探开发历程，为国家培养石油地质人才；为新华社、中央电视台等各大媒体提供采访基地，使社会大众对我国非常规能源勘探开发现状及潜力有了更加深入的了解。此过程中也广泛宣传了档案工作，提升了档案工作的价值和地位。

（三）行业影响

开展页岩油新会战，是当代大庆人传承光荣历史，不忘初心、牢记使命，将页岩油勘探开发置于国家能源革命和"当好标杆旗帜、建设百年油田"的宏观格局，全面分析当前形势，客观审视外部市场环境，学习借鉴国内外油田发展历史经验，面向未来做出的战略抉择。打赢页岩油新会战，必将推动我国陆相页岩油

图 6　松页油 1HF 井

气革命,影响全球页岩油气发展;助力大庆油田争当全国资源型城市转型发展排头兵,进一步推动资源型城市转型。在页岩油新会战中,档案部门充分发挥职能作用,深挖档案科学价值,助推页岩油科研攻关,其各项举措的成功实践具有典型的借鉴意义和参考价值。

2019年11月8日,由大庆油田与自然资源部中国地质调查局沈阳地质调查中心联合研究部署的重点参数井——页岩油勘探-松页油1HF井(图6)成功移交大庆油田。

2020年11月5日,黑龙江省致密油和泥(页)岩油成藏研究重点实验室,第三届学术委员会会议在大庆油田召开。会议期间,部分院士、专家到岩心资料室察看岩心样本。

2021年5月,川渝探区平安1井(图7)测试获超百立方米油、十万立方米气的高产油气流,进一步有力印证了大庆油田页岩油气勘探开发技术的科学性、可行性、实用性,有望推动四川盆地石油勘探再上新台阶。

中国石油天然气集团有限公司党组书记、董事长戴厚良在《关于平安1井在陆相页岩中获高产油气流情况的报告》上作出批示：祝贺！按照先导试验工作程序做好试采，深化认识，争取更大成果。

图 7　川渝探区平安 1 井

2021 年 8 月 25 日，大庆油田古龙页岩油勘探重大战略突破新闻发布会召开，人民日报、新华社、中央广播电视总台、光明日报、经济日报、中国日报、科技日报、中国新闻社、工人日报等 41 家媒体参加。

2021 年 8 月 28 日，大庆古龙陆相页岩油国家级示范区建设推进会暨示范区揭牌和古页油平 1 井揭碑仪式举行。

案例形成单位：中国石油大庆油田档案馆
案例形成人：郭德洪、刘作伟、朱昊、杜鑫、魏彩婷、毛仔怡

应对历史罕见极端特大暴雨灾害，国网河南电力全力做好电网抢修档案服务

一、案例概述

2021年7月中下旬，河南连续遭遇多轮极端强降雨天气，全省近1/3输变电设备受到影响，374万用户因灾停电，人民群众生产生活秩序遭到严重破坏，电网安全、供电保障面临巨大挑战。灾情发生后，在国家电网公司统一指挥下，国网河南电力协同各支援单位紧急投入电网应急抢修。国网办公室指导国网河南电力同步启动档案应急机制，全力抓好档案安全处置和应急服务。在电网抢修过程中，国网河南电力各级档案部门提前预判、主动预备抢险所需档案。抢修队伍通过查询工程、设备、营销客户档案等各方面档案资源，准确评估受灾情况，科学制定抢修方案，有力保障了抢修任务提前完成，获得地方党委政府、国家电网公司各级领导以及社会各界的高度赞誉和广泛好评。

二、实施背景

此次特大暴雨持续时间长、累积雨量大、短时降雨强、极端性突出，全省连续4天出现大暴雨，19个市县日降雨量突破历史极值，2021年7月20日郑州市日降雨量（645.6毫米）超过往年全年降雨量、最大小时降雨量（201.9毫米）突破历史极值。全省150个县区1663个乡镇1453万人受灾，累计紧急转移安置147万人，直接经济损失超过1100亿元。灾害造成电网停运设备之多、设备受损之重，均创下历史之最。全省主动停运避险变电站42座，其中500千伏1座（郑州嵩山变）、220千伏4座、110千伏26座、35千伏11座；停运10千伏及以上线路1854条。全省近1/3输变电设备受到影响，500千伏主网架遭受"N-9"罕见破坏，官渡、朝歌2座500千伏枢纽变电站受洪水冲击岌岌可危，天中直流停运风险极大，豫中、豫东北电网大范围解列风险陡增。全省5.8万个台区、

374.33万用户、118个重要用户因灾停电，主要集中在郑州、新乡、鹤壁、安阳、焦作、许昌6地市，其中郑州地区波及近1/3区域。郑州城区473个较大型小区地下开闭所、配电室遭受水淹受潮破坏严重，部分区域通信中断，主干道多处积水塌方，现场抢修举步维艰。尤其是，大部分抢修队伍来自省外兄弟单位，对河南电网情况不熟悉，对城乡配网以及居民小区地下配电室、开闭所等设备更是"一无所知"，急需大量工程档案、营销档案图纸资料作为"向导"才能开展抢修，档案服务工作面临巨大挑战。

面对突发灾情，国家电网公司党组高度重视、快速反应，迅速调集全网25家省级电力公司紧急驰援河南。国网河南电力坚决落实国家电网公司党组决策部署，紧急召开省市县三级防汛领导小组会议，立即启动防汛应急Ⅰ级响应，全面进入战时状态；国网河南电力各级档案人员闻"汛"而动、全员到岗、24小时轮班值守，切实做到守土有责、守土尽责，全力做好电网抢修档案服务，确保"抢修工作开展到哪里，档案服务就延伸到哪里"。

三、创新做法

（一）快速响应，下好档案应急服务"先手棋"

此次抗洪抢险停电户数、作业规模、参战人数均创历史纪录，高峰时段2500个抢修现场3万人同时作业的大兵团作战在全国尚属首次。国网河南电力各级档案人员坚决贯彻公司党委决策部署，由办公室牵头，第一时间启动档案应急预案，迅速调集18家市供电公司以及河南送变电公司、河南检修公司、河南物资公司、河南建设公司、河南信通公司、河南营销服务中心等24家单位专职档案人员，组建"档案服务先遣队"微信工作群，主动对接安监、设备、调控、营销等专业部门，准确掌握电网受灾情况，提前从各单位档案室调出受灾变电站、输电线路及城乡配网地理接线图、竣工图、关键设备数据、隐蔽工程信息、应急备件台账等相关档案资料备查，并实时跟踪各专业用档需求，保持24小时值班和档案信息资源共享，确保档案服务"随要随到"。详尽的档案信息、精准的档案服务、高效的配合协同，保障了电网抢修工作有"据"可依、有"图"可查，为加快电网抢修、尽早恢复供电争取了宝贵时间，极大降低了灾害影响。

（二）精准高效，打好档案服务抢修"主动仗"

1. 场景一：分秒必争保供电 档案先行破困境

21世纪社区是郑州市北部地区最大的综合性社区，小区居民达3万多户，也是"7·20"灾情城北区域受灾最严重的重灾区，12台箱式变压器被淹，9000多户居民停电；13处地下停车场被淹，地下室水深2～3米。国网湖北荆州供电公司、国网安徽合肥供电公司星夜兼程紧急驰援，定点援助该社区，抢修人员不但面临着受损设备多、影响用户多、抢修难度大的难题，还面临着现场环境复杂、供电接线方式不清、供电抢修无从下手的困局。

国网郑州供电公司档案部门根据省公司档案应急统一安排，一是对低洼变电站、易冲刷输电杆塔、地下开闭所、配电所等防汛重点区域、薄弱环节进行提前梳理和预判，主动查询、预备了工程项目档案、设备档案、营销档案等抢险所需档案689卷。二是集结档案部门档案员和配网、营销专业兼职档案员组成的档案现场应急服务小组，提供"管家式档案服务"24小时随时待命。在抢修受灾最严重的"湖左岸"和"楼中楼"区域，抢修公司根据档案人员提供的新世纪二配配电线路图和"湖左岸"台区低压图纸，在最短的时间内熟悉掌握21世纪社区供电分布情况，快速找到上级电源开闭所开关分布、主进电缆走径等设备、线路信息，科学制定"排查试送、清洗烘干、临时转供"三类复电策略，针对小区设备情况合理安排、分清缓急、分类施策采用差异化抢修复电方案，开展全覆盖"兜底式"抢修，在最短时间内全面恢复居民用电。三是针对小区供电配套设施老化严重、经历水灾后用电安全隐患较大等特点，档案人员结合供电抢修临时供电方式台账，调取、查阅配网工程档326卷，为设计、运维人员提供了翔实的第一手信息，按照"一点一策"制定针对性改造方案，对小区配电房、低压电缆进行重新铺设、改造，高效推进灾后重建工作。

2. 场景二：太行深处抢修难，巧用档案解危机

河南安阳林州市石板岩镇地处太行大峡谷深处，"两山夹一水"形成了独具特色的峡谷风貌。特大暴雨来袭，山洪从小镇两侧倾泻而下汇入露水河，漫过堤岸席卷着砂石，水位在一夜之间猛涨了5米。2021年7月19日上午7点40分，国网河南林州市供电公司石板岩供电班组接到电力调控中心通知，10千伏石南线路（图1）、石任线路接地。抢修人员立即带人巡视线路，发现石南线路被洪

水冲倒 3 根电杆、石任线路被冲走 1 根电杆，52 个台区、2100 余户电力客户受到影响。

图 1　10 千伏石南线受损现场

由于强降雨天气持续，洪水仍在快速上涨，抢修人员一时无法安全靠近故障点，抢修面临无法实施局面。为制定出新的供电抢修方案，7 月 19 日 9 点，抢修人员直奔档案室，要求查阅石南、任石线路工程档案 30 多卷。国网安阳林州公司档案人员通过国网数字档案馆系统快速检索，仅用时 10 分钟便完成档案借阅。通过分析线路工程档案，技术人员迅速确认由石任线路北段转供石南线路用户，从石任线路 102 号电杆与 103 号电杆之间悬空 T 接到石南线路分支，断开线路故障点前后最近的高压隔离开关，能够最大限度缩小停电范围。抢修只争朝夕，方案一经确定，电网抢修队伍轮班日夜鏖战，7 月 19 日 20 点整，除隔离故障点外，石板岩镇 41 个台区、1647 户客户恢复正常供电。7 月 20 日 17 点 48 分，剩余的 11 个台区、439 户用户成功送电，全镇恢复正常供电。

在这场惊心动魄的抗洪抢险保供电战役中，档案服务电网应急抢修的场景不胜枚举，篇幅所限，不再一一列举。

（三）及时归档，记好电网应急抢修"功劳簿"

2021 年 8 月 2 日，国务院成立由应急管理部牵头、相关方面参加的调查组，组织对河南郑州"7·20"特大暴雨灾害进行调查评估。8 月 6 日晚，国网河南电力收到事故调查组转发的国务院河南郑州"7·20"特大暴雨灾害调查组《关于调取资料的函》，要求公司实事求是提供防汛救灾相关档案资料。公司党委高度重视，主要负责同志连夜安排部署，要求按照档案归档整理标准，高质量高效率提供档案资料，为事故调查提供参考依据。

公司办公室当晚立即行动，召集各专业部门组成项目团队，严格按照专项档案整理标准，逐项认真审核把关，汇编形成了"1+7"（省公司和郑州供电公司、安阳供电公司、新乡供电公司、焦作供电公司、许昌供电公司、开封供电公司、鹤壁供电公司）1000余份档案卷宗，通过全面、翔实、客观的文书档案、声像档案资料，系统反映了国家电网公司党组不折不扣贯彻落实习近平总书记关于防汛救灾重要指示精神，高瞻远瞩、果断决策举全公司之力驰援河南争分夺秒抢修复电的重要节点和工作历程，不仅全方位、多维度展示了这场波澜壮阔的抗洪抢险保供电战役全景画面，也更加丰富完善了公司"7·20"特大暴雨灾害抗洪抢险"专题档案库"资源体系。

四、效果及影响

（一）领导评价

2021年8月18日，中共中央政治局常委、国务院总理李克强到鹤壁浚县小河镇袁庄村考察时，进入村民家看到电灯亮着，说："看到你们家的电已经通了，你们救灾款是否发放到位，政府会全力帮助你们重建家园。"

8月4日，国家电网公司董事长、党组书记辛保安在《中共国网河南省电力公司委员会关于夺取河南特大暴雨灾害抗洪抢险保供电决定性胜利的报告》上批示：面对罕见极端天气造成严重灾情，河南公司无畏艰险、顽强拼搏，与兄弟单位支援力量凝聚攻坚合力，取得抗洪抢险保供电战役的决定性胜利，向同志们表示诚挚的问候和崇高的敬意！望再接再厉，总结抗洪抢险经验，不断完善机制，筑牢电力防汛救灾"铜墙铁壁"，并继续做好灾后重建各项工作，做到让党和政府放心、让广大人民群众满意。

8月7日，河南省省长王凯在国网河南省电力公司上报的《关于夺取我省特大暴雨灾害防汛救灾保供电决定性胜利的报告》上作出批示：代表省政府表示感谢，望继续加大工作力度，为河南发展作贡献。8月8日，河南省防汛抗旱指挥部副指挥长、副省长武国定在报告上作出批示：转省防指办公室阅存。电力公司在灾后恢复重建中，行动快，效果好，为全省快速恢复生产生活秩序作出了特殊贡献。请宣传组组织宣传报道。望电力公司继续做好蓄滞洪区的电力恢复工作。

8月9日，河南省委常委、郑州市委书记徐立毅在国网郑州供电公司《关于郑州"21.7"特大暴雨灾害抗洪抢险保供电工作情况的报告》上作出批示：以市委市政府名义，向国网等支援郑州抢险救灾的单位致感谢信。8月24日，郑州市委副书记、市长侯红在报告上作出批示：在此次特大暴雨灾害抢险救灾中，供电公司响应迅速，全国统一调度、集结力量、日夜奋战，在较短时间内恢复了人民群众和城市供电的正常运行，为灾后恢复重建奠定了基础、提供了保障，向国家电网公司、省电力公司表示衷心的感谢！

（二）社会效益

灾情发生后，国家电网公司党组举全公司之力，迅速调集25家省级电力公司1.5万名业务骨干日夜兼程驰援河南，在央企中首批抵达郑州。国网河南电力集结全省精干抢修力量，与各省支援队伍并肩作战，10小时抢通亚洲最大医院——郑州大学第一附属医院ICU病房用电，保障了600余名危重病人的生命安全；16小时恢复全国铁路枢纽——郑州铁路局调度指挥中心用电，保障了全国铁路正常运转；连续奋战5昼夜，完成郑州市最大居民小区21世纪社区3万多户居民恢复供电任务；郑州因灾停电的1198个小区、126万用户、89个重要用户一周内全部恢复供电。截至2021年7月27日，郑州城区基本恢复供电；7月30日，除蓄滞洪区外河南全省全面恢复供电，不仅创下了抗洪抢险保供电的"国网速度"，也赢得了各级党委政府和人民群众的广泛赞誉。

8月2日，河南省人民政府以正式文件《关于河南省供电恢复情况的报告》（豫政文〔2021〕112号）向国务院专门报告了河南省供电抢修恢复情况。这是自灾情以来，河南省人民政府首次就行业抗洪抢险恢复情况向国务院报送专题报告，引起国务院领导同志高度关注。同时，河南省省长王凯、国家电网公司董事长辛保安等上级领导先后33次对抢险保供电工作给予批示肯定，国家电网公司党组授予国网河南电力抗洪抢险保供电功勋单位，各省直厅委、各级党委政府和用户发来感谢信100多封、送来锦旗100余面。尤其是，在抢修复电过程中，人民群众自发上阵，主动搭手搬运物资、举手机照明，为抢修队员送水送饭、赠

图2 郑州市社区居民欢送电力抢修人员

送锦旗,"电来了""灯亮了"的欢呼声此起彼伏,"共产党好,共产党真好,国家电网'中',国家电网真'中'"响彻中原大地。社区群众自发组织欢送仪式(图2),依依惜别、挥泪相送省外支援队伍,成为抖音、视频号等自媒体的刷屏内容。《人民日报》、新华社、中央电视台等中央主流媒体刊发系列报道,抗洪抢险保供电工作五上"新闻联播"、四进"焦点访谈"、十三次登上"新闻直播间",国家电网品牌响彻中原大地,"人民电业为人民"企业宗旨和"连心桥"价值追求得到了最生动诠释。

(三)经济效益

此次灾情造成河南全省近1/3输变电设备受到影响,374万用户因灾停电,据不完全统计,日均损失供电量约0.45亿千瓦时。在档案支持下,本次抢修方案及时调整和动态优化,抢修时间由常规方案预计的1个月缩短至10天,提前近20天完成任务,相当于增供电量9亿千瓦时。2020年河南全省生产总值约54997亿元,用电量为2851万千瓦时,平均1千瓦时电量可创造经济价值19.29元,本次抢修所增供电量相当于创造近173.61亿元的经济效益。

案例形成单位:国网河南省电力公司、国网郑州供电公司
案例形成人:熊传平、袁帅、梁晓利、张怡、耿芳、刘星宇

融合知识管理模式，助力优化设计企业档案信息资源开发利用

一、案例概述

随着档案信息化技术水平的不断提升，上海勘测设计研究院有限公司（以下简称上海院）将档案管理与知识管理融合，使被动的以馆藏为中心的"供给"导向服务模式转变为以用户为中心的"需求"导向知识服务模式，其中档案作为最真实可靠的知识资产为企业的发展提供更多的参考依据。通过创新档案管理方式保证档案的真实、有效、完整、可用，与知识管理系统融合的高效模式，使得档案有力支撑了勘测设计企业高速度、高质量的发展。

二、实施背景

上海院始建于1954年，建院以来形成的档案保存完整、利用高效。作为一家走在现代化前沿的科技创新型勘察设计企业，上海院在助力公司设计业务发展过程中，始终以习近平新时代中国特色社会主义思想为指引，紧跟三峡集团发展定位，主动适应新形势、新变化、新挑战。随着上海院组织架构的完善与业务领域的拓展，传统档案信息资源利用模式已不再适应设计企业的新发展需求。针对这一现象，上海院积极作为，主动加强档案工作的顶层设计、完善档案管理流程、创新档案资源利用方式，集成知识管理模式，有效提高了档案资源的利用效率。

（一）档案管理模式创新背景

随着上海院组织架构的完善与业务领域的拓展，原有传统档案管理模式已不能适应设计企业发展需求。针对这种情况，上海院通过加强档案管理工作的顶层设计、完善档案管理流程、创新档案管理技术，从2012年左右开始启动档案管

理"收、管、用"关键点管控创新模式并不断进行完善升级,在档案管理流程中的收集、利用等方面进行创新,保证了科技档案的真实、有效、完整、可用,让信息化、规范化的档案资料从科技创新部档案室走入各部门单位、走进设计生产业务前线,提供高效利用。

(二)知识管理模式融合背景

通过档案管理系统和知识管理系统推广使用,以及两个系统的集成与技术资源整合,实现上海院内部知识的集中展现;通过设计多重安全体系保证科技档案及知识的内容的安全控制;在提供档案信息资源以及统一分类的基础上,知识库通过创建发布、更新维护管理,保证知识内容的持续更新,质量评价促进知识质量的提高,多种知识管理的工具实现知识的查询、展现,方便用户对平台的使用。为了满足设计人员获得知识的高级需求,知识管理系统正逐步对初级的档案资源进行筛选、总结、提炼,进而升华为高级的知识资产。

三、创新做法

(一)通过来源管控,保障企业档案信息资源完整性

1.通过档案归档率考核模式,为传统载体档案信息资源建立基础

根据上海院《科技档案归档管理办法》,科技创新部档案室要求各生产部门(单位)的档案在盖章出院时同步归档。归档是档案管理工作的关键阶段,若没有及时归档,原始档案就很有可能遗失,而且遗失的档案补起来相当困难。相比而言,科技档案对归档的及时性要求更为突出,这是因为工程建设时间长、各专业设计人员常有变化,若不及时归档,造成档案遗失,不仅影响档案工作的有序开展,也会对相关工程后期建设、改造产生一定影响。

上海院于2015年制定了公司档案归档考核制度,该办法自同年开始实施。档案管理部门认真执行,每月对各生产部门(单位)、项目组出院产品的归档情况进行全面统计,并在公司局域网发布归档情况季报,切实执行归档考核管理办法(图1)。依据统计分析结果,对未按规定时间要求完成实物归档的归档责任人扣除专项保证金,有效地从源头上杜绝了科技档案(出院产品)的归档不完整或不及时的问题。

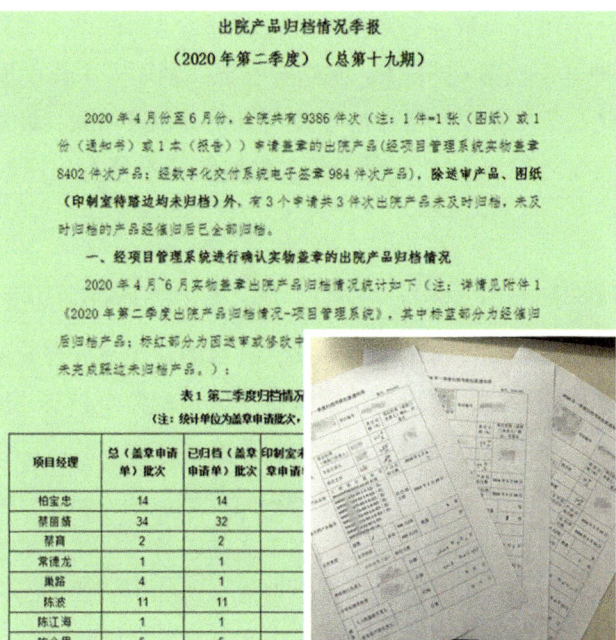

图 1　出院产品归档考核季报及归档考核扣款通知书

上海院归档考核办法的实施，改变过去"归档部门（生产部门）归档什么、档案部门就收什么"的被动局面。档案部门也摒弃传统的被动模式，对未及时归档的部门、项目组可以进行主动催归、对各部门归档情况进行考核，从而形成双向制约机制，确保归档资料"颗粒归仓"。这从源头上保证了传统载体档案信息资源的完整性。

2. 利用集团数字档案馆平台，为电子文件档案信息资源提供工具

2020 年，三峡集团公司数字档案馆通过国家档案局验收。集团数字档案馆具有信息资源共享化、信息检索便捷化等诸多特点，有利于优化和增强档案信息资源的真实性、完整性、有效性和有序性。三峡集团公司数字档案馆系统还实现了全集团所有单位在使用 OA 系统、招标采购系统、非招标采购管理系统及合同管理系统时原生电子文件单套制在线归档，功能完备，在档案"收、存、管、用"流程上能高效满足用户的高标准需求。同时集团公司还对各子企业的电子文件归档和电子档案管理情况进行考核，保证了电子文件归档的完整性。

作为三峡集团的二级子公司，为推进上海院档案全流程管理的提升与优化，2020 年开始上海院同步开始利用集团数字档案馆进行原生电子文件的四性检测、

归档及利用。从集团公司数字档案馆试运行以来，上海院通过集团公司数字档案馆共收集并整理电子档案 6951 件，在档案收集、利用等工作中取得了飞跃式的进步。上海院还与集团公司档案中心以及信息中心积极沟通，针对如何实现上海院原有设计服务系统、数字化交付系统、档案管理系统与集团数字档案馆流畅对接。

（二）融合知识管理应用，深度挖掘档案信息资源价值

知识管理是档案数据挖掘的一种形式，其目的在于充分有效地发挥数据的作用。利用知识管理的方式，可以使档案资源从以馆藏为中心的"供给"导向服务模式转变为以用户为中心的"需求"导向服务模式。

2014 年开始上海院确立了大力推进知识管理的工作策略，将档案管理系统与知识管理系统对接。档案管理系统内的电子文件以及数字化成果可以批量导入知识管理系统，对档案信息进行分类挖掘，形成企业知识，并进而实现知识的分享与利用。在提高设计人员业务水平、协助生产部门顺利完成设计任务的过程中发挥了积极作用，有效提升企业管理和创新能力。知识管理系统的管理角色分配如图 2 所示，其中，档案管理人员作为知识管理专员，负责知识管理系统的管理。

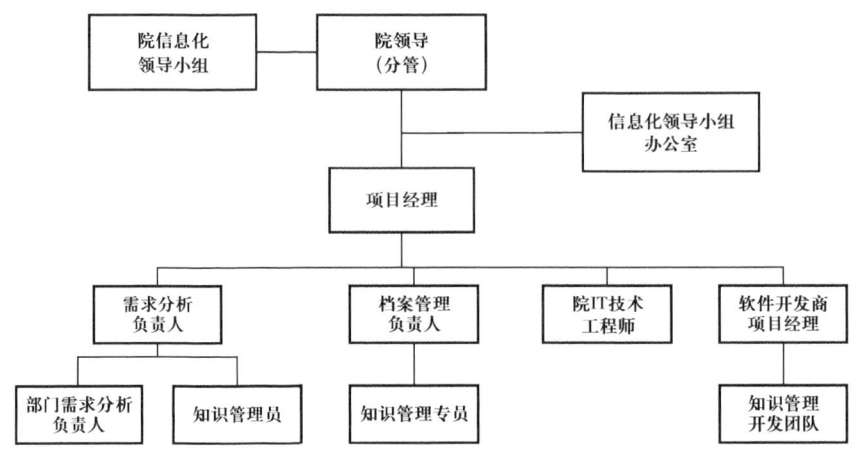

图 2　知识管理系统角色分配表

1. *知识入库*

知识自动入库是上海院破解知识人工上传困境的一大创新。通过建立知识管理系统与档案管理系统间的接口，实现将经需求分析和筛选的档案作为工程知

识自动入库。同时采集各档案系统中有效信息，为工程知识自动赋予各项特性参数。知识管理系统实现了超过90%的知识经由档案管理系统集成自动入库，极大减轻了知识管理的人工处理工作量。知识管理系统建设以后，知识管理系统从各个系统自动导入新知识13万余条，其中从图档系统自动导入科技成果（图纸、报告等）12万余条。

2. 知识挖掘

根据档案基础数据和公司用户需求，确定知识分类和使用的基础，每个库根据不同需要可配置相应知识特性，上海院根据实际需要建立了包括工程中心、法规标准、职能管理、资源中心四大类共计19个知识库（图3），涵盖了经营生产业务的各类知识资源。

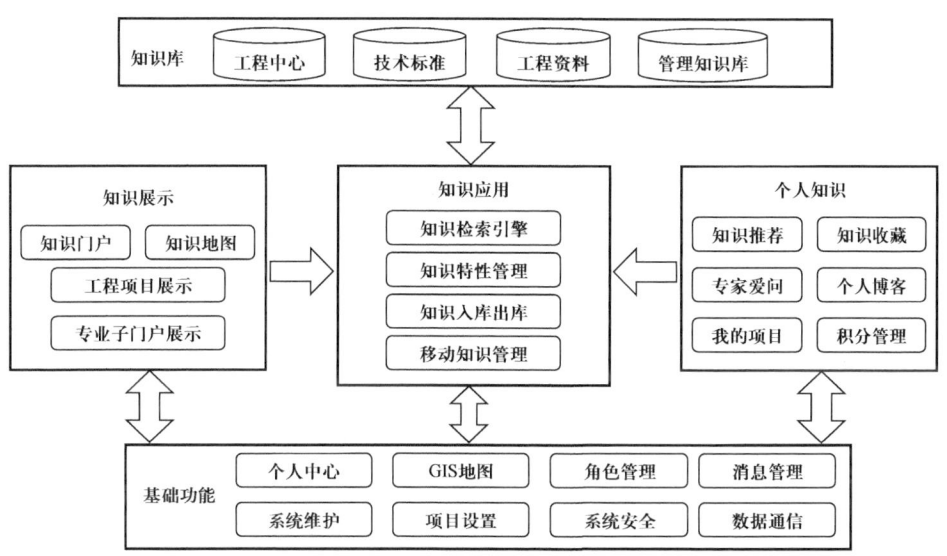

图3 知识管理系统主要架构

除了馆藏档案资源数据，档案人员还收集了公司运营和发展过程中的信息，包括用户行为和需求、管理流程和业务流程数据等，从这些需求出发，可以做到"知己知彼"，使档案服务上升为精细化的知识服务方式，全方位满足用户多样化、差异化的档案信息需求。如基于公司勘测设计企业行业属性，上海院在知识管理系统中设立了"工程中心"模块，并根据公司业务类型、项目类型、专业类型、产品类型设立不同模块（图4），项目负责人对各模块的项目特性进行录入与更新；档案信息资源进入知识管理系统后会根据数据属性自动与相关模块进行关联。通过这种方式，公司内部设计人员可以通过个性化方式查询到项目、专业或者产品的各类信息资源并能快速用于设计参考。

图4　知识管理系统"工程中心"模块分类模式

3.知识共享

档案信息资源应当是企业知识资产的一部分。知识管理将包括文件、档案在内的一切形式的知识纳入管理范围，并将不同载体形态的知识进行整合与集成，建构一个整体的知识资源体系。通过知识管理系统创新档案信息资源利用方式：（1）通过设计多重安全体系保证科技档案及知识的内容的安全控制，如设置浏览权限、下载审批机制和院内文件加密机制；（2）系统建立优秀的搜索引擎，能实现目前常用的如全文搜索、拼音识别、搜索纠错功能，进一步挖掘热门词汇搜索、联想词搜索、关键词高亮等搜索手段；（3）根据部门、专业以及参与工程等属性，将相关的专业产品、典型项目等档案信息实现知识推送，同时总结出员工在系统中经常使用的知识内容进行推送；（4）系统支持知识评论功能，员工可以对所浏览的档案或知识内容进行评分、点评留言和分享，评论者可以得到知识系统虚拟加分，点评互动将激励形成良好的企业学习氛围。知识管理系统上线以来，全公司员工共计登录知识管理系统27606人次，浏览知识72054条。

四、效果和影响

（一）经济效益

1. 高效创新的档案信息资源利用方式为公司发展提供了有力的支撑

通过创新档案利用方式并融入知识管理模式，保证档案的真实、有效、完整、可用，与信息化利用、知识管理系统融合的高效模式，保证了员工可快捷、准确地利用到完整的档案。上海院于2019年面临部分房屋产权确权问题，由于涉及历史遗留问题，未办理房屋产权登记，如何确权是一项工作难点。2019年至2021年，档案人员与办事人员及时向房屋征收机构以及法院提供了一系列房屋建造和公司沿革材料，由于档案完整可靠、提供迅速及时，公司顺利完成了房屋的确权工作，房产市场估值约为1896万元。

2. 完整可靠的档案信息资源为重要项目提供参考，协助项目设计优化，助力项目中标

通过知识管理系统的高效利用方式，发挥了档案资料重要价值，为项目今后决策、政策制定以及今后的设计等提供了数据支持和事实依据。管理大师彼得·德鲁克指出："21世纪的组织，最有价值的资产将是组织内的知识工作者和他们的生产力。"真实、有效、完整、可用的档案信息资源为公司带来重要知识资产。

例如公司设计人员通过查询防汛墙相关档案信息资源，形成详尽的设计方案，相继中标设计了杨浦大桥区域滨江绿地与生态环境一期工程、黄浦江东岸21千米滨江开放空间贯通—上海船厂滨江绿地贯通及景观改造提升工程、上海市闵行区黄浦江防汛墙（上海陶瓷总公司段）除险加固工程等多个防汛墙工程。

（二）社会效益

1. 真实、有效、完整、可用的科技档案为宣传企业文化与企业形象发挥重要作用

2017年年底，由上海市水务局等负责编纂的《上海市志 水利·水务分志》（以下简称《水务志》）部分章节需要承担过上海治水管海工程的主要设计单位，如上海勘测设计研究院有限公司给予支持，提供相应修志资料。上海院领导十分重视，2018年1月，由上海院牵头进行《水务志》相关章节的编写，编写人员通过档案管理系统及知识管理系统自主快捷查询相关真实、有效的科技档案（从1997年至今年我院开展的上海市水利、水务方面28个工程，如《南汇东滩促淤工程》等项目的相关资料，60多份），快速高效完成了编研工作。

2.便捷、高效的档案信息资源利用方式助力上海院技术创新型理念

档案人员、设计人员与信息技术人员共同对上海院知识资产进行分类、梳理、入库，通过建立统一的知识管理基础平台，积累公司知识资产，形成全员知识管理共建、共享体系，实现上海院管理和技术知识化，个人知识组织化，促进知识利用与创新，避免重复无效的劳动，在前人经验基础上再创新，提高工作效率，实现快速业务响应，提升顾客满意度，通过对知识资产的统计分析，挖掘有效的决策支持数据，提供决策支持。目前上海院还在探索知识图谱、人工智能、图像识别等新兴技术在知识管理系统中的应用，为企业管理提供了强有力的支持，向技术型、知识型、创新型企业的成长道路迈出了坚定的步伐。

案例形成单位：上海勘测设计研究院有限公司
案例形成人：宋小晓、范燕、程丽川、黄军、孙志莹、王赟轩

光影变幻中，寻记忆，解乡愁

——挖掘城市记忆，用老照片讲述鞍山故事

一、案例概述

鞍山市因钢而兴，因钢立市。2019年5月，鞍钢集团日报社、鞍山市新闻传媒中心以鞍钢档案馆保存的1918年以来的近万张珍贵历史照片为素材，制作城市纪录片《老照片》，现已完成39集。该片在百年鞍钢的时间轴上，打开新中国工业化建设进程中那些被浓缩的人生、被折叠的时代，细述那些鲜为人知的人与百年鞍钢的故事。

老照片承载着城市记忆，更凝结着几代城市建设者的心血。老照片穿越时空，感知历史，慰藉乡愁。2020年11月开播以来，引起了强烈反响，被全国"学习强国"平台选用六集。

二、实施背景

（一）文化建设的需要

习近平总书记指出：城市是一个民族文化和情感记忆的载体，历史文化是城市魅力之关键。城市建设要让居民望得见山、看得见水、记得住乡愁。

鞍山因钢而兴，因钢而立，因钢立市。中华人民共和国成立以来，鞍钢在为国家创造物质财富的同时，积累了宝贵的精神财富，涌现出的孟泰精神、王崇伦精神、"鞍钢宪法"精神、"创新、求实、拼争、奉献"的鞍钢精神、郭明义精神、李超精神等，成为鞍钢历史文化的核心。

鞍钢精神既是鞍山的城市精神，也是中国精神的微缩。

今日的鞍山，是历史鞍山的文化缩影与血脉传承。一座城市的相册里，每一张老照片都有着一段不该被遗忘的历史。那一幅幅于无声处的沉淀光影，让每个

鞍山人，从中找到家乡的起点与归宿，澎湃起振兴东北、振兴辽宁、振兴鞍山的动力与激情。

（二）地企融合发展的需要

鞍山市具有钢都的美誉，鞍山市的发展离不开鞍钢的发展。在鞍山与鞍钢"双鞍"融合、全媒体融合之际，观众收视呈现碎片化。一张照片记录一段历史，一段历史凝固成一个瞬间，一个瞬间定格在一张张老照片上。《老照片》再现过去的时间、历史的瞬间，曾经的细节、经历与知识，更能展示历史的真实性，为观众呈现彼时人们的生存和心理状态，便于了解一座城市与一家央企融合发展的历史脉络。

（三）企业发展的需要

鞍钢集团于2010年5月由鞍山钢铁集团公司和攀钢集团有限公司联合重组而成。鞍山钢铁集团有限公司是新中国第一个恢复建设的大型钢铁联合企业和最早建成的钢铁生产基地，为国家经济建设和钢铁工业的发展作出巨大贡献，被誉为"中国钢铁工业的摇篮""共和国钢铁工业的长子"。2020年，鞍钢集团的营业收入第七次进入世界500强。为全面增强鞍钢集团竞争力、创造力、控制力、影响力和抗风险能力，实现高质量发展，鞍钢档案馆助力《老照片》的创作工作，以此积聚广大鞍钢职工奋进的力量和干劲，推动鞍钢和鞍山经济社会发展。

（四）档案工作发展的需要

习近平总书记《在考察浙江省档案局、馆时的讲话》（2003年5月）指出，"档案工作确实要由封闭向开放、由重保管向重服务转变，要及时向领导机关、向社会提供有价值的信息，为经济建设、社会发展服务。要加强对档案的征集和整理，并加以分析，加以研究，提供给社会，把对现实可利用的有重大价值的资源，尽可能地向社会开放。"档案是文化传承的重要载体，而照片又以直观、生动、鲜活的特性，为世人所重视。为了让这些鲜活的照片更好地服务于鞍钢、鞍山市的发展建设，鞍钢档案馆将历史照片进行系统梳理，提供给相关媒体，展现于广大市民及鞍钢职工的视野。

三、创新做法

（一）规范的照片档案目录，助力栏目运作策划

鞍钢档案馆保管的1918年以来近万张珍贵历史老照片目录（图1）年份清晰，内容具体翔实，为创作人员提供了极大的创作灵感和丰富的素材，为《老照片》策划案提供了最原始的资源、物料，栏目组深受启发。如，2019年，原计划制作40分钟纪录片《1953》，以"三大工程"为历史背景，展现鞍钢辉煌时刻，以鞍钢1953年"三大工程"老照片作为纪录片创作中史料部分，约占整部片子百分之五。但是，随着对馆藏老照片的深入了解，栏目组在原纪录片策划案的基础之上进行调整，2020年8月，最终形成了以老照片为主要素材，以老照片讲述百年鞍钢故事的系列微纪录片《老照片》策划案，每集3～10分钟，计划制作100集。可以说，大量的老照片档案素材对最终形成策划案提供了实质性的启发和非常专业的方向。

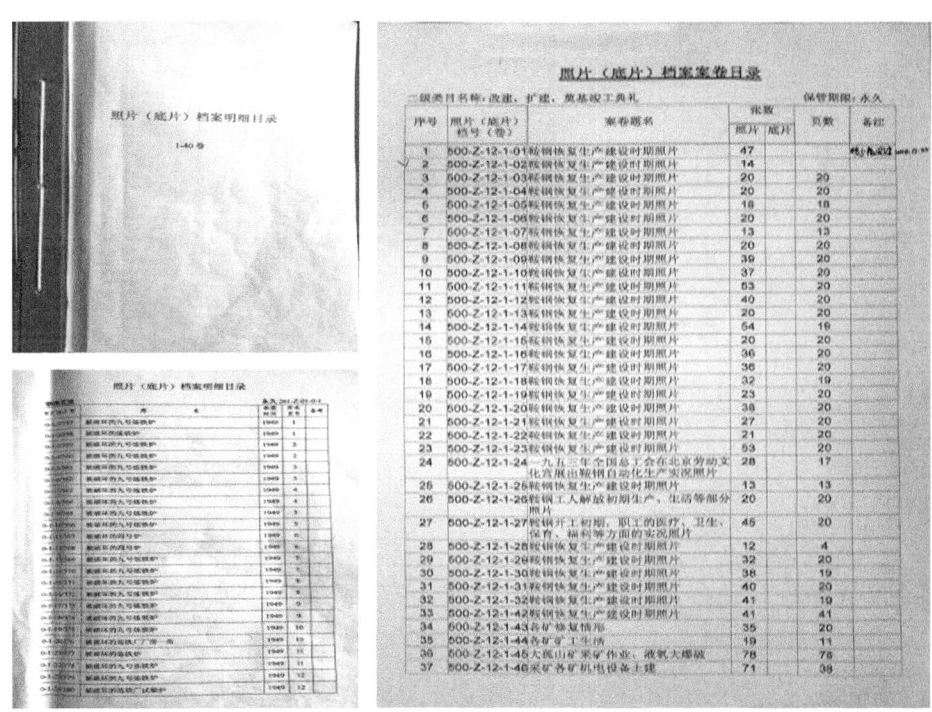

图1　鞍钢档案馆保管的历史老照片的目录

（二）档案人员专业化的服务，助力栏目创作实施

1. 策划阶段，拓展认知维度

栏目组导演在与鞍钢档案馆工作人员咨询交流的过程中，工作人员从横向及纵向提供与老照片相关的鞍钢历史信息，对栏目策划给予建议，拓展栏目组认知维度。如，在栏目组策划过程中，从一个时间点上的鞍钢事件，比如生产新中国第一根钢轨的大型厂、炼出第一炉钢水的炼钢厂、炼出第一炉铁水的七号高炉以及全国第一个自动化八号炼铁炉进行拓展，从不同的视角、不同的维度展开，用照片展现新中国钢铁工业的发展历程及相关的人和事儿。

2. 创作阶段，主动提供助审

在节目制作过程中，大量的老照片会涉及专业技术以及所记录人物信息，为确保信息客观真实，鞍钢档案馆工作人员根据老照片，帮助联系相关单位的专业技术人员、史志研究人员进行确认，最终研判出精准的信息，保证节目创作的精准度。

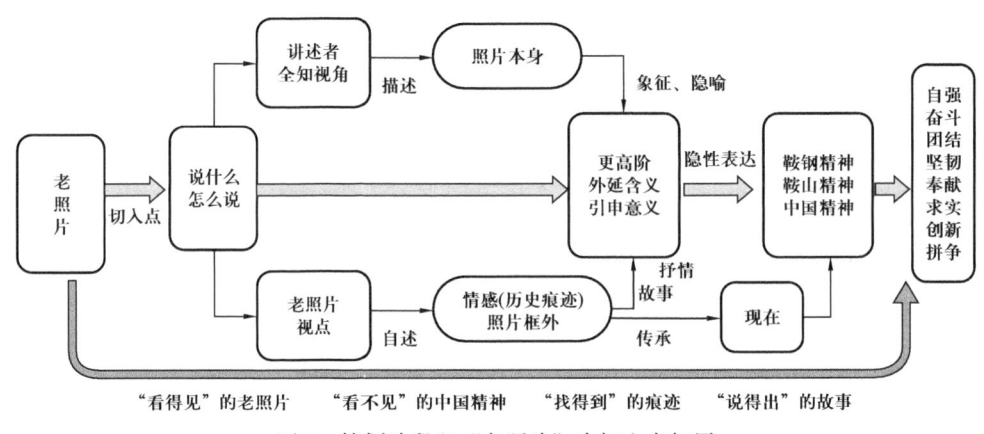

图 2　策划阶段以"老照片"为切入点拓展

3. 后期播发，持续提供线索

每一期节目播出后，栏目组会将节目链接转发到鞍钢档案馆的工作人员手机上，工作人员认真收看每一集节目。在收看过程中，工作人员会根据主题和内容持续提供与主题相关的一些照片及文字档案资料。比如，20世纪40年代亚洲最大的钢铁联合企业，即鞍钢的前身昭和制钢所缘何成为一片废墟？根据鞍钢档案馆提供的1944年《新华日报》全刊内容，可以准确地查找到鞍钢被美军空中堡

垒的 11 次轰炸，进而探寻鞍钢形成一片废墟的原因。《昭和二十年志》也为制作《老照片》特别节目《百年鞍钢》提供 1914—1945 年间日伪时期鞍钢的老照片。

（三）高质量照片档案，提升栏目制作品质

2020 年 8 月，《老照片》正式进入制作阶段。《老照片》首播平台是鞍山电视台新闻综合频道，高清播出，对照片的要求非常高。鞍钢档案馆为节目提供了大量的、清晰的数字化照片，数字化照片缩放、可剪裁，能保证节目质量。同时，照片说明翔实、具体，为栏目撰写说明和对鞍钢历史的研究提供了依据，保证了系列节目创作、制作过程的质量及视觉效果（图 3）。

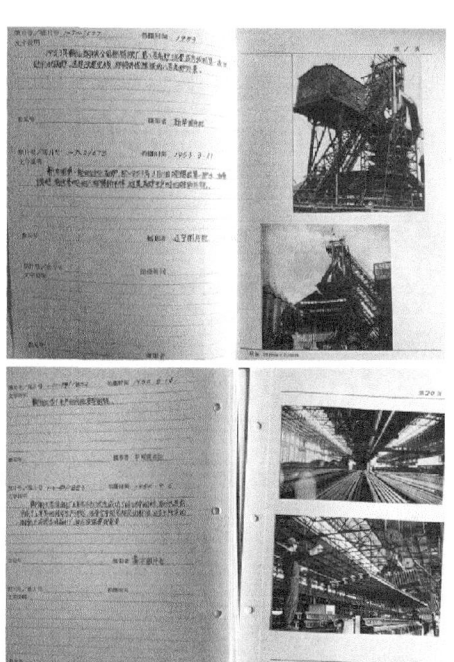

图 3　鞍钢档案馆提供照片及说明

（四）"老照片"视频化形成鞍钢影像志

系列纪录片依托鞍钢档案馆近一万张老照片，以《鞍山志》《鞍钢史》《鞍钢年鉴》等史志资料为参考依据，聚焦鞍钢重大事件和精彩瞬间，同时，对应鞍山、中国历史时期的重大事件，讲述鞍钢百年历史和时代变迁，感知钢铁带给鞍山的原生底色和历史分量，探寻鞍山这座城市的文化基因。

1. 让老照片"活起来动起来"

受到《如果国宝会说话》《国家相册》两档纪录栏目的启发，《老照片》作为一档系列微纪录片，栏目组将鞍钢档案馆保存的大量老照片放在历史时间点以及鞍钢史志对应的大事件中，有了时间感和空间感，赋予老照片生命，让老照片"活起来"。同时，通过视听手段让老照片"动起来"，成为好看的视听节目。最后，通过大量老照片拼图式地讲述百年鞍钢，形成了鞍钢影像志，构成了鞍钢精神的视频索引。

2.《老照片》"讲故事勾回忆"

《老照片》作为鞍山市新闻传媒中心以及鞍钢视讯、鞍钢集团"摇篮鞍钢"首档全媒体产品，在媒体融合时期，是讲好鞍钢故事、讲好鞍山故事、讲好中国故事的一种新尝试。钢铁文化，是鞍山市的灵魂。《老照片》用人文的观照、诗意的表达，讲述钢都故事，致敬工匠精神。从内容上，呈现更多身边人的故事，更接地气，更有烟火气，挖掘出与当代人的共情点，勾起人们对往事的追忆；从形式上，力求多样、新颖，从时长上进行改变，3～10分钟的微视频和中视频结合；以碎片化的、拼图式的方式，说明一个事件、一个信息，表达一种情感，传递一种态度，吸引更多的人观看老照片的故事。

该栏目打破传统的节目栏目化，通过一集一集的更新汇聚，计划最终形成100集的鞍钢影像志以及鞍钢精神的视频索引目录。

3.《老照片》"找基因传文化"

老照片不仅是陈述过去的历史，而是在寻找历史文化的基因，一个城市、一个企业历史文化的延续。在这个过程中，充满着情怀和责任使命。栏目组以重大节日、重要时间节点为契机，制作特别节目。比如3月5日雷锋纪念日制作了《青春之歌·雷锋来了》；五一国际劳动节通过1948年至2021年不同时期鞍钢工人的劳动照片制作了《这个五一，看看他们面孔》；三八国际劳动妇女节通过鞍钢职工中中国第一代女机车司机、中国第一个女炉长、中国第一批女电焊工等老照片制作了《钢铁姑娘们》；清明节制作《你好，张巨达》；五四青年节制作了《青春的样子》；八一建军节制作了《2021年八一，看看钢铁战士们》等，通过老照片的形式，寻找红色基因，再现红色记忆，宣传中国传统文化。

四、效果及影响

系列纪录片《老照片》至今已经制作了四季计30集，特别节目9集（图4）。该节目聚焦百年鞍钢的各种重大事件、精彩瞬间以及人物故事，用现代的眼光赋予老照片意义，以"自强、奋斗、团结、坚韧、奉献、求实、创新、拼争"的鞍山鞍钢精神为主题，突出鞍钢红色基因，寻找鞍山城市集体记忆，读懂中国精神，成为中国共产党成立100周年的献礼之作，受到辽宁省、鞍山市肯定，并有六集被全国"学习强国"平台选用，引起强烈反响。

第一季 自强篇

总集数	老照片	标题
1	第一集	废墟·小城之春
2	第二集	楼顶·远望八千米外
3	第三集	红色恋歌·鞍山是孩儿的名
4	第四集	钢尺·量出一个厂
5	第五集	仓库·淘出最大的宝
6	第六集	钢花·上阵父子兵
7	第七集	奔溅·金龙铁水飞扬

第二季 奋斗篇

	老照片	标题
8	第一集	前夜·开工典礼
9		楼前·鞍钢大事
10		劳动者·为工业中国而斗争
11	第二集	图纸·天津之行
12	第三集	王麦·巾帼英雄钢铁梦
13	第四集	跨过鸭绿江·鞍钢军镐军锹上战场
14	第五集	一九五二·这个夏天不一样
15	第六集	新纪录·一封特殊的来信
16	第七集	奋斗的力量·开往鞍山的列车
17	特别节目	青春之歌·雷锋来了
18	特别节目	钢铁姑娘们
19	特别节目	你好，张巨达

第三季 红色力量

20	第一集	一五先声五百罗汉·五百罗汉来了
21	第二集	一五先声五百罗汉·城市新生活
22	特别节目	这个五一，看看他们的面孔
23	特别节目	青春的样子，就在你身边
24	第三集	一五先声五百罗汉·说服工人
25	第四集	一五先声五百罗汉·尊重知识分子
26	特别节目	幼儿园的毕业证
27	第五集	一五先声五百罗汉·外行变内行
28	第六集	五百罗汉·摇篮·鞍钢
29	第七集	五百罗汉·鞍钢宪法
30	特别节目	红色鞍钢
31	特别节目	百年铁矿
32	特别节目	八一，看看那些钢铁战士

百年建党特别节目党旗引领红色鞍钢

33		初心如磐
34		工业初始
35		长风破浪
36		扬帆远程
37		砥柱中流

第四季 一五先声

38	第一集	张明山反围盘
39	第二集	文化扫盲
40	第三集	修建职工宿舍
41	第四集	修建第一座技工学校
42	第五集	东山公寓
43	第六集	创新
44	第七集	人民日报社论

图4 《老照片》节目清单

（一）受到辽宁省广播电视局评估监看小组视频会议表扬

2020年11月3日，《老照片》正式播出，作为鞍山电视台新创立的新闻杂志《链接 鞍山新闻+》的子栏目播出后，得到了辽宁省广播电视局的视频会议及书面表扬（图5）。

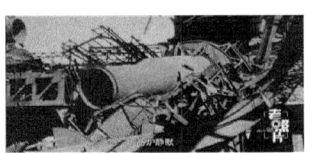

图5 辽宁省广播电视局表扬

（二）受到鞍山市委领导及市委宣传部表扬

2021年2月，鞍山市委书记韩玉起到鞍山市新闻传媒中心调研，点名表扬《老照片》栏目。此栏目从文化的角度、从内容的传播到栏目组的制作过程，对于"双鞍"融合、"四产"融合的鞍山文化传播过程起到了重要的作用，让更多的人通过《老照片》的鞍钢故事，了解鞍山城市文化的脉络。

鞍山市宣传部部长在每周宣传会议上，曾六次单独表扬《老照片》，将鞍钢故事与鞍山故事链接，与中国传统节日文化相融合，用老照片的语言表达鞍山故事。比如，第111个"三八"国际妇女节特别节目《钢铁姑娘们》，以鞍钢第一批女职工为背景，第一批机车司机、第一批女电焊工、第一个女炉长，40张不同时期的鞍钢女职工工作的面貌，从不同侧面反映鞍钢的历史文化，反响极佳，推送、阅读量提高。

2021年4月推的第三季"五百罗汉"的故事,让更多的人看到了鞍钢的红色基因以及红色精神代代传承。"五百罗汉"是鞍钢建设的开拓者、参与者,他们在鞍钢建设初期发挥着不可替代的作用。一张张黑白老照片讲述了他们在鞍钢建设过程中的故事,学习文化、适应城市生活、外行变内行的过程,黑白老照片是见证、是讲述、是缅怀、是致敬。

(三)形成社会记忆、集体记忆

《老照片》每周一集,节目在鞍山电视台新闻综合频道、鞍山云App、鞍钢集团"摇篮鞍钢"公众号(图6)、鞍钢集团抖音、鞍钢厂内电视台鞍钢视讯同步播发,同时,被推荐到"学习强国"播出,得到辽宁省、鞍山市及广大观众的认可和夸赞。通过一个企业的历史文化,管中窥豹,唤起社会记忆、集体记忆,提高社会美誉度、城市民众的归属感、企业职工的自豪感,促进社会、企业良性发展。第一集《废墟·小城之春》开播第一天,新闻界同仁、鞍钢许多职工转发到朋友圈。许多鞍山人以及鞍钢人虽然知道鞍钢,但是并不完全了解鞍钢的历史,通过观看《老照片》,表达了对节目的感受,感叹新中国工业起步的艰辛,感叹鞍钢作为中国钢铁工业的长子、摇篮的历程,感叹作为鞍钢一分子的荣耀感。广大鞍钢职工及受众通过一张张珍贵的黑白老照片,感知历史,读懂历史,形成社会记忆、集体记忆。

(四)被推广到学习强国

《老照片》被辽宁省委宣传部评为优质稿件,推荐给辽宁"学习强国"二级平台,并被全国"学习强国"平台选播六集,深受强国用户喜爱。点击量与辽宁二级平台节目点击量相比提高了几十倍(图7)。

"学习强国"App辐射全国9600多万党员,受众性强,黏合度高。通过"学

图6 "摇篮鞍钢"公众号中相关文章

图 7 "学习强国"App 中《老照片》视频

习强国"的播发，让全国更多的人通过《老照片》了解鞍钢故事，了解鞍山这座因钢而兴、因钢而立的城市。同时，有着红色基因的鞍钢，代表的不仅是一个企业、一座城市，更是一个地区、一个微缩的中国工业。通过《老照片》传达鞍钢精神、中国精神。《老照片》进一步提高了鞍山市和鞍钢的知名度，同时，也让工作、生活在外地的鞍山人，近距离品味家乡、慰藉乡愁。

一张张老照片，记录着城市、企业的沧桑、奋进与律动，凝结着我们的记忆、见证和感动。一张张镌刻着城市、企业发展历程的老照片中，有着我们不该忘却的历史，有着催人奋进的故事，有着许多英雄的传说，更有着共和国钢都的荣光与梦想。通过珍贵的老照片档案，讲好鞍钢故事，讲好鞍山故事，讲好中国故事，是我们档案人奋斗的目标。

案例形成单位：鞍山钢铁集团有限公司

案例形成人：王琳、刘贺、孙素华、韩海波、于安妮、周巍巍

生产力，创造力，核心竞争力，建设项目档案服务见证中建集团高质量发展

一、案例概述

中国建筑集团有限公司（以下简称中建集团）不仅是共和国的长子，而且有着红色基因的优秀传承，所属工程局、大部分设计院由当时建筑工程兵转业。建设项目是中建集团发展的主要载体，在党领导中建集团六十年发展历程中，已存储数十万个建设项目档案，总量超过一千一百万卷、50TB 的档案数据是中建集团宝贵的资产和财富。"中建工程档案是企业的直接生产力"，近五年中建集团以落实习近平总书记关于"四个得以""三个走向"重要论述为根本遵循，认真落实国家档案局工作要求，通过完善工程档案管理顶层设计、精准开发工程档案资源产品数百项、创新信息技术应用等方式推动工程档案管理转型升级，实现工程档案服务开拓新市场领域或业务类型 12 个，涉及经济总额 335.35 亿元；利用工程档案支撑完成几乎每个项目的投标工作，中标项目逾万个，服务实现工程索赔 647 次，为企业挽回经济损失 20.86 亿元；支撑法律诉讼 326 次，为企业减少经济损失 16.67 亿元，并且支撑企业取得科技创新 26232 项、131 家子企业成为高新技术企业，为企业减免税收逾 8 亿元；支撑 28 家子企业成功通过住建部房屋建筑、基础设施特级资质申请，赢得高端市场经营牌照。近五年直接或间接为企业创造逾 30 亿元（保守统计）经济价值的工程档案不仅见证了企业发展脉络，更是中建集团在党的领导下档案服务改革开放、社会经济发展，助力党领导中建集团成为世界最大投资建设集团，未来世界一流企业的基石和坚定信念。

二、实施背景

建设项目是中建集团发展的主要载体，中建集团每年在施项目 1 万个左右，每个项目产生档案数百卷至上千卷不等，如何将这些海量的工程档案数据齐全收

集、发挥价值是新时代企业档案工作的重要挑战,挖掘开发工程档案资源,服务项目招投标、生产经营和管理水平提升是中建档案人永不懈怠的使命。

三、创新做法

(一)顶层设计"三同步",树工程资料管理工作"权威性"

2019年中建集团修订档案分类管理办法,建立全员全过程工程资料收集机制、实行"三同步"管理(布置施工任务与布置竣工文件编制同步、工程施工进度与工程技术资料形成积累同步,工程验收交接与竣工文件移交并行),并将其纳入子企业档案管理考核评价管理办法、纳入集团项目管理手册,确保执行到位,以实现集团总部、所属子企业、基层项目部三级联动,实现了对项目工程资料的全生命周期有效管控,解决传统工程资料管理机构、人员说话分量不足、效力低等问题(图1)。

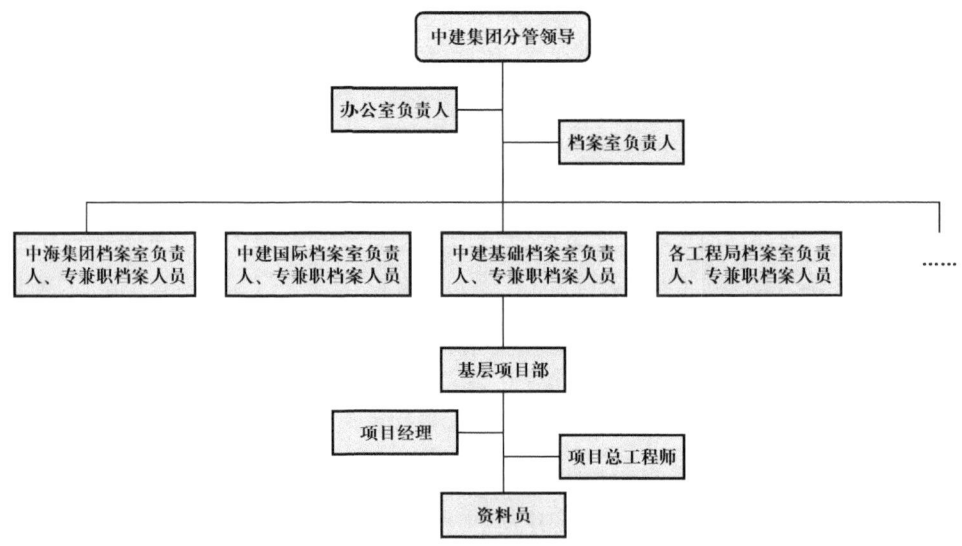

图1 建设项目资料管理体系图

(二)过程执行"三纳入",保资料收齐归全

各项目部以集团项目管理手册为指导,一是将项目资料管理策划纳入项目履约管理策划方案,从项目开工之初就明确资料管理责任(项目经理负领导责任、

总工程师为第一责任人）。二是将工程资料过程督查纳入各级总部季度、年度联合检查范围。例如，中建一局等档案部门联合项目管理部开展项目管理季度及年度检查、实时开具整改单。三是将工程资料移交归档纳入项目考核兑现机制和总部财务审批流程，工程资料合规移交后方可兑现项目绩效奖金，实现工程资料管理闭环、可控，近五年工程施工资料归档齐全率超过90%、及时性超过80%。

（三）精准开发工程档案资源，有效提升企业生产力

2015年中建集团实现不同业务领域工程资料全过程标准化管理，并上线标准版数字档案馆系统［通过全国数字档案馆（室）试点单位验收］，基于该系统，中建集团实现总部和90%以上子企业（设计院、境外子企业除外）工程资料管理标准化与信息化的深度融合，为开发各类工程档案资源提供了无限可能（图2）。

一是支持传统档案编研做精做深。中建集团层面，每年围绕重点工程等组织开展数百项编研产品，鼓励结合业务特点创新档案资源开发方式。例如，中建四局利用科技档案管理信息系统平台，将历年项目分类为科研课题、技术成果、专利、工法等，并最大限度转化为结构化数据，在支撑全文检索的基础上，提高了精准服务度；中建西南院建立协同设计知识管理平台，数字化、结构化历年设计图纸，实现设计师对设计档案的实时调取、动态嵌入。

二是高效支撑不同应用场景，实现"标准输入、多样化输出"。中建集团依托馆藏丰富的项目档案、标准的归档资料内容，深入组织开展二级、三级及项目层级不同需求的专题档案编研，实现"标准输入、多样化输出"。各级子企业可根据不同项目投标需求，在数字档案馆系统中动态建立专题编研库，将服务利用需求的潜在档案通过"复制""粘贴"的便捷操作即可实现目标档案的动态抓取和实时汇编，高效支撑中建八局二公司等项目抢工、应急项目建设等需求。支持档案人员根据主动搜集竞标信息建立对应的业绩材料专题数据库，按照深基坑项目业务类型、技术要点和难点建立深基坑项目、桥梁项目等同类别项目"双优化"专题数据库、科技成果库，为基层技术人员"高权限"开放所需档案原文献无障碍下载服务，提高档案内容利用效率。

三是在标准化底线管理框架下，鼓励基层单位基于个性化需求，不断创新档案服务方式。例如，中建海龙科技公司基于标准化资料管理成果建设包含研发项

目资料、科技研发成果、科技成果转化、建设项目资料四大板块的"数字档案中台",以时间、项目属性、使用频率等作为划分依据进行分类归纳,实现了从研发立项到成果转化应用的电子化、标准化、一体化管理,同时保证了数据传递的及时性和准确性,高效性;中建五局"5G智档"云管理平台,可将电脑、手机、云服务器等各平台的资料集中到一台NAS上进行统一管理,实现数据高效共享和档案信息的有序管理;中建八局C8BIM平台移动端、C8BIM平台电脑端、二维码技术等创新技术,为资料及时收集、按期归档提供了重要保障。

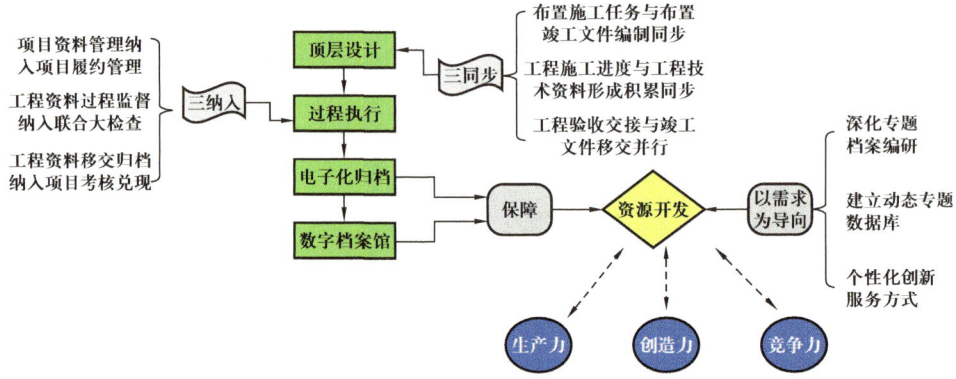

图2　建设项目档案资源开发主要做法图

四、效果及影响

(一)生产力——助力项目履约见实效

1.服务工程索赔647个,涉及经济额20.86亿元

签证索赔是工程项目建设过程中的常见行为,中建集团五年来利用档案资料服务工程索赔项目647个,涉及经济总额20.86亿元,保全国有资产、维护企业权益价值显著。2015年5月—2018年8月,中建三局西南公司贵阳米兰春天三期项目针对业主屡次延付过程款的情况,果断发函停工并利用工程档案35卷、会计档案50卷,促使业主签订系列补充协议,不仅锁定1.48亿元结算金额,还成功化解8000余万元工期反索赔风险。2017年3月—2019年1月,中建交通沈阳地铁二号线项目针对竣工结算金额与业主方不一致的问题,利用施工记录、竣工图等档案283卷共计3652件与业主核实区间隧道注浆、车站结构混凝土浇筑等问题，促使结算金额较初审值增加3700余万元。另外，中建七局宝能绍兴官渡1号地项目在项目扭亏、中建安装三氯乙烯项目在及时有效收回项目款项等方面累计创造经济价值4633.38万元。

2. 维护企业权益，为国家和企业减少经济损失16.67亿元

以法律途径解决分歧与纠纷是项目维护自身权益的必要手段。近五年中建集团利用21679卷/件工程档案在326次法律诉讼中胜诉，为企业减少或挽回经济损失16.67亿元。2016年11月—2017年7月，中建二局华东分公司宁波罗蒙环球城商业地块项利用完整的105卷工程档案记录说服业主方达成和解，最终确权8.03亿元，为企业减少损失2.89亿元。2018年，中建二局土木工程集团有限公司哈大高铁项目利用合同、结算单、会议记录与纪要等28卷档案资料，认定专业分包中国中铁四局集团某单位就工程款、质保金及相关结算部分诉求不合理，避免经济损失1265.56万元。中建三局京东西北电子商务基地项目以工程资料为凭证避免了监理人员变动等给项目经营带来的风险，为企业挽回各类经济损失1060万元。

（二）创造力——助力市场开拓见实效

1. 支撑28家企业获批特级资质，赢得行业经营牌照

在建筑行业日趋白热化的竞争中，资质是进行市场搏杀的敲门砖。2016年至今，28家二级、三级子企业基于中建数字档案馆系统完成历史档案数字化工作，累计服务或完成210万卷·次建设项目电子档案录入挂接工作，最终均通过住建部市政、房屋建筑等特级资质审批，进入高端市场领域。2017年，中建七局利用70641卷工程档案，成功获取公路和市政公用特级（暨设计甲级）资质，实现河南省全行业唯一的"三特三甲"资质。2018年6月，中建六局利用项目级条目481条、案卷级条目60165条、文件级条目537125条，成功取得公路工程施工总承包特级资质。2021年，中建八局利用997卷/件档案，被国铁集团正式确认具备独立承接铁路建设资格。

2. 服务开拓新市场领域或业务类型12个，涉及经济总额335.35亿元

2017年7月至今，在北京市顺义区杨镇棚户区改造项目由投资模式转变为政府专项债模式过程中，北京中建京东置业公司通过档案工作前置，联合多部门成立档案资料管理小组第一时间完成所有资料归档，基于归档的业绩档案，该投资项目发债申请材料准备期从30余天缩短到3天,截至2021年7月31日,已发债3次,共融资110.43亿元。2020年5月,中建八局上海公司在福建省厦门市新体育中心项目投标过程中,有效利用广西体育中心、郑州市奥林匹克体育中心项目施工总承包工程等5个大型体育场馆项目招投标、中标、建设以及竣工资料126卷,成功中标国内唯一一座足球模式/田径模式转换看台体育场项目,该项目合同额36.25亿元。"十三五"期间,承担基础设施业务主营责任的中建基础利用档案及相关资料认真对标分析,成功中标多项基础设施业务,有力提升中建集团基础设施业务转型成效。2019年中建基础利用招投标、中标、建设以及竣工资料等档案,成功中标天津地铁7号线一期工程PPP项目,投资合同额188.67亿元,累计带动权益施工合同额151.30亿元。2020年10月起,中建方程在养老业务运营中打造集业务运营、健康监控、服务记录于一体的档案管理模式,为中建集团在迎接老龄化社会中,落实"健康中国2030"战略探索经验。

(三)核心竞争力——赋能企业科技进步和创新创效

1. 服务131家企业成功申报高新技术企业,为企业累计减免税收超8亿元

高新技术企业认定是建筑企业由传统的劳动密集型向知识密集型、技术密集型转变的重要标志。五年来,中建集团131家二级、三级子企业利用8万多件信用档案、8千多卷工程档案、4千多卷科研档案、近千件文书档案、超万件人事档案等申报通过高新技术企业认定。2016年,中建四局利用文书档案、科研档案、工程档案300卷/件,申报国家高新技术企业成功,使企业所得税税率降低15%,并优先获得国家或地方的项目资金支持。2020年12月2日,中建二局以提供649件信用档案、62卷工程档案、32卷科研档案、7件文书档案、139件人事档案等档案资料为基础,顺利通过高新技术企业认定,累计减免税收超8亿元。另外,在高新技术企业申报资料准备过程中,档案工作人员充分利用电子化、信息化等手段,并充分发挥信用专题档案、科研专题档案等二次开发利用成果,高效完成相关资料的整理与提供,有效缩短了申报周期。

2. 赋能科技创新创效,创造经济价值16.30亿元

"十三五"期间中建集团大力推进科技档案专题库、设计档案知识库建设,利用档案累计服务科技创新工作1722人次,服务集团近5年获得国家科技进步奖 12 项、授权专利 24401 项（发明专利 2331 项）、詹天佑大奖 26 项、各省部级科技奖励 1793 项。

中建二局安装公司在承建世界最大单口径射电望远镜"FAST 天眼"项目过程中，基于相关项目档案技术方案的总结研究，提出采用高压变配电电磁屏蔽施工技术解决了滤波器穿墙安装难题等技术难题，大幅度降低项目施工成本，并为项目缩短工期 10 天。中建三局一公司丰盛商汇 A 地块二期酒店钢结构项目利用《环向封闭超长悬挑箱型钢桁架施工工法》档案降低了环向封闭悬挑桁架的安装施工难度，提高施工工程质量水平，减少机械台班及人工数百万元。中建三局在参考大量施工图纸、技术方案、科研论文等档案的基础上，对第三代低位顶升模架进行改良，成功研发超高层建筑智能化施工装备集成平台，在北京中国尊项目应用实现塔机、模架一体化安装并做到共用支点、同步爬升，将核心筒立体施工同步作业面从 3 层半增至 4 层半，创造全球 500 米以上超高层施工最快纪录，被新闻媒体誉为"空中造楼机"。另外，中建海龙科技有限公司建立的"数字档案中台"为招投标、课题研发、政府资助等提供高效服务，将项目申报时间由 3~5 天缩短至 4 小时，2020 年至今申报数量提升 240%。2021 年上半年已收到政府项目扶持资金约 70 万元（后续预计收到各类扶持资金逾 150 万元）。

3. 服务降本增效，创造经济价值数千万元

减本增效是企业开源节流的重要手段之一，在企业高质量发展过程中，中建集团高度重视发挥档案在降本增效方面的作用。2016 年 12 月—2017 年 3 月，中建交通利用盾构机电气设计、刀盘变频器电气设计等 81 件机械设备档案，实现"中建二号"盾构机再制造成功，同购买新机相比节省资金 2000 余万元、节约钢材 200 余吨。中建五局应用档案知识管理平台实现科技档案结构化提取利用，每年为公司节约综合成本 2000 万元以上。中建八局土木公司档案部门与技术部联合编撰的《"双优化"案例指引汇编》指导某公路项目实现经济效益 1856 万元，同时完美避开在软基地区搭设现浇支架的安全风险和避免后续大量建筑垃圾处理，有效缩短了建设工期。

六十年风雨兼程，六十年励精图治。今天的中建集团已经成为世界最大的建设投资集团，积累的 1000 余万卷工程档案不仅是每个项目投标、履约的基础性资料，是每个工程索赔、法律诉讼案件中维护企业权益、保全国有资产最有力的"武器"，是中建集团生产经营不可或缺的生产要素和生产力的有效组成部分，而

且间接映衬出新中国工业化与城镇化的沧桑变迁，拥有全国 90% 以上 300 米超高层建筑、3/4 重点机场、3/4 卫星发射基地、1/3 城市综合管廊、1/2 核电站的工程档案，直接反映了当代中国建造的最高水准，并勾勒出中国共产党领导我们建设的中国最美的城市天际线！

案例形成单位：中国建筑第二工程局有限公司

案例形成人：唐卫华、张贺苗、尤盼、吴勇华、房爱霞、张丽

深化档案利用，延续煤炭记忆，助力公司发展

——王石凹煤矿工业遗址项目档案利用案例

一、案例概述

在党和国家的大政方针下，煤炭行业转型升级提上日程。作为老牌煤矿设计单位，中煤西安设计工程有限责任公司（原名煤炭工业部西安设计院）已完成各类设计项目1000多项，王石凹煤矿就是其中之一。2017年，公司承接了这座已有60年历史的老矿的改造项目——王石凹煤矿工业遗址项目（井下部分）。虽然时间久远人员更迭，但档案室综合历史账簿和信息系统准确提供了保存完好的图纸、资料，为公司的设计效率和质量提供了有力保障。

二、实施背景

（一）社会背景

在党的正确领导下，我国煤炭工业走过了波澜壮阔的百年历程。进入中国特色社会主义新时代，以习近平同志为核心的党中央也始终关心煤炭行业，作出"五位一体"总体布局和"四个全面"战略布局等一系列重大决策部署，推动煤炭行业供给侧结构性改革。本次利用案例王石凹煤矿就是在"去产能"政策影响下，进行转型探索，从而实现"煤矿变公园"的创举。

档案工作作为党和国家事业的组成部分，也需紧跟时代步伐，积极响应党和国家的号召，积极为中心工作提供服务保障。公司档案室始终秉持服务于生产的理念，针对王石凹改造项目积极进行相关工作部署，促使该部分档案资料被设计人员所利用，从而产生新的社会效果和经济效益。

（二）公司背景

中煤西安设计工程有限责任公司成立于1954年，是一家以煤炭市场为主的国家甲级综合设计研究院，历经60多年变迁，现隶属于中国中煤能源集团有限公司。作为知识密集型企业，历届领导对图纸、资料等重要知识成果的保存都相当重视，关注并支持档案室的各项工作，保证了历史档案保存完整齐全。同时，公司在档案信息化、知识库等工作中也均有突破，有力保障档案室资料存、管、用的效率和质量。

公司档案室于1955年年初成立，保存着成立以来生产经营过程中产生的施工图、竣工图及相关文件等重要知识成果。勘察设计企业的生产经营特点，决定了档案信息资源的保存和利用必须具有综合性、跨越性和时效性。此次公司进行王石凹煤矿工业遗址项目（井下部分）设计，作为一个改造设计工程，必须要依据翔实可靠的原始设计资料。这项20世纪50年代末的工程，时间久远人员更迭，项目负责人、设计人员、施工人员等直接参与人员早已无法询证，唯有档案室的图纸、文件在公司历经多次变迁的情况下依然保存完好，是改造设计最真实可靠的第一手资料。

（三）项目背景

王石凹煤矿由苏联列宁格勒设计院提出初步设计方案，西安煤矿设计院（现中煤西安设计工程有限责任公司）承担技术设计，1957年开工建设，1961年11月20日建成生产，是当时我国西北地区第一座最大的机械化竖井。根据国家政策要求，王石凹煤矿于2015年永久关闭，后积极利用其独具代表性的历史文化、人文环境等优质资源开发工业遗址公园项目。由于具有参与前身煤矿开发的自身优势，遗址项目井下部分仍由中煤西安设计工程有限责任公司来承担。

中煤西安设计工程有限责任公司档案室积极为项目提供档案资源，助力煤矿变公园的建设，促进了王石凹煤矿经济可持续发展，为其未来发展注入活力，也为其他资源枯竭型地区产业探索一条转型之路。

三、创新做法

档案资源是最真实、最原始、最有说服力的历史纪录，它包含了大量的数据、资料、图表、文件等原始凭证。合理、科学地开发利用档案的内在信息，将其转化为生产力，是充分发挥档案资源有效再利用的价值体现。在王石凹煤矿工业遗址项目（井下部分）中，公司档案室通过抽调档案人力资源成立专项小组、梳理脉络查找历史档案资料数据、采取信息化手段等方式，为设计人员和公司生产提供了完整、详细的档案数据和资料，从而提高了档案信息资源利用效率。

（一）抽调人力资源，组建专项工作组

在接到王石凹煤矿工业遗址项目（井下部分）档案调取任务后，中煤西安设计工程有限责任公司档案室迅速成立了专项工作小组，并召开了工作会议。会议中充分讨论了档案调取工作要求的时间、数量、质量等工作计划，另对日常其他各项工作的进度安排重新进行调整。在人力紧张的情况下，档案室仍然安排专人负责该项目的档案调取对接工作，进行全流程跟踪服务。在本次专项工作中，公司档案室工作人员通过各种方式、手段、渠道，保质保量地为公司生产工作提供了所需的档案资料。

首先，中煤西安设计工程有限责任公司档案室在资料保存过程中秉承便于利用的原则，力求档案本身不受损坏，尽量延长档案的寿命，并从数量上保证档案资料的完整性，因此，王石凹煤矿虽然已经历经了半个世纪的开采历史，但公司档案室依然完整地保存了其设计资料，并在内容上确保其有机的内在联系。同时，公司档案室通过依据工程、专业、图号对档案底图、蓝图、文件等的有序排列，实现了对档案资料的有效管理（图1），使得在调阅该项目档案资料的过程中，公司档案室工作人员能够及时、准确地找到设计人员所需的各类资料。

图1　公司档案室库房情况

其次,对于查找范围不清晰、查询时间不准确的档案资料,公司档案室工作人员通过向经验丰富的老档案管理人员咨询请教,从而理清查找脉络,顺利找出所需要的档案资料。其中,共查找出王石凹煤矿施工图 380 余套,2000 余张;文件及附图资料 8 套;地质勘查及测量资料 18 套。

最后,由于王石凹煤矿项目工程建设年代久远,受时间、环境、温度、湿度等因素的影响较大,部分需要借阅的施工图蓝图在长时间的存储过程中出现了损坏、字迹不清晰的情况,如图 2 所示。因此,基于蓝图的此种存储状况,公司档案室工作人员将底图重新进行复晒,并提供出最为清晰的蓝图,以此来保证该项目所需资料的准确性,如图 3 所示。

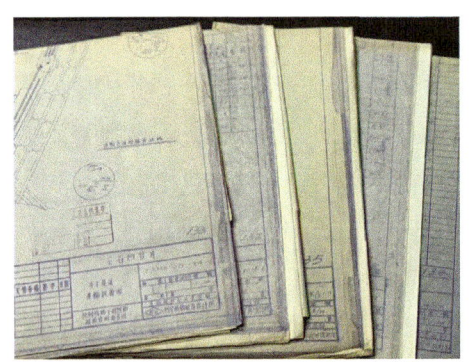

图 2　王石凹项目室存蓝图情况

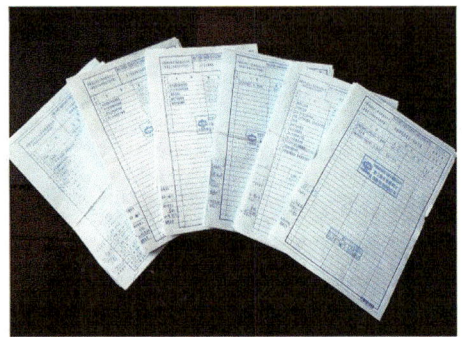

图 3　底图复晒及部分蓝图

中煤西安设计工程有限责任公司档案人员通过对该项目资料的全流程跟踪服务,经过认真比对、大量排查、仔细分析,终于在尘封了近半个世纪的上百套档案中查找到了设计人员需要的设计图纸档案,为王石凹煤矿工业遗址项目(井下部分)的改造提供了坚实的基础,避免了重复劳动,减少了工作量,节省了时间,节约了资金。

(二)借鉴历史档案,深入挖掘数据

中煤西安设计工程有限责任公司参与建设的王石凹煤矿是国家"一五"时期由苏联援建的156个重点工程之一,从设计并进入规模化开采至煤矿关闭已有半个世纪的历史,积累了大量的历史珍贵资料,如图4所示。在对王石凹煤矿进行改造时,由于王石凹煤矿经过五十多年的地下采煤工作,地下空间巷道现状纵横交错,且井筒处于封闭状态,无法详细了解井下有关巷道特征及井下遗留设备参数,导致矿井改造难度加大,但因档案资料的存在,为此次改造起到了重要参考作用。

图4 王石凹项目历史档案资料

公司档案室在收到档案资料调阅通知后,第一时间将设计图纸、文件等资料进行整理汇总并及时提供给设计人员,设计人员依据档案室提供的设计资料,对

王石凹煤矿的详细信息及现状进行分析总结，得出可利用信息。例如，王石凹矿井采用立井和暗井的综合开拓方式，采用中央边界抽出式通风系统，石门采区上山、下山分阶段连续开采，主井井筒直径 5.5 米，净断面 23.76 平方米，井筒深度 418.7 米，采用钢轨罐道承担全矿提煤任务，兼进风等。有了原始数据后，在王石凹矿井改造过程中，针对设计的测量问题，设计人员可以减少相关测量工作，只需在有误差的地方进行复测即可；针对设计的结构问题，只需验证其结构的合理性、安全性，不需重新进行设计；针对井下设备改造问题，设计人员对未被废弃的煤矿井底车场巷道、硐室、主要大巷、采掘机械设备等进行维修即可重新利用；针对车场大巷改造问题，设计人员可利用已有的 735m 水平井底车场巷道进行改造，布置井下游览主题区。由于充分借鉴利用了历史档案资料，从而缩短了项目改造方案设计和施工时间，节约了资源。

（三）采取信息化手段，提高档案利用效率

为适应信息化发展的需要，中煤西安设计工程有限责任公司从 2010 年开始逐步与信息化接轨，科技档案开始进行数字化档案管理。在此之后，档案利用效率对比人工查找利用逐渐提高。随着信息系统环境的不断复杂化和办公自动化程度的不断加强，公司逐渐优化业务管理系统及电子档案管理系统的功能，为档案快速、准确利用提供了坚实的基础。

在王石凹煤矿工业遗址项目（井下部分）的改造过程中，除了对现存历史档案资料开发利用的同时，也更加注重对新增煤矿改造档案资料的收集整理。新增档案资料依托公司档案信息化建设，在存储纸质档案的同时，实现档案资料的电子存储，在电子档案管理系统中，可以实现对工程名称、时间段以及技术参数等的标注索引，完善电子文件元数据并挂接到公司知识库中，如图 5 所示。同时设置电子文件借阅权限，为设计人员提供更加便捷、高效的档案查询及借阅服务，从而进一步提高了档案资源的开发利用率，为公司信息化发展奠定了坚实的基础。

四、效果及影响

（一）深化档案利用，高效服务生产

深化历史档案开发利用，缩短生产设计周期。中煤西安设计工程有限责任公

司档案室工作人员清楚了解公司历史沿革过程，翔实掌握早期历史档案的具体内容，知悉各专业之间的相互联系；在日常工作中，面对相关项目对于年代久远的历史档案的特殊需求，能够迅速、准确地从积累了半个多世纪档案中查到并系统地整理出设计人员急需的各年代设计图纸档案，保证了科技档案的完整性，发挥了科技档案的凭证作用，为生产部门提高设计效率、缩短设计周期、节约人力资源提供了有力的支持。

图 5　王石凹煤矿工业遗址项目（井下部分）知识库管理系统展示

深化现行档案开发利用，提高档案资源利用效率。为了使档案利用更加方便、快捷，档案工作也由传统纸质管理向数字信息化管理进行转变。公司档案室利用档案信息化手段，目前已实现将新设计的图纸存储于电子档案管理系统中，实现图纸电子化管理。通过电子化管理，不仅能够满足公司的生产经营要求，为设计人员提供更加便捷、高效的档案查询及借阅服务，提高了生产服务效率，节省了大量的人力和物力，而且能够促进档案资源进一步开发利用，为实现档案资源最大化利用奠定了坚实的基础。

（二）节约项目成本，提高经济效益

科技档案的合理利用是提高经济效益的重要手段。对于更新改建类的项目，在多数情况下可以利用原来的历史设计图纸的适用部分，以此为参考基础或者提取重要设计信息，再进行二次开发或者开展新的设计。而属于公司项目的原设计成果则大部分来自公司档案室的历史科技档案。因此，历史科技档案中的设计资料具有重要参考价值，是提高设计质量的重要条件。合理复用科技档案，尽可能地发挥科技档案作用，可以从多方面节约项目成本，提高劳动效率，带来显著的经济效益。

公司档案室通过对王石凹煤矿工业遗址项目（井下部分）提供历史科技档案资料，助力在项目设计过程中对于井下提升、通风、排水、供配电、井下人员运输、采掘设备布置等系统的历史设计信息的全面掌握，从而相应减少项目在初测、复测等设计阶段的现场测量工作量。从凭证参考、数值复用、提前投产、质量提高等方面节约了直接经济成本约计上百万人民币，避免了重复工作，为企业节约了人力、物力、时间成本，有效地提高了企业的经济效益。

（三）延续煤炭记忆，助力公司发展

王石凹煤矿作为当年西北地区唯一"156项目"重点建设的煤炭类项目，它代表了中华人民共和国成立后民族煤炭工业的典范，参与了铜川煤矿工业和中国工业的崛起发展历史，更是我国煤炭事业发展的直接贡献者。公司档案室对王石凹煤矿历史档案的挖掘利用，保证了在王石凹煤矿工业遗址项目（井下部分）的建设开发过程中对内部空间环境、建筑和生产设备的合理的保护与再利用，实现了对原有的历史价值、文化精神、空间尺度、生态环境等的提升，延续了其煤炭工业的历史记忆。

档案资料是公司重要的历史成就和设计先辈们的智慧结晶，通过对重点项目、特殊项目等档案资源的开发利用成效宣传，极大地提高了公司全体人员对于档案资料重要性和传承作用的认识；同时也鼓舞和激励着公司全体人员，继续弘扬先辈意志，扎实学习专业技能，密切关注行业发展，快速提高管理水平，充分发扬"敬业、求实、创新、争先"的中煤精神，加快企业转型升级，以实际行动助力公司高质量发展。

案例形成单位：中煤西安设计工程有限责任公司

案例形成人：董万江、马妮、黄一鸣、耿晗、秦晓缎、郑云漪

人工智能技术助力唐山建筑设计企业智慧档案建设

一、案例概述

随着人工智能浪潮的兴起，人工智能技术给社会各个领域带来了深刻的变革和巨大的影响。唐山规划建筑设计院以纸质档案进行数字化为切入点，在CNN（卷积神经网络）算法的支持下，提高简体印刷文字识别率和手写字体档案的识别率。利用YOLO V3框架对照片档案中的人脸、环境、重要区域、地标性建筑进行识别，完成人脸信息库、环境信息库、地标建筑等信息库构建，通过人工智能技术中的语言处理和识别技术对档案进行分类和检索，为承接的重大项目提供数据支撑和知识服务，实现档案数据直接服务于建筑设计行业的提质升级。

二、实施背景

近年来，人工智能技术在档案管理中的应用逐渐兴起。在档案管理中探索构建基于人工智能技术的智慧档案管理模式和服务模式，将在很大程度上提高档案管理水平和服务水平，节省人力和物力资源，提升档案管理效率和档案服务质量。企业档案包括文书档案、科技档案与专门档案，这三类档案是企业各项数据原始记录，记录着企业的发展历程以及各项业务的状况，同时反映不同时期的决策情况。近年来通过扫描历史纸质档案进行数字化加工，唐山规划建筑设计院先后处理了20000卷历史档案、70G的合同文本和20T的图纸档案，形成了大量数字化档案成果。

2017年起，唐山规划建筑研究院成立档案数字化团队，开始了纸质历史档案数据的数据化工作。档案数据化是指将纸质档案数字化、音像档案中的内容识别成计算机可编辑、处理、分析、检索的文字或其他信息，使得档案内容可全面被检索。数据化后的档案内容可被全文检索，进一步提高档案检索利用的全面性和准确性，减轻档案管理的工作量。数据化后的档案可减少检索时对著录项内容的依赖，在一定程度上减少档案著录工作量；数据化后的档案可实现内容聚合，形成档案知识图谱，使档案向知识化方向发展，为其他档案管理工作提供支撑；数据化后的档案可为应用人工智能技术辅助开展文件归档分类、档案开放鉴定等工作提供基础条件支撑。

近年随着城市化进程的加快，城市规划和建筑设计的业务飞速发展。各个城市规划和建筑设计企业开始利用大数据技术、人工智能等新技术挖掘档案数据助力企业发展。要想利用数据挖掘技术挖掘档案数据，纸质档案的数据化是必要环节，通过运用人工智能技术加速推进档案资源从数字化向数据化发展，可为后续档案智慧化管理提供数据基础，从档案供给侧着力，提供更加优质、便利的档案资源与服务，有力回应社会各界对档案服务供给需求的呼声。

对于城市规划和建筑设计企业来说，可着手利用大数据分析的关联分析技术辅助建筑施工项目施工图纸的审核并为设计方案提供参考依据。同时提供的回归分析算法，对数据挖掘出的同类勘查项目的工程量、资金量和项目工期进度等数据进行了回归分析，对基础设施建设项目勘察工程的工期进度、工程量和资金投入量作了预测和估算，为项目的前期调研和顺利实施提供了智力支持。

三、创新做法

为妥善解决纸质档案数据化的难题，项目团队细致研究了 CNN 在纸质档案数据化的应用思路和实施策略。通过分析建筑设计类纸质档案文件的内容、来源、成分和文件名和建筑设计类纸质档案数据的构成要素，构建 CNN 算法、根据建筑环境标识物和标志性建筑特征制作 CNN 训练数据集、利用深度学习算法，准确高效实现对纸质档案图片里档案数据元素的提取。具体创新做法如下。

（一）利用动态建模实现纸质档案数据结构的快速构建

唐山市规划建筑设计研究院通过自主开发的信息管理系统对院内档案和唐山市内的建筑设计、城市规划、施工勘察设计兄弟单位的档案进行全面且系统的数据采集。将扫描仪扫描的历史纸质档案数据中的各类建筑设计图纸和项目管理数据通过团队自主开发的数据采集接口以统一的数据格式存储到网络存储服务器中,实现了唐山市主要建筑设计和规划设计单位档案数据的数字化。

(二)利用人工智能技术实现纸质档案数据化

数据化的难点在于手写字体档案 OCR 识别,依据 2019 年 12 月,国家档案局发布并实施档案行业标准 DA/T 77—2019《纸质档案数字复制件光学字符识别(OCR)工作规范》,唐山市规划建筑设计研究院档案数字化项目团队已着手开展手写字体档案 OCR 的研究与实践。经过项目研究团队研究基于建筑档案数据训练的文字和数字识别神经网络,使得简体横版印刷文字识别率已达 98.3%,简体横版手写文字识别率可达 93.4%,此外,本项目训练的建筑类档案 CNN 可以克服档案如对比度、书籍弯曲、字体变形对识别正确率产生影响。

(三)利用人工智能技术实现建筑设计档案照片档案的数据化

照片档案数据化范围包括传统实物照片和原生数码照片。唐山市规划设计研究院项目团队根据人工智能技术发展和建筑设计企业档案管理的需求,对照片档案中的人脸、环境、文字进行识别。在开展照片数据化工作前,需投入一定成本,完成人脸信息库、环境信息库、地标建筑信息库和不同类型建筑设施信息库构建等基础性工作。对于建筑设计企业,人脸识别不需要认证当前人物状态,但需要识别出某人物在少年、青年、中年、老年各时期的不同样貌。现阶段的人脸识别技术对人脸照片的分辨率有一定要求,由于部分照片档案形成年代较早,图像不清晰,即使进行高精度数字化,仍可能无法满足人脸识别技术的最低要求,对建筑设计企业照片档案全面数据化工作造成一定困难。

本项目团队利用 labelImg 软件对不同时期唐山市城区和县乡地区的特色建筑照片档案中的人脸、环境、重要区域、地标性建筑的训练数据集图片进行标记。利用 YOLO V3 目标检测框架通过训练数据集训练神经网络来识别照片档案中的档案数据要素,经过本项目团队训练的神经网络大大提高了人脸和地标建筑等建筑设计企业涉及的档案数据元素的识别正确率,其中地标建筑识别准的确率达到 91% 以上。另外,通过开源的 YOLO V3 目标检测框架可以快速地实现建筑设计企业档案元素目标的检测,检测速度是普通 CNN 速度的 3 倍以上,大大提高了照片档案数据化的速度。

（四）通过人工智能技术中的语言处理和识别技术对档案进行分类和检索，为承接的重大项目提供数据支撑和知识服务

唐山市规划与建筑设计研究院对建设项目档案应用人工智能技术实现了数字化管理，并且通过语言处理和识别技术对档案进行分类和检索。在建设项目档案管理中，文本分类是在语言处理的基础之上实现的，根据先前所标注的训练文本样本几何，将其和其余的文本联系起来，再对文本内容加以判断。工作人员可以根据实际需要，融入各种识别技术进行档案管理，提高档案管理的质量。档案智能分析重要应用聚类分析、优化排序等方法对原始数据进行数据清洗、数据转换和数据标准化。对于新承接的重大规划和建筑项目，在开展伊始，均可通过聚类分析和回归曲线将新老项目进行关联，为承接的新建项目提供数据支撑和知识服务。

以2019年唐山规划建筑设计院开展的北京交通大学唐山研究院工程项目为例，收集到的原始数据通过系统内在算法和系统内现有项目进行匹配，从而从海量数据中筛选出可供一线人员参考的项目记录。最后，档案管理人员利用回归分析算法，对数据挖掘出的同类勘查项目的工程量、资金量和项目工期进度等数据进行了回归分析，对北京交通大学唐山研究院工程项目的工期进度、工程量和资金投入量作了预测和估算，为项目的前期调研和顺利实施提供了巨大的智力支持。

四、效果及影响

（一）提升唐山市建设企业利润，降本增效

唐山市规划建筑设计研究院利用人工智能技术对纸质档案和照片档案进行数据化处理，为唐山市规划建筑设计研究院及唐山地区其他建筑设计企业提供项目服务，产生了巨大经济效益。通过档案数字化将本单位多年来存储的海量档案数据数字化后存储到唐山市规划建筑设计研究院存储服务器中，再将这些宝贵的档案资产数据化后，为唐山市多项省级、市级的重大规划建筑设计项目的快速推进提供了巨大帮助。利用对档案数据的挖掘分析对新项目的工程量、资金量、工期进行预测。从开展电子档案数据挖掘技术至今为唐山市规划建筑设计研究院及唐

山市其他建筑设计企业提供服务累计完成经济效益达 4 亿元，以档案系数 0.2 计算，共获得收益 4 亿元 ×0.2=0.8 亿元。

（二）保护完善了唐山市建筑设计行业档案数据

通过档案数据化不但将唐山市规划建筑设计研究院多年来存储的海量档案数据数字化后存储到档案存储服务器中，还将唐山市其他有影响力建筑设计企业和施工单位的纸质、照片和录像等历史档案数据数字化后存储到档案存储服务器中，实现了历史档案目录和档案数据保存格式的统一化管理，提高了档案规范化管理水平和历史档案资料的利用效率。

（三）开创了唐山市人工智能档案管理的新模式

实现了纸质档案数据元素的快速提取，将传统的纸质档案整理和档案数据元素依靠人工手工录入的方式转变为利用人工智能技术进行文字识别自动提取。后期项目组要继续探索如何提高手工书写字符的识别效率问题，提高手工字符识别的准确率。唐山市规划与建筑设计研究院利用人工智能技术进行智慧档案建设，突破了传统封闭的档案管理模式，提升了档案工作的科技含量，为唐山建筑设计企业生产、经营提供了安全、优质、高效的信息服务，在实践中充分体现了档案的经济和社会价值，为下一步唐山市智慧档案项目的建设打下了坚实的基础。

案例形成单位：唐山市规划建筑设计研究院
案例形成人：王建华、徐灏、孙杰夫、王海静、柳玉婷、周树功

精雕细琢，企业经济科技档案助力城市更新

实施城市更新，是党的十九届五中全会作出的重大决策部署，是长宁实施创新驱动，推动转型发展、提升城区能级和核心竞争力的重要战略举措。2017—2021年，在区委、区政府、区国资委的正确坚强领导下，九华集团按照《长宁区城市更新2017—2021年总体方案》，通过实施落实上级工作部署和具体要求，涌现出如愚园路城市更新、武夷路城市更新、九华·邻居里社区商业服务体系、凯旋坊等具有一定影响力的案例，城市更新理念已初步深入人心。

城市更新项目工作中，企业经济科技档案作为记录城市更新项目资本运作、资产整合、工程建设和企业运营成效的重要载体，其重要性和特殊性日益凸显。本文以华阳社区B2-11A（愚园路1088弄48号）地块为例，浅述科技档案在城市更新项目中的开发利用。

一、案例概述

根据长宁区城市更新战略的总体部署，华阳社区B2-11A地块（愚园路1088弄原医职大地块，以下简称医职大项目）原上海医药职工大学建筑自2018年起历经三年改造初见雏形，从重建街区景观结构到现场施工，从防控防疫到复工复产，在此过程中，科技档案起到了至关重要的作用。本文就医职大项目设计实施过程中如何开发利用科技档案实现街区微更新，打造小而精致的"街区广场"，初步形成街区新形象，助推愚园路历史风貌街更加富有活力和艺术性进行浅述。

二、实施背景

城市更新战略是长宁区十次党代会提出的一项战略部署，是长宁深度转型的重大战略举措，也是国际精品城区建设的重要抓手，《长宁区2017—2021年城市

更新总体方案》更是在沪发布的首个城市更新总体方案。

城市更新往往是缓慢的、半自发性的，在很多的城市街道都能够看到多次改造所遗留下来的历史痕迹，这些改造由于各种各样的原因往往存在或多或少的问题，在岁月的冲刷过后，这些改造所遗留的问题与原生街道一起成为了现有的城市环境。在诸多限制下，九华集团下属单位利用开发项目科技档案，尽可能保留原有街道的气质与精神，用最少的时间和经费，最大限度地改善长宁区域环境，推进城区的新陈代谢，着力解决当今城市更新中最迫切的问题，着重分析科技档案包括老建筑图纸在改建过程中的开发利用。

随着经济的发展与城市扩张，越来越多的旧城区与老街道越发难以跟上时代的步伐，难以满足现代城市生活的需求。在这种情况下，城市更新就成为摆在我们面前的一个课题。但这道课题并不简单：业态多样、道路状况复杂，缺乏统一规划造成的用地功能混乱；技术不成熟、牵一发而动全身……与之相伴随的往往还有经费有限、工期短暂、技术不成熟、居民意见、文保单位等诸多限制条件。

常见问题诸如基础设施已不适应街区的发展：水管老化，时常出现漏水；电路、电梯破旧，存在安全隐患等问题。医职大项目组联合项目合作方及企业档案室向项目中所遇问题，调取并提供了建筑主体结构、电路、水暖等全部工程档案。施工单位在楼体主体结构不变的前提下，参照原图纸，对电路进行了增容改造，更换了供水、供暖管道，增设了地下水池，改造了消防通道。通过改建，建筑的整体布局不论在外观上还是在功能结构上都有了很大的改善，街区环境焕然一新。

三、创新做法

根据项目组查阅长宁区房管局的历史档案：愚园路最初由工部局建设通车后，两侧的土地提供给私人建造房屋，工部局作为管理方只是定制了少量的原则与规定，在不同历史时段都有各种功能与规模的建筑增加，侵占原有街区，从而形成了如今集多种功能于一体的功能界面。在现在的改造中，往往需要针对这些已经混乱的业态与建筑形式进行彻底的整治，所以如何在现状基础上通过规划的手段提取出道路的精神内涵，并在道路的有限空间内拣选更改进行设计的节点，就需要非常精准的实地勘探与定制化设计。由于现状道路通常缺少足够的设计空间，景观市政设计中常用的雕塑或绿化造景难以实现，这时就需要采用更加丰富、定制化的设计手段,见缝插针地在建筑围墙、铺地、井盖、台阶、小区入口等空间进行设计。

(一)科技档案为项目建设提供时间价值

医药职工大学原建筑受力体系紊乱且不完整,尤其不符合现行规范。在纠正受力体系的过程中,需要拆除原先装饰层、粉饰层,看清原先建筑结构形式。在此过程中项目组成员调取第三方抗震鉴定报告,根据报告对现场的结构以及构件的老化程度检测,确认房梁间存在缝隙,梁柱参差不齐。施工队根据抗震检测和老建筑图纸,经过多番比对分析,商定必须在拆除原房屋结构的同时进行加固。加固由局部加固和整体加固共同组成,原先的技术难点在于加固和拆除需要同时进行,施工队在复制老图纸的基础上进行重新绘制,使得工程进度根据施工安排,由原先预计延长的工期大大缩减,为后期减去了工程开支及用工时间。各项工作在科技档案的支持下,节约时间成本,良好提高效率,体现出科技项目档案对项目建设提供的大量的时间价值。

(二)科技档案为项目建设提供参考价值

建筑工程科技档案在安全生产过程中具有无可比拟的重要性,由于原场内没有符合现行规范的消防设施,为了满足消防需要,项目组依据老图纸地下管道情况,计算比对,定于4号楼地下室建消防用池。因为接两路市政的消防供水条件不充分,项目组多次召开推进会,集中讨论消防设施问题,决定开挖地下室消防用池,地下室深4.2米、289平方米。但是,4号楼与1号楼近在咫尺,为了在施工过程中确保1号楼的安全及稳固,围护桩的要求特别高,包括开挖时围檩支撑有加高要求。同时,由于场地小,施工半径(界面)受到限制,施工的时间周期相对较长。面对困难,项目组及企业档案人员查阅相关安全标准,知晓和估算了安全数据,体现出科技档案为项目建设提供了客观的参考价值。

(三)科技档案为项目建设提供创新价值

历史上的愚园路曾是沪西高级住宅区,相对封闭,公共活动空间和绿化景观比较稀缺,因此愚园路城市更新重要的一步就是打开围墙、开放空间、增加绿化景观。根据常规沿街景观绿化率要求,由于1088弄场地较小,能提供给做绿化的场地也较少。故在老图纸的基础上,项目组将新图纸中建筑楼前的停车位规划改造成一块160平方米的耐踩绿化带。充分体现了科技档案灵活运用创造的特性。

（四）科技档案为项目建设提供凭证价值

根据长宁区房管局对路面更新的契机，架空线入地成为医职大更新项目的亮点之一。架空线入地，是将该地块路面挖开，将通信管线下埋，接通新的管线，确认新线成功使用后再剪除旧线。项目组为获取区域的管线控制，更新了弄堂里的线位排管，协同房管局对管线权和管线设计单位档案室进行走访查询，反复查证环境问题、土壤性质、地下水状况，为该地块的回填土工程测绘提供一些依据。通过与管线权属单位和邮电设计院充分沟通，确定了架空线、水和电力配套内容，编制了相关资金使用的报告和申请工程款的流程，降低了架空线入地和各项工程的成本，并且提前提出用款申请。在查证过程中，充分体现了科技项目档案的依据和凭证价值。

四、效果及影响

由于现有道路改造往往会不同程度地影响沿线居民的生活与通行，对愚园路而言，封闭式改造除了会影响沿线居民外，更会很大程度上影响城区的交通。所以如何能够在有限的时间内完成对道路的改造就成为一大难点，传统道路的大规模封闭式改造无法满足这种要求，所以在微改造中，除了应用bim等技术手段精准控制工期之外，利用好科技档案、历史图纸，使建筑建材在厂家就进行预制，然后在现场进行装配，减少了现场切割等方面的工作，除了可以有效地缩短时间之外，也解决了现场施工可能带来的灰尘与噪声，最大限度减轻了施工阶段对于周边的影响，得到了周边街道和居民的认可，也屡获好评。

2020年10月10日上午，长宁区副区长翁华建带队走访调研愚园路城市更新点及周边改建项目，区委研究室、区府研究室、区发改委、虹桥办、华阳路街道等相关领导陪同调研。副区长翁华建一行先后实地察看了愚园路1088弄城市更新点愚巷小广场及周边新微智谷园、尚街在线新经济园等多处更新改造实践案例，对架空线入地及重点项目改造建设工作予以了充分肯定。

2021年5月，苏州市委副书记、市长李亚平率队赴愚园路就城市更新、旧城改造开展专题考察调研。期间外省市主要领导高度认可愚园路在城市更新过程中对科技项目档案的开发利用,强调要认真学习先进经验,尤其是老图纸在新项目中的开发利用。

科技档案是从立项、发展到结果、成果转化的详细记录,其中包含的核心技术资料,对于社会生产具有重要的指导意义,对这部分内容进行合理开发与利用,能够有效降低社会财富的消耗,促进社会生产力的提升。高质量推进城市更新,让城市更具魅力更添活力,长宁区是全市率先试点"城市更新"的市辖区,愚园路又是长宁区率先试点的"城市更新"优秀案例,在上海新一轮城市更新中,愚园路改造结合历史,立足科技,变"拆、改、留"为"留、改、拆",最大限度利用现有空间条件,解决人民群众不断提升的城市公共功能需求。

目前,愚园路的更新与改造已经取得一些经验。接下来,在总结愚园路历史文化风貌区的改造经验基础上,长宁区将对其他三条有着良好历史文化风貌的道路进行更新改造,九华集团将依托城市更新契机,着力打造九华·邻居里社区商业综合服务体系。如何打造好,不仅关系到一个城市的历史与记忆,更关乎这片区域内的居民民生。

人民城市人民建、人民城市为人民,"城市更新如同动外科手术一般,需要精雕细琢",如何开发利用好企业经济科技档案使城市更具品位、更富魅力、更有温度,这不仅是档案管理现代化的体现,更是"人民城市"理念的生动实践。

案例形成单位:上海九华商业(集团)有限公司
案例形成人:上海九华商业(集团)有限公司

奋楫笃行续辉煌

——档案讲述五峰山大跨成长的光辉历程案例

一、案例概述

一份档案就是一份记忆，一份档案就是历史的传承。本案例从档案视角讲述"长江电力哨兵"五峰山大跨历经的沧桑与辉煌，透过五峰山大跨建设历程的"生动实践和感人事迹"这个缩影，感受一段长达61年的初心接力，以此见证国家电网由小到大、由弱变强的历史跨越，见证一代代电力人"追求卓越、奋楫笃行"的民族精神，更见证在中国共产党的领导下，国家电网在全面建设小康社会征程中作为先行官，践行人民电业为人民的责任与担当。

二、实施背景

"长江电力哨兵"五峰山大跨原220千伏线路工程于1967年9月全线建成投运，是国家最早一批的长江大跨越输电线路，是最早的淮南送上海输电线路走廊的一部分，是长三角电力一体化的亲历者。

该工程建成年代较为久远，其设计允许通航净高仅为37.46米，随着时间推移，原设计已难以满足新时代的输电和通航需求，成为深水航道工程净空的最后一道障碍，必须进行升高改造。其中南北跨越塔爆破是该线路升高改造的关键性工程。

该爆破拆除难度系数高，风险大。以南岸跨越塔为例，该塔全高为106米，塔身最大直径约12米，需要50米宽，150米长的空场地方来满足倒塌拆除要求。该塔左侧为500千伏跨江线路，右侧为在建的宁镇铁塔公铁两用桥，后侧为长江码头，三个方向均不具备倒塌的条件。只有前侧具备倒塌条件，倒塌误差范围必须精准控制。

同时，爆破后的拆除工程是继湖北武汉220千伏徐巡一二回线拆除重建后，国内第二条跨越长江电力线拆除、重建工程。相比前者，五峰山大跨施工面临丰水期江水流速快,下游通航船只密集等问题,客观条件差,施工难度更大。

为贯彻落实党中央"共抓大保护不搞大开发"长江经济带发展战略,保障五峰山大跨"除旧迎新"工程顺利落地,同时全面保证其对外宣传展示、对内交流教育的独特作用,国网江苏省电力有限公司全面梳理五峰山大跨历史档案,制定了详细的档案工作配合和宣传计划,提前介入,全程参与五峰山大跨工程建设,提供了丰富的档案文化支撑和专业指导意见。

三、创新做法

在这具有划时代意义的时刻,回顾过去、在历史中汲取力量,展望未来、在奋斗中再铸新篇,成为江苏电力人共同的心愿,也是五峰山大跨工程建设的必然要求。

(一)档案镜鉴历史,举步维艰创先河

翻开尘封的档案,一张张泛黄的老照片,印记了历史的真实(图1)。

1960年,江苏省南部和北部地区迫于发电、用电不均衡,急需联网,当时钢材奇缺,只能通过"沥青煮木",以木代钢架起江苏第一条长江大跨越线路——110千伏镇扬线。

1967年9月,为进一步弥补联网电量的缺口,在110千伏镇扬线东侧,又

图1 五峰山大跨木塔图

架起了江苏境内首条跨江的220千伏输电通道，也是国内首批建设的220千伏跨江输电工程——220千伏谏泰线，承载它的是当时国内最先进的混凝土烟囱塔。

在五峰山大跨成长过程中，历史工程档案不可或缺，它为查阅工程数据、核对工程信息以及后续工程维护提供科学依据。

档案精确工程造价。在计算工程造价阶段，设计单位根据原工程图纸，收集到详细的大跨越段基础形式、导线长度（重量）、塔头重量、塔身混凝土方量等，使得在施工招标阶段工作量非常精确。

档案优化施工方案。由于塔身、导地线重量、塔头重量明确，施工方新建、拆旧方案编制更有针对性，对施工机械的选择、施工人员的配置等更加精确，降低了成本，增加了经济性。

在五峰山大跨"蜕变"过程中，历史工程照片档案亦至关重要，它镜鉴历史，留下电力先驱们举步维艰、开创先河的光辉印记。

档案见证了木塔的光荣。这座临时建造的木头塔原设计服役3年，结果却出乎所有人意料，安全无事故地运行了近20年，号称国内绝无仅有的"塔坚强"。

档案篆刻了烟囱塔的苦痛。由于物资匮乏，220千伏谏泰线建设之初不得不用钢丝绳作导线。1975年超负荷运行导致断线事故，工人们只能"手拉肩扛"，光是从江底淤泥里打捞就花了一个多月，断线十分锋利，有不幸的工人被割伤、伤口感染，甚至再也没能爬起来。

档案谱写了激越的赞歌。1978年220千伏谏泰线钢丝绳更换钢芯铝绞线工程开工。28岁的王金柱主动请缨参与施工（图2），从这里开始王金柱成长为中国乃至世界的"大跨王"。

图2　1978年王金柱参加220千伏谏泰线换线工作图

（二）档案服务当下，与时俱进换新颜

1978年，中国掀起改革开放大潮，电力需求与日俱增，原有的110千伏跨江线路难以为继。木头塔须更替为更为结实的铁塔、110千伏跨江线须更替为500千伏高压线。

档案记录了"自主创新"的精彩。1986年的中国缺乏技术和设备，通过世界银行贷款向意大利购买的竟然是20世纪50年代的老方案。1986年，时任江苏省送变电工程公司总工程师的竹志扬发现意大利方案存在严重缺陷。1987年11月，竹志扬拿出自主设计方案。8个月后，铁塔成功组立，意方人员登塔后，向竹志扬竖起了大拇指。

近年来，随着中国经济、长江航运的快速发展，五峰山220千伏大跨通航净高不足已成为长江航道上的瓶颈。烟囱塔须与时俱进更替为铁塔、220千伏跨江线须进行升高改造。

半百陈档，再现华彩，背后默默支撑，服务大跨升级换代。

档案加速旧线拆除。2018年6月220千伏五峰山大跨越旧线拆除，为将6根重达20吨的旧导线高效、准确降落至6艘江面驳船，档案人员认真梳理50多年前的"2691"谏泰线原始档案，将相关核心数据和图纸提交到施工单位手中，最大限度地提高拆旧效率。

档案精准大跨爆破。为准确定位大跨爆破倒塌的可行位置，档案人员精准地提交了保存完好的"2691谏泰线"的线路铁塔基础图、路径图、结构图等各类原始资料共计103份，不仅有效破解在施工水域遇到的瓶颈问题，同时最大限度地减少爆破过程中的飞石对邻近建筑物造成伤害。2018年7月11日，镇江五峰山220千伏跨江线路南塔、北塔成功定向爆破，这位在长江边驻守了51年的"老兵"光荣"退伍"（图3）。

图3 五峰山大跨烟囱塔爆破图

档案助力新塔建成。依据历史档案,新的南北钢管组合长江跨越塔,最终确定最佳选址:分别为南岸原址、北岸原址下游 60 米处。为保障工程进度,档案人员主动提供相关政策信息,收集整理协议条款和费用签发表,有效制止村民阻挠施工事件的发生,企业避免价值 100 多万元的重复赔付。2019 年 12 月 3 日,镇江 220 千伏五峰山长江大跨越改造工程正式竣工(图 4)。

(三)档案启迪未来 奋楫笃行续辉煌

五峰山大跨线路横跨长江下游,总长 1287 米,为镇江高桥地区供电。输电线路承担着输送电能的作用,跨江段线路安全稳定运行极其重要。现场运行中存在风筝挂线、导线舞动及覆冰等弊端,若江面风力大,跨江导线易发生舞动,进而就会引起相邻导线发生鞭击造成放电跳闸。

以往利用输电线路智能巡检装置监测跨江导线,每隔半小时监测拍照,存在不能实时和及时发现隐患源的重大隐患。另外,五峰山大跨的两岸,一边是山区一边是化工区,周边环境复杂,若加强信号,建设专用通信铁塔费钱、费时、费力,难度相当大。

图 4 五峰山大跨 220 千伏升高改造工程新建铁塔夜景图

在五峰山大跨成长过程中，档案文化尤为重要，它为给电力人带来了精神动力——战胜一个个困难的智慧、勇气与决心。

档案文化赋予电力人精神动力。新一代国网公司人，继承先辈们"迎难而上，追求卓越"的精神，为根治五峰山大跨现有问题，在系统内对所有大跨越线路进行追溯，对所有大跨工程档案进行了梳理，多专业多岗位电力人"头脑风暴"，最终开启了五峰山大跨5G试点之路。

档案唤醒觉醒年代的红色记忆，赋予高塔新时代的使命，赓续血脉相传的大跨传奇——当地信通借用五峰山跨江电力铁塔支持5G建设，实现输电线路智能巡检装置用上5G技术，不仅能实时监测拍照，画面传输更加稳定、清晰，隐患源一目了然，大大提高运行人员判别故障类型和抢修时间，完美地实现资源整合，高质高效目的。

2020年5月9日，6套发射频率为3.5GHz的5G通信射屏无线装置安装至五峰山铁塔上（图5），这标志着全国首个实现跨江铁塔上同时部署中国移动、中国电信、中国联通三大通信运营商设备的5G共享基站建成，为长三角一体化注入强大的"数字动力"，为区域经济高质量发展释放新活力。

图5 五峰山大跨5G通信射屏无线装置安装图

档案文化增强电力人自信心。这些珍贵的档案，就像一个个取之不尽的资源库，为电网建设提供着有力的支撑；它也像是一条宽广的纽带，连接着过去、现在、未来；它更像是一本记忆的手册，记录下了电力发展的峥嵘岁月，它见证了国家电网由小到大，由弱变强的巨大飞跃，见证了一代代国家电网人"追求卓越，奋楫笃行"的民族精神，更见证了国家电网、国家电网人在全面建设小康社会征程中发挥先行官、践行"人民电业为人民"的责任与担当。

四、效果及影响

五峰山大跨升级改造工程的落地，标志着南京至长江出海口的431千米12.5米深水航道通航净空障碍全部清除，5万吨级货轮可从海上畅通无阻直达南京港，航道通过能力提升1倍，彻底打通了黄金水道，长江航运加速驶入"大港大船"时代。同时220千伏最大输送容量可达72万千伏安，输电能力较原来提升3倍以上，更好地满足长江电力南北传输需求，另外，该工程在全国首个实现跨江铁塔5G信号安装，树立党中央"共抓大保护不搞大开发"长江经济带发展战略的典范，多方位多角度直接拉动江苏沿江地区人均生产总值，助力长江经济带高速发展。

纵观该工程的旧线拆除、旧塔爆破、新塔基础施工、组塔及架线施工、5G设备安装的六个阶段，档案专业人员从前期的档案整理、方案策划，再到中期的素材征集、多媒体内容制作，最终到后期的查漏补缺、档案归档等收尾性工作，历时近三年，整个过程对江苏电力的历史回顾、文化传承产生了深刻、悠久的影响。这期间受到政府、媒体、档案局等相关单位的高度关注，取得了良好企业效益和社会效益（图6）。

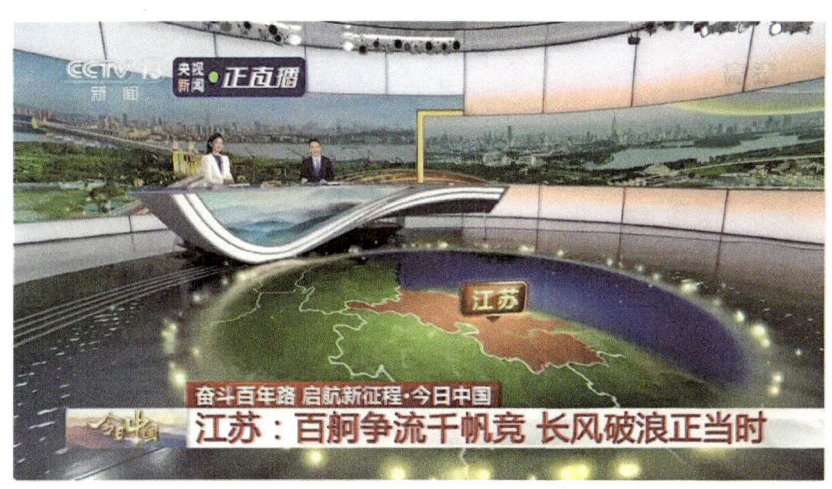

图6 五峰山大跨央视直播节目

（一）面向社会，在服务中体现了责任担当

五峰山大跨工程建设档案收集过程中，得到了国网江苏省电力有限公司、地方政府、档案局、省内兄弟单位的大力支持，在系统内、地方上征集历史工程档案的活动也引起了较大反响。每一件珍藏的档案，都是这历史长河里的小小水滴，都有其独特而不可替代的价值，汇集起来，便形成了一道汹涌、厚重的历史长河。各级领导、相关单位通过五峰山大跨成长历程，可以更直观地了解电力企业的担当作为和突出贡献，更大程度地理解支持电力企业，为电力企业的发展营造更为良好的外部环境。

（二）面向员工，在传承中激发了自信自豪

五峰山大跨工程展现的不单单是一段逝去的历史，更是江苏电网人曾经激情燃烧的岁月，这些档案资料所承载的企业奋斗精神必将永久地传承下去，也必将见证国家电网一次又一次新的辉煌。该工程档案成果 2021 年 6 月经央视 CCTV-13 新闻频道（图 7）、央视新闻客户端、电网头条、国网档案等众多媒体广泛传播，通过"沥青煮木""手拉肩扛""自主创新"等感人故事宣传中提升了国家电网的美誉形象，电力员工们无不为如今祖国的强大而感到自豪，也为电力企业厚重的历史文化感到自豪，更多的表达是对国家电网电力历史的深深敬意，更多的体会是作为国家电网人的光荣感、使命感。

图 7　五峰山大跨央视现场航拍输电铁塔图

（三）面向兰台，在开发中彰显了积极作用

五峰山大跨工程档案成果是深度挖掘档案价值、全面开发档案资源的集中展示，生动展现了档案文化。当大家看到留存了60余年的珍贵档案保存得如此完好，都赞叹不已，表示更加深刻认识到全面收集、系统整理、安全保管和有效开发利用档案这一历史文化资源的重要性，也激励着广大兰台人恪尽职守、服务大局的责任担当。档案人员结合6月9日国际档案日等重要时间节点，向社会、广大电力员工发放、推介档案成果，取得大众的响应和支持，营造出浓厚的"人人都是档案员"档案意识和氛围（图8）。

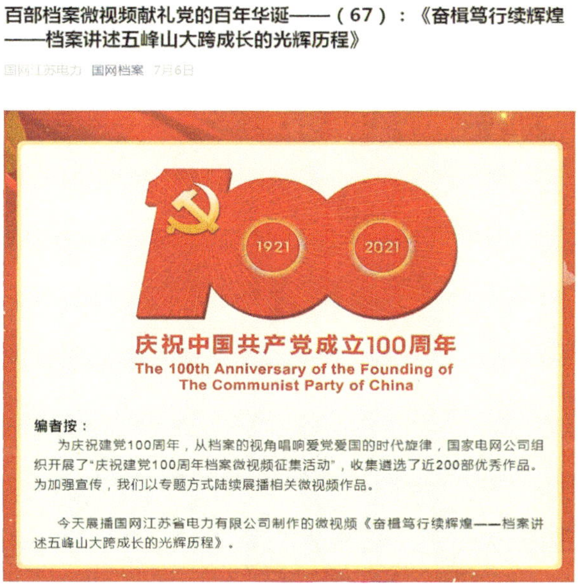

图8 五峰山大跨视频国网档案上展示图

长江两岸的"电力哨兵"见证了黄金水道的日益忙碌，那些久远的历史档案作为重要的原始凭证，它们是原始形态的记录品，是当时、当地、当事人留下的，是最为真实的原始形态的记录，它们都是不可取代的。它们是长江经济带半个多世纪的繁荣发展的助力者和见证者，它们和一代代电力人一起，在中国西电东送、北电南送区域中作出了不可磨灭的贡献，刻下了熠熠生辉的无形勋章。

案例形成单位：国网镇江供电公司
案例形成人：马生坤、陈莉、孙平、陈成、李阳、李义芳

档案助力南麂岛与大陆联网工程

一、案例概述

岛陆联通，档案先行。为保证南麂岛与大陆联网工程的顺利实施，国网温州供电公司推行市县公司档案工作一体化管理模式，秉持统一管理、各负其责、集中保管、高效利用的原则，联合国网平阳县供电公司打造数据甄别、捕获、归档、存储的全生命周期系统闭环，实现为工程前期的可研工作、工程推进和分析总结的各个环节提供实时的凭证与情报支持。在档案工作的有力支撑下，南麂岛与大陆联网工程在2019年3月27日正式开工并于年底建成投产（图1）。

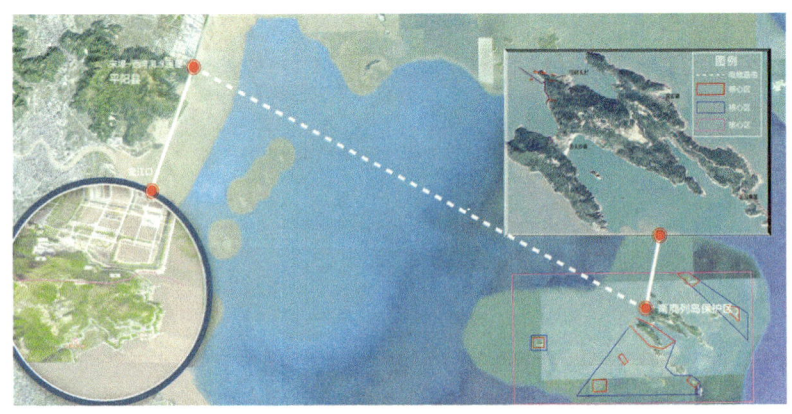

图1 温州南麂岛与大陆联网工程

二、实施背景

南麂岛作为中国唯一的国家级贝藻类海洋自然保护区，被誉为"贝藻王国"。在与大陆联网前，南麂岛是浙江省最后一个"孤网"建制镇，岛上主要由柴油发电机组提供电能，高污染发电方式相当程度上影响了海岛自然生态，同时柴油发电机组可靠性差、荷载有限等问题难以保障南麂岛这一国防战略要地的用电需求，制约了岛上蓝色经济的发展。

在此背景下，国网温州供电公司深入践行"人民电业为人民"宗旨，启动南麂岛与大陆联网工程，以此彻底解决岛上用电难题。作为重大民生工程，该工程具有其独特性、复杂性、紧迫性，一方面对项目的路径选址要求极高，需尽量规避对南麂岛生态环境的影响。另一方面，由于涉及长距离海缆敷设，在项目审批、技术方案、施工经验等方面都存在较大难度，对数据的准确性要求极高，档案资料管理重要性更加凸显。为此，国网温州供电公司在档案管理中充分活化当地静态资源，于工程体系搭建、资料采集、论证调研、技术监督等过程中发挥锚点作用，切实保障以效率最优为目标的海岛联网型项目建设支撑工作。

三、创新做法

（一）优化项目组织体系，政府领跑档案先行

推进海岛联网项目建设管理和工作项目组织机制创新，明确组织架构、创新工作体系，重点突出档案工作地位。

一是落实在项目分级管理。在国网温州供电公司层面和业主项目部两级管理中，供电公司成立项目建设领导小组，坚持"资料说话，数据论事"的日常管理指挥与协调办事作风，明确要求规划、施工各步骤任务汇报资料齐全，会议决策归档留存；按照变电和线路成立业主项目部，要求在负责项目现场的建设组织实施及其管理工作中进度管控与信息交接，确保实际材料交底，资料当天上传县公司审核并由市公司留存。

二是落实在专业分工协作。供电公司各职能部门按照专业分工，以安全、质量、进度、技术、投资、档案管理"六统一原则"纵向进行统一的专业管理；通过属地垂直管理、经研所专业支撑形成协同工作机制，整理各环节数据材料形成统一内容用于流转交接。合理划分各层级的管控职权，依法合规地确定内部各项流程和材料汇报、审核方向，以档案管理为抓手实现对上、横向以及对下之间管理工作的无缝对接和动态协调。

三是落实内外合力共推。供电公司密切联系地方政府，将海岛联网项目所带来的社会效益、经济效益向政府部门进行条理清晰的深刻阐述，做好沟通汇报，使政府对此重大工程建设项目有更清晰的认识。公司牵头与涉及海岛联网工程的地方政府部门联合成立工程建设领导小组，明确相关单位责任主体，创新建立该

类工程前期审批"政府领跑、档案先行"制度（图2），涉及单位（部门）分别按专业管理签订责任状，突出档案先行作用，在市公司、县公司、地方政府相关部门之间推行一体化的档案管理体系，以档案衔接工作推进工程信息的快速分享与价值传递。

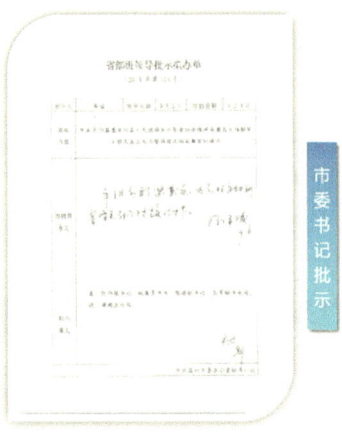

图2 联网工程"政府领跑、档案先行"各级领导指示

（二）秉承绿色生态理念，建立优质前期档案

供电公司密切关注南麂岛用电负荷增长情况，通过预测分析，发现"十三五"期间南麂岛供电能力不足的问题将不断凸显。因此，公司多次组织专家前往当地文献馆、相关部门收集水文、天文、地理及生态系统等环境信息，对重要内容进行摘录存档并以线上、线下形式进行会议讨论，调研旅游民宿、渔业养殖、驻岛部队等重要用户的用电需求，收集同类型施工项目经验，成功做到迅速精准定位、高标准开展供电方案研究，快速打造优质项目前期档案库。

1. 深化资料采集、助力项目精准立项

一是明确"工程档案品质代表项目前期质量"的理念，深化工程基础资料采集，积极走访相关部门，争取有关单位"领导支持、科室配合"，完善项目前期资料档案库（图3）。详细收集敏感点信息，结合电网前期管理系统，对项目原定施工方案的"理想模型"进行环境适应性调整，通过在"电子沙盘"上醒目标识、形成工程选址选线分析报告等手段，在路径选址过程尽可能规避该类区域，使项目在源头上消除"邻避问题""颠覆因素"。充分利用档案资料做好海缆路由方案的比选工作，根据海缆勘查情况，结合保护区、航道、渔业活动、行政区域等因素，选取最佳路由方案。二是通过工程高标准立项档案集编制，推动对地方经济社会发展、军备需求与电网发展之间的关系研究，用好电网投资、电能保障、绿色发展、互惠互利等手中底牌，以推动政府部门对项目实施的支持力度，确保项目可行，方案合理，投资精准。

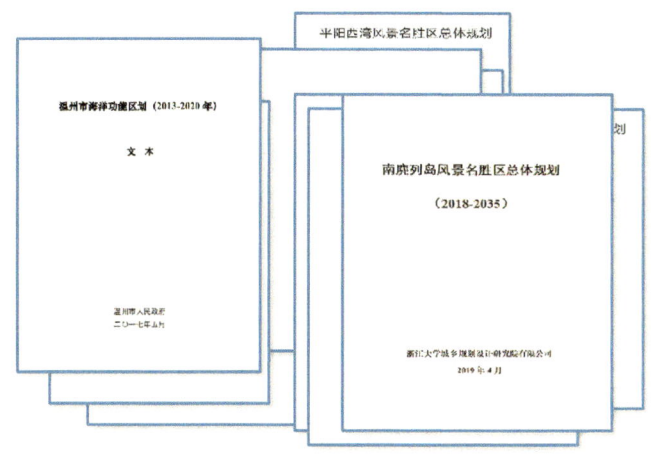

图3 联网工程广泛收集各类工程前期档案

2.深化档案研讨、确定科学实施方案

项目方案在规模控制上，既要满足当前发展需要，又为适度预留未来发展空间。供电公司赴具有类似海缆经验的单位开展交流，通过技术档案交流会与方案研讨会组合的形式，开展专项技术攻关，广泛开展技术研讨，确定在工程技术上，项目要选用当前技术成熟、供电可靠、运维方便的交流供电方案；在工程建设上，要走电网建设与自然环境协调发展之路，强化自然生态保护，精益管控项目建设。在充分获取并建立海岛项目特性和地理气候特性档案库后，以全周期建设角度，确定了最经济、最环保的技术方案：海缆登陆点生态设计，保持与南麂海岛自然景观相一致；海缆避开生态核心保护区，架空线路避开风景名胜区，岛内采用直埋电力管道方式，尽最大可能减轻甚至消除对南麂岛及周边海域环境影响，促进南麂岛海洋生态的可持续发展。

（三）以项目数字档案馆，快速响应工程查询

顺应"互联网+政务服务"和浙江省"最多跑一次"改革的大趋势，着力

打造存量数字化和增量电子化并重的数字档案馆(图4)。

南麂岛大陆联网工程档案库以局域网数字档案管理系统和电子档案长久保存系统、政务网电子文件归档接收系统和档案利用馆际共享服务系统,互联网"浙江档案网"门户网站、浙江档案服务网和"浙里办"App等系统平台为依托,构建了工程档案与工程信息存量纸质化与增量电子化并重的数字档案资源体系,实现"完成一档、上传一档""一网查档、百馆联动""线下线上、版本互补",系统建设规范、技术选择合理、整体水平先进,为工程建设和档案现代化管理提供重要支撑。

出台《南麂岛大陆联网工程项目审批"最多跑一次"》工作细则,凡涉及项目前期审批所需资料只要能在数字档案系统查询档案的,尽量远程调档,节省项目前期审批经办人的大量跑腿时间。例如,在工程海塘穿越方案审查过程中,采取堤坝下穿越的方案容易破坏电缆,需要对堤坝内部结构做透视分析等相关现场勘察。相关技术人员通过快速调用水利建设历史档案,完成了穿越定位方案的调整,节省了大量实地勘察作业量。

图4 数字档案馆助力联网工程工程查询快速响应

(四)活用项目档案成果,助力项目人员培训

工程项目前期专业人才配置不足、基层人员流动大、政策调整节奏加快、专业知识迭代加速等,都造成前期项目管理人员素质提升相对滞后,不满足专业发展的要求。国网温州供电公司利用南麂岛大陆联网工程档案库积累留存的大量相关档案成果,组织修订了《工程项目前期资源看板》《电网发展前期工作典型流

程与案例实践》等项目前期专业培训课件，组织了多期市县公司项目前期管理人员培训，促进了项目前期管理团队的培养。通过一系列专业培训和工程项目前期工作"以战带学"，还促进了《基于大数据的电网项目风险前期管理》《海岛不怕台风的电网示范网格》等一系列优秀项目前期建设成果的诞生。

四、效果及影响

国网温州供电公司在该项目上明确了档案管理办法遵循"谁形成谁负责"的原则，其中最重要的是贯彻档案先行的工作要求，及时归档确保项目档案的完整、准确、系统、规范和安全。在充分发挥档案资源作用的前提下，工程建设得以快速展开（图5）。南麂联网工程仅历时9个月时间完成前期审批，四个半月时间完成变电站建设，13天时间完成全长42.6千米的海缆敷设，成功"牵手"浙江省最后一个"孤网"建制镇（图7），圆满完成重大边防及重要民生工程的建设任务。

图 5　档案管理助力联网工程优质布局、快速施工

项目部贯彻国网温州供电公司档案先行的工作要求及时归档，确保了项目档案的完整和准确，其中包含了从提出项目建议、可行性研究、规划设计、地址选择、材料准备、工程施工、工程竣工等各阶段形成的参件，记录着整个工程项目的点点滴滴。同时由于系统规范和安全，调取档案速度加快，使施工方与业主方能够高效沟通，也促进了工程进度的完成。同时在改建时提供及时准确的基础性资料，对提升施工效率的提升有巨大好处。完善的档案支撑，将工程的生态补偿成本从365万元降到了142万元（图6），实现了社会和谐共赢。

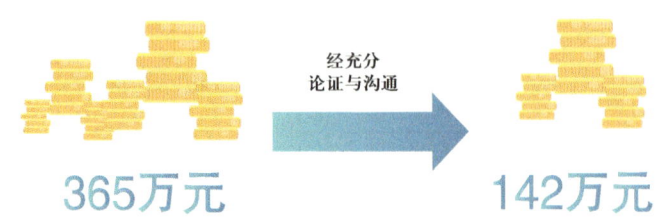

图6　档案管理助力联网工程降低生态补偿成本

图7　档案管理助力浙江省最后一个"孤网"联网工程顺利竣工

国网温州供电公司在项目推进过程中,勇于承担央企社会责任,彰显电力企业责任担当,受到了省委、省政府等各级党政主要领导分别批示(共批示8次),均对工程的快速推进给予充分的肯定和表扬。其中在项目竣工投产后,浙江省委书记专题批示,认为电力部门讲政治、顾大局,解决了南麂岛军民之所急需;浙江省省长专题批示,对电力部门的大局意识表示充分肯定。中央电视台多次全程报道项目推进进度,中央电视台4场大型直播掀起南麂岛与大陆联网工程海缆敷设传播热潮,人民日报、新华社、中央人民政府网站、工人日报、中新社等主流媒体全方位报道,为公司赢得广泛赞誉,实现了多方共赢。

国网温州供电公司、国网平阳县供电公司实行市县公司档案工作一体化管理成效凸显,进一步贯彻落实了国网公司、省公司关于档案工作实行统一领导、分级管理、层层负责的理念,为公司电网建设发挥了应有的作用。本案例亦成为浙江电力公司以档案工作推动电网工程高效率高质量建设的典型范本。

案例形成单位:国网温州供电公司、国网平阳县供电公司

案例形成人:陈盈盈、郑颖、温新叶、徐卉、吴敏华、吴爽

创新企业档案管理机制，
服务马钢高质量发展

马钢（集团）控股有限公司（以下简称马钢）作为我国特大型钢铁联合企业，其发展历程是一部充满励志与拼搏的奋斗史。"十三五"以来，企业不断深化改革，实现高质量发展，市场竞争能力和抗御风险能力大大增强，2020年铁、钢、材配套生产规模达到2000万吨，营销收入更是突破千亿元。近年来，马钢档案部门在上级档案主管部门指导和集团公司正确领导下，紧紧围绕全面融入中国宝武和"绿色发展 智慧制造"等中心工作，时刻秉承"优质高效 争创一流"的发展理念，扎实推进档案信息化建设，创新工作机制，强化管理职能，提升服务水平，为提高企业经济运行质量和效益作出了积极贡献。

一、案例概述

2020年8月19日，习近平总书记视察马钢并发表了重要讲话，为马钢建设平台化公司和优特钢精品基地指明了方向。当前，马钢正在携手中国宝武打造"成为全球钢铁业引领者"和"大而强的新马钢"。在马钢高质量发展过程中，档案部门创新档案管理机制，从利用服务内容、范围、手段等方面创新理念，充分发挥现代信息技术优势，不断扩展档案利用外延，做到了"三个结合"，即档案利用工作与企业经营、生产建设、提升竞争力相结合。

二、实施背景

在马钢调整结构、转型发展的大背景下，公司档案部门发挥档案资源的独特优势，主动作为，档案工作取得了明显成效。但是随着现代企业由高速发展向高质量发展的转变，如何创新档案管理机制，更好地发挥档案资源作用，提高档案利用率，把"死档案"变成"活信息"，让档案真正"活"起来，成为企业档案工作需要研究的重要课题。从马钢档案工作现状来看，研究这一课题需要综合考虑以下几个因素。

（一）馆藏档案资源丰富

据统计，到"十三五"期末，马钢全公司档案库藏达 954418 卷（件），其中公司档案馆馆藏档案 730304 卷（件），包括管理类、科技类、特种载体类共 17 个门类。

（二）档案的潜在效益转化为显性效益难度较大

由于马钢档案信息资源量庞大，大部分档案长期束之高阁，档案如何为企业高质量发展服务一直是长期以来困扰档案部门的问题，因此迫切需要创新档案管理机制，激发档案管理活力。

（三）档案工作信息化、智慧化的需求日益凸显

随着档案种类、载体形式及规模不断变化，档案信息管理日趋复杂，传统的档案信息服务方式已不能满足企业信息化和知识化的需求。

（四）企业档案工作发展趋势对档案人才队伍建设要求越来越高

档案工作是一项专业性非常强的工作，随着企业档案工作向信息化、知识化、智慧化不断发展，档案人才需要具备档案专业知识、现代科技知识等，需要进一步加强档案人才综合素质的培养。

三、创新做法

（一）全面对接融合，推进档案工作体制建设

根据马钢公司统一安排，全面对接中国宝武档案工作，修订完善档案工作规范，构建新型档案工作机制，并结合档案工作实际，发布了马钢"十四五"档案工作规划。

1. 管理职能定位

根据中国宝武专业化整合工作实际和集团公司赋予的工作职能，准确定位公

司档案部门管理职能和服务范围，理顺与中国宝武专业化整合或托管的原马钢分子公司的档案工作关系。

2. 主动融入宝武

按照新单位、新机制要求，重新构建、完善马钢新型档案工作规范标准体系，组织修订完善《马钢档案工作管理办法》《档案工作专业管理标准》《档案工作突发事件应急管理办法》等公司级管理文件，完成《档案馆突发事件应急预案》编制工作，健全马钢档案工作标准体系。

3. 探索区域管理新模式

结合集团公司专业化整合发展需求，通过托管协议的方式，开展档案工作业务建设、档案管理与利用、数字档案平台化管理等托管服务，立足档案托管单位的实际需求，组织开展现场调研，沟通明确托管关系、托管范围及其托管方案等具体内容，并取得了一定的成果。目前已与矿业公司、化工能源等单位签订了托管服务协议。

（二）强化资源体系建设，丰富馆藏资源

1. 重大活动档案归档工作

紧密围绕公司重点工作，开展专题调研，下发重大活动收集归档通知，强化现场跟踪指导，并针对新冠疫情防控、脱贫攻坚、"8·19"重大调研活动、"绿色发展 智慧制造"等重大活动开展了专题收集工作。

2. 重点工程项目跟踪指导与验收

结合公司重点工程进展，进一步梳理项目建设情况，拟定《关于进一步加强建设项目档案交付验收的通知》，与各单位项目部逐一对接，开展项目档案现场检查与指导，基本实现了工程项目归档与工程项目建设同步。

3. 重要历史档案征集工作

公司档案馆携手离退休中心、矿业资源集团、炼铁总厂、新闻中心等相关单位征集马钢历史文献、老物件。共征集归档老照片1541张，文献史料及老物件453件，在丰富馆藏的同时，为马钢展示馆档案文献及实物布展、中国宝武"钢铁荣耀、铸梦百年"130周年专题编研工作提供了档案支持。

4. 开展涉外档案专项整治工作

为加强涉外档案管理,更好地服务于公司生产经营,公司组织对引进项目、外事工作、境外企业档案开展了专项治理,确保了涉外档案安全归档。

(三)推进数字档案系统建设

1. 完成国家试点项目验收

2017年,依据国家档案局办公室、国家发改委办公厅下发的《关于确定企业电子文件归档和电子档案管理第一批试点单位的通知》精神,马钢被确定为ERP系统电子文件归档和电子档案管理第一批全国试点单位。公司档案馆组建了研发团队,花了近3年的时间,对ERP业务系统形成的电子文件归档范围、归档过程、归档存储格式、电子文件四性检测、元数据管理、基于大数据的电子档案管理与服务利用等试点工作内容进行了重点研究。经过课题组不懈的努力,攻克了一个又一个技术难关,最终完成了ERP业务系统电子文件归档和电子档案管理系统项目的研发任务,于2019年12月顺利通过了国家档案局组织的专家验收,并获得了高度评价,该成果通过验收在安徽省尚属首家,在全国ERP系统电子文件归档和电子档案管理方面走在前列。

2. 构建马钢数字档案系统平台

"十三五"期间,马钢持续推进档案信息化工作,数字档案馆建设迈上了新台阶。2015年,马钢启动了数字档案馆项目建设,一期项目于2017年7月通过验收,并上线运行。马钢数字档案馆二期、三期项目于2020年12月正式验收,目前系统平台稳定运行,各项档案业务稳步开展,实现了马钢档案信息资源集中统一管理。在马钢"十四五"档案工作规划中,将数字档案馆和智慧档案馆建设计划纳入公司信息化建设项目整体计划,积极推进,分步实施。第一阶段:完善数字档案馆平台,第二阶段:推进智慧档案馆建设。按照智慧档案馆功能要求,构建马钢智慧档案管理系统,满足接收各类数字档案信息整理、比对、分类、著录、挂接、鉴定、检索、统计、利用等功能需求。

3. 推进增量档案电子化

实现业务系统数据在线归档。完成公司原有协同办公平台、SAP系统业务模块、招投标等业务系统归档接口研发工作,对人力资源服务中心、采购中心、设备部、技改部等单位业务系统文件材料归档情况进行调研,拟定了归档接口方案。编制增量工程项目档案电子版移交办法,开展增量工程项目档案电子化前置工作。执行《马钢数字档案馆备份方案》,实现系统数据异地备份,提升档案信息安全防控能力。据统计,共采集2007年以来的24种重要业务单据、报表共1144多万条元数据和630多万份电子原文。

4. 开展存量档案数字化技术攻关

按照"统一规划、分步实施"的总体思路,开展了股份公司二级单位工程项目档案数字化技术创新工作,扫描、挂接图纸1062960张、文字1814132页,录入二级目录768927条,实现了远程管理和网上利用服务,提高了档案利用效率,节约了公司管理成本。

(四)加强档案利用体系建设,服务企业改革发展

近年来,马钢档案部门紧密结合公司中心工作,充分发挥档案资源独特优势,不断创新服务机制,稳步提升服务能力,为公司的改革发展提供了优质服务。

1. 为"绿色发展 智慧制造"服务

围绕中国宝武"绿色发展智慧制造"中心工作,马钢各单位通过数字档案管理系统网上借阅图纸,完成"绿色发展智慧制造"期间各类重点工程项目建设,重点包括四钢轧炼钢集控中心、四钢轧景观提升改造等项目。

2. 为公司人力资源优化改革服务

根据公司总体部署和机构改革需要,进一步强化管理职能,提升服务水平,改变传统档案工作模式,创新档案管理方法,更好地适应企业人力资源优化。

3. 为应对疫情和复工复产服务

疫情防控期间,马钢档案馆坚决贯彻落实公司《关于加强新型冠状病毒肺炎防控工作的通知》等文件精神,根据疫情防控总体部署和要求进一步加强疫情管控,充分发挥数字档案馆信息化优势,开辟"绿色通道",通过远程办公、远程利用,有效解决特殊时期各单位的档案查询利用需求。通过数字档案管理系统,为股份公司各二级单位开通了远程利用账户。据不完全统计,2020年以来,通过远程提供查阅工程项目图纸、设备图纸等共11701次、13373卷/件,达

到了"足不出户查档案，安全便捷保生产"的良好效果。档案的开发利用为马钢有效防控疫情、较早复工复产以及实现产量和营销收入同比双升作出了积极贡献。

（五）提高业务能力，打造档案品牌

1. 举办档案培训班

为了提高档案人员素质，做到档案培训常态化，马钢档案部门坚持每年举办两期档案专业继续教育培训班。为深入学习贯彻习近平总书记关于做好新时代档案工作的重要指示精神，深入推进企业档案工作治理体系和治理能力现代化，2020年公司专题举办了新《中华人民共和国档案法》以下简称《档案法》宣贯培训班，通过演示及现场讲解的方式对新《档案法》进行了深入细致的讲解，达到了预期效果。

2. 开展专业技能大赛

定期组织开展档案人员专业技能大赛，激发档案工作人员学技术、强业务、增技能的积极性，在公司档案系统内形成创先争优的良好氛围。

3. 打造马钢档案品牌

开展"业务好、服务好、协作好、环境好、绩效好"的"五好"档案馆品牌创建活动，鼓励档案系统员工立足岗位，钻研业务，团结协作，文明服务，勤学苦练，勇于担当，创造佳绩，多作贡献。通过创建活动，努力构建品位高雅、品质高尚、环境优美、风清气正的档案馆。通过调查研究，总结提炼，构建具有马钢特色的档案理念、"兰台"精神、价值观和职业发展愿景。

四、效果及影响

近五年，马钢档案部门在企业高质量发展过程中，通过创新档案管理机制，充分发挥档案资源优势，为企业提升经济效益、增强市场竞争力发挥了重要作用。据统计，全公司提供档案利用265910卷、260517件、201841人次，组织编印了《马钢档案开发利用典型效益实例》1—10辑。

（一）提升企业经济效益

随着国家的快速发展。社会经济的不断进步，市场经济中企业之间的竞争日

趋激烈，档案作为企业的一项宝贵资源，通过创新档案管理机制，提供方便快捷的档案利用服务，充分发挥其凭证依据的作用，可为企业发展创造价值。例如，2021年3月，马钢股份公司"三电"办公室在马钢（集团）利用公司数字档案管理系统平台查询了2003年至2014年的资源综合利用电厂（机组）评审档案和2005年省发展和改革委员会、物价局《关于自备电厂收费政策有关问题的补充通知》，确定了马钢变电站和自备电厂需要缴纳系统备用费的范围和缴费基数，并以档案为凭证，实现了免征政策性交叉补贴，减半征收系统备用费，经测算可直接每个月给马钢节省备用容量费1200万元，每年节省1.44亿元，为企业创造了效益。

（二）提高企业综合竞争力和影响力

企业档案在提升综合竞争力方面有着非常重要的作用，马钢在应对国际反倾销调查中，发挥档案的自身优势，提供令人信服的真凭实据，维护了企业合法权益，提高了企业国际知名度、综合竞争力和影响力。例如，马钢积极应对美国"337调查"取得完美胜诉。2016年4月26日，美国钢铁公司指控中国40家钢铁企业和贸易商存在不公平贸易行为，要求ITC启动"337调查"，禁止中国出口相关被诉产品到美国。2016年5月26日，ITC随即公告启动调查。在调查过程中马钢档案馆提供了详细的材料和证据，历时6个月，逐一逐项提供档案扫描件，保证了材料齐全、证据充分。2018年3月19日，ITC最终裁定马钢等6家中国钢铁企业全部胜诉，为马钢今后更好地拓展美国市场及海外市场提供强有力的支撑，同时也大大提升了马钢在国际市场的新形象。2019年10月，马钢公司应诉马来西亚冷轧板卷反倾销实地核查，马来西亚调查人员对马钢2017年10月至2018年9月出口马来西亚的冷轧SPCC钢的采购、生产、销售、物流等，从现场管理到数据管理一条龙追踪核查。通过马钢（集团）公司档案馆保留的反倾销案件调查期内出口合同、发票一系列完整单据，有效证明了公司提供反倾销案件调查问卷的真实性。2019年8月27日，马来西亚对该案做出反倾销初裁，马钢公司争取到了4.76%的反倾销税率。

（三）保障企业生产经营建设

档案部门优化工作流程，创新工作方法，推行"一站式"服务，提高档案工作效率，为马钢生产经营建设保驾护航。例如，马钢姑山矿是一座有着100多年开采历史的大型铁矿山，1954 年建立档案机构至今，档案工作与矿山一同成长。2019 年 9 月，姑山露转井工程建设因水文地质条件复杂，井巷工程进度严重滞后，项目部特别委托了中国矿业大学对姑山的水文地质条件开展研究，指导后续防治水工作。通过查阅 20 世纪七八十年代矿山建设初期水文地质勘查的珍贵技术档案，先后完成了《姑山铁矿露转井工程 -300m 巷道地表注浆堵水工程》《姑山铁矿 -350m 巷道地面注浆掩护掘进工程》以及《姑山铁矿露转井工程抢险期间水文观测孔设计及水质化验》等方案编制工作，确保了露转井工程顺利复工。又如，姑山挂帮矿工程是该矿矿石资源综合开发利用的一个特色项目，曾是科技部冶金矿山驻留矿开采与装备研究的样本矿山之一。由于该项目是在露天采矿场内利用边坡台阶空间与露天生产同期实施的地下开采建设工程，该矿档案部门面对这一新生事物，主动研究挂帮矿工程建设与露天采场生产之间的关系，掌握了第一手资料。通过研究，发现该工程建设与露天生产有很大的关联性，便深入挂帮矿建设工程项目部，提供整个露天采场的矿床地质、生产管理以及发展规划档案，有效地整合了各项资源，为挂帮矿建设提供了凭证和参考依据，使该矿生产能力达到年产优质铁矿山 50 万吨，取得了显著效果。

案例形成单位：马钢（集团）控股有限公司档案馆
案例形成人：查满林、张涵、李峥、李操、李军、郑杰

智慧化档案管理，开拓城市地下综合管廊高效运营新篇章

一、案例概述

中铁（平潭）管廊管理有限公司承建的福建省平潭综合实验区城市地下综合管廊干线工程（一期）PPP项目，为2016—2018年度国家住建部、财政部双试点项目和福建省重点项目，总投资38.18亿元，新建城市地下综合管廊26.927km。平潭综合管廊项目2018年年初投入运营以来，依托智慧化管理平台实施档案智慧化管理，实现管廊内安防、通信、智能机器人巡检、火灾自动报警等8个主要运营系统数据实时收集、汇总、分析、存档功能，大幅提高档案管理、使用效能，确保综合管廊内给水、污水、通信、燃气等9类管线高效、节能、安全、环保一体化高效运营，旨在为国内同类型综合管廊高效运营档案管理提供经验借鉴。

二、实施背景

2015年以来，国家层面大力推进城市地下综合管廊建设，旨在进一步提升地下空间使用效率，实现高质量发展目标，解决国内城镇化进程中土地需求急速增长的问题。但地下综合管廊这一新型工程，国内建设标准尚不统一，建成后运营更是一片空白，面对线路长、入廊管线种类多、形成的运营档案数据量大的实际情形，如何高效运营提升综合管廊使用效能，是摆在城市地下综合管廊从业人员面前的一道难题。

按照传统的、普通的类似工程运营模式来看，主要以"人工＋即时通信"的方式进行，相关信息通过人工传递，产生的临时数据无法储存，永久数据多以纸质版的形式存放，形成的资料堆积如山，需要投入大量人员整理、归档和保管，且档案资料形成后大多"石沉大海"变成压仓库的存货，真正服务于实际运

行需求的少之又少。究其原因，一是传统的档案形成模式落后，形成的档案资料质量不高，人工难免产生弊端，诸如字迹不清晰、记录不准确、资料遗失等；二是传统的以纸质版为主的档案往往浩如烟海，调用不便，使用效率低下，长此以往形成"为了存档而编制"的恶性循环，导致档案服务生产的实际需求空壳化；三是传统的档案管理模式主要以"归档、查阅"为主，通过相关资料实现数据分析、总结经验、指导实践显得十分困难，这在如今数字化、大数据、高效率的时代潮流下显得格格不入。

针对传统档案管理存在的不足之处，平潭综合管廊项目在其基础上通过信息化手段优化提升，建立一套智慧化管理系统，将运维产生的相关数据、资料等信息通过统一平台纳入日常运维过程实时建档，实施数据采集、智能分析、合理预警、优化提升等系列动作，可实现高效、精准、优质运维，并有效降低传统的人力、纸质化成本，达到绿色、健康、高质量发展的目标。

三、创新做法

（一）创新驱动高起点规划

项目规划阶段根据国内外档案管理创新发展经验，依托平潭综合实验区"一岛两窗三区"对台开放开发、先行先试的国家试点区域定位，结合《城市地下综合管廊工程规划编制指引》，遵循政府组织、科学决策、创新引领的原则，以统筹地下管线管理、提高工程建设及使用效益为目的开展新一代城市地下综合管廊智慧化管理平台的规划工作，充分考虑项目建成后运营过程中产生的数据档案管理需求及绿色、可持续发展要求，提出了智慧化综合管廊建设理念，其中档案管理智慧化是其核心组成部分，为综合管廊这一"百年工程"的高效运营及档案智慧化管理的进一步实现绘制了蓝图（图1）。

（二）勠力同心高标准建设

作为国家住建部、财政部综合管廊建设及PPP模式双试点项目和福建省重点项目，建设过程中充分考虑运营期档案管理需求，项目勘察、设计、建设、施工、咨询等各单位勠力同心不断优化创新，给建议、提点子，通过"提出思路—实践检验—优化改进—全面推广"的方式，从细节入手，坚持精益求精，高标准推进工程实体及智慧化档案管理系统前端建设（图2），积累了宝贵的建设经验，过程中先后参编形成了《福建省综合管廊工程建设地方标准体系研究报告》《福建省综合管廊竣工测量技术规范》《平潭综合实验区岩土工程若干技术规定》等省级、市级规范规程，申报国家专利12项（图3），发表国家级期刊论文十余篇。通过"国家试点、省市推动、一线实施"，实现项目全流程、高标准建设，为建成后高效运营及档案智慧化管理奠定了坚实的基础。

图1　综合管廊三舱断面实景图

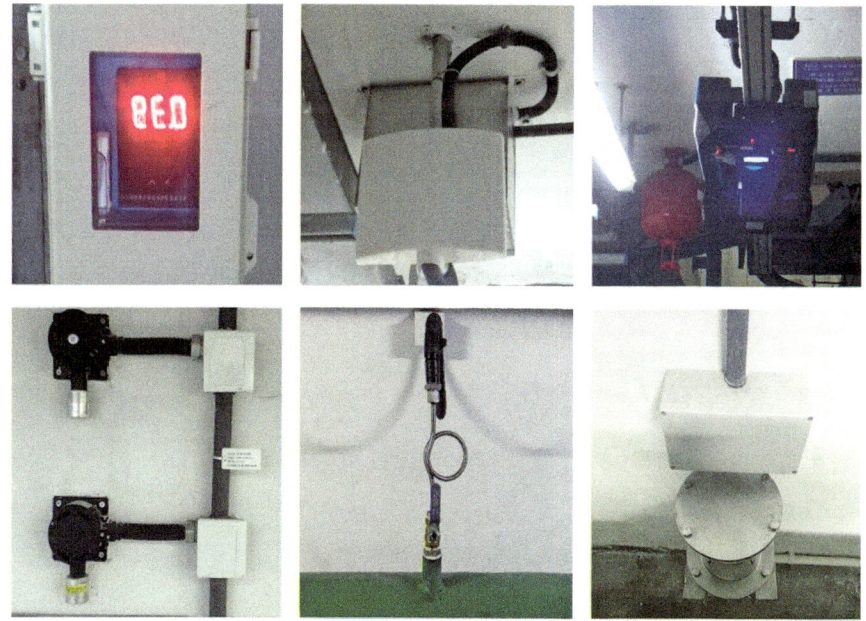

图2　遍布综合管廊内的数据采集等前端设备

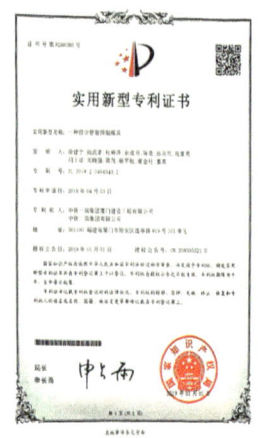

图 3　获得的部分实用新型专利证书

（三）协同攻关高水平研发

中铁（平潭）管廊管理有限公司联合国内相关领域高水平科研单位依托前期规划理念，结合大数据、物联网等前沿科技，研发了国内首套新一代综合管廊智慧化管理系统，该系统包括1个平台（统一管理平台）、2个中心（监控中心、数据中心）、4套网络（综合承载网络、光纤电话环网、火灾报警环网、可燃气体报警环网）和8个子系统（环境与设备监控系统、安防系统、通信系统、电力监控系统、结构健康检测系统、智能机器人巡检系统、火灾自动报警系统、可燃气体报警系统）。统一管理平台及监控中心、数据中心设置于管廊监控中心（图4）建筑一层，网络和子系统通过线路和传感器等前端设备布置在26.927千米的综合管廊内，依托该系统即可实现日常运营过程中产生的实时数据采集、上传、汇总、处理、分析、预警及储存自动化，为档案智慧化管理提供了智能全面的技术保障（图5）。

（四）依托平台开展智慧化档案管理

档案智慧化管理是综合管廊智慧化管理系统的核心组成部分，其主要特点有如下几个方面：一是档案形成模式先进，形成的档案资料质量高，建设过程中已经形成的档案通过电子化处理后上传数据中心储存，运营中通过遍布工程实体各个部位的传感器，自动生成实时监测数据上传至数据中心存储，因此形成的数据资料在时效性、准确性、完整性方面具有无可替代的优势，有效避免了传统人工

图 4 平潭管廊监控中心

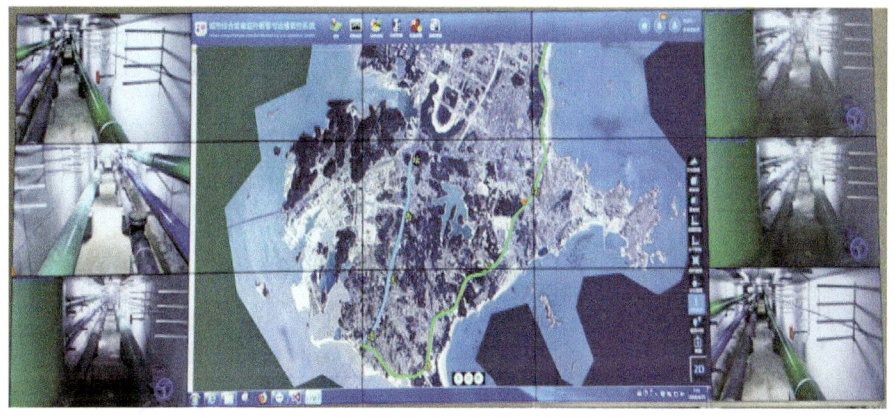

图 5 智慧化管理系统大屏幕实时监控界面

编制档案时产生诸如字迹不清晰、记录不准确、资料不齐全等弊端（图6）；二是形成的档案以电子化数据为主，存储量大，且可以甄别错误数据，收集存储有效资料，并通过统一管理平台统筹管理，形成简洁明了的电子化目录，检索、使用高效便捷，可随时调用查阅相关资料，充分发挥档案的服务功能（图7）；三是优化提升传统档案管理模式，在以往"归档、查阅"的基础上，依托统一管理平台实现档案数据采集、实时上传、分类汇总、智能分析、联动预警、经验总结、指导实践等系列智慧化管理（图8、图9），深度挖掘档案服务生产功能，全面融入当前大数据、物联网、高效率以及健康、绿色、环保、可持续的高质量的新发展格局。

图6 档案数据存储中心实景图

图7 项目档案资料调用界面

图8 平台各类数据汇总管理界面

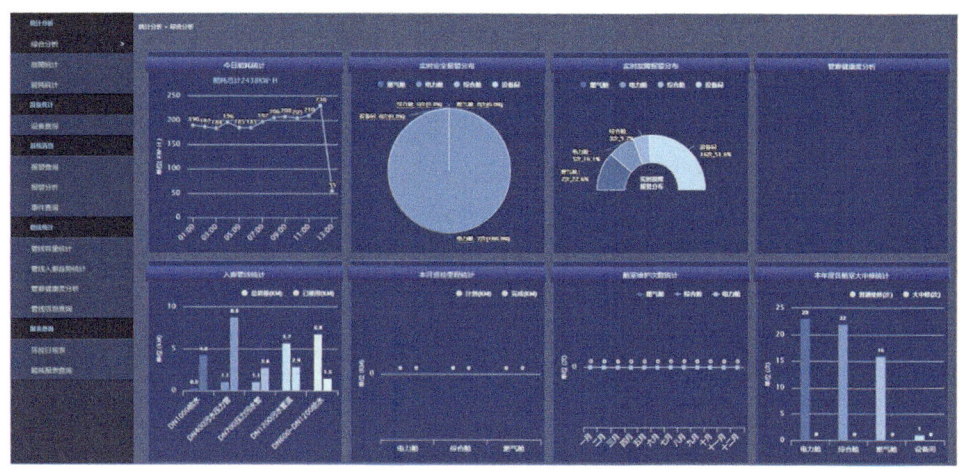

图 9　数据智能分析形成图表界面

四、效果及影响

（一）为城市地下综合管廊等运营类工程项目档案智慧化管理提供经验借鉴

中铁（平潭）管廊管理有限公司将城市地下综合管廊的长期运营同智慧化档案管理创新实践深度结合，形成了"实时收集、分类汇总、智能分析、及时预警、合理存储"的服务型档案智慧化管理成果，立足当前国内深入推进供给侧结构性改革大环境及平潭综合实验区对台湾开放开发、先行先试的国家级区位特色，充分利用大数据、物联网等新技术促进档案管理数字化水平提升，依托工程项目建设运维及智慧化管理系统集成开发的优势，在传统档案管理基础上建立了一套全新的档案管理模式，展现了档案真真正正高效服务生产的强大动能，助力综合管廊这一新型基础设施工程运营的健康、绿色、环保、可持续高质量发展，为国内类似工程运营档案管理提供经验借鉴。

（二）节约资源，降本增效显著

平潭综合管廊项目智慧化管理系统自投用以来，采用无纸化运行模式，实现了 24 小时不间断智能管控，节约了大量人力物力资源，截至目前已入廊各类管线总长度 83.4 千米，形成的各类数据总流量达到平均约 44TB/天，其中可永久归档数据约 2.5GB/ 天，折算成标准 A4 纸约为 2200 页 / 天，相比较传统的档案资料人工形成模式，仅档案编制完整性一项即可降低人力成本约 4400 元 / 天，每年可节约档案管理费用 160 余万元，同时形成的档案准确性、时效性更是无可比拟的；通过各类实时收集的数据实现能耗统计、安全报警分布、故障报警分布、管线实时监测、巡检里程统计、舱室维护等全方位的统计分析预警，通过档案数据支撑，显著提升了城市地下综合管廊的运营效率。

（三）培养档案管理高水平人才，为构建同类项目档案智慧化管理奠定良好基础

城市地下综合管廊作为近年来国家大力推广的新型基础设施，中铁（平潭）管廊管理有限公司积极参与，并按高标准、高起点建设，通过智慧化管理平台实现高效率运营的同时，结合日常使用实践经验，培养了一批适应新时代高质量发展需求的档案智慧化管理高水平人才，依托平台实现合力，助力综合管廊高效运营开拓新篇章，为构建同类项目档案智慧化管理奠定良好基础。

案例形成单位：中铁（平潭）管廊管理有限公司

案例形成人：余成书、闫士谅、孙丛竹、张旺、钟正雄、翟小军

城建声像档案生动展现
广州老城市新活力

一、案例概述

2018年10月,习近平总书记视察广东,要求广州实现老城市新活力,在综合城市功能、城市文化综合实力、现代服务业、现代化国际化营商环境四个方面出新出彩。近年来,广州高质量推进完成总书记交给的重要政治任务,在全面实现"老城市新活力"的进程中打造特色城市的先进样本。广州市档案发展中心(广州市音像资料馆)(以下简称市档案发展中心)在坚持常态化收集城建声像档案基础上,积极开发利用馆藏城建声像档案,编研制作声像档案专题片50多部,记录城市化快速发展进程中广州日新月异的大变化。同时利用新媒体平台,传播声像档案专题片,为广州城市建设与发展提供可视、可听、动态的声像档案,更好地服务广州市中心工作,以最新的档案形象呈现广州老城市新活力。

二、实施背景

(一)围绕中心服务大局,档案见证老城市新活力

广州是一座拥有2200年历史的城市,文化底蕴厚重。近年来,不断加强历史文化街区保护活化工作,持续深化城市更新,全面提升城市品质。市档案发展中心坚持收集城建声像档案,保存了丰富的城建声像档案资源,如20世纪20年代石室圣心大教堂及周边的航拍、20世纪30年代的爱群大厦,20世纪五六十年代的广州街巷、海珠桥变迁、跨越八十年的珠江两岸变化、广州各大桥梁建设等珍贵城建声像档案。同时,通过主动采集、向社会或个人广泛征集,不断增加新的声像档案,目前存有15000多部视频。这些档案记录了城市的变迁、社会的发展,反映了党领导广州人民取得的新成就、新辉煌。

（二）深度挖掘声像档案，生动展现城市发展成就

在城市发展的进程中记录好、保存好和利用好档案，有利于激发人民群众文化自觉自信，更加主动传承中华优秀传统文化。通过深度挖掘城市建设声像档案，特别是音视频档案，展现广州城市建设发展历史，展示在中国共产党的领导下取得的辉煌成就。档案专题片重点选取记录城市建设发展的声像档案，以点带面，呈现历史。把档案从传统的、静态的、纸质化的向可数字化、动态的、立体的形态转变，通过多个媒体平台展播宣传，以大众易获取、易接受的方式生动展现城市发展成就，推动档案文化传播。

三、创新做法

（一）精心策划，运用全流程方法进行档案专题片开发制作

1. 围绕重点，策划编研主题

在开发实践过程中，面对海量馆藏声像档案，策划编研主题是首要任务。例如《寻找麻石街》和《通往发展的桥》这两部专题片，分别选取广州特色街道与跨江桥梁作为切入点，突出主题，发挥城建声像档案在城市记忆领域的独特优势。《寻找麻石街》以广州特色老街道——麻石街为切入点，用一个小符号来探索城市文明传承和根脉延续，展现老城市新活力。《通往发展的桥》在展现广州19座跨江桥梁的基础上，通过对比，阐述广州城市建设与桥梁建设相辅相成的关系。从1929年广州兴建第一座跨江大桥海珠桥，到2020年广州首座跨江人行桥海心桥的修建，开发利用的城建声像档案时间跨度达九十多年。

2. 深度研究，分析城建声像档案资源

根据编研主题，对有关广州城市建设的声像档案原始记录进行梳理、整合，把有价值的城建声像档案进行浓缩、提炼、升华，整理和筛选出适合编研的选段。在《寻找麻石街》和《通往发展的桥》编研过程中，根据数字化信息管理系统检索出有关广州城建声像档案约6700分钟，经过研究分析，共筛选出600多分钟用于两个专题片加工制作。同时还针对欠缺素材进行补充拍摄，以确保内容完整线条清晰。

3. 升华主题，撰写解说稿和配音

声像档案专题片解说词的撰写，不能随意加入个人观点，还要注重档案元素的使用。《寻找麻石街》的解说词挖掘羊城的文化基因，抽丝剥茧街巷的前世今生，形成羊城街巷影像志。《通往发展的桥》的解说词大部分在客观陈述广州桥梁历史，在片末加入广州桥梁建设对城市发展的思考。

4. 后期包装，剪辑制作成片

借助电视剪辑技术对声像档案资源进行编辑，把单个原始镜头与视听语言结合起来。专题片不宜包装制作得过于华丽花哨，应呈现出档案资源所承载的历史感、文化感与厚重感。

（二）扩大宣传，采用多平台多方式提供专题片利用展播服务

1. 通过档案公共查询利用平台，提供个性化展播服务

将声像档案编研专题片导入广州市国家档案馆公共查询利用平台，建立个性化、定制化的档案信息服务方式和机制，通过档案影像化记录展示时代的主流，将历史再现，在互联网时代下让历史得到充分的展示，让受众共享档案资源开发与利用的成果。个性化服务不仅满足了社会档案信息利用需求，还能为不同的利用者提供多样性的服务。

2. 通过档案展览平台，开展声像档案专题片展播服务

声像档案专题片"借船出海"在各类展览中进行展播，从不同维度、以不同形式向观众生动展示档案内容，增强了档案的可看性和直观性，有利于提高档案文化传播效果。

3. 通过新媒体平台，提供移动端推送展播服务

在"学习强国"学习平台、"新花城"客户端、微信视频号、腾讯视频、广州市国家档案馆微信公众号、广州市音像资料馆微信公众号上发布档案专题片等方法进行展播。充分利用新媒体内容发布的特点，让声像档案更好"走"出去，拉近了声像档案与公众的距离。

（三）对比分析

相比传统城建声像档案开发利用，声像档案专题片主要有三个方面的创新点。

1. 思路创新

以档案为引领,充分结合现代视听技术,以多元化视觉呈现了一种全新模式与新途径,提高开发利用成果的传播性,进而促进人们与档案之间的互动。

2. 方式创新

城建声像档案专题片可以填补档案资源结构性稀缺,通过整理挖掘馆藏城建声像档案,将拥有较高价值的城建声像档案进行提炼升华,让档案更好走出库房、走向社会。

3. 技术创新

数字化信息管理系统深化声像档案存储、管理、编目、检索、利用等工作;利用广播电视学专业,从摄像、录音、后期剪辑等方面,创新了城建声像档案开发利用方法。

四、效果及影响

(一)社会效益

1. 通过档案专题片展播,展示广州老城市新活力,出新出彩新形象

市档案发展中心化被动为主动,在源头上活化声像档案。通过制作声像档案专题片、录制口述历史、举办展览等项目,多渠道、多元化、多形式地记录城市发展历史,宣传档案功能,向公众树立档案行业的新形象,更好地展示档案价值,通过档案服务广州市的各项重点中心工作。档案专题片以"语言＋影像"的方式展示老城市新活力,符合当下人们接收信息的方式,在众多新媒体平台、档案网上宣传,点击观看量超10万人次,扩大了档案影响力,实现档案信息传播的最大利用价值。

2. 通过开发利用城建声像档案专题片,创新服务方式,树立档案部门利用服务新形象

档案利用服务拓展为档案部门提供档案利用建立了新平台,树立了新形象。各类经验成果可为档案部门开展声像档案的开发利用提供参考和借鉴,为档案部门在声像档案拍摄收集中提供技术支撑案例,为档案部门利用数字化信息管理系统解决编目问题提供案例借鉴。通过展示声像档案开发利用成果,增加档案的可

看性和形象性，有利于满足人民群众对档案利用的多元需求。

3.通过档案"展览＋视频"展播模式，丰富档案利用形式，给观众带来全新体验

在广州市国家档案馆举办的《广州桥梁展》和《世界音像遗产展》等展览中，将声像档案专题片嵌入展览。2019年3月至12月，《广州桥梁展》和《世界音像遗产展》共计接待35901人次。在广州市国家档案馆定期举办的声像档案展播活动中，播放各类声像档案专题片，让静态的档案实物得到动态表达，给公众留下了深刻印象，拉近了观众与档案的距离。2019年共计展播108天，近万人次观看。

（二）外部评价

1.服务档案同行，提供行业交流

为浙江省档案馆、越秀区国家档案馆、黄埔区国家档案馆、南沙区国家档案馆等单位提供声像档案业务咨询服务，获得同行单位的高度评价，为档案行业开发利用声像档案提供经验输出。

2.拓宽利用方式，提升部门形象促进行业发展

拓宽各类城建声像档案专题片利用方式，提高传播效率，有助于提高各部门对档案工作的重视，为档案的收集、整理、编研、利用等工作提供示范支撑，不断促进档案业务的高质量发展，以更好地为科学决策和社会建设发展提供优质、高效的档案利用服务。

案例形成单位：广州市国家档案馆、广州市档案发展中心（广州市音像资料馆）

案例形成人：冯秋航、沈子鸣、朱琼、彭莎利、许建军、王彩虹

活用历史档案重现骑楼古巷民风永庆坊
改造留下城市记忆记住乡愁

一、案例概述

2018年10月24日，习近平总书记视察广东，来到广州市荔湾区永庆坊作出重要指示，城市规划和建设要高度重视历史文化保护，不急功近利，不大拆大建，要突出地方特色，注重人居环境改善，更多采用微改造这种"绣花"功夫，注重文明传承、文化延续，让城市留下记忆，让人们记住乡愁。

档案是记载历史、传承文明的重要载体，在城市更新过程中发挥出重要作用。永庆坊恩宁路历史文化街区改造作为国家历史建筑保护利用试点，充分利用了基建、声像照片、实物等档案资料。2020年8月，永庆坊获评为国家4A级景区，成为岭南文化的重要展示窗口，先后登上中央电视台新闻联播、人民日报头版头条，取得良好的社会效益。自永庆坊建设并对外开放以来，累计接待游客约21万人。

二、实施背景

永庆坊恩宁路地块位于广州市荔湾区西关核心区，面积约11.37万平方米，地块有广州保存最为完整的骑楼建筑群，周边有詹天佑纪念馆、八和会馆、李小龙祖居、銮舆堂、宝庆大押等具有历史特色的建筑。

经过岁月的洗礼，至20世纪90年代，该地块成为广州市危旧房最集中的区辖之一，辖内危破旧房密集，内存一定数量违规加建的违和建筑，大部分房屋商铺外立面破败、墙皮脱落、墙漆颜色杂乱，商铺招牌杂乱，街道环境脏乱，严重影响城市景观。

该片区亟待改造，但以往"开大马路建新城"的旧城改造模式已经不适应新时代要求，需要转变思路，以保护历史文化为前提，采用修旧如旧的改造方式，保留和修复原来的街巷肌理，恢复骑楼街风貌，同时提升服务设施、改善公共环境、实现业态升级。

为了实现"修旧如旧"的目标，广州市荔湾区政府组织有关部门、专家、企业查阅大量的历史档案、基建档案、实物档案，形成《恩宁路历史文化街区保护利用规划》《恩宁路历史文化街区试点详细设计及实施方案》，作为永庆坊恩宁路历史文化街区建设的重要依据文件。

三、创新做法

（一）采用"政府主导、企业承办、居民参与"模式，多渠道获取历史档案材料

成立推进永庆坊历史文化街区活化提升工作小组、恩宁路历史文化街区共同缔造委员会。永庆坊的建设由规划、住建、文化管理等多个行政部门参与，同时引入企业合作，邀请新闻媒体、人大代表、政协委员、居民代表、民间学术团体、有关专家参与街区改造设计工作。各单位、企业、专家通过查阅20世纪30年代的恩宁路片区肌理图和现代卫星地图等材料，经过多番比对，确认恩宁路历史文化街区的具体范围，为开展街区改造工作奠定基础。同时，通过查阅当地档案馆的声像档案、艺术档案，调取大量基建档案，及向周边居民征集历史档案等形式，挖掘史料，形成永庆坊建设的重要参考材料库。

（二）档案助力保护修缮方案制定，历史街区风貌恢复，城市记忆有效延续

永庆坊恩宁路片区建筑街区主要分四类进行改造：一是修缮类建筑。由文物保护管理部门查阅档案，核定了一批文物保护单位，如李小龙祖居、八和会馆、吉祥坊一号民居等。该类建筑在修缮时主要立面、主体结构、特色装饰和历史环境要素须保持不变。二是整修改善类建筑。对于形态相对完整的骑楼，按照修旧如旧的原则，最大限度恢复建筑的原来风貌。例如通过利用区档案馆早期从恩宁路征集的满洲窗实物档案，1938年、1983年、2008年等不同时期的馆藏声像老照片，为建筑外立面设计以及满洲窗、灰塑、趟栊门、骑楼廊柱等岭南建筑特色元素修缮的设计方案提供了重要的依据。确保"尊重历史原真性、弱化人为设计

痕迹、高水准修缮"的原则得到有效落实。三是整治改造类建筑。由规划管理部门、城管部门查阅档案，确定违规建筑范围和违建内容。对与传统风貌冲突的违规建筑，或有公共设施提升和环境改善需要的违章建筑，通过改变建筑色彩、恢复浅灰、浅黄建筑色调，改造屋顶造型、减层、局部拆除等微改造形式恢复历史街区风貌。四是保留麻石街巷。与历史档案进行比照，确认传统历史麻石街巷，并逐步恢复街巷原貌。

经过分级分类开发利用，永庆坊片区成功保留物质文化遗产72处，复原骑楼街传统风貌1.2千米，灰墙瓦砾、窗台楼阁、幽幽青石板路，留住了老广州的集体回忆。住在周边的居民黄伯说道："永庆坊改造后，跟记忆里的还是一个味。原先是河涌的地方还是河涌，水倒是干净了，原先是房子的地方还是房子，还把以前好看的骑楼和漂亮的窗玻璃都复原了，原先的石板街还保留得好好的，满满的回忆，正是老广的味道。"

（三）档案助力市政设施规划建设，街区管线统一落地，人居环境大焕新颜

为了提升公共服务设施和改善人居环境，永庆坊片区建设时决定对市政公用设施管线进行改造。但由于永庆坊周边街区布线复杂，地下空间狭小，又同时存在大量需保护的历史文化建筑，在市政公共设施规划设计时存在一定的难度。为了做到改造和保护的平衡，在市政公共设施规划时，建设单位查阅电力、水务、通信、建设等相关部门的基建档案材料，了解了历史街区内的管线综合断面布局。结合现代勘测技术手段，确定部分古建筑地下存在架空结构，为管线下地铺设提供了宝贵的空间，极大限度地避免对街区风貌的破坏。

经过改造，永庆坊恩宁路片区街头巷尾挂着的"蜘蛛网"不见了，各类管线网络统一落地，区域内5G信号全覆盖，彻底解决了老旧线路和强弱电混搭的现象，彻底告别以往天晴怕火灾、下雨怕塌楼、环境脏乱差、水浸街频发的情况，街区整体环境和风貌得到质的飞跃。

（四）档案助力文商旅活化提升，打通历史文化资源，文化街区再现活力

为了打通老建筑、老商铺、老居民、老故事等"存量资源"，区文化管理部门通过查阅和征集历史档案、地方志等方式，大力开发永庆坊恩宁路历史文化街

区的历史文化资源。通过向李小龙的亲属了解当年情况，征集图片档案、实物档案等形式，在修缮后的李小龙祖居中举办李小龙专题展览，具体介绍李小龙的生平事迹、咏春拳的发展历程和恩宁路的历史变迁。同时，区文化管理部门还与学术研究机构合作，征集周边历史文化档案，挖掘本土历史文化资源，形成《恩宁路片区历史文化与人文资料汇编》，对永庆坊恩宁路历史文化街区存在的传统民俗文化、名人趣事、传统工艺进行梳理，为业态调整指引了方向。永庆坊恩宁路引入非物质文化遗产、传统手工艺、老字号、文创产品等工作室、商铺，通过文化展示、引入文化商业等形式，提升传统业态，为骑楼古巷注入年轻的生命力，让沉寂的历史文化街区真正"活起来"。

四、效果及影响

（一）提升市民群众对传统历史文化的认同感

永庆坊微改造项目中，借鉴各类档案材料对历史文化街区的文物保护建筑进行修缮，对街区历史风貌建筑进行复原，对岭南传统文化进行挖掘展示，切实留住了老广州的集体回忆，更好地塑造岭南文化中心核心区的底蕴和风采。永庆坊也成为广州新晋网红打卡点，吸引了大量市民游客参观旅游，有效提升市民群众对传统历史文化的认同感。

（二）在新时代旧城微改造中发挥历史价值

在永庆坊微改造过程中，大量照片档案、实物档案、口述历史档案被挖掘出来。它们作为见证历史的真实记录，被政府、企业、专家等利用起来，成为文物保护修缮、历史建筑街区复原和文商旅融合提升的重要参考依据。据开发企业万科集团介绍，永庆坊改造后周边商铺出租率接近100%，铺租上涨了2～5倍，达到社会效益和经济效益双丰收。永庆坊微改造的成功经验也让更多部门、企业开始重视城市记忆档案的开发利用。

（三）推动旧城改造档案管理工作规范提升

为了让档案助力永庆坊微改造的成功经验更好地应用到更多的城市更新项目中，广州市荔湾区档案局、广州市荔湾区住房和建设局、广州市荔湾区国家档案馆联合制定《荔湾区"三旧"改造档案收集工作指引》，明确旧城改造档案工作责任主体，强调多渠道做好档案收集整理，采用单位收集、第三方采集、民间征集等方式，辅以预归档、编制专题目等形式，确保档案有效记载城市变迁，传承历史文明，为今后城市记忆档案资源开发利用提供重要保障。

案例形成单位：广州市荔湾区档案局

案例形成人：萧金璐、杜灏洲、蔡智龙、邹红

石柱县农旅集团利用档案资源助力民宿旅游项目建设典型案例

一、案例概述

大湾院落位于中益乡坪坝村田坝组，原有11户42人，共7栋房屋，建筑面积约2200平方米。近年来，随着新型城镇化快速推进，农村宅基地和旧宅闲置浪费问题比较突出，目前仅有3户5人长期居住。为盘活闲置房屋，助力脱贫攻坚战，2019年6月，石柱县属国有企业农旅集团和坪坝村集体经济组织共同组建坪坝民宿公司，联合开展以山地旅游和民宿旅游为主的大湾特色民宿项目建设。县档案局置身其中，指导县农旅集团利用档案独特优势，在盘活闲置房屋、救活集体经济、用活自然资源、激活乡村动力中精准发力，为大湾特色民宿建设提供有力支撑。

二、实施背景

中益乡坪坝村大湾民宿地处"大黄水"旅游片区，因交通不便、发展滞后，村民大多外出务工，11户47人（其中贫困1户2人）仅有3户5人长期居住，大量具有土家建筑特色的房屋闲置破败。2019年4月，习近平总书记视察重庆并发表重要讲话，亲临石柱视察并作出重要指示。为推动习近平总书记殷殷嘱托全面落实在石柱大地上，县委县政府紧紧围绕"转型康养、绿色崛起"发展主题，抓住大湾山水秀雅可观、建筑风格独特、民族风情浓厚、具有发展民宿经济和乡村旅游的潜质和基础特色等特点，积极探索"盘活、救活、用活、激活"沉睡资源机制，大力发展民宿产业，壮大企业效益，带动贫困群众脱贫，促进群众增收致富。

三、创新做法

（一）发挥档案资源属性，确保项目盘活闲置房屋

为让老屋换新颜，大湾民宿项目建设需按照原址、原高、原面积"三原"原

则，打造成建筑面积2200平方米集生态阳光餐厅、土家康养美食、露天茶吧、会议室、精品民宿、儿童游乐体验等"吃、住、娱"于一体的现代民宿。在确定原址、原高、原面积时，县农旅集团征集农户家庭档案、房屋建设档案，利用档案资源回溯性的特点，为项目实施提供参考依据。同时，广泛参考石柱县土家吊脚楼历史档案和土家风土人情档案，在确定建筑风格时，尽可能尊重还原土家风貌。

（二）深化档案社会属性，确保项目救活集体经济

在大湾民宿项目建成运营前，坪坝村集体经济年收入几乎为零。为支持农村民宿产业发展、促进农民增收脱贫致富、救活村集体经济，县农旅集团、村集体经济组织和农户约定按照 6∶2∶2 比例进行项目收益分红，即县农旅集团投资 800 万元入股占股 60%，村集体经济组织以脱贫攻坚民生基础设施作价入股占股 20%，农户在留足保障用房基础上将剩余农房按全（土）木结构 300 元 $/m^2$、砖木（砖混）结构 500 元 $/m^2$ 标准作价入股占股 20%。若经营亏损或农户分红未达到入股房屋作价金额 5%，对农户每年按入股房屋作价金额 5% 进行保底分红。县农旅集团深化档案凭证性特点，对 11 户农户房屋用地确权登记、11 份股权确认书、11 份合作协议等重点档案强化收集整理，并规范保存，让村集体经济组织和农户吃下"定心丸"。

（三）强化档案信息属性，确保项目用活自然资源

为打造山水林田湖草坪坝样板，项目将自然资产融入沿线民宿院落一体规划、一体设计、一体建设，涉及大湾片区 4000 亩林地、148 亩田地、3 千米长的河道、540 万立方米容量水库的确权登记纳入档案收集整理。县农旅集团和村集体经济组织广泛参考村委会会议记录、村民代表大会会议记录、土地确权档案、林权档案，利用档案真实性的特点，为 54 户农户确权登记，解决矛盾纠纷 23 起。目前已建成 100 亩彩色水稻、20 亩荷田、5 千米环湖步道，初步形成了"黄水—中益"土家民族风情旅游精品线路，2020 年，坪坝村获评"中国美丽休闲乡村""全国文明村镇"。

（四）彰显档案文化属性，确保项目激活乡村动力

县农旅集团挖掘石柱县档案资源中土司文化、土家文化、康养文化、吊脚

楼建筑风格等文化属性，探索"企业包装打造＋农户自主经营"模式，与自主创业意愿强烈的农户签订协议，帮助其修缮房屋、改善环境、提供营业用品和开展厨艺技能及服务礼仪培训，鼓励农户在统一业态、统一管理基础上自主经营餐饮、销售土特产等业务，并按照2∶1∶7比例（县农旅集团20%、村集体经济组织10%、农户70%）对营业收入进行分配，为农户提供了创业平台。利用近几年石柱县乡风文明建设相关档案，倡导"文明乡风就是最好的发展环境"，大力开展家风家训、文明积分激励等新时代文明实践活动，深化"贵和工作法"，促进乡风更加文明、家风更加良好、民风更加淳朴，群众精气神不断提升，"党的政策就是好，我要努力向前跑"成为普遍共识。

四、效果及影响

（一）为大湾民宿项目建设提供了支撑

通过对各类档案资源的开发利用，大湾民宿项目建设在盘活闲置房屋、救活集体经济、用活自然资源、激活乡村动力上得以顺利实施，档案资源的开发利用起到了支撑性作用。

（二）为全县重点项目建设提供了参考

通过大湾民宿项目的成功建设，全县各重点项目和重大科技项目知晓了在项目建设过程中规范征集整理保存、合理运用档案资源的重要性和必要性，在项目建设过程中更加注重档案开发利用，提升了企业建设能力水平。

（三）激发了全县档案事业发展新动能

通过大湾民宿项目的成功建设，各立档单位充分认识到丰富和优化馆藏档案才是档案工作建设的根本，才是开发利用档案信息的基础，才是满足社会各方面利用的前提条件。各立档单位纷纷提高重视程度，采取各种措施强化档案的收集、整理、保护工作，全面激发了全县档案事业发展新动能。

案例形成单位：石柱县档案局、石柱县农旅集团
案例形成人：马飞、钟华银、刘康

激活气象科技档案资源，助力新时代乡村振兴

一、案例概述

在党中央乡村振兴战略指引下，为彻底摸清泸州气候资源"家底"，2019年1月—2020年12月，泸州市气象局结合近30年气象数据档案与全国最新的1千米高精度格点资料，分析形成一套精细到乡镇的气候资源研究成果，首次绘制出泸州精细化气候区划图，揭示出精细到乡镇的气候分布特征，并挖掘出众多潜在优质气候资源。成果成功应用于农业、林业、旅游、环保等领域，为乡村气候资源开发利用、农业产业布局优化、名特优农产品推广种植、特色乡村旅游发展提供科技支撑，并带来良好经济效益和社会效益。

二、实施背景

（一）契合国家政策，政府大力推动

习近平总书记在新中国开展气象事业70周年之际作出重要指示，气象工作要做到"监测精密、预报精准、服务精细"，为新时代气象事业发展指明了方向。2019年，泸州市委书记刘强提出，要加强泸州气候资源研究和利用，为全市奋力争创全省经济副中心、建设川滇黔渝接合部区域中心城市赋予发展新动能。经济社会高质量发展也对气象服务的"精细化"提出了更高要求。

2019年市委政研室将"'飞地'气候资源研究，助力泸州乡村振兴"项目列入全市年度重点调研课题，泸州市气象局牵头开展气候资源的调研工作纳入年度重点工作任务。同年，"基于多源融合网格数据的泸州精细化气候'飞地'资源研究"科研项目获泸州市科技局正式立项，助力乡村振兴、发展绿色经济、强化气象保障"三农"的支撑作用被提到前所未有的高度。

因此，回归气象历史数据开展气候资源分析，作为一项基础性工作，将帮助党委政府全面掌握全市气候资源家底，为政府乡村振兴发展规划提供决策依据，对环境生态研究、农业发展、经济决策部署意义深远。

（二）需求与日俱增，现状亟待改善

泸州地处四川盆地南缘与云贵高原的过渡地带，立体气候特征明显，同一气候区内局地小气候差异显著。北部区县多为温暖湿润的浅丘河谷，而南部的古蔺、叙永则多为干爽的高原山地，其间还有众多因地形、海拔而产生的局地小气候。

长期以来，泸州气候资源研究科研基础薄弱，亟待解决三大现状问题：一是气候资源研究精度不高。泸州因地形地貌特殊性，局地气候差异明显。一直以来，对泸州气候资源的描述多是整体统一的概述，没有开展精细到乡镇、村社一级的气候特征研究，无法清晰展现泸州乡村气候资源差异性特征。二是气候资源优势挖掘不深。泸州酒产业的形成、特色农产品的出产、农业种植带的分布与气候条件密不可分，然而对助力产业发展的气候资源优势挖掘仍不足，仅停留在粗放、浅显的层面。三是尚未科学合理利用优势气象资源。气候资源与产业规划布局结合度较低，优势气候资源指导产业布局规划未发挥出最大作用，合理规划、有效利用、科学开发等工作仍处于初级阶段。

近年来，随着气象科技手段的进步，中国气象局、四川省气象局在大力发展研究型业务过程中，推出了一系列精细化智能网格、多元融合实况分析产品，急需基层气象部门根据不同需求进行释用检验。高精度的气象数据档案如同资源宝库，亟待开发利用。尤其在2018年年底，泸州市气象局引进国内最领先的LAPS高精度1千米分辨率的气象资料，使得精细到乡镇的气象条件分析成为可能。

因此，在历史数据档案基础上，创新结合精细化格点数据，形成更精细化的气候评价结果，将填补局地小气候特征研究空白，创造性地将气候资源与特色产业、特色农业、生态环境发展结合起来，精细服务乡村农业、旅游、生态环境发展迫在眉睫。

三、创新做法

(一) 资料与方法

1. 历史档案与前沿科技相结合

创新运用近 30 年的全市气象观测站点历史数据结合近 10 年的 1 千米分辨率多源融合格点数据,使历史档案焕发新的生机,产生新的研究效果。泸州市气象局是国内首个获中国气象局授权使用 1 千米分辨率多源融合格点数据的地市级气象局,相当于在本地原有 200 多个气象观测站基础上,站点数提升 200 倍,达到 4 万个左右,能完全实现到村镇一级的精细化气候资源区划。

2. 气象档案与多行业数据相碰撞

研究围绕气候资源、气象景观、气象特色农业三个组别开展。首先立足气象历史数据,分年代、分时效、分区域、分要素对历史数据进行分析;再根据各组前期调研,将气象数据与农业指标、生态环境指标、旅游规划数据等结合起来,建立作物气象条件适宜性指标和综合的气候资源区划;最后,对比评定适宜地区、次适宜、不适应地区,进而绘制适应性区划图。

3. 理论研究和实地调研相佐证

自 2019 年 3 月起,气候资源专题调研领导小组共查阅档案资料近百件,参考了农业、林业、旅游、环保等多部门资料。深入 30 余个区县开展实地调研。此外,横向对比分析了同纬度重庆、武汉、南京、杭州等 10 余个地区近 30 年气象数据,以求准确判断泸州本地气候优势。

(二) 主要内容

(1) 横向找准全市气候优势:对比全市气象要素与同纬度地区的差异性特点,准确定位泸州气候资源优势,摸清资源分布情况。

(2) 纵向深挖生态气候资源:找出全市纳凉避暑、气象景观等气象资源分布,形成气候旅游资源分布图。

(3) 细化特色农产品气候区划研究:针对优质特色农产品,提高种植气候适应性区划精度,根据出产优质荔枝、龙眼、特早茶、烤烟、糯红高粱等特色农产品的气候条件,利用高分辨率气象网格数据,进一步优化特色农产品种植区划。

(4)探索新能源产业气候条件：初步调研适宜风能新能源开发利用的气候优势区域，为政府决策提供理论参考。

（三）主要成果

通过两年的分析与调研，在气候资源分布、农业产业布局、新能源开发利用等方面得到众多成果。

1. 首次横向比较泸州气候资源特征

温暖湿润是泸州气候的主要特点，且气温湿度明显高于同纬度地区。泸州年平均气温17.6~18.2℃，与同纬度城市重庆、武汉、南京、杭州、长沙、南昌相比，年均温偏高0.2~3.0℃，最低气温偏高了10℃以上，相对湿度偏高5%左右；无霜期（0℃以上）能长达300天以上，甚至全年无霜，比其他地区长2~3个月。泸州气候热量条件好，全年0℃积温和10℃积温比周边地区偏多31~587℃。这也是桂圆、荔枝、特早茶等特色农产品能够在泸州大面积种植的重要原因。

2. 首次开展生态气候旅游优势分析

泸州全境平均气温呈北高南低的分布，空间分布极不均匀。北部夏季高温闷热，南方高海拔地区清新凉爽，夏季极端最高气温较市区低12℃，适合纳凉避暑。

以赤水河流域2018年极端高温为例：2018年7月20日出现全年极端最高气温43.9℃，然而同一时次仍有地方最高温度仅32℃，温差高达12℃；同一天，极端最低气温在17.7~30.2℃，温差高达12.5℃，如图1所示。

正是有了南北气温的迥然不同，可利用温度差异开发夏季避暑旅游产业，尤其是近郊游。将白天最高气温低于35℃、夜间最低温在20℃左右的地区作为区划指标，可清楚划出纳凉避暑气候

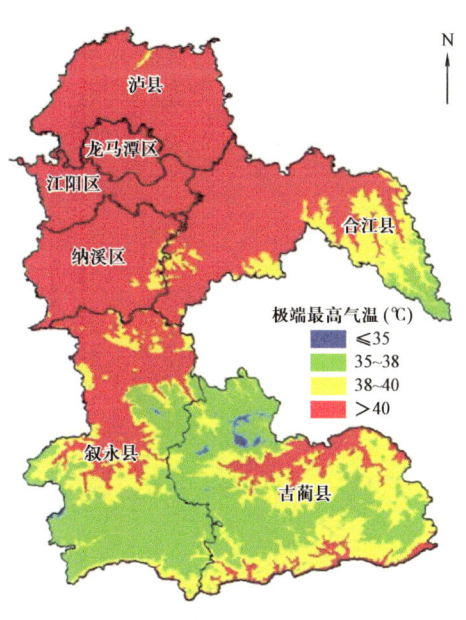

图1 极端最高气温分布图

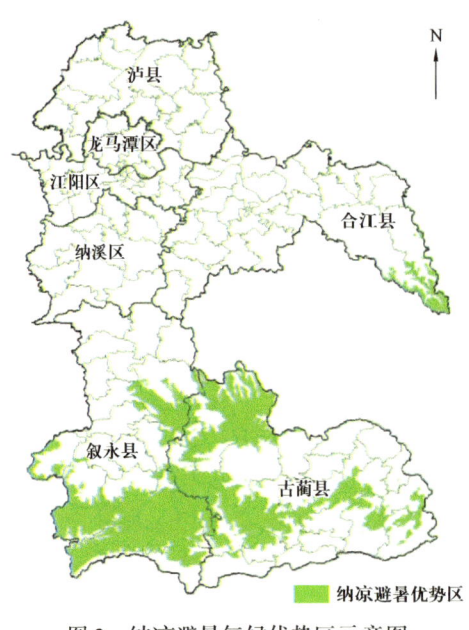

图 2　纳凉避暑气候优势区示意图

分布情况。具备发展避暑旅游的条件的区域集中分布在合江县东部、古蔺县北部和南部、叙永县南部海拔1100米以上高海拔地区，如图2所示。

3. 首次精确呈现气象景观分布情况

经过资料分析和实地调研，梳理出了泸州气象景观资源分布情况。因气候立体差异形成的垂直气候变化尤为明显，山上山下冷暖不同、寒热各异，造就了云海、佛光、彩虹、雾凇、云雾、日出、晚霞等丰富的自然景观。同纬度地区小范围内呈现如此多样化的气象景观实属罕见，详见表1。

表1　气象景观"飞地"资源一览表

主类	资源名称	分布区域
天象与气候景观	双桥映月、丹山日落	叙永镇
	丹山云海云雾	叙永镇
	红岩雾雪	叙永镇
	西湖山云雾	正东镇
	江门峡云海	江门镇
	画稿溪、麻城、摩尼、后山	叙永镇、水尾镇
	丹山、画稿溪等地春夏秋冬景观变	叙永镇、水尾镇
	日出、日落、云雾	二郎镇（郎山）
	日出、云海、谷底	古蔺城北
	云海、日出、佛光、雨雪、彩虹、雨凇、雾凇	黄荆老林、红龙湖、斧头山
	云海、日出、日落、佛光、雨雪	斧头山

续表

主类	资源名称	分布区域
天象与气候景观	两江瀑布（日出、彩虹、云雾）	水口
	云海、佛光、雨雪、彩虹、雨凇、雾凇	水口
	云雾、彩虹	碧河
	云海、日出、佛光、雨雪、彩虹、雨凇、雾凇	老鹰叫
	日出、日落、佛光、雨凇、雾凇	箭竹
	云海、日出、佛光、雨雪、彩虹、雨凇、雾凇	雪山关
	云海、佛光、雨雪、彩虹、雨凇、雾凇	丹山
	日落、云海、雨凇、雾凇	水潦（鸡鸣三省）
	雨凇、雾凇	后山
	云海、日出、佛光、雨雪、彩虹、雨凇、雾凇	分水
	云海、日出、佛光、雨雪、彩虹、雨凇、雾凇	福宝
	丹霞、云海、雨雾、雨凇、雾凇	天堂坝
	日出、日落、云雾	笔架山

4.首次完成全市特色农作物气候适宜性区划

泸州独特的气候特征繁育了荔枝、龙眼、特早茶、柑橘、烤烟等众多特色农产品。根据各特色农产品农业气象指标研究出其优势种植区域：优质晚熟荔枝适宜在合江的榕山、白米、白沙、佛荫、大桥、弥陀、焦滩、虎头以及合江区域的赤水河沿岸种植；优质龙眼适宜在江阳区黄舣，龙马潭区特兴，泸县潮河、海潮、牛滩、云龙等地种植；特早茶适宜在纳溪白节、天仙、护国，叙永向林、大石、后山、两河等地种植；优质柑橘适宜在泸县得胜、云龙、奇峰等乡镇，合江望龙、白米、榕山、榕右等乡镇，纳溪大渡口、合面、丰乐、打古等乡镇的部分地区，叙永水尾、龙凤、天池部分地区以及叙永县城、两河、落卜、摩尼等地区，古蔺马蹄、椒园、麻城、二郎等沿赤水河乡镇种植；优质烤烟适宜在叙永水尾、合乐、震东、落卜、后山、分水、水潦、赤水古蔺大寨、箭竹、德跃、护家、龙山、石宝、观文、双沙等乡镇 800～1200 米的山区种植。特色农产品具体分布如图 3 所示。

5. 首次发现山区潜在风电资源

泸州全年最多风是静风，北部区县年平均风速大部分地方小于 2m/s，南部区县要比北部区县高 1～3m/s。根据风能开发需达到 5m/s 以上的指标，虽未达标，但山口河谷地和海拔较高地方会形成山谷风使风力加大，山区仍具备风力发电的潜在气象优势。

古蔺县德耀有泸州市第一座风力发电站。项目所在地海拔高度为 1570～1820 米，年平均风速达到 5.6m/s，非常适合风力发电。通过对比德耀和其余点风速情况发现，年平均风速大于 4m/s 的风能均具备开发的潜力。对比计算出，在古蔺县德耀、箭竹、黄荆，叙永县水潦、石坝等地区年平均风速均达到了 4m/s 以上的理论值，这些地区均可进行风能试探性开发。泸州市风能潜在优势区如图 4 所示。

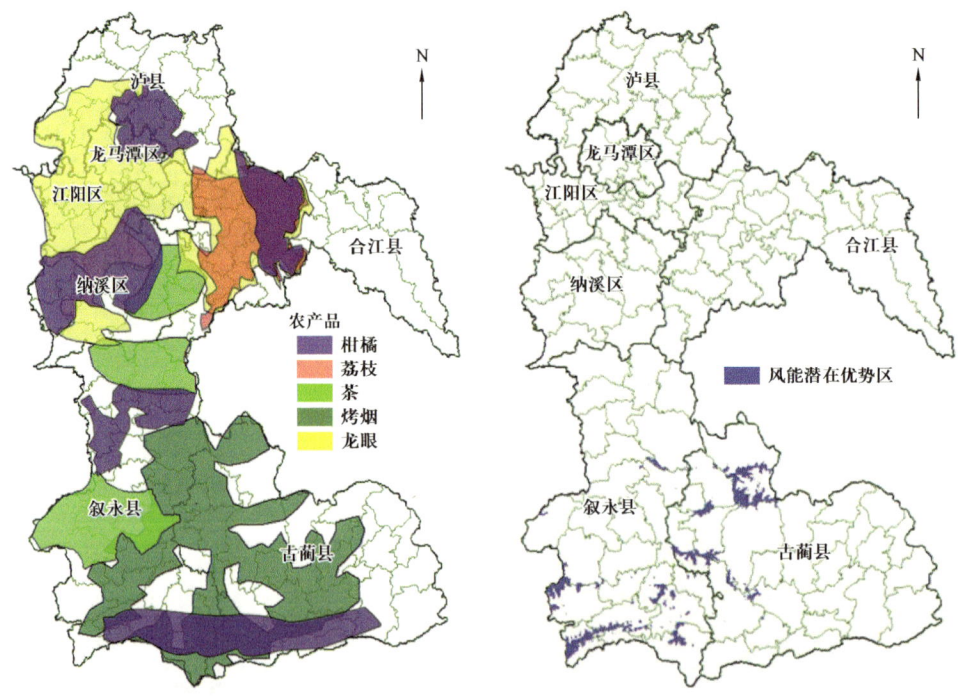

图 3　泸州特色农产品气候优势区示意图　　图 4　泸州风能潜在优势区示意图

四、效果及影响

（一）填补了气候分析基础性研究工作的空白

作为泸州市经济社会发展所必须开展的一项基础性研究工作，该项工作彻底解决从无到有问题。首次清晰展现泸州资源优势，编制了精细到村社的精细化气候资源分布图集，总结出泸州四大气候资源优势：气候温润，气温湿度明显高于同纬度地区；南北气温迥异，避暑康养可开发区域面积广；气象景观多属罕见，旅游开发极具价值；山区拥有风电资源。为各级党委政府全面掌握气候资源分布情况产生非常重要的作用。

以往历次风能资源普查中，泸州市均无可开发利用的风能资源。经过精细化气候资源分析，发现南部风能资源可开发区域达 200 平方千米。目前已在古蔺建成首个风能发电站且并网稳定运行。气象支撑作用得以充分展现，极大突显出泸州气象在地方发展中的分量。

（二）助力多个国家级、省级重大项目落户泸州

在政府决策规划上，帮助准确定位泸州的气候资源特色，找准泸州可开发和利用的气候资源。在泸州融入长江经济带的第一大港口城市的规划中，争创全省经济副中心，建成川渝滇黔接合部区域中心城市和成渝经济区南部中心城市以及全国性综合交通枢纽、四川南向东向开放重要门户、内陆开放高地"两中心一枢纽一门户一高地"的规划中，提供重要气候资源科学依据。泸州市委书记刘强对该项工作给予高度评价，强调"要将气象意见作为引进项目选址的首要参考之一"。

2018 年至 2020 年间，成功为多个千亿级项目建设提供选址支撑，如鑫阳钢铁厂建设、恒力新材料项目建设、泸州通用机场建设、泸州云龙机场建设等。同时为国土资源空间规划、海绵城市设计、泸州全域旅游规划等提供精细化气象数据分析。

（三）泸州特色农业产业布局得以优化

完成了泸州本地合江荔枝、龙眼、特早茶、古叙烤烟、马蹄甜橙、糯红高粱等特色农产品区划，编制出特色农产品种植区划图集，为全市新修订《泸州市精

品果业发展专项规划》提供精细化参考依据。在农业生产上，为泸州现代化农业发展、农业供给侧结构性改革、乡村旅游规划、生态农业发展、乡村振兴等农村经济的繁荣发展提供参考思路。为相关部门在优化农业结构上开辟新途径、转变农业发展方式上寻求新突破、促进农民增收上取得新成效、幸福美丽新村建设上迈出新步伐、农业多功能开发上取得新成效、经济社会持续健康发展提供有力气象支撑。

（四）气候品牌建设拉动乡村旅游品质提升

借助精细化气候分析为基础，以气候品牌为推动，乡村旅游经济取得显著提升。根据研究分析成果，找到纳溪区白节镇、叙永县摩尼镇优越的天然气候优势，积极组织推进参加全省生态气候标志的评选，两镇先后于2019年和2020年成功获评"四川生态气候标志"荣誉称号。

（五）带动气象事业转型发展，促进气象科技创新

创新实现气象服务向"研究型"方向转变，将科研与服务相结合，人才队伍能力显著提升。两年间，新晋升高级工程师2名、工程师6名，获批准立项省级、市级相关课题6个、专题调研报告2篇。在调研成果基础上形成的《精细化"气候资源+"，助力经济社会高质量发展》被评为四川省气象局2020年创新成果。

案例形成单位：泸州市气象局

案例形成人：王甚男、王翔、赖自力、李晓勇、周祥华

村级合同专项档案管理的探索与实践

一、案例概述

村级合同档案管理存在保存基础薄弱、整理不规范、缺乏资金投入等问题，根据村级合同档案管理工作现状，2021年3月，宁波市奉化区探索制定村级合同档案专项管理办法，建立村级合同档案镇（街道）定期备案机制，各部门根据职责加强村级合同档案的组织领导，村级合同档案工作取得了实效，各类村级合同档案得到了很好的保存和利用，有助于乡村基层治理和创新。

二、实施背景

村级合同档案主要包含五类，第一类是资产、资源租赁（承包）合同，包括土地承包合同，山林承包合同，房屋厂房租赁合同，菜场、沙场承包合同等。第二类是土地房屋征用合同，包括镇街道向村集体、村民征用土地房屋协议和村集体向村民征用土地房屋协议。第三类是土地、房屋流转合同，包括村民以及村级组织之间发生的土地、房屋流转合同。第四类是村级工程合同，包括村办公楼、村级文化礼堂、公厕、停车场、公墓地、道路等工程合同。第五类是劳务聘用合同，包括村电工、卫生清理工、律师等聘用合同。村级合同档案管理主要存在以下四个问题。

（一）保存基础薄弱，保管分散

本次调研的4个镇（街道）104个行政村（2014—2016年）共计保存1719份村级合同，其中12%的行政村有专门档案库房，多数村档案室与办公室合二为一；33%的行政村配备专用档案箱，其余村采用老式木橱和玻璃办公橱。大多数的村级合同未放置在专用档案箱，不能形成专柜、专室、专人的管理，造成缺失、断档、档案查找困难等问题。

（二）收集不齐全、整理不及时

村级合同档案一般都是村会计兼职保管，由于缺乏档案专业人才和档案知识，资料收集不规范，不能定时地收集和整理，不能按照规范的流程整理。各行政村村级合同整理不及时，2010年之前形成的村级合同基本都整理完成，2010年之后形成的村级合同未按照档案规范进行整理。

（三）缺乏资金投入

档案管理的现代化建设和经济建设发展同步进行，没有一定的资金投入，现代化管理只能是纸上谈兵。大部分行政村只能拿出少部分的资金投入档案工作，还不能满足档案现代化发展的需求，104个行政村累计输入案卷级和文件级条目1635条，村级合同档案大多数都未进行档案数字化扫描。并且，档案利用率也不高，出于多种原因，档案长期处于不被重视、封闭或半封闭管理状态，档案利用率较低。

（四）发展不平衡

经济实力较好的村级组织都比较重视档案工作，村级合同档案保存相对较好，制定了村级合同专题目录，包含了档号、合同名称、合同有效期、页数、保管期限等要素，按照合同类别进行排列；偏远山区、经济实力不强的村级组织不重视档案工作，村级合同保存得较少或未保存，很多问题由于缺乏档案依据而无法得到解决。

为了解决上述问题，奉化区档案局对江口街道、莼湖街道、萧王庙街道和大堰镇的村级合同（2014—2016年）进行了工作调研，并在工作调研基础上提出了具体的解决办法。

三、创新做法

（一）加强村级档案工作组织领导

镇（街道）对村级合同档案工作负有直接领导责任，应依法履行本镇（街道）区域内村级合同档案工作的组织、协调、指导和监督职责。镇（街道）纪委（纪工委）对村级合同履约情况进行督促和检查。档案行政管理部门对村级档案工作负有行政监管责任。档案行政管理部门依法对村级合同档案工作进行指导和监督，通过档案执法检查和年检对镇（街道）村级合同备案情况进行检查，对于进度滞后、质量不符合要求的及时予以通报。农业农村部门对村级合同档案工作负有行业监管责任，应通过镇（街道）三资代理服务中心对村级经济合同规范性和村级会计档案进行指导和监督，把村级合同档案列入村级财务公开检查和三资督查工作体系。

（二）建立村级合同档案备案工作机制

制定村级合同档案专项管理办法，建立村级合同档案定期备案机制，村级组织形成的土地房屋征用合同、土地承包经营权流转合同、工程合同、劳务聘用合同以及合同附件次年1月向镇（街道）综合档案室报送备案。工程合同建立及时归档制度，工程合同以及合同附件（村民代表会议记录、村级重大事项申请表、批复等）于工程合同签订后1个月移交给镇（街道）档案室。镇（街道）将这部分村级合同档案列入镇（街道）业务档案进行管理。

（三）合理设定村级合同档案归档范围和保管期限

反映村级合同签订、履约工作过程，有责任追溯和凭证作用的文件材料（含照片、声像），均列入归档范围，特别是跟村级合同密切相关的合同附件一并列入，如资产资源租赁（承包）合同的附件就包含村民代表会议记录、招标代理合同、村级集体资产资源交易方案审批表、村级重大事项审批表（记录表）、租赁（承包）合同等文件材料。对有效期在10年以内的租赁合同档案保管期限设定为10年，有效期在10年以上的租赁合同档案保管期限设定为30年，土地房屋流转合同、村级工程合同、土地房屋征用合同、劳务聘用合同档案保管期限设定为永久。

（四）加强村级合同档案整理

归档合同文件材料的整理立卷，可根据本村的实际情况，按项目组卷（即一个项目的合同文件材料，组成一卷），合同档案的分类整理，采取"年度—问题"的分类方法进行。在年度分类的前提下，再按问题进行划分类别，使合同档案条目清楚，方便查找和统计，方法简便易行，突出各类合同档案不同的性质和特点。每一年度档案整理时，村级档案员先行根据整理细则进行分类，档案目录电子化和数字化加工可以委托第三方进行操作。

四、效果及影响

(一) 任务渗透，畅通档案收集渠道

档案收集是事关档案完整的源头，为把好这一关，创新工作机制，健全双向联络机制，行政村档案员平时和各线加强联系，及时收交、催交各线在工作中形成的各类村级合同资料并移交档案室。锦屏街道强化指导移交机制，每年度村级档案资料收集前，行政村档案员提前按归档范围的规定，针对各线应移交的材料列出内容清单，指导并督促各线严格按照归档范围及要求，及时将村级合同档案收集齐全完整，然后一次性移交档案室，并严格执行交接制度，填写交接清单。

(二) 借助外力，优化档案服务能力

针对村级档案类型增多、载体扩大趋势，奉化区探索建立村级合同档案服务外包机制，通过发挥档案服务外包机构的整理服务专业优势，确保档案收集欠缺得到发现和解决，进一步促进了村级档案整理的规范化，为村级档案数字化发挥了重要作用。尚田街道通过试点，村级合同档案整理质量和数字化都得到了提高，这一试点经验已经在全区得到了推广。

(三) 备案驱动，助推基层治理升级

村级合同档案资源是新形势下推进基层治理和服务创新的重要载体。围绕民事民议、民事民办、民事民管的基层自治格局，指导各村做好基层党组织建设、"三务"公开、矛盾调解等领域的建档工作，档案的凭证作用得以有效发挥，为打造新时代奉化善治乡村提供了档案支撑。全区12个街道284个行政村共计备案村级合同档案2580件，把这类档案列入街道业务档案进行管理，村民可以到镇（街道）档案室查阅相关村级合同档案，半年来，累计查档320例，服务1100人次，有利于促进乡村经济建设，满足群众查档需求。

案例形成单位：宁波市奉化区档案局
案例形成人：康炜

工程在线云平台助力新机场高速连接线工程建设保障胶东国际机场顺利转场

一、案例概述

新机场高速连接线（双埠—夏庄段）工程全长约9.8千米，同步实施1座互通立交、3对衔接匝道，以及双向6车道地面道路、总长约100千米配套市政管线工程。项目深度应用世界先进工艺，创新开展桥梁美学研究，争创多项国家专利，打造"多杆合一、规模化预制"等十大亮点，构建起道路交通顺畅、管线功能完善、景观生态宜人的"六大民生通道"。项目建成通车，不仅为青岛市东岸城区往返胶东国际机场提供高效、便捷、多层次的交通保障，同时有效串联环湾路、重庆路、黑龙江路等沿线主次干道，对于助推周边区域的转型发展、提升两侧交通环境具有重要意义。该工程高效攻克35万平方米房屋搬迁、近30千米市政管线迁改、涉及主城区10余条主次干道调流等三大难题，克服疫情防控、雨量偏多等各项不利因素，突破超大跨径转体桥、机场限高区、涉高速施工等技术难点，主线仅用时12个月，"山东速度"享誉各大媒体。

新机场高速连接线工程通车后，"四横五纵"的胶东国际机场公路集疏网络已具雏形，机场周边路网结构进一步完善，为胶东国际机场顺利转场提供强力交通保障。同时为匹配智慧城市建设及后续使用需求，该工程的信息化建设和智慧档案建设工作也走在市政工程行业的前列，云平台+BIM+GIS等技术的合成，立足于工程全生命周期数字化与全过程风险管控，通过一系列支撑工程管理的软件工具，满足工程参建各方效率提升、协同协作、管理决策、系统集成等不同层面的业务需求，实现了设计、施工与运维等阶段之间模型数据的有效传递和数据收集，为该项目工程数字化档案建设奠定了坚实的基础。

项目建设团队以智慧思维为引领，以智慧城市发展环境为契机，注重工程档案生命周期，充分挖掘档案信息优势资源，利用新兴技术手段，融入工程全过程建设"互联网+"管理，积极开拓档案资源建设、管理、应用的新做法。实现以工程在线云平台为依托，借助云平台、移动互联网、工业物联网、建筑信息模型（BIM）与地理信息系统（GIS）等先进技术，实现"项目前期规划—过程管理—验收移交—档案交接"的全过程管理，有力保障了档案资源与施工现场数据的一致性，保障电子档案数据真实性、完整性、可用性和安全性。

二、实施背景

智慧城市建设要求实现城市的全面感知、互联互通和智能融合，需要把与现代信息技术应用相适应的体制机制创新作为首要任务；把智慧城市乃至核心技术云计算、大数据技术的本质实现集中统一、开放共享；将各部门、行业的云计算中心、大数据中心、信息应用系统实现开放共享，打破固有的数据壁垒和信息烟囱。

新机场高速连接线2019年12月31日动工，2020年12月30日主线完工，2021年8月通车。沿线穿越既有高速铁路、在建和规划地铁、机场限高区、水源保护地等重点区域，是青岛市有史以来投资规模最大、沿线条件最复杂、实施难度最大、工艺和技术要求最高的市政道路交通项目。青岛城投工建集团建设团队在城投集团党委的坚强领导下，上下一心，勇挑重担，与各参建单位积极联动，挂图作战、限时完工，严格按照关键线路进度有序推进工程建设。在工期短、任务重的困难下，坚持保证工程建设信息数据资源的完整保存，将海量数据及时收集、归档、实现数据共享作为主要攻关课题，综合运用"云平台+BIM+GIS"关键技术解决海量数据存储、管理及控制，信息整合、分析及智能化处理，智慧化应用支撑等问题，匹配智慧城市建设要求，将建设项目档案管理作为工程闭口环节融入工程建设各个关口各个环节，制定各类规章制度，规范档案管理，多部门协同开展档案管理工作，分工协作对项目立项至竣工移交期间产生的档案数据信息实现即时在线共享利用，并且确保工作过程数据的及时性、准确性和严谨性。

三、创新做法

该工程在工程档案管理中的创新做法，主要体现在管理理念创新、实施模式创新、新技术应用创新三个方面。

（一）管理理念创新

智慧城市建设给档案行业的发展带来了巨大变革，创新了档案行业的工作理念与发展路径，推动了档案新业态的发展。新机场高速连接线工程根据市政工程市民关注度高、施工面积大、施工障碍多、施工周期长等施工特点，针对项目管理工作的需求，借助新业态理念，从以下方面进行了理念创新。

1. 方案设计与实施

从项目立项规划开始，借助BIM+GIS技术，进行项目选址和施工方案制定，以最高质量、低成本的方式保证铁路转体桥、航空限高、水源地保护等多项技术难点的攻破。

2. 信息自动对接，确保资料的真实、准确

该平台提供自动获取各端口提供的信息数据能力，各类资料均可根据系统设计在作业后自动传输至平台，可有效避免各类资料的手工录入，避免了资料因施工时间周期长造成资料丢失。

3. 节省了人力、物力资源，助力疫情防控

本着创新、协调、绿色、开放、共享的新发展理念，该平台支持平台中所有的资料均可根据业主要求进行归类、归纳，并设计相应的账户以及端口，需要进行资料查看的个人和部门经授权后可进行查阅和系统对接，不但节省了资源浪费也减少了不必要的人员接触，助力疫情防控。

（二）实施模式创新

结合国内外云技术+BIM和GIS技术发展趋势与应用现状，该项目应用实施制定如下基本原则。

1. 总体规划，分步实施

对该项目应用重点和方式进行总体策划，根据项目各阶段重点难点按规划要求分步实施，通过良好的策划保证关键模型信息的传递和应用延续。

2. 标准先行，持续完善

在项目启动阶段即建立项目的技术标准与协作标准，并在实施过程中定期对协作流程等工作标准进行持续完善优化，保证项目执行过程顺利推进。

3. 多方协作，总控整合

针对项目参与方多、施工范围广的特点，积极推动相关方应用工程在线云平台进行可视化管理与工作协同。该项目采用多方共同参与的方式推进数字化路桥的建设及应用实施，主要由业主单位牵头建立工程数字化建设领导协调管理组和项目实施推进工作组，然后分别制定了各项应用实施标准和规范。充分发挥"云平台+BIM+GIS"的技术优势，实现了设计成果可视化、核心施工工艺可视化、施工过程管控精细化、多方协同平台化、数字交付自动化；实现了市政工程的精细化管理，提升参建各方协同工作的效率。各参与方通过统一采用工程在线云平台软件提交、审批、获取各自权限范围内的模型、数据及相关资料，确保平台上的 GIS 数据、BIM 模型、资料档案的真实性、完整性和统一性。

（三）新技术应用创新

新机场高速连接线工程通过搭建工程在线云平台（图1），利用云平台+BIM+GIS 等技术，立足于工程全生命周期数字化与全过程风险管控，通过一系列支撑工程管理的软件工具，实现了设计、施工与运维等阶段之间模型数据的有效传递。通过详细的策划，将工程档案资源的集成与工程信息化管理相结合，把业务流程产生的成果自动生成需要的工程档案。

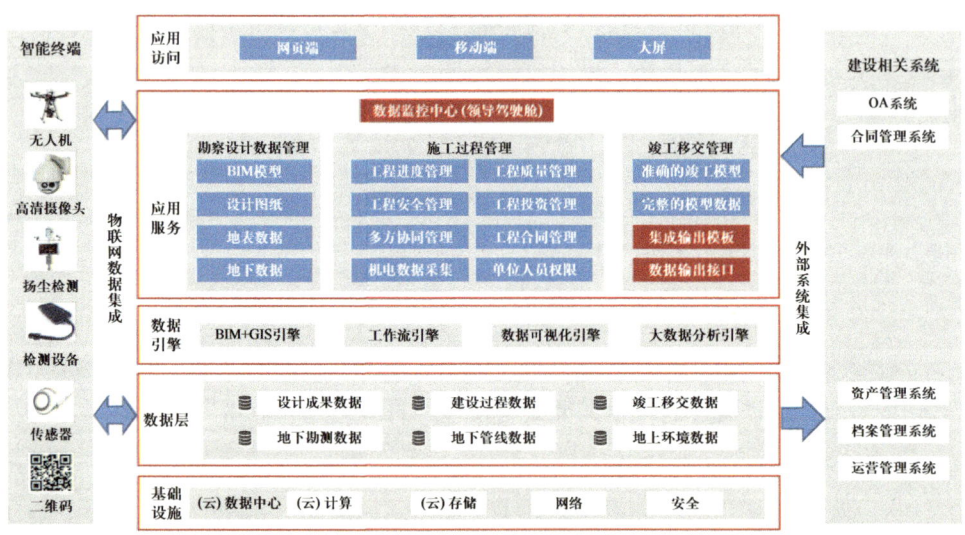

图1 工程在线云平台总体建设方案

1. 聚焦一线、信息整合

工程在线云平台通过智慧工地功能模块，聚焦施工现场一线作业层，运用物联网、云计算、移动互联、AI等先进技术，通过信息化手段对"人、机、料、法、环"等各生产要素进行实时、全面、智能的监控和管理。工程在线云平台建立互联协同、数据共享、智能生产、科学管理的智慧化平台，实时反馈每个施工现场情况，有效掌控每个施工现场安全、质量、进度及投资情况，自动生成工程建设数字档案。

2. 自动归纳、对接、减少人工成本

借助GIS+BIM信息模型的信息承载，实现设计数据、建设过程数据和竣工验收数据的有效整合，自动形成一套完整的工程建设数字档案。施工过程中可根据权限随时调取相关数据，也可待工程完工后将所有资料自动按要求生成所需目录及档案，在完成移交后进行信息存档和系统封存，封存形式多样，便于再需要时随时启用，同时也可通过系统集成接口实现与建设单位档案管理系统的自动对接，确保工程档案数据的实时同步，避免项目档案需多系统，多次上传，有效解决了资料的一致性、准确性问题，也可以减少人力的投入，实现一次上传，永久受益。

3. 项目资料有迹可循、全过程跟踪

该项目通过工程在线云平台，打造了一套基于智慧工地的施工现场监管机制，实现促协同、控风险、增效能的管理目的。具体实现：（1）基础数据统一、实现标准管理；（2）实时掌控施工现场状况，实现精细管理；（3）工作全程记录、跟踪，实现闭环管理；（4）数据智能分析，关键施工数据可记录、可查询、可溯源、可预判，实现科学管理。

四、效果及影响

（一）制度建立

通过该项目实施，建立了一套数字化路桥建设（包含档案建设）管理实施方案和技术标准，为同类项目模式复制奠定建设的基础，主要包括《青岛新机场高速连接线（双埠—夏庄段）工程基于BIM的工程管理信息化解决方案》《青岛新机场高速连接线（双埠—夏庄段）工程数字化工程档案建设及归档实施方案》《青岛新机场高速连接线（双埠—夏庄段）工程 GIS+BIM 模型应用技术标准》《工程在线云平台软件实施要求》《青岛新机场高速连接线（双埠—夏庄段）工程智慧工地系统集成要求及主要物联网设备布点清单》《青岛新机场高速连接线（双埠—夏庄段）工程二维码展示基本信息及检验批资料上传要求》《青岛新机场高速连接线（双埠—夏庄段）工程二维码基本信息采集样板》等。

立足于项目全寿命周期应用，建立该项目模型设计标准，规范建模规则、操作流程、技术措施。确保模型及附属信息的创建，在满足本阶段应用的同时，也能满足路桥施工、运维应用和工程档案建设的要求。

（二）细化方案、精准建模、节约成本

（1）工程项目管理团队在项目初期就以 GIS+BIM 技术为基础，建立项目进度管理视图、投资管理视图、质量管理视图、安全文明管理视图等可视化监管数据，准确直观地反映工程进展情况和趋势分析数据，辅助管理层进行科学决策（图2）。

（2）项目管理人员和各级领导通过 BIM 建设模块在施工前期阶段进行了详细、全面的研究，根据模型数据的显示，进行了数十次的建模、演练，并制定各专项方案和计划，有效规避了项目因限高、涉铁、涉海等因素造成的工程延期；在全国第一跨度耐候钢转体桥建设过程中，通过 BIM 模型演示，前瞻性解决技术难题所引起的技术、工期制约，有效地化解了施工现场的各类不确定性，助力世界最大跨度耐候钢跨铁路钢箱梁的空中转体，刷新青岛市政行业工程标杆。

（3）2019年，新型冠状冠病毒肆虐，防疫形势日渐严峻，为深入贯彻党中央部署，严格落实少聚集、少接触的防控要求，各级领导和项目成员充分利用项目平台功能，进行日常记录检查、进度计划提报、资料提报等审批工作。云平台的线上办公，直观、有效对项目进行管控，不仅有效地减少了人员接触，更大大节省办公区域至工地现场的通勤费用以及时间成本。据不完全统计，不同部门、人员结合各自工作职能通过云平台进行各类日常、月度、季度检查和查阅各类资料二千五百余次，以单次往返交通成本100元，每小时50元工资核算，就为项目节省近四十万元，同时还提高了工作效率，同时在疫情防控风险管理上更是发挥了不可估算的作用。

图 2　项目级集成监管界面

（三）实时上传、自动归类归档

建立基于互联网 + 知识工程的施工过程质量、安全、协调问题管理新模式，充分发挥移动端的便捷性，实现施工问题从发现、上报、整改、确认、分析总结，到最终制定预防措施的全流程、无死角过程管控（图 3）。施工、监理和项目管理人员在施工例检巡查过程中，对现场发现的各类问题，立即用手机拍照并通过移动端手机 App 上传照片和情况说明，由系统自动推送给相关负责人和管理人员，限期责任人完成整改并上传整改记录以及整改后照片，最大限度确保将问题追溯到源头、整改到终点。该模块（进度、安全、施工巡查）为项目管理人员解决了因施工现场面积大，施工单位多，当天无法全面顾忌到各个标段各专业上，各类信息提报不准确、整改不及时、不到位等现象。同时后台根据数据进行自动收纳归类，纳入项目资料中，有效避免施工员对档案资料留存意识不强，造成的施工资料归纳不及时，丢失、随意涂改等现象的产生。

（四）影像资料 24 小时全覆盖

为提高信息采集的效率，避免人员手工录入造成的数据错误，将集成试验数据实时监测、拌和设备监控、预应力体系施工监测、视频安全监控等智能化系统实时数据，形成以"BIM+GIS+ 物联网"为核心的智慧工地集成监控平台（图 4），大大提高建设单位对施工过程关键环节质量与安全的管控能力，有效保存施工过

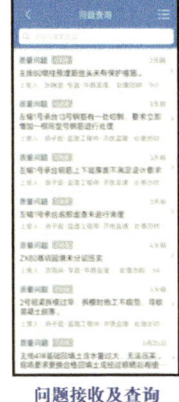

| 问题实时上报 | 问题接收及查询 | 问题详情及处理 | 问题详情 | 问题处理详情 |

图 3　质量问题全过程管理界面

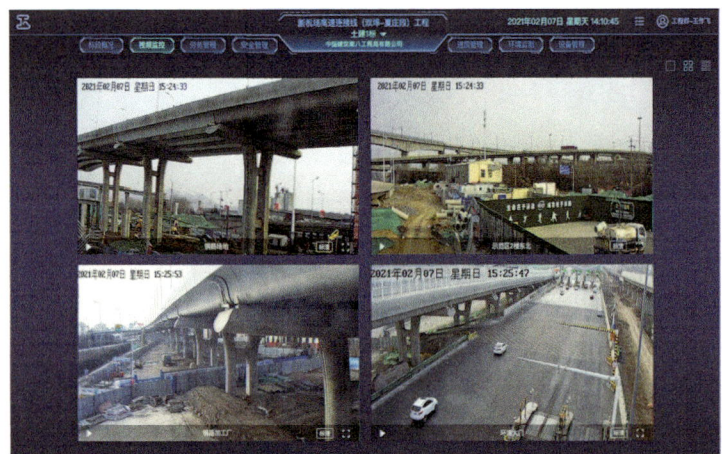

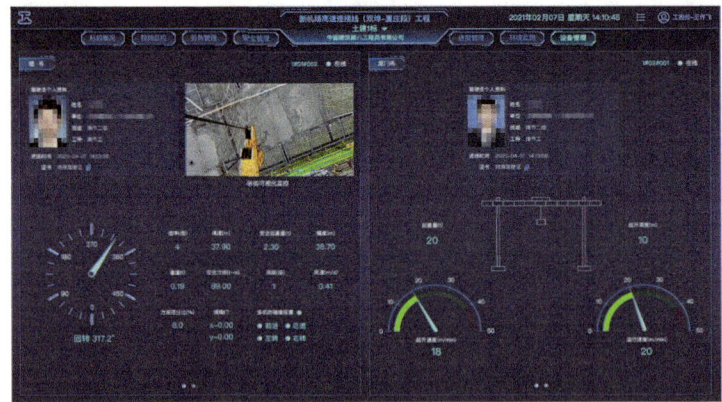

图 4　基于"BIM+GIS+物联网"的智慧工地集成管控界面

程中真实有效影像记录；施工现场监控全覆盖，减少视察、巡查人员工地间的来回穿梭，有效规避过多视察、巡查造成的施工进度滞后和安全隐患，节约了人力物力的投入（图5、图6和图7）。

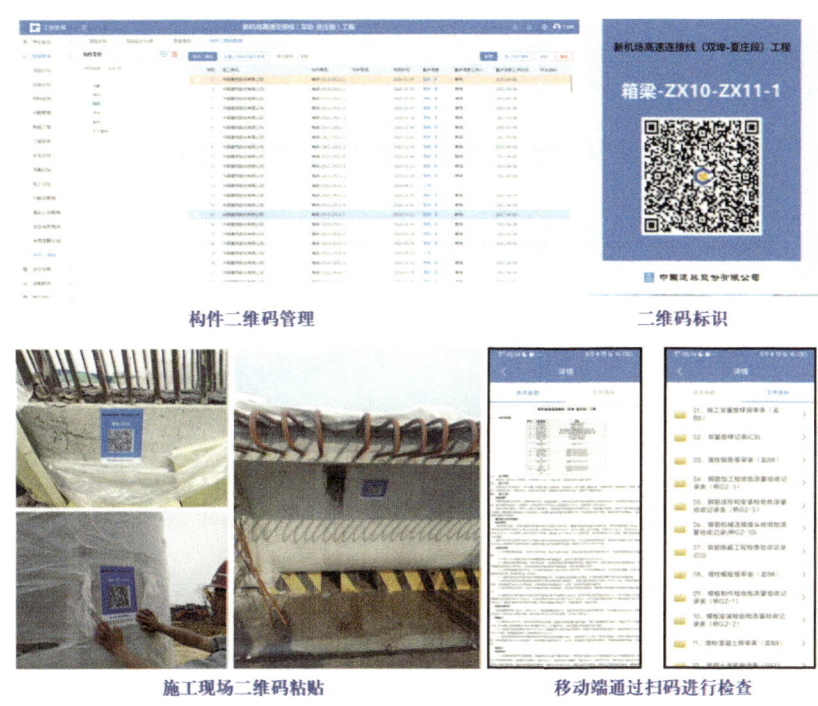

图5 基于预制构件二维码的全过程质量管控界面

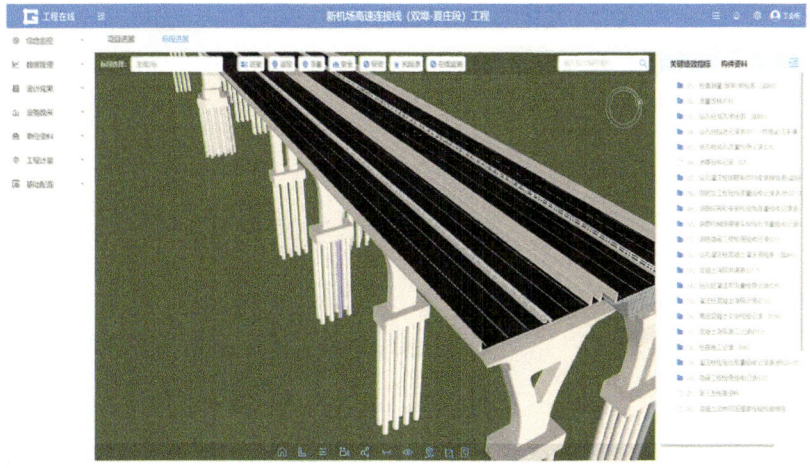

图6 工程在线云平台集成监管界面

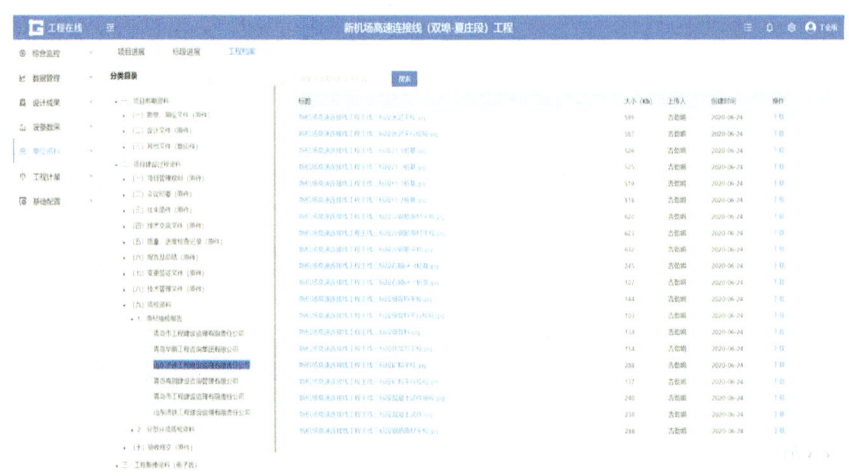

图 7　工程在线云平台工程档案查询界面

（五）外部评价

新机场高速连接线工程运用的工程在线云平台，为工程建设管理工作有序开展、档案信息化建设、资源开发利用提供有力保障。项目管理人员从前期开始介入，针对项目建设特点，进行深入讨论研究，开展工程建模、拟定里程碑计划等，将各种技术方案、进度计划实现有机结合，最终形成科学性高、可行性强的质量、进度、投资、安全管控方案和计划。档案信息即时共享提高了工程建设管理信息利用和查询的便捷度，改善了纸质档案归档、查询的繁杂程度，充分发挥了移动互联网、GIS+BIM 技术、大数据的集成优势，在市政工程建设领域全生命周期数字化服务中正在发挥着重要引领作用，青岛市住建局和项目指挥部给予了充分的认可。

工程在线云平台实现了档案资源的实时共享，随时随地可进行的信息录入、存档、查询，不仅极大地提高了工作效率，解决了市政工程项目建设周期长、施工范围广、技术难点多、档案信息量大造成的档案信息丢失、数据错误、存档不及时问题；实现了标准化竣工档案在线生成，保障了工程建设全过程的档案资料的信息化留存。截至目前，该项目共计产生了约 30T 的文字和影像资料，在项目突击作战赶工期过程中发挥了多方协同作战的信息支撑作用，更为后期工程计量、审计、设施维护等工作提供全覆盖、多方位的信息凭证，提升了工作效率，降低了成本支出。

通过工程在线云平台助推新机场高速连接线工程顺利完工，践行国家"互联网+"行动指导和BIM技术应用推广的意见，实现了云平台+BIM+GIS的先进技术在工程建设领域的应用，发挥了移动互联网、GIS+BIM技术、大数据的集成优势，在智慧档案建设领域跨出了具有里程碑意义的一大步。

案例形成单位：青岛城投工程建设发展（集团）有限公司
案例形成人：蒲恩博、韩守信、段红春、张修亭、孔令总、周芳冰

激活档案资源，打造"双科"宣传平台

——深圳湾实验室开发利用档案资源
助力科技宣传及科学普及

一、案例概述

深圳湾实验室（生命信息与生物医药广东省实验室）是广东省、深圳市推动粤港澳国际科技创新中心和综合性国家科学中心建设发展所部署建设的重大创新载体。自2019年成立以来，实验室根据统筹协调、需求导向、创新开放、确保安全的总体要求，在开展档案资源建设的同时对其深度开发利用，集中打造了集创新技术、研究成果、高端人才等三位一体的科技宣传与科普服务平台，建立了400平方米的展厅作为对外宣传、科普的基地。立足于视、听、触、感等角度，采用光影、音视频、模型、体验等方式，系统介绍了深圳湾实验室在践行"健康中国战略"，为深圳在生物医药领域积蓄科技力量的成果和举措。展厅（图1）建成一年多来，累计接待各行业领域参观人数达10000多人次，打响了深圳湾实验室知名度，传播了科技知识。

图1 深圳湾实验室展厅

二、实施背景

（一）建设展厅是深圳湾实验室开展科学普及的重要抓手

科技兴则民族兴，科技强则国家强。当今世界正处于百年未有之大变局，随着新一轮科技革命和产业变革突飞猛进，科技已成为国之利器，国家赖之以强，企业赖之以利，人民赖之以富。科技创新已成为国际战略博弈的主战场，我国要想在激烈的国际竞争中立于不败之地，始终屹立于世界民族之林，就要实现高水平的自立自强。其中，科技自立自强成为决定我国生存和发展的基础能力。

科技创新、科学普及是实现创新发展的两翼，习近平总书记要求把科学普及放在与科技创新同等重要的位置。面向世界科技强国和社会主义现代化强国建设，科学素质建设承担起更加重要的使命。开展科学普及，目的就是要在全社会推动形成讲科学、爱科学、学科学、用科学的良好氛围，使蕴藏在人民中间的创新智慧充分释放、创新力量充分涌流，充分发挥全民才智，实现科技自立自强。提高全民科学素质需要科研机构的支持，普及科学知识、弘扬科学精神、传播科学思想、倡导科学方法是每个科研机构义不容辞的责任。作为广东省实验室、深圳实践中国特色社会主义先行示范区行动中全力支持建设的生物医药领域重大创新载体，为提高全民科学素质贡献力量是深圳湾实验室的重要任务之一。建设展厅，可以通过光影、音视频、模型、体验等方式开展科普宣传，直观感受科技魅力，增强参观效果。

（二）建设展厅是深圳湾实验室对外开放、展示成果的迫切需求

习近平总书记指出："建立目标导向、绩效管理、协同攻关、开放共享的新型运行机制，建设突破型、引领型、平台型一体的国家实验室。"要解国家民族之所急，充当科技创新的利器，快速突破"卡脖子"问题，当务之急就是要加强基础研究，加快科技创新，建设布局国家实验室。

深圳湾实验室于2018年11月获批成为广东省实验室，并作为广东省建设国家实验室"预备队"，2019年1月启动建设，2021年5月正式成为呼吸领域国家实验室重要基地。实验室按照"四个面向"探索实践新型举国体制科研新模式，以协同攻克生命健康重大科学难题为导向，以IT+BT融合及多学科交叉为特色，聚焦重大疾病的预防、诊断和治疗，开展疾病机理、生命信息、创新药物、医学

成像等领域研究。它是深圳市规划建设生命信息与生物医药领域重大科研平台，是深圳建设粤港澳大湾区综合性国家科学中心和世界一流科学城的重大推进举措和重大创新载体，是深圳实践中国特色社会主义先行示范区行动中，全力支持建设平台型、引领型的新型科研机构，也是入驻光明科学城第一个科研实体。

经过两年多的建设，实验室初步构建起灵活有效的运行体系，各项科研管理工作合规有序开展。实验室积极组织团队开展科研攻关，在新冠病毒、癌症、神经退行性疾病、糖尿病防治、新药研发及科研转化等方面取得了重要进展。实验室迫切需要一个对外宣传的平台，向党政机关、科研机构、企事业单位以及广大民众宣传实验室，吸引更多的组织及人才关注深圳、关注深圳湾实验室，吸引更多更优秀的人才加入深圳湾实验室，吸引更多的科研单位及企业与深圳湾实验室开展合作交流，获取更多的支持，推动深圳湾实验室更快更好发展，为粤港澳大湾区建设提供有力科技支撑、人才支持。

三、创新做法

（一）多类型档案齐发力

深圳湾实验室通过全面整合文书档案、科技档案、实物档案、图片档案、人事档案、基建档案等档案资源，推进档案资源总量增加、质量提高、结构优化，深度开发档案中包含的各种丰富成果，全面发挥档案重要价值，建立了400平方米的展厅作为对外宣传、科普的基地，全面提升实验室档案资源开发利用水平。实验室展厅共分为十大板块，包括党建引领、发展概况、体制机制、组织架构、重点任务、支撑平台、科研机构、学科技术、重大疾病、产业转化等。在系统展示实验室建设发展成效的同时，传播科学知识、弘扬科学精神，全面发挥实验室展厅科技宣传和科普教育的功能。

1.深度开发利用文书档案，详细介绍深圳湾实验室发展定位

为便于文书档案的开发利用，实验室通过数据压缩技术、高速扫描技术，将文书档案数字化，让公众在参观展厅时就能读取文件直观了解实验室的发展定位。例如，在展厅放置永久保存的文书档案《深圳市人民政府关于成立深圳健康科学院的批复》《深圳市人民政府办公厅关于同意深圳健康研究院单位名称、举办单位、经费来源的批复》复制件，公众可以在阅读文件内容中了解到，实验室

是由深圳市科创委和北大深圳研究生院共同举办,协同深圳乃至粤港澳大湾区相关领域具有研究基础和应用优势的单位合作共建,是深圳建设粤港澳大湾区综合性国家科学中心和世界一流科学城的重大推进举措和重大创新载体。通过永久保存的《深圳湾实验室章程》,了解到实验室实行理事会领导下的主任负责制,坚持以"科学家为中心"的管理机制,建立开放式科研创新平台模式,以核心辐射、多点联动,构建与国际接轨的科研机构治理体系。

2.深度开发利用人事档案,生动展现深圳湾实验室的人才风貌

实验室通过员工人事档案统计了科研人员学习背景、研究方向,通过图表化、数字化的归纳梳理,充分展示了实验室的科研人员全球化、多样性的特点。深圳湾实验室坚持以资深科学家吸引带动优秀青年科学家,充分发挥资深科学家榜样作用,从"一个高水平带头人"到形成"一个高水平团队"的"集团效应"逐渐显现。根据科研人员特点,实行"严进严出"人才管理,创新人才评价机制,营造了有利于优秀人才脱颖而出的良好环境,激励和帮助青年人才快速成长,形成可持续发展的优秀人才梯队。

展厅还挖掘了优秀科学家的生动鲜活的事例,如钟国才博士,他参与发现了乙肝病毒、丁肝病毒的受体,是主要贡献人之一。新冠疫情暴发时,他不顾个人安危,放弃新年与家人团聚的时光,大年初一返岗工作,组织团队全员提前返回实验室并全面调整研究方向加入新冠研究。在新冠病毒跨物种传播风险研究和广谱抗冠状病毒新药开发方向取得了一系列研究成果,为科学防疫政策的制定提供了一手的科学依据,同时为抗击新冠、应对新冠病毒变异提供了少有的潜在解决方案之一,荣获了广东省"五一劳动奖章"荣誉。向公众尤其是青少年学生们多层次多角度展现优秀的科学家优秀的人格魅力和高超的学术水平,目的就是在宣传实验室人才风貌的同时,给青少年学生们的梦想插上科技的翅膀,让科技工作从事他们尊崇向往的职业。

3.深度开发利用实物档案、图片档案,充分展示实验室优秀科研成果

实验室研发的广谱抗新冠病毒候选新药ACE2-Ig蛋白,为让参观者了解它的重要作用,展厅利用分子模型及动画展示(图2),动态展现了这一科研成果一旦成型后在药代动力学和药效学的双重优势之所在,对抗击当前乃至未来可能突发的疫情都具有重要的作用。

图 2　深圳湾实验室展厅中 6 ACE2–Ig 蛋白分子模型

实验室展出实物档案全自动眼底照相－智能诊断仪（图 3），这款诊断仪是国内首台全自动眼底照相机，几秒钟拍摄完成眼球照片后就能很快自动生成检测报告，降低了操作门槛和对医生阅片和诊断的经验要求，不仅能诊断出早期的眼科疾病，而且对心血管疾病、糖尿病、神经系统疾病等重大慢性病的筛查、诊断与随访具有重要意义。

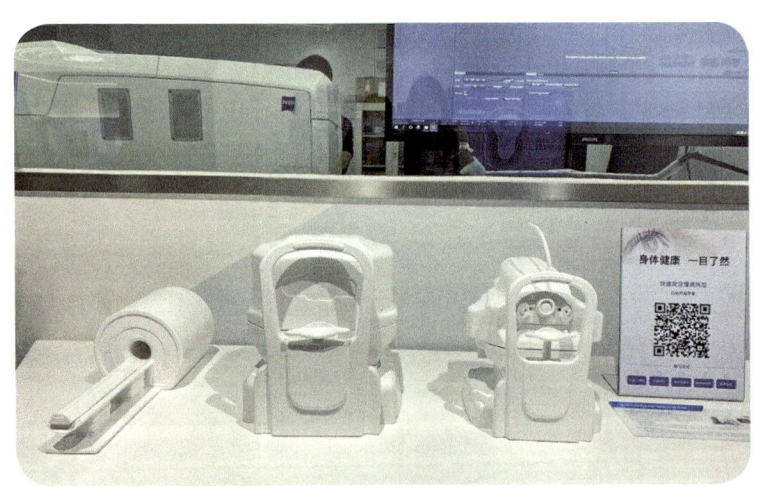

图 3　深圳湾实验室展厅中全自动眼底照相—智能诊断仪

实验室利用图片档案，通过光影成像动态介绍了深圳湾实验室作为第一通讯单位，在世界顶级期刊 PNAS 上发表的有关新冠病毒的研究成果。这一成果在全国率先全面诠释了新冠病毒与 SARS 病毒动态识别机制的差异，通过计算机模拟研究蛋白的作用机制，发现了新冠病毒传播力更强的重要因素，诠释了和SARS抗体结合欠佳的原因，为进一步的疾病防控和药物设计提供了重要参考（图4）。

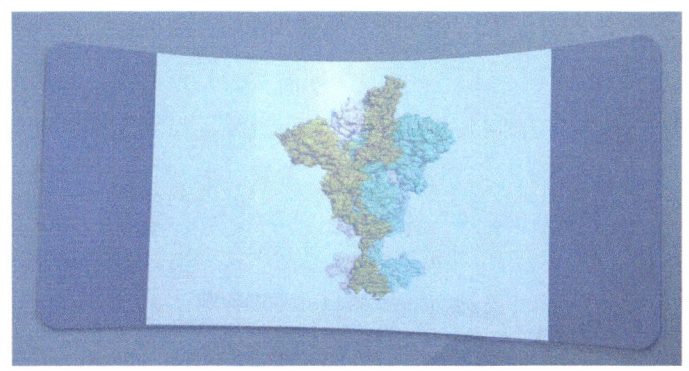

图4 深圳湾实验室展厅中新冠病毒的研究成果图片

4. 深度开发利用基建档案，详细描述深圳湾实验室永久场地规划愿景

实验室利用图片档案永久规划图片，制作了永久场地建设模型，将永久场地美丽面貌微缩立体展现在参观者面前（图5）。根据基建档案得到的信息，深圳湾实验室规划建设用地是1000亩，按照"一核两翼"的规划理念来建设，一核是指实验室的主体部分，位于光明科学城；两翼分别位于福田和坪山，整体布局从基础研究到应用研究再到成果转化，促进和推动实验室相关技术和产品的快速落地。

图5 深圳湾实验室展厅中永久场地规划

（二）多种类技术手段齐上阵

实验室展厅采用现代技术手段充分开发利用档案资源（图6）：一是使用文字＋图片生动展示了实验室科研人员风貌、科研成果、实验室大事记、合作交流情况等；二是使用音频、视频，播放深圳湾实验室宣传片，以及被央视新闻频道《朝闻天下》《新闻直播间》、央广网、广东卫视、深圳卫视、凤凰卫视等主流媒体报道的片段；三是使用实物进行体验式参观，参观者亲身体验全自动眼底照相－智能诊断仪，当场诊断，当场了解自己的身体状况，让参观者切身感受科技魅力；四是进行模型展览，在研抗冠状病毒的分子模型及动画展示、人胰岛素调控血糖分子机制模型、核磁共振仪模型等，让参观者进一步了解实验室的最新科研成果。实验室紧紧围绕全方位、全生命周期生命健康保障这条主线，通过现代信息技术手段，带领公众在实验室展厅探索生命奥秘，普及健康知识，传播前沿生物科技及重大疾病的最新研究进展。

图6　深圳湾实验室展厅中播放视频的魔方

（三）多层次宣传齐头并进

实验室积极承担科技宣传和科学普及的任务，努力构建广覆盖、多维度、全方位、立体化的宣传格局。实验室展厅科普既面向成人也欢迎青少年前来参观。目前到深圳湾实验室展厅参观的人员既有科研机构人员、党政及企事业人员，也有大中小学生，人数达到10000多人次。

针对不同人群，实验室在展厅设计了不同的参观路线，设置了不同的讲解内容。根据不同的群体安排不同的解说员，针对不同的参观对象进行有针对性的解说，建立了多层次的宣传体系。一是科技宣传路线，着重宣传实验室在生物医药领域近年来做出的突出成果，大型仪器设备的引进情况，仪器平台建设情况，科研人员可以边参观边进行学术交流，碰撞思想的火花；二是科普宣传路线，着重向学生介绍实验室优秀科学家的求学经历与学术成就，激励学生向科学家学习，把当科学家作为人生理想，在学生心中播撒爱科学的种子；三是党性教育路线，着重向党政机关、企事业单位介绍深圳湾实验室在科研管理、人才培养方面的创新举措，在科研成果转化方面的突出成果，展厅直通大型仪器建设平台，便于企事业单位了解实验室大型仪器平台，商讨设备共享，加强科研合作，获取更多支持。今年深圳湾实验室挂牌中共深圳市光明区委党校党员干部培训现场教学点，接待了多批市、区干部培训班学员。

实验室还通过各种平台和契机开展科普讲座，宣传科普知识。例如，通过实验室"红树林"论坛邀请国内外知名科学家、企事业负责人做客实验室，与科研人员及其他高校、科研机构和产业界代表通过线上与线下的形式交流科技。通过科普开放日、"大学生暑期研习计划""国际创新药物技术发展论坛""2019年度中国生命科学十大进展交流会暨青少年科普报告会""2020流动化学技术专题研讨会""第六届（2020）中国听觉大会"等大型会议活动，让公众尤其是青少年学生认识和探索生命信息、生物医药的魅力，形成讲科学、爱科学、学科学、用科学的良好习惯。

四、效果及影响

（一）提升了深圳湾实验室的知名度和美誉度

实验室展厅逐渐成为实验室与党政机关、企事业单位、科研机构展示形象、传播科技、交流合作最快捷、最有效、最立体的重要途径。自入驻光明以来，已累计接待各行业领域参观人数10000多人次。深圳湾实验室的发展成果、创新做法受到广泛关注，央视新闻频道《朝闻天下》《新闻直播间》节目，以《粤港澳大湾区三周年——创新协同，打造科技产业高地》为题报道深圳湾实验室；央广网、广东卫视、深圳卫视、凤凰卫视等主流媒体50余次（图7）。就人才引进、培养、创新载体平台建设等改革问题对实验室领导、科研人员等进行专访，采访报道中多次出现展厅画面或以展厅作为采访背景。

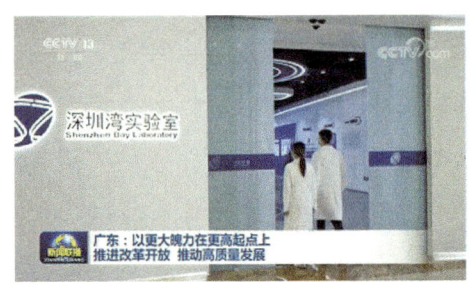

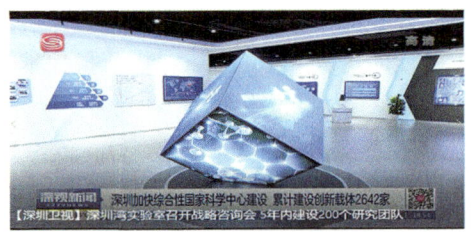

图7　深圳湾实验室相关报道

（二）为实验室在生物医药领域交流合作拓宽了渠道

围绕深圳市提出的打造"基础研究＋技术攻关＋成果产业化＋科技金融＋人才支撑"的全过程创新生态链，实验室实行科学家决策，倡导做有意义、有挑战的科学研究，建立机动协同新型机制，充分发挥新型科研机构"集团作战"特点，聚焦国家重大战略需求，实行学科交叉，坚持"基础＋应用＋转化"，呈现出机制灵活、开放创新的特点，精准对接产业化。国家、省、市领导及相关部门多次实地调研，陈润生院士、彭孝军院士、金宁一院士、程津培院士、倪嘉缵院士、仝小林院士、贺福初院士、徐南平院士等专家学者来访，华润三九、卫光生物、健康元、华为、天使母基金、人民医院、儿童医院等数十家单位来访交流并畅谈合作。实验室梳理了各类档案,在展厅详细介绍了近3年的创新做法和有益尝试。

实验室搭建了三个桥梁:一是与科研单位合作搭建研发桥梁,主动牵头组织与深圳大学、南方科技大学等10家科研单位合作共建,并计划在深港科技创新合作区注册成立深圳湾实验室国际创新与转化研究中心,充分利用河套地区政策优势,推进综合性国家科学中心建设,助力深港科技创新合作区发展;二是与医院及医疗机构合作搭建临床研究桥梁,与20余家医院及医疗机构等开展合作,启动新药研发项目20余项,开展大湾区老年脑健康计划;与蔡司中国合作建立成像联合实验室,与奥林巴斯中国合作建立技术探索中心;三是与企业合作搭建成果转化桥梁,与天使母基金、华大共赢、同创伟业、国泰资本等商讨建立知识产权专项基金、天使或产业基金;与瑞士辉凌(FERRING)、一品红等公司商讨建立技术研发中心,形成产业对接矩阵,加快创新链与产业链融合发展;与华为公司签署重要战略合作协议,促进BT+IT跨界融合研究。双方合作开发的分子模拟库(SPONGE),不仅是国内首个开源发布的通用分子模拟软件框架,更布局以大数据和深度学习为代表的人工智能技术,力求成为在算力时代引领技术变革的下一代分子模拟软件平台。一旦投入使用,预计将为科研单位和企业每年节省几千万元的软件购买费。

(三)把深圳湾实验室打造成科普宣传的新平台

2019年度"中国生命科学十大进展交流会暨青少年科普报告会",邀请了匡廷云院士、隋森芳院士等生命科学领域专家学者为青少年生命科学爱好者代表作科普分享。分享采用了"线上+线下"相结合的形式,线上观看直播点击量超20万,人民日报、新华网、央视网、广东新闻联播、南方+等各大主流媒体纷纷转载,引起了社会广泛关注及积极反响。

在全国科技活动周期间,深圳湾实验室举办以"探索生命奥秘,普及健康知识"为主题的科普开放日,邀请了深圳市40余名师生到展厅现场聆听科普工作人员对展厅的介绍,以了解实验室的基本情况作为切入点,去认识和探索生命信息、生物医药的奥妙世界,并让学生亲手实验,感悟实验的乐趣;同时开展《阿尔茨海默病的诊断和预防》科学讲座,邀请科学家与学生交流互动。

面向全国优秀大学生开展了"大学生暑期研习计划",吸引了全国多所知名高校学生报名，其中浙江大学还专门组织了社会实践团参与其中。大学生们通过参观展厅，听取解说员讲解，了解了深圳湾实验室的机构建设、科学研究、人才引进、党建工作、人才培养等方面的建设情况。通过与青年科学家的交流以及科研实践，帮助他们开阔国际视野，提高科研创新能力，近距离接触前沿科学技术。

近期实验室还将承办"科学与中国"全国院士巡讲活动，将有20多位院士参加，届时将开通《科学启智》微课堂直播，吸引青少年学生积极参与，聆听院士讲座，感受科学家风采，体会科学魅力，播撒科学种子。此外，深圳湾实验室正依托实验室展厅申报深圳市科普基地，以期成为深圳科普宣传的重要平台。

案例形成单位：深圳湾实验室
案例形成人：邓超、葛欣

科研档案赋能科技创新

——记 10 兆瓦高温气冷实验堆档案的开发利用

一、案例概述

10 兆瓦高温气冷实验堆技术（以下简称 HTR-10）是清华大学通过承担国家 863 项目而产生的原创性成果，其档案是清华大学档案馆的珍贵馆藏，2276 卷文字材料和 10323 张图纸完整地记载了清华大学核能与新能源技术研究院（以下简称核研院）自主研发 HTR-10 的全过程。这些形成于二三十年前的档案大部分由科研人员手写编制，一些外文资料是影印件，都是保存下来的孤本，弥足珍贵。HTR-10 档案中的设计图纸和报告、设备加工制造和安装调试的完工报告、施工调试记录、技术研究报告、安全防护报告等资料不断有研究人员、工程技术人员借阅翻查，寻根溯源。这些档案在科技创新发展的进程中不断焕发出活力，为技术成果产业化、实用化提供保障。

二、实施背景

早在 20 世纪 70 年代，清华大学核研院就对高温气冷堆整体技术开展了前期研究探索工作。1986 年高温气冷堆研制项目被列为国家"863"计划能源领域的一个研究专题，经过一个五年计划的实验室研究，完成了一系列的原创性技术成果，积累了大量档案，并于 1990 年顺利通过了专家评审。1992 年国务院批准，清华大学核研院于 2000 年前建设一座 10 兆瓦高温气冷实验堆（图 1）。核研院作为该项工程的主体

图 1　10 兆瓦高温气冷堆外观

实施单位，承担了工程的核岛工艺设计和大量的工程前期工作，于1995年6月14日正式动工兴建。2000年12月1日反应堆首次临界，2003年1月29日核电站达到72小时满功率运行并网发电。2003年4月和2004年9月，多次进行模块式高温气冷堆固有安全性的试验，受到国际核能界极大的关注和高度评价。目前，它是世界上第一座建造运行成功的球床模块式高温气冷堆。2006年获得了国家科技进步奖一等奖。HTR-10的研发、设计、建造和成功运行，为我国高温气冷堆后续产业化、实用化发展奠定了技术基础。

三、创新做法

HTR-10工程建设过程中，清华大学核研院实现了自主设计，核心燃料自主制造，自主工程总包，自主运营；实现了自主的技术创新，产生很多专利，拥有自主知识产权，也让我国成为世界上少数几个掌握了高温气冷堆技术的国家之一。所有这些都被设计人员、科研人员、施工人员一桩桩、一件件地记载并保留下来（图2）。

图2　HTR-10档案实体

2000年年末HTR-10临界之后，根据科技部和教育部的指示，在校党委，特别是该项目负责人、时任清华大学校长王大中院士的直接领导和关怀下，核研院进行了建堆工作的大总结，组织科研人员编写工作总结，完善技术资料，由档案工作人员收集资料，进行分类整理编目、立卷归档，历时3年时间形成500余盒共计2276卷文字材料、10323张图纸，2003年移交至清华大学档案馆永久保存。自HTR-10建成，档案就一直为实验堆的顺利运行、设备改造、定期安全审查提供技术资料，在采用实验堆的运行数据支持操作员培训、安全分析软件验证、实验堆上的重大专项课题实施等工作中发挥技术保障作用，从而有力地支持了后续重大专项任务示范工程的设计、建造和运行。

四、效果及影响

（一）HTR-10 档案为学校教书育人中心工作服务

HTR-10 档案也是清华大学核研院老师们用来教书育人的好资料。一方面由于高温气冷堆技术没有现成的教科书，这些档案就成为学生们理论联系实际最好的教科书；另一方面也让他们从中认识到科研档案工作的重要性、学习了相关知识，对归档工作有了感性认识。

HTR-10 项目归档工作在清华大学前校长王大中院士大力支持下完成。王大中院士是 HTR-10 项目的负责人，是我国老一辈核反应堆工程与安全专家，也是高温气冷实验堆培养出的数以百计专家的杰出代表。核研院以 HTR-10 为基础，不断推进高温气冷堆项目研发，培养了一代又一代研究人员和技术人员，为中国核工业发展输送了大批优秀人才。至 2020 年，结合高温气冷堆的设计，共培养硕士生 657 名、博士生 183 名，造就了一批既有理论水平又有实践经验的青年核科技骨干力量，这些毕业生已经成为推动我国 21 世纪核能事业发展的生力军。

HTR-10 实验堆建成后，核研院利用高校的优势，扩大了博士研究生、硕士研究生的招生名额，积极安排研究生参加高温堆研发工作和发表学术论文，接受委培生的培养和在职培训，努力为我国核能界培养更多人才。在学生培养过程中，有很大一部分工作就要查阅、分析资料，这都需要到档案馆去查实验堆的相关资料，档案成为研究生们学习的第一手资料。据统计，2020 年 8 月至 2021 年 6 月清华大学核研院毕业的 73 名研究生几乎都查阅过 HTR-10 档案。对学生们来说，查阅档案不仅是查找信息，更是传承文化。

（二）HTR-10 档案为科研成果转化提供支撑

高温气冷堆是国际上公认的第四代核能系统之一，它的"固有安全性"，使其在福岛核事故之后受到国际核电领域高度关注，也推动了我国高温气冷堆的产业化进程。2006 年 1 月高温气冷堆被列为国家中长期科技发展规划的十六项重大专项之一。2006 年 12 月经国务院批准，中国华能集团公司、中国核工业建设集团公司、清华大学共同出资组建"华能山东石岛湾核电有限公司"，在山东石岛湾建造20万千瓦级高温气冷堆核电站示范工程（以下简称示范工程），于2012年12月正式开工建设。在华能集团、中国核建集团和清华大学主要领导的支持下，项目联合团队克服了各种困难，取得了重大进展，目前工程建设已全面完成，即将装料。以此为基础的后续商业规模60万千瓦高温气冷堆核电站设计也在稳步推进中。在每个项目的方案论证中，HTR-10档案资料都是必选的参考资料。

高温气冷堆历经几代人，从跟跑、并跑到领跑，时间跨度长，因此带来了科研人员新老交替问题，不断有年轻的研究人员加入团队。示范工程和60万千瓦高温气冷堆核电站都是基于HTR-10的设计原理，理念一脉相承，所以每一位刚到项目组的同志都会去档案馆查阅HTR-10的档案资料，全面了解设计内容，反复推敲论证，然后才完成后续的设计方案。在讨论过程中，当遇到某个技术问题不能达成一致，或者某个设计内容模棱两可时，也常常会想到去查查HTR-10档案，协助问题得到解决。比如堆内构件，作为高温气冷堆的核心系统之一，在设计时，因一个小小的高度不到15mm弹簧片的验收指标问题，设计项老师与生产厂家产生了分歧，各说各的理，僵持不下。怎么办？设计项老师立即想到了查HTR-10的档案资料找依据，最终在大量的资料中找到了相关的内容，说服了厂家按设计项的指标要求提供此部件，很好地解决了"争端"。HTR-10的档案资料成了设计项老师们的"武功秘籍"。

在设备材料国产化工作中，档案中的原始记录为科研人员进行指标比对、总结规律等也提供了支撑。如球形燃料元件是高温气冷堆最为关键的核心技术，其作为高温气冷堆的裂变源，承受着高温考验和高能中子辐照，其结构完整性和包容裂变产物能力是高温气冷堆固有安全特性的关键保障。构成球形燃料元件的材料中基体石墨占90%以上，基体石墨的性能指标和安全特性直接影响着元件的相应指标。同时，生产规模化增大了基体石墨粉需求量，也对其稳定性提出了更高要求，因此基体石墨粉的研制成为一项重要任务。在批量化生产的基体石墨粉性能指标研究和生产质量控制中，HTR-10档案资料是探索研制新的基体石墨粉的重要技术依据和设计参考。生产用的设备放大原理、天然石墨原材料的选矿检测分析结果、原材料的粉碎工艺参数、粉体粒径控制、比表面与松装密度的协调性指标等都是研究分析HTR-10档案材料后得出的。通过从原材料选矿、设备选型、工艺参数控制，以及产品性能验证，直至辐照考验等所有过程中的数据里查找规律,才确定了最终规模化生产基体石墨粉的设备选型原理、批次生产量、工艺参数等关键设备和工艺环节。实验室批量化生产得到验证后,最终放大规模,在工厂建设了批量化生产线,成功为示范工程燃料元件生产提供性能稳定的基体石墨粉(图3)。2017年10月,中国核学会在山东威海发布"2015—2017年度中国十大核科技进展",其中,"全球首条高温气冷堆燃料元件生产线投料生产"排在第二位。

图3　全球首条工业规模生产线上生产出的球形燃料元件

(三)HTR-10档案在"一带一路"国际合作中发挥作用

清华大学核研院在高温气冷堆建设和应用上的进展在国际上也产生了良好影响。福布斯杂志在2016年11月发表的评论文章说:中国关于高温气冷堆的报告获得了全场持久的掌声,响起了只有在足球场上才能听到的喝彩声。

模块式高温气冷堆核电站具有优异的固有安全性,有发电效率高、厂址选择条件较灵活等特点,可以作为大型压水堆核电站的补充。更为重要的是,在当前"两碳"背景下,高温气冷堆技术被核能界公认为在热应用领域具有广泛的市场前景。在国际上,以发展中国家为主要目标市场,拓展高温气冷堆市场是贯彻国家"一带一路"倡议的重要举措。HTR-10档案资料在促进国际合作的过程中又发挥了重要作用,为联合研发、工程设计与建设助力。在中国和印尼高温气冷堆合作项目中,核研院以HTR-10为基础开展优化设计和造价评估以满足印尼方的要求,对档案利用愈加频繁,查阅率达90%以上。

2017年11月27日,"中国-印尼科技创新合作论坛"在印尼研究技术与高等教育部举行。中国国务院副总理刘延东出席了论坛开幕式并发表主旨演讲。印尼研究技术与高等教育部部长纳西尔，中国科技部党组书记、副部长王志刚先后致辞。中国－印尼高温气冷堆联合实验室揭牌。

今天，科研档案为赋能科技创新所发挥的作用是前所未有的，它已经日渐成为我们国家的战略资源。

案例形成单位：清华大学

案例形成人：权英、于东梅、田里、王海涛

讲好数学故事，弘扬科学精神

——中科院数学院建党 100 周年科研档案开发利用案例

一、案例概述

为了生动展现党领导下的中国数学事业取得的辉煌成就，弘扬老一辈数学家艰苦奋斗、爱国奉献的科学精神，激励青年科研人员在实现高水平科技自立自强的征程上，接力精神火炬、树立文化自信，中国科学院数学与系统科学研究院（以下简称中科院数学院）结合"不忘初心、牢记使命"主题教育、党史学习教育以及建党百年宣传活动，深入挖掘室藏科研档案资源，以"国际档案日"宣传活动为契机，讲述数学家故事，弘扬数学家精神，使科研档案在党史、院史学习教育活动中发挥了重要作用，形成了一套有效做法，促进了中心工作，营造了风清气正的科技创新生态。

二、实施背景

近年来，深刻变化的国内外形势对我国科技创新提出了前所未有的迫切要求。党的十九届五中全会提出，坚持创新在我国现代化建设全局中的核心地位，把科技自立自强作为国家发展的战略支撑。要求持之以恒加强基础研究，创造有利于基础研究的良好科研生态。

国家科研机构作为国家战略科技力量的重要组成部分，是科技创新的重要载体。中科院数学院是我国数学与系统科学的最高国立研究机构。1952年数学所建所伊始，所长华罗庚就提出了数学所的战略目标，即"创造自主创新的数学……"这奠定了数学所的本色，形成了中国数学的初心。从建院至今，中科院数学院很多研究工作高度原创、影响广泛，如典型域上的多元复变数函数论（华罗庚），数论在近似分析中的应用（华罗庚、王元），均匀试验设计的理论、方法及其应用（方开泰、王元），示性类与示嵌类的研究（吴文俊），数学机械化中的吴方法（吴文俊），哥德巴赫猜想研究（陈景润、王元），自抗扰控制方法（韩京清），有限元法（冯康）等。这些宝贵的科研档案是新中国数学研究活动中形成的极具保存价值的记录，是我国数学发展史的重要组成部分，是党领导下的我国数学事业创新发展的重要成果。

科学成就离不开精神支撑。面对新时代、新要求，如何引领青年一代科研人员传承科学精神，不忘初心使命，树立敢于创新的雄心壮志、在数学研究上敢于提出新理论、开辟新领域、探索新路径？中科院数学院基于科研档案资源开展了一系列活动，进行了有益的探索和尝试。中科院数学院梳理、总结了建所以来在国际上取得的标志性成果和重大科研成果背后的故事，尤其是那些曾经在中科院数学院工作过的普通、平凡的数学家故事，凝练出这一群体数学家的精神，结合"不忘初心、牢记使命"主题教育、建党100周年宣传活动以及党史、院史学习教育活动，大力宣传几代数学家勇于探索、献身科学的生动事迹，鼓励青年科研人员专注数学事业，自立自强，敢于创新；吸引国际一流人才入职中科院数学院共谋发展，再创辉煌。通过一系列活动，中科院数学院摸索出了一套较为有效的科研档案开发利用做法，有效推动了中科院数学院作风学风建设，营造了风清气正的科技创新生态，促进了中科院数学院各项工作高质量发展。

三、创新做法

中科院数学院采取了一系列措施，深入挖掘利用科研档案资源，全方位讲好档案背后的故事，弘扬新时代数学家精神。

（一）多渠道协同合作，挖掘利用科研档案价值

中科院数学院是1998年由中科院数学研究所、中科院系统科学研究所、中科院应用数学所和中科院计算数学与科学工程计算研究所四所合并而成的。合并前各所科研档案质量参差不齐，遗失较多，而科研档案是详尽反映科研院所一个时期学术活动、科学成果、学科发展等各种具有保存、查考和利用价值的历史纪录，是科研院所一笔宝贵的可再生财富。面对这种情况，中科院数学院领导高度重视，成立了科研档案"资料组"挖掘、抢救、补遗老档案。"资料组"成员的构成涵盖中科院数学院各学术单元。除综合档案室工作人员、返聘中科院数学院档案老专家外，成员还包括中科院数学院数学史专家、离退办工作人员、图书馆

工作人员、四所所办主任、各实验室和各研究中心秘书。挖掘采集的重点档案是中科院数学院老一辈数学家的演算手稿、工作笔记和同行评议。这些档案能够深刻反映数学家的学术思想，完整记录学科发展历程，有着极高的学术价值和展示价值，这些档案本身就是生动、无言的活教材。在工作中，一是按照学科方向分工，资料组成员直接联系学科带头人、前辈科研人员、老数学家的学生、亲属以及后人，收集补遗科研档案。二是多方拓展资源，做好资源共享与融合。资料组成员先后前往中科院档案馆、中国科协老科学家馆藏基地、清华大学档案馆、数学家的纪念馆和故居广泛收集、复制档案资料，补遗数学院室藏档案。对于无法共享和复制的档案，列出档案清单，注明档案所在地。三是主动联系中科院数学院老院士、老专家捐献资料和提供线索。经过努力，近三年来，华罗庚、陆启铿、吴文俊、王元、林群和越名义等老一辈数学家及亲属向中科院数学院综合档案室捐献了大批极富学术价值的科研档案。档案工作人员对这些年久发黄、字迹难辨的手稿进行了整理、录入和归档，极大丰富了室藏档案资源，切实履行了为党管档、为国守史的职责。以上档案，经过系统梳理，展示利用如下。

1. 策展"档案见证历史 手迹传承精神"数学家手稿展

2021年6月，在中国共产党100周年华诞和第十四个"6·9国际档案日"到来之际，中科院数学院在前期挖掘整理的老科研档案资源基础上，精选了一批中科院数学院老一辈数学家的珍贵手稿档案进行展览，时间跨度从1940年至2003年，其中大多数是首次公开展览。在这些弥足珍贵的手稿档案中，有代表性的论文和著作，如1940年华罗庚的著作《堆垒素数论》英文手稿、1966年陈景润的论文《大偶数表为一个素数及一个不超过二个素数的乘积之和》英文手稿；有工整翔实的讲义和笔记，如冯康独立于西方创造的《非协调有限元》科研笔记手稿、我国第一本泛函分析教材——关肇直的《泛函分析讲义》手稿、王元院士从大学时代开始记录的科研笔记手稿，这些笔记总计达4900页之多；还有严谨缜密的公式推导，如吴文俊的《拓扑中的量度与能计算性》论文推算草稿、秦元勋的《常微分方程若干方向》演算草稿。这些档案有端正秀逸的小楷，有俊美潇洒的行书，也有行云流水的外文手迹。一篇篇、一页页，各具风采、一丝不苟，这些档案全面地记录了数学家们个人成长与科学研究的全过程，是数学家个人学术生涯的生动纪录，体现出他们勇攀高峰的科学精神和严谨认真的学术风范。

2. 组织撰写中科院数学院著名科学家传记

根据前期整理的丰富科研档案资源，中科院数学院组织数学家们撰写、出版数学院著名数学家的传记。一是发放干部职工组织集体学习，二是作为纪念品赠送来宾和学术同行。如中科院数学院李文林研究员在整理华罗庚子女捐献的科研档案时，发现了两篇从未发表过的重要手稿：一篇是华罗庚在1952年中科院数学所成立之时撰写的一份工作报告。在这篇报告中，华罗庚明确提出了"创造自主的数学研究"的战略目标；另外一篇是20世纪50年代，华罗庚撰写的文章《革命数学家伽罗华》。李文林研究员将这些文章连同华老的其他遗稿整理出版了专著《创造自主的数学研究》，该书一经出版，立刻引起数学界瞩目。2020年是冯康先生百年诞辰，为此中科院数学院联合数学家汤涛院士和作家宁肯，资源共享、协同创作了原创纪实性报告文学《冯康传》。在创作过程中，中科院数学院提供了大量珍贵科研档案，并协调安排冯康院士的弟子访谈，组织中科院数学院相关学科领域的数学家进行审稿，对该书成功出版给予了全方位的帮助和支持，在数学界引起了极大的反响。此外，近两年中科院数学院在挖掘科研档案资源的基础上，还整理出版了《吴文俊全集》《冯康先生纪念文集》《"我的数学生活"王元访谈录》《数海沧桑——杨乐访谈录》等书籍，引起了较为广泛的社会关注。

（二）多维度总结凝练，讲好数学家故事

科研档案能够为挖掘数学家精神提供可靠保障和生动素材，但是科学家精神难以像科研成果一样容易宣传和弘扬，社会大众对数学家群体的集体记忆依然是华罗庚和陈景润的故事。中科院数学院老一辈数学家华罗庚、陈景润、关肇直、冯康、吴文俊、杨乐、张广厚的名字家喻户晓，他们的事迹曾经激励了一代代青年人投身于祖国的科研事业中，这是一笔宝贵的精神财富。但是，在党领导下的70年中国数学发展历程中，还有一批几十年如一日甘坐冷板凳，默默无闻，在各自的研究领域为中国数学做出了开拓性和奠基性工作的数学家们。他们当中很多人不是院士，他们没有耀眼的帽子和头衔，他们几乎鲜少有宣传报道，以至于青年科研一代已不知道这些学科开创者的名字。此外，在新时代，年轻数学家们奋勇攀登，在国际数学界逐渐崭露头角，他们的故事就发生在我们身边，他们的精神也应该被传递。中科院数学院基于科研档案，多维度多视角，总结凝练几代数学家的精神，讲好数学家故事。

1. 开设"人与事"专栏，数学人讲述数学家小故事

2021年3月，中科院数学院院长席南华提出：开设中科院数学院"人与事"栏目，基于室藏科研档案资源，组织干部职工采编、撰写、整理在数学院工作或曾经工作过的优秀数学家的档案资料和小故事。计划用2~3年的时间，分工合作，写出这个群体的感人故事。为此，成立了"数学院人与事"项目"采编组"，采编组共16人，他们有的文字功底较好、有的研究数学史、有的熟悉数学院各所历史。项目按学科方向分工，按时间节点进行总结。一是对于已经有丰富档案资料和媒体报道的数学家，直接整理撰写，二是对于史料和宣传资料不丰富的数学家，要充分调动院内外资源，邀请其学生、同事或家人等相关人员参与，并鼓励学生参与创作投稿。按照现代人快速浏览的接收信息习惯，撰写出语言生动，可读性好，能打动人的典型故事。全部材料基于科研档案，经过审核、确保真实。今年七一前夕，已完成了13位数学家的个人小传和小故事。数学院制作纪念专栏，以文言志，分批次进行了展播，献礼建党百年华诞。

2. 有计划地开展对中青年科学家的宣传，以身边的榜样激励、教育青年科研人员

近两年，中科院数学院有计划地组织撰写数学院优秀年轻人的事迹，利用微信公众号，推出了"数学有大美 奋进正当时""数学正青春 共筑强国梦"系列专栏。这些青年科学家的经历、成果和观点，在院内外广受关注，部分报道被《科技日报》等媒体转载，很好地展示了中科院数学院新一代科研人员的精神风貌和学术成果，对中科院数学院的文化建设起到了很好的推进作用。

（三）多平台发力宣传，弘扬数学家精神

中科院数学院在前期挖掘整理科研档案、撰写数学家小故事的基础上，积累了大量好的宣传素材，以这些故事为脚本，组织拍摄了系列宣传片和微视频，将科学家精神以视频的方式展现出来，以大众喜闻乐见的方式弘扬科学精神。微视频、视频完成后在中科院数学院网站和公众号上传播推广，以促进科学知识、科学文化、科学思想和科技精神的传播。这些新的宣传载体为中科院数学院的科学信息传播和文化环境建设注入了新能量，是对宣传方式创新的一次尝试，也拉近了科研单位与社会公众的距离。

1. 组织拍摄"档案话百年——数学档案记忆"系列微视频

2021年"国际档案日"前夕,中科院数学院以院藏档案为媒介,制作了"档案话百年——数学档案记忆"系列微视频。用镜头追寻老一辈数学家的足迹,弘扬数学家们唯实求真、科技报国的科学精神,激励后辈学人接力精神火炬、汲取前行动力。2021年5月14日,大数学家王元院士不幸去世。王元院士生前非常重视档案工作,不仅亲自整理、捐赠了大量个人科研档案,还向数学院综合档案室捐赠了保存多年的恩师华罗庚的珍贵档案。在王元院士去世后,中科院数学院立即结合"国际档案日"这一主题,撰写脚本并拍摄了《一位大数学家的档案情怀》的微视频,在"国际档案日"推送在数学院公众号,以示纪念,在社会上引起了反响强烈。之后,根据前期科研档案挖掘整理的"人与事"中比较成熟的小故事,拍摄了"档案话百年——数学档案记忆"系列微视频。其中,根据科研档案中华罗庚的名著《堆垒素数论》,挖掘出这部20世纪的数论经典名著,是华罗庚在西南联大极度艰难的战时环境下坚持科研完成的,档案工作人员挖掘室藏声像档案和老照片,拍摄了微视频《炮火中诞生的数学名著》;根据吴文俊的弟子刘卓军老师提供的档案实物——吴文俊先生使用过的数据盘,挖掘出吴文俊在花甲之年开创数学机械化这一学科,每天上机时间最长这个故事,拍摄了微视频《吴文俊的数据盘》。

2. 充分利用网站和公众号弘扬科学家精神

2021年,中科院数学院在官网开设"人与事"专栏,用档案工作讲述数学家们将爱国之心化为报国之行的感人故事,讲述新一代数学家勇担重任、开拓创新的故事。为此,专门成立了人与事栏目"设计组",院长席南华和书记武艰亲自抓、亲自修改,要求深入挖掘数学院人勤思笃行、脚踏实地、甘于寂寞、坚持不懈、勇于挑战、敢为人先的感人故事,持续推进数学院文化建设、增强广大数学工作者对我国数学文化的自信、提升数学院国际影响力。同时,在中科院数学院微信公众号上陆续刊发"数学院人与事系列故事"和"档案话百年——数学档案记忆"系列微视频,讲述老一辈数学家勇攀高峰的故事;刊发"数学有大美 奋进正当时"系列故事和"数学正青春 共筑强国梦"系列专栏讲好新时代的科技创新故事,激发了广大党员干部爱党爱院情怀,坚定了青年科研人员弘扬科学精神,追求卓越的信念。

四、效果及影响

近年来,中科院数学院深入挖掘整理室藏科研档案,多方协作丰富档案资源,多形式呈现档案价值,倡导数学人撰写数学家故事、身边人讲述身边事。由于故事的主人公均为数学家前辈和各学科带头人,科研人员参与的积极性和主动性非常高,主动提供档案和线索,主动参与创作,大大提高了档案保护意识,使得"走进档案、了解档案、关注档案"的氛围越来越浓厚;中科院数学院抓住有利时机和关键时间节点对基于科研档案创作的作品进行宣传,通过故事、微视频、公众号、网站专栏和展览讲述院史院风,致敬前辈数学家,在全院上下掀起了学习党史和院史的热潮,明确了新时期数学家的使命。通过开展一系列活动,在职工中形成一种积极向上的自豪感,对在中科院数学院的工作赋予一种崇高的意义,吸引到一流人才来中科院数学院工作,促进了中心工作。

此外,拍摄的微视频作品在中宣部"学习强国"学习平台和科技频道"科学家"等栏目连续发布,扩大了传播面、影响力;组织撰写的数学院"人与事"小故事,陆续被《中国科学报》刊发,让更多的公众能够切身"感知爱国奋斗的科学人生,触摸创新驱动的磅礴力量",从而更好地关心和理解科学、支持科技创新事业。

案例形成单位:中国科学院数学与系统科学研究院
案例形成人:魏蕾

机器人技术在文档智能管理中的应用研究

一、案例概述

2019年福清核电以"华龙一号"全球首堆项目文档工作实践为依托,以核电文档管理领域的业务需求和管理目标为出发点,开展了机器人技术在文档智能管理中的应用研究,构建了福清核电的"文档机器人"整体解决方案,开拓性地通过机器人技术和人工智能技术的结合应用,覆盖了"文档管理、综合利用、数据分析"三大应用场景,形成了核电行业文档管理应用机器人技术的良好实践,对提高核电站文档管理水平具有重要意义。

二、实施背景

合格的人、合格的设备、合格的文档是保证核电工程质量的三个要素。使从事核电站工作的每一个人都能得到正确的、合格的文档,并按规定文档开展工作,形成符合要求的质量记录非常重要。文档作为这些信息的载体之一,涉及核电建设项目的全部工作内容,从可行性研究到项目竣工验收以及日常维护的过程中都将产生大量各种类型的文件。因此,对文档进行科学有效的控制和管理,不仅能保障建造项目管理中信息的沟通,而且对建成后的核电厂的安全运行和维修工作也十分重要。智慧核电文档管理是新技术应用于核电智设计、制造、施工和运营后自然结合的产物,智慧核电文档管理作为数字核电的基础模块,为数字核电生命体提供血液和营养。

(一)数字化是文档管理的翅膀

文档数字化就是将文档信息转变为可以度量的数字、数据的过程,是将文档信息转变为计算机可以识别代码的过程。这是文档信息从蚕蛹化为蝴蝶的过程,可以说数字化是文档管理的翅膀。

（二）知识化是文档管理的目标

文档是核电厂宝贵的信息资源，通过知识化加工，通过智能化、网络化信息工具的传播，能够被高度应用、高度共享，从而使文档的资源潜力被充分发挥，为企业决策层提供有效的支撑数据。所以知识化是文档管理的目标，也是提供服务的基础。

（三）智慧化是文档服务的方向

目前"华龙一号"项目文档管理者投入应用的智能文档机器人，就是通过通信与信息技术、计算机网络技术、行业技术、智能控制技术汇集而成的针对文档服务的应用。通过智能文档机器人对已有的知识信息进行分析、计算、比较、判断、联想、决策，利用机器人的学习能力和自适应能力，为文档用户提供智能化服务，这是核电管理和服务未来的方向。

三、创新做法

机器人技术在文档智能管理中的应用研究以福清核电文档及生产领域记录数据为研究对象，从核电文档管理及利用的实际业务需求出发，结合机器人流程自动化、图像识别、机器学习等智能化技术，实现对纸质文档、电子文件等不同来源的文档数据原料采集、处理及分析，将日常文档管理中烦琐、重复性的工作，遵照成熟的技术规范与标准，通过智能机器人的"眼+脑+手"技术达到全部或部分取代的效果。以上过程形成了文档智能机器人的总体技术框架如图1所示。

（1）文档数据（原料）：传统的纸质文档、多媒体文件或者通过企业内容管理系统（ECM）、企业资产管理系统（EAM）等方式记载的文档数据。文档数据是开展文档智能化的基础。

（2）技术规范与标准：国家、文档领域及行业颁布的用于规范文档管理工作的标准、规范及管理制度。文档业务领域的智能化应用研究同样需要遵循这些标准和规范，并不断丰富其内涵。

（3）信息采集预处理（眼）：对文档数据（原料）所承载的信息通过OCR、图像识别等方法进行初步识别，使用自然语言处理的技术手段对文档信息进行粗加工，让文档智能机器人能够用眼睛看到自己需要处理的对象。

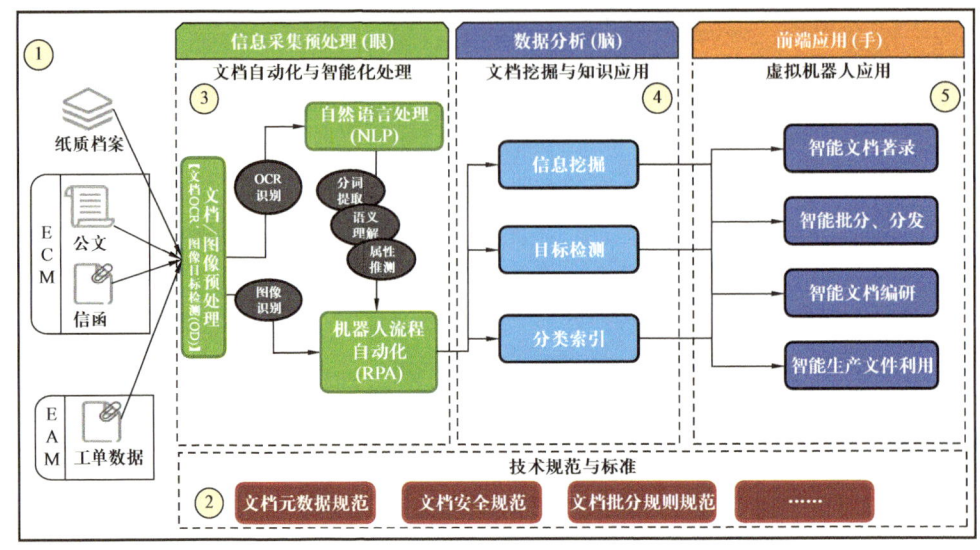

图 1　总体技术框架

（4）数据分析（脑）：文档智能机器人根据特定的机器学习算法对文档数据（原料）进行分析处理，通过精加工从海量数据中挖掘出有价值的信息和计算结果，可以理解为是文档智能机器人的大脑进行分析思考的过程。

（5）前端应用（手）：文档智能机器人与用户进行交互的工具，通过前端应用系统、RPA 等技术手段，将大脑分析的结果以用户能够接受和理解的方式进行合理的呈现和输出，可以理解为是文档智能机器人双手将结果送达用户的过程。

在场景选择方面，核电文档管理主要包括文件收发存以及文件查询利用两个主要方面（表1）。在文件收发存方面，本项目选择信函文件作为研究对象，解决信函的登记和归档过程中需要大量重复性低价值劳动的问题，同时将文档管理制度和经验转化为人工智能程序，优化现有文档管理人员的工作方式；在文件查询利用方面，本项目选择生产技术文件作为研究对象，为生产人员的文件准备和利用提供智能化推荐与分析，使用户可以智能地获取到更准确、有效的文档信息，实现文档数据资产的保值、增值和升值。

（一）智能文档著录

本项目利用 OCR 技术和图像分割技术来智能识别信函内容，通过训练电子文件的表格识别模型，来实现个性化的模板配置功能，从而精准地提取出信函中文件名称、文件代码、发文单位、批准数据、文件页数等著录信息（图2）。同

表1 四个研究场景与管理业务的对应关系

序号	研究场景	涉及业务领域	文档业务类型	对应文件分类	功能描述
1	智能文档著录	管理领域	收发存	信函	实现信函文件内容的智能识别，并为文件管理员提供信函收文流程的自动著录功能
2	智能批分与分发	管理领域	收发存	信函	基于历史信函建立智能批分模型，实现信函收文的批分预测与自动分发功能
3	智能文档编研	生产领域	查询利用	生产技术文件	基于历史文档，智能推荐文件升版所需的信息，实现辅助用户进行文档编研的功能
4	智能生产文件利用	生产领域	查询利用	生产技术文件	基于历史文档，智能推荐维修工作准备时所需的文件包，实现辅助用户进行工作文件挂接的功能

时，应用机器人流程自动化技术（RPA），便捷地定制电子文档的自动著录和归档流程。系统根据用户确认的著录信息依次执行 RPA 流程，将著录信息自动写入 ECM；RPA 自动化填写 ECM 流程时，每处理完一份函件，将函件归档至已处理文件夹。

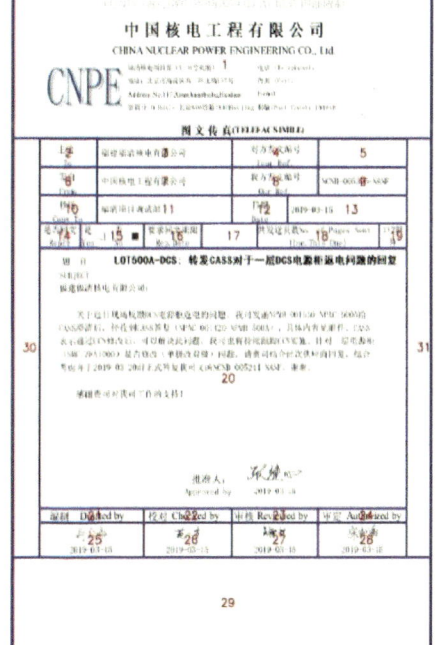

图 2 OCR 识别流程及表格分隔结果

（二）智能批分与分发

为了实现信函分发的管理制度及工作经验的程序化转换，本项目利用智能算法为文件管理员推荐主办部门、传阅部门，并提供修改完善信函内容和主办部门、传阅部门的功能。具体分为以下三个分析步骤。

1. 基于 TF-IDF 算法的关键词提取

TF-IDF 的主要思想：如果一个特征词在一类文本中出现的频率较高，并在其他文本中出现的频率较少，则认为这个特征词具有较强的类别区分能力。这种算法可以有效评估特定字词对于一个文本集或者一个语料库中的重要程度（图3）。

$$TF\text{-}IDF = TF * IDF$$

$$TF_w = \frac{在某一类中词条 w 出现的次数}{该类中所有的词条数目}$$

$$IDF = \log\left(\frac{语料库的文档总数}{包含词条 w 的文档数+1}\right)，分母之所以要加1，是为了避免分母为0$$

图 3　TF-IDF 算法

对于信函提取到关键词需要根据词频、逆文档频率计算出关键词的初步权重，然后根据业务规则再进行权重的调整，最终定义出带有权重的信函关键词集，本项目建设前期共标注了 3000 份历史信函，选择 2200 份作为训练数据，800 份作为测试数据。经测试，朴素贝叶斯的准确率为 72.2%，TF-IDF 的准确率为 88.8%。

2. 基于 K 近邻分类算法的相似度比对

在本项目中批分结果匹配度计算中，由单个相似度获取总相似度时，采用了 10-近邻算法，单个相似度从高到低排序，取前 10 个，然后计算同一类别的总相似度。智能批分的承办单位利用 AI 进行推荐和预测，其实现细节如图 4 所示。

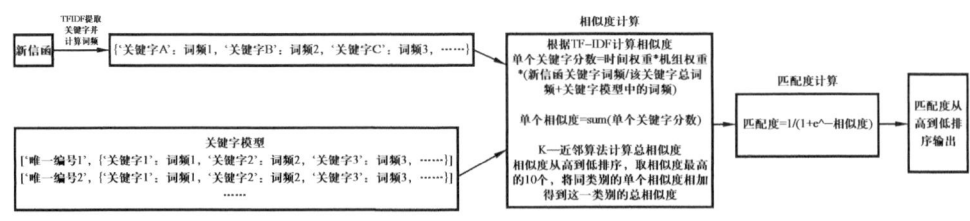

图 4　10-近邻计算步骤

3. 基于管理职能推导出所需结构

前两步将信函记录的信息进行归类分析，最终会对应到具体的部门工作项。在企业日常管理中，这些工作项对应到具体的部门、领导的职能分工。在公司 HR-FQ-100 组织机构及职能划分管理程序中，有明确的职能分工定义。因此参考归类分析结果以及与职能的对应管理，可以得出含优先级百分比的推荐结果。其实现细节如图 5 所示。

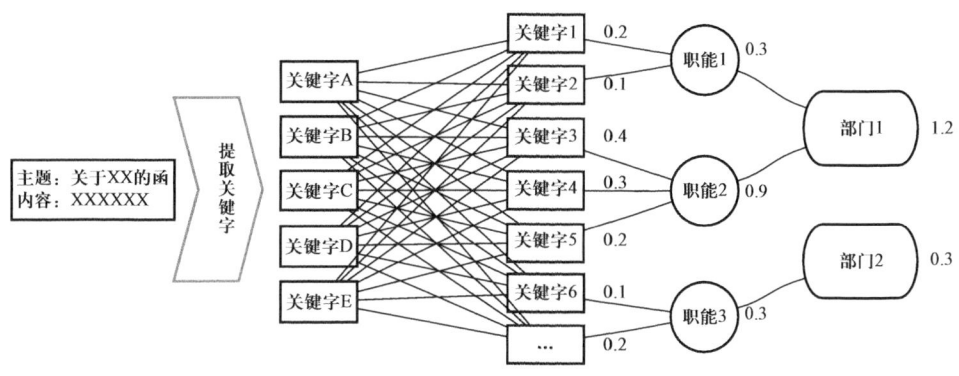

图 5　智能批分算法总体步骤

经过上述三个步骤的分析和处理后，得到了预测后的信函预测信息，经文档管理员确认信息之后，系统通过 RPA 技术实现自动在 ECM 系统创建收文表单并保存的功能。

（三）智能文档编研

本项目利用数据接口技术和 Word 文件内容分析工具分别对来源于 EAM 系统的工单数据以及历史维修规程的文档数据进行文档结构化和信息提取，整合关键数据，并根据业务需求进行分析，实现建设设备－规程－图纸间的关联关系，根据历史工单补充基础信息，基于规程和历史工单的差异对比的功能。

整合后的信息以网页形式展现给工作负责人，通过将待升版维修规程与历史工单的分析对比结果呈现给工作负责人，由工作负责人自行决定将哪些差异用于升版文件，经确认的差异项将由机器人程序保存并自动在原版维修规程基础上合成新版本的文件供工作负责人校核。

(四)智能生产文件利用

工单准备是核电厂生产活动中较为重要、工作量较大的活动,且对人员的技术要求高,准备过程中需要参考多源信息。本项目利用人工智能以及 RPA 技术来取代工单准备过程中重复、烦琐、效率低、准确性差的数据检索和分析的工作,为工作包准备人在准备工作包时自动、智能地推荐工作包相关内容,包括引用规程和图纸、备件、维修风险、工器具等内容,发挥人工智能在工单编制场景中的卓越效率和成本优势。推荐算法详见表 2。

表 2 生产文件智能利用推荐算法

对象	推荐算法	涉及系统和数据
引用的规程	1. 最近 10 个完成准备及之后状态的同一设备的工单的引用的规程的去重后并集。 2. 涉及该工单设备的维修规程	1. EAM 系统工单及工单记录的结构化数据。 2. ECM 系统维修规程文件、图纸文件、临时图纸文件的结构化元数据信息
备件	1. 从与当前工单设备相同设备的最近 10 个完成准备及以后状态的工单的备件中,取去重后并集。 2. 从涉及该工单设备的维修规程中获取备件	
引用的图纸	最近 10 个完成准备及之后状态的同一设备的工单的引用的 DW 类型的图纸的去重后并集	
临时图纸	最近 10 个完成准备或完工状态的同一设备的工单的临时图纸或文件的去重后并集	

推荐的信息由工作负责人进行选择确认后,由 RPA 程序实现对 EAM 系统的操作和信息的录入,录入的内容包括规程、图纸、备件等信息。自动化 RPA 执行完成后,提醒用户已经完成。

四、效果及影响

(一)经济效益

福清核电通过项目建设,用人工智能以及 RPA 技术把重复、烦琐、效率低、成本高、准确性差、智能化水平较低的人工劳动交由机器人进行自动化、智能化处理,在维修工单准备、文件管理等领域将人员的工作效率提高 30% 以上,同时,将业务人员的工作经验以信息化的手段保存成人工智能算法,减少了因员工请假或转岗而产生的工作无法处理或交接难度问题;同时降低了管理成本,在维修规程编研、工单准备、文件管理等领域可减少近 2000 人·天的投入,每年总共可节省公司成本近 360 万元。

(二) 管理效益

1. 信息处理更加高效

通过机器人与信息系统的交互实现电子文档数据的收集、传递、利用和归档,通过非侵入方式进行应用集成,在传统的核电生产管理软件、文档管理软件之上构建智能化和机器人应用,有效改进这些已有信息系统的功能和用户友好度,提升文档利用率。首次将机器人、人工智能技术与文档管理业务成功结合,实现智能化和机器人技术的应用落地。

2. 数据加工更加便捷

通过计算机视觉、流程自动化机器人,结合智能分析手段,虚拟机器人部分取代人工完成电子文档处理,以人机耦合的方式实现面向文档管理以及文档服务能力的智能化机器人闭环应用,逐步提升智能化应用的准确度和效率,降低了对日常文档事务处理人员的专业技能要求,优化文档管理人员的日常工作流程,有效提高核电文档管理工作效率。

3. 知识利用更加多样

通过图像识别、自然语言处理技术,结合智能分析手段,与核电文档管理的实际业务过程结合,训练面向福清核电的专属智能化模型和文档处理机器人流程,奠定福清核电在智能化和机器人的基础能力,实现了核电厂区文档智能服务全覆盖,有效提升福清核电生产和智能化水平。

(三) 社会效益

1. 提升核电行业科研水平

通过在国内首次将人工智能技术与机器人技术应用于核电文档管理,开展核电文档智能化研究及应用,极大地促进了大型核电企业智慧化建设与应用的步伐,提升了我国核电行业的创新发展能力。

2. 获得各界的广泛认可

通过项目将原来电子文档摆在系统中被动查询的状况,转变为主动进行知识分析和积累，并能够响应文档用户更高级别的个性化服务，增强文档管理由"管理型"向"服务型"转变的能力。项目成果于2019年12月通过国家档案局组织的科技项目验收，评审认为"对企业文档智能化管理具有重要的借鉴作用"，得到了包括中国人民大学核能行业协会等科研机构和团队的高度评价。

案例形成单位：福清核电有限公司

案例形成人：邱杰峰、李喆、刘敬仪、刘忠秀、程莉红、施千里

挖掘开发档案资源，高效利用助力发展

——航天企业收并购项目档案利用的研究与实践

一、案例概述

2016年以来，北京无线电测量研究所过桥收购了航天南湖电子信息技术股份有限公司（以下简称南湖公司），档案团队全程参与，提供了多方面重要参考信息和材料支撑，建立了完整的收并购项目档案。同年，北无所组建航天新气象科技有限公司（以下简称航天新气象公司），档案团队通过南湖公司并购档案协助企业合理分析制定并购方案，保证了重点工作的顺利进行，提供了有力价值，企业进一步完善了产业链，实现了产业的跨越式发展。

二、实施背景

（一）创新前现状

北京无线电测量研究所（以下简称北无所）隶属于中国航天科工集团，作为有着60多年历史背景的军工企业，在当前我国军民协同发展由初步协同向深度融合过渡、实现跨越发展的关键时期，为了企业自身结构调整和转型发展需求，需要通过市场调研、相关资料信息资源来制定出适合自己的产业发展路径，优化产业结构，完善产业链、价值链、创新链、资本链。

根据档案资料对标材料信息显示，在预警产业领域，北无所须强化防御探测体系补足业务短板。在气象产业领域，市场需求日益增长，北无所气象产业正处于逐步从单一装备制造商向综合探测气象解决方案提供商转型的阶段。面临着其他两家上市公司的市场竞争，北无所在市场化机制、融资渠道等方面存在一定差距。北无所亟须快速提升数字化、网络化、智能化研制能力。

新形势下，国家对航天企业的财政拨款已逐步转向拨款与企业自筹并举的方式，北无所产业快速发展与资金投入制约的矛盾日益显现。由于我国航天企业长期在计划体制内运行，北无所虽具有核心技术优势和产品优势，但受体制机制制约，优质资产难以转化为高效益增长和实现更高的产业战略目标。

（二）创新需求及动因

党的十九大提出深化国防科技工业改革，鼓励国防科技企业积极引入社会资本参与军工企业股份制改造。随着《"十三五"国家战略性新兴产业发展规划》等国家战略规划的提出，我国高端装备制造产业迎来高速发展契机。近年来，国家相继出台国企混改一系列政策文件，各大央企、国企积极推动产业重组、上市融资及围绕主业的一系列兼并收购工作。中央《国企改革三年行动方案（2020—2022年）》，标志着国企混改、转制等改革工作持续推进。契合国家混合所有制改革主题，充分发挥民营资本机制优势和国有企业体制优势，做大做强航天民用产业是北无所需要做的。

在当前强监管、去杠杆的大环境下，资产证券化或将在新一轮市场变革中逐渐成为实体经济盘活存量、拓展增量的主要融资手段。北无所在新形势下充分借助资本市场力量，并购整合优质资产，通过资产证券化募集产业发展资金，以股权形式获得较低成本资金，为北无所产业发展注入新动力，为航天企业加速产业发展探索新思路。

三、创新做法

（一）高效利用档案资源助力企业明确发展路径

档案作为企业活动的历史纪录，不仅是企业发展历程的见证，还记录了企业日常经营的全过程，它反映的是不争的事实，它的价值在于利用，为企业的实践和发展提供最真实可靠的信息，对维护企业利益和稳定发展有着重要的作用。北无所要优化产业结构，完善产业链、价值链、创新链、资本链，就需要明确产业发展路径，分析企业的优势与短板，在此过程中，亟须以相关档案材料为助力。经过分析和深度挖掘企业以往的项目档案、经营档案等资料，北无所明确聚焦预警与气象两个重点方向整合核心业务资源，积极利用资本市场加大力度推动资源向战略优势产业集中，少走弯路，完成产业的跨越式发展。

（二）助力企业发展的实施方案

1. 档案团队全程参与协助企业过桥并购

（1）档案收集工作助力股份制改造解决障碍。

南湖公司是荆州地方国资控股的传统国有企业，在预警产业领域具有较好的技术优势和资质，已于2015年完成股份制改造，且有十余家军工央企、上市公司对其有收购意向，收购工作面临激烈的买方竞争风险。意向锁定南湖公司作为并购标的后，北无所档案团队通过调查研究南湖公司发现，相关档案资料显示，南湖公司在股份制改造中留下了很多未能解决的问题，为解决标的企业的历史遗留问题，妥善处理买方竞争风险，北无所提出通过过桥并购的手段快速锁定标的。北无所与航天科工资产管理有限公司（以下简称资产公司）开展战略协同，将南湖公司纳入集团体系，资产公司取得南湖公司的部分股权，采用资产公司管资本、北无所管经营的方式，提前锁定南湖公司经营权并进行资源整合，北无所借助资产公司力量，在资产公司控股期内协助南湖公司快速解决遗留问题，破解了买方竞争风险。

（2）档案数据分析协助企业制定"两步走"方案快速实施并购。

为快速实现股权交割，北无所完成控股收购，档案团队全程参与，在前期市场调研中，档案团队通过调查沟通、联系对方单位档案机构、数据分析等形式，合理合规借阅了需要的相关档案资料，根据南湖公司企业经营档案等资料，协助产业化团队人员形成了项目可研报告、投资项目基本情况、尽职调查报告、审计报告、公司评估报告、收购股权可行性研究报告等文件，这些文件详细分析了收购项目难点，并设计了"两步走"方案完成并购工作（图1）。

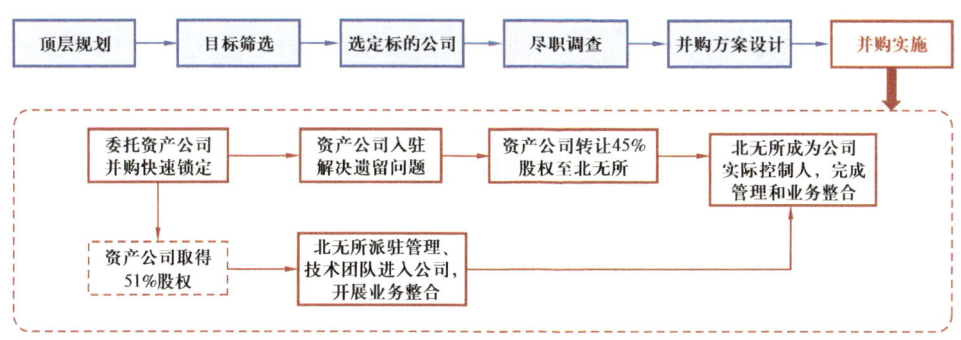

图 1　过桥并购流程图

第一步：2016年11月，资产公司与南湖公司和荆州市古城国有投资有限责任公司签订股份转让暨增资协议，资产公司向南湖公司增资，同时收购古城投资所持南湖公司股份，通过增资和受让股权，资产公司取得南湖公司51%的股份，成为该公司的控股股东。

第二步：在约定时间内完成对公司历史遗留问题清理、实现产业初步协同融合后，2017年9月，北无所通过受让的方式收购资产公司持有的45%的股权，实现控股。

（3）档案人员协助南湖公司进行档案管理。

完成收购后，北无所在制度建设、技术研发等方面开展了大量工作。通过派驻高管团队，促进资源融合，拓展市场空间；通过派驻技术专家，增强研发能力，促进协同发展；通过派驻档案专家，分别指导南湖公司档案生产用图归档规范化，综合档案收集整理，促进统一各类档案资料文件管理标准、融合双方文化，为推动南湖股权激励和科创板上市奠定了良好的基础。

南湖公司收并购项目是集团系统内首个采用"过桥收购"的标杆式成功案例，北无所档案团队在过桥收购中全程参与，提供了多方面重要参考信息和材料支撑，同时，为使后续系统内部资本运营合作能够参考借鉴到此次的宝贵经验，档案团队对收并购过程中形成的各类文件进行了细致的收集整理归档，建立了完整的收并购项目档案。

2.参考借鉴南湖收并购档案制定综合方案，打造民用产业资本运营平台

江苏省无线电科学研究所与北无所均是国家气象探测系统的重要设备供应商，在产品、市场和体制上优势互补，双方明确了资本合作意向，由北无所进行收购其部分业务，将两所气象业务紧密结合起来，以提升综合气象探测系统解决方案能力和国际竞争力。

首先，档案团队协助前期调研搜集整理了各类档案资料，形成了可行性报告等材料，根据各类资料分析显示，标的企业并不适合直接并购。此时，档案团队在之前收集整理的南湖公司并购档案提供了收并购方面的重要参考信息，通过借鉴上一次收并购的宝贵经验，档案团队协助企业合理分析，北无所对合作方案进行了调整，制定了《航天新气象资产重组方案》，方案中明确了以"新设公司+资产重组+配套股权募资"的方式实现收并购。由北无所、江苏省无线

电科学研究所股东、资产公司等合资新设立公司，名为"航天新气象公司"；以"注册资本金+募集资金"支付重组范围内的经营性资产的方式，整合双方业务、资质、人员等核心资源；完成业务重组后，为增强企业后续发展活力，北无所开展了股权融资，释放10%股权，融资1.5亿元，公司净资产评估增值率达到623.59%，为公司后续开展资本运作奠定了良好基础（图2）。

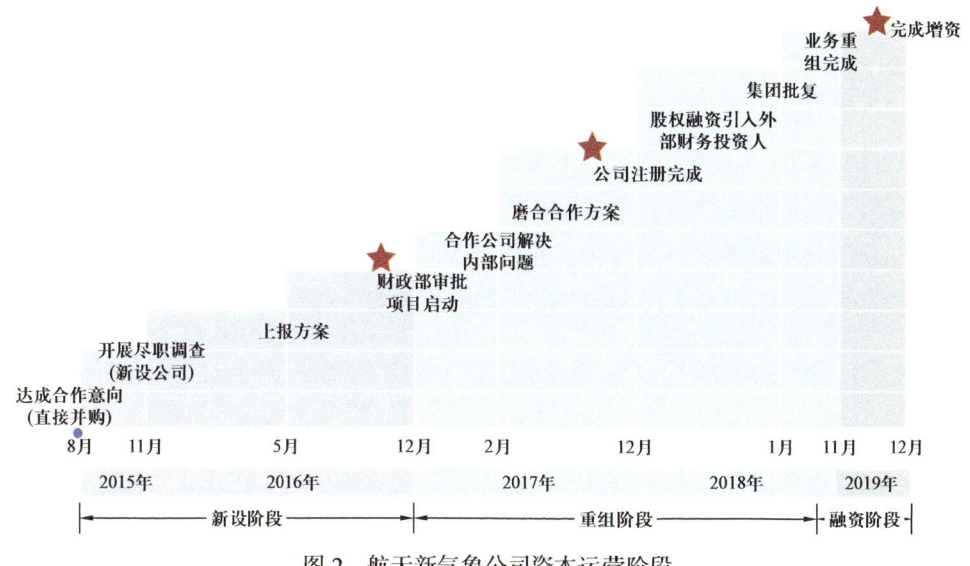

图2 航天新气象公司资本运营阶段

北无所通过多种手段结合的方案打造民用产业资本运营平台，采用了多个强相关单一经济行为整体报批、分步实施的新模式，快速实现了产业战略发展目标及规划布局的落地，提升了航天企业的民用产业竞争力，保障了国有资产的大幅增值。

收并购过程中，通过借鉴南湖公司收并购档案，北无所制定出了"新设公司+资产重组+配套股权募资"的新方案，保证了重点工作的顺利进行，提供了有力价值。企业进一步完善了产业链，实现了产业的跨越式发展。

南湖公司和航天新气象两项收并购案档案团队都全程参与，形成并保存了翔实的档案资料，开展了档案的收集整理归档，建立了完整的收并购项目档案，这些档案助力并见证了北无所打造民用产业资本运营平台，快速实现产业战略发展目标及规划布局的落地，也记录了建设发展过程中的大事小事和建设者的付出与汗水。

四、效果及影响

（一）经济效益显著

收并购过程中，档案团队组织查阅海量档案，深度挖掘信息资源、搜集海量档案素材为收并购提供了强有力的信息支撑。经过三年多的持续深化融合，南湖公司呈现出"管理能力、市场能力、科研能力、生产能力"全面提升的发展态势。2018年至2020年，南湖公司实现营业收入年均增长26.8%，利润年均增长115.8%。全面完成了各项工作目标，实现了国有资产的保值增值。

通过北无所与江苏省无线电科学研究所气象资产和业务重组，实现双方业务、资质、人员重组整合，形成空、天、地、海多平台观测系列产品研制能力，形成气象探测观测系统解决方案，拓展数据应用服务业务，新气象公司2020年较整合前实现营业收入增长35.82%，利润增长24.29%。

（二）发挥协同效应、优势互补

在预警领域，借助南湖公司在预警领域的技术优势、批产能力，以及地方政府和市场渠道等资源，进一步完善了北无所预警业务体系。在北京、武汉和荆州成立预警联合研发中心，扩大了产业发展的护城河，进一步巩固了北无所在防御体系方面的整体竞争优势。

在气象领域，通过重组融合进一步凝聚了双方优势，快速组建了专业成熟的研发团队，形成了丰富的气象装备产品体系和先进技术群，显著提升了气象探测产业核心竞争力。同时避免了其他同行可能的并购或重组带来的竞争压力，为北无所在气象探测产业市场占据优势地位提供了有力支撑。

（三）实现国有资产大幅增值

北无所快速实现了资源整合，实现了国有资产保值增值，为后续优质民品和军品资源的整合提供了产业化平台，北无所围绕主责主业，以"同心多元化"为原则，内生发展和外延并购相结合，进一步盘活了存量资产，拓展增量，发挥产业技术协同效应，加速了产融结合，提升了行业竞争力。

（四）提升了档案工作水平和影响力

档案工作为企业制定产业发展路径提供了历史参考信息，为收并购项目建设提供了有力的依据，为经营管理提供了信息支撑，为后续参考利用提供了查询帮助。档案工作不局限于纯档案领域，着眼于企业领导决策、企业生产、经营管理等工作，针对企业管理核心需求，深层次开发档案信息资源，强基础，深挖掘，全协同，重效用，切实保证利用实效。这也为企业档案部门在立足主动服务、拓展档案服务思路上提供了宝贵的经验。

案例形成单位：北京无线电测量研究所
案例形成人：王璞珉、岳宗太、李同金、董智文

档案数据可视化开拓档案展示新方向

——以航空工业规划总院"纪念改革开放40周年"档案展为例

一、案例概述

档案展示是提升档案价值的重要手段。传统档案展示以档案本身为主，重点在于还原历史或事件的原貌。本案例以航空工业规划总院"纪念改革开放40周年"档案展为例，介绍利用档案数据可视化完成档案信息展示的创新实践。在本次展览中，以多幅信息图构成的"档案见证发展"部分受到参观人员的普遍认可。本案例的推广意义在于档案数据可视化为档案展示开拓新的方向：从档案资源出发，利用档案数据构建信息图，有效拓展档案展示的深度，提升档案的价值。

二、实施背景

（一）档案价值开发与档案展示的新方向

近年来，在习近平新时代中国特色社会主义思想和习近平总书记关于档案工作重要论述的指导下，档案工作迎来了前所未有的发展机遇。根据《"十四五"全国档案事业发展规划》，档案工作的主要任务包括"深入推进档案利用体系建设，充分实现档案对国家和社会的价值"。由此可见，通过创新思维提升档案价值是新时代赋予档案工作者的崇高使命。

无论国家层面、企业层面，在档案传统查询借阅利用方式之外，档案展示都是提升档案价值的重要方法。档案展示通过围绕特定目的对档案进行遴选、加工、挖掘、提炼，形成面向大众的档案传播、宣传品。传统的档案展示方式以档案本身的展示为主，着眼于发挥档案的凭证作用，展示重点在于还原历史或事件的原貌。

在档案资源信息化、知识化的趋势下，对馆藏档案进行挖掘、提炼，形成档案信息的展示，相比于档案本身的展示，在内容的丰富性、展示的深度、形式的多样性等方面都具有显著优势。对企业档案工作来说，实现档案信息展示的原理和渠道来自由档案向知识转化的过程：针对馆藏档案，通过数字化、数据化形成档案数据，在结合企业业务所构建分析模型的作用下完成由档案到文件、由文件到数据、由数据到数据流、由数据流到信息、由信息到知识的转化（图1）。在此过程中，利用数据可视化工具可实现档案信息的展示，由此构成档案展示的新方向。

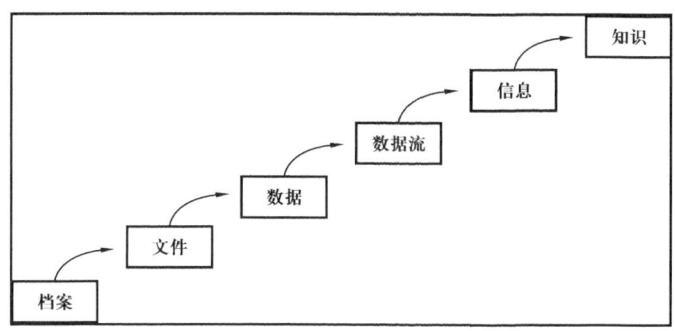

图1　企业层面档案向知识转化的过程

（二）档案数据可视化

如前所述，档案信息展示从档案资源中提取档案数据，利用数据可视化的手段围绕展示需求实现档案数据的挖掘。该方式的基础在于数字档案馆建设过程中着力构建的档案数据库。借助数据可视化这一大数据时代的热点，档案可以以更加生动、形象、易于认知的方式呈现在大众视角下。

（三）航空工业规划总院"纪念改革开放40周年"档案展

中国航空规划设计研究总院有限公司（以下简称航空工业规划总院）是中国航空工业集团有限公司的直属业务板块。作为具有70年历史的国家级大型综合勘察设计单位，航空工业规划总院以咨询设计为传统业务，承担了航空工业军工固定资产投资项目的前期规划论证、施工图设计等工作。航空工业规划总院的档案工作具有悠久的传统，馆藏档案包括咨询设计前期资料、施工图、工程总承包项目档案等近200万件。

2018年，航空工业规划总院开展了"纪念改革开放40周年"档案展。在本次展览中，航空工业规划总院档案中心尝试利用档案数据可视化创新展示方式，用档案数据勾勒发展脉络，形成本次展览的第一部分"档案见证发展"。

三、创新做法

（一）档案数据展示的基础

1. 档案数据展示的前提

航空工业规划总院档案的特性包括两个方面：档案中心完整保存了建院以来施工图，在档案系统中建立了齐全有效的归档目录。这些特性构成了档案数据展示的前提：归档齐全保证了存档数量与业务发展的持续对应性；目录信息齐全保证了档案数据可用。

2. 总体思路与技术路线

结合改革开放40周年的展示主题，在上述前提下，本次展示的总体思路在于：以馆藏施工图目录数据库为基础，利用存档信息从侧面反映咨询设计业务的发展情况。

技术路线包括以下四个步骤：

（1）分析数据需求：根据展示目标，分析数据需求，初步形成数据分析和应用的方向。

（2）数据准备：包括输出数据与清洗数据两部分。根据需求输出数据，核对数据质量，对无效、不完整、不一致等问题进行合规性处理。

（3）建立数据模型：根据数据需求构建数据组合，依托完整、有效的数据流建立数据模型。

（4）制作信息图：在数据模型的基础上选择适当的图形、色彩方案制作信息图，并通过必要的文字说明丰富、完善输出效果。

（二）分析数据需求

经过分析，本次档案数据展示的数据应用需求包括四个方向：（1）选择以各年施工图存档量反映咨询设计业务总体发展情况；（2）选择各专业领域施工图增长量反映各业务领域咨询设计业务发展情况；（3）选择航空工业各单位施工图增长情况反映各单位基本建设的发展情况;(4)选择重点业务领域施工图数量与获奖数量反映重点业务发展情况。

(三)数据准备

在航空工业规划总院档案系统目录数据库中,本次输出的数据包括设计日期、存档来源、图纸张数、建设单位、专业领域、档案名称、工程名称;数据量为1951—2017年共约110万条。

经过分类、筛选、导出数据总体质量良好,另有部分问题包括专业领域著录信息不统一、工程名称填写错误、建设单位名称错误等。经过核对修改,形成可靠数据源,可用于归类、合并用以进一步分析。

(四)建立档案数据模型

根据"(二)分析数据需求"所述的数据需求建立档案数据模型见表1。

表1 根据数据需求建立的数据模型

展示维度	展示方式	基础数据	加工数据
总体业务发展	年度累计存档量	设计日期、业务领域、存档量	年度累计存档量
	年度存档增量	设计日期、业务领域、存档量	以航空项目、非航空项目为观察对象合并业务领域
各领域发展	年度存档量各领域占比	设计日期、业务领域、存档量	以航空项目、非航空项目为观察对象合并业务领域
航空主业业务发展	航空系统内各建设单位累计施工图存档量	建设单位、设计日期、业务领域、存档量	2000年以来各单位施工图存档量
	航空系统内各建设单位施工图存档增量	建设单位、设计日期、业务领域、存档量	
重点业务领域发展	重点业务领域年度存档量与获奖数量	设计日期、业务领域、存档量、获奖年度、获奖数量、奖项级别	

（五）档案数据可视化

1. 咨询设计的持续发展和各领域业务的拓展

图2通过多种图形的组合表现了咨询设计业务的持续发展和各领域业务的拓展，包含四层信息：67年来施工图累计存图总量，体现咨询设计业务的持续发展；航空、部队、涉外、民航、市政、医药等领域施工图累计存图总量，体现各领域业务的持续发展；每增长10万存档施工图所需时间显著缩短，体现业务的快速发展；标注改革开放的时间区间，明显可见改革开放以来非航空领域的业务持续发展，占比逐渐提升。

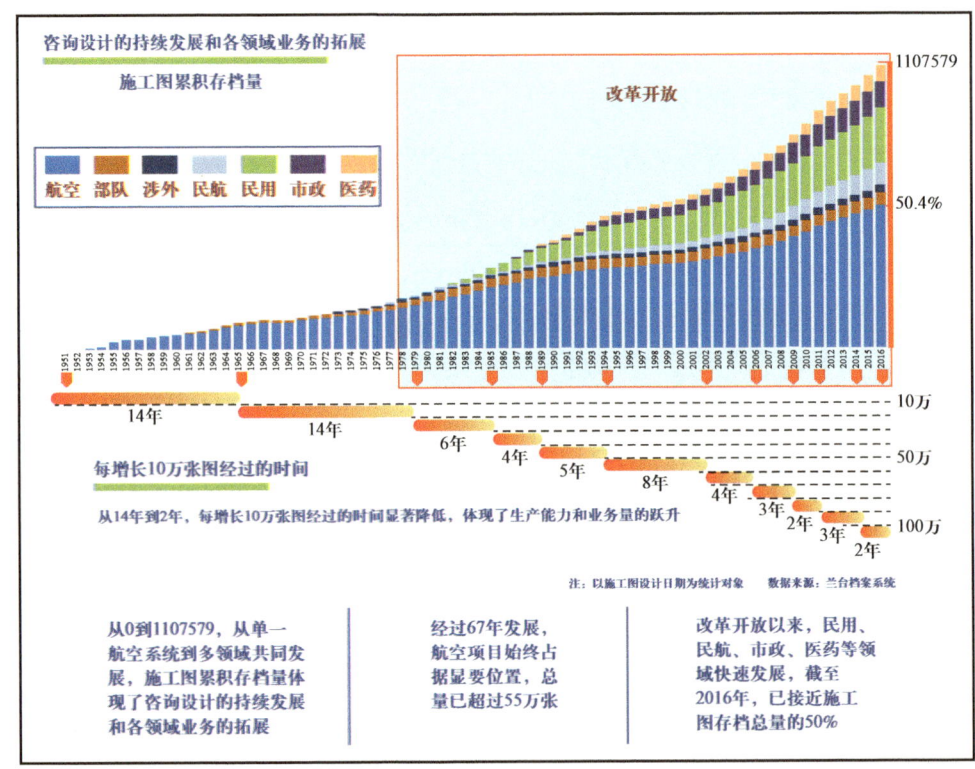

图2　信息图：咨询设计持续发展和各业务领域的拓展

2. 咨询设计业务发展的趋势

图3体现了咨询设计业务发展的趋势，包含两层信息：以年度施工图存档量为观察单位，体现咨询设计业务的总体年度发展趋势；按照航空项目、非航空项目细分，可见航空项目发展趋势与航空工业基本建设发展的脉络相契合。

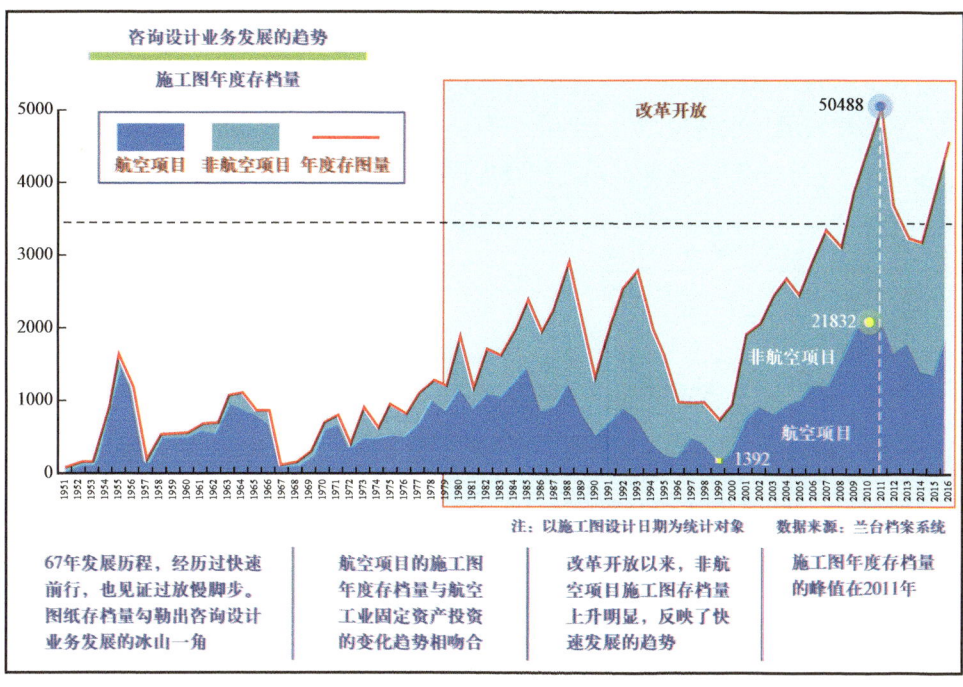

图3 信息图：咨询设计业务发展的趋势

3. 各领域发展的相对态势

图4以面积图的形式展示各领域年度施工图存档量占比情况，体现各领域发展的强弱关系。

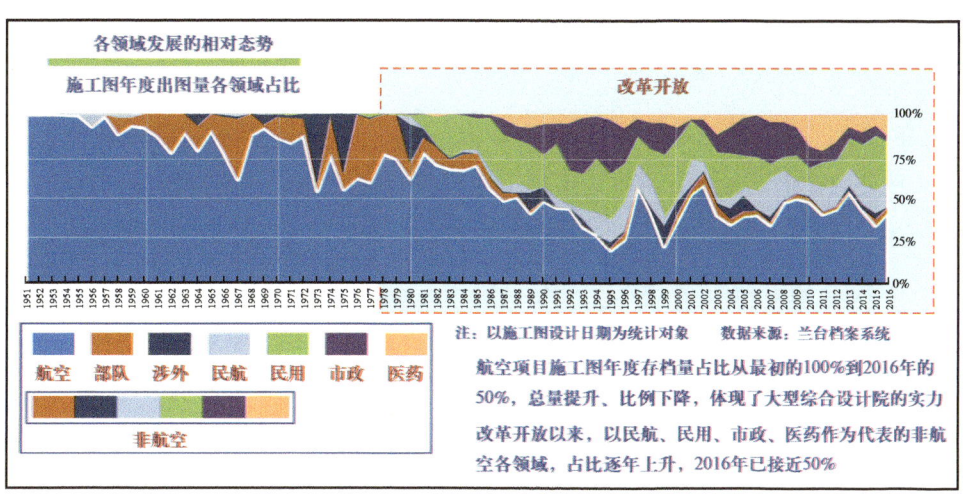

图4 信息图：各领域发展的相对态势

4.航空主业咨询设计业务发展

图5通过面积图的形式,以航空系统内各建设单位施工图累计存档量表现各单位基本建设的发展情况。包含两层信息:按照单位类型划分施工图累计存档量最多的代表;2000年以来施工图存档增加情况,体现新世纪的发展情况。

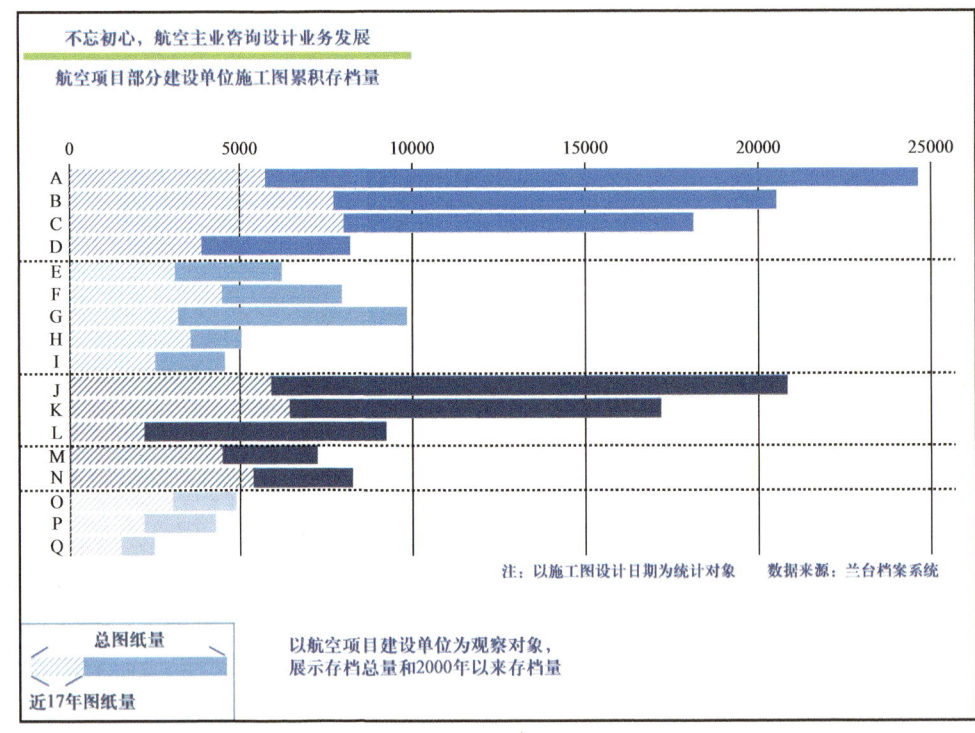

图5 信息图:航空主业咨询设计业务发展(建设单位名称已做隐性化处理)

5.航空工业部分单位建设情况全景

图6以热力图的形式,展现航空工业部分单位每年施工图存档量占总量的比例情况,深色代表占比较高,以持续的视角反映各单位基本建设的发展趋势。

6.民航领域的发展情况

图7以条形图、散点图结合实物照片的形式展现了民航领域的积淀与机库荣誉簿,包含三层信息:民航领域年度施工图存档量,体现业务发展的趋势;民航领域各年度设计作品获国家级、省部级奖项的数量,体现重点项目的时间分布情况;获奖证书展示了重要奖项的具体内容。

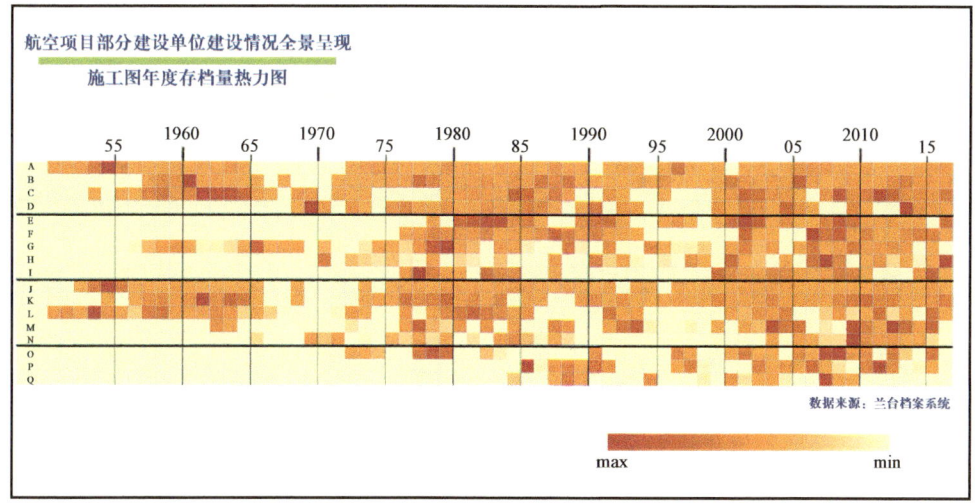

图 6　信息图：航空工业部分单位建设情况全景（建设单位名称已做隐性化处理）

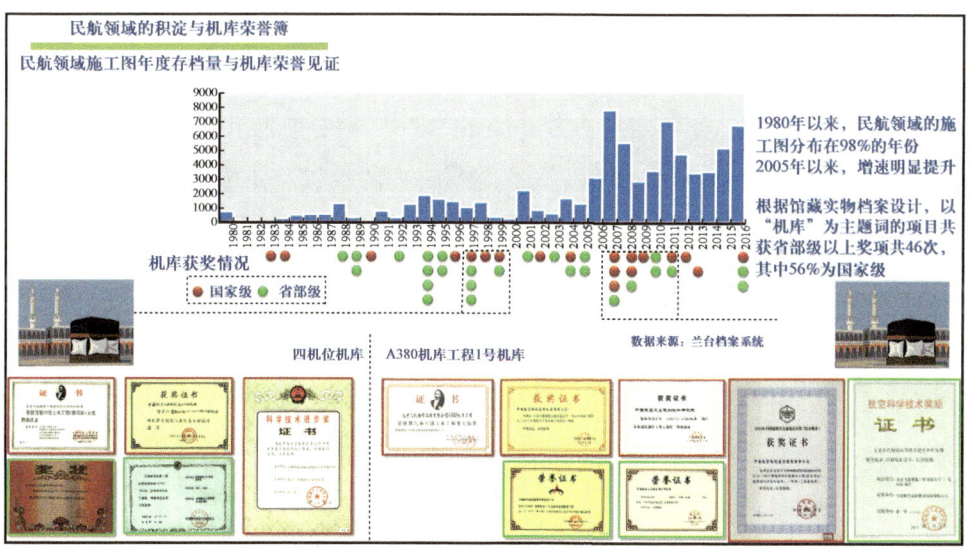

图 7　信息图：民航领域的发展情况

以上 6 组信息图经过对档案基础数据的提取、加工、挖掘、可视化呈现，展现了航空工业规划总院建院以来及改革开放以来咨询设计业务总体发展、各领域发展、各单位发展以及重点领域的发展情况。

6 组信息图构成了"纪念改革开放 40 周年"档案展的第一部分"档案见证发展"，引领整个展览，如图 8 所示。

图 8　档案展第一部分展示效果图

四、效果及影响

（一）提升档案展示效果

档案数据可视化为档案展示开拓新的方向：从档案资源出发，利用档案数据构建信息图，有力支撑"档案见证发展"的主题。在传统档案展示注重发挥档案本身的凭证作用、还原作用之外，借助档案数据可视化描述的档案信息，从动态的、持续的角度提升了档案展示的效果。

航空工业规划总院"纪念改革开放 40 周年"档案展推出以来，受到包括航空工业档案馆领导、航空工业规划总院领导在内的参观人员的普遍认可。参观人员一方面认可展示内容和展示效果的形象生动，另一方面对档案工作的扎实开展和创新思维也给予了充分肯定。

（二）提供档案工作的内部驱动力

回顾本次展览的整个过程，从构想到数据准备，再到可视化方法的应用，每个步骤都让档案工作者对档案的价值、档案数据的价值有了全新的认识，由此带来了档案工作多方面发展的驱动力。

（1）档案数据库的构建与完善：档案数据可视化的前提是档案的齐全收集和档案数据的准确著录。百万级别的数据量依靠长期以来脚踏实地、兢兢业业的档案工作积累。因此，本次展示工作既反映了航空工业规划总院档案工作的扎实基础，体现了卓有成效的数字档案馆和电子档案资源建设的成果，也为进一步提升档案数据准确性、丰富档案数据提供了信心。在后续的工作中，航空工业规划总院档案中心已着手扩充档案著录信息、链接各类档案资源，为更加有效利用档案数据提供准备。

（2）应用数据分析工具推动档案数据化向档案智慧化提升：本次展示工作是档案数据利用开发的一次初步尝试。以此为基础，档案工作者对档案数据化向档案智慧化提升的路径有了统一的认识：依托充分、完善的档案数据库，围绕业务逻辑构建数据应用模型，利用数据分析工具实现档案数据的深度挖掘，为经营、决策提供依据。

（3）档案工作者的思维方式和业务能力要求：新时代的档案工作者不仅面对档案工作的收集、管理、利用等基础工作，认知领域还应当从档案资源向档案数据扩展，在大数据的思维方式下创新档案数据的利用方式，从而实现档案价值的进一步提升。业务层面，虽然档案工作者未必掌握数据分析的原理和技术，但作为档案资源的建设者和管理者，仍需在充分理解企业主营业务的基础上熟稔档案数据的规律，为专业数据分析者提供需求指引、为模型构建提供意见。

（三）提升档案工作的外部影响力

本次展示为外部提供了认识档案、了解档案工作的机会，在档案数据可视化带来的全新展示方式和良好效果下，档案工作的影响力得到了显著提升。直接的效果在于各级领导、观展人员对档案工作和档案效果的认同，继而提高了对档案的重视程度。这也为档案工作进一步融入主营业务、服务主营业务创造了良好的空间：从技术的角度继续发掘档案数据承载的信息如何与业务融合，构建专业、有效的档案数据应用模型，则可形成更加有效、深入的展示成果。

案例形成单位：中国航空规划设计研究总院有限公司

案例形成人：李澎、陈静、沈淼

科学有效利用档案，助力大国重器成功研制

一、案例概述

中国船舶科学研究中心档案馆是全所档案资料的保管利用中心，一直把档案利用工作作为档案管理工作的重要内容，为领导决策、科研生产、科技成果申报、国家重点实验室评估、成果推广应用、科技人员职称评定等提供了丰富的材料和依据。本案例介绍了科技档案利用工作在"十三五"国家重点研发计划"深海技术与装备"重点专项"全海深载人潜水器总体、集成与海试"项目——"奋斗者"号载人潜水器的关键技术突破、设计创新优化等研制过程中开展的创新实践及取得的成效。

二、实施背景

深海蕴藏着人类社会可持续发展的战略资源，是事关国家安全发展的战略空间，更是大国博弈的重要战场。因此，世界各国纷纷加快对海洋资源的开发和利用进程。建设海洋强国，是中国特色社会主义事业的重要组成部分。按照党中央关于加快建设海洋强国的重大部署，经过近20年的跨越式发展，我国载人潜水器谱系化工程得到有序推进。

科技部在"十五"至"十二五"期间，先后立项支持了"7000米载人潜水器"（即"蛟龙"号载人潜水器）、"4500米载人潜水器"（即"深海勇士"号载人潜水器）重大研制项目。在"十三五"国家重点研发计划"深海关键技术与装备"重点专项中适时部署了"全海深载人潜水器"（即"奋斗者"号载人潜水器）系列项目。

中国船舶科学研究中心（以下简称船研中心）作为我国现代船舶工业和海军装备的基石，共和国最早成立的海洋装备基础性能总体所，自1951年建所以来，主要从事船舶及海洋工程领域的水动力学、结构力学及振动、噪声、抗冲击等相关技术的应用基础研究，以及高性能船舶与水下工程的研究设计与开发。70

年来，已建有功能齐全、配套完整的大中型科研试验设施30余座。依托各类试验设施，为我国舰船、潜艇装备的发展提供了必要的技术储备，为型号研制的总体性能提供了重要的技术保证。正是因为拥有舰船研究领域雄厚的综合性理论与试验研究技术能力，船研中心先后作为"蛟龙"号、"深海勇士"号和"奋斗者"号三型载人潜水器的研制单位和技术抓总单位，在项目实施过程中，创建跨行业、跨部门、多单位联合攻关的重大专项管理方法，明确分工和责任，精心组织实施，严格质量管理，为三型载人潜水器的研制成功作出了重要创新贡献。

三、创新做法

科研档案是重大专项的有机组成部分，为切实提高专项档案归档质量，做好技术储备，确保有效利用，船研中心档案人主动作为，强化项目组全员档案意识，建立项目档案工作岗位责任制，实施"三纳入、四同步"管理原则，建立健全专项档案管理制度，为确保专项档案完整、真实规范、利用方便，充分发挥了档案人的作用。

（一）主动履职，服务大局，提升工作水平

目前，国家各层面批复的重大专项、重点专项项目都具有跨领域、跨地域、涉及面广、参研单位多、历时久等特点，专项档案的管理实为一个系统工程。建立以档案部门为核心，各职能部门或承办部门、各项目专兼职档案人员为基础的工作流程体系及健全有效的规章制度，是实现重大专项、重点专项档案工作有序开展的保障，也是专项档案得以有效利用的基本前提。

按照统一领导、分级管理、岗位责任制、"三纳入"与"四同时"的档案管理原则。船研中心档案人员主动履职，服务大局，根据档案业务流程，构建档案管理制度体系，从制度层面对档案收集、整理、归档、保管等环节开展有效的质量控制（图1）。档案馆先后制修订了多项档案业务规范制度，如《文件材料归档管理办法》《科研项目档案管理办法》《科技档案借、阅管理规定》《保密管理规定》《鉴定销毁管理规定》《统计管理规定》等制度。对档案信息化建设，则制定《纸质数字化技术规范》等制度。通过不断创新文件材料收集和保管机制，梳理补充完善船研中心档案工作各项制度，确保各项制度的科学性、规范性、实用性和配套性。

图 1　档案馆管理制度建设

船研中心档案人员通过重大专项档案工作实践、专业知识的继续培训，不断提升自身职业道德、责任心以及专业素质等综合素养。日常工作中把好归档文件材料的质量关，规范化档案管理，有意识提升档案工作质量。

同时为了保证有效地管理档案，档案人员对项目成员进行深入的档案意识宣传教育，从国家档案法、各类档案管理标准规范、所内的档案管理制度，到他们对确保归档文件完整、准确、系统的责任和义务，有效档案管理对他们工作带来的效率与方便等进行宣贯，让项目成员正确认识档案管理的重要性，为专项档案管理工作的开展提供相应的支持。

（二）全程介入、科学管理，重要节点不缺项

在重大专项研制过程中，设置专项档案管理人员，专项档案管理人员从源头介入项目研制过程，依托具体科研任务，全面掌握研制全过程文件材料形成、积累、整理、移交等情况，特别是在设计转阶段评审、加工建造、总装联调、子课题验收、海试、结题等重大进度节点，主动开展工作，及时为科研人员提供现场指导与服务，加强对档案形成、积累、收集、鉴定直至归档全过程控制。

专职档案人员会同科研项目主管部门，加强项目文件资料归档策划要求及项目管理过程节点资料归档的监督检查要求，注重检查文件资料的完整性、准确性、真实性和有效性，做到"事前知晓"和"事中监控"。并通过信息化技术手段，借力线上项目管理系统，实现项目归档情况同步执行、同步跟踪、同步展示、同步审查。

专项档案员与档案馆专职人员建立沟通机制，当重大节点结束时，双方及时做好重大节点阶段的归档，尽早发现不符合归档要求的问题，通过及时通知、指导课题负责人修改、补充与完善，使研制过程形成的图样、文件资料始终受控，保证档案材料的连贯与有机联系。

（三）扎实开展档案信息化建设，加快数字转型升级与创新步伐

在信息技术快速普及、网络应用高速推进的时代背景下，专项档案的信息化管理是适应这一时代的必然要求。船研中心领导高度重视，不断投入人力物力财力持续推进档案信息化建设。2016年，由档案馆和所信息技术管理中心共同合作开发的档案管理系统（图2）开始在船研中心内网上线运行，该档案管理系统包括科技档案管理模块、文书档案管理模块、科研成果奖状档案管理模块、知识产权档案管理模块四大部分。依托这一档案管理系统，可从电子文件管理、专项数据管理、档案利用服务三个方面推进专项档案管理的信息化建设。

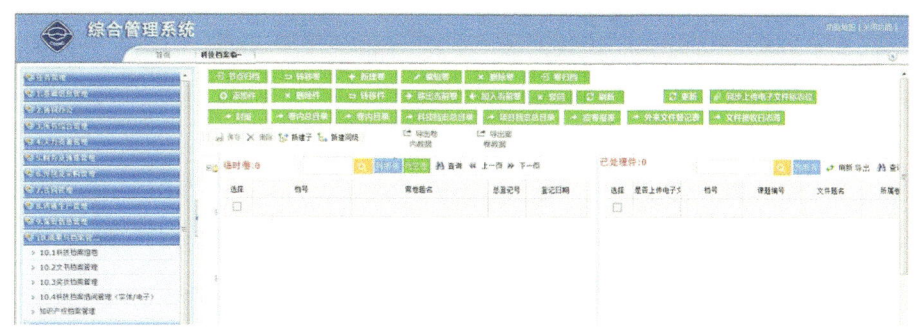

图2 档案管理系统界面

在电子文件管理方面，随着船研中心项目管理系统的上线运行，文件流与业务流集成，将归档要求设计在科技报告电子文件形成系统中，科技报告一经归档，系统具备防止非法修改和删除的功能，并生成相应的描述信息，确保了电子文件安全留存和内容真实。"奋斗者"号研制项目启动后，项目的科技报告已实现以电

子文件形式实时归档、鉴定及元数据管理。项目的技术文件、技术图纸，则由项目技术人员以传统载体档案数字化的形式，通过归档窗口登记归档的同时，提供与纸质版完全一致的 PDF 格式电子图纸，实时地完成数字化归档（图3）。

图3 "全海深载人潜水器总体、集成与海试"项目科技报告归档列表

在专项数据管理方面，根据全海深载人潜水器的项目架构，对系统软件的应用场景、业务需求、功能需求和质量要求等方面进行研究分析，开发了项目数据管理系统。数据库按功能划分出了项目结构管理、技术状态管理、图文档管理、采用标准管理和设备管理等模块。该数据管理系统规范了项目的研发过程流程，提高了标准化管理水平，实现项目过程数据的集中安全管理。

在档案利用服务方面，已实现在线借阅专项档案目录信息、原文信息的在线阅览功能。这一服务方式打破了地域、时间的局限，提高了档案的利用效率，降低了纸质档案的损耗，节省科技人员的时间，实现了纸质档案的电子备份，提高了专项档案存储的安全性（图4）。

（四）夯实档案资源建设，深化档案编研利用

从20世纪90年代初开始深海载人潜水器立项论证，至2020年11月的奋斗者号完成万米海试，近三十年的载人深潜奋斗历程中，首台"蛟龙"号的研制为"深海勇士"号载人潜水器、"奋斗者"号全海深载人潜水器的立项与研发奠定了坚实的技术基础，后两台载人潜水器的研制进一步推动了我国深海技术、装备产

业和应用体系的跨越发展。因此，开发利用好载人深潜专项系列档案，对我国载人潜水器的谱系化建设具有重要的作用。

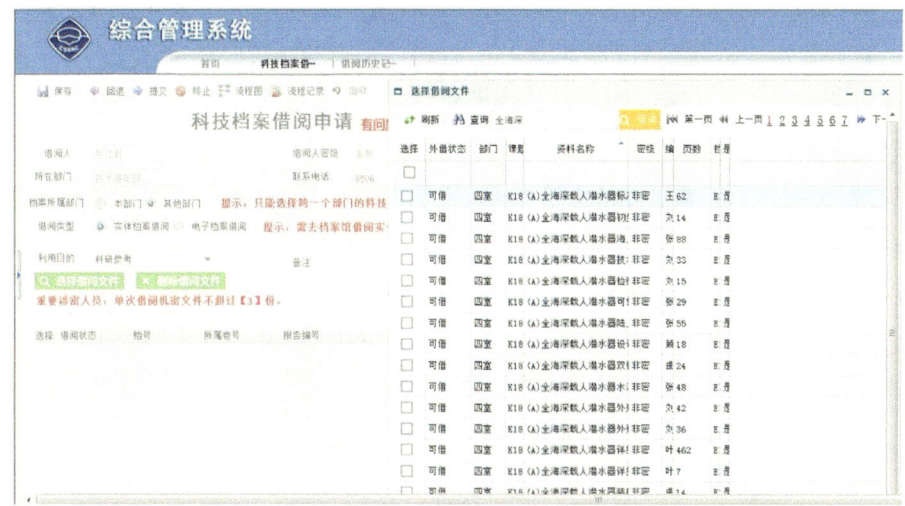

图4 "全海深载人潜水器总体、集成与海试"项目人员借阅档案界面

在"蛟龙"号和"深海勇士"号载人潜水器研制过程中，船研中心档案人完整、系统、翔实地积累了近四千件、十万余页的档案资料，为"奋斗者"号的研制提供了强有力的档案资源保障，已上线运行四年的"档案在线查借阅系统"更是为研制技术人员对档案资源的利用提供了极大便利性。

在专项档案的利用过程，船研中心档案人既保证了专项档案在借阅过程中的知识产权保密与安全，也为后续的载人潜水器谱系化研发提供好利用服务，体现出专项档案的价值。档案馆陆续开展了《蛟龙号研制与试验研究汇总与分析》《蛟龙号载人潜水器的研发和应用》等编研工作，为"奋斗者"载人潜水器的研发提供了查考与实际借鉴作用。

四、效果及影响

（一）展示船研中心在深海装备领域雄厚的技术底蕴

船研中心作为海洋装备研究"国家队"的定位，紧扣建设海洋强国战略，经过近三十年的不懈奋斗，在深海装备领域找到了独具特色的装备技术发展方向和自主发展道路。

"蛟龙"号载人潜水器的研制成功,使得我国进入了深海载人潜水器领域的世界前列,开辟了我国深渊科学研究的新领域,推动了我国深海技术、装备产业和应用体系的跨越发展,是我国深海技术发展的里程碑。在深海装备材料、工艺、设计方法、试验技术等方面,我国得到了快速发展和提升,极大推进了我国深海事业的发展,为我国深海装备技术起到了示范和辐射的作用,增强了我国深海装备研制的自信心。

"深海勇士"号载人潜水器的研制成功,带动了一批深海通用技术和产业的发展,为深海高端装备实现中国制造探索了一条切实可行的路径,为全海深潜水器的研制奠定了坚实的基础,培养壮大了我国载人深潜装备研发、海试队伍,有力保障了我国深海事业的可持续发展。项目的研制成果进一步提升了中国载人深潜核心技术及关键部件自主创新能力,降低运维成本,有力推动深海装备功能化、谱系化建设,实现了中国深海装备由集成创新向自主创新的历史性跨越。

"奋斗者"号载人潜水器的研制成功,实现了对世界海洋最深处的科学探索和研究,体现了我国在海洋高技术领域的综合实力,为科技创新树立了典范。万米级载人深潜迈入了常规科考作业时代,极大地推动人类对深海尤其是深渊的了解和认识。习近平总书记对"奋斗者"号的致信祝贺,既是对"奋斗者"号研制工作的高度肯定,也为我国未来深海领域的发展指明了方向,对于船研中心深海装备的发展具有重大的引领和指导意义。

(二)见证中国载人深潜精神的形成与传承

在我国载人深潜事业不断发展与壮大过程中,得到锻造与凝练的中国载人深潜精神充分体现了载人深潜团队牢记使命、不负重托,献身我国载人深潜事业的品质与境界,是我国载人深潜事业发展的宝贵财富,也是新时代深潜事业发展的重要精神力量。

"蛟龙"号历时十年论证,十年研制,瞄准国际载人深潜技术的最前沿,起点高、难度大,通过基础研究、技术攻关、总体设计、设备研制、系统集成、潜器建造、系列试验等,突破了一系列关键技术,研制出国际上工作深度最大的作业型载人潜水器经海上试验和交付应用的考验,成功实现了在最大下潜深度7062米的六自由度运动、悬停定位、通信、探测、感知和取样作业;在总体设计方法、高均匀外水压、大厚度直径比钛合金耐压球壳结构、密封和安全性评估的设计体系、大潜深综合性精细作业体系等八项技术领域取得了丰硕的创新成果。

"深海勇士"号用八年时间，分潜水器设计和关键技术研究、总体集成两大阶段完成了相关的工艺、检验、调试、总装集成、联调试验、水池试验等技术攻关，完成了详细设计、加工建造、总装联调、水池试验与海上试验，载人舱、充油锂电池、海水泵、液压源、低噪声推进器、浮力材等核心国产设备性能先进、技术状态稳定，潜水器的国产化率达到95%。

"奋斗者"号则只历时5年持续艰苦攻关，先后突破总体设计与优化、新型钛合金材料载人舱设计制造、大深度浮力材料、全海深推力器、全海深高速水声通信、智能操控技术等一系列关键核心技术，国产化率达到96.5%，创造了10909米的中国载人深潜新纪录。

三台大国重器的科技档案是载人深潜精神最重要的信息载体之一，它们很好印证了载人深潜精神的形成与丰富，与这三台大国重器的研制相伴相生、如影相随。项目档案作为最重要的历史纪录，一卷卷科技文档、一张张现场照片、一项项科技成果奖励，见证了中国载人深潜精神的形成和传承，见证了深潜团队披荆斩棘、拼命硬干的奋斗历程。

（三）助力船研中心深海装备业务板块高质量发展

三型载人潜水器的专项档案是专项研制过程活动的真实记录，为专项的中期检查、转阶段评审、结题验收、成果鉴定提供了基础数据，提供了各项必需的佐证材料。

三型载人潜水器的专项档案既是展示深海装备领域科研成果最重要的信息载体，也为载人深潜团队谱系化研发提供了很好的利用服务。设计人员通过学习、查阅"蛟龙"号的设计文件，提高了"深海勇士"号、"奋斗者"号实施方案论证的快速性和有效性；通过借鉴与参考"蛟龙"号技术文件，为后两型的总体设计拓展了思路，并在具体设计中吸收了部分设计思路，缩短了后两型的设计建造周期。又如，通过查阅"蛟龙"号海试中出现的各类故障排查纠正记录，进一步优化了后两型载人潜水器的设计方案。对于加入载人深潜研发团队的新人而言，则通过学习和了解前人的研发成果，启发了自己的设计思路，使自己的工作少走弯路。

依托档案信息化管理技术，零散、孤立的档案得到高效利用，三型载人潜水器各类珍贵的试验参考数据和设计分析结论也为船研中心深海装备项目争取与业务拓展，积极参与国家"十四五"深海装备发展规划论证，起到了强力的支撑作用，为船研中心深海装备板块的可持续发展注入了新动能。

案例形成单位：第七〇二研究所

案例形成人：顾继红、岳江君、刘忠族、冯丽姣、于斌、王瑶

石油档案赓续红色基因

——中国石油兰州石化公司石油精神教育基地

一、案例概述

中国石油天然气股份有限公司兰州石化分公司（图1）石油精神教育基地改扩建项目于2016年5月启动，新馆采用多种先进的多媒体和声光电技术运用，将雕刻、壁画等艺术与企业各类别珍贵档案有机融合，真实再现了兰州石化60多年艰苦创业、产业报国的炼油工业"共和国长子"和"新中国石化摇篮"风范。不仅发挥了企业档案资政育人的作用，又拓展了企业档案服务社会的功能和价值，还提高了石油精神在中国西部地区的知名度和辐射面，更为党史学习教育作出了积极的贡献。

图1　鸟瞰兰州石化

二、实施背景

中国石油兰州石化公司是集炼油、化工、装备制造、工程建设、检维修为一体的大型综合性炼化企业,是中国西部重要的炼化生产基地,能源战略地位十分重要。公司地处甘肃省兰州市西固区,现有土地总面积约27平方千米,各类用工1.85万人,二级单位33个,总资产200亿元,年营业收入600亿元左右。公司秉承中国石油"奉献能源、创造和谐"的宗旨,弘扬新时期以"苦干实干、三老四严"为核心的"石油精神",传承公司"高严细实"优良传统和作风,凝结形成了"自强不息、艰苦奋斗、苦干实干、兴业报国、敢为人先、追求卓越"的企业精神,企业在生产建设、改革发展、科技创新、基础管理、企业文化建设等方面取得了丰硕成果。公司原企业精神教育基地是在兰州石化公司和兰州石油化工公司合并之初,于2008年9月由公司2号办公楼门厅改造而成,陈展面积为350平方米。开馆近10年来,共接待国内外5万余人参观,曾为兰州石化公司开展企业精神教育、宣传公司形象发挥了重要作用。但随着时间的推移,原有企业精神教育基地的缺陷和不足逐步显现,主要表现以下三个方面。

(一)展馆面积不足,档案资源利用不充分

兰州石化公司石油精神教育基地真实记录了兰炼、兰化和兰州石化60多年来艰苦创业、产业报国的炼油工业"共和国长子"和"新中国石油化工摇篮"的风范,再现了当代中国炼油化工工业历史,也是传承企业光荣传统、展现企业风采、塑好企业形象的主阵地。公司自1958年建厂以来,形成了深厚的文化积淀和优良的传统,受原展馆面积限制,仅陈列了产出产品及部分图片、照片,企业馆藏实物、视频等众多资源内容得不到充分的展示。

(二)内涵挖掘不深,档案教育作用不全面

档案作为企业历史的活化石,折射出一个60年老企业的深厚底蕴,对企业发展有着巨大作用。对照"自强不息、艰苦奋斗、苦干实干、兴业报国、敢为人先、追求卓越"的兰州石化精神,原有展出的档案资源由于布展时间较早、规划不够科学、合理,对企业精神的诠释不够全面、充分,档案本身承载的教育功能没有完全体现出来。

（三）资源容量不够，宣传教育覆盖不完全

60多年来，兰州石化从无到有、从小到大、从弱到强，不仅创造了丰富的物质财富，也创造了宝贵的精神财富，完美体现了新中国炼油化工行业的发展历程。多年来，兰州石化公司弘扬主旋律、传播正能量，提振建成一流综合性炼化生产企业的士气和信心，作为在甘央企树立了良好的社会形象、效益形象和发展形象，受到了地方政府和群众的一致好评和欢迎。公司石油精神教育基地分别被评为甘肃省、兰州市爱国主义教育基地，全天候免费面向社会开放，接待国家、省、市区领导和各级企事业单位、学校、社区人员等，原展馆档案资源的容量无法满足参观需求。

三、创新做法

（一）资源收集

1. 深度挖掘企业丰富的馆藏资源

作为展现新中国炼油工业"共和国长子"和中国石化工业的摇篮发展历程的展馆，要想更好地诠释企业60多年的发展历程，自然离不开丰富的历史文献资料。为扩充展陈档案品类、丰富展馆档案内涵、提高馆藏档案价值，在前期筹备阶段，兰州石化公司充分挖掘馆藏资源，将一直以来系统收集、妥善保管的公司建设历程重要档案进行精心筛选，充分发挥企业现存档案资源优势，寻找可供作为展品的文献资料和实物（图2）。广泛听取企业文化、石油技术等各领域的专

图2　兰州化工厂厂史《巨浪》

家、学者及老领导的意见和建议，根据优化后的展馆陈列方案，查找国家领导人重要指示、炼厂建设场景等重要影像资料入手，力求让企业发展的历史文脉更加清晰可见。

2. 多渠道广泛收集历史档案资料

广泛发动内外各方力量，通过公司新闻发布网络平台、企业内外部媒体宣传报道、外部相关收藏机构和个人等多个渠道，不仅面向社会挖掘、征集旧报纸、老报道等宣传资料，更在企业内部多次开展"老物件"征集活动，收集能体现企业发展历程、的各类档案。退休员工柯秀芳捐赠了父亲珍藏了一生。员工1956年响应国家号召来兰州炼油厂开工建设时苏联专家送的饭盒；员工关桂秀1956年从北京化工设计院跟随和合成橡胶项目一块来到大西北工作后获得劳动模范的奖品——一条毛毯（图3）……全公司员工先后贡献私人收藏200余件（图4）。实物档案征集活动不仅激发了全体员工的热情，更强化了档案工作全民参与的意识，征集的相关方法和流程也为今后档案收集工作积累了一定的经验。

图3 1959年兰州化工厂劳动模范奖品　　　　图4 早期建设者捐赠的生活用品

3. 多部门系统联动优化馆藏内容

在档案资源整理、开发等方面整合多方力量，积极与企业文化处、新闻中心、工会、离退休管理部等相关部门协作联动，联系历史事件的亲历者，以求展示内容契合各个展陈主题，对企业档案进行深度挖掘。为精神教育基地的展陈提供了充足的档案资源储备，展览需求得到最大限度满足，各个专题展示的特色更加突出。

（二）场馆打造

1. 石油风貌

兰州石化公司石油精神教育基地通过全方位、立体式展现，展馆陈设风格简朴庄重、布展区内档案内容翔实周至，展馆整体呈现浓郁的石油工业文化创意元素。展馆设计充分运用展板、柜列、雕塑、情景再造等方式，根据实物档案由来和历史背景布置陈设、灯光烘托氛围，不仅令实物档案主体更加突出，更激发起参观者了解"背后故事"的好奇心。整个展厅设计风格，不论在形状、外观、色调等外在体验上，还是在视觉、感受、互动等内在体验上，参观人员能够充分感受到带入感、融入感，达到了展馆从内容到参观的良好效果。

2. 展区分类

展馆根据企业发展历程共分为12个展区，分别是序厅"石化魂"（图5）、第一展区"亲切关怀"、第二展区"光辉历程"（图6、图7）、第三展区"巨大贡献"（图8）、第四展区"改革重组"、第五展区"重振雄风"（图9）、第六展区"科技创新"（图10）、第七展区"管理创新"、第八展区"党建思想"（图11）、第九展区"和谐家园"（图12）、第十展区"人物荣誉"和尾厅"希望梦想"。各展区均有一级版文和二级版文为构架，对文案表述和陈展做到详略得当，重点突出，文字图片均衡搭配，各展区陈展方式丰富多样，文字、图片、实物、视频、雕塑、场景再现、模型、电子动态模拟等方式融为一体。

图5　石油精神教育基地序厅

图 6　第二展区场景——"炼出争气油"

图 7　第二展区场景——"国产第一胶"

图 8　第三展区场景——"巨大贡献"展厅

图 9　第五展区场景——"重振雄风"展厅

图 10　第六展区场景——"科技创新"展厅

图 11　第八展区场景——"党建思想"展厅

图12　第九展区场景——"和谐家园"展厅

图13　序厅连接第一展厅场景——"时空隧道"

图14　第一展厅场景——报纸墙

3. 实景打造

序厅以工厂建设者半浮雕群像为背景，灯珠装点的厂区全貌比例微缩沙盘映入眼帘，前后景透视效果大气磅礴；穿过以企业重要时间、历史节点点缀的"时空隧道"（图13）；"亲切关怀"展区内由周总理饱含殷殷嘱托的题字经过重制，字体朴素、彰显威严，给人以极强的视觉冲击力；报纸墙以人民日报头版头条载有兰州炼油厂相关报道的旧报纸为背景，展示企业历年大事，形式新颖，抓人眼球，令参观者对中国石油炼化事业的坚持和对企业的热爱感同身受（图14）；工业一体化流程使用科技感十足的电光效果呈现，浅显易懂，科技感十足；裂解装置原理展示厅装点原油造型陈设，上方解说化学原理的展示屏摆放考究，穹顶星光闪烁，全透地板下半露出石油管线，参观者置身其中，游历体验更加真实；人物音像资料、文书类档案的陈设环境符合大众审美、观感舒适。

(三) 多媒体展示

1. 智慧建造

在信息化水平不断提高的现代社会，面对参观者的多样化、个性化需求，兰州石化公司石油精神教育基地结合数字化、VR 虚拟体验等优势技术，整合实物档案资源，打破实体馆藏参观的局限性，扩展线下观赏这一延伸空间，最大限度地发挥场馆功能，通过文字图片展示、音频讲解、实景模拟、动画制作、立体展现等多种方式，借助微信平台实现了线上信息推送，全方位立体化展示实物档案的魅力，既满足了大众需求，又促进场馆实现了科技型、知识型的转变（图 15）。

2. 云端展示

线上平台场馆内外全实景拍摄，支持 VR 互动，配合语音导览，身临其境。将每一件实物档案的高清影像嵌入相关全景展示页，对有关联性的档案实物信息进行分类，做到链接联动性，进

图 15　第五展厅场景——智能展示

而形成一体化的档案展示库。页面采用滚动菜单点选，方便用户便捷搜索自己想要获取的信息，更全面、系统、深入地了解档案特色信息。为畅通观展渠道，精神教育基地线下场馆根据时事更新，线上内容及时跟进，真正实现实体内容与手机端的同步展示，全面提升了用户的观览体验。

3. 多媒体宣传

石油精神教育基地建成后，摒弃关门只为石化人服务的老旧思想，将实物档案展览推向社会。联系多家媒体发布报道和推介，积极利用内外网站、微博微信、短视频平台等新媒体的传播优势发布系列报道，制作主题鲜明的展板、画

板，印发《石化魂》《精神的力量》《石油精神薪火相传》等宣传、宣讲手册，联合市委等单位拍摄多部宣传和讲解影片，通过一系列举措不断扩大企业实物档案展览影响力，将石油精神教育基地推进大众视野，开拓了一个了解石化企业、了解石化生活的窗口，扩大了石化公司文化聚力工程社会影响，使得石油精神教育基地真正成为具有档案展示功能、视听功能和员工文化成果交流展示的多功能基地。

四、效果及影响

新建兰州石化公司石油精神教育基地，总占地面积4500平方米，展厅面积1905平方米，展线长约500米，展馆陈设风格简朴庄重、展陈内容翔实周至，具有浓郁的工业元素和石油化工文化创意元素。展馆布局以时序为主线，分为"序言""亲切关怀""巨大贡献""改革重组"等12个主题展区，馆内共有411块展板，1000余张珍贵的历史照片，500余件真实的文献史料，200多件富有历史价值的实物，以及30余处富有石油企业特色的雕塑、场景、沙盘，运用逻辑模块陈展方式，真实记录了60多年来兰州石化把兴业报国的历史使命扛在肩上，艰苦奋斗、自强不息，实现了从无到有、从小到大、从弱到强，创造了无愧于党和国家期望的物质财富，在新中国石油化工领域揭开崭新的一页，在国家石化工业上铸就了不朽的丰碑。

（一）丰富馆藏资源留存企业记忆

兰州石化公司为深入贯彻落实习近平总书记"让历史说话、用史实发言"重要指示精神，以公司石油精神教育基地改扩建为契机，面向员工、家属及社会各界长期开展了档案资料征集活动，共征集史料1000余卷、各类照片图片10000余张、实物1000余件、历史视频30余部、报纸杂志120余件，极大丰富了公司馆藏档案资源，改善了馆藏资源结构，为公司后续开展各类主题编研利用查阅提供了更大平台和空间，增强了档案工作为企业服务的实效性。其中兰州炼油厂筹备处负责人王俊同志的亲属在得知公司征集历史文物史料后，2019年8月22日，将一箱曾在1958年国庆前夕去往北京向毛主席和党中央献礼、兰州炼油厂生产出的第一批合格油样捐赠给了公司，兰州石化公司举行了隆重的捐赠仪式，并将这箱珍贵的油样作为镇馆之宝摆放在了馆内最显著的位置供观众参观（图16）。

图 16　第二展区场景——油样实物

（二）打造石油品牌弘扬优良传统

新馆通过多种先进的多媒体和声光电等先进技术将珍贵档案资源进行了全面展示，观众可通过大型触摸屏、光电沙盘得到身临其境的真实体验，穿越时光隧道感受当代中国炼油化工工业历史，其中独具石油特色的"珍贵油样送北京""荒芜滩涂立桩基""五朵金花开两朵""一根油杆刮效益"等近百个既具红色基因又富含"油味儿"的红色故事，带领观众体验在黄河滩涂上建起新中国第一座炼油厂、第一座化工基地的峥嵘岁月。新馆建成后，公司诚邀历任老领导、离退休人员、甘肃省英模、员工家属等长期以来关心和支持企业发展的各界人士举办了多个富有特色的专场，展出的一份份珍贵原始的档案资料，时刻提醒着兰州石化人踏着前辈留下的足迹，不忘初心，砥砺前行的担当和使命。自建馆以来，一批又一批的企业员工前来寻访企业发展历史足迹，聆听企业优良传统故事，深刻感悟公司"高严细实"作风的丰富内涵。一批又一批的企业党员面对鲜红的党旗，紧握右拳，重温入党誓词。

（三）树牢使命担当续红色基因

兰州石化石油精神教育基地作为甘肃省、兰州市命名的第一批爱国主义教育基地，立意高、定位准、有历史纵深，也有突出的业绩支撑，大量的史料、数据从多方位、多角度讴歌了一代又一代兰州石化人的丰功伟绩，不仅成为兰州石化新时代特殊的历史记忆和文化符号，也成为兰州石化人重要的精神坐标。作为爱国主义教育基地，兰州石化公司企业精神教育基地辐射整个甘肃省范围之内，2018年新馆面向社会各界免费开放后，接收了来自地方党政机关、驻甘部队、大中小院校以及地方企事业单位、社区等开展主题党日、重温入党誓词、专题座谈会等共计约10万人次，引发了社会各界的爱国主义情怀，收效明显，兰州市委宣传部专程为兰州石化公司企业精神教育拍摄了宣传片。教育基地先后被甘肃省委宣传部、中国人民解放军火箭军政治工作部、中共兰州市委宣传部、中共兰州市委统战部、兰州市民族宗教事务委员会、共青团甘肃省委甘肃省青年志愿者协会等授予荣誉称号。

2021年喜迎中国共产党成立100周年之际，入馆参观学习的人员更是达到了历史新高，仅7月一个月，累计接待企业内部员工、各机关团体、企业事业单位、军队、学校及社区团体107场次，4000余人次，教育基地成为西部地区党史学习教育网红"打卡地"。2021年中央企业红色资源网络展览作为首批推出的企业精神教育基地，兰州石化公司光荣上榜。

案例形成单位：中国石油兰州石化公司
案例形成人：张坤、吴阳凤、米莎、黄小虎、张春辉

基于实物 ID 的电网设备档案资源共享利用

一、案例概述

为推进档案数据融合共享，加强档案应急服务机制建设，国网安徽省电力有限公司充分整合企业档案资源，开展了基于实物 ID（电网资产实物身份标识编码❶）的电网设备档案利用探索。通过打通档案与业务系统壁垒、建立档案与设备映射关系、优化终端应用等路径，构建起设备与档案融合通道，打造了跨部门、跨专业、跨领域的"一体化"数据资源体系。成果应用以来，沉睡的档案资源得以利用充分彰显了档案价值，互联共享的新模式有效激发了档案专业的内生动力，进一步深化了信息时代企业档案工作的数字转型。

二、实施背景

国家电网有限公司（以下简称国网公司）于 2018 年全面开展电网资产实物身份标识编码（以下简称实物 ID）建设，实现了设备资产在规划、建设、运检和退役报废全寿命周期内信息共享与追溯。目前，国网安徽电力已全面完成各级电网资产实物 ID 建设，运检人员通过扫描设备实物 ID（图 1），可快速查看设备参数、全寿命、状态、投运后所产生的运维档案等相关资料，完成现场检修作业反馈等工作，效率较高。

但由于实物 ID 终端业务系统和数字档案馆之间存在壁垒，电网运维及抢修无法直接从生产信息系统中获取数字档案馆系统里的设备档案信息，不能满足档案工作与应急管理部门高效联动、快速响应电网应急需求。

---

❶ 电网资产实物身份编码：按照资产全寿命管理过程中项目编码、设备编码和资产编码等信息贯通要求，引入的资产实物标识编码，是终身不变且唯一的身份编码，根据电网资产不同的物理特性、安装环境等因素，实物 ID 可使用二维码、RFID 标签等作为载体。

图 1　工作人员利用手机扫描 ID

(一) 加强设备档案利用是服务应急体系建设的需要

党的十九大以来,党中央提出要加强、优化、统筹国家应急能力建设,构建统一领导、权责一致、权威高效的国家应急能力体系。电网是关系国计民生的保障性基础设施,电力供应和安全事关国家安全战略,事关经济社会发展全局。当发生地震、冰灾等突发事件及停电、火灾等安全事故时,如何在事前、事中、事后最大限度发挥档案的作用,特别是电网系统设备档案的价值,成为电网企业应急抢修工作中亟待解决的问题。

(二) 加强设备档案利用是推进档案数字转型的需要

新修订《中华人民共和国档案法》增设"档案信息化"章节,强调推动档案开放与利用、加强档案信息化建设,从国家立法高度对档案信息化、数字化建设提出要求,充分彰显国家对档案信息化建设工作重视程度。对企业而言,把握档案发展规律,积极创新开展档案信息化、智能化工作,构建跨专业、跨层级、共享开放的数据运营和服务模式,加强数据技术应用,促进档案大数据增值变现也是提质增效的内在要求。

(三) 加强设备档案利用是提升运维检修效率的需要

随着我国电网建设的飞速发展,电网设备运维、检修任务越来越重,传统的粗放型设备管理模式弊端逐步显现。工程档案作为工程建设的真实记录,涵盖了工程项目申报、立项、审批、施工、验收、运维、检修等过程形成的工程建设及管理材料，其设备档案对工程项目后期的设备大修、技术改造等具有重要支撑作用。信息化时代，如何利用信息手段快捷地将设备档案这"第一手"资料送达运检人员，以便快速响应工作需要，成为公司抓实"档案利用体系"建设的切实需求。

基于此，国网安徽电力开展了基于实物ID的电网设备档案利用研究。

三、创新做法

（一）查找问题短板，满足利用需要

对各级运维、档案部门进行广泛调研，查找设备档案服务设备运检方面存在问题。一是数据融合不足。设备资产管理与设备档案管理分属不同的业务部门，设备档案的分类、归档规则与实物ID编码规则差别很大。加之设备投运后调度命名与工程建设中的项目命名不一致，导致工程投运后，仅能通过实物ID系统查看运维检修系统中的设备资产状态信息，无法获取工程建设项目档案相关信息。二是档案利用烦琐。相对于设备资产ID一键式扫码获取信息的方式，目前设备档案的利用仍显烦琐，利用时需要运维及应急抢修人员在数字档案馆系统（内网）提出借阅申请，档案管理人员审核通过后才能从档案室调取档案，流程烦琐，费时多，不能满足应急需要。三是阅档效率不高。传统档案借阅模式下，运维及抢修人员在不知道档案档号的情况下，需要面对海量数据进行查找，即使使用关键字检索，效率仍较低且准确性难以保障。且经过技改大修后，归档的设备原始档案与现有设备信息可能不完全一一对应，需要对相关档案进行筛查比对分析，费时耗力，难以满足应急服务需求。

（二）研判数据范围，明确工作思路

为推进实物ID设备信息与设备档案资源的共享融合，国网安徽电力制定了"基于已有实物ID、打通数据信息壁垒、实现数据融合利用"的目标，提出了"一个数据用到底、一个数据大家用"和"溯源唯一、实时共享"的建设原则，结合运维及应急抢修人员实际利用需求，利用信息化手段，利用实物ID实现工程档案信息的关联利用，实现工程档案嵌入式服务利用。

选取35千伏、110千伏、220千伏、500千伏变电站及线路为试点，在确保

各电压等级设备全面覆盖基础上,梳理需要关联档案的设备范围,主要包括主变压器、断路器、组合电器、隔离开关、电流互感器、电压互感器、电抗器、电力电容器、耦合电容器、接地变、站用变、开关柜、避雷器、消弧线圈14类主网典型设备。坚持利用导向,深入运检现场开展调研,进一步明确一线员工的实际用档需求,最终将设备关联说明书、安装调试记录、施工图纸、大修记录等档案纳入关联范畴。

(三)全面梳理,建立映射关系

从内容需求、管理模式、管理流程等不同维度,分析总结运维及应急抢修需求和设备档案现行管理体系之间的差异性。比如,运检及应急工作中最常用到的档案主要为设备档案,根据国家电网公司工程项目档案管理的要求,设备档案的分类号为940*,而940*只是一个大的范畴,一线人员用档时,还是无法通过分类号判断具体案卷档案内容。再如,变电站或线路等在新建、改扩建、维护过程中产生的有关资料,与归档的原始设备档案在名称等内容上有会产生差异。

为实现二者差异性的统一,国网安徽电力通过研究实物ID相关数据和已归档原始设备档案数据的特征信息(如设备、设备类型、型号),全面梳理出各电压等级实物ID数据与档案数据对应关系(图2),明确建立了实物ID编码与档案文件条目信息的映射对应关系,以便于在PMS系统中可以根据设备信息查找对应的原始设备档案信息。

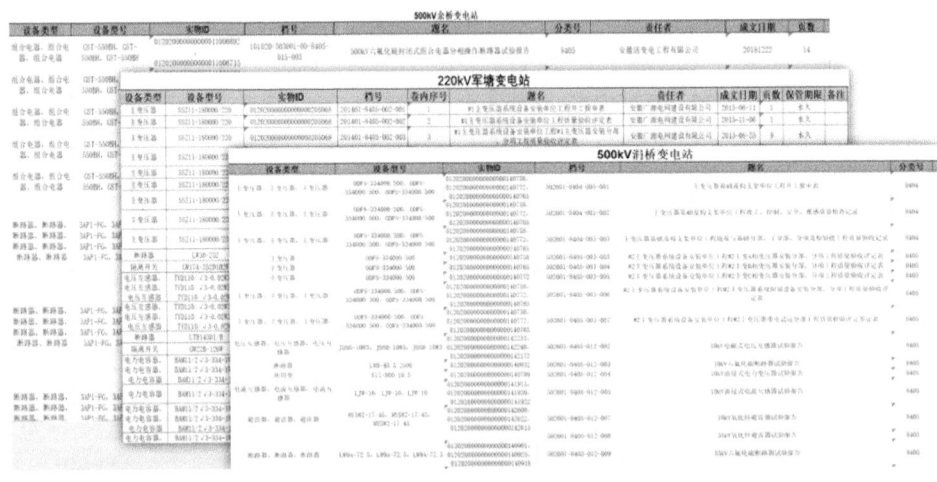

图2 梳理各电压等级变电站设备信息与档案系统对应关系

（四）打破壁垒，建立融合通道

在坚持信息系统集成设计和确保档案资源共享功能的目标下，在完成设备资产与档案建立映射的前提下，为工程档案配置运行编号、站线名称，随后打通数字档案馆系统与运维检修系统的数据集成通道，以实物 ID 为唯一标识，构建数字档案信息与设备信息的有效关联关系，从而打破系统之间的数据壁垒，实现数字档案馆系统与 PMS 系统的全面集成与数据融合（图 3）。运检人员可以通过 PMS 系统，查看相关设备的已归档档案信息，提前预判下次设备检修的相关情况，大幅提升检修工作效率。

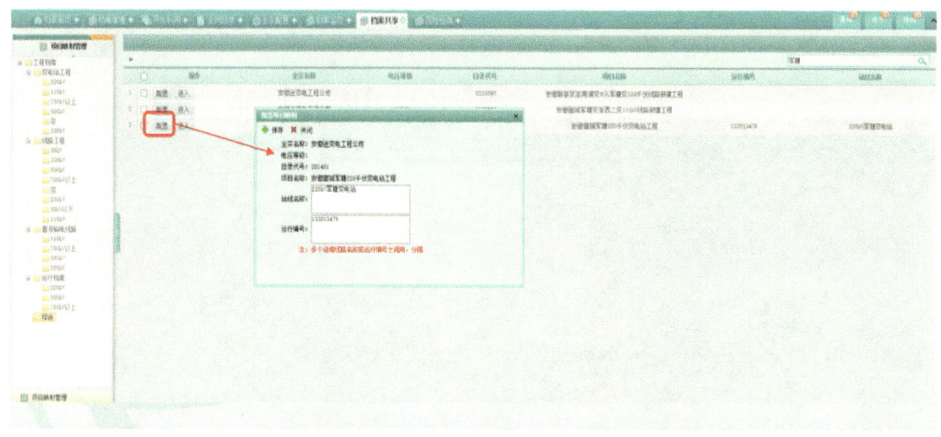

图 3　配置运行编号、站线名称与档案系统目录代号、项目名称的映射关系

（五）"两证合一"，实现掌上查档

在以上基础上，为设备档案配置相应设备类型、设备型号、实物 ID 与档案系统，完成卷内文件的映射关系（图 4）。此外，通过进一步优化系统架构，不断完善移动端、电脑端嵌入利用等功能模块的开发和调试，实现运维检修系统和数字档案馆系统的更为紧密的对接，打通实物 ID 与电子档案的共享融合通道，实现实物设备状态信息与工程档案信息关联展示，实现设备"资产身份证"与设备"档案身份证"的"两证合一"，运检人员扫描对应的实物 ID 后，不但可以看到设备的技术参数、运行状态等信息，还可以便捷地看到已归档的操作手册、相关图纸、历次检修记录等，并支持在线浏览，全面助力运检人员现场工作（图 5）。

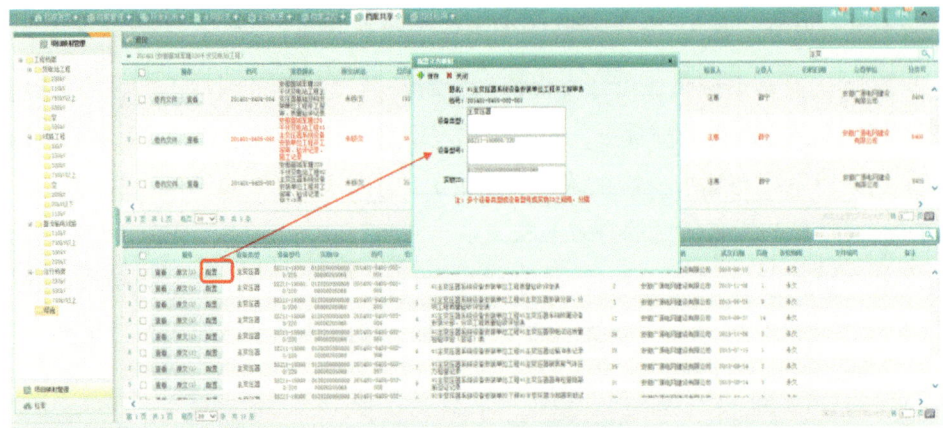

图 4　配置设备类型、设备型号、实物 ID 与档案系统卷内文件的映射关系

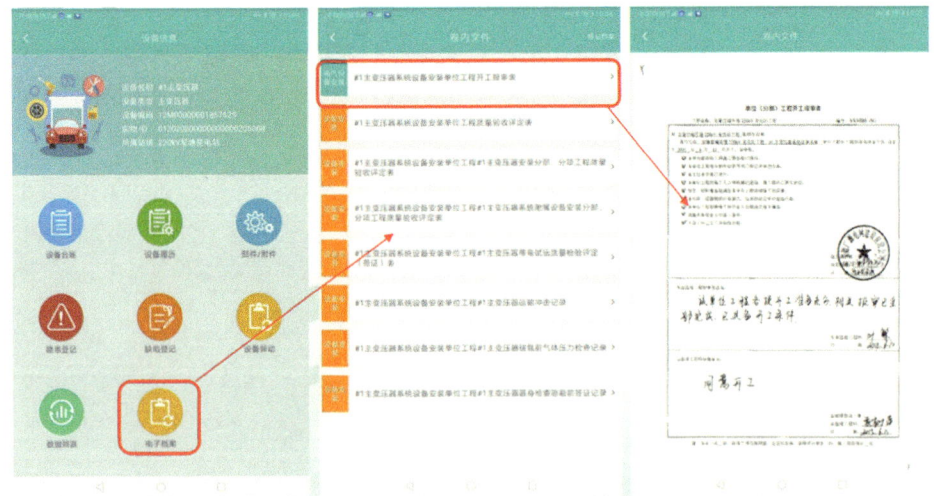

图 5　运维人员通过实物 ID 搜索设备信息，可查看设备关联的档案信息

（六）多措并举，确保安全可控

为了保证在利用过程中档案信息的安全性，国网安徽电力充分利用区块链技术的不可篡改性、数据可完整追溯性和开放性的特性，将区块链技术应用于工程图纸的使用过程中，以加密技术确保档案信息网络安全，确保档案信息的安全性和保密性。同时采用水印、身份认证、日志追溯等多种措施，保证了档案信息在移动终端的安全共享利用（图 6）。

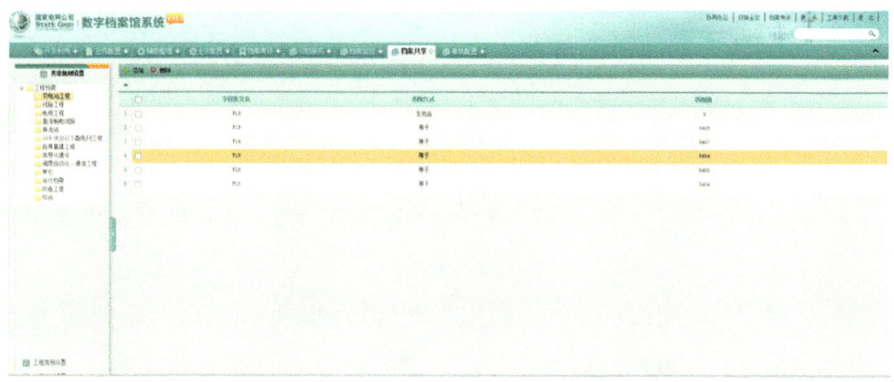

图 6　通过数字档案管系统配置生产管理信息系统共享阅档案规则,避免档案数据泄密

四、效果及影响

(一)利用为先,实现档案数据增值

档案部门变"被动"为"主动",积极服务企业发展大局,实现档案资源的在线跨库利用,充分发挥数字技术在档案资源配置中的优化、集成,转变档案管理方式、服务方式和管控模式,从而形成新的专业优势和内生动力,提高管理效率和效益,构建起"互动协作"的全新格局。利用信息手段将档案资料实实在在地送到了基层员工的手上,有效服务于运维检修一线,大批的设备档案由"死档案"成为"活资源",档案资源"数据库"的价值得以进一步彰显。国网安徽电力数字档案馆系统设备档案查询频次大幅增加,通过实物 ID 查询设备档案月均超过 2000 次,数字档案馆各路径查询月均超过 6000 次,同比增长 50%。坚持"利用为先",在确保安全的前提下提升了广大员工的用档便捷程度,增强了阅档的体验感、获得感和成就感。档案人员在公司各项工作的参与度和贡献度得到增强,档案及档案工作的价值极大提升,各业务部门对于档案工作的认识更为深刻,与档案部门形成了更为良好的协同配合关系,设备档案归档率由 85% 提升 100%。

(二)互联贯通,激发档案专业内生动力

借助信息技术和已有的实物 ID 数据信息,以服务运维和应急抢修为导向,打破了原始设备档案管理与运维检修资料管理各自为政的现状,赋予了电网设

备独一无二、贯穿始终的"资产身份证"和"档案身份证",打通了跨部门、跨专业信息交互瓶颈,实现了设备档案与运检档案"档档相连",设备与设备档案"物档相连",确保了资产管理各环节信息有效贯通和高效共享。电子档案与设备实物ID实现精准关联,运检人员通过手机App等多种检索路径查看设备装箱单、合格证、出厂试验报告、说明书、图纸等档案,无须再到档案室里查阅实体档案,极大提高了工作效率,为运检工作节省了宝贵的时间,相应缩短了计划停电时间,为广大电力用户提供了更为优质的用电服务。此外,在应急抢修过程中,工作人员可快速准确查找所需信息。例如在2020年的抗汛保电中,工作人员通过扫描实物ID编码第一时间获取有关受灾电网设备档案信息进行抢修。再如,2021年特高压芜湖站应急抢修过程中,通过实物ID二维码调阅设备档案达到95人次,调档平均时间为1分钟,较传统档案调阅时间缩短90%,极大提升了应急抢修效率,最大减少停电时长,更好服务地方经济社会发展。

(三)打造样板,深化档案工作数字转型

设备档案实现了传统手工式服务向信息化服务的转变,实现档案数据资源可视、可查、可取、可用,健全了档案数据治理体系,强化了档案数据管理,进一步拓宽了档案管理的范畴,符合档案由"纸质载体、库房保管"向"数据形态、平台沉淀"转变的新趋势,形成了可复制的档案利用典型经验和数字化转型示范工程。在内部推广方面,设备档案在运维检修专业资源共享利用,为其他业务的档案信息共享利用提供了宝贵经验,吸引了业内一众兄弟单位前来调研,研讨经验。在其他行业应用方面,档案在生产中无法充分利用的现象非常普遍,利用信息化手段实现了档案工作由"后端管"向"前端用"的转变,为各行业档案工作者的解决困扰已久的沉疴痼疾提供了参考路径。

案例形成单位:国网安徽省电力有限公司
案例形成人:周峰、姬广鹏、程东生、俞雯静、刘厚丽、宋若鹏

万里长江第一坝，企业档案展芳华

——档案利用服务葛洲坝发电 40 周年案例

一、案例概述

2021年7月30日，葛洲坝水利枢纽工程迎来了首台机组发电40周年。在这个重要的历史节点上，长江电力依托档案文献材料编纂了葛电40周年系列图书、摄制了企业文化系列微视频、建设了葛洲坝水利枢纽展厅等，多视角、多层次、多维度展示回顾了葛洲坝枢纽决策、设计、施工、建造和运行管理的光辉历程。系列编研成果是对档案馆馆藏的一次深度开发利用，进一步弘扬了中国水电建设者自力更生、艰苦奋斗的民族精神，也彰显了三峡人的拳拳报国之心。

二、实施背景

葛洲坝水利枢纽工程（图1）位于湖北省宜昌市，被誉为"万里长江第一坝"。它是中国人自己勘测设计、施工建设、制造安装和运行管理的20世纪中国最大的水利枢纽工程，是三峡工程的重要组成部分、航运梯级和反调节水库，工程投资约48.48亿元，是我国水电建设史上的里程碑。

葛洲坝具有与生俱来的红色基因。作为三峡工程实战准备，葛洲坝工程的上马，由周恩来总理组织起草报告，毛泽东主席亲自批示。在长达18年的工程建设过程中，邓小平、江泽民等多位党和国家领导人亲临视察指导，来自全国各地数十万名水电工作者参与了工程建设。它的成功兴建，饱含着中国共产党人"治水兴邦、水利兴国"伟大情怀，充分彰显了中国特色社会主义制度集中力量办大事的优越性。

葛洲坝是中国水电事业的试验田。它依靠自主创新科技攻关，成功解决了大型水电工程建设方面一系列世界级技术难题，推动了我国装备制造业的发展与进步。它是中国水电人才的摇篮，从葛洲坝工程走出来的建设者和管理者们在推动清洁能源创新发展、带领中国水电"走出去"、促进长江大保护和长江经济带可持续发展中发挥着巨大作用。

图 1 葛洲坝水利枢纽工程

葛洲坝总装机 22 台，装机容量 273.5 万千瓦，投产发电 40 年来，累计发出清洁电能约 5963 亿千瓦时，相当于节约标煤 1.83 亿吨，减少二氧化碳排放 5 亿吨，减少二氧化硫排放 11.15 万吨。葛洲坝工程的兴建，极大改善了川江航道通航条件，40 年来葛洲坝船闸累计过船超过 256.6 万艘次，货运总量超 18.8 亿吨。有力促进了长江航运事业的发展。葛洲坝工程作为三峡工程的反调节水库，配合三峡工程可对荆江地区的防洪起到关键性的作用。

三峡集团从葛洲坝出发，走向长江、走向全国、走向世界，形成了世界上规模最大的清洁能源走廊、绿色生态走廊、水上交通走廊、区域经济走廊，成为推动长江经济带高质量发展的战略支撑，成为"一带一路"建设中的中坚力量。葛洲坝作为中国"水电黄埔"，锻造出的水利建设和运行管理队伍，驰骋于世界各地，为人类水利水电事业奉献着智慧和力量。

如今，葛洲坝工程投产发电40周年了。40年来，档案伴随着葛洲坝共同成长，记录着她的风风雨雨，见证着她的荣耀辉煌，承载着她的情怀担当，镌刻着她的血脉基因。为她说话，替她发言，是档案的使命。长江电力档案馆的前身是葛洲坝电厂资料室，积累保管了葛洲坝投产发电40年来的档案材料，始终坚持"四精"原则，对馆藏档案资源进行梳理优化和开发利用，为系列庆祝活动提供了优质高效的档案服务和档案智慧，抒写了档案人对葛洲坝四十芳华的美好祝福。

三、创新做法

（一）精确加工，丰富档案利用内容及形式

传统载体档案的数字化加工是丰富档案资源的重要环节，也是档案工作数字化转型的必要基础。自2009年起，长江电力档案馆分批次对馆藏的葛洲坝电站工程档案进行数字化加工。从传统纸质载体的文书档案、科技档案、照片档案，到磁带、录像带等特殊载体的声像档案，经过数字化加工，形成了一批电子档案副本，并建立了目录索引和全文索引。

目前，馆内共有葛洲坝电站工程档案10481卷，卷内文件99401件，其中78282件已形成数字化副本，数字化率约为78.75%，所有电子化图纸均可通过系统在线查阅。

此外，以《葛电新闻》为主的早期录像是葛洲坝电厂发展历程的重要影像记录，自1987年至2001年期间，形成了声像档案录像带300余盘。随着时代的前进，当前设备已无法识读这些二十世纪八九十年代的声像载体，为抢救这批录像带，保证馆藏声像档案可用性，档案馆对这批以《葛电新闻》为代表的影像资源进行了数字化加工，形成的电子文件通过流媒体上线，进一步丰富和拓展了档案利用形式。

(二)精心服务,高质量满足档案利用需求

为做好葛洲坝发电 40 周年档案利用工作,长江电力档案馆积极探索了行之有效的服务举措。

一是专事专项。充分认识 40 周年的重要意义,自觉提高站位,主动思考谋划,将服务工作列入档案馆工作计划专项开展。因纪念活动利用服务时间开始早、跨度长,利用服务对象年龄长、检索能力较为薄弱,为方便就近查档,档案馆在工作人员办公楼层专门设置了定点服务场所,方便编撰专家日常办公及查阅档案文献。

二是专人专管。确立专门的查阅人员,点对点服务档案利用及编研团队。由于了解到部分参与核心编撰工作的老专家不擅长使用系统设备,档案馆即刻安排专人定向负责,确保及时准确为其查找所需内容。并根据历次查询结果将相关档案材料分类整理、系统汇集,建立专门共享文件夹进行管理,确保其他人员查阅相同内容时不重复开展工作,既缩短了时间,又提高了实效,大大便利了编研工作开展。

三是专心专注。专心提供更加精准的档案信息,专注提供更加优质的档案载体,真正将档案服务用心用情做好做实。内容方面,如根据用户的利用需求,既帮助查找所需的指定内容,又注意记录在检索过程中发现的其他线索,及时与利用者沟通反馈,使其获取的信息更加完善,既维护了历史的完整性,也提高了用户的认可度;载体方面,如此次葛洲坝枢纽模型厅企业文化系列微视频制作中以照片形式使用了大量的实物档案,工作人员及时补拍实物档案上传档案系统。为解决拍摄效果差、有倒影的问题,专门邀请了摄影专家对摄制进行指导,保障了提供档案的质量。

(三)精准开放,建设支撑平台及专题数据

为满足葛洲坝发电 40 周年档案利用需求,档案馆在现有档案系统平台下,专门为参与编研工作的人员开放相关档案查阅权限,简化利用审批流程,通过开放档案查阅绿色通道,为编研人员快速获取调卷提供快捷服务。同时,档案馆还开设专题数据库,方便编研人员将收集到的文件材料上传系统,利用档案系统全文检索功能,快速进行档案查阅。

在 40 年的发展历程中,除了馆藏档案资源,档案馆还保存有一批早期的报

刊资料，这些资料对葛洲坝发电40周年系列图书的编撰有重要参考价值。在电子利用的需求下，档案馆对《葛洲坝报》进行了全幅扫描和全文索引，这批报纸自1982年创刊至2001年，共835期，形成了15.9GB数字化副本，通过专题数据库开放检索利用。

在历年大事记和厂志的编研工作中，对组织机构沿革、人事任命材料、领导讲话报告等档案内容的大量重复使用，为专题数据库的建设提供了内容导向，常用档案内容的积累和梳理，进一步方便了查档人员批量开展文件调阅，减少查询时间，提高检索效率。

（四）精益编研，深度挖掘档案故事和文化

在葛电厂两本厂志和一本大事记的馆藏基础上，此次葛洲坝发电40年的系列图书及展厅建设，进一步发挥了档案的史料价值。通过建设一个展厅，编写一套丛书（图2），推动档案编研工作迈上新台阶。

图2　葛洲坝发电40年系列图书

文书档案佐证历史真实。《赞成兴建此坝》一书全面收录了葛洲坝工程的历史资料，包括长江流域、历史背景、坝址确定、开工停工、兴建决策、修改设计、机电设备、工程建设、工程验收、科技成就等方面的内容，史料内容丰富完整，时间跨越葛洲坝工程自提出至竣工验收的各个阶段，是较为完整地解读葛洲坝工程决策和兴建历史的第一手资料。档案馆为此书相关章节内容的撰写提供了大量档案材料，充分保证内容真实可靠。

科技档案展现发展面貌。《葛洲坝电厂回眸》分"那年那月""忆想忆恋""如歌如诗""月轮年轮""阳光月光"5个篇章,利用科技档案回眸葛洲坝发展历程,她成就于历史的曲折,镌刻着时代的风采,科学地展示了葛洲坝的设计、施工、设备制造、安装和运行管理是成功的,亦发挥了巨大的经济效益和社会效益。

照片档案汇聚年代图谱。《葛洲坝工程光影印象——葛洲坝水利枢纽工程首台机组发电40周年画册》以"红""火""中""国""梦"等关键词串联起了200余幅葛洲坝工程历史图画,内容丰富、设计精美、别致典雅。画册中选用了大量照片档案,通过档案著录佐证,讲述照片背后的故事。同时,在展厅布置和宣传片制作过程中,也选用了大量具有珍贵历史意义的照片档案作为原始素材,并以此为基础编写视频制作脚本。

报刊档案回溯成长印记。《葛洲坝交响》分为"精彩瞬间""生命沸腾""青春飞扬""真情无限""精神恒久"5个乐章,以文化小故事的形式讲述了葛洲坝40年发展历程中可歌可泣的感人事迹和先进典型。这些小故事主要选自《葛洲坝报》、葛电编印的《难忘的那些日子》30周年征文集以及长江电力编印的企业文化故事汇编等,留下了历代水电人的成长印记。

四、效果及影响

档记历史,案绘文化,藏于馆室,宣诸天下。档案见证了葛洲坝从工程决策到竣工验收、从改制重组到智慧枢纽建设的光辉历程和历史成就,而档案工作者和利用者则通过协同合作,让这段历史以缤纷的形式清晰地呈现在世人眼前,实现了档案工作发展和文化精神传承的互为促进、双向提升。精确、精心、精准、精益,是水电人的文化坚守,也是档案人的精神风貌。

(一)优化服务模式,提升用户体验

作为重要历史节点的重大纪念活动,葛洲坝发电40周年所产生的档案利用需求极大地促进了档案工作的自我完善,在积极响应、主动应对、超前谋划的过程中,利用服务不断优化,用户体验大大提升。在服务内容上,通过开展葛洲坝报、葛电新闻等档案文献的专项数字化工作,使一大批旧报纸旧影像转化成易于获取的数字资源,打破了档案利用壁垒,从整体上提升了公司档案信息服务能

力；在服务形式上，通过为老专家提供就近咨询、实时响应的检索查询服务，适应了用户的个体差异，确保了档案利用的便捷、精准、高效；在服务流程上，通过完善档案系统权限设置和线上利用审批功能，畅通了查询利用渠道，节省了审批阅档时间，极大地提高了利用服务满意度。

（二）利用驱动收集，丰富档案资源

从讨论决策到规划设计，从施工建设到管理运行，要完整准确重现葛洲坝40年的岁月痕迹，仅凭长江电力馆室藏档案是很难做到的，系列开发利用成果的形成也让档案馆工作人员充分认识到多方接收征集、资源共建共享的重要性。通过此次葛洲坝电厂"万里长江第一坝"等展览和《赞成兴建此坝》系列史料汇编、图书编纂，从内部收集了许多反映葛洲坝发展印记、水电人奋斗记忆的老照片、老物件、文化故事和口述史料，从外部收录了两百余篇来自人民日报、光明日报、解放军报、湖北日报的新闻稿件等，系统梳理了档案资源内容体系，填充了档案资源类型空白，形成了宝贵的企业档案资源库。同时也拓展了档案收集渠道，完善了馆藏档案结构，最大限度呈现并保护了葛洲坝工程决策者、设计者、施工者、设备制造者和运行管理者们共同的时代记忆。

（三）存史资政育人，传承葛电精神

葛洲坝根植着为国为民、治水兴邦红色基因，镌刻着"为我中华、志建三峡"的初心使命，点亮了"精细、安全、创新、高效"的葛电精神。出于书写记录历史、存史资政育人的目的，长江电力主持编纂了40周年系列图书，是档案服务中心工作、服务编研利用的重要成果和生动实践，较为完整地汇集了葛洲坝工程决策兴建、运行管理的第一手资料，生动展示了葛洲坝电厂栉风沐雨、创新发展的历史实况，深情讲述了建设管理者艰苦奋斗、精益求精的责任担当，深刻解读了中国水电人砥砺前行、勇攀高峰的坚定信念，有助于葛电精神的代代传承。尤其是通过组织参观展厅、观看宣传片和阅览系列丛书等活动，近距离感受葛洲坝所蕴含的红色基因与爱国主义教育元素，激发了参观者强烈的民族自豪感和爱国爱党热情，是党史学习教育的鲜活教材，将红色记忆深植人心。

（四）创新宣传开发，构建水电文化

记录光辉历程，反映伟大成就，展现大坝风采，传递水电声音。葛洲坝发

电 40 周年系列成果，是聚焦重要节点和重大事件创新档案宣传开发的有益尝试，是建构和传播水电文化的积极有效探索。一方面，利用促进了开发创新，形成了图书、展陈等系列葛电文化精品，呈现了一场水电文化盛宴。尤其是系列图书大受好评，获得了内外的广泛认同，有力地打出了葛电文化品牌，树立了档案资源开发利用的标杆，为长江电力打造大坝系列文化精品奠定了基础、提供了样板；另一方面，利用促进了宣传创新，形成了系列企业文化微视频和公众号推文。通过文件、照片、视频、实物的综合运用，依托于网站、移动端的传播助力，档案工作影响力持续扩大，企业文化阵地建设不断加强。

四十年风雨奋斗路，档案早已成为葛洲坝创新发展史的重要见证。一份份文件、一张张照片、一件件实物、一段段影像，基于最真实、最生动的档案材料所形成的系列编研利用成果，以书本、视频、展览等方式缓缓地讲述着葛洲坝从艰苦奋斗到勇攀高峰的不朽岁月，传递着葛电的精神，播撒着水电的种子，编织着文化的史诗，在记忆最深处熠熠生辉。

案例形成单位：中国长江电力股份有限公司档案馆
案例形成人：张悦、李珍、祝锦晖、陈伟、赵兰芳、张小惠

听党指挥、勇于担当、团结奋斗、使命必达

——专题档案服务见证中建集团重大应急事件"零失误"处置

一、案例概述

重大应急事件响应速度、效率是考验一个团队的试金石。作为中建铁军,中建档案始终遵循"企业发展到哪,档案工作就做到哪"的工作理念,中建集团依托于中国建筑数字档案馆和专题档案库,通过建立档案应急机制、细化标准、树立用户思维、重点开发等举措,构建了重大应急事件专题档案(以下简称专题档案)应急利用服务体系。在新冠疫情、郑州特大洪水、深圳海沙、大厦晃动等事件中,中建集团听从党中央安排、及时响应,充分发挥中建铁军"勇于担当、使命必达"的军人品质,团结中建系统内外同志,努力拼搏,积极应对各个重大应急事件,为国家和企业减少损失上百亿元,解决民众实际困难1000余个,挽救生命1万余人。

二、实施背景

(一)素材多、保管不统一

重大应急事件应对往往是多部门联合实施的,主体多元性对档案管理利用产生深远的不利影响。在"汶川地震"中,现场救援主体有政府、军队、国际救援队、志愿者、医务人员和保障人员,重建过程中又有大量的人员和组织机构参与其中,故档案形成主体多、素材多、载体多,保管分散、零散且多为属地化保管,导致在重大应急事件中,档案工作无人牵头,各自为政,档案全宗处于分散状态,在一定程度上限制了该种档案存史、资政等价值的实现,也制约了档案部门服务重大应急事件应对作用。

（二）专题档案作用逐渐凸显

2020年国家档案局相继出台《中华人民共和国档案法》《重大活动和突发事件档案管理办法》等法律法规，要求建立健全档案快速响应机制，建立并形成重大应急事件相关档案收集、整理、保护和利用工作机制，加强对重大应急事件应对相关档案的研究整理和开发利用，为重大应急事件应对提供文献参考和决策支持。2013年对外开放的汶川特大地震纪念馆真实记录"5·12"汶川特大地震灾难、抗震救灾和灾后重建历程，其中丰富的馆藏档案在地震学、建筑学以及抗震救灾方面都有重要价值。重大应急事件档案在应对灾难、研究成因、警示后人、记载历史等方面价值和作用逐渐被人们认可，其重要性逐渐凸显。

（三）响应不及时、效率低

重大应急事件发生时需要查询各类档案信息资料，甚至包括同类重大应急事件文件汇编、数据资料、防控措施等，及时提供给领导和决策部门，供其参考决策。比如在新冠疫情暴发时，许多地区、单位的档案部门在此次疫情发生的第一时间就向本地区、单位的领导和有关部门提供了2003年抗击"非典"形成的文件材料，为新冠肺炎疫情防控工作提供信息支撑，但这种利用大部分局限在某地区、某单位，难以满足在疫情防控非常时期的广泛需求，且效率较低。尽管疫情当头，各级各类档案部门通过电子服务方式，开展网上查询，但由于缺乏应对重大应急事件档案管理利用经验，导致一些单位档案利用工作迟缓。大部分企业专题档案编研利用工作相对薄弱，缺乏日常积累，疫情防控的紧要关头未能及时提供全面系统而有价值的信息。

（四）信息化低、管理难度大

重大应急事件档案利用服务具有时间紧急、利用需求迫切、跨地域跨主体利用、成套性需求的特点。在疫情期间，各级各类档案部门通过电子服务方式，开展网上查询，通过电话、微信、短信等方式预约查询，提供线上利用服务，但目前我国企业档案信息化覆盖率相对较低，难以满足电子服务的利用需求。大部分的档案信息还需要手工查询，因而只能提供纸质档案利用服务。此外新冠肺炎疫情防控工作初期，因其紧迫、突发和成因不明的性质，具有应对复杂、极具危害性等特点,使得档案利用工作具备极大的随机性、复杂性和不可预见性。因此,常态化的档案利用模式已明显不能适应时代的发展。

三、创新做法

重大应急事件专题档案利用案例如图 1 所示。

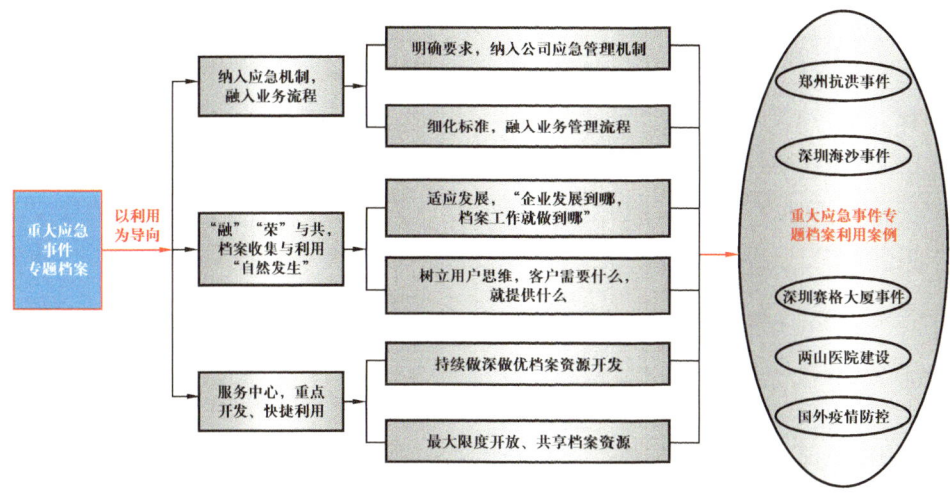

图 1　重大应急事件专题档案利用案例示意图

(一)纳入应急机制,融入业务流程

1. 明确要求,纳入公司应急管理机制

应急处置档案管理为企业应急处置的有机组成部分,中建集团在档案管理考核评价办法中明确各级单位应"制定档案自然灾害和突发事件应急预案,纳入企业应急管理体系"并有效实施。中建集团上述应急管理规定及 11 类突发事件均应包含档案处置内容;应急处置决策、过程、结果产生的资料同时属于档案收集管理范畴。根据上年度档案评价结果,所有子企业在档案管理制度中体现档案应急处置要求,70% 以上子企业根据需要建立档案应急专项管理制度,中建西部建设、大部分子企业将档案应急管理要求纳入企业应急管理体系。中建国际、中建二局分别将档案安全应急纳入企业安全生产管理办法、总部安全生产岗位责任清单。中建集团总部、中海集团、中建西南院等克服疫情特殊情况开展档案库房消防演练与应急处置。

2.细化标准，融入业务管理流程

中建集团实施"前端控制，全员参与，全程管控"文档一体化档案管理原则，按照档案管理"四纳入"工作要求，将档案应急管理、档案收集管理要求融入集团全面风险管理和业务管理制度、流程，为从源头上收齐、收全各门类档案提供机制保障和根本支撑。例如，将以股份公司名义签约项目资料管理要求纳入股份公司资质使用及投标协调管理办法，将境外档案管理要求纳入公司境外安全管理、财务管理和法律风险管理办法，明确归档责任及违规惩罚机制，从根本上保证档案管理与业务管理深度融合、有力执行。以股份名义签约项目核心档案管理为例，集团办公室会协同市场与项目管理部定期通报项目档案移交情况，未按时完成的，根据严重程度予以通报、限期整改、中止项目奖金兑现流程或暂停使用股份公司资质投标新的项目。

（二）"融""荣"与共，档案收集与利用"自然发生"

1.适应发展，"企业发展到哪，档案工作就做到哪"

中建集团10余年前即建立档案专项研究课题机制，用以研究解决企业最新发展带来的档案管理难题、利用需求。"十三五"期间中建档案结合综合管廊业务扩充、国际化进程加速，BIM工程广泛普及等实际情况，针对性开展相关课题研究20余项，并分别形成档案管理标准融入制度执行或在系统内全面推广。其中，中建三局档案专业人才管理体系、中建一局工程资料管理平台、建设项目电子文件和电子档案管理做法获得全国性荣誉，分别纳入集团年度档案工作要点，主力推广；境外档案信息化建设研究成果已在中建阿尔及利亚公司试点落地，建设的多语种版档案系统在应对阿国政治动乱、新冠肺炎抗疫防疫中发挥积极作用。

2.树立用户思维，客户需要什么，就提供什么

中建档案将服务中心工作具体要求列入每年档案工作要点，结合业务培训、技能竞赛等导入用户服务意识和用户思维，使其深植入心、贯穿工作始末。基于此，实时关注公司战略动向、重点热点业务并第一时间为用户开发、推送所需的档案资源（产品）已成为各级档案人员的行为习惯。例如，在2017年九寨沟希尔顿酒店震后维修工作中，档案人员主动了解需求，调阅12卷及28件核心档

案为维修工作小组编制初步维修方案提供依据,中途又协调调档同特点项目档案40卷,为一次性制定出既符合国家行业及甲方要求,又不对酒店造成二次损坏的最优维修方案发挥了至关重要的作用。

(三)服务中心,重点开发、快捷利用

1. 持续做深做优档案资源开发

中建集团坚持档案资源开发用户导向原则,持续优化档案收集方式、推进档案检索智能化、档案利用电子化,以信息技术应用、综合业务能力提升和做好用户偏好统计分析赋能档案利用服务,持续做优档案资源产品开发、提高专题档案利用率。例如,2017—2018年中建八局西南公司马来西亚ASTAKA 70层高层公寓项目,基于扎实的日常资料管理,快速响应业主方提出的工期滞后索赔,在法律有效时间内全面完成工期反索赔档案资料梳理、内容挖掘,上报工期延长(EOT)申请28份,累计获得工期顺延280天,为企业挽回经济损失逾4000万元。又如,中建西南院档案室2017年牵头建设专业化知识管理平台,实现体育、医疗等10大类重大项目档案可视化展示、结构化直接引用,助力设计师工作效率大幅度提高;2020年进一步挖掘近20年300个重要项目档案,编辑制作《中建西南院有限公司70周年宣传册》,作为迎接70周年庆典的主要之作。

2. 最大限度开放、共享档案资源

中建档案以不泄露国家秘密、企业秘密为前提,服务企业发展为中心,最大限度开放、开发重大活动、重大事件等各类档案资源,所有员工可查阅所有档案目录并且可以直接下载本人录入的档案文件。本部门归档的电子文件目录及原文可通过所属部门兼职档案员直接下载利用,不需要经历审批流程。除重大经营活动投资决策文件、重大事件善后处置文件档需经部门领导审批、业务部门会商同意之外,其余档案仅需档案负责人审批通过即可利用。抗疫防疫期间,中建档案以正式通知要求进一步简化档案利用审批流程、提高档案服务效率;印发专门通知明确抗疫防疫档案收集范围、服务疫情工作具体要求。中建二局、中建西北院、中建西南院等大部分单位开放网络化、电子化直接借档,中建一局开发查档用档App、中建三局二公司支持官方微信查档借档;二季度复工复产后,档案利用率急增,仅中建八局就超过3.1万人。

四、效果及影响

（一）支撑疫情防控应急救援及应急工程建设

2020年3月中建集团印发通知要求所有单位主动关注基层疫情防控工程建设查档需要，全力保证档案利用；组织开展抗疫防疫专题档案收集、汇编，并实时补充已完疫情防控工程档案数据逾300GB、500余卷，为国外防疫医院工程建设、国外人员的有序撤离提供有效支撑。3月17日起，中建集团先后向埃及、阿尔及利亚、柬埔寨、埃塞俄比亚等境外机构派出工作组、医疗组，有职工医院的中建一局、中建二局、中建三局、中建四局、中建五局参照SARS"小汤山"医院建设及"两山医院"建设疫情防控专题档案，有序服务国外防疫应急体系建设和应急工程建设建设。同时梳理总结20世纪90年代伊拉克政治暴乱紧急撤离事件专题档案，参照当时的撤离顺序、撤离方式，沿用包机方式撤离550余人，是疫情以来中央企业首次以包机形式接回境外员工。

（二）作为关键凭证解决"深圳海沙事件"应急公关问题

在建时期中国第一高楼——深圳平安金融大厦由中建一局承建，在施工期间曾因"深圳海沙危楼事件"陷入舆论旋涡，如不能及时化解，将给中建带来不可估量的损失，第一高楼的高关注度有可能危及"CSCEC"整体品牌形象，也将给中建集团在深圳建设项目带来极其恶劣的负面影响。在为期10天的专项检查中，中建一局档案部门依托于中国建筑线上线下档案馆组建档案专家组，根据现有的所有搅拌站厂家的考察报告、现场照片等原件500余份，从建筑材料、施工过程、施工验收、搅拌等多个对象出发，24小时待命，全过程跟踪调查进度，建立搅拌站、照片、声像等小类别相关专题档案，并将其他相关档案汇总形成应深圳海沙事件专题档案，有力地证明了使用的建筑材料没有任何违规现象，且深圳住建局各项检验结果与中建一局档案室存档资料显示完全一致。不仅凭借档案有效解决了中建形象危机，还展现了档案在作为应急公关处理事件中的重要作用。

（三）支撑解决"深圳某大厦晃动事件"质量事故应急处置

2021年5月，中建二局承建的深圳某大厦连续发生3次晃动后，瞬间冲上各大媒体头条，全网全民都在质疑工程质量是否有问题，如果一旦认定某大厦工程档案质量有问题，中建集团将在2年内不能在深圳承接任何施工项目，给中建集团造成数百亿的损失，将极大损害中建集团的品牌形象，会危及人民群众生命安全，甚至也会关系到社会稳定大局。在中建集团党组的领导指导下，中建集团档案室迅速行动，同时向中建一局、中建二局发出指示，中建二局华南分公司第一时间启动档案工作应急响应，联动中建一局深圳海沙事件应对方法和经验，立即组织档案员调取、整理某大厦相关资料，以备随时查证。中建二局华南公司接到深圳市住建局要求提供大厦相关材料，在20分钟内完成向技术人员提供了32件、2卷有效工程档案，30分钟完成了大厦106卷、220张竣工图的竣工档案调取、清点工作，4个小时完成图纸数字化编录整理形成某大厦专题档案，助力公司应对政府查证，最终认定某大厦结构安全，出具结构安全鉴定意见，平息了社会舆论对某大厦施工质量的质疑。

（四）支撑中建集团历次应急事件处置

专题档案有效支撑了此前历次卡塔尔事件、伊拉克事件应急事件零失误处置，在中建一局"深圳海沙事件"、中建二局某大厦事件中也体现得淋漓尽致。中建集团建立起的应对工程专项应急检查事件的专题档案，中建二局在某大厦晃动事件上从应对机制、措施、宣传等进行参考借鉴，助力快速平息了社会大众对工程质量的质疑。中建八局二公司在郑州抗洪事件中，充分利用专题档案，通过组建档案专家组、预先准备档案资料、24小时档案在线服务，挽回经济损失0.9亿元，带动合同额65亿元，抢通了一条生命绿色通道。中建三局两山医院的专题档案帮助美国、意大利、日本、印度、韩国等50多个国家快速建成防疫抗疫应急医院共计199所。中建集团及相关子企业快速响应、精准服务，创建的专题档案在重大应急事件中发挥服务与保障作用的经验，为各大企业提供了范本，为支撑中建集团历次应急事件的处置积累了宝贵经验。

（五）服务见证一支能打硬仗、人民信任的高素质党员队伍

深圳海沙、大厦晃动、郑州抗洪、防疫医院等应急事件共调阅工程档案234231卷、实物档案2134件、电子档案4978GB，其中最短20分钟、最长24小时完成相关档案检索、形成汇总专题档案并提供服务。每一次应急事件发生都

关系到数万人的生命安全，每一次应急事件的处置都是一次与时间赛跑的路程。中建集团始终坚持听党的指挥，在每一次重大应急事件中都展现了勇于担当、团结奋斗、使命必达的军人品质，才实现了每一次重大应急事件处置的"零失误"，这不仅仅是中建集团的骄傲，更是中建集团档案人的骄傲，因为专题档案的建设，协助了每一次重大应急事件化险为夷，更因为凝聚着中建档案人的汗水，聚集着中建档案人的智慧。这些专题档案既承载了企业的红色基因，也见证了中建一支能打硬仗、人民信任的高素质党员队伍的形成，展现了中建集团铁军速度和本领。在重大应急事件中，中建集团敢打硬仗，善打硬仗，得益于应急专题档案的开发与利用。中建集团应急专题档案的开发与利用，为国家和企业减少损失上百亿元，使得为民众谋福利、办实事援建的数百项应急工程让"CSCEC"品牌深入民心，是党领导中国集团成为世界一流企业的见证，也是中建人践行红色精神、党领导的先进性在应对各类突发事件面前最形象、最有力的诠释。

案例形成单位：中国建筑集团有限公司

案例形成人：周莉莉、郑沼虎、冀长虹、吴勇华、尤盼、唐卫华

珍存历史、鉴往知来、深挖档案信息，助力上海航空志编修工作

一、案例概述

《上海市志·工业分志·航空业卷（1978—2010）》（以下简称《上海航空志》）编纂工作始于2015年1月，至2021年7月完成印刷出版，历时近七年。

二、实施背景

2015年，根据上海市人民政府办公厅下发的《上海市第二轮新编地方志书编纂规划》（沪府办发〔2010〕5号）、上海市地方志编纂委员会下发的《上海市志（1978—2010）编纂实施方案》（沪志委〔2010〕1号）的部署和要求，中国商用飞机有限责任公司（以下简称中国商飞公司）承担《上海航空志》编纂任务。2015年1月起，中国商飞公司办公室组织相关人员先后前往上海航天技术研究院、宝钢集团（现中国宝武）、上海船舶工业公司等单位调研，具体了解编纂工作情况。根据调研情况，结合中国商飞公司实际，编制编纂工作实施方案，成立编纂委员会，中国商飞档案馆具体承担编纂《上海航空志》任务，航空工业集团、中国航发在沪14家单位及3家相关单位参编。

七年来，在上海市地方志办公室的指导下，在航空志编纂委员会的领导下，中国商飞公司牵头组织航空工业集团、中国航发在沪单位，如中航商用航空发动机有限责任公司、中国航空无线电电子研究所、上海航空测控技术研究所、上海航空电器有限公司等14家单位，以及中国商飞公司所属单位，共40余人开展编纂工作。编纂工作坚持辩证唯物主义和历史唯物主义的史志观，历经拟定篇目大纲、征求意见、组织培训、收集资料、制作资料卡片和资料长编、撰写初稿、分纂总纂、内部评审、专家评议、保密审查等阶段，先后形成《内部初稿》《内部审议稿》《评议稿》《审定稿》。全体编纂人员反复查档案、找史料，以严慎细实

的作风和对历史负责的态度,数易其稿,反复打磨。2020年10月,《上海航空志》正式通过验收。2021年7月,在伟大的中国共产党迎来建党百年的喜庆日子里,《上海航空志》完成印刷出版。

《上海航空志》记述了上海航空工业1978—2010年期间改革开放、调整、建设、发展的历史进程,以时间为轴线,清晰地体现不同时期的发展特点,坚持内容齐全、系统,全面反映上海航空工业的发展脉络、发展历程。全志共13篇,包括上海航空工业体制及发展、机构与企业、企业管理、基础设施建设与科研设备、科研技术、民用飞机、航空发动机、航空电子、测控设备、航空电器、物资供销与对外贸易、非航空产品、合作交流、人物等多个栏目,关乎社会、经济、文化等方方面面,涉及的单位部门达20多家,明显的特征就是时间跨度大、涵盖领域广、涉及部门多,加之部门机构撤换频繁,企事业单位改制等因素,档案资料收集工作成为志书编纂工作的一大难点。如何收集与整理档案资料成为此工作的重中之重,信息的完整性、真实性、可靠性、系统性成为志书编纂的关键。在对《上海航空志》资料收集工作不断探索和研究的基础上,总结出科学合理收集与整理资料的经验和方法。档案资料成为《上海航空志》编纂最为可信的依据。

三、创新做法

(一)档案信息平台是志书的重要素材来源

中国商飞档案馆经过十多年的发展,馆藏档案14余万卷,包含文书类、设备仪器类、基建工程类、科研类、经营类等档案,各参编单位也充分应用档案信息管理系统为志书编纂提供快速的档案信息支撑。

随着信息技术的进步和企业发展的需要,中国商飞公司建立档案资源综合管理系统,实现企业档案数据的集中统一管理与服务。基于档案资源共享的原则,建立档案知识信息检索利用引擎,实现档案资源的开放与共享,通过信息平台为员工提供档案资源共享服务,真正做到"让数据多跑路,让员工少跑腿",实现随时的档案查询与档案数据信息的主动推送服务,为《上海航空志》的编纂创造良好条件。

由于档案资料是编纂志书的基础和依据,档案资料在编纂志书中发挥了巨大的作用。编纂人员在开展志书编纂期间，大力开展档案资料收集工作，共计查阅档案2504件，收集档案资料389万字，制作资料长编1357张，制作电子卡片3642张，从数十万张照片档案中遴选照片150余张，最终在全体编纂人员的努力下，《上海航空志》定稿成书，全书67万字。

（二）创新档案利用方式为编史修志服务

在修志期间，编辑部创新档案利用方式，使用系统对档案信息进行加工，开展多用户协同编制，实现了异地协同修志，提高档案利用效率。同时，根据修志利用需求，整编高频利用资料，建立编研库，最大限度满足使用需求，提供更广泛便捷的档案服务。

四、效果及影响

（一）修志是对档案收集的验证

修志工作是档案编研的一种拓展，特别是企业的编史修志，要查阅企业大量文书档案、科技档案。《上海航空志》的编写查阅了大量的历史档案。同样，在以需求为导向的档案利用过程中，通过修志对档案的利用，可检验档案工作的质量，特别是档案收集的完整性。企业修志的内容涉及企业发展的各个业务模块，通过查阅、利用档案，做到查漏补缺。比如在查阅干部档案时，发现有些年度的收集不齐全，档案部门主动组织有关部门进行了收集归档。根据修志的利用需求，档案部门进一步完善归档方案，拓宽收集渠道，扩大归档范围，可增加专题资料、内部刊物、图书、论文、情报的收集与整合，为编史修志提供更加丰富的参考资料。

编修地方志丰富了馆藏档案资料，目前，档案部门收集了行业、公司历年编写的大事记、年鉴等，充实了档案馆藏。馆藏的档案资料越丰富、越完整，越能体现企业发展历史，展示企业文化沉淀，积累企业各类知识，也越便于史志的编写。可以说，档案工作和志书编写工作相得益彰，共同促进，为企业的发展提供坚实的基础支撑。

（二）修志是对档案整理与保管的提升

修志工作在某种意义上讲是科学化、系统化的档案资料编研工作，它是一项规模庞大的系统工程，在编制过程中也反映出各部门档案工作是否做到位。修志工作大量查阅老旧档案，反过来，对档案的保管提出了新的要求，在查阅档案过程中，发现有些档案破损，需要进行修复；有些档案没有进行数字化版本，需要进行数字化加工处理；有些电子版本数据与纸质不对应，需要互相对照。

修志利用工作也是检验档案管理成效，从侧面促进完善保管条件。修志工作需要定期续编，档案数量也不断增加，档案越多越能支撑修志工作的开展，这也对档案的保管提出了更高的要求。中国商飞档案馆专门建立了档案智能化库房，并配置智能密集柜、监控系统、温湿度系统等确保档案的安全保管，并定期进行消毒杀虫处理，确保时间久远的档案能够长期保管，并结合电子档案不断增加的情况，制定电子档案备份及长期保管机制。

（三）修志是对档案利用的推动

修志需要系统地查找资料，档案馆藏众多、内容丰富，要从众多的档案中查出修志需要的参考资料，需要配置快速的检索系统和信息利用平台。修志工作对档案工作提出了更高的要求，档案部门主要进行利用系统的优化，设计档案知识利用平台，建立专题特色数据库，做好基础编研工作，为修志工作打下基础。

修志工作需要从企业发展的脉络梳理企业发展的历史，以档案资料为参考编写，因此对档案的系统性要求比较高。通过修志，可评估出档案的利用效果、便利程度，促进档案利用工作的提升，查找出空白与缺陷，检验档案利用工作不足之处，促使档案部门不断改进档案利用方式、方法和途径，不断提升档案利用水平，发挥档案潜在价值。

综上可知，此次通过修志，对档案的收集、整理、保管、利用等业务全流程，带来巨大的促进作用，充分发挥了档案信息的延伸价值。从行业互相融合、复合型人才培养出发，档案人员要积极参与修志工作；修志工作者要认真学习档案分类、保管等与利用密切相关的知识，以更好挖掘馆藏档案资源。

志书编纂是一项系统工程，需要汇聚各方力量和专业工作者的智慧，功在当代，利在千秋。习近平总书记指出："重视历史、研究历史、借鉴历史，可以给人类带来很多了解昨天、把握今天、开创明天的智慧。"文书、会计、科研、基建等档案的价值在此次编修《上海航空志》中发挥了不可替代的作用。

本次编纂的《上海航空志》将 33 年来所积累的广阔见解和丰富的实际经验

记载下来，把丰富的历程和经验进一步系列化、理论化，形成具有我国特色的大飞机设计、制造实践的经验和知识体系；满足了人员培养对教材的需求，对大飞机的研制提供了有力的历史借鉴和资料；可以充分发挥地方志"存史、育人、资政"的重要作用，也是档案发挥第二价值的有力明证。

案例形成单位：中国商飞档案馆
案例形成人：殷瑛、邬家鹏、张强、李喆

深中通道打造智慧工地，档案管理向"单套制"迈进

一、案例概述

深圳至中山跨江通道项目地处珠江三角洲核心区域，线路总长约24千米，是集结"隧、岛、桥、地下互通"的世界级高难度工程，是国务院批复的重大基础设施项目，列入发改委"十三五"国家重大工程，同时，其工程项目档案也被国家档案局、国家发改委列入"建设项目电子文件归档和电子档案管理试点项目"。"单套制"是对档案信息传递方式和运行体系的一次彻底变革，提高工作效率、降低保管成本、提升管理效益，是工程档案管理的前进方向。

二、实施背景

（一）传统手工档案管理无法满足要求

深中通道作为世界级超级工程，项目具有规模宏大、工程技术复杂、建设周期长、参建单位多、标段所在地分散等难题，工程档案传统的管理模式在规范、信息同步等方面难以实现有效监管，极大制约档案价值的发挥，因此电子文件逐渐取代了传统的手工文件，通过计算机等电子设备产生的文字、图表、图像、音频、视频等不同形式的信息记录，进行科学合理规范地归档保存，便于检索，极大地提高了工作效率，也极高地方便了资源共享程度。

（二）传统档案管理工作效率较低

拥抱智能建造新时代，深中通道致力打造智慧工地、智慧钢箱梁场、智慧预应力混凝土梁场、智能钢壳制造车间等，从文件材料形成到归档阶段，传统档案管理纸质档案记录已无法满足建造期间的海量数据，且深中通道横跨"珠三角"，

审核程序方面诸多不变，档案整理工作量大、工作效率低下，档案保管制约条件多，档案长期频繁查阅利用也容易造成原件损坏。

（三）传统档案管理成本较高

面对世界级集群工程，施工中产生的海量数据，要考虑文件的印刷、纸质凭证的扫描数字化、纸质凭证的托管存储、档案库房建设等，不仅需要投放大量的人力物力，更易造成纸张资源浪费、加剧环境污染。

三、创新做法

2018年经广东省交通运输档案信息管理中心推荐，深中通道工程项目于2018年6月9日被国家档案局确定为建设项目电子文件归档和电子档案管理试点单位。随后深中通道管理中心联合BIM咨询单位，搭建协同管理平台，在档案信息开发和利用上获得了重大新突破。

（一）打造工程项目实施阶段管理平台，足不出户高效办公

深中通道管管理中心联合BIM咨询单位，搭建协同管理平台（图1），平台集成项目管理、OA收发文系统、HCS计量支付系统、质量微柏系统监督管理、电子档案管理、施工监测、拌和站管理等系统，在我国交通行业首次提供业主、监理、设计、施工、监控、检测等不同角色用户同一平台统一办公，引入CA认

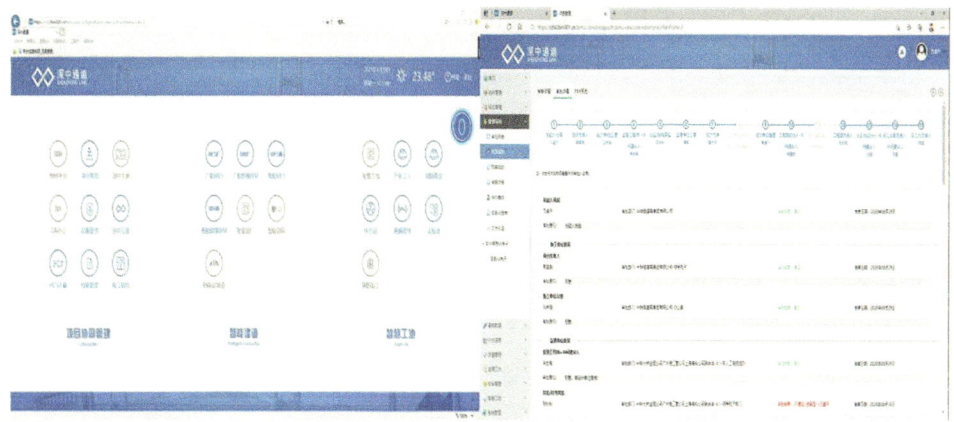

图1　BIM协同办公平台

证技术完成各大业务系统升级改造，攻克身份认证、私钥加密、电子档案存储有效性等关键问题，在公文管理（OA）、计量管理（HCS）、基建程序报批和工序报验等流程上进行业务审批时，通过USB KEY签名时实现了表单数字签名存到数据库和审批后的PDF文件实现了电子签章，做到了仅一人一机足不出户轻松快捷办公。

（二）迈向无纸化办公步伐，推动数字中国、绿色中国建设

全面推动无纸化办公建设，实现电子档案全生命期管理，转化为更加便于管理的结构化数据。主要体现：

（1）建立以电子文件和电子档案规范化、科学化管理为核心的，明确相关单位，相关机构、相关人员责权的覆盖"形成、流转、归档、利用"等全流程项目电子文件管理制度体系。

（2）应用CA认证技术，解决建设项目电子文件凭证效力。

（3）根据文件形成情况，在电子档案管理系统上建立文件分类，采用文件夹的方式存储在大数据平台服务器中。

（4）引入电子签章及签名（图2），简化流程审批程序，确保了电子文件凭证应用的有效性和时效性。

（5）全过程自动归档，相对人工归档的真实性、可靠性程度更高（图3）。

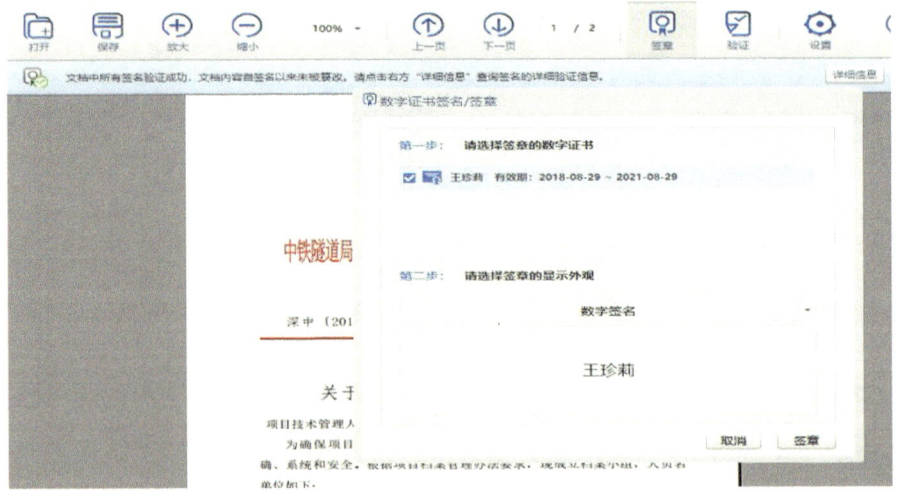

图2　电子签章

图 3　文件根据题名自动归档

（三）资源整合、利用

充分发挥档案大数据平台优势，实时采集、传输、存储，为管理提供了翔实有效的数据基础，利用信息技术进行统计分析，并采用一系列图表展示，提供及时准确的质量数据跟踪和分析，为决策者提供数据依据。

例如，拌和站自动化管理系统应用，可以实时监控混凝土生产的过程，确保搅拌时间符合规定、配合比配料准确（图4）。搅拌时间监控以图表形式展现当前生产线下生产任务的搅拌时间走势图，点击任意某一个搅拌时间点，可展现出对应任务的详细生产信息。材料用量监控是以图表形式展现当前生产线下生产任务的材料用量情况。数据查询有搅拌时间查询、用量查询、误差分析、超标查询四个子目录，分别可以对以往生产的混凝土搅拌时间、材料用量、生产误差、超标统计等进行查询，确保现场混凝土一旦出现强度不够可以追根溯源，及时分析原因并整改。统计分析分产能分析、成本核算、生产量核算、超标统计四个子目录，分别可以对生产能力、生产成本、生产数量、生产过程的超标数量进行查询，及时发现存在的问题，使项目部可以有针对性地进行改进。

深中通道东人工岛位于41跨沿江高速高架桥下方，主线隧道、F匝道、H匝道分别下穿高架桥，隧道基坑围护结构距离桥梁承台最近处仅为1.17米，基坑深度达15.75米，沿江高速桥梁允许沉降5毫米、侧向位移5毫米，该区域淤泥层平均厚约8米，最厚达到15米，淤泥物理力学指标较差。为确保沿江高速高架桥结构稳定及运营安全，既有桥梁保护自动化监测系统的应用发挥关键性作用，通过对桥梁自动化位移监测，实时采集施工中对桥梁产生的影响数据分析，找出影响规律，指导施工作业，为桥梁运营提供有力保障（图5）。

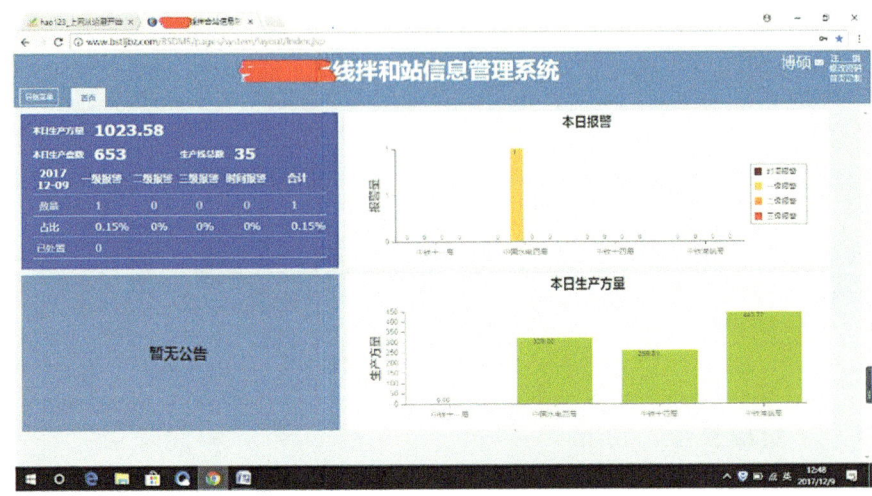

图4　拌和站自动化管理展示

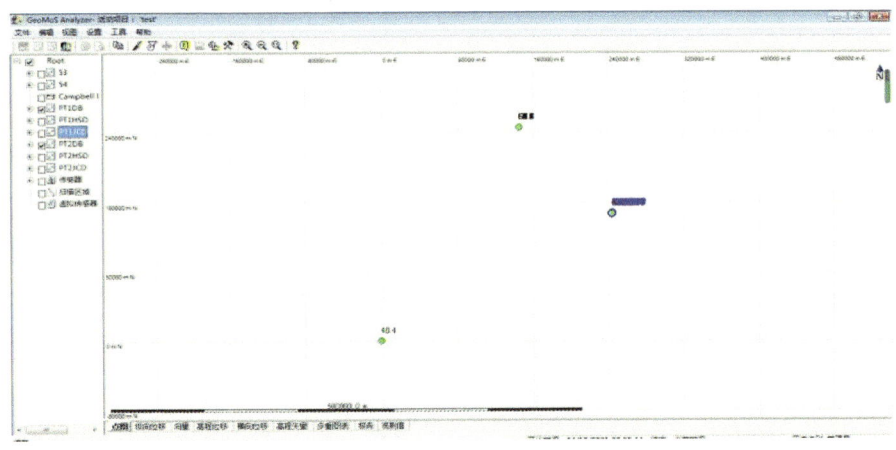

图5　桥梁自动化监测展示

四、效果及影响

（一）全过程自动化管理，确保了资料的时效性、可参考性

深中通道致力打造智慧工地、智慧钢箱梁场、智慧预应力混凝土梁场、智能

钢壳制造车间、全自动化施工监测、全自动化拌和站管理等，采用全新的监控信息化技术，动态监控半成品生产全过程，数据采集、分析，确保出现问题时可追根溯源，及时分析原因并整改，包含 App 短信告警，对质量管理提供了有力的保障。

（二）基于大数据、云计算的项目电子档案数据挖掘和利用

深中通道作为世界级超级工程，规模宏大、工程技术复杂程度较高，作为"珠三角"战略性通道之一，其关注度、社会价值都名列前茅。搭建一个多方参与的项目协同管理平台，提高项目技术沟通和管理效率非常必要，根据各个管理业务的特点划分为项目综合管理和项目业务管理两大类共 10 多个功能模块，每个功能模块针对特定的业务与用户使用，模块将业务数据汇总给 BIM 平台并关联到 3D 构件上，平台根据施工特点开发多业务信息的协同分析系统，实现基于 3D 模型的全业务数据的汇总、归档、查询与分析，将所有系统集成，实现单点登录，资源共享。

（三）促进工程质量精细化管控和计划进度的实时管控

计量管理系统（HCS）是面向公路建设单位管理公路建设业务的大型 MIS 系统。针对公路建设项目投资规模大、建设周期较长、点多线长面广及管理工作相对集中的特点，以项目建设业主管理为中心，对造价、材料、合同、计划进度、决算等全过程、全方位，提供一体化的信息化管理。HCS 实现建设业主对建设全过程的动态管理和实时监控，有效实施对建设项目的三大控制（质量、造价、进度）和两大管理（合同、信息），从总体上有效控制工程造价、增加工程管理透明度、提高项目管理水平，保证了投资者的利益。

（四）推动了无纸化办公技术的进步

随着国家信息化战略的深入推进，"中国制造 2025""互联网 +"行动等发展加速，计算机和信息技术在各行各业中得以广泛应用，逐步渗透到每一个行业。当习惯线上提交电子凭证通过注册或验证，习惯留下邮箱便于商家发送电子发票，习惯电脑办公在线处理、流转公文，那么随之而来的是过程中不断滋生的电子文件，通过电子档案的整理采用文件类别的方式进行分类自动归档，会提高

工作效率、降低保管成本、提升管理效益，顺应了"十四五"期间科技中国、绿色中国、数字中国、交通强国等多方面发展战略。

（五）社会影响不断扩大

作为世界级的集群工程，BIM协同管理平台、工地物联网、信息共享中心、智慧工地的建设深入，为深中通道项目的提质增效、精细化管理提供了强有力的支撑，过程中电子资料的收集及共享，更是对我国后续的跨海工程建设起关键指导性作用。例如深中通道形成了具有自主知识产权的钢壳混凝土成套技术，填补了国内钢壳混凝土沉管隧道全产业链的一个空白，提升了越江跨海隧道沉管隧道的生命力。相对钢筋混凝土来说，钢壳混凝土的自动化程度和机械化程度及智慧化程度更高，采用"四线一系统"先进自动化技术，可通过计算机等电子设备对钢壳混凝土沉管施工建设中产生的文字、图表、图像、音频、视频等不同形式的信息进行记录，科学合理规范地归档保存，为钢壳混凝土沉管隧道施工存储宝贵的财富。

案例形成单位：中铁隧道局集团有限公司

案例形成人：刘坤、李云超、万鉴平、王珍莉

科技档案助力先进人物事迹查考

一、案例概述

2019年9月26日,上海市奉贤区召开表彰大会,10位为祖国作出突出贡献的上海奉贤籍人荣获表彰,其中就有中铁第一勘察设计院集团有限公司(以下简称铁一院)青藏铁路第一任总体设计负责人庄心丹(图1)。

图1 庄丹心

20世纪40年代中期,自杭州之江大学土木工程系毕业后,庄心丹便远赴他乡投身铁路、公路和机场的建设事业。中华人民共和国成立后,他的足迹踏遍了祖国大西北的山山水水,为新中国铁路建设事业作出了突出贡献。但因年代久远,庄心丹和早期铁路勘测设计人的故事鲜为人知。2006年7月1日,青藏铁路全线通车,伴随着一片欢腾的庆典,庄心丹的事迹也频频出现在各种媒体的报道之中,并逐渐成为上海老家引以为荣的乡贤人物。

二、实施背景

2002年9月4日,一名江姓记者在铁一院档案馆查到档案编号 J.QZGL.1-1-1

的青藏铁路格尔木至拉萨段《踏勘报告书》和《踏勘工程地质说明书》，这不仅查明了青藏铁路勘测设计的准确起始时间和过程，确认了青藏铁路第一任总体设计负责人为庄心丹的事实，而且全面解析了早期青藏铁路勘测设计中的技术难点与难关，以及党中央对开通青藏线的战略眼光与果敢决心。被唤醒的科技档案资料为展现青藏铁路全貌提供了最完整、最翔实、最可靠的依据，围绕着青藏铁路通车这一事件，集中展开的宣传报道过程充分证实，科技档案中蕴藏着巨大的社会利用价值。

作为中国铁路史、工业史和嘉峪关市历史的珍贵记忆纪录片《嘉镜线》，讲述了铁路建设者艰苦奋斗的精神和情怀。几乎沿着相同的路径，《嘉镜线》摄制组编导高翔首先进入的采访点也是铁一院档案馆。这次调档，高翔编导不仅全面了解了建设镜铁山支线的来龙去脉及勘探、设计至施工过程的技术要点和难点，且理清了建设镜铁山支线提高钢铁产量的国家经济建设布局意图。同时发现一个始终存在于档案字里行间的名字，就是铁一院武威派遣总队总工程师兼镜铁山支线总体设计负责人庄心丹。纪录片《嘉镜线》播出后，引起社会各界高度关注。高编导事后坦言，如果没有铁一院档案馆中保藏的珍贵资料，摄制组的报道几乎无从下手，也难以得知庄心丹全程参与镜铁山支线建设和验收的感人事迹。

图2 《光荣啊！铁道兵——铁道兵第10师官兵投身祖国铁路建设的峥嵘岁月》封面

2019年7月1日，《解放日报》资深记者朱瑞华主编的《光荣啊！铁道兵——铁道兵第10师官兵投身祖国铁路建设的峥嵘岁月》（图2）正式出版发行。

朱瑞华在《后记》中写道："《光荣啊！铁道兵》是一本对青少年进行爱国主义教育和传播红色文化的书……"全书60多万字共三篇，第一篇《我们是"最豪迈的人"》的首篇文章便是《一片丹心"天路"行——记青藏铁路首任总体设计师庄心丹》，书中写道："谁能知晓，这条'天路'的首任总体设计师竟是出生于江南水乡的上海奉贤人……"

庄心丹毕生奉献祖国铁路建设事业的感人事迹引起中共上海市奉贤区委、区政府、区政协的高度关注，决定扩大对庄心丹无私奉献精神的宣传。2019年9月26日表彰大会后，中共上海市奉贤区委党史研究室（上海市奉贤区地方志办公室）决定完整采写庄心丹的模范事迹。

三、创新做法

寻踪觅迹，上海市奉贤区党史研究室的采访依然从调阅铁一院档案开始。从2019年11月至2020年5月，上海市奉贤区委党史研究室派人到铁一院档案馆查阅近100套案卷，从中寻得大量真实且珍贵的资料。这些案卷涉及中华人民共和国成立后建成的天兰线、兰新线、嘉镜线、青藏线西格段和格拉段、兰州枢纽、玉门油矿专用线等西北铁路建设原始、真实、完整的勘测设计资料及其相关文件资料，祖国大西北铁路建设事业的轮廓跃然纸上。上海前来调档人员深切地感触到铁路勘测人为此做出的艰辛且卓越的奉献。这些档案讲述的故事出现在当今社会时，其所蕴含的正能量势必驱动社会性的进步。

调阅档案时，上海市奉贤区委党史研究室的调档人员在早期铁路勘测设计档案中发掘出一段珍贵资料，即1952年年初，驻兰指导天兰线施工的原铁道部设计总局副局长黎亮和工程师罗孝倬对天兰线经过兰州市区的线路原设计方案提出疑问，铁路线将兰州市区分割为南北两片，势必成为市区长远规划的不利因素，建议将线路整体南移。这一建议为正在进行铁路经过兰州市区选线比较的庄心丹提供了总体设计思路，按照这一思路，南移后的铁路线自然拔高了路基位置，缓和了铁路西进的上坡坡度。显然，这是一举两得的最佳选线方案。

1954年11月，国务院正式批准执行《兰州市1954—1974年总体规划》，规划提出利用黄河优势，开辟东西主干，铁路沿南山走向形成城市骨架并对城关、七里河、安宁、西固进行功能分区，形成组团式城市布局的城市规划主张。这时，兰新线已铺轨至武威，沿着皋兰山山脚一路向西的两道钢轨，默默地彰显着其存在价值，即先期确定的选线方案显然为兰州市城市总体规划乃至未来城市建设预先架设了一条理想的钢铁骨架。这一年，庄心丹36岁，在西北干线工程局兰肃设计总队第二分队任工程师。半年前，他怀揣着为新中国铁路建设事业奉献毕生的决心从广西调入西干局。也许，当年庄心丹和他的同事们提交那份报告时，只是凭借专业的眼光做出了一个专业的判断，也不难推断出他们已经预判到这份报告所蕴含巨大的财富价值，但他们从未追求功名利禄，其伟大创举也逐渐被人遗忘。半个世纪后，这段极具社会学价值的故事被发掘出来，深藏在铁一院档案馆中的那些案卷证实，不受时空的局限，存在于在档案中的并非只有图纸与数据，还有更重要的是推动人类社会不断进化的人的智慧与创新。

在调阅铁一院档案馆馆藏相关科技档案后，调档人员写出了一部10万多字的纪实文学《探路人的足迹》。在《探路人的足迹·乌鞘岭》中，作者写道："兰新铁路出兰州向西延伸的第一道难关是翻越乌鞘岭"（图3、图4）。

图3　乌鞘岭自然景观

图4　民国时甘新铁路兰肃段初测总报告书：定测前尚应改善各点中有关过乌鞘岭的初测意见

1950年6月，庄心丹以西干局兰肃测量队第二分队工程师的身份在复测红水线方案后再度踏勘了乌鞘岭线，并提出采用双机牵引的之字形线路方式来解决乌鞘岭纵坡大的问题，这主要是借鉴了中国首位铁路总工程师詹天佑在京张铁路创新、设计的人字形铁路折返线及双机牵引的火车运行方式（图5）。

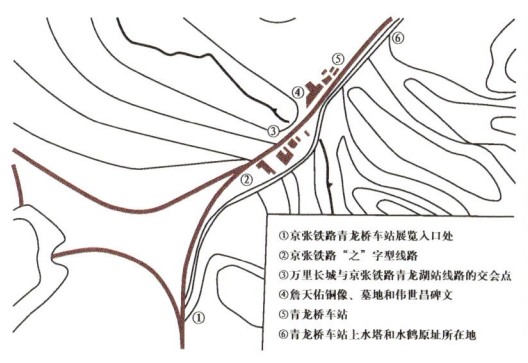

① 京张铁路青龙桥车站展览入口处
② 京张铁路"之"字型线路
③ 万里长城与京张铁路青龙湖站线路的交会点
④ 詹天佑铜像、墓地和伟世昌碑文
⑤ 青龙桥车站
⑥ 青龙桥车站上水塔和水鹤原址所在地

图5 京张铁路人字形折返线

庄心丹回忆道："鞘岭垭口，上坡容易，下坡却很陡，展线极困难。测量中选了五六条比较线，弄得满地都是桩子也未达到预想的效果……"20世纪50年代初期，西北地区的铁路勘测全靠实测完成。1950年年底，乌鞘岭线草测报告完成；1951年5月初，经原铁道部同意后，初测了经双塔翻越乌鞘岭（双机坡22‰）的线路；1956年，兰新铁路通车时，穿越乌鞘岭的那条单线铁路以漫长的盘山铁路姿态呈现在世人面前。一列火车挂两个车头、在目力所及的同一段铁路线上跑着两三趟火车的交通奇观延续了很长一段时间。作为一种社会事物，出现在乌鞘岭上的盘山铁路无疑称得上是一次人类壮举。因为在绝对意义上，漫长的盘山铁路似乎延缓了火车从A点至B点的运行速度，但在相对意义上，这种迂回运行则是当时、当地地面的最佳运行速度，速度的提高几乎等同于生命的延长。

2006年8月23日，全长20.05千米的乌鞘岭特长隧道实现双线开通，亚欧大陆桥通道上的制约被消除，连云港至乌鲁木齐3651千米间全部实现双线通车，原有的那段铁路奇观遂告匿迹（图6）。如果没有铁一院档案馆提供的《库存档案编研成果》和条目清晰的档案目录，以及规整有序的入库档案，要在短时间内从分散、零乱、海量的铁路勘测设计档案中找到所需材料相当不易。

早在1987年至1988年间，铁一院档案馆就聘请庄心丹对全院馆藏科技档案进行了全面系统的分析、分类和鉴定工作。进入21世纪后，铁一院档案馆完成了库存科技档案的编研成果。至此，铁一院档案馆进入了科学、系统、完善的计算机管理阶段。依照《编研成果》所设定的目录及分类目录对资料库实行统一、合理的整理与管理，库房柜架有序排列，柜架设备为绿色，铝制品，三节六层为一套；档案实行排架管理，即按照类别、项目及项目内保管单位的顺序依次自上而下、从东到西排列。以玉门专用线项目为例，该线鉴定组卷按TB/T 1588—1985《铁路系统科学技术档案分类编号方法》的标准编号法组卷编号，其编号由种类代号、分类代号、属类代号和案卷流水号4部分组成；代字使用汉字或汉语拼音字母，代号使用阿拉伯数字。鉴定后，重新组合的案卷，既保持了文件之间的有机联系与科学统一，又使案卷更加齐全完整、科学合理，更好地为利用者参借阅。

图6 乌鞘岭特长隧道

根据编研成果提供的信息，上海市奉贤区党史研究室的调阅人员在玉门油矿专用线、设施、综合、线路第 3 页中找到档案袋编号 J.YM.4 ZH-1，调档员在档案库 5-8-1 位置找到该档案。调阅人员在馆藏的原始文件中找到了需要文件，证实编研成果中档案简介内容的真实性和完整性。此次查阅证实了庄心丹确曾以勘测设计总队第三分队副分队长身份，于 1954 年 8 月 10 日参加原铁道部西北设计分局与玉门矿务局关于西北铁路干线修建之玉门油矿设计问题的会议；该线最先考虑是由清水车站起，全部利用兰新正线至玉门油矿车站；由于兰新正线自嘉峪关车站至玉门油矿车站线路一直上坡，而自玉门油矿车站往西至疏勒河一段线路又一直下坡，坡度损失过大，因此兰新干线改线，采用了拉平坡度的方案，线路位置向北移动，远离玉门油矿矿区。1955 年 10 月 24 日，原西北设计分局在颁发元山子至玉门市（即现在的玉门车站）的技术任务书中，包括了玉门东站至玉门南站的玉门油矿专用线的勘测任务。1956 年 7 月 1 日，玉门油矿铁路专线开通，原油靠汽车东运的历史至此结束；铁路专线与支线有了区别。

四、效果及影响

被唤醒的科技档案资料为展现青藏铁路全貌提供了最完整、最翔实、最可靠的依据。围绕青藏铁路通车这一事件集中展开的宣传报道过程充分证实，科技档案蕴藏巨大的社会利用价值。上海市奉贤区党史研究室调阅人员在铁一院档案馆历时 5 天的科技档案调阅过程，圆满达到了大部分预先设定的查阅目标，高效完成了本次调阅档案的任务。事实证明，档案与档案管理共同构成了继承历史原始面貌的基础载体，且同时展示着人类智慧、创新、刻苦、勤奋、坚韧的优越品质。庄心丹心系祖国铁路建设事业的无私奉献精神，彰显了铁一院人在中国共产党坚强领导下，不畏艰险、勇攀高峰的开路先锋精神和优秀政治品格。

案例形成单位：中铁第一勘察设计院集团有限公司
案例形成人：寇玉诚

核电工程设计档案结构化数据治理与虚拟仿真展示

一、案例概述

中广核工程有限公司设计院（以下简称设计院）为高效开发档案信息资源，策划并组织核电工程设计档案结构化数据治理与虚拟仿真展示，依托信息系统，按"先行试点—经验总结—推广应用"思路，先后完成核电设计档案核心数据提取及标引、基于虚拟仿真技术的核电设计档案关联关系管理、核电设计档案数据结构化整理展示，深入挖掘核心数据资源，实现设计成果和过程文件有机聚类，为用户提供更全面、立体、优质的档案数据，取得丰硕成果。

二、实施背景

核电工程是一种技术复杂的国家特大型工程建设项目，其设计具有专业多、接口复杂、系统及厂房和设备多等特点。大数据时代，设计院致力于数字化转型，为使设计流程更规范、文件出版更快捷、信息追溯更便利，设计院自主开发了设计管理平台（以下简称EMP）和工程文档管理平台（以下简称AED），流程关系图如图1所示，实现了文档一体化管理。

AED集中存储了核电设计过程产生的海量电子文件及数据。仅就单个核电项目而言，如辽宁红沿河核电厂一期工程，设计成果文件多达20万个，与之相关联的设计过程文件也有10万个。随着三维设计技术发展，PDMS、TEKLA、P3D等软件广泛应用，产生了三维数据模型等非结构性文档。设计文件量大，数据类型多样，数据结构不一，构成了设计院庞大而丰富的档案信息资源。如何科学管理庞杂的档案信息，是设计院面临的实际问题。

设计院在广泛调研基础上，发现在档案信息资源开发和利用工作中存在着以下问题。

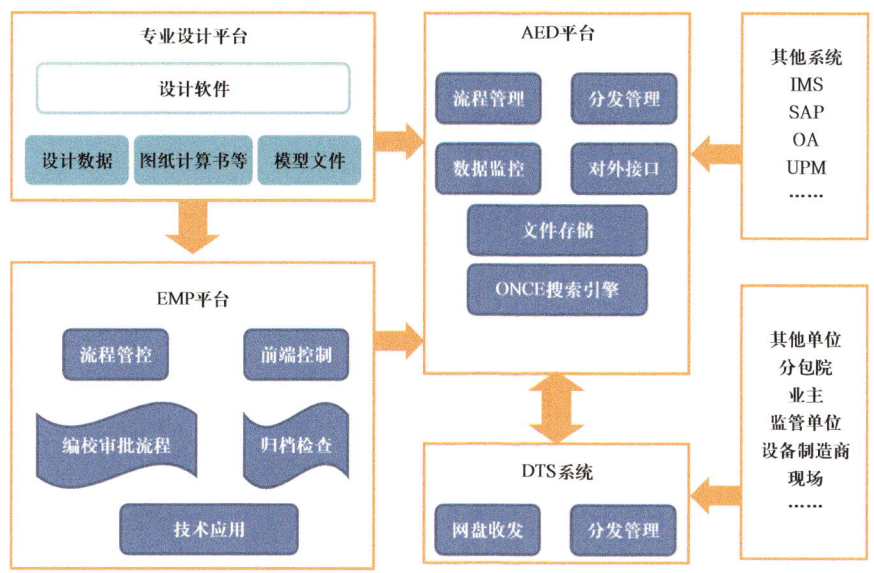

图 1　设计院文档一体化流程示意图

（一）元数据设置侧重于档案管理，无法满足专业设计需求

EMP 中设置了文件编码、版本、状态、标题、流程等元数据，AED 中增加了档号、卷册、保管地等元数据。这些多为可直观从文件本身识别的数据信息，并未涉及文件内容，尤其是核心设计参数。设计人员必须通过提资❶或档案查询等方式方可获得相关数据作为设计输入，元数据设置泛而不精，对于专业设计需求满足不够。

（二）以件为单位的档案管理造成档案查询和利用的便捷性、完整性和精准度不够

当前档案检索主要以编码、版本、状态、标题等属性为检索条件，非相关专业设计人员往往不能准确获知这些精确的查询条件，很难在 AED 中快速准确地查询所需档案，而文档人员囿于专业差别，也无法为设计人员提供精确的档案查询条件。以件为单位的档案管理方式，每份设计文件相互独立呈现，文件间关联性管理不够，同类文件无通用标识识别，若对文件编码或标题信息掌握不全，会严重影响检索的查全率和查准率，较大影响了用户体验和满意度。

---

❶ 提资：设计院内部各专业相互之间传递设计资料。

（三）割裂二维档案和三维档案间联系，档案信息展示形式单一

AED 中存储了全部的二维和三维档案数据信息，但并未有效建立二者间的对应关系，三维档案数据信息必须依托于原三维设计软件查看，AED 中多为平面化展示的档案信息，以表单形式展示电子档案及元数据，未能将档案和建设项目实体间建立可视化视图。

（四）目前的档案存储无法真正高效地聚集并管理档案信息资源

AED 中巨大的档案数据池是设计院知识资产最为集中保管的地方，但尚缺结构化整理，管理的系统性和层次性尚有不足之处，没有最大限度发挥档案蕴含的知识财富应有的价值和作用。

基于上述分析，设计院亟须开展档案核心数据提取、关联关系创建、虚拟仿真展示和数据结构化整理工作。

三、创新做法

设计院选取辽宁红沿河核电厂一期工程土建设计档案为试点，于 2017 年开始组建包含多专业的专项团队，正式进行核电工程设计档案结构化数据治理与虚拟仿真展示工作。

（一）先行试点

1. 档案核心数据提取与标引

按照"项目—机组—岛别—厂房—构筑物"的实体和逻辑层次体系，开展核心数据提取与标引工作。

（1）确定核心数据类型。通过了解专业设计人员的数据需求，确定了"岛别、厂房代码、厂房名称、文件编码、卷标、版本、状态、中文标题、英文标题、机组号、厂房或建筑物代号、层位或区段代码、工程分类代号、工程分类代号说明、标高、分项描述、类型描述、房间标识、区域标识"等数据类型。

（2）文件准备。利用 AED 客户端导出并提取所需要和涉及的全部设计档案，同时学习《CPR1000 项目工程文件编码系统》《厂房、建筑物、层位及房间的标识总则》《压水堆核电站主题词表》等资料。

(3)开发标准文档检查工具。在EMP中开发标准文档检查工具,设置相应的文本识别和检索要求,针对具有标准格式的不可编辑档案进行内容提取,显示提取结果并与所需数据类型进行比对确认并逐一标引。

(4)人工检查与校验。对于早期形成的非标准模板格式的设计文件,安排专人采用人工检查核对的方式,逐份档案提取所需核心数据并标引。此外,对于通过标准文档检查工具提取形成的标引数据,进行抽查校验。经检验,其全面性能达到100%,准确性高达90%以上。

(5)汇总核心数据清单。根据标准文档检查工具及人工校验形成的数据,汇总了辽宁红沿河核电厂一期工程土建设计文件共计182组厂房和建筑物,相关数据清单达28877条,其中核岛主厂房建筑群数据约占70%,常规岛主厂房建筑群数据约占10%,厂内和厂外辅助设施建(构)筑物数据约占20%,完成15630条土建厂房和建筑物标高信息提取,占总比例的58%。通过对厂房和建筑物数据的提取,对照公司缩略语库及《压水堆核电站主题词表》,汇总完成《辽宁红沿河核电厂一期工程厂房和建筑物代号总清单》(图2)。

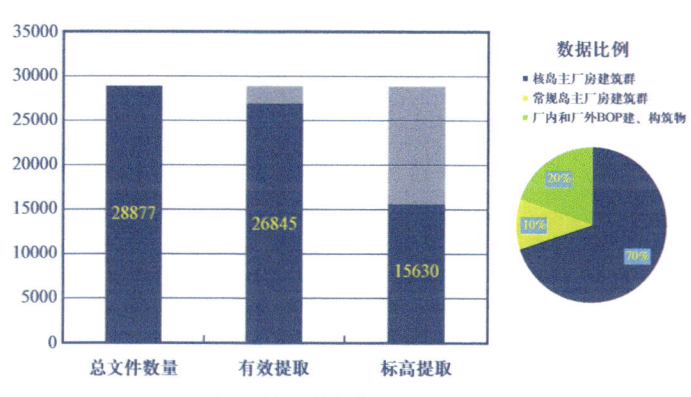

图2 核心数据提取完成情况

(6)问题反馈与处理。针对在标准文档检查工具和人工校验中发现的2032条存疑的系统著录数据及文件实体问题进行了逐份核查,密切与档案产生者及项目办沟通协作,处理电子件错误、文件编码错误、文件标题错误、文件实体模糊等问题432条,进一步保证了设计院档案的质量。

(7)组织专题报告编制。严格按照"项目—机组—岛别—厂房—构筑物"的层次体系,编制了《辽宁红沿河核电厂一期工程厂房和建筑物代号清单》《辽宁红沿河核电厂一期工程厂房、建筑物、层位及房间标识》两份专题报告,并主动推送给全院使用。

2.基于核电虚拟仿真设计技术的核电工程设计档案关联关系管理

(1)关联关系分析。通过对设计逻辑的分析,梳理并形成了两种关联关系体系:以设计成果文件为中心、设计过程文件为"卫星"的一对多的关联关系和设计成果文件作为另一设计成果的设计过程文件(如设计输入)的复杂的逻辑关系。梳理后的核电工程设计档案之间关联关系如图3所示。

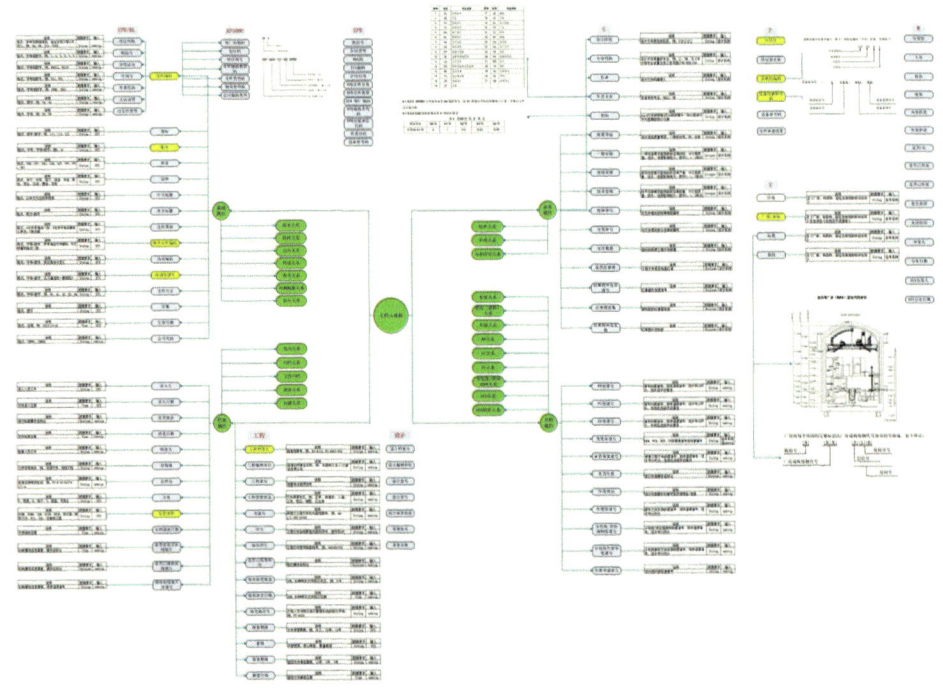

图3 核电工程设计关联关系图

通过以上两种类型的关系层层拓扑,形成了核电工程设计档案间相互关联的复杂的网状结构的关联关系(图4),而这种网状结构的关联关系是依托于数据分析得出的数据信息为连接点,以此为基础,构造项目显性化的文件关系知识地图,解决项目管理和文档管理过程中数据关联关系缺失的问题,提升核电工程设计档案的影响分析能力。

(2)数据聚合。利用档案核心数据提取和标引成果,快速、准确地实现同一构筑物(厂房)、系统、设备、管道等设计档案的聚合,并形成数据包。利用关键数据中的某一数据项的筛选，可实现如同一厂房、同一系统、同一设备、同一管道的设计档案自动的聚合；通过某几项数据的筛选，实现厂房、系统、设备之间的关联。

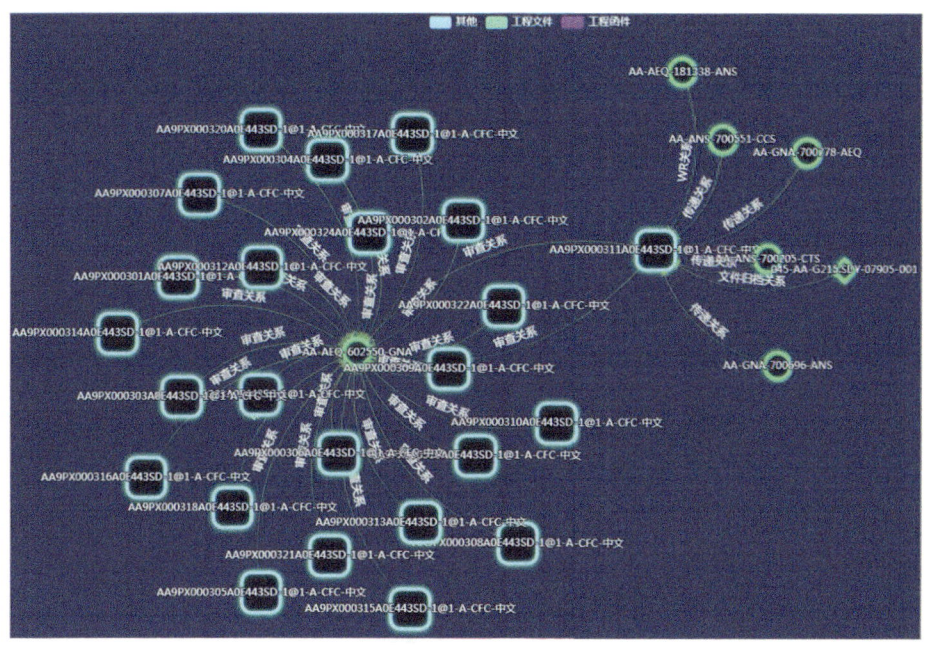

图 4　核电工程设计档案关联关系效果图

（3）搭建二维数据和三维数据关联关系。以三维数据模型文件为媒介，将聚合的各个厂房、系统、设备、管道等的数据包与三维模型中的模块建立关联关系。

（4）平台开发。在 AED 中进行二次开发，开展界面设计、菜单配置、基础和高级检索工具开发、电厂物项三维仿真建模及相关工具开发、档案属性信息显示区域结构分析和属性栏配置、后台数据库管理等，满足用户实现核电设计档案与核电三维模型的相互关联，以更为显性、直观的效果展现档案信息资源，实现档案信息资源与用户、模型之间的交互。系统逻辑如图 5 所示。

（5）构建核电厂虚拟场景。利用已有的三维模型文件建立完整的核电厂房三维虚拟场景，具体包括厂房、系统、设备、水工、电缆桥架、暖通、土建、钢结构等专业（图 6）。模型经过优化和渲染，达到仿真的场景效果，实现场景漫游。

（6）虚拟仿真展示（图 7）。在三维仿真模型基础上，实现二维数据与二维数据、二维数据与三维数据、三维数据与三维数据的集成展示可视化平台管理，将抽象信息以直观的视觉方式表现出来，将数据之间的隐形关联关系显性化。

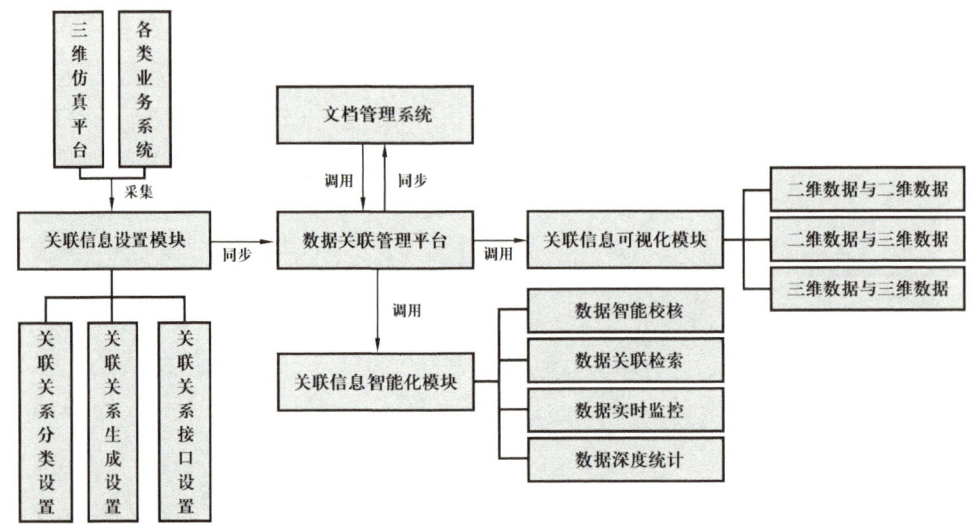

图 5　数据关联管理平台逻辑图

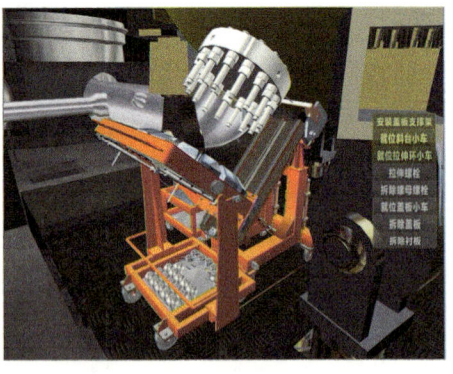

图 6　核电厂虚拟场景效果图

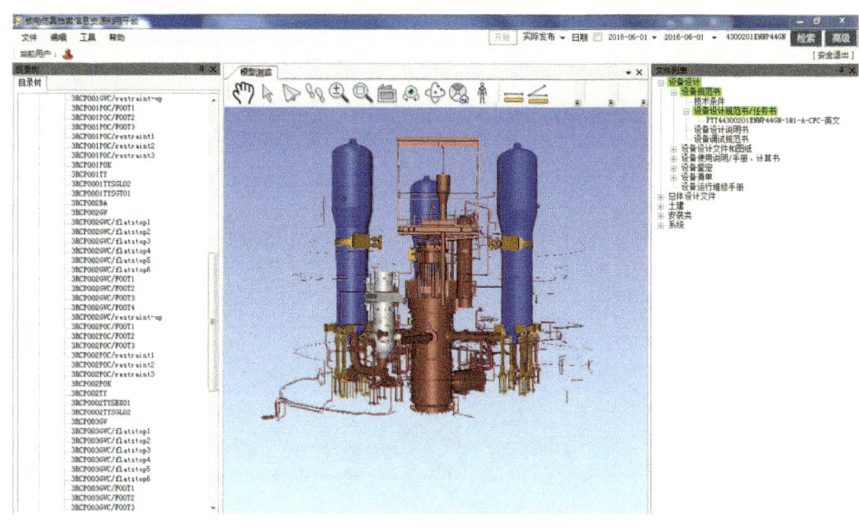

图 7　虚拟仿真展示

3. 工程设计档案数据结构化整理及展示工作

设计院自成立以来，从前端的项目设计生产到后端的文档管理一直以"件"为单位开展相关工作，与传统的"卷册"等聚类形式的管理模式有着较大的差异，在前两项工作的基础上，设计院根据业务需求，对设计档案重新进行结构化分类设计，按设计人员的文件使用和管理习惯进行虚拟分类和数据聚集。

（1）目录树建设。重新设计门户展示方案，主要选取工程文件、内部文件、工程函件、过程类资料、图书资料、标准中的数据。将这些数据重新分类为设计成品、设计过程文件、科研课题、能力建设、图书资料、标准。图 8 为新的门户展示，最左边展示资料分类，即上述的数据重新分类。图 9 为设计成品目录。

（2）知识图谱应用探索。设计院开始探索利用聚合的档案数据等知识资源，通过众包法、爬虫和机器学习方法❶，比较运用 CiteSpace、Gephi、VosViewer 软件，建立核电设计档案专业数据语义网络，结合运用 RDF 资源描述框架和关系数据

---

❶ 众包法、爬虫和机器学习法：知识获取的方法。众包法指允许任何人创建、修改、查询的知识库，即众包模式，百度百科就是典型的例子；爬虫是网页开发者将网页中出现的实体、实体属性、关系按照某种规则做上标记，搜索引擎通过爬虫获得这些数据，从而达到知识数据积累；机器学习是通过机器学习将数据变成可理解的知识，例如通过文本分类、主题模型等机器学习模型，可以获取文本的特征，而这些特征就可以理解为知识。

图8 设计院资料库门户首页

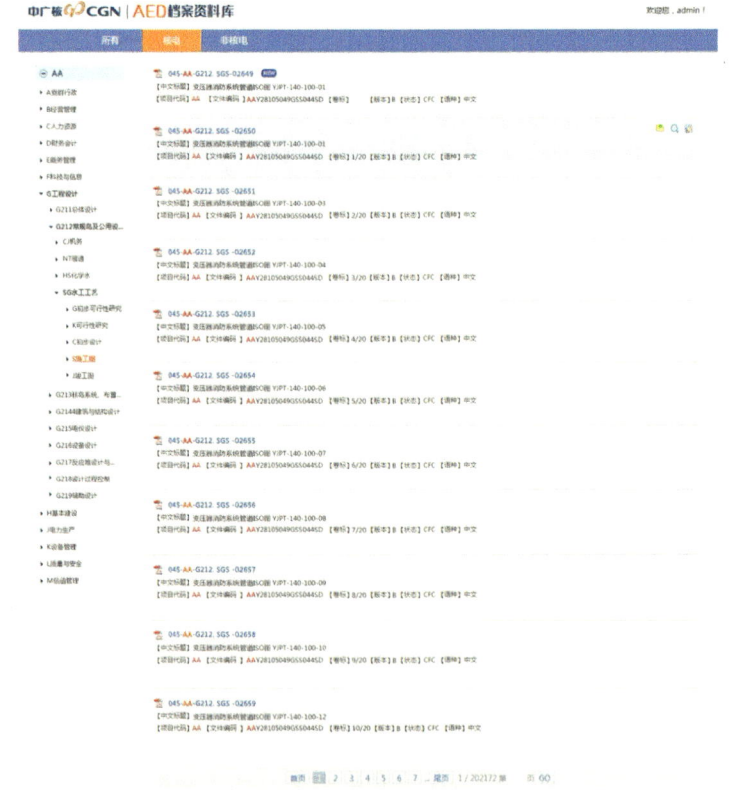

图9 设计成品目录展示

库，实现核电设计档案知识图谱的有序存储工作，最终构建较为完整的面向多堆型的核电工程建设档案知识图谱模型。目前该工作正在研究中。

（二）经验总结

通过开展辽宁红沿河核电厂一期工程土建专业设计档案结构化数据治理与虚拟仿真展示工作，专项团队对于设计流程和设计逻辑有了更直观的理解，对设计档案间的关联关系把握更加准确，可以熟练掌握和灵活运用相关工作程序，开始充分总结经验，形成良好实践，为下一步的推广应用奠定了坚实的基础。在知识图谱应用方面，正在抓紧时间开展研究工作。

（三）推广应用

2019—2020年相继开展了辽宁红沿河核电厂一期工程设备设计类档案核心数据提取、辽宁红沿河核电厂一期工程系统设计手册核心数据提取、辽宁红沿河核电厂一期工程电仪设计档案核心数据提取，并于2020年年底组织编写了《辽宁红沿河核电厂一期工程设计档案主题词表》《辽宁红沿河核电厂一期工程设计档案核心数据词典》两份综合报告。

基于核电虚拟仿真设计技术的核电工程设计档案关联关系管理工作也已在其他项目和已竣工的核电站群厂上开始实践，基本实现三维数据模型和二维成果文件、过程性文件的关联管理工作。通过对核电工程文件数据的分类、生成和接口管理，实现数据关联关系多层分类、关联关系结构化管理、不同业务系统数据统一采集，为用户提供精准、多维、高效、便捷的数据服务。

四、效果及影响

设计院开展核电工程设计档案结构化数据治理与虚拟仿真展示工作，受到了院所有关领导和其他兄弟部门高度关注和大力支持。在项目实施过程中予以关心，推动解决实施过程中的问题和困难，对最终成果给予高度肯定。

核电工程设计档案虚拟仿真展示和结构化治理工作基本解决了长期困扰设计院档案资源管理和开发利用工作中的难题，创造性地将信息技术手段与档案信息资源开发利用有机结合，在实践过程中证实了工作思路与工作方法的可行性，并为设计院创造了可观的经济效益和企业价值，提升了用户体验，锻炼了组织人才，具体效果和影响如下。

（一）提升了档案信息开发利用水平，创造了可观的经济效益

经过为期三年多核电工程设计档案虚拟仿真展示和结构化数据治理工作，设计院积累了丰富的档案数据信息资源开发和利用的工作经验，在核电工程建设档案管理领域形成了良好的口碑，通过积极推介，设计院先后获得了中广核研究院有限公司、中广核节能产业发展有限公司（图10）、中国联合重型燃气轮机技术有限公司的关键数据整合和利用合同，合同总额超过了1000万元人民币，为企业和部门发展带来良好的经济收益。

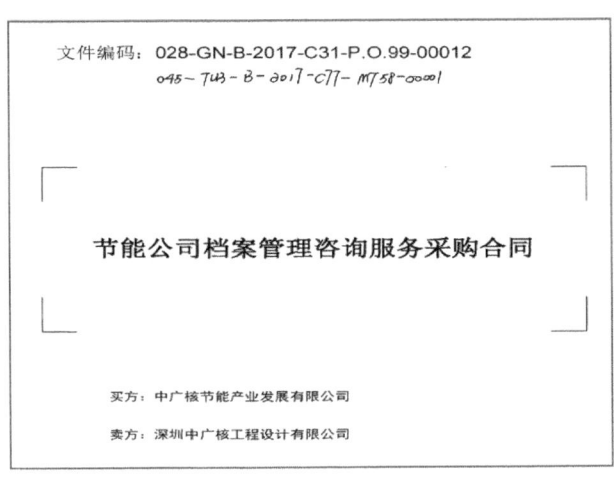

图10　与节能公司签署合同封面截图

（二）推动实际工作与科学研究相结合，取得了丰硕的学术科研成果

在项目推进和实施过程中，团队充分开展科研工作，获得国家档案局科技项目立项3项、公司科技项目1项、发明专利受理2项、获奖论文若干。具体清单见表1。

表1　项目所获学术科研成果清单

年度	标题	类别
2016年	核电工程设计三维模型归档模式研究	国家档案局课题
2017年	海量档案数字资源冷数据存储策略研究	国家档案局课题
2017年	核电三维设计模型归档可行性研究	公司科研项目

续表

年度	标题	类别
2018年	基于元数据管理的核电工程设计档案前端控制模式研究与实践	国家档案局课题
2020年	一种核电工程设计档案标引的方法	发明专利（受理）
2020年	基于三维模型的档案信息资源开发和方法及系统	发明专利（受理）
2021年	面向多堆型的核电工程建设档案知识图谱构建与应用研究	国家档案局课题

（三）有效汇聚了设计院知识资产，为核电设计提供了重要的参考资料

对核电工程设计档案进行深度挖掘，编制了一批专题报告，将"沉睡"在AED中的档案信息重新挖掘出来，在核心数据清单基础上，编制了主题词表和核心数据词典两份综合性报告，囊括了辽宁红沿河核电厂一期工程设计档案的大部分基础核心数据及设计参数。据统计，两份报告在线浏览量超过15万人次，为我国二代加改进型核电站的批量建设提供了重要且集中的设计输入信息，整体提升了相关核电工程设计工作的质量和进度。同时，为目前国内先进三代压水堆核电——华龙一号正向设计提供了不可或缺的设计参数参考，大量用于数值校订检验和设计改进，其差值也便利了设计人员进行设计改进的理论论证和实验程序编制，为提升设计院整体设计能力提供了重要的原始信息。通过核心数据不断地积累和循环再应用，最大限度发挥了设计院档案管理和知识资产管理的作用，推动了项目设计进展。

（四）创造性地将信息技术手段和档案信息资源开发利用有机结合，为同行提供实践参考

核电工程设计档案虚拟仿真展示和结构化数据治理所取得的良好经济效益和企业价值，验证了通过信息技术手段进行档案信息资源开发利用工作，节省人力投入，提升工作效率和质量，推动了档案管理的科学化、智能化水平，为企业档案信息资源开发利用提供优秀实践参考。

（五）提升了设计人员满意度，培养了文档人员知识技能水平

进一步丰富了核电工程设计档案元数据类型和组织，极大地消除了各专业间

设计数据存在的"信息孤岛"问题，减少了非必要的数据提资工作。新的虚拟仿真展示和结构化数据治理，使得设计档案数据间联系更加清晰和可视化，提升了档案查询利用的便捷性、完整性和精准性。这些都实际提升了设计人员工作效率和质量。经测算，累计为设计人员提高工作效率节约人力投入30%。在项目推进过程中，与设计部门、项目办密切协作，提升了文档部门在设计院的影响力，提高了全院员工的档案意识与知识管理意识。此外，通过项目锻炼，团队熟悉了核电基本知识、核电站设计过程、核电工程建设全业务链环节，熟悉了三维辅助设计工作，对于设计院文件控制与档案管理工作有了更深刻的认识。在项目实施与推动工作中，积累了丰富的经验，提升了项目管理、沟通协调、系统开发测试和工作统筹安排的能力，起到了人才培养的重要作用。

案例形成单位：中广核工程有限公司

案例形成人：陈卫华、许建兵、汪建军、王崇、谭明洋、王浩

留住乡愁，助力振兴，
斑斓档案描画新时代美丽乡村

一、案例概述

运河明珠，百年古村。双街村位于天津市北辰区北部，属双街镇政府所在地，古为漕运圣地，今为强村典范。多年来，依托丰富的档案资源，双街村逐步建成文化历史展览馆、党群服务中心村史展厅和村级档案室。斑斓档案浓缩着百年历史，传承了深厚的传统文化，让村民重温乡愁、见证乡村发展。以史为鉴，面向未来，双街村努力创新档案服务基层社会治理新路径，使档案在服务生产生活、解决群众困难、传承乡风文明等方面均发挥了重要作用。

二、实施背景

农业农村档案反映了农村历史变迁、经济生产、民俗风情等内容，是不可多得的研究乡村历史和现状的宝贵资料，更是村民们归属感、认同感的重要精神载体。保护、传承双街历史文化，加强村档案工作一直是村党委和全体村民高度关注的事情。

（一）历史文化宝贵资源，亟待维护和传承

双街村（图1）是全市乃至全国历史文化底蕴深厚的村落之一，历史可追溯至明代永乐年间，毗邻北运河，拥有独特的运河文化。但随着城镇化建设的快速推进，大量村落的历史风貌逐渐消失，附着于村落物质文化遗产和非物质文化遗产的各类村落历史文化档案资源也正趋于湮灭和散失，抢救和保护双街村历史文化档案资源十分必要。

图 1　双街村

（二）档案管理服务理念，亟待改进和创新

一是档案管理理念较为保守。过去双街村对档案工作沿用传统的管理模式，重保管轻利用，在发挥档案唤醒村民美好回忆、助力乡村振兴作用方面创新思路不多。二是档案存放展示空间有限，基础设施建设有待加强。随着双街村不断发展，村内文书、大棚、拆迁、土地延包、照片、实物等各门类档案量不断增长，如何保管好各类档案、展示好各种荣誉、利用新技术更好地服务群众，是档案工作急需解决的问题。

（三）档案服务基层治理，亟待发挥应有作用

农业农村档案真实记录了农村经济、政治、文化和社会建设、发展的全过程，是科学、有序开展农村各项工作的重要基础。随着乡村振兴战略深入实施，档案在推进村务公开、维护农民群众合法权益、调解民间纠纷、构建农村和谐社会体系等方面发挥的作用日益凸显。推动档案工作服务农村基层社会治理现代化迈上新台阶，积极探索适应农村发展的档案工作新模式，已经成为现阶段农村工作的新课题。

（四）档案管理规范化水平，亟待完善和提高

从国家档案局、市档案局、区档案局到镇档案管理部门都十分重视村级档

案工作，积极组织相关培训，为农村档案工作提供专业的指导意见和建议。2018年，国家颁布了《村级档案管理办法》（国家档案局令第12号），市档案局出台《天津市村级档案管理实施细则》，从制度层面给乡村档案工作提出标准和要求。这些都为乡村档案工作创造了良好环境。

基于以上原因，近年来双街村广泛收集整理各类村史信息，创新工作思路，不断完善档案管理工作机制，建成了双街村新档案室、文化历史展览馆、双街村党群服务中心村史展厅，形成了数量可观的乡村历史文化档案数字资源，全面盘清了双街村"家底儿"，延续了村落文脉，为传承中华优秀传统文化，弘扬社会主义核心价值观、助力乡村振兴发挥了重要作用。

三、创新做法

（一）严格制度管理，落实档案工作责任

一是按照《天津市村级档案管理实施细则》，结合双街村实际情况，制定了相关工作方案和制度（图2），确保档案工作有章可循、有序推进。在具体分工上，双街村建立了档案工作领导小组，明确职责，落实岗位责任制，设专人负责档案日常工作，并将档案工作纳入了村政管理的各项环节，纳入村"两委"班子的议事日程。

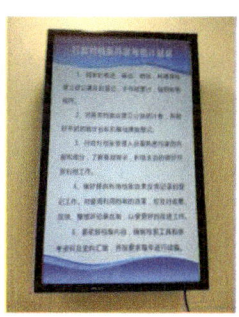

图 2　档案管理相关方案和制度

二是坚持村级档案"应收尽收、应归尽归"的原则，以创建档案工作服务农村基层社会治理试点为契机，重新修订《双街村文件材料归档范围和保管期限表》《双街村分类编号方案》，制定了村务档案管理目录清单，进一步完善了包括归档、保管、借阅、安全保密、统计等一系列档案制度，并建立档案查借阅登记

图 3 《双街村志》封面

簿、档案流水登记簿,极大地提高了档案管理水平,为充分发挥档案资政惠民作用打下坚实基础。

三是重视档案资源开发利用,使乡村优秀历史文化得到传承。2017 年 3 月,按照中国地方志指导小组办公室的统一安排和要求,启动中国名村志文化工程《双街村志》(图 3)编纂工作。作为北辰区唯一入选乡村,双街镇党委、政府以及双街村党委高度重视,组建编纂团队负责收集大量双街村保存的老档案、老照片,查阅《北辰区志》《双街镇志》《北辰年鉴》等多部文史典籍,同时多次深入村民家进行采访、调研,收集口碑资料。依据区志办、区八极拳武术协会、热心村民等多方提供的珍贵资料,最终编纂成图文并茂、反映双街村历史变化以及囊括双街村农业、工业、文化等全方位的立体百科,也成为群众喜闻乐见的普及性志书。

(二)加强基础设施建设,保障档案有效利用

双街村整合相关单位、社会组织及有关个人提供的反映双街村历史文化的原始材料,以村文化历史展览馆和党群服务中心村史展厅、档案室建设等工作为抓手,不断创新档案工作手段,助力农村基层社会治理,将斑斓档案做成展示双街的靓丽"名片"。

一是文化历史展览馆全面展示双街古今魅力。2014 年 9 月,双街村文化历史展览馆建成。2015 年 1 月,该展览馆正式对外开放。展览馆位于双街古街中段西侧,面积约 200 平方米,分为昔日、今日、双街印象三个展厅,由庭院春秋、昔日双街、今日双街和印象双街四个功能区组成,通过投影、电子触摸屏、文字、图片、实物等形式展示双街村自明朝建村以来 600 余年的历史变迁(图 4)。馆内保存了大量反映双街村历史文化、运河文化、民风民俗的文字材料、老照片、实物等珍贵档案资料,包含村民捐赠的旧时农耕用具、家用物品、农民画等,还展示了村民李兆川先生创作的《运河人家》、航拍作品《全景双

街》、泥人张彩塑《古韵双街》以及非物质文化遗产鲍式八极拳相关资料等。多种形式的档案,像一幅画卷徐徐展开,描绘了古时双街"水陆云集,车樯如织,百货山积"的繁荣到今日富民强村、搬入现代家园的幸福生活。

图 4　昔日双街与今日双街照片

二是党群服务中心村史展厅描绘党建引领乡村振兴图景。与双街村文化历史展览馆相比,党群服务中心内的村史展厅侧重描绘了村"两委"牢记初心使命,带领广大村民艰苦奋斗,将双街村建成社会主义新农村的光辉历程。村史展厅位于双街村党群服务中心二楼,占地约 200 平方米,于 2019 年升级改造完成。展厅以展示乡村振兴战略实施为总基调,包括党建引领、产业兴旺、生态宜居、乡风文明、治理有效、生活富裕六个部分。其中,"党建引领"展示墙一侧展示了双街村 50 名村民代表的照片,中间放置了一个党徽,寓意着村内所有活动都是在党的领导下开展的;"生态宜居"部分通过今昔对比,展现了双街村改革开放以来的飞速发展和村民幸福感的不断提升;最为引人注目的是那面"笑脸墙"(图 5),由村民们的微笑组成,这些珍贵照片是在 2012 年村民还迁后,村里组织各家各户由专业摄像师拍摄的,不仅为村民留下了美好记忆,更成为反映乡村发展的宝贵资料。村史展厅通过近百张珍贵照片和数段影像资料,描绘出双街村党建引领乡村振兴的全过程,与双街村文化历史展览馆一起成为展示双街历史文化、兴旺发展的窗口。

图 5　笑脸墙

三是村级档案室保障档案管理规范标准（图6）。要达到档案管理规范化、标准化，一是需要加强档案人员业务能力和素质；二是提升档案室硬件建设。双街村根据本村实际情况，选任村委会熟练应用计算机以及熟悉信息检索和数据库管理的工作人员专门管理村内档案，做好日常档案的更新和维护。另外，为确

图 6　双街村档案室

保档案的安全保管和有效利用，双街村设置了30平方米的档案库房，50平方米的阅览室，在档案室内配置了6组档案密集架、空调、灭火器、温湿度计等设施，添置了电脑、打印机等电子设备，确保村级档案存得下来、管得安全、用得方便。目前，村档案室室藏文书档案371卷，会计档案300卷，保险档案49卷，大棚档案71卷，拆迁档案455卷，农民建房档案8卷，土地延包档案489卷，产权制度改革675卷，照片档案773张（16册），实物档案205件。双街村还开展了室藏档案数字化工作，逐步实现存储数字化、管理自动化、利用网络化，向着档案资源互联互通、资源共享的目标努力推进。

（三）创新档案工作理念，促进档案助力乡村振兴

村级档案工作基础在建、重点在管、关键在用。只有让群众切实把档案"用"起来，档案工作才能找准自身在服务农村基层社会治理、助力乡村振兴中的工作方向。双街村一改以往"重点在存"的理念，用活用好档案。

一是进一步丰富、改进档案查阅方式，方便群众查阅。简化利用手续，通过报送或推介相关档案信息，全方位提供农业档案信息服务。充分利用档案资料，解决村民疑问，化解村民之间的矛盾，加强廉政档案建设、公开"三会一课"以及村"两委"换届选举档案，完善监督机制，推动廉洁自律，通过查阅档案，从历史中汲取发展的经验，推动乡村振兴。

二是将双街村文化历史展览馆以及党群服务中心村史展厅做成深层次、高质量的档案信息产品，并将其作为对外宣传的窗口，为实施乡村振兴战略营造良好舆论环境。很多参观团队和观光者将参观双街村史作为其中一项重要的行程，深刻体会党建引领乡村振兴给农村带来的深刻变化。

三是为服务乡村精神文明建设，双街村将乡贤名人、村规民约、文明村等材料，以及照片、奖牌等实物，作为村级档案资源建设的补充和延伸。还将双街葡萄文化节、"盛世中国·魅力双街——歌颂社会主义新农村"大型文艺晚会等文化活动的录音录像纳入到村级档案中保存，为村民留住精彩回忆，也展现了社会主义新农村独特的生机活力。

四、效果及影响

习近平总书记曾指出："档案工作是一项非常重要的工作，经验得以总结，

规律得以认识,历史得以延续,各项事业得以发展,都离不开档案。"双街村始终坚持以人民为中心,把服务群众、服务农村基层社会治理作为档案工作的出发点和落脚点,充分发挥了档案工作记录历史、传承文明、服务社会、造福人民的重要作用。

(一)发挥档案存史功能,不断增强文化自信

助力文化传承。双街村文化历史展览馆、党群服务中心村史展厅及档案室共同构建起双街村档案管理服务框架。展览馆以及展厅充分发挥公共文化机构的作用和档案存凭、留史、资政、育人的功能。丰富的档案资源增强了双街的文化软实力和文化自信,各类档案资料以多种形式向群众开放,有效展现了双街村珍贵的地方历史文化,弘扬了社会主义核心价值观。

助力科教育人。双街村文化历史展览馆成为具有地标性特征的文化阵地,具有文化传播、社会教育、学术研究、文化休闲等多项功能。自该馆开放以来,每年慕名而去学习参观、感受双街文化以及新农村变化的人数持续上升。截至目前,共接待全国各地游客6万余人次。参观者纷纷表示通过参观展馆,感受到改革开放给农村生活带来的深刻变化。同时该展览馆也成为远近闻名的爱国主义思想教育阵地。

(二)发挥档案资政功能,切实助力乡村振兴

助力组织建设。围绕乡村社会治理体系、传承双街村优秀传统文化、农业产业提质增效等方面加强了基层组织档案建设,规范了村民会议、村民代表会议、村民议事会、村民理事会、村民监事会档案记录,服务乡村治理能力得到有效提升。

助力产业发展。着力推进了各类农村经济组织的建档活动以及农村产权制度改革档案工作。积极与农业农村部门沟通,重点收集整理了涉及清产核资、收益分配的档案,有效保护农民权益,为全村产业发展奠定了坚实基础。

(三)发挥了档案惠民功能,提升村民幸福感

助力生态宜居。将"创文创卫"、卫生清整志愿服务、农村全域清洁化、美丽乡村建设等文件材料、照片影像收集归档,真实见证了双街村生态环境不断

改善的全过程。村民朱某曾说过:"感觉双街村发展越来越好,从过去的农村气息一点点发展到现在的城市化面貌,作为一个双街村民,感到特别幸福、特别自豪。"

助力为民服务。通过档案室存储的原始材料,及时为村民解决实际问题,得到村民一致好评。例如,2019 年,一位患有尿毒症住院治疗的村民,在二次报销后,工会通知该村民工会会员还可以申请 1 万元的大病救助,可是还需要提交一些相关票据,这时村民想到票据都交到了村委会进行二次报销,村民来到村委会找到档案管理人员,通过复印档案室的原始票据,申请到了工会大病补助。2020 年 4 月,村民鲍某因工作调整,新单位需要鲍某的党员转正信息。鲍某来村委会说明情况后,档案管理人员通过查找党员档案找到鲍某当时的转正材料,为其解决了问题。立档惠民践初心,多年来,双街村用越发优质的档案服务不断提升着村民的获得感、幸福感和安全感。

案例形成单位:天津市北辰区双街镇双街村民委员会
案例形成人:刘春东、王茜、郭华、刘洪育

改造核酸实验室，为生命健康护航

一、案例概述

新乐市医院核酸检测实验室（PCR）是通过对原国家二级生物实验室进行改扩建而成的，建成后面积充足、分区合理、设备齐全。在改扩建过程中对标国家相关标准出现了房间布局不合理、水电管路不通畅、负压通风不标准、检测设备不齐全等问题。这些问题通过利用基建、设备等科技档案资料都一一化解，2020年12月26日完成改造并通过专家验收正式投入使用，2021年1月新乐突发新冠肺炎疫情，此后1个多月内对全市40多万居民共开展了11轮全民核酸检测，新乐市医院核酸检测实验室发挥了骨干作用，为新乐的疫情防控提供了科学依据，为人民生命健康保驾护航。

二、实施背景

2020年1月随着新冠肺炎（COVID-19）疫情暴发并向全国蔓延，人们对新冠病毒的认识也在不断深入，核酸检测试剂也快速地被研发出来并推广开来。快速排查感染者是控制疫情传播的重要环节，同时国家版本的诊疗方案要求对住院患者及陪护人员也要进行核酸检测，以保证快速查找出传染源避免发生院感事故。为了应对疫情，石家庄市卫生健康委在2020年2月份要求新乐市医院建立新冠肺炎核酸检测实验室。为此新乐市医院对位于1号病房楼检验科原有的国家二级生物实验室进行了改造，安装新的检测设备，迅速建立起了一个日满负荷可达到2000管的PCR实验室，这个PCR实验室全年总共检测了180175人次，在新乐市2020年抗击新冠疫情中起到了关键作用，当时满足了新乐市重点人群、居民出行以及外来输入人员的检测需要，为新乐市的抗疫工作作出了突出贡献。

在以习近平同志为核心的党中央坚强领导下和全国人民的共同努力下，我国的新冠疫情很快得到了控制，生产生活逐渐恢复正常，经济发展迅速复苏。但是国外疫情却肆虐失控，人员、物资的全球交流为我国的抗疫工作带来了严峻的考验。全国各地不时暴发的局部疫情充分说明了抗疫任务的艰巨性和长期性。同时，新乐市承担起石家庄机场入境人员隔离任务，为了防范可能到来的突发新冠疫情，2020年10月，新乐市委、市政府研究决定在新乐市医院建设新冠肺炎的区域检测基地，要求新乐市医院必须在2020年12月底以前建设完成一个符合国家标准要求、日检测能力达到1万管的核酸检测实验室，用于满足突发疫情时新乐市人民的快速核酸检测需要。通过测算，这种检测能力要求通过在现有的PCR实验室基础上改建决然不能达到，这么短的时间内重新建设亦不可能，如何破解这道难题已迫在眉睫。经过院方相关部门的反复联合勘察论证，决定对即将投入使用的3号病房楼的国家二级生物实验室通过改扩建达到需求，改造全新核酸检测实验室项目于2020年10月正式开始。

三、创新做法

（一）利用房间分布图纸档案对实验室各类用房按工作流程进行合理布局规划，确保感控安全

在这场新冠疫情防控阻击战中，除必须保证检测流程顺畅外还要保证不发生院感事件，所以新乐市医院的核酸检测实验室对标国家提出的"三区三缓冲区"创造性地实现了"三区四缓冲区"的高标准改造。

根据基建图纸可以看出3号病房楼一楼东区检验科区域（图1）内规划了一个PCR实验室但只有43平方米（图2），若达到上级要求日检测1万管的能力还需增加相关设备，另外按照国家标准新的PCR实验室建设标准在功能分区、通道设立、层流净化、负压等方面有了更高的要求。

通过图1和图2可以显然看出原有的设计方案远远达不到新冠病毒核酸检测实验室设计标准要求，只能重新设计规划。PCR实验室建设标准中要求根据实验活动和仪器功能差异的不同设置工作区。实验室可以分为普通型PCR实验室、全自动定量PCR实验室和一体化自动化分析PCR实验室三个层次。根据新乐市医院仪器设备的实际情况可以采用全自动定量PCR实验室设计方案，这一方案要求PCR实验室设置"三区"，即三个工作区（试剂准备区、样本制备区和扩增分析区），每个工作区设置单独的缓冲区。根据设计规划新方案，PCR实验室设计面积需达到117.5平方米，但现有的PCR实验室只有43平方米，面积的大量

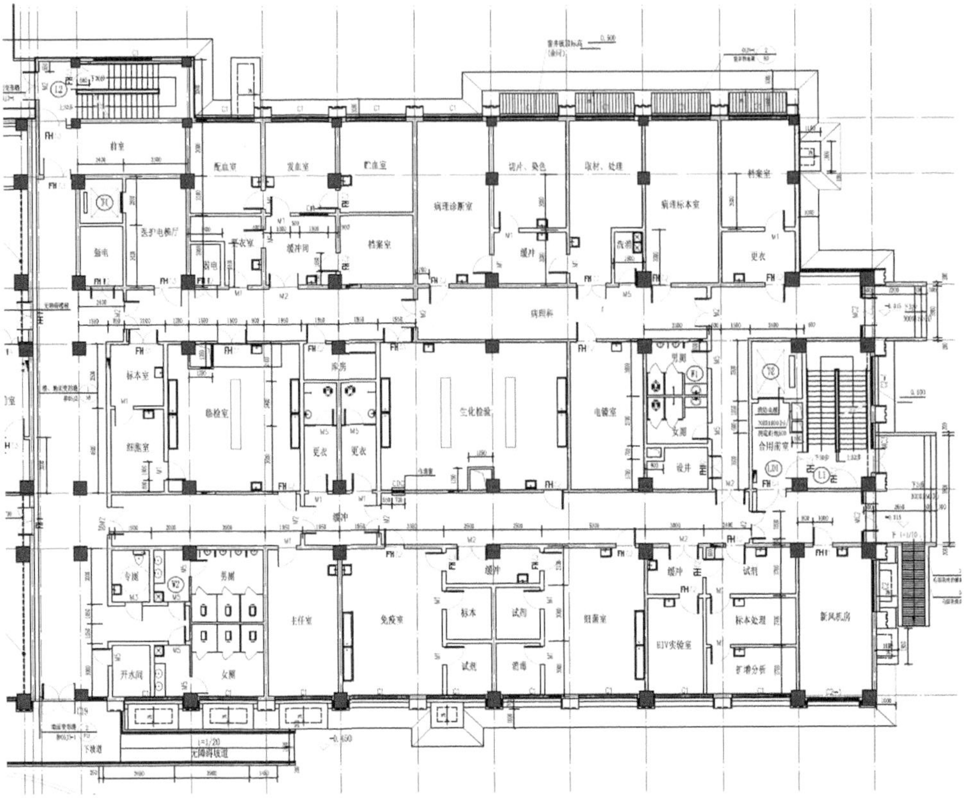

图 1 检验区域旧规划图

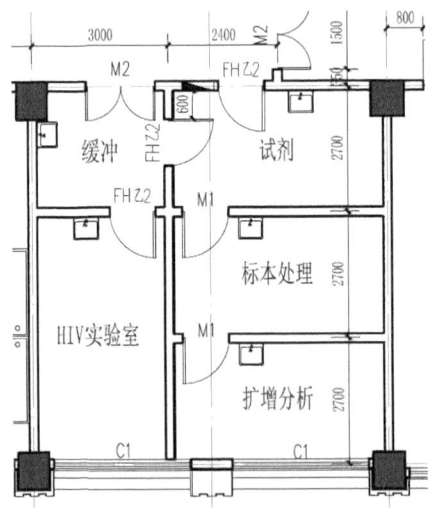

图 2 PCR 实验室旧规划图

扩增势必会影响到整个检验科区域的现有总体布局。

为了能顺利完成 PCR 实验室工程建设又不影响检验其他功能区。新乐市医院调阅了所有的大楼基建档案，详细研究了大楼的承重结构、检验区的设计布局图纸、检验区建设的各种标准文件，结合新乐市医院检验科功能区划分、设备安装使用的实际情况。重新设计了多套规划方案，绘制了每种方案的效果图，几易其稿最终确定了整套施工方案，拆除了除承重体以外的所有墙体，将新检验科近 1400 平方米的布局全部进行重新设计，PCR 实验室相对新检验科的位置不变，还在东南角，建筑面积增加到 117.5 平方米（图 3）。

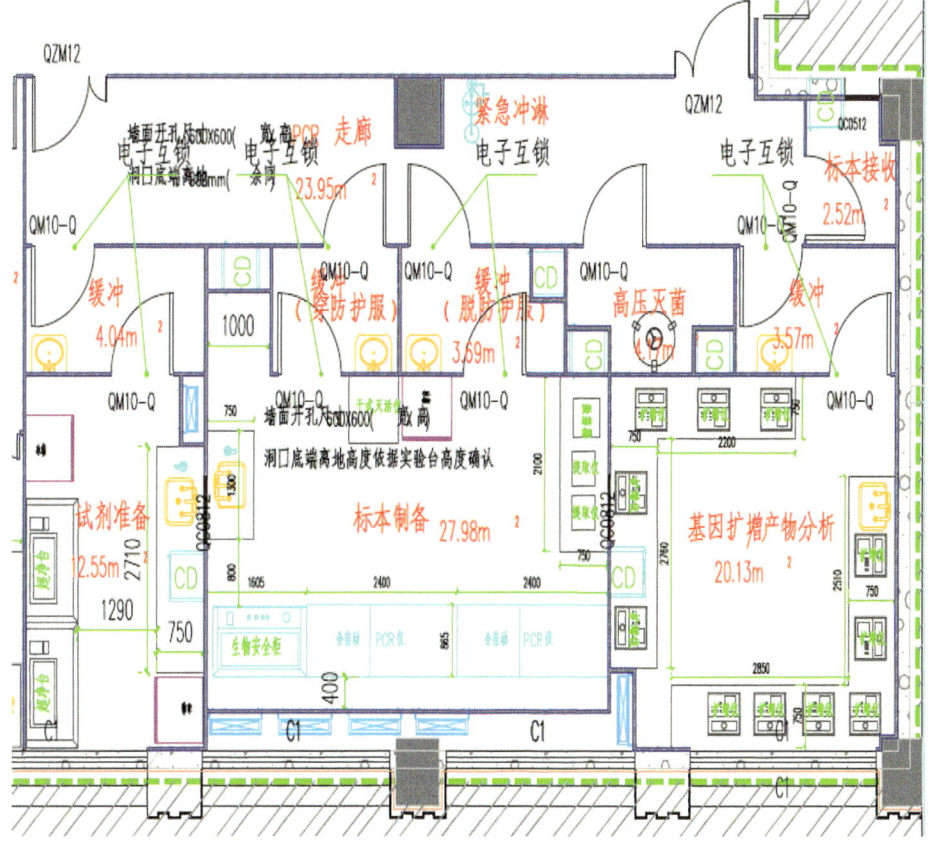

图 3　新设计的 PCR 实验室布局图

整个 PCR 实验室分为了 3 个功能区：

第一为试剂准备区，建设面积为 16.59 平方米包含一个 4.04 平方米的缓冲区。第二为标本制备区，建设面积为 34.67 平方米，包含两个 6.39 平方米的缓冲区。第三为基因扩增区，建设面积为 23.7 平方米，包含一个 3.57 平方米的缓冲区。一条贯穿 3 个功能区的走廊作为缓冲区，建设面积 23.95 平方米，在走廊的最东端建了一个面积为 2.52 平方米的标本接收区。

另外还建设了一个高压灭菌室，用于安装高压灭菌设备。根据 PCR 实验室的建设规范，实验室所有的医疗废物必须经过高压灭菌后才可以作为医疗废物处理。

整个 PCR 实验室从标本接收开始，所有的物品传递全部通过带有紫外线消毒的电子互锁传递窗进行。

在新设计的 PCR 实验室方案中，实际设立了三个独立工作区域，四个独立的缓冲区，外加一条缓冲走廊，这样的"三区四缓冲区"的设计要明显优于国家标准要求的"三区三缓冲区"设计。通过在扩增分析区增加一个缓冲区，实现了工作人员进和出扩增分析区可以走不同的通道，大大增加了实验室的安全性，降低了医务人员的感染风险。

（二）利用水电暖图纸档案对局部水电管网、新风系统、消防管路及排污管路进行改造，保证后续医学检验工作正常开展

为了保证实验室水电、通风、消防等特殊需求，尤其是负压要求，对原有的新风管路、中央空调管路、供水管路、排污管路和消防管路进行了重新设计施工，这项工作中各项管路图纸档案、现有检验设备档案等档案资料发挥了至关重要的作用。

1. 调整 UPS 电源设备安装位置

原来的 UPS 电源安装位置靠近强电井，新方案中要求 UPS 的安装位置远离强电井。通过调阅整个检验科的配电图纸档案，重新设计了整个检验科用电线路的布置方案。同时查阅了目前检验科必须接入 UPS 供电的所有检测设备的技术档案资料，计算出目前的用电负荷为 63 千瓦，预判了未来几年检验科接入 UPS 的设备用电负荷增加在 20~30 千瓦，查阅新乐市医院 5 年内的发电机使用技术档案，最终为检验科选定了一台功率为 100 千瓦、满负荷供电时间为 20~30 分钟的 UPS 电源。通过这些精确的计算不仅满足了科室需要，也为新乐市医院节省了采购成本，同时精确计算出 UPS 主机和电池组占用空间，将新风层流设备机房隔出 1/3 的空间用于供电设备安装。

2.根据通风系统图纸档案改造新风系统

实验室的建设要求新风系统要独立于整个病房楼新风系统,并且还要加装层流净化系统,新乐市医院根据新标准要求选择了更大的新风系统主机,加大了风量和风压,不仅能满足整个检验科的需求,并且还改造成了负压新风系统。房间内外要保持压差,因为一旦房间密封性下降,外界空气进入势必会造成压力差发生变化,这样会直接导致空气中气溶胶的浓度增加,而气溶胶也是传播新冠病毒的主要途径,因此开的每一个孔在设备安装完成后都必须进行密封处理。

3.根据供排水图纸档案进行水路改造

PCR实验室的水路分两路,一路接入整个检验科的纯水系统,用于满足日常检验用水。另一路接入自来水系统用于喷淋清洗,满足在出现泄漏污染情况下人员的紧急清洗。PCR实验室不产生需要外排的液体医疗废物,所有的液体医疗废物全部封存在试管中,高压灭菌后由医院统一回收处理。新乐市医院3号病房楼的整个雨水管道都采用了室内管道,检验科占据了3号楼一楼的整个东区,因此整个3号楼东区的雨水和排污管道全部经过检验科。调阅整个大楼的雨水和排污管道图纸档案,以及新乐市医院整体的室外雨水和排污管网图纸,重新设计了雨水和排污管道在检验科的布局,重新选定了雨水和排污管网接入医院总管网的位置。消防系统按照国家规范进行设计施工,消防报警、烟感探测、消防喷淋系统全部接入整个病房楼的消防系统中。消防喷淋在房间内的开孔也经过密封处理,防止室内与外界的空气交流,避免造成病毒的泄漏。

(三)利用设备档案解决专业设备转移安装中遇到的问题,保证实验室高标准如期交付使用

PCR实验室的基建项目结束后主要工作就是实验设备的安装和调试了。2020年12月16日对实验室包括温度、湿度、压差、风速、风压、悬浮物等各项技术指标进行了系统检测并检测数据全部合格后,开始将设备从旧实验室向新PCR实验室的转移。

为了保证转移工作顺利开展,新乐市医院调阅了所有需搬迁设备的档案资料。但双人生物安全柜带着支架高度超过门9.5厘米,无法通过实验室的门,可门体结构又不能改变,利用该设备的档案资料,从内部线路结构到外形尺寸进行

了详细数据分析，最后决定拆掉无任何连接线路的 50 厘米高的支架，创造性地改造了一个 17 厘米高的带轮平车才得以进入房间。

为达到国家要求的日检测量 1 万管要求，新乐市医院在 2020 年 11 月和 12 月份又配备了一系列新的专业设备。因为疫情防控的原因，设备厂家工程师不能来现场安装，为了能及时按要求完成 PCR 实验室建设和快速投入使用，医院充分利用设备的说明书、图纸以及安装视频等技术档案资料进行设备的自行安装和调试。到 2020 年 12 月 25 日所有的设备全部安装调试完成，12 月 26 日新乐市医院申请了 PCR 实验室建设竣工的专家验收并顺利通过，至此新乐市医院日检测能力为 1 万管的 PCR 实验室全部建设完成并投入使用。

四、效果及影响

新乐市医院核酸实验室（PCR）历时两个月改扩建完成，并顺利通过了专家对标国家标准的严格验收。实施过程中基建、设备等科技档案发挥了至关重要的作用，为改造工作提供了根本的参考数据和科学依据。此项目能够顺利投入使用，对我国的疫情防控工作也具有十分深远的影响和意义。

（一）在 2021 年新乐市新冠疫情防控中发挥了基地作用

2021 年 1 月 2 日新冠肺炎疫情突袭石家庄藁城区和新乐市，新乐市全域也很快升级为高风险区域，新乐市广大党员干部群众秉承"人民至上、生命至上"的抗疫宗旨与新冠病毒进行斗争，仅用 15 天时间在全河北省率先实现散发病例清零，21 天由高风险地区降为低风险地区，36 天实现群众生产生活秩序全面有序恢复，创造了新冠抗疫战斗的"新乐效率"。在整个防疫战斗中，全市共进行了多达 11 轮的全民核酸检测，其间由于实验室满负荷运转，多次设备出现故障，均通过设备档案资料进行了完美解决和日常维护，保证了检测工作的正常开展。新乐市医院新建成 PCR 实验室在这一波疫情期间也发挥了骨干作用，36 天共计检测了 1075727 人次，较去一年整年提高了 6 倍，检测基地的作用得到了充分发挥。核酸检测实验室的建成实现了在短时间内对大量人员进行精准筛查，为新乐市的新冠疫情防控工作部署提供了准确的数据支撑，也切断了新冠病毒由新乐向外传播的路径，为全国疫情防控作出了贡献。

（二）为常态化防控争取了时间

随着复工复产有序开展，工作生活秩序相继恢复，新冠疫情防控进入常态化阶段。大量外出务工、求学、探亲、出游等人员需要进行出行前的核酸检测，另外入境人员需按国家规定进行隔离，新乐市医院的核酸检测实验室配置了快检设备为这些需要提供了快速检测服务，检测等候时间由原来的 6 小时缩短到 2 小时，不仅缩短了检测对象的等候时间，也做到了早发现早隔离，为应对疫情防控变化窗口期争取了时间，同时为全局防控方案提供了精确数据，守护了人民生命健康。

案例形成单位：新乐市医院
案例形成人：宗胜强、卢卫霞、骆春联、赵青歌、牛广

基于地理空间大数据的档案信息化管理创新实践

沈阳市勘察测绘研究院有限公司（以下简称研究院）是国家高新技术企业，资料档案管理达到国家二级，在测绘地理信息行业档案资源开发利用方面进行了全方位的信息化尝试，具备丰富的前沿管理经验。现将公司档案管理和开发利用工作及创新实践应用进行说明。

一、案例概述

研究院从2012年开始开展档案信息化工作，测绘地理信息类档案资源开发和利用具有一定的特殊性，在信息安全和信息存储方面都有相应的要求。因此，在经历近十年的发展和探索，研究院开始了基于新型测绘地理信息的科技档案资源开发利用，2019年，自主研发的档案一体化管理平台正式上线，通过研究院管理机制体制、硬件环境和软件平台三方面的融合，打造了具有行业特色的创新档案管理平台，实现了工程项目成果的自动归档、海量空间数据的离线自动传输和分布式存储，以及地理空间数据属性自动识别读取、工程项目全过程档案的自动搜集、虚拟库房快速检索和定位、双目录管理模式（档案目录和数据资源目录）等，逐步开展了基于地理空间大数据的档案管理创新实践。

二、实施背景

档案资料是企业的宝贵财富，是追溯历史、面向未来的重要信息资源，档案资料的有效开发和利用关乎企业的发展。随着信息化的发展，档案管理工作由传统的以档案实体保管为重点，向以利用档案实体的数字化信息提供服务转移。为了推进档案信息化建设，有关部门提出了国有企业应将档案信息化建设纳入企业信息化中，同步规划、同步发展，推进档案信息化和数字档案馆建设，逐步实现档案工作自动化、信息化和网络化。基于此背景和要求，研究院开始推进档案管理的信息化工作。

研究院的档案资源主要面向地理空间大数据及相关行业应用，随着测绘地理信息行业的发展，档案资料数据的类别和总量也在呈指数增长，原有的科技档案资源管理模式已经不能满足地理空间信息档案资源的开发和利用需求，数据量大、利用难的问题逐步显现出来。早期建立的档案管理系统平台兼容性较差、功能设置复杂、使用难度和专业要求较高，一般工作人员很难操作使用，即便是专业的档案管理员操作，也需要配合系统进行大量的数据整理和录入工作，只能初步实现档案管理电子化的需要，但是还远未达到档案信息化管理的水平和要求。此外，地理空间大数据的种类复杂、数据量庞大，传统的文件式存储无法支撑起海量数据的有效利用和查询，数据只能沉睡在硬盘中，档案的开发利用无从谈起。

为此，研究院在档案信息化管理的初期，为了解决档案管理系统因专业性太强而带来的归档过程复杂、归档工作量过大的问题，采用了办公业务系统与档案管理系统集成方式来简化原有烦琐的归档流程，标准化归档内容。但是档案仍未解决档案开发利用难的问题。

近年来，随着研究院信息化建设的稳步进行，逐步具备了档案信息化管理的基本条件。研究院根据档案管理和开发利用要求，充分考虑到研究院数据资源中心的相关业务需要，以信息化手段为抓手，以提高档案工作效率、简化归档工作环节、实现数据共享和建立知识体系为目标，重新开发建立了研究院档案一体化管理平台和配套的档案存储资源。建设成果具备可复制性，并在自然资源、文化旅游等行业开展了推广和应用。

三、创新做法

研究院档案信息化管理主要分为档案管理制度完善、档案存储资源搭建和研究院档案一体化管理平台搭建三大部分。按照不同时期对档案信息化管理的不同需求，研究院也在逐步地更新和改进档案开发利用的手段和形式。

（一）档案管理制度完善

随着测绘地理信息的行业发展，地理空间数据成果种类越来越丰富，为了满足档案成果资料的全覆盖管理，研究院在原有的档案管理制度基础上，丰富了档案成果资料的分类，明确了每类档案的归档要求，建立了完整的档案资料归档、借阅、开发利用流程，梳理了档案成果资料的查询、借阅、使用和开发利用权限，结合档案管理系统的使用和系统集成实际需要，同步编制了档案管理系统操作说明，为档案管理人员和作业人员提供了使用指南。

（二）档案存储资源搭建

过去的档案存储多以硬盘、光盘和纸质资料存储为主，容易造成档案资料的损坏和丢失，自研究院开展档案管理信息化建设以来，初期采用了三副本的服务器硬盘的存储模式，但是在海量数据存储时仍然面临着传输和调用速度慢的问题，不利于档案资料的开发和利用。

自2019年起，研究院自主投入搭建了PB级档案存储资源。该存储资源可用空间达到了1.5PB，满足地理空间大数据成果对档案存储空间的指数级增长需求；新建的存储资源环境采用面向对象的分布式档案存储模式，有效解决海量数据的传输和调用速度慢的问题；PB级档案存储环境采用3副本备份的方式，同时配备了权限管理，有效保证了档案成果资料的安全；档案存储资源对接公司自建的档案一体化管理平台、办公自动化管理系统、计算中心和数据中心，通过系统集成接口，自动归档和调用档案成果资料，避免数据的反复硬盘拷贝，也极大减少了数据丢失风险。

（三）研究院档案一体化管理平台搭建

为了解决传统档案管理系统的弊端，在充分调研研究院档案管理开发利用需求和地理空间大数据的特点和应用需求基础上，研究院开始自主开发档案一体化管理平台，并明确了系统平台建设的目标和方向。

平台基于JAVA语言，主流前后端分离架构，功能设计依据测绘地理信息行业特点，除包含一般档案系统涵盖的基础功能外，实现了工程项目成果的自动归档、海量空间数据的离线自动传输和分布式存储，以及地理空间数据属性自动识别读取、工程项目全过程档案的自动搜集、虚拟库房快速检索、双目录管理模式（档案目录和数据资源目录）等。

档案一体化管理平台与协同办公系统高度集成，在日常作业流程中即可完成档案的归档、查询和借阅等环节。系统平台形成了标准化的档案管理功能配置模块，方便档案管理员对系统进行调整（图1）。在档案收集阶段，一方面可以从系统办公系统流程中经档案管理员审核后自动进入档案一体化管理平台，另一方面也为档案管理员提供了在线收集功能，通过标准模板快速完成档案收集（图2）。系统平台通过简单的配置还可以实现实体库房到虚拟库房的模型快速建立，实现实体库房与虚拟库房的存档对应，方便档案的快速检索和定位（图3）。研究院的科技档案成果按照案卷-文件-电子文件的分级管理要求在档案一体化管理平台中组织体现（图4），同时系统支持全文检索、全目检索、数据资源检索、项目检索等多种检索方式（图5），检索结果支持一键式借阅申请（图6），申请结果会推送至协同办公管理平台，经审批后系统平台自动开放查阅权限使用，并按照配置时限自动收回查阅权限。

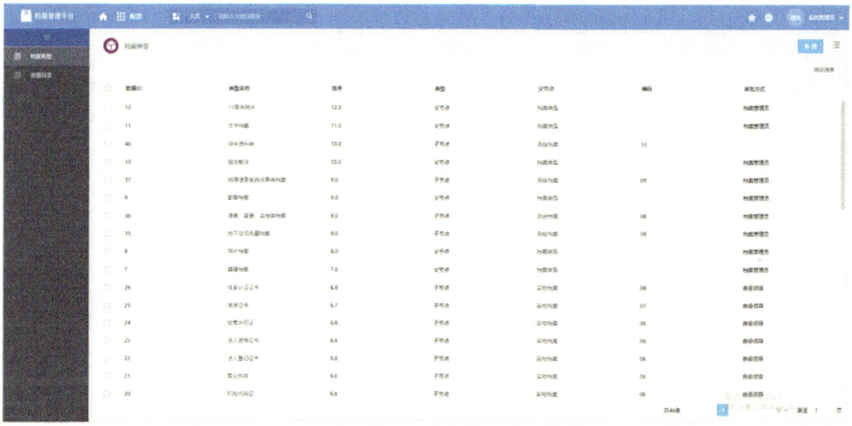

图1　档案管理功能快速配置

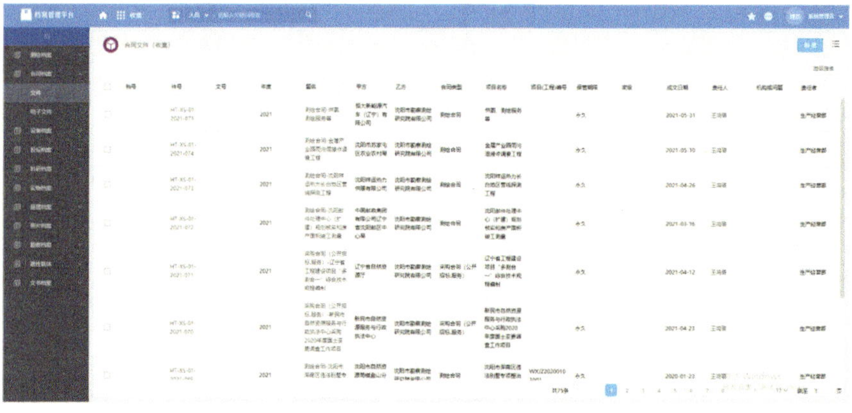

图2　档案收集

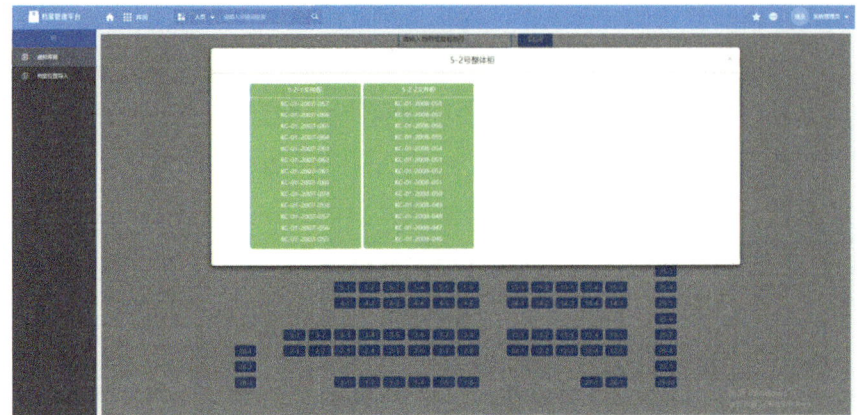

图 3　虚拟库房模块

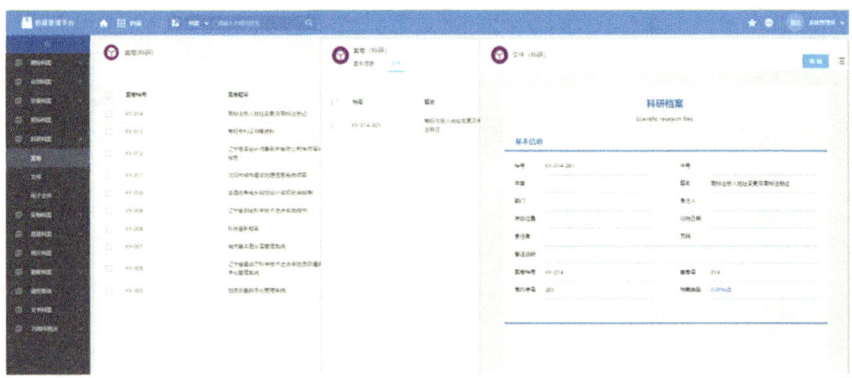

图 4　科技档案分级管理

图 5　多种档案检索方式

图 6 档案借阅

档案一体化管理平台与协同办公系统、档案存储资源高度集成，档案目录与数据中心资源目录进行了匹配对应，支持地理空间大数据的离线自动传输和分布式存储、地理空间数据属性的自动识别读取，从而实现地理空间大数据成果的归档、查询、借阅、利用的全流程管理。并支持档案目录及数据资源目录的双目录管理模式。

（四）档案的开发利用

根据地理空间大数据的应用需求，在档案的开发利用环节与公司大数据展示平台进行了有机整合，各类数据成果以空间数据可视化的形式在数据中心集中展示。各类档案成果资料，形成了研究院内部使用的知识中心（图7），按照归档的类型和关键字构建知识图谱，形成知识体系，分权限开放，方便研究院员工检索和使用，在新员工入职培训时也发挥着重要的作用。

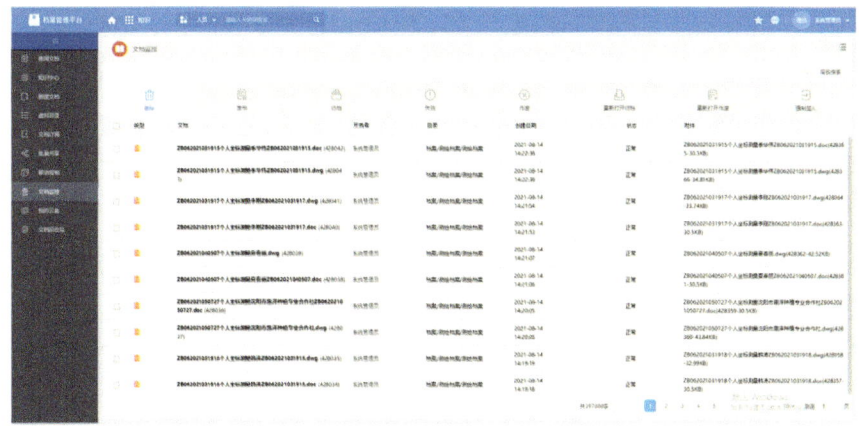

图 7 知识中心

四、效果及影响

针对地理空间大数据所完成的档案管理信息化,具备行业档案管理特点,有效规范了档案归档过程、实现全过程监控、保证数据存储安全性及完整性,提高了研究院档案资源的采集、管理及利用效率,简化了作业部门档案归档环节、通过系统之间的数据交互,提升了档案信息资源的有效利用和共享服务、同时完成了研究院知识库建立,加快知识和信息的流动性,为企业提供强有力的技术支持。

创新实践达到了以下几点预期效果:

(1)地理空间大数据档案管理与开发利用,同办公系统协同集成,从工程项目的审批、作业到成果建立,全流程掌控档案的归档、存储和开发利用情况,将档案管理与日常办公和数据业务管理有机结合,合理统筹业务成果提交和归档过程,有效减少了传统归档环节,同时保证了归档资料的完整和准确。

(2)建立分布式档案存储管理系统,档案的存储空间达到1.5PB,档案存储系统、档案一体化管理平台和研究院计算中心及大数据管理系统集成,避免了大容量数据的反复拷贝,有效解决了海量数据传输、存储效率低、调用速度慢的问题。

(3)将档案管理目录与数据资源目录集成,形成了项目管理和数据管理的双线并行管理,相互独立又相互关联,同时满足档案管理和地理空间数据管理的需要。基于地理空间信息数据特点,可在空间大数据类档案查询时,预览数据成果可视化效果,便于档案资源利用。

(4)在档案开发利用时,自主开发的档案一体化管理平台与研究院资源展示中心对接,直接调取、利用倾斜三维模型、影像等地理空间大数据成果资料,充分发挥科技档案作用。

研究院借助此次档案管理信息化创新实践的经验,先后在行业内外多个领域进行了推广和应用,产生了一定的经济效益和社会效益。研究院在总结地理空间信息档案开发利用模式的基础上,基于自主开发档案一体化管理平台的基础框架,延续性地开发完成了沈阳市土地档案管理系统(图8)、"多测合一"档案管理系统(图9)、沈阳市文物历史建筑可阅读系统等项目(图10)。特别是沈阳市文物历史建筑可阅读系统目前已经稳定运行,通过数字化、多媒体结合地理信息服务等技术手段,实现了文物历史建筑信息的统一存储、统一管理、统一发布、统一共享,创新性地实现了文物历史建筑的智慧化管理。项目的顺利验收和平台上线,让市民通过扫码即可进入可阅读平台,打开沈阳这座城市历史文化档案,使文物历史建筑"能读、能听、能看、能游",实现了文物历史建筑的数字化、信息化、档案化管理,重塑了建筑的历史风貌内涵,延续了建筑的历史文脉,使公众全面、系统、便捷地了解沈阳文物历史建筑信息及背后的人文故事,是地理空间大数据档案信息化创新实践的重要推广和应用。

图 8　沈阳市土地档案管理系统

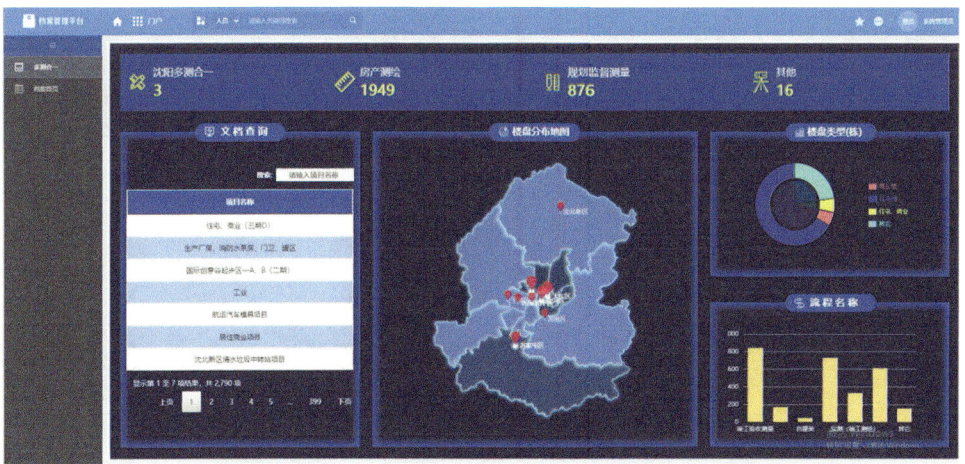

图 9　"多测合一"档案管理系统

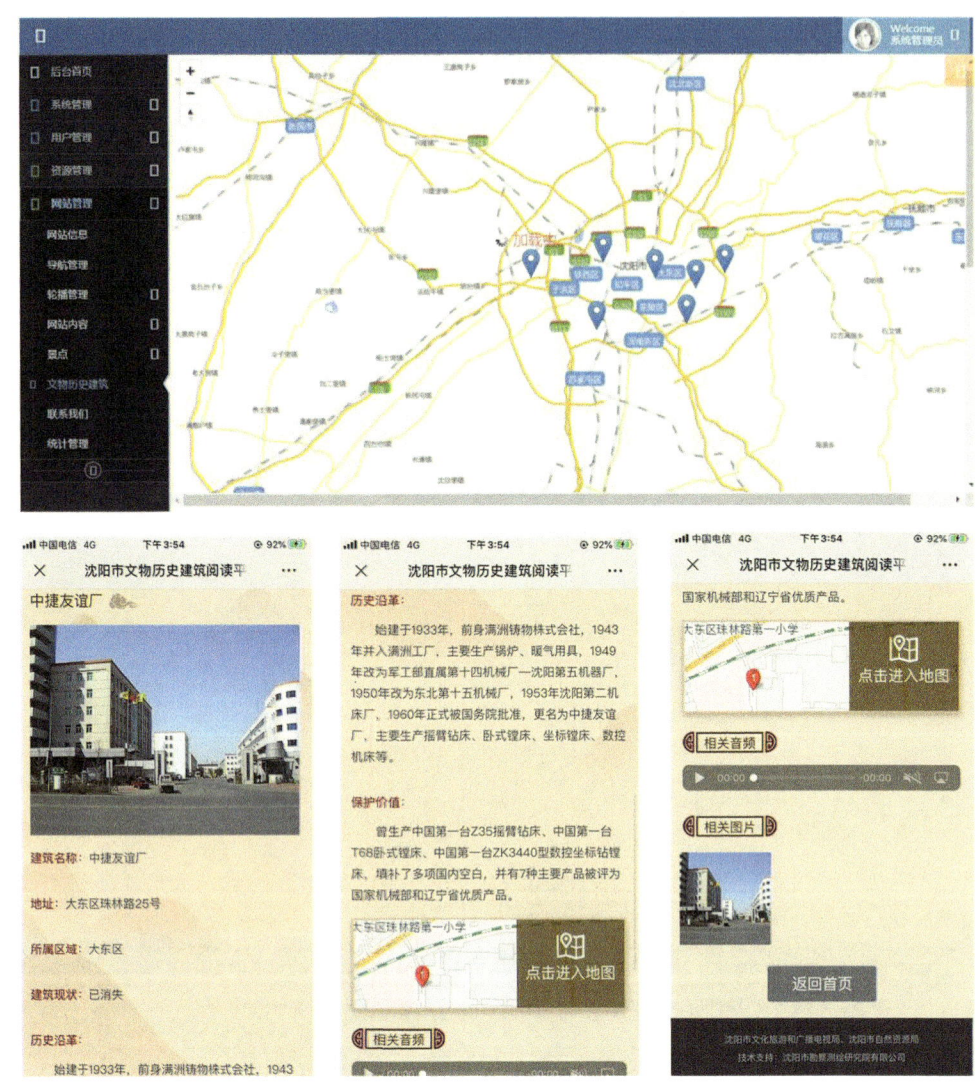

图10 沈阳市文物历史建筑可阅读系统

案例形成单位：沈阳市勘察测绘研究院有限公司
案例形成人：符韶华、张馨蓓、田宏博、赵红、张彦、李薇

大唐双鸭山热电有限公司关于档案文件开发利用为燃料消防系统改造提供安全保障为企业盈利 60 万元的案例

一、案例概述

为有效消除输煤皮带区域安全隐患，健全输煤皮带区域消防配套设施，完善消防预警、报警，提高消防安全保障能力，保障燃料区域生产现场人员的生命及财产安全，项目完成后能够满足消防监控统一管理及维护工作，2018 年 11 月 12 日至 2019 年 12 月 26 日，大唐双鸭山热电有限公司经过研究对燃料 1—8 段输煤栈桥消防系统进行改造。从改造工程项目立项、审批、可研、招投标、签订合同、施工、竣工验收到投入运行，公司档案室提供了大量齐全充分的档案文件，确保了改造项目工程的顺利开展、竣工验收及正式运行，为企业创造经济效益 60 万元。

二、实施背景

（一）机组安全运行的需要

大唐双鸭山热电有限公司燃料输煤皮带区域共缺少 2650 米感温电缆，燃料区域输煤皮带 1—8 段喷淋系统存在设计缺陷和严重故障，1 段、6 段、7 段无喷淋管道；2 段、3 段、4 段、5 段、8 段皮带虽然有喷淋管道，但设计存有重大缺陷：第一，每段头尾各一处喷淋，不能满足整段喷淋覆盖要求，应不超过 5 米设置一组喷淋管道；第二，现每段头尾的两组喷淋均为敞开式喷头，前段控制单纯使用了一个手动蝶阀，如遇紧急情况，须人为就地操作打开；第三，输煤皮带廊内 1—8 段消防管道水压显示为 0.13 兆帕，排水测试时，无水流出，管道内为空的，紧急情况不能满足现场要求。一旦输煤栈桥输煤皮带发生火灾无法启用消防喷淋，可能会导致运行机组丧失燃料进而造成机组非计划停运。

（二）人员及设备安全的需要

燃料区域2段、3段、4段、5段、8段皮带共90个水喷淋喷头（1段、6段、7段无喷淋装置），投入至今没有进行喷淋试验。燃料1—8段输煤皮带区域感温电缆均损坏无法使用，存在较大风险，无法及时预防火灾、通知值班人员、安全灭火，输煤皮带1—8段火灾报警系统和水喷淋无联动，隔断内缺少应急报警和火警警报设备。

三、创新做法

（一）积极服务生产，为项目工程提供系统、全面的技术文件，确保项目工程有序进行

大唐双鸭山热电有限公司档案室加班加点积极配合设备管理部做好燃料消防改造项目工程，特别是在起草可行性研究报告时，需查阅燃料消防系统改造改造工程的文件量大、类目也多，要从项目工程最初的文件源头查找，最难查找的是项目工程最初设计单位的竣工图纸、审批文件等，因为此项目工程年代跨度久远，需要的支持性文件较多，且公司最早参加建设的人员也有所变化，新人对之前的工程情况不是很了解，查阅工作开展起来相对困难，档案室提供的相关工程资料内容真实、准确、系统、快捷、有效，及时解决了文件查阅工作的困难，使这项工作顺利开展，通过大唐黑龙江发电有限公司审批，保证了公司走出此项工程实施的第一步。

（二）随着电子文档技术发展和文档管理系统建设，不断优化功能，清华紫光电子档案管理系统在运行和维修领域广泛应用，与纸质利用相比，查询结果全面性、准确性有所提高

大唐双鸭山热电有限公司档案室改变以往传统档案文件利用服务方式，应用信息化管理技术全面、及时、准确的特点，有效地为利用者服务，为消防改造小组在项目申请、上报、审批、立项中提供了大量的燃料消防改造依据性档案文

件、工程标准，为工程顺利通过大唐黑龙江发电有限公司审批奠定了基础。

在项目工程初步可研阶段，查阅的科技（基建）档案，提供了输煤栈桥区域消防设备基本状况，管道、感温电缆设计长度、喷淋阀的型号、管网管道材质等相关技术数据，论证了燃料消防改造的可实施性。

在项目工程施工进程中，由于燃料消防系统改造工程装置多、管道多、设备多、危险性大，因此对燃料消防系统改造工程科技档案利用率极高。通过查阅大量的档案信息，助力了施工人员进行危险点和安装技术要点分析，有效地制定施工方案，提高了改造工程的施工效率。

档案是公司重要的信息资源，科技档案在公司生产经营、技术改造、设备维修的过程中起着至关重要的作用。档案人员了解熟悉科技档案管理与利用的特点和规律，重视科技档案管理与利用工作，充分运用现代的信息技术，全方位、多层次地开发利用科技档案信息资源，才能为公司的发展提供更好的服务。

（三）完整的档案能够为规范管理奠定基础，在进行档案管理时，完善的管理制度和较强责任感的档案管理人员，确保了资料及时、全面归档

将档案管理与服务纳入公司管理体系的前提是具备完善的档案管理相关机制。大唐双鸭山热电有限公司建立健全的档案管理规范，使档案管理的范围与程序更加明确和细化，不断提升了档案管理质量。大唐双鸭山热电有限公司严格落实党管保密原则，强化对重要涉密档案、会议纪要、商业机密档案的管理与服务职责，增强保密意识。做好保密工作是公司档案人员应尽的责任和义务。档案人员自觉遵守保密法律法规，熟知本职工作中的涉密事项和密级标准，严格遵守保密规定，既确保了秘密安全，又有利于信息资源的及时高效使用。

在建立健全档案工作机制的同时，大唐双鸭山热电有限公司结合档案管理实际，加强档案工作的组织管理，及时调整档案工作领导小组成员、档案管理网络，发挥分管领导的有效指导作用，明确负责档案管理的具体职能部门及相关管理职责，促进了档案工作的规范有序开展。

四、效果及影响

燃料区域1—8段输煤皮带增加消防设施后，可有效避免因输煤皮带起火造成运行机组丧失燃料而造成机组非计划停运的风险。每发生一次非计划停运，每台机组启动时需要花费大约 30 万元，两台机组非计划停运大约会造成 60 万元经济损失，且输煤皮带损坏，所更换的费用大约为 50 万元。而燃料区域输煤皮带加装消防装置后，会在火灾发生的第一时间进行灭火，可有效避免输煤皮带因火灾扑救不及时造成机组非计划停运、输煤皮带烧损、报废事故的发生。

燃料输煤皮带为公司机组安全、稳定运行提供原煤，若皮带发生火灾则会造成机组缺少燃料而停机，安装消防设施后，可以有效消除此项隐患。

恢复燃料区域 1—8 段输煤皮带消防设备后，发生火灾后可实现自动报警及喷淋，无须人为干预，达到提前预警、提前消除火灾隐患的功能。通过本次改造可有效地消除燃料消防系统安全隐患，健全公司消防配套设施，完善消防预警、报警，提高大唐双鸭山热电有限公司消防安全保障能力，保障燃料区域生产现场人员的生命及财产安全，项目完成后能够满足目前消防监控统一管理及维护工作，符合 GB 50166—2019《火灾自动报警系统施工及验收标准》、GB 50116—2013《火灾自动报警系统设计规范》、GB 50016—2016《建筑设计防火规范（2018 年版）》、GB 50229—2019《火力发电厂与变电站设计防火标准》等一系列相关国家规范的要求。

案例形成单位：大唐双鸭山热电有限公司
案例形成人：朱佰英

档案助力公司成为国内首家 A 股上市金融租赁企业

一、案例概述

2014 年，江苏金融租赁股份有限公司拟实施首次公开发行境内人民币普通股（A 股），三年多时间里，档案工作人员通过制作"一图一表一清单"规整档案资源、科技赋能打造"智慧档案""矩阵化"管理档案库等多种创新途径为上市提供档案利用服务，夯实的佐证材料成功助力江苏金融租赁在 2018 年 3 月 1 日于上海证券交易所鸣锣上市，成为国内首家登陆 A 股主板的金融租赁公司。

江苏金融租赁上市对公司扩大资本规模，拓宽融资渠道，完善企业法人治理，提升业务拓展能力和内部档案管理服务水平，以及助力国内实体经济发展有着重要的意义。

二、实施背景

江苏金融租赁成立于 1985 年 6 月，原名江苏省租赁有限公司，是全国最早的专业性金融租赁公司之一。2014 年 11 月，公司整体变更为江苏金融租赁股份有限公司（以下简称江苏金融租赁）。公司成立三十多年来，秉承"诚信、服务、创新、效率"的经营理念，坚持"服务'三农'、服务中小、服务民生"的市场定位，积极发挥"融资与融物"相结合的特色功能，通过直租推动企业加快技术升级，通过售后回租帮助企业盘活存量资产，为国内数千家中小企事业单位提供了特色化金融服务，在工业制造、高端装备、农业机械、清洁能源、工程机械、交通物流、信息科技、医疗教育等行业领域内形成了业务特色，树立了产融结合、服务实业的"厂商租赁"特色品牌。

2014 年，时值后金融危机时期，经济总体增长乏力，复苏进程停滞不前，江苏金融租赁管理层敏锐地意识到，在经济下行和竞争加剧的双重重压下，公司想要谋发展，当务之急是以 IPO 为突破口，扩大资本规模，提升行业及社会影响力，以服务实体经济、服务中小微客户、服务民生和"三农"为宗旨，立足租赁本质，突出差异化与专业化经营，增强公司资本实力，提高抵御风险能力，推动各项业务的快速发展。

三、创新做法

（一）"一图一表一清单"，规整档案资源

股改完成后，江苏金融租赁需要梳理历史沿革，摆在上市小组面前的是一部沉甸甸的三十年发展史。三十年，公司外部环境几经变化，内部亦实现了从无到有的跨越式成长。受早年经济改革、政策波动和法律规范的影响，公司股权变动频繁，需要的底稿资料涉及年限早，且跨越度大。

1. 制定"一图一表一清单"

为准确梳理江苏金融租赁三十年的发展史，公司成立档案专项小组，给每个部门量身定制档案"一图一表一清单"，一图为产生的档案节点流程图，一表为归档材料范围和保管期限表，一清单为档案移交清单（图1）。"一图一表一清单"是全面收集公司归档材料、整合公司资源的重要依据，是档案管理员科学划分档案门类的参考凭证，对于规范公司基础档案工作起到了重要作用。

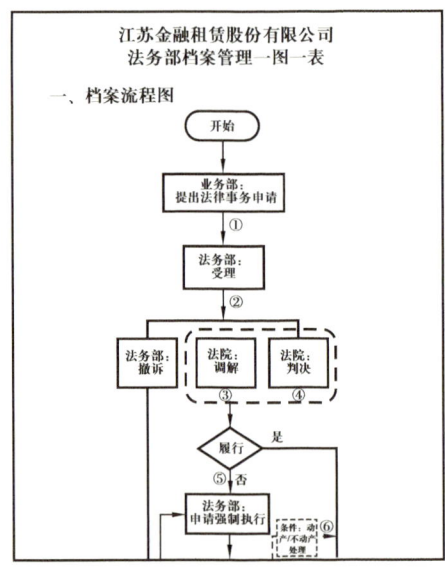

图1 法务部档案管理一图一表

2. 完成历史沿革编纂

在档案资源统一整合、规范整理的基础上,上市工作小组同档案管理员得以编纂出 448 页的历史沿革材料,并于 2015 年 6 月取得江苏省政府办公厅《关于确认江苏金融租赁股份有限公司历史沿革等事项合规性的函》。历史沿革材料是江苏金融租赁 IPO 成功的奠基材料。

(二)档案管理智能化,打造"智慧档案"

上市准备材料期间,需大批量紧急借阅的档案利用情况非常之多,档案管理员都是全天候"待机",不知道多少个工作日在档案室翻阅档案至深夜。但人工调档既消耗人力,又难以满足上市工作小组对于档案利用的及时性。

1. 核心档案全文数字化

在实体档案(图 2)规范整理的基础上,江苏金融租赁于 2014 年上线了档案管理系统(图 3),并同步开展了室藏文书档案、业务档案的全文数字化工作,形成 20 万余条数据。在档案管理系统配置查阅账户权限后,上市工作小组实现了档案的在线全文检索与阅览。

图 2　租赁业务档案

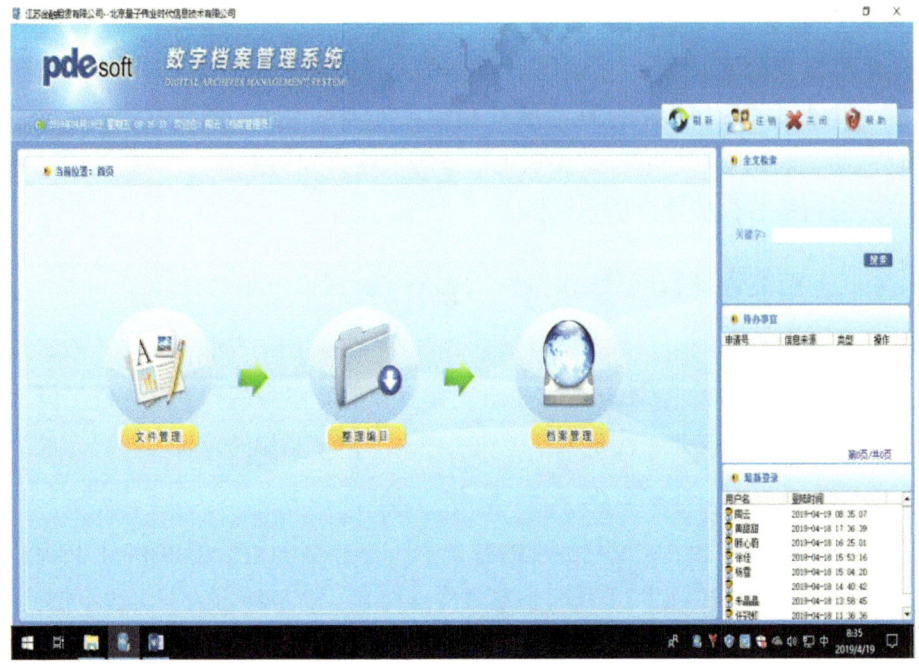

图 3　量子伟业档案管理系统

2. 科技赋能档案管理

为了解决传统档案管理存在的定位难、查找时间久等问题,江苏金融租赁将条形码技术引入档案智能管理工作中,将档案信息存储到条形码,通过扫码枪对条形信息的识别,实现档案的移交入库、定位管理等功能。近年来,江苏金融租赁以提升档案利用质量和效率为导向,不断创新档案管理方法,打造归档流程一体化管理模式、引进条形码技术实现档案精细化管理等工程,全力向"智慧档案"迈进。

档案实现智能化管理后,及时有效地为上市准备过程中提供了近 4000 卷次的业务档案利用。

(三)档案"矩阵化"管理,优化利用时效

上市前需要梳理包括发行人改制与设立情况、财务、业务等材料,几乎涵盖了从 1985 年公司成立到 2017 年的各门类室藏档案,上市小组工作人员虽然分工不同,但是前期需要调研使用的材料可能是相同的,在这样的情况下,往往会出现同一份档案多次反复调阅使用的局面,出现重复劳动现象,工作负荷明显

增加。

IPO 档案"矩阵化"管理。档案室综合考虑上市活动持续时间长、专业性强、关联度高的特点，借鉴科技档案管理方式，将涉及 IPO 活动需要以及活动期间形成的材料做了专题管理，单独划为一类，独立立卷编号。

"矩阵化"管理方式提升了档案管理员在上市活动期间调阅材料的效率，让档案管理员能在上市活动期间及时协助上市小组完成审核期间补充材料的报送工作。"矩阵化"管理无论上市活动期间，还是日后再融资资本运作都是一项"开源节流"的举措。

四、效果及影响

（一）成业内 A 股首家上市公司

2018 年 2 月 27 日公司 IPO 成功获上海证券交易所批准，3 月 1 日公司股票在上海证券交易所正式挂牌上市，本次发行新股 639999700 股，募集资金共计 3999998125.00 元。江苏金融租赁成为国内首家登陆 A 股的金融租赁公司。

（二）上市后社会经济效益明显

首发上市的成功不仅显著提升了江苏金融租赁资本实力，打通了资本多元补充通道，更为金融租赁行业践行企业社会责任奠定了坚实基础。

一是坚持定位，服务小微企业。截至 2020 年年末，江苏金融租赁服务小微客户的存量数近 6 万笔租赁服务，期末余额合计超 700 亿元资金支持。金融服务覆盖全国 31 个省市自治区。

二是服务"三农"，聚焦乡村振兴。江苏金融租赁积极响应国家"三农"号召，在农业机械、农村基建、农村清洁能源和涉农制造业等领域提供金融租赁服务。努力促进农村产业高质高效发展，助力乡村振兴。截至 2020 年年末，江苏金融租赁服务农村项目的存量数近 2600 笔，期末余额合计超过 13 亿元。

三是践行绿色，守护碧水蓝天。近年来，江苏金融租赁聚焦清洁能源、绿色交通等绿色产业领域，绿色金融资产保持较快增长态势，截至 2020 年年末，绿色租赁资产余额超 150 亿元。

四是惠聚民生，纾解民生痛点。江苏金融租赁作为与实体经济紧密结合的金融企业，坚持服务民生工程，在医疗健康、城市建设、乡村振兴等领域，发挥着重要的金融服务作用。截至2020年年末，江苏金融租赁与数十家药企、医疗器械厂商及健康养老机构等开展合作，在医疗健康领域累计投放已超过600亿元。

（三）档案管理水平不断提升

为公司上市活动提供档案利用服务过程，促进了江苏金融租赁档案工作的进步。

一是档案经济效益得以充分地发挥。通过对业务档案数字化管理、打造专项资源库等方式，在上市活动中让公司历史档案隐藏的经济效益得以充分展现，现实作用得以发挥。

二是档案意识得以较大的提高。在江苏金融租赁以往的档案管理、利用和保护中，对档案的重视度不够。上市活动期间，档案发挥出了巨大的价值，让公司全体员工都认识到了档案重要作用，提高了全员的档案意识。

三是档案管理规范程度得以不断地深化。在"一图一表一清单"、科技赋能、"矩阵化"管理等档案优化的基础上，江苏金融租赁档案基础工作不断规范，管理工作不断优化。

2018年通过江苏省三星级档案工作规范测评，2019年通过四星级测评，2020年顺利通过五星级测评。江苏金融租赁将以此为契机，不断创新档案管理手段，持续完善江苏金融租赁"智慧"档案建设。

案例形成单位：江苏金融租赁股份有限公司
案例形成人：陶云

钢铁脊梁·南钢档案的开发与利用

一、案例概述

为庆祝中国共产党成立100周年,江苏省档案馆首次在全省各级国家综合档案馆中开展"百件红色珍档评选"活动,借此机会,南钢集团与江苏省档案馆、南京市档案馆成立工作小组,整合多方力量,完成江苏省钢铁发展档案的开发与保护工作,形成了"钢铁脊梁·南钢档案的开发与利用"系列成果,为进一步研究与开发江苏省工业档案提供了翔实、全面的基础材料,使得江苏省工业档案得到妥善保护,并为开启"地企合作"开发利用档案信息资源进行了开创新的探索,提供了有益借鉴。

二、实施背景

据史书记载,秦二世元年(前209年),项梁、项羽率领吴中八千子弟,从江陵(现荆州市,是春秋战国时楚国都城所在地)登船,顺流而下,渡过长江,引兵击秦,来到霸王山,举起反抗暴秦的大旗,破釜沉舟并起誓:不灭暴秦誓不还,无颜再见江东父老面。

项羽领导的农民起义军,在渡江西进驰援陈胜击秦时,曾在位于南京大厂,东临长江,南与浦口区接壤的此地卸甲休息,后来人们为了纪念这支英勇的反秦大军,乃以"卸甲"定为地名。"甸",本义为王田,古代也指郊外的地方,所以地名中也常见。"卸甲甸",顾名思义,解下盔甲的地方。

1958年,正是这个叫霸王山、卸甲甸的地方,揭开了江苏钢铁历史波澜壮阔的篇章。1958年,南钢在这里诞生,是当时国务院批准建设的我国冶金行业18家地方骨干企业之一(称为十八罗汉)。

距楚霸王渡江灭秦,两千一百年后的1958年,霸王山上,南钢人用隆隆的开山炮声,重新唤醒了这片沉睡的土地,开山修路,夯实基础,竖起钢梁,南钢人用"力拔山兮气盖世"的楚霸王气概,在这里建起了第一座高炉、炼钢炉、轧钢机。从而结束了江苏省没有钢铁生产的历史。

南钢,因"钢铁报国"而生长,因"钢铁强国"而发展。南钢是江苏钢铁工业的摇篮,江苏的第一炉铁、第一炉钢都产自南钢。南钢发展的历史,可以说是江苏省重工业发展的一部翔实纪录片,江苏省档案馆、南京市档案馆以及南钢集团通过围绕"百件红色珍档评选活动",整合多方力量,共同完成了南钢档案的开发与利用。

三、创新做法

(一)地企结合走新路

充分利用建党100周年重要契机,以江苏省"百件红色珍档评选活动"为切入点深入挖掘南钢系列档案的价值,变"死档案"为"活档案",通过进一步理清脉络、抓住重点,不但回顾历史,更进一步地展望未来。秉承这一理念,工作组统一思想,加强政企协作,积极沟通,不再将眼光局限于企业档案馆现有档案,而是利用社会资源,多方位、全角度地展开档案征集。在合作过程中,各相关单位坚持以"为党管档、为国守史、为民服务"初心和"为党护旗为国家立心、为民族立魂"使命,精诚团结,紧密配合,相互协作,使合作的过程,成为相互学习、互通有无、互利共赢的过程。通过媒体发声,充分调动群众的积极性,收集包括文书档案、实物档案多达832件,真实还原了南钢的创业者艰苦奋斗的场景。他们心里装着"愚公移山"的精神,手里操着扁担、箩筐、十字镐、铁锹、水枪和板车,用蚂蚁啃骨头的方法,把一座座土石山岗夷为了平地,又在全国十一个省市二百余家工厂的大力支持下,只用了两年零三个月的时间,就建成了两座255立方米的中型高炉、四座3吨侧吹转炉、500毫米/300毫米轧钢机一套,以及其他配套设施。南钢这座因"钢铁报国"而生长,由"钢铁强国"而发展的企业,成为江苏钢铁工业的摇篮、中国特大型钢铁联合企业,也是国家高新技术企业,中国最大的精品特钢生产基地之一。地企结合使得社会资源得到极大利用,企业档案与社会档案得到有机融合。

(二)理论落地辟新径

习近平总书记指出:"历史是最好的教科书,也是最好的清醒剂。"档案承载着历史的记忆,对当代也有着重要的资政和借鉴功能。档案资料保管围绕党和国家重大方针政策、国际国内重大问题等,以史为鉴,发挥馆藏档案独特优势,深挖档案资源,发挥档案资政作用,从档案中挖掘具有当代价值的好经验、好做法,编制专题,具有重要的实践意义。

工作组秉承这一工作理念,自项目启动初期就围绕理论落地进行研讨,在合作过程中,江苏省档案馆、南京市档案馆、南钢集团等单位合心合力、积极投入。安排专业人员对南钢集团相关文件资料、实物资料进行了全面清理,并对涉及政治历史、技术核心秘密的资料进行了剔除,所有档案资料全部由技术部门、法务部门、宣传部门进行了严格审核把关。在进行档案整理的过程中,更是集思广益,不但对历史资料进行挖掘,更对这些资料如何加以利用进行深度思考,最终形成以南钢为主体的一系列落地成果。

(三)档案开发有新招

企业档案真实记录了企业发展的每一个足迹,蕴含着大量丰富的信息,南钢作为江苏省数字化管理的龙头企业,数字化转型被评为工信部工业互联网试点示范、制造业与互联网融合发展试点示范、制造业"双创"平台试点示范、智能制造试点示范、工业互联网 App 优秀解决方案、江苏省工业互联网发展示范企业、江苏省工业互联网示范工程等荣誉。南钢也一直在推进基于数字化、实时化的智慧档案管理建设。

通过信息化这个法宝,工作组利用企业的信息化网络,不但在实物档案上做工作,更在电子档案上下功夫,以档案部门为核心,确立了"档案寻宝,打造企业形象宣传亮丽风景线"的工作主题,确立了"创新开展档案信息开发利用,通过档案文化传播宣传,提升企业形象,为企业快速发展助力"的工作目标,明确了工作步骤、时间节点、保证措施等,确保整个工作过程的有序开展和目标实现。借助高效的电子信息检索等手段,对馆藏档案进行全面深入梳理,共查询档案史料 8281 余卷、2652 余件、16268 余张,挑选出最久远、最珍贵、各时期最具代表性的照片、图纸、实物、文件、史料等,并组织专业人员进行评价。以真实性为基础,挖掘档案丰富底蕴,寻找档案背后的故事,让内容更为丰满。精心布局,设计灵活多样的宣展平台,将宣传内容配以多媒体技术,纳入公司展厅,增加宣展的立体效果;将依档编写的文稿向社会媒体投递,扩大了宣传效果。

四、主要成果

通过此次工作,主要形成了以南钢档案资源利用的一系列成果。

(一)一条参观线路

硬邦邦的钢铁与柔软的"诗和远方"有什么关系?通过档案资源的开发利用,使原本存放在柜夹中的档案重新焕发活力,再次爆发了文化张力,成为展示历史发展的珍贵资料,直接植入公司打造的"工业旅游项目"中,推进了项目的落地,同时也成为南京市旅游一角。

2020年江苏省文化和旅游厅公布"江苏省工业旅游区"认定结果,南钢工业文化旅游区成功入选,成为南钢推动传统产业转型升级、产城融合绿色发展的重要成果。2021年南钢的工业旅游项目又再次入选南京市第一批"党史学习教育精品线路"。

目前,南钢已形成"一环三区,精品十景"的工业旅游布局:一环,打通厂区整体内环线、大环线和小环线,通过环线设置串起三大区域景点;三区,文化交流核心区、钢铁工艺游览区、滨江生态休闲区;"十景",南京钢铁博物馆、同心园、九龙湖、凤凰广场、第二炼铁厂、第一炼钢厂、第二炼钢厂、宽厚板厂、中棒厂、生态湿地园。为南钢迎来了四面八方的朋友,既创造了经济收益,又提升了企业形象,实现了社会和经济效益的"双增长"。

(二)两次现场活动

1. 立足百年新起点,南钢向着世界头部企业昂扬奔跑活动

"绿色""智慧""人文""高科技"是南钢的品牌形象;"客户""创新""数字""奔跑"是南钢的创业基因。2021年4月以"奔跑"为主题的南钢第五届运动会在美丽的滨江湿地生态园绚丽开启,立足百年新起点,南钢向着世界头部企业昂扬奔跑。

一边是滚滚长江,一边是南钢生态化厂区,沿途放置了此次档案开发系列成果,"霸王山的由来""钢铁是怎样炼成的""南钢之初"等系列展示主题在绿树掩映下,和煦江风中,进一步体现了档案工作与企业日常工作的有机结合。

2. "砥砺奋进,百炼成钢""百年华诞·百件珍档——红色百年南京印记"全媒体行动

百年征程波澜壮阔,百年初心历久弥坚。2021年6月15日,由中共南京市委宣传部和中共南京市委网信办指导,南京市档案馆、南京报业传媒集团主办,庆祝中国共产党成立100周年——"百年华诞·百件珍档"红色档案寻访活动走进南钢。活动共分"参观走访·回望历史""故事分享·薪火相传""读档读报·砥砺奋进"和"分享交流·初心永恒"四个部分。

此次实境党史学习教育主题鲜明,形式新颖,教育效果突出,让大家在南钢的历史变迁中深切感受到党在百年岁月中坚如磐石的理想信念和历久弥新的初心使命,受到了一场宝贵的党史、新中国史、改革开放史、社会主义发展史教育,是镌刻南钢人初心使命最直接、最形象、最震撼的历史凭证;是传承红色基因、赓续红色血脉、奋力担当作为的"精神稀土"。此次活动为南钢人提供历史与现实紧密结合、多维度与多视角叠加的感知空间,帮助大家从红色记忆中领悟党的伟大,回溯中国共产党领导南京人民进行革命、建设、奋斗与创新的历程。南钢也将以此为新起点,进一步彰显"绿色、智慧、人文、高科技"的高质量发展新特征,为建设新江苏、新南京作出更多、更大的贡献。

(三)三座实体纪念馆

1. 南京钢铁博物馆

南京钢铁博物馆(图1)于2018年5月18日建成开馆。南钢因报国而落成,由钢铁强国而发展,是国家战略布局的18家省属重点钢企之一,是我国特大型钢铁联合企业。江苏省第一座现代化炼铁高炉在这里诞生。在南京钢铁博物馆中,展示了三千年的冶金史,二百年的钢铁工业史和六十年的企业发展史,既有对南钢60年历史的回望,又有对企业品牌实力的展示,还有对冶金知识的普及。

整个博物馆展示内容主要分为"冶金简史""峥嵘岁月""砥砺奋进""转型腾飞"四个版块。另外在负一楼的影视厅,南钢还制作了一部全国钢铁行业唯一的科教版3D影片,立体全面地介绍了钢铁是怎样炼成的。在2021年3月南京钢铁博物馆入选首批"南京市中小学生研学实践教育基地"。

图 1　南京钢铁博物馆

2. 霸王山纪念馆

霸王山传说来自民间，有广泛的群众性和民间传承性，让人们在了解历史掌故与民间故事的同时，得知霸王项羽"力拔山兮气盖世"的勇气，作为豪杰，他与虞姬的爱情，感天动地；作为军人，他的勇气和威猛，所向无敌；作为将军，他能征善战，冲锋在前。

1958年2月，霸王山下建起了一座年产10万吨的钢铁厂，改写江苏省缺钢少铁的历史。62年后，矗立霸王山麓的南钢，年产1000万吨精品特钢，企业竞争力名列前茅。霸王山传说作为非物质文化，它的价值，不单体现在建设江北新区旅游文化上，更在于使江北新区非物质文化遗产得以有效传承，让广大人民群众从中汲取阳刚文化的精髓，弘扬新时代奋斗的英雄主义精神，激励更多的有志之士在江北新区这片热土上创新创业。霸王山传说将在江北新区对外文化交流、保护旅游业发展过程中，发挥极其重要的作用。

南钢霸王山纪念馆（图2）项目位于南京扬子江畔江北新区内，融合"以山为形，以古为新"的设计理念，建筑功能主要包括展览、会议、办公、排练、储藏等，功能复杂，各功能区间既独立又相互联系，既要强调纪念性，更要强调标志性与开放性，是2020年江苏省文化和旅游厅认定的"省级工业文化旅游区"重点核心项目，该项目即将建成开馆。

图 2　霸王山纪念馆

3. 南钢党建陈列馆

经工作组整理、加工的企业相关党史、党建系列成果，在南钢九龙湖畔成功落地——南钢党建陈列馆（图3），陈列馆馆内建筑面积为370平方米，一共分为十一个主题陈列馆，设计与原址发现的红色印记有机结合，翔实记录了从

图 3　南钢党建陈列馆

1958年2月4日,周恩来总理亲笔签发《国务院关于南京钢铁厂设计任务书的批复》(工计周字17号),批准建设南京钢铁厂到国家级"绿色工厂""绿色发展标杆企业"的每一步历程,再现了中国共产党百年历程,以及南钢的党建史和发展史,将展馆变成课堂、厂史融入教材,深入开展红色教育,提供了南钢党员教育阵地。

五、效果及影响

档案记录历史、服务当代、昭示未来。地方档案部门和企业多方合力挖掘并开发出来的档案产品,反响巨大,影响深远。在做好档案保管、保证档案安全的前提下,不断增强档案工作服务党和国家工作大局的能力,不断拓展档案信息开发的广度和深度,充分挖掘档案的独特价值,谱写档案事业发展的新篇章。

(一)保护并丰富了企业档案馆馆藏

南钢已走过60多年的风风雨雨,档案一直由企业自行管理,馆藏档案比较分散,没有经过系统的加工整理,经过工作组专业人员指导,坚持以防为主,防、治、管相结合的办法,不断加大档案抢救保护工作力度,使馆藏档案特别是重点档案得到了有效保护。更是对馆藏全部档案进行了检查,针对存在的问题,分门别类进行了登记,并采取不同方式进行抢救保护。

在对现有档案进行抢救性保护的同时,进一步加大重点档案和特色档案的收集力度,丰富馆藏量。利用电视、报纸等媒体,加强对档案收集工作的宣传,通过走访、询问、网上查询等多种途径了解、掌握重点档案和特色档案线索,再次收集进馆了大量历史档案,并形成《霸王山下60年》(图4)等系列书籍及画册,使馆藏结构更加合理,同时也丰富了馆藏内容。

图4 《霸王山下60年》封面

（二）传承并弘扬了老一代南钢人艰苦奋斗的精神

南钢建设初期，创业者们面对的是山丘起伏、杂草丛生、人烟稀少、山路崎岖的霸王山，遇到的是几十米高的连绵山岗。但南钢人改天换地的气概，要比当年的楚霸王更大。南钢的创业者、建设者和生产者精神振奋，斗志昂扬，各级领导干部与工人同甘共苦，带头参加劳动，炼铁工人迎着朝霞抢大锤，苦练打出铁口的基本功；轧钢工人用人力撬起300多公斤重的钢锭往轧钢机里喂，多次创造高产纪录；江边运来了焦炭，全厂大动员，人人都去当装卸工；有的工程项目直接包给各单位，由各级领导干部带头，带领职工一起抬砖运土，保证完成。

南钢"老五八"开拓者们以口述史的形式再现老一代南钢人乐观、积极、自信、向上的品格，他们娓娓道来，生动感人，这种品格更是纳入了系列成果展示中，通过雕塑、绘画、书籍生动地出现在公众面前，进一步发挥了档案工作在构建社会主义核心价值体系中的作用。

（三）开创了档案利用的新局面

江苏省档案馆与企业"地企合作"新模式的成功实践，成为档案开发利用新载体。通过档案落地的系列成果应用，前来企业的众多参观者，都叹为观止，由衷赞美，营建了企业形象宣传的"窗口"，大幅度提升了企业的知名度和美誉度。在档案的传播宣传中，更是集中系统地展现了企业发展历程和成就，促进了形象文化建设，为企业品牌注入了正能量，提升了品牌价值，促进了企业核心竞争力的提升。

案例形成单位：南京钢铁集团有限公司
案例形成人：陈佳、张文超、葛园、王心芳、王伟

招标投标电子档案，推动企业加快数字化转型步伐

一、案例概述

浙江省能源集团有限公司（以下简称浙能集团）所属浙江天音管理咨询有限公司（以下简称天音公司）承接着浙能集团所属各工程项目的招投标工作，年均招标代理标段1500余个。自2004年成立以来共产生上万卷的招投标档案资料，为破解工程招标档案的应用与分析和存储、整理等难题，公司实现电子招标投标交易平台和电子档案管理系统的无缝衔接，开展全流程电子招标投标"一键式""单套制"归档。通过数字化、信息化等技术手段应用，强化了招投标档案的大数据分析作用，杜绝流标、串标等不良现象的发生，在业内起到了很好的风控、智囊作用，将成为招投标行业的新亮点、新规范。作为全流程电子招投标档案在线归集、分析与应用的创新和深化，不仅解决了工程建设项目招标档案存储、管理、利用分析的难题，而且最大限度降本增效，节约社会资源，同时实现了招投标全过程"一次都不用跑"，推动国有企业加快数字化转型步伐。

二、实施背景

作为浙能集团所属的专业招标代理机构，天音公司承接集团内各工程、项目的招标代理工作，随着浙能集团不断发展壮大，集团产业遍布浙江乃至江西、新疆等全国各地，招标代理数量和金额不断攀升，在此过程中形成招投标档案达数万卷，各类纸质档案的产生，对于存储、管理、运输等都带来了极大的困难。

近年来，天音公司一直积极探索研究招投标提质增效、节约社会资源的新方法、新思路，紧抓"互联网+招标代理"发展思路，大力推进"数字企业"建设。2017年，公司建设开发的浙能集团电子招标投标交易平台通过国家检测认证并上线运行，是当时浙江省内唯一一家企业自建且符合国家"互联网+"战略

规划的专业化、全流程电子招标采购平台。该平台集发标、投标、开标、评标、定标于一体，采用开放、先进的体系结构，通用性强，业务操作人性化、简单化、自动化，满足工程、货物、服务等多类招标业务的要求，进一步实现招标流程规范化、招投标文件标准化、评标过程精细化、监督网络一体化、数据采集分析科学化的全过程电子化管理。

2018年，天音公司在电子招标平台建设的基础上，积极探索电子档案试点应用。作为全流程电子招标的创新和深化，通过电子档案系统的建设开发，实现了浙能电子招标投标交易平台与数字档案管理系统的无缝对接，为全面推行招投标电子档案"单套制"管理打下坚实基础，在全国电子招标平台应用中尚属首例。

2019年年初，经浙江省档案局推荐，天音公司电子招投标系统中电子文件归档和电子档案管理项目被列为国家第二批电子文件归档及电子档案管理试点项目。通过电子招标及电子档案的有效融合和创新应用，在确保电子文件真实性、完整性、可用性、安全性的基础上，加强对电子文件高效、便捷的管理，使之符合现代档案管理发展要求，同时进一步延伸和拓展电子招标的信息化应用水平，有利于做好招投标电子文件的全生命周期管理。

随着招标业务量的不断提升，电子档案项目的应用，不仅解决了工程建设项目招标档案在存储、管理、查阅等方面"最后一公里"的难题，同时积极践行绿色发展理念，进一步降低成本、提高效率，节约大量的社会资源，同时通过电子招标系统和电子档案系统的有机结合，实现招投标全过程数据归集，有效提升了工程建设项目数字化应用水平，为浙能集团所属工程项目建设提供数据支撑，进一步提高工程建设档案的综合利用率。

三、创新做法

当前，电子招标投标深入持续发展，特别是在强力反腐的大背景下，由天音公司开发建设的浙能电子招标平台（图1）充分发挥其数字化、集约化、规范化作用，全面实现阳光交易、绿色交易、公平交易、依法交易。作为招投标交易全过程电子化的推广和深化，电子档案系统不仅让工程建设项目招标电子档案"单套制""单轨制"管理试点工作实现了新的突破，还解决了工程建设项目招标档案存储、管理、查阅的难题，助力企业提质增效，提升廉政管理水平，同时也为后续实现"档案+大数据"模式提供坚定基础。通过该系统，将进一步提升工程建设项目信息化应用水平，使工程建设项目电子档案管理试点工作有章可循、有规可依。

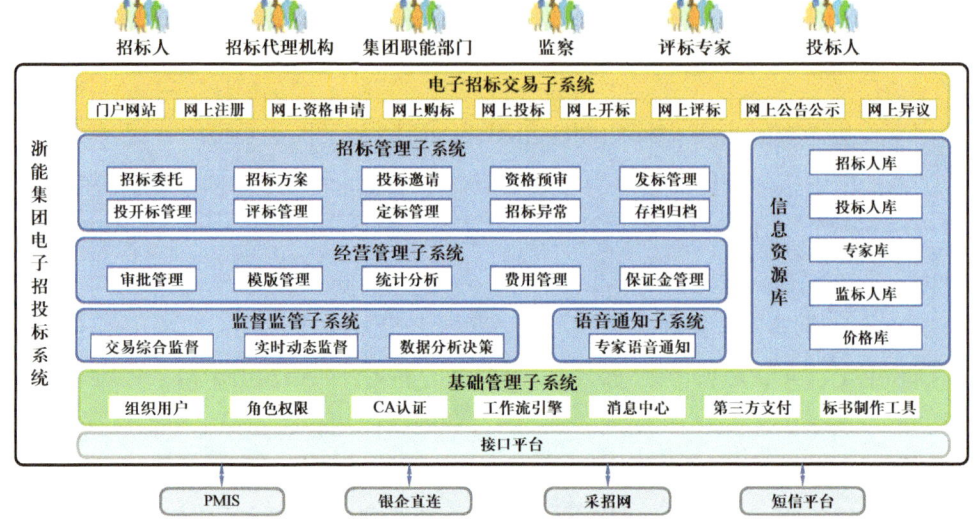

图 1 浙能集团电子招投标系统

在档案业务方面，本项目为天音公司建设了功能强大、业务全面的数字档案管理系统，实现了电子招投标档案在线收集、在线整理以及在线长期保存，极大地提高了公司对于电子招投标档案的管理效率，真正实现电子招投标档案的单轨制管理（图2）。同时本项目作为国家档案局试点项目，首次将电子文件归档与电子档案管理的研究方向聚焦于电子招投标档案，不仅能够解决天音公司在实际电子招投标档案管理工作中遇到的问题，也为后续电子招投标档案在线归档的推广起到一定的参考和示范作用。

本项目对电子招投标系统中的电子文件归档范围和元数据采集规范进行分析，参考DA/T 48—2009《基于XML的电子文件封装规范》等相关标准，规定了归档数据的封装格式，完成了档案系统在线归档接口开发。电子招标平台自动完成所有元数据项和电子文件的采集，并将数据项封装成标准的XML格式，调取接口进行数据归档，在数据传输过程中，接口还需要对数据进行在线四性检测，以保证整个电子招投标档案在接收环节数据的真实性、完整性、有效性和安全性。

在电子文件归档过程中，电子招标平台首先进行整理解压，将事先归集好的文件解压成单个文件后放到上传列表，通过 SFTP 方式上传到文件服务器，并对上传的文件同步生成 MD5 码，以元数据项的形式发送至数字档案系统；档案系统从文件服务器获取电子文件，并通过比对 MD5 码摘要信息确认电子文件是否真实有效未被篡改，当全部四性检测通过，则完成整个标段的元数据项及电子文件归档。归档完成后，档案系统会将 OFFICE 文件统一转换形成 PDF 文件，浏览电子文件时通过内置阅读器进行浏览，同时系统会自动为电子原文加上水印信息，提高浏览时的安全性，防止被恶意拷屏。

在本项目建设中，天音公司仔细研究了电子招投标档案需要归档的文件范围，电子招投标档案归档的元数据等，形成了《电子招投标档案元数据规范》《电子招投标档案目录规范》。设计和开发了电子招投标系统与数字档案管理系统的接口，实现了电子招投标档案的在线收集。同时对电子招投标档案在线采集过程中如何确保其四性完整做出了探索，形成了《电子招投标档案四性检测规范》，增加了在线检测功能，保证了招投标系统电子文件和电子档案在线采集时的准确性、完整性、可用性和安全性。

四性检测内容根据电子招投标档案实际的需要，其中电子文件真实性检测通过 MD5 码比对检测文件真实性，元数据真实性检测则通过预先设置数据项的格式、类型、值域、长度、合理性、规范性、一致性等，对比元数据项进行检测；完整性检测通过检测电子文件总量、电子文件元数据、电子文件内容等，判断电子档案是否齐全完整、是否存在数量缺少、元数据项是否为空或必填项为空、有连续编号的元数据是否按顺序编号等；可用性检测通过检测电子文件元数据、电子文件内容、电子文件软硬件环境等来确定电子档案是否能正常访问、文件内容是否能正常打开浏览；安全性检测通过检测归档信息包、载体、系统环境、载体保管环境来判断电子档案是否安全、有无病毒感染、载体是否能长期保存。

本项目所使用的数字档案管理系统为浙能集团整体电子档案平台的组成部分，由浙能集团统一部署开展，后续的电子档案将统一存储。浙能集团预计将投入数百万元用于购置专用的应用服务器、数据库服务器、文件服务器、存储设备、备份设备等，目前分配的存储数据容量约为 21.6TB，后续还可根据需要进行扩容，这也为本项目的顺利实施提供了强大的硬件保障。

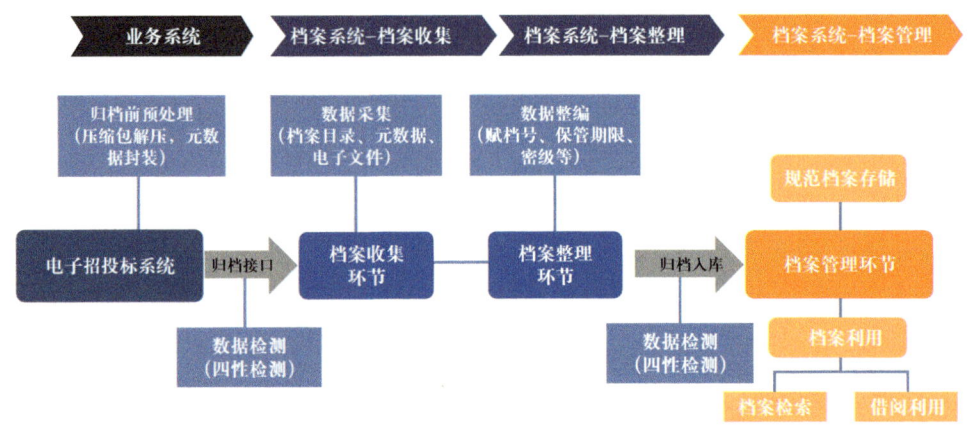

图 2　数字档案管理系统工作流程

在本项目开发过程中，天音公司结合实际，形成了多项特色鲜明的新亮点。

一是与业务平台充分融合，形成一键式、单套制、单轨制的归档模式。本试点项目的业务平台为全流程电子招标投标交易平台，该业务平台于 2017 年通过国家检测，并获得国家电子招标投标交易平台认证证书，完全符合国家相关规范要求，且目前已实现招投标过程全流程电子化，业务过程中产生的重要数据文件均采用电子签章的方式，保证数据文件的来源可靠，所有的招投标归档文件都由过程参与者直接提供或系统自动生成，最终系统自动归集，无须档案人员人工干预，完美地契合档案电子化及单套制管理要求。

二是采用分段上传和断点续传技术。在接口设计过程中，最大的难点在于如何确保大文件传输过程稳定。由于招投标档案不同于其他档案，其电子文件总量庞大，除了检测电子文件的数字摘要信息以外，还需要使用其他技术来避免大文件传输过程中出现的各类问题，为此，天音公司最终采用分段上传和断点续传技术，将大文件转化分割成几个小段进行上传，再配合断点续传，确保传输过程稳定，即使遇到极端情况也能最大限度保证电子文件的真实完整。

三是设计开发了在线检测功能。为确保档案传输过程中数据的真实性和有效性，天音公司设计开发了在线检测功能，通过对元数据上记录的 MD5 码（或电子签名）与电子文件上通过散列算法生成的 MD5 码（电子签名）做比对来检测电子文件的真实性；通过检测电子文件总量、电子文件元数据、电子文件内容等来判断电子档案是否齐全完整、可用；通过检测归档信息包、载体、系统环境、载体保管环境来判断电子档案是否安全,使整个电子招投标档案在收集、整理、保管这三个阶段始终保持其真实性、完整性、可用性、安全性。

四、效果及影响

电子档案项目基于天音公司自身战略发展需求,不仅作为对电子招标+电子档案全流程的探索应用,更从企业发展创新的实际需求出发,为企业档案管理带来了理念的提升,是天音公司服务改革的深入贯彻,更是浙能集团作为省属国企践行"绿色发展理念""数字化改革"等国家战略部署的具体行动,充分贯彻好浙江省委书记袁家军提出的"要把档案收集好、管理好、保护好、开放好、利用好、宣传好"的工作要求。

本项目的实施充分切合全流程电子招标的发展思路,通过"互联网+招标采购"以及"档案+大数据"的创新融合,进一步降低成本、提高效益,节约大量的社会成本资源,还为今后强化招投标大数据分析,防止流标、串标等起到良好的风控、智囊作用,将成为招标行业的新亮点、新规范。作为全流程电子招标的创新和深化,电子档案系统的开发利用不仅能够解决工程建设项目招标档案存储、管理、查阅的难题,还将进一步提升工程建设项目信息化应用水平。

从经济效益来看,由于实行了单轨制,电子化存储与备份,大大节省了库房利用与纸张材料,为企业资源的节约利用作出了贡献。目前天音公司累计招标数量9000多个,按平均每个标段5卷25件档案计算,共计45000余卷225000余件纸质档案,需要占用大量的空间进行存放,每年用于存放档案的开支仅物业租赁一项就超50万元,且随着标段数量增长,这个存放空间需求也不断增加,费用也会相应提升。采用了电子化存储后,有效地解决了存储的问题,节省相关费用,为企业自身"减负"。

自项目完成开发试运行以来,公司已通过电子招标平台向数字档案管理系统推送归档436个标段,合计归档数量436卷36700件,电子文件总量达157GB。未来档案系统会接收保管更多的电子招投标档案为企业决策的制定提供数据支撑,通过电子招投标档案的在线收集、在线整理以及在线长期保存,避免繁重的纸质档案扫描和上载工作,真正实现电子招投标档案的单轨制管理,极大地提高了公司对于电子招投标档案的管理效率。

从社会效益来看,本项目同时也补全了电子招标的"最后一公里",为招标人、投标人带来便利。采用电子招标+电子档案全过程应用后，投标人不需要赶赴现场投标，也不需要提供任何纸质招标文本，为投标人投标节约成本；同时招标人也不需要为了移交纸质档案而来回奔波，避免了线下档案分发移交过程中运输困难及偶尔存在个别材料不全的问题，大大提高了档案移交的工作效率。采用单套制电子归档后，每个标段最少可以节约纸张1000张，一年预计可节省约200万张，可以少砍伐5000余棵大树，为践行绿色发展理念，节约全社会资源作出积极的贡献。

从档案利用层面来看，本项目在满足对招投标档案查询借阅需求的基础上，提供统计分析，方便企业掌握不同时间段的、不同类型的、不同额度的、不同单位部门的招投标数量，分析招投标趋势，防止流标、串标，提高招标效率和成功率。基于电子档案的数据存储功能，本项目的实施将进一步发挥档案的大数据功能，利用档案为工程项目审计等提供数据支撑，从而探索电子审计等的建设实施，加强工程项目的廉政建设，推动行业向好发展。

本案例的研究方向既符合浙能集团全力打造一流数字强企的宏观发展战略，应用先进数字化、智慧化技术，实现"数字浙能"向"智慧浙能"转变，创建国内能源数字经济新高地，也是浙能集团积极构建数字智慧决策体系、智慧能源载体、智慧能源组织、智慧能源模式等方面的探索实践。推进企业数字化转型，是优化产业布局的非常重要一步，必将成为浙能集团新的经济增长点和产业发展亮点，有利于在"高质量发展"建设中亮出新时代浙能集团新名片。

案例形成单位：浙江省能源集团有限公司、浙江天音管理咨询有限公司
案例形成人：张成煜、王瑾、王轶群、许骏、周怡

农网工程项目档案援藏帮扶创新实践

一、案例概述

2017年5月至今,国网安徽省电力有限公司(以下简称安徽电力)遴选优秀档案专家组建帮扶团队分批次指导、协助西藏山南供电公司(以下简称山南公司)开展农网档案管理工作,特别是在新一轮农网改造升级建设、"三区三州"配网建设及脱贫攻坚配套电网建设的工程管理中,安徽电力通过打造示范样板工程项目档案、加强档案队伍建设、加速档案信息化建设等措施,因地制宜地搭建起具有西藏地域特色项目档案管理框架及档案业务标准体系。在为期4年多的帮扶过程中,山南公司档案工作取得系列成果,管理水平极大提升,在国网西藏电力有限公司范围(以下简称西藏公司)内获得广泛影响,产生了良好的社会效益。

二、实施背景

"三区三州"电网建设基础薄弱,新一轮农网工程和配网建设是深度贫困地区广大同胞期盼已久的民生工程,更是决胜全面建成小康社会、决战脱贫攻坚的关键要素。国家电网公司承载着党中央国务院对农业、农村、农民的深切关怀,坚定脱贫攻坚必胜的信心,全面落实新时代党的治藏方略,全面强化"三区三州"农网改造升级,助力深度贫困地区稳增长、调结构、惠民生。安徽电力紧跟国家电网公司步伐,尽遣精锐前往西藏地区开展档案帮扶,助力西藏地区电网建设。

2016年至2020年6月,西藏公司分别进行了新一轮农网改造升级工程建设和三区三州配网建设,农网改造升级工程建设及档案管理工作具备以下特点:一是建设任务重时间紧,工程覆盖山南所有12个县(区)、7.97万平方千米国土,涉及1089个单体工程,点多面广。二是项目建设投资大,档案管理工作量大。

工程总投资 20 余亿元，比山南"十二五"期间农网项目总投资还多出近 8 亿元，相当于再造大半个山南电网。三是农网工程项目子项目多、分布广，建设环境恶劣，施工点多数位于海拔 4000 米以上的区域，氧气含量不足内地 60%，空气干燥，交通不便，小气候变化多端。四是工程管理任务重，档案工作人员水平不高。工程设计、施工、监理单位 90% 以上都是民营企业，管理水平、技术能力参差不齐，多数单位相对薄弱。五是档案信息化工作处于起步阶段，国家电网公司档案管理系统工程项目档案管理模块尚未使用，需要跨区域进行协调完善系统相关配置。

（一）规范西藏地区农网工程项目档案管理的迫切需求

档案是依法建设与管理农网工程的重要印证，也是后续运维利用的重要依据，西藏地区工程项目管理、档案管理难度极大，普通的档案管理体系及制度适配程度不高，农网项目档案管理水平亟待提升。

（二）确保西藏电网建设工程达到验收标准的有效推动

山南公司档案管理基础薄弱、参建单位档案意识和业务水平不高，工程档案管理难度大、效果差，无法确保项目档案达到验收标准，以至于影响工程验收、评先创优。

（三）保障工程建设质量提升项目建管水平的有力抓手

档案管理是农网改造升级工程管理中的重要环节，对工程建设、维护等都具有重要意义。农网工程项目档案作为落实工程质量终身负责制的重要载体，也是保证质量责任可追溯、鉴定农网工程建设质量的重要凭证，为今后农网工程各类审计、纠纷处理等提供重要依据。

基于此，2017 年 5 月至今，安徽电力遴选优秀档案专家组建帮扶团队指导、协助山南供电公司开展各项档案管理工作，特别是在新一轮农网改造升级建设和"三区三州"配网建设的工程管理中，搭建起具有西藏地域特色工程项目档案管理框架及档案业务标准体系，实现工程建设质量及档案管理水平全面提升。

三、创新做法

（一）加强基础制度建设

将档案管理纳入工程建设管理纲要、阶段检查、工程验收，保证与工程管理时序同步推进，逐步形成山南公司组织管理统一、归档质量标准统一的管理模式。依次建立了《山南公司新一轮农网改造升级工程档案管理办法》《山南公司新一轮农网改造升级工程项目档案质量和接收规范》，这些制度文件的实施对健全档案管理机制、推进农网工程档案管理工作起到了至关重要的作用，有效填补了山南公司乃至整个西藏公司农网档案管理的空白。

（二）强化考核、协同机制保障

制定《山南公司新一轮农网改造升级工程项目档案工作考核办法》，对各单位开展情况定期进行监督检查，通过通报和点评的方式，定期反映各参建单位工程项目档案的进度和完成情况。要求各参建单位切实加强山南供电公司工程项目档案的管理工作，落实档案工作考核机制，加强检查和督促工作，力求做到组织落实、责任落实、人员落实、任务落实，形成各部门齐抓共管的良好局面。

制定《国网山南公司新一轮农网改造升级10千伏工程项目档案管理责任表》，明确职责，建立协同机制，强化档案管理的沟通协调能力，形成"统一组织、各司其责、协同推进"的管理模式。

（三）创新组卷模式

山南公司新一轮农网改造升级工程建设和"三区三州"配网建设项目，均是以配变台区与线路混合在一起的打包项目，项目管理颗粒度相对较大，其投资项目以县为单位的打包编制，且未下达单项工程项目清单，给工程项目档案目录代号的确定与分类整理带来极大困难。根据这一情况，帮扶组引入文书档案中的按问题分类、收集整理归档模式进行技术处理，将同一项目包下所有子项目的归档类别进行横向收集归档，便于档案整理人员根据各项目经理移交的单项内容资料集中进行灵活掌握组卷，以此为基础形成一整套因地制宜、化繁为简、便于操作的具有地域特色的项目档案管理审核、分类、档号编制、整理、归档的管理方法，并进一步制定了《山南公司农网升级改造项目档案收集归档方案》《山南公司新一轮 35 千伏及以上输变电农网改造升级工程组卷方案》等规范管理标准。

（四）推广"模板化"管理

为有效解决农网项目档案收集资料规格不一、编制内容复杂多样、填报内容参差不齐等问题，帮扶组根据农网项目文件材料形成特点和规律，研究制定了《农网改造升级工程档案归档范本》。同时利用实际工作案例规范填写模板，形成各电压等级"农网工程档案标准案例"。通过标准模板、案例的推广，工程建设与管理人员能够准确对应工程进度建立工程档案，确保农网工程档案真实、准确、齐全，有效保障了农网项目档案资料形成的规范性。

对照梳理的农网工程档案模板内容，结合工程项目实施过程中的节点，绘制了"农网工程资料形成责任单位及时间节点图""农网工程 10 千伏项目档案单项卷整理导图"（图 1）。按时间节点直观反映建设、施工、监理、设计等单位在工程建设过程中应形成的文件资料及注意事项。流程化模板的应用，极大方便了农网工程参建单位项目文件的形成积累和档案人员的实际操作。同时，对档案资料的缺失情况和不规范现象，能够追溯查找和修改闭环，有效保证农网工程档案真实、连续和有效。

（五）搭建档案信息平台

各批次档案帮扶小组根据地域化管理需求，积极协调公司与西藏公司档案信息化工作人员进行远程沟通，以档案管理平台模式为基础，搭建山南公司工程项目档案管理平台，同步落地国网建设项目档案信息化管理创新课题，引用国网最新开发的工程项目档案管理系统，开放各参建单位权限，满足各参建单位与工程进度同步开展预归档的需求，以信息化方式保证了档案管理水平的提升。

（六）加强人才队伍建设

山南公司新进档案管理员普遍缺乏基本的档案管理知识和技能，且工作调动频繁。帮扶组统一标准，对山南公司档案人员进行理论及实操培训，规范档案收集整理流程，先后拍摄各类档案整理视频培训资料，同时按照国网公司档案管理要求，收集、整理了数套不同电压等级、不同工程项目类型的档案作为示范卷，

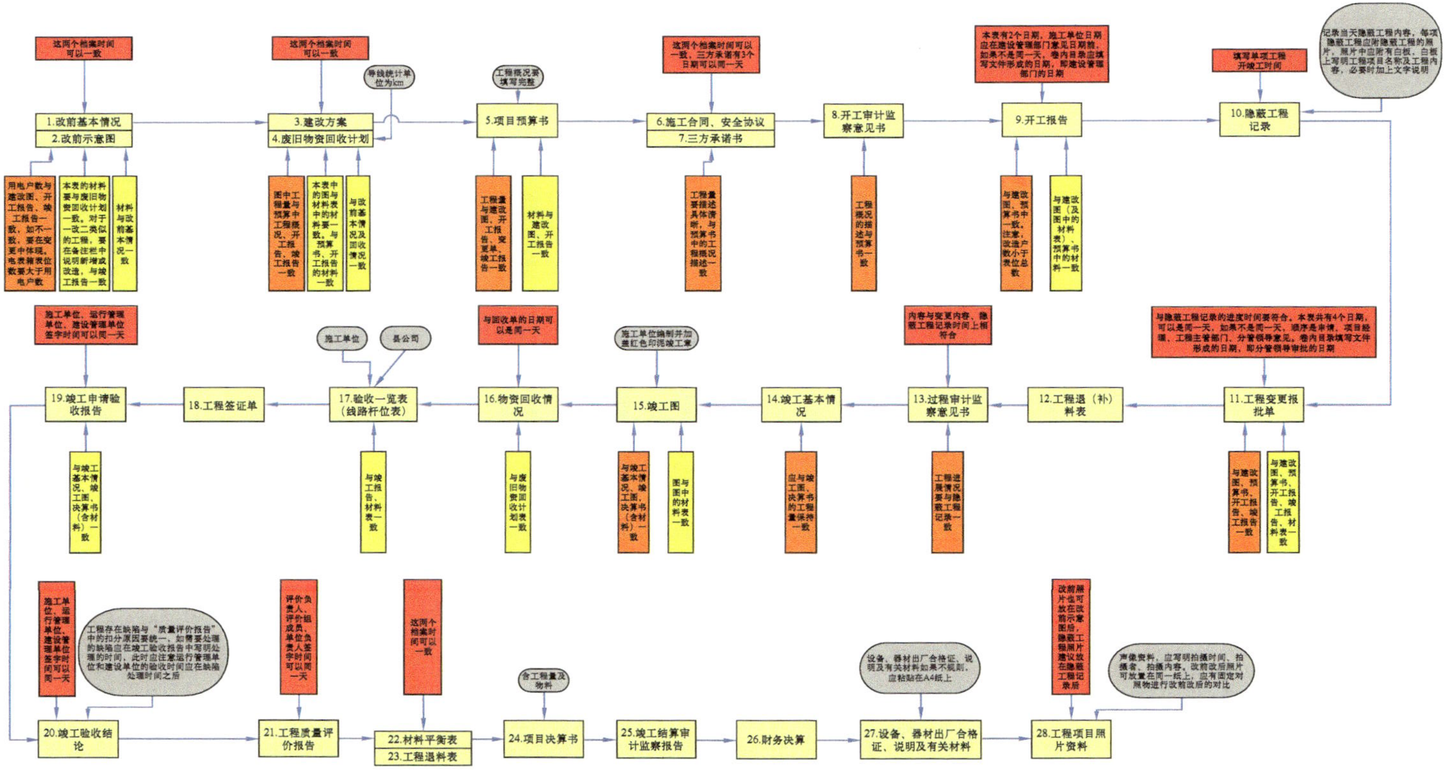

备注:
1.红色代表时间的先后顺序。
2.橙色代表工程量。
3.黄色代表材料一致性。
4.灰色代表需要注意的方面。

图1 山南公司制定档案整理导图

供其他工程项目档案整理参考。通过微信群、视频会议随时解答的各种问题，每批次帮扶结束时都会小结工作内容、未尽事项和下批帮扶人员需要重点关注和解决的问题，从而形成各批次之间帮扶的无缝连接。

四、效果及影响

（一）形成可复制可推广的工程档案管理模式

通过创新档案帮扶措施，有效保证了山南公司各单位专兼职档案人员档案操作的标准化，保障了项目文件的收集、整理、归档和竣工档案的移交与项目的立项准备、建设和竣工验收同步进行。各参建单位根据档案流程要求，有效地避免了档案收集整理工作中走弯路，较好地完成档案的编制和整理工作。形成的一整套富有西藏地域特色，具有较强可操作性的农网工程档案管理模式、流程和标准，填补了山南公司乃至整个西藏公司农网档案管理的空白。通过近5年的工作实践，山南公司的农网工程档案管理工作取得明显成效，形成了可复制可推广的工程档案管理模式，受到西藏公司各有关单位、部门一致肯定。

（二）倒逼项目管理提升，保障工程项目顺利过验

各参建单位通过配网精益化管控系统、数字档案馆数据分析，对施工现场档案形成过程进行实时管控，对不符合归档要求的资料要求现场整改，以合同条款进行约束考核。同时，以档案资料映射现场管理实际，分析并解决合同、物资、工艺、质量等各方面问题。2018年，山南新一轮农网项目档案顺利通过验收，所形成的档案为山南公司档案员和后期帮扶工作的管理树立了标杆，也为随后启动的"三区三州"配网建设项目档案建立了归档组卷的标准，有效地保障了"三区三州"配网建设项目通过国家电网公司组织的各项验收。

（三）利用档案信息化成果，提高运维工作效率

帮扶人员将档案信息化成果通过离线备份，移交到山南公司运维单位，以便于运维单位在工作现场调用，彻底解决因地域宽广、交通不便而带来的档案利用困难的局面，有效保障农网的运维和抢修工作效率。

（四）提升工程项目品质，获得广泛好评

安徽电力帮扶工作得到了国网公司的充分肯定，国网公司来信表扬公司帮扶工作成果。山南公司获得了国网公司"两年攻坚战"先进集体、基建信息化应用先进集体等荣誉称号；山南新一轮农网项目荣获国网公司"配电网百佳工程"，这些荣誉共同见证了公司档案人档案工作援藏帮扶所取得的成果，也是公司兰台人为中国共产党成立100周年献上的最好祝福。

从冰雪覆盖的雪山之巅，到沟深壁峭的峡谷深处；从人迹罕至的高原腹地，到遐方绝域的边境村寨……处处都闪动着公司档案人坚实的身影。

案例形成单位：国网安徽省电力有限公司
案例形成人：程东生、桂波、雍承曙、高渝、宋若鹏、翁宏琍

聚力四个"首创",打造世遗档案工作泉州样板

一、案例概述

2021年7月25日,"泉州:宋元中国的世界海洋商贸中心"成功列入《世界遗产名录》,成为中国第56处世界遗产。档案是历史的记录和物质承载体,泉州世界文化遗产档案(以下简称泉州世遗档案)真实见证了古泉州的历史发展脉络,对展现宋元泉州世界海洋商贸中心的职能运行、多元社会结构以及与世界性社群间的文化交流具有重要的基础性、支撑性作用,正如泉州世遗档案中《马可·波罗游记》记述的,泉州是"东方第一大港",与亚历山大港齐名。世遗档案工作是申遗工作的重要组成部分,对申遗成败具有重要影响。2017年3月,泉州市申遗领导小组增设由泉州市档案局主导的申遗档案组,正式启动泉州世遗档案的收集、整理、鉴定、保管、开发、利用工作。四年来,档案组立足专业优势,着力探索,在世遗档案领域开展了卓有成效的工作,成功创建了以泉州世遗档案中心、档案管理机制、档案信息化、开发利用为主要内容的泉州世遗档案工作模式,有效助力泉州申遗成功。

二、实施背景

习近平总书记在福建工作期间,曾亲自领导推动泉州申遗工作。2001年11月,福建省省长习近平主持召开省长办公会议研究泉州申遗方案,并于次年赴泉州调研,要求抓紧做好世遗申报工作。经过多方努力,泉州申遗工作于2017年起进入冲刺阶段,档案工作也正式被纳入申遗总体工作统筹推进。根据《实施世界文化遗产公约操作指南》(以下简称《操作指南》),泉州世遗档案工作的主要任务是收集有关文化遗产的文件、史料、监测数据、声像材料、实物等各种门类、载体材料,丰富各遗产点史迹内涵,为申遗工作提供"文献记录"支撑。

泉州世遗档案工作得益于申遗工作的整体有效推进，源自泉州世遗档案规范化、系统化、科学化，以更好承载遗迹故事、传承历史文化、发挥价值的内在需求。但是长期以来，世遗档案由于历史变迁、保管不善、人为破坏等因素，也存在着诸多问题。一是档案的系统性不强。在各个时期，管理部门的关注点和工作重心都集中在文化遗产实体本身，对遗产实体保护具有较好的规划性和实效性，在具体工作部署中往往容易忽略世遗档案文献资料的收管工作，导致个别时期、个别领域的档案缺失严重，呈"碎片化"状态，世遗档案无法系统完整地得到保存。二是档案的准确性不高。世遗档案文献资料形成于多部门、多学科、多领域，门类和载体形式呈现多样化，有的是史册资料、多版书籍、老照片、实物等，特别是随着时间的推移，档案的形成和来源非常芜杂，需要档案部门对这些档案的真实性进行准确判断，并根据申遗工作要求进行归档，实现准确性认证。三是档案的规范性不好。长期以来，世遗档案文献资料大多分布于不同部门机构，甚至保管于个人手中，未形成统一的管理机制和标准规范，缺乏实质性的整理归档，导致世遗档案文献资料大都处于无管、无序、杂乱的状态，需要通过规范化、标准化的档案工作进行整体提升。四是档案的共享性不强。目前，世遗档案工作都处于本地区自行收集归档的现状，实现跨地区、跨领域的世遗档案信息资源共享还言之尚早，但世遗档案作为一个中国传统历史文化的"巨大宝库"，对申遗工作经验的总结推广、对相关历史数据的分析处理、对历史轨迹规律的摸索、对学科研究乃至对文化旅游的价值挖掘等都有着重要作用，必须创建有效的共享渠道，才能实现文化遗产价值的最大化。

三、创新做法

（一）在工作机制方面，首创"1+N"的组织领导模式

泉州申遗档案工作时间紧、任务重，涉及多机构、多领域，必须坚持"专业事情专业办"的理念，充分发挥档案部门的专业优势，并及时有效介入，才能快速打开工作局面。因此，泉州申遗领导小组改变以往档案部门通常作为配合协助单位开展工作的做法，建立以市档案局为牵头单位、全市各有关单位及遗产点管理机构为成员单位的档案组，并给予充分的人财物保障，形成档案部门主导的"1+N"世遗档案工作领导机制，为做好世遗档案工作提供坚强的组织保障。在

档案部门的主导下，泉州世遗档案工作快速推进，一是通过建立"市领导小组—档案组—各文化遗产点管理机构"三级联动机制，及时对接国家文研专家，了解有关政策性、方向性的信息，掌握世遗档案工作的总要求，一手抓泉州世遗档案中心的制度规范建设、档案收管建设、信息化建设等工作，一手抓各文化遗产点的档案规范化提升工作；二是通过建立"挂图作战、时间倒排"责任分工机制，对各成员单位进行任务分解，形成任务分解图，明确各成员单位的档案收集范围、任务要求以及相关责任人，并通过倒排任务完成时间，确保各类档案文献资料的收集整理归档工作按时保量保质完成；三是通过建立"联席会议"协调机制，定期召开部门联席会议，有效化解档案工作中遇到的疑难杂症，确保档案征集经费预算、泉州世遗档案中心建设、档案整理委托外包、遗产档案管理系统建设、档案库房设备采购等重点工作顺利进行。

（二）在资源建设方面，首创"业务标准＋世遗"的档案收管模式

世遗档案工作以服务申遗整体工作为要旨。为实现世遗档案工作更好地契合《操作指南》的有关规定，档案组在调研和学习借鉴先前国内其他申遗项目的基础上，采取"业务标准＋世遗"方法，实现世遗档案业务标准与《操作指南》的内容条款深度结合，做到既有规定动作，又有泉州特色的自选动作，为高质量做好档案资源建设打下坚实基础。一是建立泉州特色的世遗档案业务标准。深入研究《操作指南》有关档案工作的内容条款，结合泉州各遗产点的实际情况，制定泉州世遗档案归档范围和保管期限表、分类大纲、整理规范及编号方法，着力解决世遗档案"收什么""怎么整"的具体业务问题。二是收集内容丰富的世遗档案资源。坚持"应收尽收"的原则，扩大世遗档案的收集范畴，按照管理类、文化遗产类、项目类、监测类、文史类5大类世遗档案开展针对性的收集工作，基本做到多门类、多形式、多载体收集，既有文书档案，又有科技、专门档案，又有特色老照片、实物档案，既有静态的文献资料，又有活态的"口述档案"，形成一套门类齐全、内容丰富、载体多样的泉州特色的世遗档案。三是建设标准规范的世遗档案管理中心。按照《操作指南》有关建立管理机构的要求，高标准建设功能"三分开"、符合档案安全保管"八防"标准的泉州世遗档案管理中心，作为市申遗领导小组的下设专门机构，负责集中统一管理全市申遗档案，并履行对各遗产点档案工作的监督指导职能，形成泉州世遗档案工作长效机制。

（三）在科学管理方面，首创"改造+数字化"的信息化建设模式

世遗档案信息化是档案科学管理的基础工作，有助于提升申遗档案工作的整体水平。鉴于重新研发档案管理系统需要投入较大的时间及人财成本，又存在稳定性、扩展性、兼容性等方面的风险，为节省时间和避免风险，在借鉴各方经验的基础上，档案组最终确定了以"改造+数字化"为主要内容的世遗档案管理系统建设及档案数字化方案。一是改造现有成熟的档案管理系统。选取省内一套品牌旗舰型档案管理系统作为改造基础平台，在系统研发改造中融入泉州文化遗产元素，立足 B/S 网络构架，最终建设完成包含接收、归档、统计、利用等六个子系统，具备稳定性、可扩展性、易升级等特点的泉州世遗管理系统，整体改造工作仅耗时 15 天。二是建立"三合一"的档案信息数据库。通过购买档案数字化外包服务，按照 DA/T 18—1999《档案著录规则》、DA/T 31—2017《纸质档案数字化规范》等标准，建立了"全覆盖"泉州世遗档案的电子目录数据库、全文数据库和多媒体数据库，其中电子全文数量达 18.6 万页。三是推进世遗档案管理现代化。依托泉州世遗档案管理系统，基本实现了世遗档案归档、整理、保管、统计、检索等业务流程工作的现代化升级，并通过软件接口扩展，实现各遗产点档案资料、监测数据的自动归档及存储，构建世遗档案"存储数字化、管理信息化、检索自动化"的新模式。

（四）在宣传开发方面，首创"展示+文旅"的活态利用模式

文化遗产是人类社会的瑰宝，是历史留存的财富。随着旅游产业的快速发展及旅游活动的高品位化，文化遗产已变成当前最具核心竞争力的旅游资源。档案作为让文化遗产"发声"的活态载体，对于讲好泉州文化遗产故事具有独特作用。泉州市依托世遗档案中心及各遗产点的档案文物文献资料，融入古城文化旅游开发，建设了一系列文化遗产展示馆，这些场所正成为泉州游的打卡点，"展示+文旅"的档案"活态"利用让泉州世界遗产焕发出新的面貌。一是主展示馆"一馆见千年"。"泉州：宋元中国的世界海洋商贸中心"主展示馆通过 663 件文物档案资料，运用多种声、光、电技术进行展陈，集中"述说"泉州文化遗产的千年故事，勾绘泉州古城的宋元城市机理格局，展现古泉州多元文化和谐共存以及参与世界海洋商业文明发展与交流的物质与精神遗产。二是分展示馆"串联成珠"。在各个遗产点分别建成"中国舟船世界"陈列馆、泉州清净寺展示馆、

"直挂云帆济沧海"专题展示馆、"海内第一桥"展馆、泉州府文庙《泉州教育史话》专题展示馆、伊斯兰教圣墓展示馆、"磁灶窑：宋元泉州的外销陶瓷生产基地"主题展示馆、宋元德化窑展示馆、九日山祈风石刻展示馆、安溪青阳下草埔冶铁遗址展示馆、泉州南外宗正司遗址陈列馆、泉州天后宫妈祖文化专题馆12个分展示馆，串联描绘古泉州"产—运—销"功能高度整合的城乡一体空间结构、完备的制度体系、发达的经济水平、中外荟萃的坐落景观以及包容的文化精神，对泉州世界遗产的宣传推广起到了积极的推动作用。

四、效果及影响

（一）世遗档案进一步规范，世遗文化传承有新载体

通过规范开展泉州世遗档案工作，有关泉州文化遗产的文件、史料、监测数据、声像、实物等档案文献资料得到较为全面的收集和规范的整理，确保了有关档案的完整性和规范化。同时，按照档案功能"三分开"、档案安全"八防"要求，建设泉州世遗档案中心，实现泉州世遗档案集中统一安全管理。据统计，该中心目前收集保存管理类、文化遗产类、监测类、项目类、文史类5大类世遗档案共计共3580卷（盒）、11590件（册），照片共1162张，录音录像共38盘（时长约22个小时），为泉州文化遗产的永久传承提供了全新载体。

（二）档案支撑作用进一步凸显，世遗保护工作有新作为

世遗档案内容涵盖遗产管理、保护、规划、监测、项目、展示、文史考证等全过程，特别是真实记录着历次遗产本体修缮的数据、方案、成果，对于遗产本体的后续修缮、保护展示具有重要的参考价值。如泉州多个遗产点的后续修缮，正是利用了有关文保档案中的施工平面图、立面图、剖面图和鸟瞰图，日常巡查、监测数据等记录，才能做到安全施工、修旧如旧；再如安溪冶铁遗址成功增补为文化遗产点，正是通过大量档案文献查找含有"冶"和"铁"的地名而最终确定的，并为"泉州是重要的冶炼生产基地"提供有力佐证。所以，世遗档案是遗产保护的宝贵资料，作用不可或缺，需要持续加强，才能持续发挥档案的基础性、支撑性作用。

（三）数字档案建设进一步强化，世遗文化共享有新渠道

泉州文化遗产不仅是中国的遗产，也是世界的遗产，只有实现共享才能焕发出文化遗产新的魅力和价值。建设互联互通、开放共享的遗产文化共享体系，数据是基础。泉州在规范世遗档案工作的基础上，扎实推进各类档案的数字化建设，建立了泉州世遗档案的电子目录数据库、电子全文数据库和多媒体数据库，同时研发了一套网络化、专业化、开放化的世遗档案信息管理系统，为实现世遗档案共享打下坚实基础，也为泉州文化遗产走向全国、走向世界开辟一个新渠道。

（四）档案活态利用进一步深化，世遗文化开发有新成效

开发利用世遗档案，就是要让档案"说话"，说泉州文化遗产的历史故事，让泉州既具有宋元古城之貌，又具有宋元古城之魂。泉州市根据各遗产点的空间布局和表现主题，依托丰富的档案文献文物资料，建设完成各具特色的1个世遗主展示馆和12个世遗分展示馆，成为泉州文化旅游"打卡点"，既为泉州古城增添了浓厚的历史文化气息，又为泉州文化旅游开发出特色的主题内容，在提升古城旅游产业经济效益的基础上，赋予泉州文化遗产旅游更多的社会效益。

案例形成单位：泉州市档案局、泉州市档案馆
案例形成人：廖晓凌、陈若波、魏琛虎、黄清泉

创新岩芯保存为枢纽运行及本质安全提供坚实档案支撑

一、案例概述

地质岩芯实物资料是开展地质研究重要依据之一,也是重要的地质资料。但由于岩芯保存和管理工作较为混乱,管理体制、机制不健全,保管技术、设施落后,保管分散,给地质档案查询带来不便。小浪底水利枢纽管理中心高度重视岩芯保管工作,主动思考、勇于实践,建立具体有行业特色的岩芯库房,成为教育实习基地一大特色体验,也是国内工程建设时期岩芯保存最好最多的一家,得到水利部专家评审组的高度评价,被评价为有特色、有亮点。

二、实施背景

(一)岩芯的保管现状

与水电行业相比水利工程,周期较短,特殊岩芯和重要岩芯一般都保留。水电工程勘测过程中对岩芯的保存和管理工作较为混乱,移交手续不清晰等多方面,给后期地质档案查询带来不便。另外,岩芯在搬迁、保管、汇交前后都需要耗费大量人力、物力,很多因就地堆放,要查看岩芯时需人工翻找后搬迁到空地,十分烦琐,未能发挥真正作用。再者,因岩芯管理体制机制不健全,留存的钻孔岩芯现场堆放较零乱,加之经过长年的存放,部分岩芯箱老化且破损严重,岩芯编录资料(油漆、格板)褪色严重,难以辨认。

由于法规、制度、技术方法不完备,建立岩芯库房之前岩芯的保管现状:一是管理体制、机制不健全,保管技术、设施落后;二是岩芯类型多样,数量巨大,保管分散。

（二）岩芯的保管价值

小浪底岩芯样品是根据小浪底工程地质工作或工程的需要，用特殊钻机从地下取出供测试用的，大致呈圆柱形的地下物质试块。多为取自地下 10 米、20 米、30 米、40 米、50 米等岩芯，最深达到地下 83 米。岩芯分为两类：一是为保证设计的准确，保证工程的正常使用，在工程建设前需要探明工程建筑物地基基础的稳定性以及岩土材料的性状，根据岩芯的地质情况，再结合建筑物设计和施工特点，设计出稳定的正常使用的建筑物。二是根据前期的地质处理，再钻出岩芯研究地质处理的效果，以便进行下一步的建设工作。这是小浪底工程地质条件的最原始的资料，也是小浪底工程建设的历史见证。

借鉴国外及国内其他行业岩芯保管经验，结合小浪底工程特点，规范化收集、整理、保管岩芯，最终将实现岩心高效保存和有效利用，对直观了解掌握岩芯和小浪底工程地质条件有很大帮助，也会对小浪底周边地震灾害预防工作有借鉴价值。

（三）建立岩芯库房的必要性

新建水库工程岩芯在工程开工后，岩芯一般都移交业主保管，业主多用已有房屋或场地堆放岩芯，很少再建设岩芯库。

小浪底工程岩芯和西霞院工程岩芯原放在简陋的民房中，且分散存放，存放点达几十个，存放区域不封闭，尤其小浪底投入运行后管理不重视，有的房屋倒塌，由木头做的岩芯箱被村民拆除，造成岩芯损坏。但是岩芯是小浪底和西霞院工程重要的地质资料，具有唯一性和不可替代性。

在幸福河的建设中，小浪底水利枢纽管理中心高度重视和加强岩芯保管工作，不断加大对岩芯保管工作的投入，重新修建了岩芯库房，增加了库房容量，更新了密集架等设备，对岩芯档案实现了集中管理，这为以后全面、及时、准确查询分析出小浪底工程地质条件提供了档案支撑。

三、创新做法

（一）创新管理理念，岩芯保管在水利行业处于领先地位

在大部分工程建设结束后，建设单位一般不再保留岩芯。但是为了保护

图 1　小浪底岩芯库房

好岩芯档案，为了留下小浪底地质勘探直观的历史资料，小浪底水利枢纽管理中心创新管理理念，提前重视，投入近千万资金建设具体有行业特色的岩芯库房（图 1）。

按照"调查研究—收集整理—逐一查看—区别标记—归档保存"等顺序，小浪底水利枢纽管理中心充分收集整理归档的岩芯实物档案，积极研究技术措施，制定岩芯库房平面布置图，对所有现存岩芯进行统计，根据岩芯标签进行分类整理，更换新的岩芯箱，使现存的岩芯实物分类明确，一一标记，摆放（图 2）。建成后的小浪底岩芯库房岩芯保存率达 90%，居水利系统先进水平和领先地位。

图 2　小浪底岩芯档案

（二）创新保存技术，探索建立了有特色黄河文化教育实习基地

实践和创新能力培养主要是通过实践教学来实现，而实践教学就需要一个主战场。为了这个主战场，小浪底水利枢纽管理中心主动思考、创新载体、勇于实践。为做好岩芯的搬迁工作，专门成立搬迁小组，制定搬迁方案，对搬迁工作进行了全面的部署、协调，在搬迁过程中，相关人员克服下雨道路泥泞等困难，齐心协力、努力工作确保了地质资料完整可靠的搬迁。建成的岩芯库房高架高达13层，一箱岩芯重达40~50千克，一箱岩芯往往就需要8人才能抬上高架。整个岩芯的收集整理耗时长达半年，建成的岩芯库房成为教育实习基地一大特色体验。

（三）档案数量巨大，岩芯库房被评价为有特色、有亮点

小浪底岩芯由原来的临时存放，经过"收集—整理—搬迁—汇总—归档"，形成了规范化、标准化的岩芯档案材料。小浪底岩芯库房现有小浪底Ⅰ标、Ⅱ标、Ⅲ标、左岸山体、西霞院岩芯11850余箱，其中小浪底工程9830箱，西霞院工程2020箱，包括左导墙及左门库段孔岩芯、地质复勘孔岩芯、J05号检查孔岩芯、P5-01岩芯、西霞院左岸截渗墙轴线补充孔岩芯等（图3）。岩芯库房原始数据价值重大，是国内工程建设时期岩芯保存最好最多的一家。建成的岩芯库房，得到水利部专家评审组的高度评价，被评价为有特色、有亮点。

图3　数量巨大的小浪底岩芯档案

四、效果及影响

（一）解决岩芯保存混乱、分散、缺失等现象，促进岩芯规范化标准化管理

小浪底岩芯库房的建设及投运，从根本上解决了小浪底工程岩芯和西霞院工程岩芯管理体制、机制不健全，保管技术、设施落后，存放分散，档案查询不便等现象，提高水利工程地质档案管理水平，为水利档案工作科学规范管理创造条件。目前小浪底岩芯集中管理，档案管理机制完善、环境整洁、整理有序、方便查询，成为行业示范的同时也在一定程度上促进着行业内岩芯规范化标准化管理。

（二）建成的小浪底岩芯库房规模大，发挥着教育实习基地作用

小浪底岩芯库房位于小浪底东山教学实习基地东北角，总建筑面积1224平方米，高度4.8米，主体一层，为混凝土框架结构。土建工程约投资250万元，钢架制作与搬迁费约400万元，共投资650万元。岩芯架共88个，为角钢焊接刷漆而成，每个钢架高度2.5米，宽度1米，分13层，岩芯架钢材总重190吨，共可存放岩芯12120箱。库房规模大，收藏岩芯数量多，种类全，现已成为实践和创新能力培养基地。截至目前已有不少同行和专家前来调研学习记录。

（三）小浪底岩心库房的建设成功经验已经推广应用到其他水利工程案例中

小浪底岩芯库房的建成，让岩芯档案活了起来，一是在以后的相同地段水利工程地基处理中，减少了地质钻孔取芯工作，节约时间和费用。二是给同行和业务部门对岩芯提供参考，使在建设前注意岩芯的收集整理，减少岩芯的丢失。目前小浪底岩心库房的建设成功经验已经推广应用到湖北龙背湾水电站工程、西藏旁多水利枢纽工程。通过总结经验，现场指导，湖北龙背湾水电站工程也建成了自己的岩芯库房。

（四）实现岩芯档案管理"三大转变"，为建设幸福河提供基础档案保障

岩芯档案是工程考察的成果，是特殊时期决策的参考，直接影响着水利工

作。小浪底岩芯库房的建成，一是实现了档案门类从单一的文书档案、科技档案，发展到实物档案等门类齐全的档案储存体系。二是档案管理方式由粗放管理到精细化管理。三是档案管理手段由传统到现代。保存的岩芯档案是小浪底历史的真实记录，是黄河流域水利工程建设的见证，也是建设幸福河重要的基础档案。

案例形成单位：小浪底水利枢纽管理中心
案例形成人：张红建、李根成、娄宇岚、王燕、吴昕馨、李芳

与死神赛跑，档案服务助力事故应急抢险跑出"加速度"

——国网十堰供电公司"6·13"应急抢险档案利用案例

一、案例概述

2021年6月13日6时40分许，湖北省十堰市张湾区艳湖社区集贸市场发生燃气爆炸事故。国网十堰供电公司坚决贯彻习近平总书记"全力抢救伤员，做好伤亡人员亲属安抚等善后工作"的指示精神，认真落实国家电网有限公司和国网湖北省电力有限公司关于全面提升应急管理能力、全力保障人民群众生命财产安全的要求，把应急抢险保电工作作为首要任务。国网十堰供电公司档案部门第一时间启动二级应急响应，迅速组建市县两级联动的档案工作专班，积极开展应急保电档案服务和专题档案收集整理工作，跑出了档案应急服务的"加速度"，不仅为供电企业率先恢复电力供应提供了坚强保障，而且为应急状态下的档案服务走出了可循之径，同时彰显了国家电网"顶梁柱，关键时刻顶得住"的"大国重器"本色。

二、实施背景

十堰"6·13"燃气爆炸事故造成25人死亡、138人受伤，事故同时造成国网十堰供电公司辖区4.5千米10千伏电缆线路、4座环网箱、1个供电台区受损，引起1条10千伏线路跳闸，1个开闭所和24个供电台区停电，涉及低压用户停电3042户。由于突发大规模爆炸事故，现场大部分电力设施被破坏得面目全非，事故现场情况复杂。因有害气体等原因，现场被封锁，受损的出线分支电缆全部在一个通道里，电力抢修人员无法进入爆炸事故核心区，受损详细情况无法及时排查。此时，只能借助工程档案来分析爆炸事故核心区电力线路设备受损情况并制定复电施工方案。险情就是命令，责任就是使命，国网十堰供电公司立即启动档案管理应急预案。正值端午佳节，接到命令后，各相关单位档案人员以最快速度集结到岗，配合抢修人员调阅不同门类的档案材料。前方事故现场通宵达旦，后方档案室灯火通明，档案人员24小时值班，档案专业实时跟踪运检、配电、营销服务等方面用档需求。精准的档案服务，高效的配合协同，极大加速了电力抢修进程，成效显著。经统计，在"6·13"事故现场水电气、通信等领域的抢修中，国网十堰供电公司是第一家抢修完毕并恢复供应的公共服务企业。

三、创新做法

（一）应急管理"重平时、重预防"

1. 日常业务规范是前提

此次事故现场的电力设备同时涉及国网十堰供电公司检修分公司、客户服务中心以及国网十堰东风供电公司多个生产、经营单位，调用资料大多是配网工程档案、客户档案，且很大一部分涉及刚刚改造完成的"三供一业"工程档案。这些工程电压等级低，资料零散，收集整理难度较大。国网十堰供电公司日常高度关注城区配网档案，尤其是注意做好东风"三供一业"供电分离移交改造档案的规范化管理。国网十堰供电公司在市公司层面成立"三供一业"改造办公室，并组建档案工作专班，将档案工作与工程改造同安排、同部署、同实施，公司办公室负责人及档案专责多次实地督导档案收集、归档和验收工作。"三供一业"供电分离移交改造档案收集得齐全完整，档案整理得正确规范，确保了此次应急抢险的综合高效利用。

2. 坚持应急演练是关键

国网十堰供电公司制定了完善的档案管理应急预案，该预案包括应急领导小组、应急组织分工职责、应急处置措施等全方位的档案应急综合预案，以及档案防汛、消防和应急保电3个专项方案。在每一个年度，国网十堰供电公司根据人员变动情况和档案管理要求实时更新应急预案，同时在公司定期组织安全应急演练的前提下，办公室同步组织档案防汛、消防和应急保电专项演练。正是因为有了平日常态化的演练，所以在遇到应急事故时，能保证不打乱仗、有条不紊地完成应急利用，真正做到了平常时间训练有素、关键时刻"拉得出来、顶得上去"。

（二）现场处置"强联动、强服务"

1.市县两级协同联动

"6·13"燃气爆炸事故发生后，国网十堰供电公司第一时间启动二级应急响应，现场成立党政主要负责人为指挥长的"6·13"应急抢险供电保障工作指挥部，并下设电网保障、现场抢险、客户服务、综合管理、舆情管理5个工作组。其中综合管理组下设档案工作小组，由公司分管档案工作负责人任组长，公司办公室、检修、客服、东风供电公司等单位人员任组员，确保了档案工作纳入抢险保电管理体系、纳入抢险保电总体部署，形成了涵盖市县两级单位且指挥有力、高效协同的档案工作体系。

2.现场服务重点盯守

应急抢险的一线在现场，档案服务的重点也在现场。国网十堰供电公司档案工作小组紧盯现场服务这个核心，派出小组成员24小时常驻现场指挥部，负责档案需求的内外联络以及专题档案的收集整理协调工作。事故发生后，国网十堰供电公司档案人员第一时间与现场抢险组和客户服务组取得联系，明确档案利用工作需求。在确定事故发生地点、相关线路信息，特别是需要提供艳湖小区7号、9号和25号公变的电气接线等资料后，公司档案室待命的档案员迅速找到相关档案，在指定时间派专人送达现场。为确保档案利用安全，现场档案联系人特事特办，一边安排抢修人员查看图纸，一边办理交接手续、归还手续，确保档案不丢失，同时也确保档案利用及时、高效。

（三）建档服务"两手抓、两不误"

1.人人都是档案形成者

按照"边服务、边建档，两手抓、两不误"的原则，档案工作小组成员特别是驻现场指挥部人员主动发挥档案工作者专业素养，每天定时收集整理抢险指令、事故快报、工作文件、内外信息等现场文件材料，指定专人负责现场拍摄和影像资料收集整理，同时广泛发动事故抢险的参与者、见证者，随时随地帮忙收集、整理一些关键抢修节点和供电服务的工作记录，较好地解决了档案记录散存各处难以收集的难题，确保专题档案建设做到应收尽收、全面收集。

2. 件件都有档案全要素

现场工作的档案联系人不仅要上传下达档案利用需求，还要同步收集整理专题档案工作。由于手机等拍摄设备的普及，人人都可随手一拍，但照片拍得多且大多是在事后提交，声像档案很难保证照片的六要素，因此声像档案的收集整理一直是一个难题。针对这种现状，现场档案联系人每天及时把收到的照片档案分门别类保存笔记本电脑上，来不及提供照片六要素的人员，预先留下姓名和联系方式。在就餐或休息的间隙，档案人员主动询问，用笔记下，事后再将六要素标注在照片题名上，确保了声像档案信息完整。据统计，此次事故现场共收集优质照片300余张、音视频10个。

四、效果及影响

（一）为现场抢救生命赢得了宝贵时间

因有害气体等原因，事故现场被暂时封锁，抢修人员无法进入爆炸事故核心区，在无法实地查看现场的情况下，指挥部现场抢险组只能借助工程图纸等档案了解情况，准确研判电力设施受损情况并优化抢修方案。41厂是东风老厂区，以前的供电设备都是厂区自己维护，设备位置、型号参数、线路走向等信息抢修人员都不清楚。当时状况是必须选取新路径敷设新电缆取代爆炸中损毁的几条电缆，这给抢修人员制定施工方案带来了一定困难。经验丰富的抢修人员一边安排技术人员到现场逐处踩点踏勘，一边结合工程图纸查阅数据，反复修改斟酌，仅用了6个小时便确定了一套最优施工方案。获准进入爆炸事故核心区后，供电抢险人员仅用两小时，就累计安装大型、中型、小型泛光照明设备16套，确保了在事故当天夜幕降临前完成政府抢险救援指挥部和所有夜间抢险作业面的照明工程，为现场生命搜救处置提供了应急照明可靠保障。

（二）为全面恢复供电提供了坚强保障

在全面恢复供电的过程中，因为事发突然，国网十堰东风供电公司的配网运维人员全部都派到现场参与抢险工作，抽不出人手负责现场设备的图形变更及相关资料的报送。而这些都是开展抢修送电工作的必备资料，涉及电网运行安全，马虎不得。考虑到情况特殊，配网调控班班长决定不给现场抢修人员增加负担，带着技术人员拿着工程图纸从指挥部赶到抢修现场,一一核实每台设备的运行方式,在图纸上做好标记,回去在系统中做初步变更,待本次抢险工作结束后,再让运维单位完善相关资料。得益于现场提供的"三供一业"工程档案齐全完整、清晰具体,为抢险人员做好复电准备提供了坚强保障。国网十堰供电公司投入抢修人员320人、抢修车辆70台、发电车3台、应急照明车5台、发电机9台、大型抢修机械3台,连续奋战三天两夜,在38个小时内抢修恢复4.5千米10千伏电缆线路供电,再接续发力20个小时抢通10千伏开闭所双电源供电,同步恢复了所有低压居民用户供电。

(三)为事后逐户送电强化了有力支撑

在逐户排查送电过程中,国网十堰供电公司始终坚持真情服务和用心服务,采取"领导包片、党员包栋、专人包户"方式,坚持"不漏一户"原则,对低压用户复电工作做好服务。遇到客户不在家的情况,利用客户档案及时查找客户档案信息联系上客户,第一时间为已完成安全检查、符合送电条件的客户送上电,助推低压居民供电快速有序恢复。公司用心用情的服务、率先恢复的成绩得到了十堰市委、市政府和现场指挥部充分肯定和多次表扬,得到了当地居民、商户纷纷点赞。

(四)为事故原因调查提供了充分佐证

事故发生后,湖北省人民政府成立湖北省十堰市张湾区艳湖社区燃气爆炸事故调查组,由湖北省委常委、常务副省长李乐成任组长,到十堰实地开展事故调查。在事故调查处理过程中,国网十堰供电公司积极向政府有关部门提供了真实完整的"6·13"爆炸核心区工程档案和电力电缆设备日常运行维护记录,为政府开展事故原因调查提供了第一手资料。通过档案资料查证,国网十堰供电公司设备质量合格、安全监管和运维管理到位,获得了调查组有关领导的充分肯定。

据不完全统计,在此次抢修中,国网十堰供电公司各相关单位档案室在最短时间内快速、准确地向"6·13"应急抢险供电保障工作指挥部提供档案90卷、重要资料200余份,为受损线路及台区的现场勘察、入户调查、恢复重建工作提供了最原始的数据,为制订抢修计划提供了最快最准确的决策支持,为供电设施最快抢通提供了第一手资料支撑。国网十堰供电公司全员坚守岗位,领导干部靠前指挥，层层传递压力，级级压实责任，切实保障人民群众生命和财产安全，维护社会大局稳定，有力地展现了电网职工"特别负责任、特别能战斗、特别能吃苦、特别能奉献"的铁军精神，得到了湖北省委、省政府和十堰市委、市政府等各级主要领导高度肯定，为国家电网品牌增添了光彩，为国网湖北电力树立了形象。

案例形成单位：国网十堰供电公司
案例形成人：陈启红、李艳

定制"管家式"模式，为数据中心站建设提供精准利用服务

一、案例概述

2020年10月，国网湖南省电力有限公司岳阳供电分公司（以下简称国网岳阳供电公司）按部署开展数据中心站建设。建设以现有变电站资源为基础的数据中心站需做好变电站内原有各项设备的融合，这对档案服务支撑工作提出了更高的要求。国网岳阳供电公司档案管理部门充分分析新型业务建设的特点，创新实施"管家式"定制化档案利用服务，将档案工作全程沉浸式融入新型业务工程建设，主动跟进数据中心站项目进程，智能、精准、全面地提供档案资料，为中心站安全、快速建设和设备设施高效融合提供真实、有力支撑。

二、实施背景

数据中心站建设是国家电网公司贯彻落实党中央、国务院加快新型基础设施建设决策部署，充分挖掘电网存量资产价值，建设能源领域新型数字基础设施的一项重要举措，也是国网"一体四翼"战略落地、落实的重要体现。数据中心站基于模块化装备和综合能效管理平台，是物联网的边缘计算节点，可以弥补云的不足，提供"接近地面的云"，包含网络设备、边缘设备和服务器等资源在内的集合，实现云数据中心的分中心功能，能提高单位能效，降低运行成本，提升运营能力。其对内具有"专业性数据中心"的突出功能；对外具有"运营商重要5G通信基站""互联网公司云服务支撑节点""物联网重要节点"三类突出功能。

为充分发挥电网在能源汇集传输和转换利用中的枢纽作用，充分利用网络属性，以能源互联网为支撑，汇聚各类资源，促进供需对接，树立"共建、共治、共赢"的共享理念，建设好坚强智能电网和电力物联网，2020年开始，国网岳阳供电公司决定迎接挑战，按国家电网公司、国网湖南省电力有限公司要求逐步开展数据中心站建设。

三、创新做法

数据中心站建设要求在不影响变电站正常运行的情况下,结合现有变电站内情况,充分利用电网现有土地资源、通信网络资源、设备资源以及优质可靠的供电资源,融合于现有设备。做好站内各项条件的审核,各类设备设施软硬件的融合,充分利用好变电站工程档案资料,提供精准完备的运行设备、设施等档案资料,对数据中心站的建设起决定性作用。

随着数据中心站建设等新型业务的飞速发展,档案利用随新型业务的开放性和探索性积极转变,对档案专业提出了更高的要求。由于新型业务的开发与传统设备设施作用理念有所不同,按利用者的需求"点对点"针对性的档案服务模式不能很好地满足开放性要求较高的新型业务,需要档案管理部门深入项目建设流程,与档案需求单位详细沟通,全程参与提供智能化服务,充分利用现有档案资源保障新型业务项目建设质效。

国网岳阳供电公司档案管理部门主动作为,为公司数据中心站建设定制"管家式"档案利用服务方式(图1),全程沉浸式融入新型业务工程建设,智能、精准、全面地提供档案资料,使电网存量资产得到充分利用。

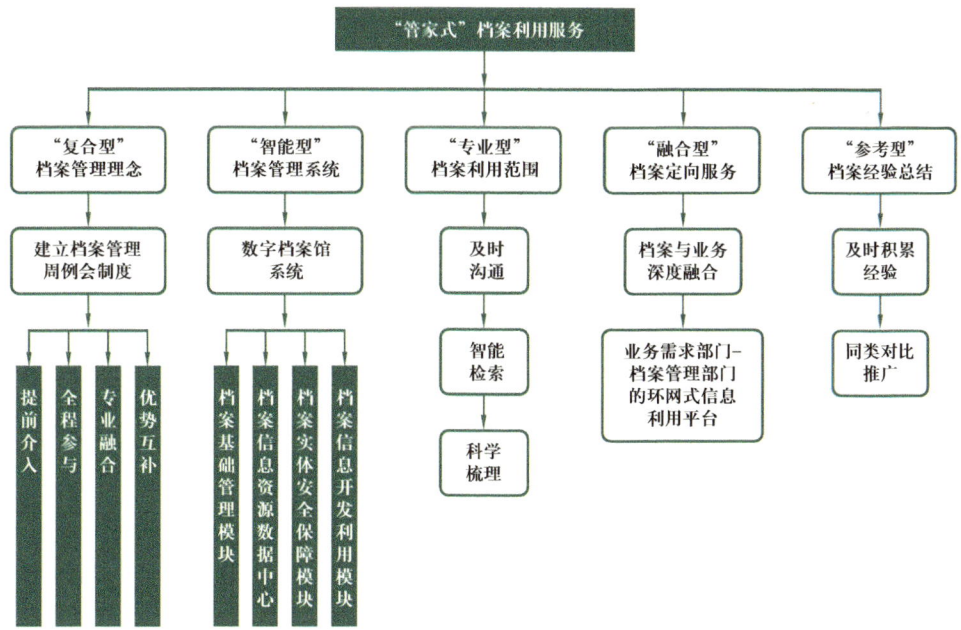

图1 "管家式"档案利用服务

（一）提高认识，创新"复合型"档案管理理念

理念是行动的先导，实施档案管理工作的创新，首要是对管理理念的变革和重塑。国网岳阳供电公司结合时代发展与要求，突出档案工作在企业核心业务和重点工作中的支撑作用，围绕"企业发展"核心开展档案工作，牢固树立档案服务的基础性和重要性。由单一等人上门利用的档案管理方式，转为创新打造提前介入、全程参与、专业融合、优势互补的"复合型"档案管理模式，建立档案管理周例会制度，将各专业工作融合开展进度与档案工作进行统筹部署，建立有效的横向和纵向联动机制，把各项档案工作中的"软任务"通过会议讨论量化为可操作、可实施的"硬指标"。

（二）数字转型，打造"智能型"档案管理系统

近年来，国网岳阳供电公司积极开展档案信息化建设，积极探索档案应用数字化转型，实现档案大数据应用和智能档案资源共享。将档案信息化纳入公司信息化建设整体规划，统一部署、同步实施，建立贯通各层级、覆盖全业务的档案大数据资源体系。数字档案馆系统业务涵盖了档案基础管理、档案信息资源数据中心、档案实体安全保管、档案信息开发利用四大核心业务模块，实现对公司核心信息数据的统一管理、高效利用和长久保存。持续加大档案数字化投入力度，实现非涉密增量档案电子化100%、存量档案数字化98%。利用档案信息大数据平台，创建开放性、交互性的电子档案利用服务，实现档案信息资源高度共享。

（三）提前介入，规划"专业型"档案利用范围

2020年7月，国网岳阳供电公司档案管理部门自数据中心站项目启动，主动与项目牵头管理部门联系沟通，全程参与数据中心站建设规划、融合设计技术方案、选址等一系列关键会议，全面熟悉、了解项目情况。在第一批数据中心站的开建前，利用智能、便捷档案管理信息平台，提前梳理项目立项、选址、设计、施工、运营等阶段需要参考的电子档案资料目录，规划好利用范围和途径，供项目牵头管理部门参考，为项目建设提供安全、有效、快捷、便利的利用服务（图2）。

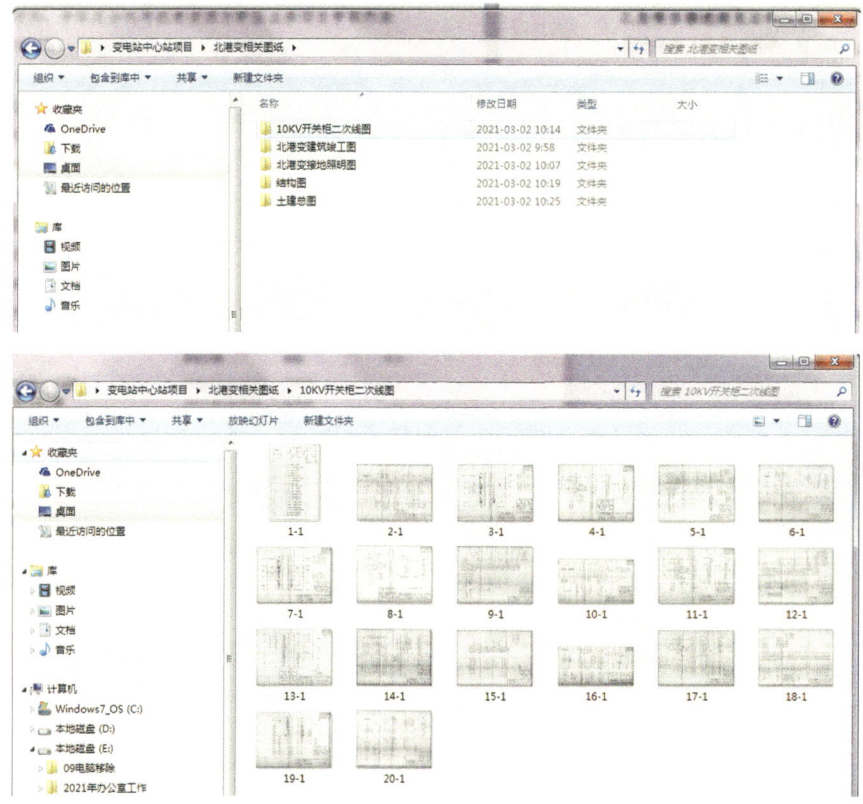

图 2　档案人员根据融合方案提供给设计人员参考的某个变电站的部分资料

（四）精准施策，提供"融合型"档案定向服务

为满足数据中心站项目建设的相关要求，国网岳阳供电公司档案管理以网络为载体，打造"业务需求部门－档案管理部门"的环网式信息利用平台。档案人员全程跟踪项目建设流程，根据项目实施进度，精准提供档案服务，将档案工作与业务工作深度融合。在数据中心站项目选址阶段，设计者需在中心城区的24个变电站里选出最符合选址要求和施工最便利的作为项目第一批建设的4个站点。档案管理部门按条件从档案信息库中筛选出24个变电站的档案资料，并按照设计要求形成比对资料，智能化提供所列变电站的关键条件参数，为设计快速最优选总体规划创造了条件。数据中心站项目在运行的变电站内建设，为不影响变电站内设备运行，新建项目各类设备与现运行设备软硬件匹配要求很高。掌握到此情况后，档案部门主动提供了站内较为详细的现运行设备资料和运行、改

造情况资料,为设计提供实验分析数据、设备选型依据,确保建成后设备既能发挥出最大效果,又不影响现有设备的安全稳定运行。

(五)优势互补,形成"参考型"档案经验总结

数据中心站建设是一项逐步推动的新型项目,档案管理部门全程参与,在项目建设中认真研究各相关业务对档案信息资源的需求,有的放矢,加强联动,逐步摸索、量身定制服务,提高相关档案利用的准确性,为中心站安全、高效地建设提供第一手档案资料,全力助推第一批数据中心站又快又好建设。通过不断积累和改进档案利用经验,逐步推广到其他项目的档案利用中,进一步强化档案资源管理和服务公司发展大局的能力,为公司科学开展各项核心业务和重点工作提供更好的服务支撑。

四、效果及影响

(一)大幅提升项目建设效率

国网岳阳供电公司档案管理部门为公司第一批数据中心站的建设,先后提供了档案资料50多卷、300多件,为数据中心站设备与现有电网设备的融合提供了有力的数据文件支持,大大提高了项目工程效率,为公司节约了大量的测试实验时间和物资,为施工期间电网安全稳定运行避免了诸多风险。档案管理部门的鼎力支持,加快了数据中心站项目的建设速度,国网岳阳供电公司成为全省第一家数据中心站投入商业运营的公司(图3)。

图3 投入运营的数据中心站

截至2021年7月,公司已投入第一批为4个110千伏变电站数据中心站项目建设,其中1个数据中心站已投入运营,年收入将达到300万元,预计4个数据中心站全部投运将为企业增加上年产千万元的收入。

（二）全面保障项目合法合规

档案是解决历史遗留问题、化解土地使用权纠纷等的原始依据。国网岳阳供电公司在第一批数据中心站项目选址勘察过程中，发现一处入选的变电站安装数据仓的地面部分有菜地。多方调查发现，是变电站附近居民长期占用，坚持此地为自家菜地，公司如要使用需征购或赔偿。档案人员应勘察人员之所急，立刻开展相关档案资料调阅，及时提供了该变电站红线图及相关土地归属资料，和平解决了占地争端，保障了公司合法权益，避免了40余万元的经济损失。

（三）全面提高档案价值意识

档案管理部门全程为数据中心站建设项目提供了高质量的档案利用服务，让业务部门深刻认识到档案对公司高质量、可持续发展的重大意义，档案的真实性、完整性和准确性对工作顺利开展的重要性，在项目建设过程中主动与档案管理部门建立良好的沟通联动机制，实现了档案与项目同计划、同部署、同施工，项目资料归档意识得到提升，档案管理趋于良性发展，提升了档案的影响力。档案管理部门与数据中心站建设项目管理部门的完美合作，为国网岳阳供电公司后续重大新型业务项目的档案管理和利用总结了经验，提供了新思路，把被动利用模式转变为主动参与、精准服务的档案利用模式，使档案重要性进一步体现，充分发挥档案价值。

案例形成单位：国网湖南省电力有限公司、国网岳阳供电公司
案例形成人：李想、胡滔、凌琼、李照璐、钟红、刘轶驰

科研档案助力粤港澳大湾区重大调水工程建设

一、案例概述

广东粤海珠三角供水有限公司（以下简称珠三角供水公司）围绕珠江三角洲水资源配置工程（以下简称珠三角工程）设计、施工和运行三个阶段开展科技创新工作，以科研促工程建设，以工程带动科研，推动技术进步。在此过程中，公司档案管理部门坚持档案工作"参与科研、服务科研"的理念，积极开发利用科研档案资源，有力推动了科研项目的实施进度，极大提高了科研项目的成果转化、推广速度，有效降低了主体工程的施工成本，充分发挥了科研档案的信息、经济、管理价值。

二、实施背景

（一）珠三角工程要求高水平科研工作支撑

珠江三角洲水资源配置工程是解决珠三角水资源供需矛盾，广州、深圳、东莞等地生产生活缺水问题，全面保障粤港澳大湾区供水安全的国家级水利工程，工程总投资353.99亿元，输水线路总长113.2千米。为全面贯彻落实习近平生态文明思想，工程传承"生命水、政治水、经济水"的理念，秉持"把方便留给他人、把资源留给后代、把困难留给自己"的精神，全线大多采用地下深埋盾构方式，在纵深40～60米的地下空间穿越高铁4处、穿越地铁8处、穿越高速公路12处、穿越江河湖海16处，为地铁、通信、电力、管廊等市政建设预留浅层地下空间，由此带来的是，工程在设计、建设、运营等方面面临诸多世界级难题，如高内水压隧洞、超深竖井、深埋隧洞盾构工艺、大型钢管和混凝土预应力内衬、大型宽扬程变幅水泵机组等的设计和施工等。为扫清技术障碍，项目团队攻坚克难，规划投入科研项目经费2.45亿元，提前启动各项科研项目，在试验段期间先行先试，以验证关键技术可行性，为主体工程设计、施工、管理顺利开展开辟道路。

（二）档案管理促进科研工作高质量开展

科研项目档案是科研工作开展的基础，也是成果转化的依据，档案工作主动融入科研工作，改变了科研档案在科研人员之间内部传递造成管理与利用不便的做法，使得科研人员利用档案更加便利。在科研成果转化过程中，采取档案专题推送等多种利用服务方式，进一步促进科研工作规范化开展、科研成果转化更加高效。同时，科研项目档案也是建设项目档案的重要组成部分，开展科研项目所需的许多验证性数据包含在项目施工档案中，如质量检测资料可以体现出各种新工艺、新工法的实施结果。因此，在科研档案和施工档案建立基于档案内容的关联共享机制后，有利于在重大工程建设中促进科研工作更高质量开展。

三、创新做法

（一）扎实做好档案收集，夯实科研档案利用资源基础

工欲善其事，必先利其器，收集工作是有效利用科研项目档案的前提。为做好档案收集工作，珠三角供水公司档案人员深度参与《珠江三角洲水资源配置工程科研项目管理办法》制定工作，将科研项目档案归档范围融入该制度中，为科研项目档案收集提供了主要依据。在工作方法上，档案人员与科研人员通力合作，一同打造了首批科研项目档案收集整理样板，为后续收集整理工作树立典范；在内容收集上，重点加强科研项目实施过程中声像档案的实时收集，为科研项目实施、验收、推广提供宝贵素材。

（二）丰富档案数据资源，打造好用易用档案管理系统

为提升科研档案在档案系统的利用效果，珠三角供水公司提出输入"全部化"、输出"最大化"的理念，即做到科研项目档案全部著录档案系统并挂接原文，查询科研项目档案做到全面。针对档案著录用户，设置"傻瓜式"著录模板，开发批量导入和复制、剪切、粘贴等功能，降低著录技术门槛；同时明确要

求著录工作与科研进度同步,加强著录工作的检查考核,确保产生的科研档案全部著录,数据完整、准确,为档案利用提供基础档案数据。针对档案查询用户,为打造查询人员"喜欢用、经常用、反复用"档案系统,公司通过引入"数字图书馆"衔接档案系统,极大地丰富了档案系统信息资源,用户还可对开放档案资源与图书进行收藏,把档案系统打造成热门的"资源搜索引擎"与定制化的"个人图书馆"。

(三)总结档案工作规律,做好科研档案深度开发利用

为使科研档案更好服务科研工作和工程建设,档案工作者深入调研科研项目工作情况,了解科研项目全生命周期管理实际,按照立项、实施、验收、成果管理等科研阶段等进行过程分析,针对档案利用频率高低现状进行科研档案工作规律的梳理总结。例如,大部分项目在特定阶段产生的资料在特征上存在相似性,这些资料中有的利用频率很高,如可行性研究报告、立项批复、验收结论书等;有的使用频率很低,如原始记录和整理记录等;有的资料本身已系统化组织,如研究任务书、组织实施工作方案等;有的资料必须进行人工的组织编研才能更好利用,如科研项目中的各类往来函件、会议纪要、各类科研成果文件、项目周期性总结报告等。通过掌握科研项目档案形成与利用的上述特点,档案人员充分发挥专业优势,为每个科研项目编制《项目开发大事记》《项目专题会议纪要》《项目成果汇编》《项目阶段性总结》《项目重要往来函件汇编》等资料,有效推动了科研档案的利用。这些汇编成果在科研项目的实施、主体工程的施工过程中成为利用频繁的工具资料,也成为记录工程建设进度形象的第一手材料。

(四)集成工程智慧平台,实现科研档案交互智慧利用

珠江三角洲水资源配置工程以打造新时代生态智慧水利工程为目标,基于工程点多线长、技术复杂、工期长、协调难的特点,充分应用BIM、GIS、电子签章、区块链、"云大物智移"等新型信息技术,融合创新、协同共享,建成了全生命期BIM+GIS系统平台(图1)。该平台与档案信息系统全面集成,实现了电子文件电子签章、在线归档及档案系统手机客户端应用等功能,为充实科研档案资源、加强科研档案利用提供了智慧化手段。智慧平台与档案系统的集成,保证了各业务系统数据及时归档至档案系统;档案系统与BIM系统的集成,又使档案数据与工程模型位置相匹配,提供了可视化的档案查询模式。

图 1　珠三角工程 BIM+GIS 系统平台

（五）多措并举集中攻坚，服务科研工作贡献档案力量

为进一步提高科研档案利用率，让档案利用者迅速找到全面的、系统的档案资源，珠三角供水公司档案工作人员站在利用者的角度积极分析挖掘用户不同利用需求，如有些使用者想查找的是某个数据、有些使用者想查找的是某个文件、有些使用者想系统了解某个项目的整体情况。为此，公司档案系统在检索层次上既实现了档案案卷级、文件级目录检索，又新增 OCR 识别功能实现全文内容检索需求。同时，在查询方法上建立多种信息检索方式，一是通过百度式检索，可定向查询案卷级、案件级、文件级文件；二是通过相关文件推送功能，可根据查找文件的相关属性，关联类似项目文件，使用户查询过程中收获"意外"惊喜；三是对特定用户开通目录式查询功能，通过开放目录树查询实现单个项目文件的整体浏览；四是为科研人员提供在线电话人工查询服务，如在《珠江三角洲水资源配置工程复杂地质条件下高水压盾构输水隧洞复合衬砌结构关键技术研究》项目推进最艰难的时候，项目人员电话咨询档案室，档案室通过档案系统查询推送《西江引水工程盾构输水隧洞衬砌形式的选择与设计》等 20 多个参考资料，当时档案工作人员本着热情服务、尽可能多地提供相关资料参考的态度积极对待每项日常利用要求，但是此举竟然为《珠江三角洲水资源配置工程复杂地质条件下高水压盾构输水隧洞复合衬砌结构关键技术研究》项目原型设计提供了重要参考，解决了 80% 的基础工作，极大地缩短了研究时间。

四、效果及影响

（一）信息价值

珠三角供水公司打造好用易用的档案管理系统，使科研档案的查询利用全面覆盖重大建设项目参建各方人员，为档案利用者提供了更加综合全面的信息。公司严格遵循科研项目档案的一般规律，对科研项目档案进行了合理的分类、整理和编研，在科研的实施过程及后期验收总结中，提供了大量完整可靠的信息资源，为科研项目成果转化提供了坚实的基础。截至2021年7月底，已发表论文53篇，专利已授权43个（其中发明专利23个，占比53%），已完成软件著作权3项。

（二）经济价值

项目科研档案与施工档案同步集中管理，确保了科研项目成果在主体施工中得以迅速转化。截至2021年7月底，已实施的科研项目共计22个，其中13项研发成果在设计和施工中得到应用。尤其是《珠江三角洲水资源配置工程复杂地质条件下高水压盾构输水隧洞复合衬砌结构关键技术研究》《珠江三角洲水资源配置工程小跨度超深竖井与泵站基坑支护的新技术及变形控制研究》《珠江三角洲水资源配置工程高性能自密实混凝土及壁后注浆材料研发关键技术研究》项目相关成果及档案资料的大量应用，直接为珠三角工程全线全面开始盾构、衬砌施工提供了可能性，为推进珠三角工程赢得宝贵时间，预计整体工期将提前半年。珠三角工程作为粤港澳大湾区重大水资源工程，早日通水可早日获得实现工程运营收入，按照每年输水17亿立方米计算，假设按1.5元/m^3的水价计算，提前半年通水将实现营收约12亿元。

（三）管理价值

由于科研在项目建设中"开先河、探新路"的特殊使命，科研项目档案的利用价值特别重要和突出。为了做到科研项目档案同步管理、深度利用，珠三角供水公司采取了制度先行、样板先行与资源整合等措施，极大促进了科研项目档案开发利用水平，带动了公司档案管理工作水平的整体提升，展现了企业严谨奋进的精神风貌；同时，良好的示范作用进一步促进了参建单位管理工作能力的提高,更好地融合了各方力量,凝心聚力推动珠三角工程的高质量建设,为大湾区发展贡献了档案力量。

案例形成单位:广东粤海珠三角供水有限公司
案例形成人:夏永强、舒莎

崖洞里的初心

——宣汉县土主变电站

一、案例概述

2017年以来，国网达州供电公司充分利用"三线"建设历史档案，深度挖掘"630"变电站（原川东电力指挥部代号为"630"的110千伏宣汉土主变电站）档案价值，创新建设了一个凝聚党内政治文化、电网"三线"文化、国网优秀企业文化的"630"党员初心教育基地、达州市爱国主义教育基地。结合公司电力发展史，通过实景教学方式展示"三线建设"时期档案、"630"变电站人物轶事。截至目前，公司内外110余个党支部、2.5万余人次现场接受了爱国主义教育。

二、实施背景

20世纪60年代，在当时国际形势日趋紧张的情况下，为加强战备，在我国中西部地区的13个省、自治区进行了一场以战备为指导思想的大规模国防、科技、工业和交通基本设施建设，史称"三线建设"。"三线建设"中，一线地区指位于沿边沿海的前线地区；二线地区指一线地区与京广铁路之间的安徽、江西及河北、河南、湖北、湖南四省的东半部；三线地区指长城以南、广东韶关以北、京广铁路以西、甘肃乌鞘岭以东的广大地区，主要包含四川、重庆、贵州、云南、陕西、甘肃、宁夏、青海等省区，以及山西、广西等省区的部分地区，其中西南的川、贵、云和西北的陕、甘、宁、青俗称"大三线"，一线、二线地区的腹地俗称"小三线"。

1964年至1980年期间，国家在"三线"地区共审批了1100多个大中型建设项目，达州、万县、梁平等地大规模兴建国防、铁路、石油、机械、冶金、化工等基础工业，用电需求迅猛增长。1966年8月，为保障襄渝铁路、国防、军工等单位建设用电,由西南电力建设局、重庆电业局等单位抽调了一批优秀干部人才组建川东电力指挥部(图1)。同年10月,根据西南电指综字〔66〕34号文

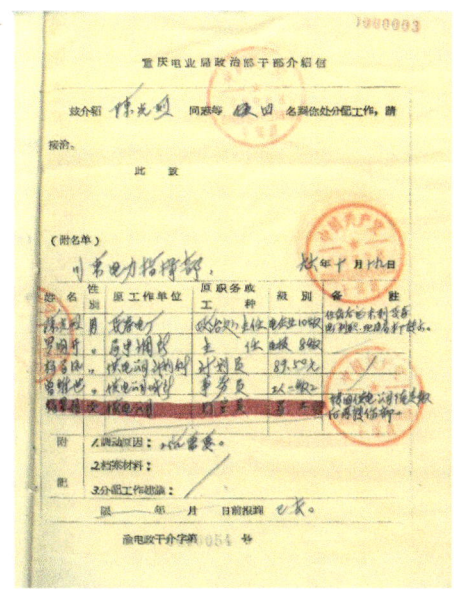

(a)部分人员工作调动介绍信

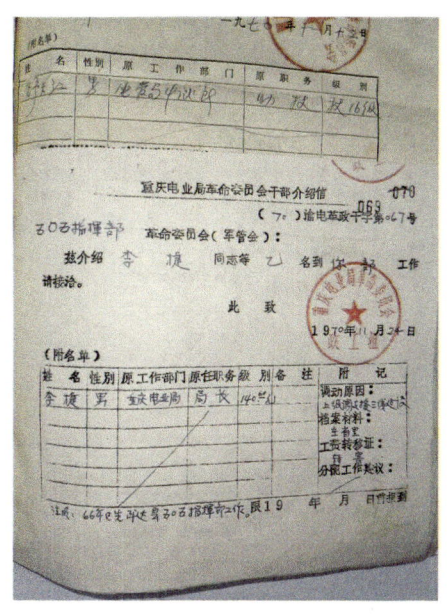

(b)最早到达川东电力指挥部的中共党员干部组织介绍信(李捷,男,1966年支援三线建设前即任重庆电业局局长)

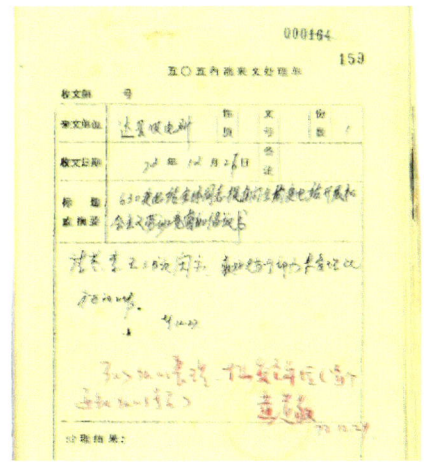

(c)"630"变电站全体党员发起的劳动竞赛倡议书

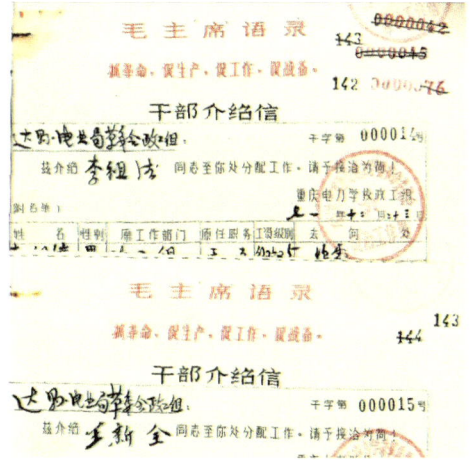

(d)三线建设时期印有"抓革命促生产促工作促战备"的干部介绍信(档号1-1967-03-01-001-142)

图1 抽调人才组建川东电力指挥部材料

（a）20世纪70年代建崖洞中的110千伏变电站

（b）实物档案：站内保存的交直流同步发电机

图2　110千伏崖洞变电站

件，"水利电力部川东电力指挥部"对外联系统称"505指挥部"。1966年10月26日启动了代号为"630"的崖洞变电站（现宣汉土主变电站）建设，在"靠山、分散、进洞"方针指导下，干部员工们跋山涉水、肩扛人挑、挥汗如雨，终于在1970年建成这座110千伏崖洞变电站（图2），该变电站为服务"三线"地区重点单位供电。

时光荏苒，岁月变迁，唯一不变的是电力人的初心——坚定不移跟党走，全心全意为人民服务。"630"变电站不仅是在中国共产党领导下取得辉煌成就的案例，也是电力人艰苦创业建设的载体。退出运行的老旧变压器、风雨飘摇的职工宿舍、第一位站长在崖壁上手写的"安全为了生产，生产必须安全"的标语、使用过的"蓑衣""马灯"等珍贵历史档案无不印证着当年艰苦奋斗的场景（图3至图5），这些珍贵的档案是"三线建设"的历史见证，蕴含丰富的人文精神，是公司企业文化建设的一笔宝贵的精神财富。

(a)"630"变电站第一任站长徐重发崖壁手书"安全为了生产,生产必须安全"的标语

(b)二号崖洞"好人好马上三线,备战备荒为人民"历史标语

(c)"人民电业为人民"标语

图3 "630"变电站历史标语

(a) 刻苦攻关学习室

(b) 艰苦朴素的生活区

图 4 "630" 变电站员工当年生活学习档案

图 5 "630"历任站长、职工印记

三、创新做法

（一）坚持 1 个思路

以库藏"630"变电站历史档案、实物档案、历任变电站站长亲口讲述为线索，坚持党建文化引领，认真落实国网公司《企业文化建设工作指引》要求，传承红色基因，锐意创新，为开创一流能源互联网企业相适应的优秀企业文化，提供强大的精神动力。

（二）实施"16733"开发模式

1. 挖掘 1 颗初心

在国网达州供电公司供区，至今仍运行和遗留大量"三线建设"时期的单位和变电站，其中蕴含着丰富的地域和电网人文精神，与国网公司新时代企业文化价值理念一脉相承，成为一笔宝贵的精神财富。国网达州供电公司重点挖掘一个保密代号为"630"变电站的故事，展现一代又一代电力人艰苦创业、无私奉献，践行"人民电业为人民"的家国情怀和电力初心。其中佐证的历史资料包括《达州电业局发展史》（"630"变电站的发展脉络及历史背景等信息）、《川东电力指挥部组织介绍信》（在达州电力发展的早期阶段，有大批共产党人组织介绍信都明确记载调动原因为"支援三线建设"）、"三线建设"第一任站长徐重发毕业报到证、崖洞变电站实景实物档案等（涯洞变电站处于宣汉县老君洞偏僻的山沟里，变电站建设要凿掘大量的山石岩土，运输大量的变电物资，其建设即便放在条件较好的现在，艰难的程度也不可小觑）。

2. 提炼 6 种精神

在国网达州供电公司供区，至今仍有大量"三线建设"时期遗存的变电设施和珍贵历史档案资料，其中蕴含着丰富的地域和人文精神，与国家电网有限公司新时代企业文化价值理念一脉相承，成为一笔宝贵的精神财富，其中历史资料包括《宣汉供电局 110kV 土主变电站现场运行规程》《宣汉供电局 110kV 土主变电站调规》《宣汉供电局 110kV 土主变电站常用规程汇编》《事故调查岗规程》《电力简报》《安全简报》《运行日志》和变电站学习运行讲解照片等珍贵历史档案。通过查询这些历史档案、采访历任站长，深度挖掘"630"变电站背后感人至深的真实故事，提炼 6 种原生态精神：爱党爱国、开拓拼搏、无私奉献、爱岗敬业、刻苦钻研、艰苦创业。这6种精神是几代电力人工作、学习和生活经验的总结，也是国网人践行国有企业"六个力量"的充分展现。

3. 打造7处实景

2017年以来，国网达州供电公司党委充分利用土主变电站保存完好的崖洞、变电站墙壁早期"好人好马上三线"等宣传标语、历史时期两台退出运行的主变压器、变电站早期大量生产生活建筑物等，深入挖掘"三线建设"精神内涵，累计投入资金150余万元，建成了"630"党员初心教育基地，还原当年工作、生产、生活场景，再现艰苦奋斗创业环境。基地为公益性宣传教育场所，展陈面积1100余平方米，分为爱党爱国见忠诚、开拓拼搏建功业、无私奉献锤党性、爱岗敬业守初心、刻苦钻研争先锋、艰苦创业显本色、继往开来铸辉煌7处实景教学点，通过大量珍贵的文字、图片、视频、实物，还原当年的工作场景、生活场景，实现"可视、可听、可讲、可触、可感"的5D教育效果，多个角度丰满教学内容，感染参观学习人员。

4. 开展3类教学

一是讲历史故事，以"三线建设"的历史背景，通过徐重发、江礼全等13任站长讲述"630"变电站背后感人至深的故事，以实物讲述历史，以故事感召人心，针对员工开展实景教学，体验几代电力人工作、学习和生活的场景，推动员工继承和发扬老一代电力人艰苦奋斗的优良传统；二是利用川东电力指挥部历史沿革和"630"变电站发展档案，把相关档案图片上墙，以视觉对公司党员开展情景教学，常态开展"不忘初心、牢记使命""带上感恩心、播撒电网情"等形式多样的党性教育、爱国主义教育和思想道德教育活动；三是讲企业文化，以"630"变电站党员组织介绍信、学习简报、劳动竞赛倡议书、学习毛主席著作座谈会纪要、工业学大庆全局学"630"变电站会议情况等历史档案，讲述"630"变电站团结、拼搏、奉献、敬业的精神，传播国网企业文化。

5. 实施3种传播

利用"630"变电站历史文件、照片、实物档案、历任站长讲述等材料制作了《崖洞里的初心》教育视频，在行业内、系统外和公众媒体开展分类传播，提升品牌影响力；主动向各级党委政府汇报沟通；充分运用微信公众号等新闻媒体进行社会传播，展现国网优秀企业文化品牌。

（三）新媒体环境下的宣传模式

随着电脑和智能手机的普及，自媒体快速发展，人们更倾向于通过便捷、即时的网络来获取各种信息。国网达州供电公司充分利用现存档案资料、关键人物采访等方式，制作《"630"党员初心教育基地》《"630"的启示》专题宣传片，通过银幕方式感染参观学习人员。同时，通过国网档案、"学习强国"、先锋川电、微博等方式大量传播"630"党员初心教育基地相关情况，持续传播国网公司优秀企业文化。

充分利用"630"基地，推进中央党校"630"工作站建设，充分发挥阵地作用，组织系统内开展党史学习教育，深化"红色基因、电力传承"实践活动，教育引导党员干部进一步传承党的光荣传统和优良作风。对系统外开展党性教育、公民道德教育、爱国主义教育。

四、效果及影响

国网达州供电公司通过挖掘电网"三线建设"档案文化，建设"630"党员初心教育基地，感召人民电业初心，成效显著。

（一）基地创建实施过程

"630"党性教育基地于2017年年底开始筹备，依托公司档案资源，追寻发展脉络和开展资料收集，高度提炼档案文化，2018年年底形成档案文化、企业文化教育展示基地；2019年7月，国网达州供电公司党委通过再次查询大量历史档案资料（"630"变电站三线建设时期大量组织介绍信、建设资料、学习纪要、机构沿革、《达州电业局发展史》2002版第三节"三线建设"急需用电供电网络加快建设等材料），采访历任站长等方式再现"630"变电站背后感人至深的真实故事，再度创新挖掘出凝聚党内政治文化、电网"三线"文化、国网优秀企业文化的"630"党员初心教育基地。2020年6月，"630"变电站成为达州市首家新时代公民道德教育基地，对系统内外党员群众开展党性教育、公民道德教育、爱国主义教育。

（二）丰富档案载体，展现国网文化

用有限档案资料与实景结合，将家国情怀与电网发展紧密联系，展示了"三

线建设"时期电网巩固国防、服务军工;"四化建设"时期电网服务工农业发展、服务经济建设;新时代电网服务人民对美好生活的向往,增强客户电力获得感,展现了国网人与祖国共奋进的光荣历程。

(三)创新了档案教育平台

"630"变电站依托天然崖洞而建,运行至今,在四川省内独一无二,放眼全国亦属罕见,是讲述国网故事、传播电力文化、拓展档案工作视野的示范教育平台。档案教育通过对特殊档案实地情景接触、视频传播,用员工喜闻乐见的方式,对电力文化和电力初心进行人格化、故事化诠释传播,实现"可视、可听、可讲、可触、可感"的5D文化效果。组织市级公司系统档案人员50余人次、公司内外110余个党支部、2000余名党员到"630"基地进行参观学习,迄今为止接待总人数达2.5万余人次,丰富了档案文化、档案宣传形式。

(四)激发电网初心

通过还原当年艰苦创业环境,再现生产生活场景,以实物档案讲述历史,以故事感召人心,既是一部川东北红色基因、优秀地域文化与电力创业发展史高度融合的壮美历史诗篇,又是公民道德教育的鲜活教材。

(五)将公司档案文化开发提到新高度

国网达州供电公司将"630"基地有限的档案资源深度挖掘提炼,其党课课件《崖洞里的初心》获评国网公司优秀情景党课第三名,纪录片《"630"的启示》感染行业内外参学人员,档案价值利用视频《崖洞记忆》参与国网公司建党百年档案展。"630崖洞变电站"纳入省公司党委"1+N"党性教育基地建设,成为达州市首家新时代公民道德教育基地,获得四川省委宣传部和达州市委宣传部高度评价。在档案工作中,一线档案人员往往注重于收集归档,应付于开发利用工作,特别是新时代新媒体档案,挖掘"三线建设"档案文化为公司下一步开发利用公司档案提供了新参考,为公司档案价值的发挥提供了有力的探索。

案例形成单位:国网达州供电公司
案例形成人:刘勇、向平、马静、吴冰冰

中国白酒文化的活化石

——"金徽酒海"的抢救保护与开发利用

一、案例概述

金徽酒工艺传承及陈列的许多文物，都承载和见证了中国白酒的历史记忆。其最具代表性的储酒容器——金徽酒海，是全国酒类文物中重要的实物档案。

2018年7月，徽县档案馆在对馆藏的民国档案整理中，发现了一件已存放四百多年（明万历八年，即公元1580年）的档案——金徽酒海的制作工艺，揭开了金徽酒海神秘的面纱，开启了实物档案开发利用的新篇章。酒海档案的抢救和酒海制作工艺的再现，从实物层面上为考证金徽酒的历史奠定了坚实的史料基础。经国家文物部门鉴定，金徽养酒馆馆藏的50具酒海中，6具为国家一级文物，5具为国家二级文物，33具为国家三级文物，一般文物6具，是我国沿用至今年代最久的木质酒海，这些酒海被称为见证中国白酒历史文化的"活化石"。

二、实施背景

白酒是中华民族独一无二的精神文化产品，也是中国优秀传统文化的杰出代表。千百年来，白酒渗透于中国人生活的方方面面，成为中国人民骨血相融的情感纽带。白酒行业源远流长，在中国的历史发展变迁中占有极其重要的地位。发现、恢复、开发和利用白酒档案资源，对于梳理地域历史文化、见证经济社会和行业发展史变迁具有重要意义。

作为中国白酒文化的重要组成部分，金徽酒的文化不仅有根有据，而且历史文化积淀厚重。金徽酒地处秦岭南麓嘉陵江畔的甘肃省陇南市徽县。这里群山环抱，植被茂密，气候温润，冬无严寒，夏无酷暑，是微生物群落繁衍生息的天堂，拥有不可复制的独特酿酒生态环境。金徽酒酿酒历史悠久，据当地出土文物考证，距今4000多年以前，徽县先民就开始酿酒。公元1134年，抗金名将吴玠在徽县南部仙人关以三万之众大败侵犯南宋的金兵主帅兀术的十万铁骑，取得了仙人关大捷,当地民众抬徽酒犒劳将士,金徽酒从此声名远扬。到明清时期,金徽酒经技术革新和工艺改进,齐聚伏家镇傍"神泉"争"海眼",出现了很多酿酒的作坊,像"晋绅坊""宽裕成""金隆魁""公信福"等驰名的酒坊数十家,成为远近闻名的西部酒乡。

2018年7月,徽县档案馆对库存档案进行全面清库整理中,工作人员在清理民国档案时,发现了一件明朝万历八年(公元1580年)的档案。该档案已存放四百多年,历经几个朝代多人搓揉而破旧不堪。经技术人员紧急抢救裱糊后,字迹清晰可见。综合相关史料、有关专家研究成果及徽酒的历史传说,可对此档案作如下解读:此档案作者为明朝万历八年,祖籍为秦州之北,在伏家镇神泉处办"万盛魁"酒坊的李氏传人。从书写格式及书体记载形式,应为写在土纸上的随笔札记。内容为存酒器具酒海的制作工艺流程,对酒海的材质特点、裱糊的材料及工艺记录得比较翔实。另外还透露,其先祖在唐宋时期就已经制作使用酒海,且远传辽东大连一带。到他这一辈,酒海已经使用四百余年,工艺完全成熟。徽县境内还出现专门从事酒海制作的作坊。

三、创新做法

酒海档案的抢救和再现,从实物层面上为考证徽县历史,特别是金徽酒历史奠定了坚实的史料基础。2015年12月,经国家文物部门鉴定,这50件酒海全部被列为国家级文物。其中,一级文物6件,二级文物5件,三级文物33件,一般文物6件。明代万历八年的酒海,是我国沿用至今年代最久的木质酒海,这些酒海至今仍然储存着金徽高端原酒,被称为中国白酒历史文化的"活化石",更是中华酿酒史上"现象级"的文化遗存,是中华文化传承的基因密码,是活着的酿酒传奇。

为了开发和利用金徽酒档案资源,金徽酒股份有限公司联合徽县档案局、徽县县志办主要开展了以下几方面的工作。

(一)通过技术手段修复珍贵档案资料

修复后的档案全文:

"白酒兴起需大量之器具。祖上经唐宋起,常亦用非铜、非铁之器具存酒,曾做酒笼酒柜亦称酒海。何谓酒海?寄之大也。胜数缸及坛。其制作之法,用上好槐木。槐木无味,耐水浸,槐亦有富贵吉祥之意也。其它木材逊于槐木。槐木改寸厚，制成柜状，内用此地之土纸，其纸为构皮缫成，柔而韧。纸上涂猪血入蜂蜡荞面等物粘糊之。其时多选夏天天干之时，利其干透，否则不易干。且要一层糊好晾干，方可复糊，否则渗漏无法修复也。所糊层数，亦视其酒海之大小而定。因何用猪血糊之？

据先祖在唐宋试制酒海时记之，酒海制作之术传入辽东、大连等地，多用鹿血，而我陇右鹿少之。曾也用牛羊血，但欠佳。而猪血凝之快也，遇酒则韧也，使用时长也。况农家饲养多，取之便也。祖上在神泉建万盛魁酒坊，后，宋吴玠大元帅敬酒祖、定酒名，使用酒海已达四百余载。由小及大，工艺成熟也。在县境内除吾作坊外，亦有专门制作酒海之作坊也。酒海不干，海藏佳酿，海养琼浆。吾以记之，以示后人。此仅为制作之要则也，其粘糊之配方及层数与天地之合，另记附后。万历八年仲夏记之。"

档案清晰再现了徽酒的历史、传承、制造技艺和储存工艺。

（二）通过史料研究形成翔实的文字资料

徽县县志办牵头，与金徽酒合力，通过反复查阅研究大量的历史资料，参阅其他相关文献，从尘封久远的、散见于各种典籍的故纸堆中寻找文字记载并相互印证，挖掘整理大量在民间广为流传的故事和传说，逐渐记录成册，最终形成《金徽酒文史资料选编》，并由甘肃文化出版社刊印出版。这部著作融史料、方志和艺文于一炉，既有史料价值，又有可读性和趣味性，是挖掘徽县历史文化遗产方面较有分量的一部地情资料著作。

（三）通过基础设施建设有效保存和展示实物档案和文物

甘肃陇南徽县国家 4A 级景区的金徽生态酿园中，樱花缤纷，绿水环绕，酒香四溢，为了有效保护 50 具酒海，金徽酒公司建成了金徽酒养酒馆，它是金徽酒文化展览馆二期工程，是首批由甘肃省委、省政府授牌的"历史再现"工程的展览馆。金徽养酒馆秉承"以德养酒，天人合一"的设计理念，共分为地上三层地下一层。藏酒面积近 30000 平方米。其中一层、二层均为陶坛储酒区，三层为品酒区，负一层为私人订制、祭祀酒神、封坛窖藏区。其中，养酒馆一层、二层陶坛储存金徽的高端酒，陶坛是传统的白酒储存器具、有白酒的产生就有陶坛的伴随。白酒有一个储存，也就是滋养的过程，俗话讲，好山好水酿好酒，金徽酒之所以有优良的品质，就在于有独特的酿造环境，因为只有在独特的环境中才能酿好酒、储好酒、养好酒。而在酒与环境中起传导作用的就是陶坛。陶坛内部呈蜂窝状结构，透气不渗水，陶耐浸泡，无邪杂味，正是陶坛这种特殊的结构，使之成为中国千年来储酒的主要器具。在地下一层，金徽酒保存着完整的文物级国槐酒海库。

（四）在持续做好文物保护的基础上，利用酒海储存的原酒开发高端产品

金徽酒在多年保护金徽酒海的基础上，结合现代化高科技技术进一步做好金徽酒海的保护工作，将金徽酒海文物群保护好、传承好。公司与江南大学展开合作，对老酒海里的酒进行分析、鉴定，用老酒海的酒开发金徽酒高端产品，并在古老酒海独特的储酒方式启发下，出品一批时间长、品质高、规模大的高端产品，满足消费升级中的品质化、个性化、定制化、体验化、人性化需求，打造金徽酒迈进高质量、高端的系列拳头产品。金徽生态酿酒园是国家 AAAA 级旅游景区和全国绿化模范单位，金徽酒把生态价值看作生命价值的关键部分，在用现代科技保护好金徽酒海的前提下，将金徽酒海作为景区对外开放的一个景点之一，让更多的人看到酒海，体验到活的酒文化。

四、效果及影响

金徽酒实物档案的发掘、抢救、保护、开发和利用，产生了积极的经济效益和社会效益。

（一）为地方历史文化的追溯奠定了实物基础

据《徽县志》记载：白酒酿造是徽县的传统产业。徽县城关镇、伏家镇大量出土的汉代酿酒、饮酒器皿说明，早在汉代，徽县先民就掌握了酿酒技术，酿制出了醇香的美酒。从徽县出土的西汉以前的各种陶器来看，徽县在西汉以前酿酒业已有较大发展，出土的文物大部分都是酒器，如大口樽、瓷、底部有孔漏气的大型陶器，它们也可以作发酵、储存、沥酒之用。这些"盆、钵、罐、瓷、瓶、灶、甑"等，除部分是酿酒器皿外，大部分是储存、饮酒的器皿。从伏家镇、泥阳镇、城关镇出土的西汉时期青铜扁酒壶和觯钫、罍、卣等来看，以上酒具在徽县是繁多和流行的。金徽酒海既是金徽酒悠久历史的见证，更是地方历史文化的实物见证。

（二）延伸了地方档案馆馆藏上限时间 400 年

金徽酒文史档案的发现对研究和挖掘金徽酒文化具有非常重要的意义，特别是使得徽县档案馆的馆藏上限由原来的 1926 年前推到了 1580 年。换句话说，这一档案的问世，将徽县现有馆藏档案所印证的历史整整向前推进了近 400 年，极大丰富了徽县地方档案的储存和研究工作。

（三）丰富和拓展了地方历史文化内涵

便利的交通，带动了经济的繁荣。商贾从青泥古道上运送出本埠的主打产品是徽酒、铁锅、铁铧以及麻纸，换回来的是白花花的银子和布匹、茶叶、食盐等生活必需品。明清、中华民国一直到中华人民共和国成立，白酒都是徽县政府税收的主要来源，有许多关于白酒税收、偷税漏税处罚等档案可以证明。馆藏民国档案中，2 号全宗第 478 号案卷是"关于查看查封各乡烧坊窑口情况的报告"，内容：窃职等奉命于月之十九至二十二日赴各乡查看烧坊有无私酿情事等因，兹以巡查完竣，理合将各烧坊现立窑口及查封情形列表呈报恭请鉴核。查封的大小烧锅作坊有德盛源、承华泰、纯发涌、协生隆、纯发庆、隆丰涌、南凤酒庄、永丰酒庄、永盛公、鼎新永等，共计 68 个窑口。查封原因为"有无私酿情事等因"。查封的私酿酒坊如此之多，足以说明了当年徽县酿酒业的发达盛况。

（四）建成了以金徽养酒馆核心的旅游景区，带动文化旅游产业的进一步发展

金徽酒股份有限公司按照国家食品安全标准建设的金徽酒生态酿造园，建设布局合理，春花夏荫，四季常绿，万木争荣，百花斗艳，酒味飘香，沁人心脾，亭台楼阁，碧湖喷泉，鱼嬉蝶舞，清新怡人，充分展示了现代工业文明的自然之美、清洁之美、健康之美、和谐之美。开放式的白酒生产流程，引人入胜的生态园区，展示金徽酒悠久历史的酒文化博览馆，吸引了省内外众多的消费者和游客游览金徽生态酿酒园，见证金徽酒的生产全过程，品尝金徽佳酿，感受金徽酒深厚的文化底蕴。我国酒界泰斗沈怡方先生在考察金徽酒后称赞是一个花园式工厂，在全国白酒行业中也为数不多。金徽生态酿酒园生态环境优越，植物种类丰富多样，拥有特有的酿酒生物群落，为盛产金徽绿色健康的好酒提供了坚强保证。公司建成了西北最大的生态白酒酿造基地，被评为国家 AAAA 级旅游景区，

主打的"金徽之旅"和"浪漫樱花节"每年可吸引20多万游客观光旅游。以展陈50具酒海为核心的金徽养酒馆,成为金徽酒的镇厂之宝。

(五)有效促进了陇酒文化和陇酒行业的发展,助推金徽酒成为"甘味"品牌的代表走向全国

金徽酒海成为金徽酒特有的名酒基因,成为金徽品牌独有的品牌符号,"酒海藏,年份长"成为金徽独一无二的品质密码。1951年,在"永盛源"等白酒(烧酒)作坊的基础上组建国营金徽酒厂,是全省建厂最早的中华老字号白酒酿造企业。1960年,"金徽酒"成为全国首批获准国家注册的白酒品牌之一。1978年,公司研发成功"陇南春酒",享誉大江南北,成为西北名酒。2007年以来,金徽酒通过改革创新进入跨越发展的新时代。2016年3月,公司成功在上海证券交易所A股上市,成为全国白酒上市公司。2020年10月,复星集团控股金徽酒,金徽酒成为复星快乐板块的重要成员。

(六)金徽酒海赓续的历史文化助推了金徽酒的跨越发展

不可复制的生态酿酒环境和独有的低温酿造工艺,造就了金徽酒"只有窖香没有泥味"的独特品质,是国内为数不多同时获得"中华老字号""纯粮固态发酵白酒""国家地理标志保护产品""绿色食品"和"绿色工厂"等多项国家级权威认证的白酒企业。通过10多年不懈努力,金徽酒发展成为全省规模最大、品牌知名度最高、纳税最多的白酒企业。2007年至2020年,公司累计实现销售额超过160亿元,上缴税费超过38亿元,为地方经济社会发展作出了积极贡献。目前,金徽酒开启二次创业新征程,加快实施"建成中国大型白酒酿造基地,打造中国知名品牌,跻身中国白酒10强"第三大发展战略。公司将布局全国,深耕西北,重点突破,把金徽酒打造成以白酒酿造为主业的大型产业集团。按照公司五年发展规划,到2023年公司营收将超过30亿元、实现利润6亿元,上缴税费8亿元。站在新的历史起点上,公司内生式增长和外延式发展相结合,将奋力实现跻身中国白酒十强的宏伟目标。

案例形成单位:金徽酒股份有限公司
案例形成人:张斌、张智良

喀什地区档案馆脱贫攻坚档案利用开发案例

一、案例概述

喀什地区地处新疆的西南部，国土总面积 16.2 万平方千米。下辖 12 个县市全部为贫困县，其中 11 个为深度贫困县，占新疆贫困县的 50%；1543 个贫困村，其中深度贫困村 1021 个，占新疆的 47.9%。党的十八大以来，在各级党组织、各族人民共同努力下，喀什地区区域性整体贫困得到解决，完成了消除绝对贫困的艰巨任务，在此过程中产生了大量的档案资料，这些档案资料的利用和开发，具有良好的社会效益和经济效益。

二、实施背景

喀什地区作为"三区三州"深度贫困地区之一，完成脱贫摘帽的艰巨任务，圆了几代人的小康梦，为各族人民生产生活带来了前所未有的变化，充分彰显了中国共产党领导的社会主义制度的优越性。脱贫攻坚档案作为这一伟大壮举的原始资料，客观记录、精准反映了喀什地区脱贫攻坚的艰辛历程及取得的巨大成就，是对前期精准扶贫、精准脱贫工作经验的总结，通过规范整理和利用，不仅保存了脱贫攻坚的历史进程纪录，也对今后各项工作具有指导和借鉴意义（图 1）。

脱贫攻坚档案的开发和利用主要体现在：一是开发，脱贫攻坚档案承载了一段时间内喀什各级党组织围绕脱贫攻坚所实施的一系列的政策方针，是异常珍贵的历史资料，其历史经验、工程建设、人文地理资料等极具开发价值。二是利用，围绕地委中心工作，采取编印专题文件目录、专题资料汇编、举办展览等多种形式，通过对档案信息的采集、分析，展现档案在经济和社会各项事业发展中的价值和作用，推进各项事业的发展。

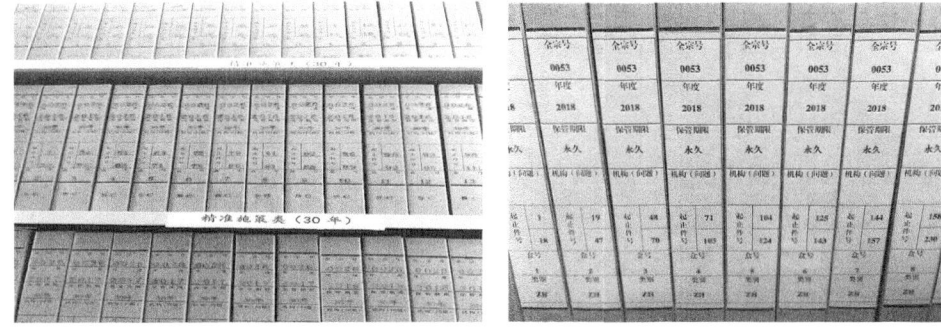

图 1 喀什地区档案馆中档案

脱贫攻坚档案的开发利用工作的价值主要表现在三个方面：一是凭证作用，脱贫攻坚档案是反映喀什地区脱贫攻坚过程的真凭实证，客观记录、精准反映了喀什地区脱贫攻坚的艰辛历程及取得的巨大成就。二是依据作用，脱贫攻坚档案为实施水利工程、安全饮用水、易地搬迁、国家脱贫成效验收普查等提供了翔实的资料记载，确保各项工作顺利开展。三是参考作用，脱贫攻坚档案为乡村振兴、党史教育等各项工作的开展提供参考、借鉴经验，使利用者直接获得信息，缩短收集信息的时间，提高工作效率，推进各项事业的发展。

三、创新做法

（一）加强档案资源建设

开发利用档案信息资源，拥有档案是基础。最大限度地收集是最大利用的前提和保证，只有大力加强档案资源建设，注重做好档案收集工作，档案信息资源的开发利用工作才有可能做得更好。为确保脱贫攻坚档案的收集整理工作顺利进行，制定详细的实施方案，各级部门通力合作，以喀什市扶贫办、喀什市色满乡扶贫办、色满乡3村扶贫工作站作为第一批县、乡、村脱贫攻坚档案试点单位，通过试点先行、以点带面、统筹推进的做法，做到"应收尽收、应存尽存"。经各级部门努力目前已建立起集地、县、乡、村四级较完备的脱贫攻坚档案专题目录数据库，切实履行好了"为党管档、为国守史、为民服务"的光荣职责，客观反映了党和国家发展重大进程中的真实历史面貌。

（二）积极运用现代信息技术手段

积极、主动运用现代信息技术，全面传递信息，是开发利用档案信息的主要途径。为满足档案利用者的需求，建立了地、县、乡、村四级电子目录数据库，并以喀什市、塔什库尔干县、莎车县、叶城县为试点，将反映脱贫攻坚历史的全部档案进行数字化处理，为利用者提供了更加快捷有效的服务，能够高效、准确调卷，最大化满足利用者需求。

（三）大力宣传档案工作

档案信息资源的开发利用需要全社会的积极支持和参与，为更好地利用脱贫攻坚档案、展现脱贫攻坚工作的全过程，最大限度地发挥脱贫攻坚档案资政育人、服务社会的宣传效用，开展了档案知识测试4次，涉及15万人次，扩大了档案工作的影响，使档案走向社会，提高和强化全社会档案利用的意识。同时，借助自媒体、互联网、宣传屏、宣传单等媒体，宣传档案法律法规，普及档案知识，向社会传递档案信息，吸引人们更好地利用档案。

（四）提高档案工作者素质

按照《新疆维吾尔自治区精准扶贫档案整理手册》及相关档案管理规范和整理办法要求，对脱贫攻坚档案涉及的各门类载体档案的整理办法进行详细系统的培训讲解，并分别组织了由专职和兼职档案人员参加的理论培训班、实操培训班、观摩推进会、调度会等10余场次，累计举办各级各类培训班171期，通过精准培训、强力推进，为档案服务工作提供了人才保障。

四、效果及影响

坚持把脱贫攻坚档案的收集整理贯穿整个脱贫攻坚全过程，同时在脱贫攻坚的过程中信息资源不断转化为生产动力服务于脱贫攻坚，向脱贫攻坚决策部署及档案利用者提供有力支撑，取得了可观的社会效益，得到了社会各界的认可和支持，推动档案工作不断走向大众、走向社会。

一是在深入实施水利扶贫、易地搬迁工程中，高效提供了水文、地质、人文、环境、土壤等档案史料。脱贫攻坚以来，喀什地区实施了多项农村安全饮用水巩固提升工程，实现了12县市农村人口现行标准下饮水安全全覆盖。在项目实施过程中，涉及多年来的水文、地质、环境、土壤等多种类档案，其中仅实施水利扶贫、易地搬迁工程提供利用档案236次，1305份，全力保障了工程项目的实施，全地区基础设施条件得到历史性改善，贫困群众的生产生活条件得到前所未有的改变。

二是充分利用脱贫攻坚档案信息资源，编写脱贫攻坚故事汇、脱贫攻坚典型事例汇编、第一书记话脱贫等材料，通过脱贫攻坚新旧对比照片、视频、喜剧表演等干部群众喜闻乐见的方式，纳入当前"四史"教育、红色教育、新时代文明实践中心等，展现新时代喀什各族干部群众，在中国共产党的带领下像石榴籽一样团结在一起、奋斗在一起，众志成城打赢脱贫攻坚战的光辉历史，充分发挥档案资政育人的作用。

三是为喀什地区12县市的脱贫攻坚普查提供了翔实的档案资料，提供使用建档立卡户普查表、行政村普查表、县普查表等档案资料，全面展现了喀什地区脱贫攻坚成效，顺利地通过了国家审核验收。

四是将脱贫攻坚实践证明切实管用有效的工作机制、政策措施等进行总结利用，平移到乡村振兴的战略框架下，推进接续减贫工作，促进脱贫攻坚与乡村振兴有效衔接，实现各族群众稳定脱贫、逐步致富。

五是为加强返贫监测和动态帮扶，监测脱贫户就业、产业发展等方面提供了纵向联动、横向对比的客观资料，有效预防脱贫户返贫等，巩固脱贫成效。

喀什地区作为新疆脱贫攻坚的主战场，贫困人口多、贫困程度深、致贫原因复杂。各族干部群众投入了大量的智慧、心血，解决了一系列的问题、形成了一系列具有喀什特色的经验做法，脱贫攻坚档案作为这一伟大壮举的见证者，在今后进一步的开发利用中,必将产生更大的社会效益、经济效益、生态效益,具有更加深远的意义。

案例形成单位:喀什地区档案馆

案例形成人:殷浩、叶芳、王新兰、戈惠娟、姑丽·克孜阿不都克力木、吴巧丽

建设产品设计档案管理平台，助力企业数字化转型

一、案例概述

为践行企业数字化转型、高质量发展理念，降低成本，提升效率，规避信息不对称，中车大连机车车辆有限公司（以下简称中车大连公司）、积极探索利用数字技术手段实现机车全产品设计档案的创新管理与利用方法。《产品设计档案管理平台》于2021年5月上线并通过验收，实现了产品设计档案全过程管理与机车全产品在设计、生产领域全面应用，为产品设计档案的安全管理与无纸化办公奠定基础。

二、实施背景

随着信息化、数字化建设高速发展，产品设计档案利用与归档成为中车大连公司发展的重点建设内容，作为国家重点轨道交通装备行业，有"机车摇篮"之称的中车大连公司有着丰富的机车产品与大量的产品设计档案。建设产品设计档案管理平台，实现产品设计档案的信息化利用，为相关行业及其他制造业产品设计档案归档工作探索成功经验是中车大连公司作为国内机车行业引领者的义务和职责。

作为具有自主设计研发生产能力的机车总装厂，中车大连公司十分重视企业的数字化转型与设计研发工作的信息化建设，档案管理人员自2012年开始，对历史产品的纸质设计图文档案进行数字化加工，同时机车设计业务系统的应用产生了大量的产品设计档案。这些资源是国家及中车大连公司重要的档案财富，但因其数量大、种类繁多、管理难度高，传统的档案管理模式存在弊端，与中车大连公司整体发展已不相适应。

（一）大量数字化加工文档，亟待信息化管理

自 2012 年开始，中车大连公司档案工作人员对纸质产品设计档案进行数字化加工，耗时 8 年，覆盖所有历史产品，完成 120 万张纸质设计图文资料电子化归档，但该类档案因频繁变更且利用模式较传统档案存在巨大差异，难以按照传统的档案管理模式进行管理。

（二）业务系统数据量大，亟待电子归档

随着中车大连公司自主设计能力的提升与信息化建设的深入，业务系统产生的产品设计资料激增，传统的档案管理系统无法满足利用与归档的管理需求。

（三）利用模式制约生产效率的提高

随着信息化工作深入开展，对产品设计档案的发布、变更、通知、查阅、保密的要求不断提升，需要快速、自动化的高效模式。传统档案提供的利用方式耗时、费力且审批手续复杂，无法满足现代化制造生产需求。

（四）人工归档不利于精益化管理模式

传统归档模式中，对于归档范围、内容、质量的把控完全依靠档案管理人员与相关业务部门，归档的及时性受人员因素影响，产品设计档案的目录管理、体系管理、版本管理、通知管理无关联性，查询回溯困难，管理录入等工作浪费大量时间，不利于企业精益化管理模式。

三、创新做法

（一）广泛调研、借鉴参考兄弟单位有益经验

工作伊始，中车大连公司通过实地调研等方式充分了解中车齐齐哈尔车辆有限公司、中车长春轨道客车股份有限公司、中车青岛四方机车车辆有限公司等兄弟单位产品设计档案管理办法、下发模式、审批流程等情况，详细比较各单位不同做法的优缺点。在参考兄弟单位经验的基础上，结合中车大连公司业务情况、管理情况、利用场景制定了产品设计档案管理平台建设方案初稿。

（二）相关业务部门充分沟通、完善方案

建设方案初步拟定后，中车大连公司信息管理部与设计研发部门结合公司产品特点、生产组织运转模式，对研发产生的三维模型、二维图纸、技术条件、更改单、工艺产生的工艺方案、工艺卡片、工艺通知、工艺变更等产品设计档案在不同业务部门的使用需求进行深度调研、了解、分析，按产品类别进行产品设计档案存储进行结构化分类，以更科学的类别管理进行构建，并结合上游信息化管理系统的数据组织模式（图1）。

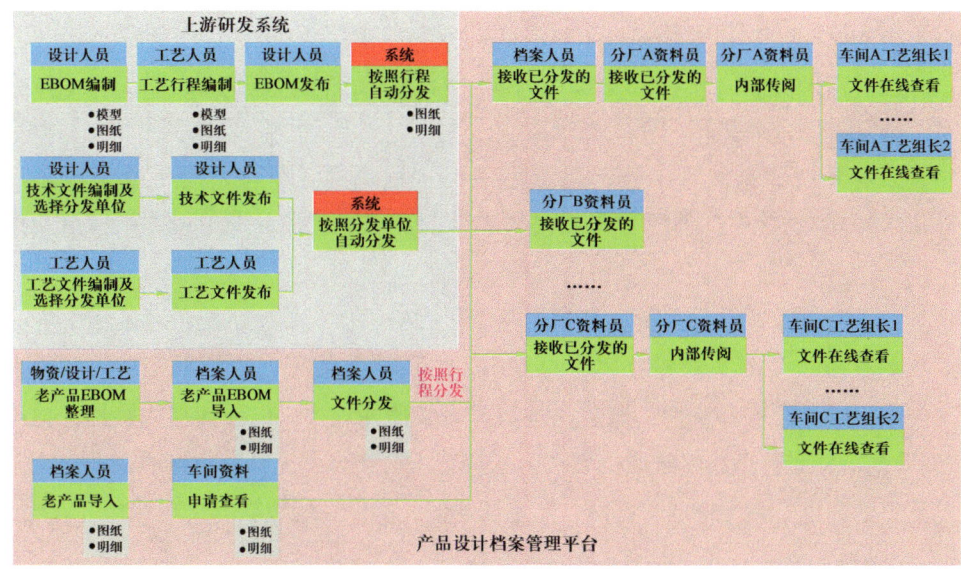

图1　产品设计档案管理平台设计分发方案

（三）统筹策划，高效开展工作与项目实施

以"实现产品设计档案智能归档、线上管理、自动分发、变更留痕的全过程管理"为目标，制订了详细的实施计划，充分发挥部门的业务职能，并通过管理、考核等手段进行建设过程控制，确保工作进度按计划节点有序实施。

（四）制定产品设计档案管理平台管理规范

中车大连公司档案人员全面梳理国家标准、行业标准、地方标准以及中车标准，通过学习、讨论、对照解读书籍等方式研究产品设计档案管理的精神实质，总结产品设计档案管理经验，本着可操作性强、适应公司生产制造与发展战略的

原则，完成了《产品设计档案管理平台使用规范》《产品设计档案归档规范》《产品设计档案数据管理规范》《产品设计档案保密管理办法》等制度的编制，使相关工作有据可依、有章可循，进一步加强了产品设计档案的可靠性、保密性与安全性。

（五）纸质产品图文档案数字化后结构管理构建

为使数字化后的产品图文档案（包括图纸、目录、明细、设计文件、工艺文件等）更好服务生产制造，需将其进行结构化管理，采取以下步骤进行结构化建设（图2）：

（1）根据内燃机车、电力机车、城市轨道车辆等大类，结合产品型号，将图文、通知进行分类整理，导入系统。

（2）开展数据治理工作，对明细中的制造过程进行整理与汇总，并通过Excel导入到系统中，使已导入系统的产品图文档案获得分发单位属性，自动化下发。

（3）安排专职专责人员负责维护电子化扫描工作，加速系统录入工作。

在纸质产品图文档案数字化过程中，沿用档案数字化的标准格式，方便人工智能识别、读取和利用，避免出现数据采集遗漏现象，保证数据完整性，运用"双轨制"档案管理，将纸质档案和电子档案进行整合，充分利用纸质档案对电子档案数据进行追溯、核准、备份、监督和纠偏，确保系统数据的真实性和可靠性。

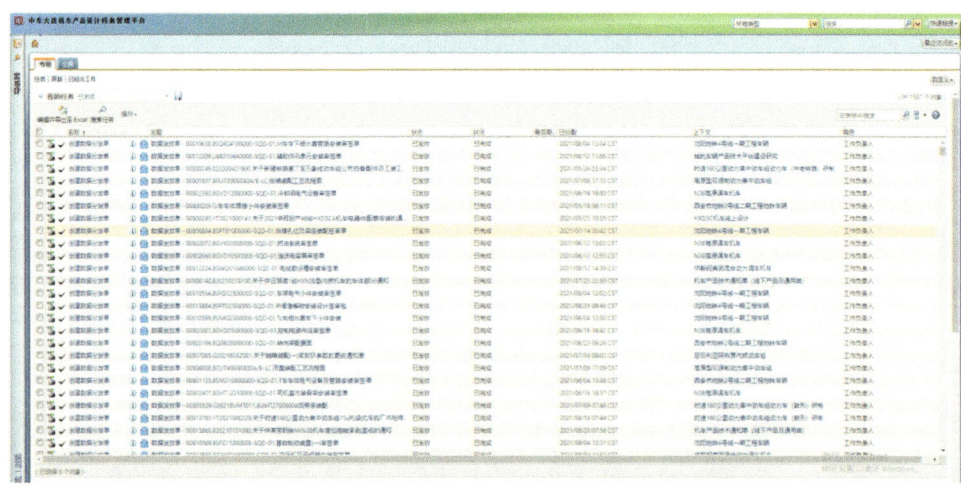

图2 产品设计档案管理平台分发界面

（六）产品设计档案快速下发与生命周期管理

对公司产品文档审签、修订、下发、归档过程展开研究，在研究思路上将沿着纵向和横向两条线索进行，纵向的线索主要是针对公司产品文档在制造业内审签、修订问题展开，横向以公司产品文档下发、归档模式为线索进行研究。通过研发一套产品文档电子化签审发布平台，将两条线索合并，实现公司产品文档的数字化管理与归档。利用数据分析技术，自动识别和分析产品设计档案数据分发单位，系统自动进行数据分发及管理。

（七）流程闭环管理理念实现档案与业务相结合

为确保产品设计档案及时归档、下发、接收、反馈，档案管理部门提出"业务流程闭环"管理机制，强调业务闭环的关键是归档与反馈，由此，系统中的流程终点必设归档与反馈环节，通过归档、反馈管理，使流程发起人员与相关纪律检查人员可以随时查看流程进度，保障信息传递效率，做到档案工作与业务工作的有机融合，从而展现档案的现代化利用价值。

（八）产品设计档案实时利用服务

系统提供实时的档案利用服务，其中数据既有信息化研发系统中的数据又有历史产品的纸质产品图文档案数字化数据，信息详细全面、准确可靠，能够为机车产品设计研发、生产制造、维护维修和经营管理等各项业务活动提供支撑。现阶段，中车大连公司生产各个环节所使用的产品图文资料均以平台输出为准，平台成为企业的技术资料中心（图3）。

图3　系统在生产现场的运用

（九）加强档案信息化人才队伍建设

档案信息化人才队伍建设是档案信息化建设的保证，是档案信息化建设可持续发展的基础，是档案信息化工作开展的制约因素，直接关系档案信息化建设的成败。在档案信息化建设过程中，需要一大批具有丰富档案经验、又能熟练掌握现代信息技术的人才。树立科技是第一生产力和人才是第一资源的意识，提高对人才问题的认识，制定科学合理、切实可行的档案信息化人才培养和发展计划。

（1）积极开展档案信息化教育和培训工作，把档案信息化课程纳入档案岗位培训和档案更新知识培训的内容，普及现代信息技术、计算机技术、网络通信技术、信息化软件应用等方面的教育，鼓励档案人员参加社会认可的计算机应用资格证书考试。

（2）积极创造档案信息技术应用的实验和学习环境，加快与企业生产信息化技术的接轨，让档案人员参与到信息化建设中，学用结合、以用促学，使档案管理人员有机会带着问题与需求学习，通过参与实践来提高信息化素质和能力。

四、效果及影响

（一）管理效益

打破了传统管理模式，建立信息化时代下的产品设计档案归档、管理、利用新模式。新模式解决了传统制造企业产品图文资料在生产现场难管理、易损坏的问题，真正实现了数字档案与生产相结合的管理模式。上游系统的集成脱离了人为因素，使归档的及时性、准确性、时效性得到了有力保障。

在产品设计档案管理平台调研、培训、上线的过程中，使一大批档案人员掌握了档案信息化的技术，理解了档案信息化的精髓，培养了杰出的业务骨干，这不仅提升了产品设计档案的管理水平，同时也提升公司整体档案的管理水平，促进了档案工作的转型升级，推动档案工作围绕中心、服务大局，为公司高质量发展提供有效支撑。

（二）经济效益

系统应用前，中车大连公司产品设计档案须印刷下发，每年印刷产品设计档案耗材需80万元，归档每份文件在检查、变更、签字、下发、借阅等环节耗时约 15 分钟，年归档 4 万页耗时约 10000 小时，按人均工时 120 元的价值计算，相当于节约 120 万元人工成本。

系统上线运行后，极大地提高了利用效率、节约人工成本、降低印刷耗材损耗。综上数据，年均节省人力、物力、成本 200 万元，经济效益显著提高。

（三）社会效益

电子化提供利用的高效模式，体现了国家推行"档案信息化"工作的实际应用价值。平台运行以来，在产品生产制造过程中效果凸显，吸引了中车集团下的兄弟企业参观调研，平台有效地为老牌制造业在产品设计档案管理利用上提供了新的模式，为推动制造业数字化转型发挥了重要作用。

在全球新冠肺炎疫情持续蔓延、国内防疫常态化的情况下，通过管理平台，有效降低了研发人员与生产现场工作人员、档案管理人员的流动与接触，海外工作人员与客户通过系统展示、查阅产品设计档案，完成对机车产品的介绍推广、运用保养与维修维护，既有效防止了产品资料使用、国内外往返查阅资料等造成疫情传播情况的发生，又有效提高了海外国家对中国制造的认可度与知名度。

案例形成单位：中车大连机车车辆有限公司
案例形成人：李文强、廖帅、王建军、孙楠、王慧妍、郭松

一隧跨海通达，一馆博古论今

——青岛·海底隧道博物馆开创海底隧道特色档案利用新模式

一、案例概述

青岛·海底隧道博物馆由青岛国信发展（集团）有限责任公司（以下简称青岛国信）投资建设，坐落于青岛胶州湾隧道管理中心内，展厅面积930平方米，于2014年获得山东省文物局批复，2017年正式面向公众开放。青岛·海底隧道博物馆创新性地利用青岛胶州湾隧道建设及运营时期的档案资料，通过分类梳理、走访调研、广泛征集等方式，甄选了记录青岛胶州湾隧道建设运营关键信息的文件、影像、实物等珍贵历史档案资料近千件，包含隧道设计建设的图纸、海底钻探岩芯、海底石、历史老照片等大批珍贵资料，建成国内第一个集知识普及、安全教育、文化观摩、档案珍藏、休闲体验等多种功能于一体的海底隧道主题博物馆。

二、实施背景

青岛胶州湾海底隧道工程是青岛市重大基础设施项目，由国信集团投资、建设和运营。项目于2006年1月通过国家发改委核准立项，2007年8月正式开工建设，2011年6月30日竣工通车并投入运营，先后荣获第十二届中国土木工程詹天佑奖和中国建筑工程鲁班奖。

青岛胶州湾海底隧道是连接青岛市主城与辅城的重要通道，南接黄岛区薛家岛，北连青岛老市区团岛，下穿胶州湾渡口海域，隧道全长7800米，跨海域部分4095米，设双向六车道，总投资42.45亿元，为目前我国长度第一、跨度最大的海底公路隧道，其建设规模及开挖跨度均居世界之最。

青岛胶州湾海底隧道作为国内最长海底公路隧道，在工程建设过程中攻克了水文地质异常复杂、覆盖层薄、开挖断面大等世界性难题，创造了整体规模、建设进度、单位造价、施工技术等多项全新纪录，在多项技术运用上创造了世界海底隧道施工史上的先例，对我国隧道工程的全面发展和提高起到了极大的推动作用，成为青岛市重大基础设施建设的里程碑。

作为我国自主设计、自主施工的海底大通道，青岛胶州湾海底隧道的建成通车，彻底改变了"青黄不接"的历史，拓展了城市发展空间，加快了同城一体化步伐，对于构建大青岛交通格局，实现蓝色跨越，建设宜居幸福的现代化国际城市，具有重要的战略意义。

青岛胶州湾海底隧道的建成通车不仅为构建大青岛城市空间提供了战略通道，也为环胶州湾的经济发展和民生福祉作出卓越的贡献。同时，作为中国最长的海底公路隧道，胶州湾隧道以其理念超前，技术前沿和生态领先的优势，在世界海底隧道建设史上留下了浓墨重彩的一笔，也为中国从隧道大国到隧道强国迈进提供了宝贵样本。作为青岛胶州湾海底隧道项目法人单位，青岛国信以高度的政治责任感和对历史负责、对人民负责的态度，在高质量完成隧道项目建设、保障隧道安全运营的同时，也完整留存了隧道建设运营的各项资料，同时就如何充分利用好这些珍贵资料档案、最大限度发挥档案的价值进行了考察论证，最终决定改变传统档案利用方式，通过深入挖掘档案资料，整理出项目立项开工批复、设计图纸、海底钻探岩芯、海底石、历史老照片等一大批珍贵资料，并收集汇总了世界隧道建设发展的历史足迹，投入1000余万元，建设了青岛·海底隧道博物馆。

青岛·海底隧道博物馆（图1）展现了人类实现海底隧道梦想的坚实脚步，和积淀了23年严格论证、近4年创新建设的光辉岁月。在这里，参观人员可见证这条海底两万米的工程

图1　青岛·海底隧道博物馆

带给青岛的深刻变化。走进博物馆，感受到的不仅是激情澎湃的历史岁月，更是人类探索海洋的圆梦之旅。同时，博物馆内还保存、展览了大量胶州湾隧道建设运营的基础资料，这将为国内后续类似工程建设提供有益参照，也为业内单位提供了一个互动交流、实地观摩学习的平台，对青岛市乃至全国城市空间开发作出了积极贡献。

三、创新做法

（一）创新内容

青岛·海底隧道博物馆创新性地利用青岛胶州湾隧道建设及运营时期的档案资料，通过分类梳理、走访调研、广泛征集等方式，甄选了记录青岛胶州湾隧道建设运营关键信息的文件、影像、实物等珍贵历史档案资料近千件，包含隧道设计建设的图纸、海底钻探岩芯、海底石、历史老照片等大批珍贵资料，同时搜集整理世界海底隧道建设发展历程、技术更新迭代等方面的历史、科技、人文资料，充分发挥档案作用，建成国内第一个集知识普及、安全教育、文化观摩、档案珍藏、休闲体验等多种功能于一体的海底隧道主题博物馆（图2、图3）。

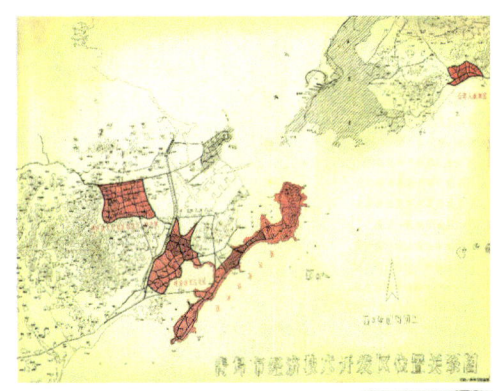

图2　青岛·海底隧道博物馆内部分珍贵照片档案资料

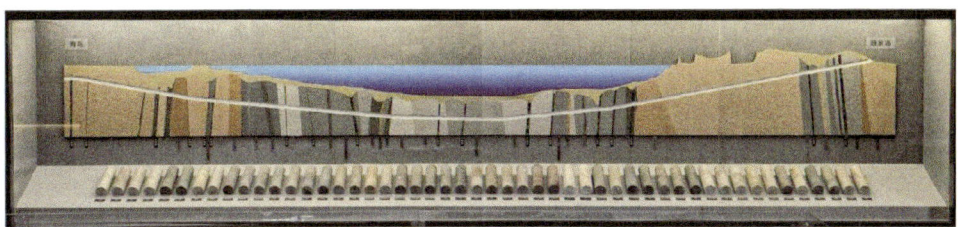

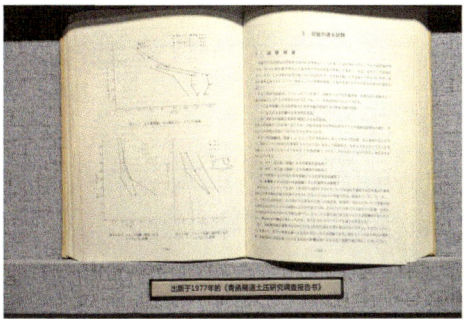
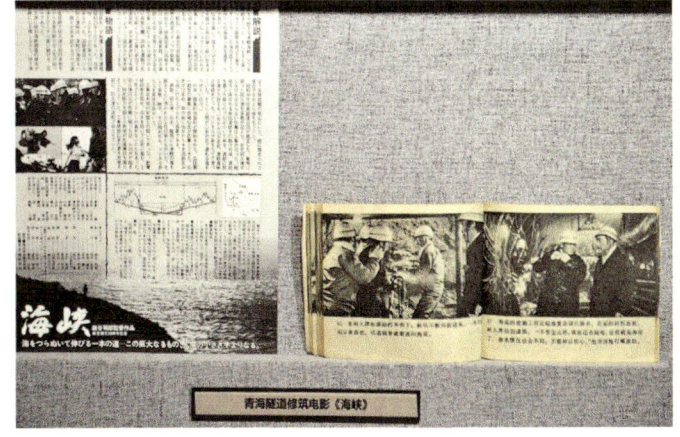

图 3　青岛·海底隧道博物馆内部分实物档案资料

（二）对比分析

创新前后对比分析见表1。

表1 创新前后对比分析

对比维度	创新前	创新后
档案受众	仅面向少数内部人员查阅	面向全体市民开放
查阅方式	仅可查阅单一或少量档案，并且费时费力	可一次性查阅大量档案资料，且免去网络搜索、档案调阅等烦琐步骤
查阅目的	内部人员工作需要	全方位、多角度地向公众直接展示隧道相关历史、技术、安全等知识
提供方式	提供单一或少量档案	对档案进行分类梳理，根据内容分为五大单元
提供性质	被动提供	主动提供
搜集方式	在存量档案内搜集	除在存量档案内搜集外，还通过走访调查、多渠道征集等方式搜集档案资料

（三）实施过程

充分挖掘和利用档案资料建立青岛·海底隧道博物馆是青岛国信在档案利用和管理方面的一次创新和实践，主要实施过程如下。

1. 前期筹备工作

2015年，青岛国信开始对青岛·海底隧道博物馆的前身青岛胶州湾隧道展示馆进行改造，为更好地展现青岛胶州湾海底隧道建设运营历程，重现世界海底隧道历史足迹，青岛国信在前期筹备阶段成立了博物馆改陈项目工作组，下设策划组、资料组、文案组、设计组、协调组，明确了改陈指导思想、工作原则机制、团队成员及分工、合作方法、拟定调研方案等。

2. 查阅相关资料

由资料组负责查阅胶州湾海底隧道从立项、可研、勘察、设计、施工、竣工等各阶段的文件、照片、图纸、实物等档案资料，提取重要内容，如项目筹划的重要历史文件、隧道沿线地质及水文数据、施工步骤及科研创新等；研读世界海底隧道历史及现状、海底隧道工程发展史，如海底隧道历经两个世纪的发展及科研历史、修建海底隧道常用的技术方法、胶州湾隧道二十余年的规划历程等；

并开展展品征集工作,分类进行梳理。

3. 确定展陈内容

内容组成方面,通过汇总档案资料查阅情况,并经过多位专家多次研究论证,决定展陈内容由"世界海底隧道大观""海底隧道建造技术""胶州湾海底隧道建设历程""胶州湾海底隧道安全运营保障""胶州湾海底隧道建设意义"五大部分组成,涵盖了历史、科技、安全、经济等各个方面,全面、立体地展示了隧道技术发展的历程。

4. 起草布展大纲

布展大纲聘请青岛市博物馆学会秘书长马赓存主笔,隧道设计院、传媒公司共同完成。其中隧道设计院等合作单位提供技术支持,传媒公司负责撰写上墙文字及拍摄影片,另邀请国内知名桥隧专家担当顾问。

5. 录制科普宣传短片

为更直观地了解隧道建设技术及安全保障措施,使枯燥的纸质档案资料影像化,工作组结合前期整理汇总的档案资料,拍摄了《海底隧道修建技术》《隧道安全知识科普》《隧道时代展望》等十余部科普宣传短片,通过视频的形式生动地展现了海底隧道在修建技术、安全运营、未来发展等各个方面的重要事件和知识。

6. 深化设计方案及展陈施工

在深化设计及展陈施工中,以"精、深、专"作为核心设计理念。在展示方式、展示内容上突出打造精品、突出深地主题、突出专业化设计。最终设计方案历经多轮打磨完善,对博物馆改陈升级的每一个环节、每一处细节、每个角落都做到精益求精、力求完美。青岛·海底隧道博物馆在施工时整体采用隧道内部岩石肌理为设计元素,色彩上选用棕褐色为主色调,再配以立体生动的场景浮雕,真实而又艺术化地烘托出整个展馆浓厚的历史文化氛围。

7. 正式对外开放

2017年9月21日,青岛·海底隧道博物馆正式面向公众开放,中国工程院院士钱七虎、国际地下空间联合会主席Ray Sterling等国内外地下空间领域顶级院士、专家到场参加剪彩仪式,并一同参观了博物馆。

8. 开放至今

作为国内首家以海底隧道为主题的国有行业性博物馆，青岛·海底隧道博物馆持续发挥着博物馆在提供知识、教育、观赏、科研方面的积极作用，开馆至今已接待国内外游客五万余人，开展科普教育活动百余次，成为国内多个大中小院校的科普教育实践基地，形成了学术交流、联合研究、人才培养等协作机制。

四、效果及影响

青岛·海底隧道博物馆的成立得益于青岛国信集团对于档案资料的完整收集保存和创新利用，得到了社会各界的广泛好评。博物馆通过裸眼 3D、气动沙盘、动画模拟、模型、实物等多种形式，从大气磅礴的工程建设场景再现，到丝丝缕缕的细节呈现，展示了在党的领导下，在各级领导的关怀和专家学者的论证指导下，青岛市委市政府为青岛市经济社会发展高瞻远瞩超前规划的魄力，为推动青岛城市民生建设取得的辉煌成就，展现出国有企业承担世界超级工程的勇气和担当。

自 2017 年开馆至今，大约共接待线下观众近 5 万人次，结合线上博物馆、线上 VR360 场景展现等宣传展示，让更多的人通过亲身体验感受到青岛市经济社会发展的巨大进步，感受到超级工程的震撼，更加提升了身为中国人的自豪感，加深了为中华民族伟大复兴而努力奋斗的使命感。

主要取得的效果与影响如下。

（一）见证了海底隧道的发展历程

从 19 世纪人类最早对于海底隧道的构想，到 1942 年世界首条海底隧道的建成，再到中国最长、世界第三长的海底公路隧道——青岛胶州湾海底隧道在 2011 年竣工通车，人们对于海底通行的梦想正在不断实现跨越，青岛·海底隧道博物馆，见证着这一条条海底巨龙给世界带来的深刻变化，一起踏上人类探索海洋的圆梦之旅。

（二）成为科普隧道安全知识的重要阵地

青岛国信作为市直国有企业，一直积极履行社会责任，以本土优势彰显特色，锐意进取。青岛·海底隧道博物馆作为面向全体公众开放的科普隧道知识的场所，目前已获得全国公路科普教育基地、山东省社会科学普及教育基地、山东省中小学研学实践教育活动行走齐鲁资源单位、青岛市青少年未成年人社会课堂、青岛市爱国主义教育基地、青岛市首批中小学生研学旅行基地、青岛市社会科学普及教育基地、青岛市总工会职工教育实践基地、青岛市科普教育基地、青岛市（隧道）应急安全教育基地、青岛市党史学习教育现场教育点、西海岸新区首批研学旅行基地、李沧区中小学生研学实践教育基地等一系列荣誉称号。今后青岛·海底隧道博物馆也将继续发挥在科普教育方面的引领示范作用，尤其是在学生提升爱国情怀和树立崇高理想方面起到积极作用，从而激发学生为祖国奋斗的使命感。

（三）延续了青岛海洋之城的文化脉络

以文化来塑造形象、凝聚人心、推动发展，正在成为城市建设和管理的一项重要内容。作为城市文化建设的一部分，博物馆既是城市的文化名片之一，在塑造城市环境、提升城市文化品位等方面具有独特的作用；又具有收藏、保管、研究、陈列、教育等功能，在满足人们的探求心理、求真意识等方面具有不可替代的作用，能够为社会文明程度和市民整体素质的提高作出积极贡献。青岛·海底隧道博物馆集中展示世界隧道发展历程和隧道建设的创新科技，为市民打造科普、观赏、交流的专业场所；着力展示青岛的标志元素之一——胶州湾隧道的建设管理，顺应海洋之城的文化脉络，延续岛城海洋文化内涵，体现岛城的文化追求，是海洋文化展示的重要组成部分。

（四）得到了社会各界广泛好评

青岛·海底隧道博物馆向社会宣传了隧道文化，科普了隧道知识，引起了社会的极大反响，得到了领导、专家、市民的广泛好评。以下选取部分观众的评价：

（1）2017年9月21日，青岛·海底隧道博物馆正式对外开放的首日，中国工程院院士、中国著名的防护工程专家、军事工程专家、教育家，被习近平主席亲自授予2018年度国家最高科学技术奖的钱七虎院士为青岛·海底隧道博物馆剪彩，并参观了博物馆。钱院士对博物馆的成立给予了高度赞赏，并留下了"一隧跨海通达，一馆博古论今"的墨宝（图4）。

图 4　钱七虎院士为青岛·海底隧道博物馆题字

（2）2018年4月15日，前国际隧道与地下空间协会（ITA）主席 Binar Broch 先生来到博物馆参观，评价如下（译文）：参观这个博物馆使我感到非常惊讶与印象深刻，回到挪威之后，我会建议在斯塔万格修建一所类似的博物馆，在那里有一条重要的海底隧道正在建设中，一条非常长的海底隧道也在计划中。

（3）市民王先生评价：从世界上目前的各大隧道工程，到隧道修建的各项技术，再到胶州湾隧道建设的整体过程、技术手段、人员配比、专家参与、维护运营管理等各个方面，都介绍得非常详细，特别长知识。

（4）市民段小姐评价：一直都很好奇海底隧道是怎么建成的，博物馆里介绍了世界各地不同地区隧道建造的各种方式，有图片和视频介绍，每一项工程都是人类智慧和劳动的结晶。看完之后感触很深，希望会有更多的人来了解这项伟大的工程。

案例形成单位：青岛国信发展（集团）有限责任公司
案例形成人：郭霞、张建阳、杨瑞建、张震、李木子、孙奕

"活化"深圳国贸大厦历史档案资源，传承弘扬经济特区改革开放精神

——深圳国际贸易中心历史陈列案例

一、案例概述

为充分挖掘深圳国际贸易中心大厦（以下简称国贸大厦）重大历史价值，更好地传承和弘扬改革开放精神，深圳市投资控股有限公司（以下简称深投控）下属深圳市物业发展（集团）股份有限公司（以下简称深物业集团）在已有的企业档案、建设项目档案的基础上，通过创新档案收集和征集方式，多举措丰富和集中档案资源；以企业视野、百姓视角，整合开发利用档案资源；打造集档案文物收藏、陈列展示、宣传教育等多功能于一体的"深圳国际贸易中心历史陈列"，现已成为深圳市红色资源的重要组成部分，更是讲述"深圳故事"的重要场所。

二、实施背景

深投控是深圳国资国企改革发展的"排头兵"，在服务大局、服务城市、服务产业、服务民生方面发挥着重要作用，2020年成为深圳市属国资首家世界500强企业，2021年世界500强排名396位，较上年上升46位。在企业快速改革发展的同时，深投控切实加强与市档案馆的沟通对接，按照专业化、规范化、标准化的要求，大力推进档案规范管理和资源开发利用工作，推动档案工作围绕中心、服务大局，深物业集团是深投控重点主抓的档案活化利用建设示范点。由深物业集团总承包建设和运营管理的国贸大厦，在中国改革开放史上有着特殊的标志意义，曾创造"三天一层楼"的纪录，是"深圳速度"的重要象征和代名词；改革开放总设计师邓小平同志先后两次来到国贸大厦，发表了一系列高屋建瓴的重要论述，为改革航程指明了方向。国贸大厦的建设过程，呈现了深圳经济特区初创时期广大追梦人、拓荒者和建设者燃烧的激情和冲天的干劲，记录了改革开

放大背景下的时代特点，承载着深圳人弥足珍贵的回忆，代表了深圳"敢闯敢试、敢为人先、埋头苦干"的特区精神，是展示中国改革开放成就的重要窗口，也是一座具有浓厚底蕴的精神图腾。

深物业集团因国贸大厦而生、因改革开放而兴，参与和见证了深圳经济特区的快速发展和崛起，产生了一系列宝贵的档案资料。其中与国贸大厦和企业发展相关的建设项目档案 127 卷、重要历史影像资料 1095 件、各级政要题词 200 余件、实物档案近 300 件、文书档案 20000 余件等。如何集中这些档案资源，完整呈现邓小平同志发表"南方谈话"和国贸大厦建设过程中创造"三天一层楼"的"深圳速度"等重大史实；如何整合档案资源，真实还原和突出重大历史事件、主要影响人物；如何开发利用这些档案资源，做到主题清晰、层次分明、史实准确；如何组织呈现这些档案资源，让档案"立起来、活起来、用起来"，让观展人员走进档案、走近历史，透过档案、了解历史，学习档案、读懂历史；如何管理好这些档案资源，让档案持续发挥价值等，这些都是本项目需要解决的问题，也是档案资源开发利用能否发挥政治、经济、文化和社会效益的关键所在。

三、创新做法

为解决好上述问题，深物业集团成立国贸大厦历史陈列工作组，在建设过程中坚持"三个高"：站位要高、质量要高、标准要高。在档案收集阶段，充分用好收集和征集两种方式，确保档案资源的丰富性和全面性，为实现档案资源高质量的开发利用打下坚实基础；档案资源整合阶段，邀请专家会审"把脉"，确保档案质量精良、展陈史实准确、历史线索清晰；档案资源开发阶段，注重企业视野、百姓视角，做到主题清晰、层次分明；后续利用和展厅管理阶段，通过创新工作机制，注重档案服务的长效性，积极联动企业内外部资源，持续服务改革发展大局。

（一）收集征集互为补充，确保开发利用质量

档案收集是档案工作中非常重要的一环，档案收集质量的高低直接影响到档案后续开发利用的质量。在 2019 年着手筹备建设国贸大厦历史陈列时，深物业集团除了利用原有已收集的建设项目档案、企业档案、影像资料、各级政要题词等档案资料以外，还通过捐赠、暂存、复制、有偿购买等多种征集方式，向社会

各界征集各种老物件、老照片等与陈列内容相关的档案资料（图1）。

档案征集得到了《深圳特区报》《深圳商报》《南方都市报》等媒体的广泛关注，吸引了广大深圳市民的积极参与。此外，筹建工作小组还主动联系中建三局、深圳市博物馆、深圳市档案馆等，收集到大量的文字、图片、实物等资料。这些档案资料为后续真实还原国贸大厦和深物业集团三十多年的历史变迁、发展轨迹、重大史实内容发挥了极大的作用，为档案资源后续的高质量开发利用创造了条件。

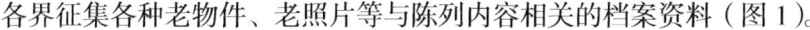

图1 在《南方都市报》上刊登征集信息

（二）鉴定整合档案资源，邀请专家会审"把脉"

通过前期档案收集和征集，工作组收到大量的档案资料（图2、图3）。从档案资料的来源上看，有本单位的、系统内企业个人的和社会各界的；从载体上看，有纸质、声像、实物、电子等；从内容上看，有党和国家领导人关注国贸大厦发展并推动深圳改革发展的历史档案、反映企业历史变革和发展轨迹的企业档案、国贸大厦在建设过程中的建设项目档案，以及深圳人在改革开放进程中干事创业的历史纪录等。

图2 建设项目施工许可证及老照片

图3 国贸大厦建设者使用过的老物件

为确保展出档案质量精良、展陈史实准确、历史线索清晰，深物业集团在完成档案资料的鉴定和初步筛选后，多次组织专家评审会，邀请专家对陈列展示方案会审"把脉"。如组织深圳市党史研究室、市委党校、市委宣传部、市国资委、深投控系统相关领导和专家，对陈列规划方案进行审核、论证、评审、把关。最终确定展出影像档案200余件；实物档案60余件；国内外政要题词30余件。将国贸大厦历史陈列定位为企业视野、百姓视角，讲述与国贸大厦有关的历史事件，再现深圳经济特区初创时期干劲冲天的生动画面，和改革开放时代大背景下普通建设者、追梦人自强不息的奋斗历史。

（三）创新开发利用方式，做到主题层次分明

根据档案资源整合的内容，深圳国际贸易中心历史陈列由陈列展厅和邓公厅组成。

陈列展厅设置六个主题，分别为序厅（领导关怀）、深圳速度、南方谈话、历史瞬间、影像故事和企业发展。这六个主题在布展主题内容、开发利用档案资源上做到主次有序、详略得当、层次分明，尊重史实和充分挖掘国贸大厦历史价值，传递感染人心的奋进力量，让改革开放精神生生不息、薪火相传。

"序厅（领导关怀）"（图4）主要内容为声像档案，集中展示习近平总书记视察广东重要讲话精神影像，邓小平同志、江泽民同志、胡锦涛同志视察国贸大厦的历史图片。"深圳速度"主要为建设项目档案，展示建设国贸大厦过程中创造"三天一层楼"的"深圳速度"背后的成因、意义和影响。"南方谈话"主要是照片档案和纸质档案，展示邓小平同志1984年和1992年两次视察深圳莅临国贸大厦，两次南方之行对推动深圳经济特区发展和中国改革开放进程产生重大而深远的影响（图5）。"历史瞬间"为照片档案和题词，展示国贸大厦以其盛名和影响力，先后接待600多位中外政要、文化名家，成为世界观察中国的精彩样本。"影像故事"为口述档案，通过国贸大厦建设者、亲历者、深物业集团内部员工和深圳市民的亲历见证、回忆讲述和感悟解读，重现国贸大厦辉煌历程和精神力量。"企业发展"为企业档案，展示深物业集团因国贸大厦而生，因改革开放而兴，与深圳这座奇迹之城共生共长的发展历程。

图4　序厅

图 5　南方谈话

邓公厅设于国贸大厦 49 楼国贸旋转餐厅（图 6），是国贸大厦历史陈列展陈内容的延续，是缅怀邓小平同志丰功伟绩，展示名垂史册的"南方谈话"，再现掀起中国改革开放新高潮的历史现场。

图 6　位于国贸旋转餐厅的邓公厅

（四）优化档案服务效能，服务改革发展大局

为做好后续展厅接待和持续性的档案服务，确保档案利用的长效性。深物业集团将展厅和企业工作相融合，一是制定国贸大厦历史陈列相关的工作机制，选拔和培养高素质讲解员，确保陈列和史实高质量呈现；二是将展厅和党建工作相融合，联动各方打造特色楼宇党建品牌和红色教育基地；三是围绕国贸大厦历史陈列开发周边文创产品，持续讲述深圳故事，弘扬改革开放精神。

首先，为做好国贸大厦历史陈列后续接待和服务工作，深物业集团制定了与展厅和接待相关的管理制度，从展厅日常管理到接待管理、参展须知，明确职责、规范管理过程。通过选拔和培养高素质讲解员和接待人员，确保陈展内容高质量呈现。其次，将党建工作和陈列内容相结合，国贸大厦历史陈列展出后，深物业集团积极与政府部门、系统企业、社会机构等各方联动，为深圳党员干部和市民群众开展党史、新中国史和爱国教育史提供红色教育基地，既深入发掘了国贸大厦的历史价值，也为打造深物业特色楼宇党建品牌夯实了基础，是档案服务党建的特色案例（图7）。最后，围绕国贸大厦历史陈列，积极开发相关主题的文创产品，如纸雕灯（图8）、笔墨方（图9）、环保袋（图10）、茶叶罐（图11）、锆瓷书签（图12）等。持续讲述深圳的故事，弘扬改革开放文化。

图7　档案和党建工作融合的经典案例

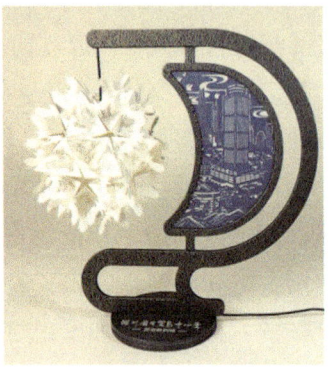

图 8 "纸雕灯"纸雕艺术,光影绰约

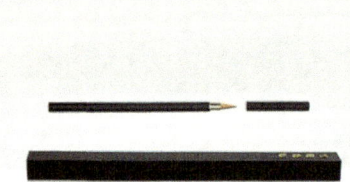

图 9 "笔墨方"榫卯锁扣,印刻时光,提笔书写国贸岁月

图 10 "环保袋"年轻深圳,包罗万象,收藏随行记忆,共见未来征程

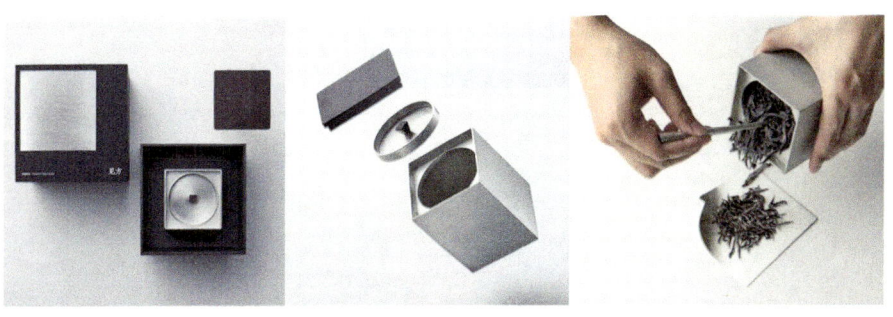

图 11 "茶叶罐"金属与木材,锻造与锤炼,53 层国贸大厦也曾这样诞生

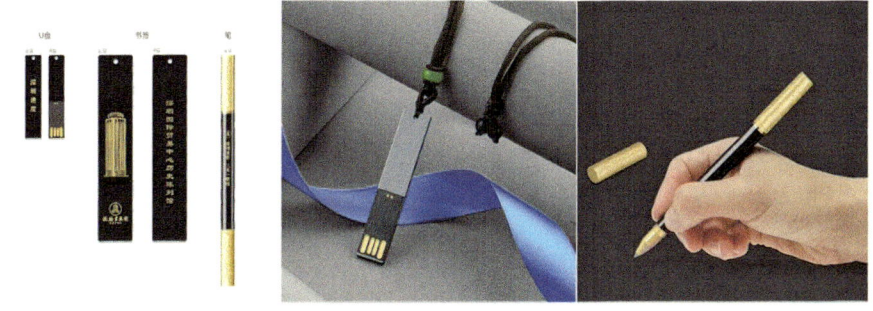

图 12 "锆瓷书签"温润如瓷,坚韧耐磨,精致与实用的结合,一如当年——深圳质量

四、效果及影响

档案是服务改革的,是服务发展、服务大局的。习近平总书记指出:"档案工作是一项基础性工作,经验得以总结,规律得以认识,历史得以延续,各项事业得以发展,都离不开档案。"深物业集团兴建国贸大厦历史陈列的"寻根"的过程,也是企业统一思想和企业文化价值再发现再塑造的过程。老国企焕发新活力,集团内各级干部员工谋事创业、想方设法推动企业转型发展的热情蔚然成风,历久弥新、敢为人先、变革图强的"国贸精神"化作广大干部员工切身的行动指南和精神力量。近三年来,集团资产规模、收入规模、实现利润等各项发展指标连创新高,累计实现营业收入约 115 亿元,累计实现利润约 29.5 亿元,向广大股东分红约 6.3 亿元,创下了自集团成立以来的最高纪录,连续三年利润贡献位列系统内非金融企业首位,为深投控上榜世界 500 强贡献了一份力量(图 13)。这些都激励着企业员工铭记初心,激发埋头苦干往更高要求更高水平更高质量发展。

图 13　企业发展

深物业集团起步于建设国贸大厦的项目公司，并在总承包建设国贸大厦的过程中，顶压前行、攻坚克难，打破当时的重重束缚，在工程招标、分配制度创新、技术创新和管理创新等方面作了大胆探索，"三天一层楼"的壮举创造了举世瞩目的"深圳速度"，傲立世界建楼速度之首。至今，通过国贸大厦历史陈列里的建设项目档案，仍能看到深物业人敢为人先、变革图强的画面。三十多年来，国贸大厦经过科学化、标准化、精细化、智慧化的运营维护管理，为"深圳质量"贡献了国贸样本和国贸智慧，这个项目也因此荣获深圳市经济特区"30年30个特色建设项目第一名"，国贸大厦荣获深圳市地域地标类"深圳文化名片"称号（图14），入选"第三批中国20世纪建筑遗产名录"。

国贸大厦历史陈列建成后，深圳以及全国各地多家党政机关、企事业单位组织团队前来参观学习，汲取改革开放精神力量，至今共接待参观万人次以上，取得了较大的社会影响力。项目建设过程中，充分用好档案收集和档案征集两种方式，档案资源整合多方会审论证，开发阶段注重不同视野和视角，后续利用和展厅管理上

图 14　荣获"深圳文化名片"称号

创新工作机制,注重档案服务的长效性和持续服务改革发展大局等做法,得到社会好评(图15);档案结合党建工作的典型案例,得到政府部门和上级单位的表扬,档案利用与开发的工作原理和创新做法值得推广。

(a) 深圳市罗湖区政务服务数据管理局官媒 (b) 深圳报业集团 (c) 深圳航空有限责任公司 (d) 深圳广播电影电视集团

图15　有关报道

目前,国贸大厦历史陈列已入选深圳市第三批党史教育基地(图16),被深圳市委组织部列入红色参观路线,即深圳市"四史"学习教育实践基地,被列为深圳市第一批改革开放重要史迹名单。作为深圳市红色教育资源和改革开放的物化样本,国贸大厦历史陈列(图17)将继续为深圳建设好中国特色社会主义先行示范区,充分发挥粤港澳大湾区建设核心引擎作用,实现"十四五"高质量发展注入澎湃动力。

图16　入选中共党史教育基地

图 17 深圳国际贸易中历史陈列

案例形成单位：深圳市投资控股有限公司下属深圳市物业（集团）股份有限公司

案例形成人：刘声向、魏晓东、沈雪英、毕亮、粟薇、钟穗

助力合规经营，保障底层创新

——中兴通讯档案管理体系构建之路

一、案例概述

作为全球领先的通信服务商，中兴通讯的业务覆盖160多个国家和地区，服务全球1/4以上人口，坚持合规经营、技术创新是中兴通讯的必由之路。从2018年开始，中兴通讯重建全球一体化档案管理体系，全面覆盖境内外子公司，改变过去分散的档案管理模式，实行统一领导、统一管理、统一制度、统一标准，构建"1个档案馆+1个档案系统+N个档案室"一体化模式，确保实体档案和电子档案的安全可用，为中兴通讯的合规经营、底层创新提供了有效保障。

二、实施背景

（一）记录保存：合规经营的必然要求

作为深港两地的上市公司，合规经营是中兴通讯的必由之路，也是中兴通讯30多年经营的经验总结。从2018年开始，中兴通讯重建合规管理体系，从合规文化建设、合规资源投入、流程制度建设、专业能力提升等方面加强合规运作、坚守合规经营。

其中，记录保存作为合规管理的重要保障，已纳入国家相关政策。在2018年11月，国资委正式发布《中央企业合规管理指引（试行）》，其第二十四条规定要"强化合规管理信息化建设，通过信息化手段优化管理流程，记录和保存相关信息"；在2018年12月，发改委等国家七部委联合颁布《企业境外经营合规管理指引》，规定合规管理部门要"建立合规报告和记录的台账，制定合规资料管理流程"。

在遵从内外合规要求的基础上，中兴通讯也建立了"记录保存"的机制，要求各业务单位制定业务流程，明确需要保存的记录范围，并指定文档管理人员对本单位的文档保存进行管理,确保纸质及系统中保存的记录清晰、准确、完整。而档案作为最具有凭证和参考价值的原始记录,迅速得到了中兴通讯管理层的高度重视,中兴通讯档案管理体系的重建之路也由此正式开启。

(二)法规遵从:数据保护的新挑战

中兴通讯业务覆盖全球 160 多个国家和地区,其生产经营活动的全球化也决定了档案管理体系的全球化。一方面,《中华人民共和国档案法》《企业境外档案管理办法》《企业文件材料归档范围和保管期限》等国内法规要求中兴通讯必须建立全面的档案管理体系,履行监督、指导其境内外子公司档案工作的职责;另一方面,在全球数据监管日趋严格的宏观环境下,中兴通讯境外子公司档案工作的开展必须在遵从当地国家或地区法律法规的前提下,保护国家利益和企业合法权益。

同时,随着数字经济时代的快速发展,数据安全成为全球性话题,各国纷纷出台关于数据安全、数据保护的法律法规。2020 年 9 月 8 日,在"抓住数字机遇,共谋合作发展"国际研讨会上,中国提出《全球数据安全倡议》,如倡议"各国应要求企业严格遵守所在国法律,不得要求本国企业将境外产生、获取的数据存储在境内"。2021 年 9 月 1 日,《中华人民共和国数据安全法》正式施行,其第三条明确规定"数据,是指任何以电子或者非电子形式对信息的记录";第五十三条特别规定"在统计、档案工作中开展数据处理活动,开展涉及个人信息的数据处理活动,还应当遵守有关法律、行政法规的规定"。可见,企业档案作为企业在生产经营活动中直接形成的原始记录,也属于数据范畴,这就要求企业档案管理必须遵从数据安全相关法律。而数据安全法规治理的加强,一方面,将档案安全纳入数据安全范畴,有利于增强大家对档案安全保管及利用的重视,档案安全建设可以依托数据安全相关技术进一步提升;另一方面,安全保管和开放利用是相辅相成、相互矛盾的,如何做到在保护档案安全的基础上满足档案利用需求、在提供档案资源利用的同时保证档案安全,成为数字经济时代企业档案工作的新挑战。

(三)业务需求:原有的分散管理不利于档案安全保管和利用

依据法律法规的要求,中兴通讯很早就制定了《档案管理规范》,建立了人事、财务等专业档案室，但是整体上属于分散管理的模式，各业务单位档案管理水平参差不齐。电子档案分散在158个不同的业务系统，纸质档案分散在各地办事处，无法实现档案资源的实时共享和利用。在此现状下，为适应公司数字化转型，中兴通讯确定了集中管理的档案管理模式，实行统一领导、统一管理、统一制度、统一标准的"四统一"原则，搭建统一的档案管理平台，提供面向全员的档案利用，为满足业务发展提供保障。

三、创新做法

（一）建立组织，自上而下明确责任

管理层的重视与参与是企业档案管理工作开展的重要保障。中兴通讯的业务及人员广泛分布在世界各地，业务场景复杂且人员流动性大，要想让每个业务活动形成的档案都能被规范收集、整理、保管和利用，必须要自上而下建立档案管理组织，在每个部门配置专职或兼职的档案管理人员。

因此，中兴通讯设置了档案管理三级组织架构，明确各级责任。首先，第一级是在集团层面成立了公司级档案管理委员会，牵头公司档案管理体系的搭建和统一规划，公司管理层会定期参加委员会会议；其次，第二级是在研发、生产、营销、客户服务等各个领域成立档案管理小组，由主管领导任组长，并分别任命一位管理干部和业务骨干专门推动本领域档案工作；最后，第三级是落地到各个部门，部门负责人为档案管理的第一责任人，并指定部门的档案管理员来落实档案工作，且每个部门的归档范围都会落实到具体的责任岗位，进而最大限度明确了公司每个员工都是归档责任人。

（二）制度先行，因地制宜贴合业务

为实现统一管理、统一标准，中兴通讯构建了"1档案管理总则 +N 通用档案制度 +N 业务档案制度"的制度体系。档案管理总则属于纲领性制度，明确了整个公司档案管理的目标、原则及基本要求。通用档案制度是适用于各领域、各部门的通用性要求，覆盖档案管理八大环节、各类载体档案管理。业务档案制度是每个业务领域一一梳理归档范围，细化至具体文件类别，并根据业务档案的实际特点，制定符合业务实际需求的制度，如专业档案制度《会计档案管理规范》

《员工人事档案及员工信息档案管理规定》《基建档案归档整理规定》《销售合同文档管理流程》等，确保可落地。

同时，每个境外子公司需要在遵守当地法律法规的前提下制定子公司档案制度。第一，档案保管期限需要符合当地法律法规要求，如俄罗斯当地法律要求员工的劳动合同和劳动手册保管期限是50年；第二，档案保管场所也需要遵从当地法律法规要求，如马来西亚要求公司所有财务和税务档案本地保存等。以上当地法律法规的要求，均需要法务经理出具专业意见并纳入子公司档案制度严格落实。

（三）前端控制，嵌入业务规范管理

为确保归档的完整性、及时性，避免归档不完整带来的经济损失及内部控制风险，中兴通讯逐步推动在业务流程中嵌入归档要求，发挥档案规范前端业务的效用。在2020年，已实现了档案验收线上线下嵌入员工离职流程及档案验收嵌入工程服务项目、基建项目。如档案验收嵌入员工离职流程，员工提请离职申请时，会在人事系统自动触发对离职人员的档案验收，检查离职员工借阅的档案是否归还、员工应归档的档案是否归档完整等，确保员工在离职时将属于归档范围的文件材料全部归档，控制泄密风险；如将档案验收嵌入工程、基建项目管理，项目启动时任命项目档案管理员、制定项目归档范围；项目过程中及时归档、梳理项目归档清单并组织业务专家抽查，做好质量把关；最后将档案验收纳入项目结项的前提，档案验收不通过项目无法结项等，保证项目档案齐全完整。

（四）搭建平台，集中保障档案安全

中兴通讯档案管理平台包括保管纸质档案、产品档案等特殊载体档案的实体档案馆和保管电子档案的档案管理系统。无论是档案管理系统的建设还是境外实体档案的保管，针对境外档案的管理策略，中兴通讯档案部门均会联动公司法律合规部门出具当地法律法规要求，确保境外档案的收集、整理、存储、利用合法合规。

在档案管理系统建设方面，中兴通讯在电子档案的收集、保管和利用方面均有突破创新。第一，档案收集。中兴通讯是一个数字化程度很高的企业，其需要归档的电子档案分布在公司46个业务系统，计划逐步通过系统自动归档或一键

归档的方式实现，2019—2021 年上半年，已实现了 13 个系统的自动化归档或一键归档，归档数量达 500 万件以上，极大提高了归档效率。第二，档案保管。中兴通讯高度重视电子档案的安全保管，已实现系统 NBU 在线备份，上线"四性检测"功能，并正在开发基于 IPFS 技术和区块链技术的凭证系统，以保证电子档案的安全可靠和长期保存。第三，档案利用。已建立档案管理系统线上利用流程并实现全文检索、一键搜索，同时区分档案的密级并设定相对应的利用审批机制，确保电子档案的安全利用，2021 年电子档案利用次数已达 28000 人次。

在实体档案馆建设方面，中兴通讯建立了统一的集团档案馆，目前已接收进馆 107.8 万件纸质档案。集团档案馆按功能分区布局，配备有先进的温湿度控制设备、消防安保设备和监控设备，在管理上严格执行档案管理"八防"要求、落实登记和巡检制度，从档案入馆、整理验收、档案消毒到档案出入库建立了全面的标准化流程，并定期进行档案防霉驱虫、档案修复等工作，确保档案安全、可用（图 1）。同时，中兴通讯正在逐步构建"1 个档案馆 +1 个档案系统 +N 个档案室"的一体化模式，实现档案在全球范围可管、可查、可用。

(a) 防光、防尘

(b) 防潮、防高温

(c) 档案消毒

(d) 入库上架

图 1　档案馆安全管理一览

（五）内外利用，充分发挥档案价值

中兴通讯不仅建立了档案利用制度、流程及工具，实现档案管理系统利用页面秒级响应，重视档案作为法律证据的凭证价值和促进经营决策的参考价值，也非常重视档案塑造企业品牌的价值应用。

对内，中兴通讯建立了原件利用在接收需求后一个工作日内寄出的工作机制，高效支撑了项目投标、合同收款、报奖、法律诉讼等业务。同时，内部还举办了系列档案活动，如成功举办"见证——企业荣誉档案专题展"（图2），展示中兴通讯5G先锋、无线、有线、终端产品的自主创新实力和综合实力；制作"馆藏万卷、档说中兴"档案馆宣传视频，通过内部档案管理公众号、内部宣传网站等渠道每周定期推送档案工作内容，提升全员档案意识；连续两年举办企业"6·9"国际档案日活动，公司管理层、全体员工充分参与，增强专业认同。

图 2　见证——中兴通讯荣誉档案专题展

对外，积极参与深圳市档案局（馆）的档案征集活动，借助档案记录和展示中兴通讯作为全球领先的通信服务商的企业担当。

四、效果及影响

（一）支撑合规经营

中兴通讯坚持合规经营，合规创造价值。中兴通讯全球一体化档案管理体系的建设，在充分识别境内外法律法规要求的基础上，推动了集团及境内外子公司档案的完整收集、安全保管、可查可用，确保价值性的经营记录可追溯，为合规记录保存提供了支撑。

（二）助力经营提效

持续聚焦提效，推动数字化转型，是中兴通讯迈入发展期的重要任务。一方面，档案原件的利用直接或间接为公司创造了经济效益。2019年至2021年5月，中兴通讯集团档案馆累计借阅原件3261件（不含会计档案和人事档案）；其中，仅2021年借阅销售合同用于收款、诉讼的档案，累计涉及合同金额约3.38亿元。另一方面，业务系统电子档案的自动化归档提升了整体的归档效率，节约了人力成本和时间成本，且档案管理系统集成了所有业务系统中有价值的文件并提供一键式检索，实现资源共享与实时利用，辅助日常经营决策。

（三）保障底层创新

中兴通讯始终坚持底层创新、构筑核心竞争力，其中，专利是中兴通讯创新实力的最直接体现。中兴通讯拥有全球专利申请量8万件，已授权专利超过3.8万件，连续9年稳居PCT国际专利申请全球前五，专利技术价值超过4500亿元人民币。

专利档案的集中保管与利用为中兴通讯的持续创新提供了有效保障。截至2021年，中兴通讯已实现电子专利档案的自动化归档，已归档2090746件；实现40万余件纸质专利档案集中归档至集团档案馆，做到100%线上可查询，仅2021年上半年，已提供350件以上专利档案的利用。

(四)树立品牌文化

从 1985 年至今,档案记录了中兴通讯的发展之路,见证了中兴通讯的风雨历程。对内,中兴通讯借助档案打造了中兴通讯历史博物馆,向员工、客户、行业伙伴开放,传递中兴通讯的发展理念和企业文化;对外,中兴通讯向深圳市档案馆捐赠防疫档案 130 件,深圳四十周年展捐赠档案 152 件,记载了中兴通讯与深圳市这个国际化大都市共成长的历程,彰显了企业的责任与担当。

案例形成单位:中兴通讯股份有限公司

案例形成人:王吟、黄静、张子心

国家遥感影像档案时空多维管理创新实践

一、案例概述

国家测绘档案资料馆现存中华人民共和国成立以来获取的海量珍贵遥感影像档案约 480 万件。自 2015 年起，国家测绘档案资料馆通过对国家遥感影像档案管理核心技术的攻关，构建了国家遥感影像档案时空多维管理体系，实现了国家遥感影像档案从简单手工管理向信息化智能管理的飞跃，成功保障了自然资源部全球地表覆盖、第三次全国国土调查等重大项目的开展，成功助力丝绸之路、大运河等文化遗产的申报工作，多次支撑相关项目获得国家和省部级奖励。

二、实施背景

中华人民共和国成立以来，我国投入了数十亿元资金形成了海量珍贵的遥感影像档案，主要用于测制和更新国家基本比例尺地形图，目前主要保存于自然资源部国家基础地理信息中心（国家测绘档案资料馆）。这些国家遥感影像档案包括胶片、像片、数字和纸质 4 大类 480 余万件，保存基本完好，实现了优于 30 米遥感影像档案全球地表覆盖，优于 1 米遥感影像档案全国地表覆盖，优于 0.5 米遥感影像档案覆盖我国国土面积超过 700 万平方千米，优于 0.2 米遥感影像档案覆盖我国全部地级城市，面积超过 3.5 万平方千米。

这些遥感影像档案可以最真实、直观、客观记载不同历史时段国家山水田林湖草的布局、地表地貌的变化、农林垦殖的程度和河溪渠港的现状，是无法替代的影像档案，是特殊的文化遗产。其记载的信息可以为自然资源监管监测、城市可持续发展规划、生态环境动态变化、物质文化遗产保护等提供决策依据。

习近平总书记指出，档案工作是一项非常重要的工作，并提出档案工作走向依法管理、走向开放、走向现代化的根本要求。随着机构改革的深化和各行业对遥感影像档案需求的提升，遥感影像档案将以更开放的姿态向社会各行业共享、服务、利用，这对国家遥感影像档案的管理工作提出了新的要求。

（一）档案安全保护需更科学

馆藏历史遥感影像档案分类不明晰，新增国家遥感影像档案类型繁多、数据成果格式复杂、档案存储形式多样，具有多载体、多空间、多时相特点，需要制定符合遥感影像档案自身特点的分类、著录和归档办法，确保不同介质遥感影像档案的科学管理和保护。

（二）档案管理维护需更智能

当前，国家遥感影像档案数据量每年的增量近1PB，根据档案类型的不同，管理相对独立，仅能通过文本属性进行关键字关联查询，形成"档案孤岛"。需要研制"空间+时间+形态+属性"的时空多维管理系统，实现所需遥感影像档案的时空关联快速查询定位。

（三）重大项目支撑需更便捷

国家遥感影像档案可为自然资源部重大项目提供翔实、准确、直观的佐证材料，支撑自然资源监测监管相关业务开展。需要针对覆盖范围、空间分辨率、历史节点、成果类型的不同需求，提前做好不同自然资源重大工程项目所需档案的管理分类和统计等工作。

（四）社会应用服务需更广泛

国家遥感影像档案是重要的国家战略资源，具有精度高、保密强的特点，在一定程度上影响了其社会化应用。需要依据《中华人民共和国档案法》《中华人民共和国测绘法》和其他法规条例深入推进遥感影像档案的开放利用，创新遥感影像档案应用服务方式。

三、创新做法

为保证国家遥感影像档案走向依法管理、走向开放、走向现代化，国家测绘档案资料馆从"收—管—存—用"等环节开展管理技术攻关，理顺了分类著录保护规程，构建了时空多维管理体系，形成了服务重大项目和社会应用的保障措施，实现了国家遥感影像档案的管理创新，主要做法包括以下几方面。

（一）对国家遥感影像档案分类、著录和保护开展研究

1. 清家底，厘清国家遥感影像档案家底分类

经统计，截至 2020 年年底，国家测绘档案资料馆保有国家遥感影像档案 470 余万件。其中航空遥感影像胶片档案 6013 卷约 137 万件，航空遥感影像纸质像片档案 22430 卷约 283 万件，卫星遥感影像档案 46 万件，遥感影像数字档案 2337 卷约 4414TB，遥感影像纸质文档档案 1879 卷 38692 件。根据载体形式、组织方式和保护措施不同，国家遥感影像档案细分为航摄遥感影像纸质档案、航摄遥感影像胶片档案、航摄遥感影像像片档案、框幅式航摄遥感影像数字档案、推扫式航摄遥感影像数字档案、卫星遥感影像纸质档案、整景卫星遥感影像数字档案和分幅卫星遥感影像数字档案 8 小类（图 1）。

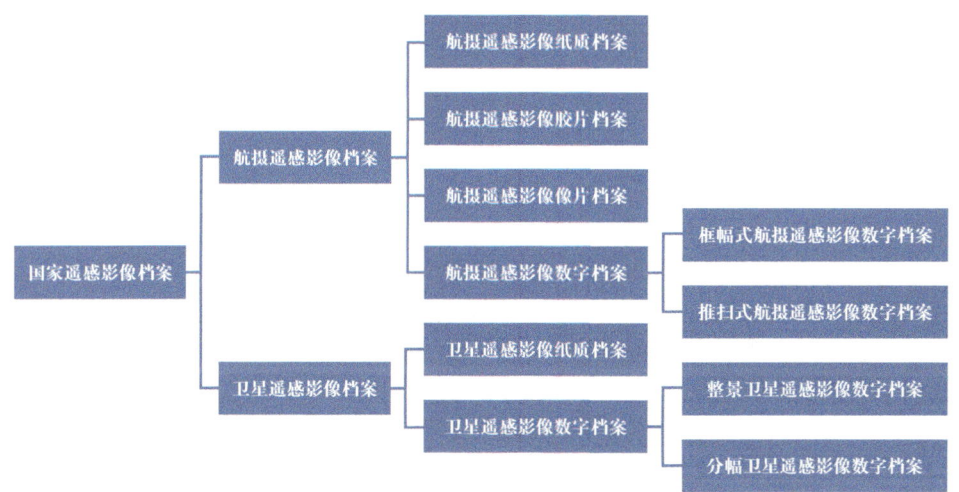

图 1　国家遥感影像档案分类图

2. 定标准，理顺国家遥感影像档案著录规则

在行业规范 CH/T 1045—2018《测绘地理信息档案著录规范》编制过程中，对遥感影像档案著录时目录按内容分类，同类内容、不同介质的档案目录属于同一类别，如航摄遥感影像胶片档案、像片档案、数字档案 3 类档案的著录表格式一致，在档案保管时按照介质类型进行细分，在编制目录时进行统一著录。

3. 重保护，筑牢国家遥感影像档案安全防线

基于馆藏航摄遥感影像档案不同载体类型和成果特点，研究"异质异地"

与"同质异地"的备份方案,基本实现了国家遥感影像档案的异质异地备份(表1)。

表1 航摄遥感影像异质异地备份列表

档案类型	获取时间	档案类型	介质类型	套数	存放位置
常规航摄遥感影像档案	2010年前	胶片档案	胶片筒	1	本地胶片库
		像片档案	像片盒	1	本地像片库
		数字档案	硬盘	1	本地离线介质库
			磁带	3	本地近线磁带库
					本地离线介质库
					异地离线介质库
数字航摄遥感影像档案	2010年后	像片档案	像片盒	1	本地像片库
		数字档案	硬盘	1	本地离线介质库
			磁带	3	本地近线磁带库
					本地离线介质库
					异地离线介质库

基于常规航摄遥感影像出现的药膜面脱落、粘片、划痕等情况,结合国家档案局"航摄底片数字化保护关键技术研究"科技项目,通过对CCD传感器驱动和控制技术、并联式光电模块控制技术的研究,研制一体化机械传动结构和自动卷片控制系统,形成专业的胶片档案数字化扫描设备和应用软件,形成国家实用新型专利"一种自动卷片控制系统"(专利号:CN 208158701 U)(图2)。

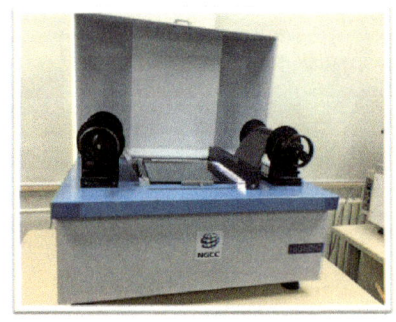 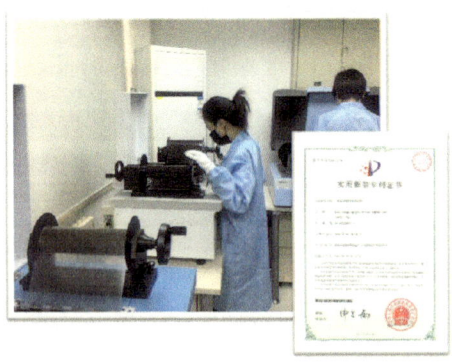

图2 航摄遥感影像档案自动卷片扫描设备

基于国家遥感影像归档数量多的特点,将标识码和档号关联,为每件遥感影像档案标上防篡改唯一身份证标识,以此来保障遥感影像档案在不同单位、不同环节(数据获取、管理、检查、备份、还原、应用)管理过程中的真实性和一致性,形成国家发明专利"影像文件管理方法及装置"(专利号:ZL 2017 1 0155679.5)。

(二)对国家遥感影像档案时空多维科学管理开展研究

1. 抓入口,实现一键式的国家遥感影像档案快速质检

面对国家遥感影像数字档案归档数据激增的情况,国家测绘档案资料馆针对各种不同类型的数据,开发了"测绘数字档案成果有效性检查软件"(2017SR358787)、"测绘电子档案一键式质量检查软件"(2018SR357744)等20余项软件,实现了TIFF、IMG、BMP、JPEG、PNG等格式影像档案的一键式质检,可快速完成海量数据归档检查,保障了国家遥感影像档案的"应归尽归、应收尽收"。

2. 管户口,打造不同类型档案实体管理标准化库房

使用不同的装具对不同介质的国家遥感影像档案进行整理,重新整编形成6013卷胶片档案、22430卷像片档案、2337卷数字档案和1879卷文档档案,对案卷和卷内目录进行详细核查记录,实现不同介质档案的分库分块科学管理(图3)。

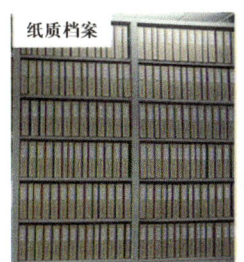
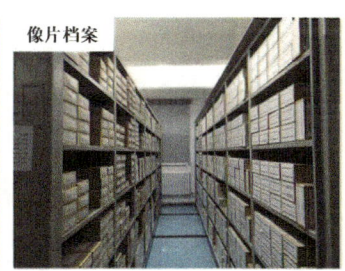

图3 国家遥感影像档案存储库房现状

3.亮出口，构建时空多维管理系统

基于全国国家、省、市、县、乡等各级图形化的遥感影像档案目录属性延展需求，对存储空间在列维度上进行非结构化扩展，实现不同来源数据的自定义描述；通过对遥感影像档案空间、时间、形态、属性4个维度的要素描述和关联研究，构建"空间＋时间＋形态＋属性"多维遥感影像档案模型，实现国家遥感影像档案间的智能关联，形成国家发明专利"一种测绘档案的管理方法和装置"（专利号：ZL 2018 1 0806042.2）（图4）。

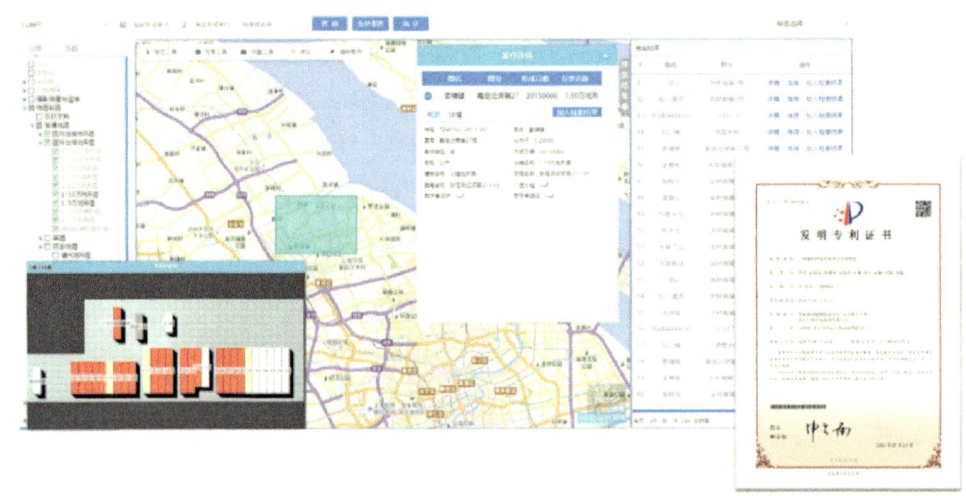

图4　国家遥感影像时空多维管理系统

（三）对国家遥感影像档案专题服务重大项目开展研究

1.把好关，规范重大项目遥感影像档案归档工作

国家测绘档案资料馆通过制定《全球地理信息资源建设与维护更新项目归档技术规定》《全国地理国情监测成果资料汇交与归档基本要求》《国家航空遥感影像获取成果资料整理说明》《国家应急测绘保障能力建设项目成果资料归档管理规定》《2020珠峰测量项目归档技术规定》等多项归档技术规定（图5），明确了归档范围、归档流程、档案质量要求、项目档案整理要求，并提供了归档的标准模板，确保了重大工程项目的顺利归档。

图 5 国家遥感影像归档管理部分技术规程

2. 护好航，开展重大项目档案快速服务研究

根据自然资源部三定方案，自然资源部负责自然资源调查监测评价、统一确权登记，建立空间规划体系和统筹国土空间生态修复等工作。国家遥感影像档案可以提供翔实准确直观的佐证材料，支撑权籍调查、不动产测绘、争议调处、空间规划和生态修复等工作的开展，为自然资源监测监管和国土空间生态修复提供重要历史节点凭证支撑，为当今社会可持续发展和研究提供重要信息依据。国家测绘档案资料馆通过完善项目管理、分类管理、行政区划管理、图幅管理、时间管理、介质管理等手段，确保了重大项目所需遥感影像档案的快速定位、整理和提供。

（四）对国家遥感影像档案服务文化遗产保护开展研究

1. 站好岗，为文化遗产环境景观演变提供精确信息

遥感影像档案蕴含着较为丰富的社会环境演变信息，基于多时相的遥感影像档案，可以展现不同时期地物的形态特征，为文化遗产景观的变迁反演提供可靠的数据模型。通过多时相的遥感影像档案提取不同时期文化遗产的地形、地貌环境景观特征、资源变化、遗产要素空间位置分布等相关地理空间信息，结合文物本体结构、文物类型、文物保存现状等文物属性信息，形成了"影像定量+文物定性"的技术方法，为文化遗产的数字化保护、病害监测、自然环境监测、考古研究等工作提供完整、可靠的基础数据和资料。

2. 做好证，为文化遗产的申报工作提供历史影像依据

多时相遥感影像档案为文化遗产的保护提供客观的、持久的档案数据源。基于历史遥感影像档案，建立文化遗产档案时空数据库，制作文化遗产要素分布图、时空变化图、保护规划图；利用强大的 GIS 拓扑结构分析和空间分析功能，实现文化遗产影像数据与属性数据的双向查询、检索、分析；挖掘历史遥感影像档案潜在时空信息，对文化遗产的空间分布、时序变化、形态特征等进行定量化可视化表达，将文物表达形式从二维升级到三维，为研究者提供历史时空维度的全新视角来审视和保护文化遗产（图6）。

图 6　良渚遗址时空遥感影像档案示意图

四、效果及影响

国家测绘档案资料馆通过技术手段创新和管理方式创新，解决了国家遥感影像档案种类多、数量大、精度高、保密性强的特点所带来的"收—管—存—用"难题，为国家遥感影像档案做好"户口登记"，打造"时空住房"，为自然资源部重大工程项目预留"保障用房"，揭开了遥感影像数据的"神秘面纱"，成功推动

影像档案和文物档案的"申遗联姻",在重要时间节点"出声发言",收到了非常显著的成效。

(一)解决国家遥感影像档案"户口住房"问题

完成了馆藏国家遥感影像档案的时空多维管理,形成世界级、国家级、城市级,高分辨率、中分辨率、低分辨率,纸质、像片、胶片、数字等不同层级的智能化管理,对每一件档案都制作了"身份证",形成了多个历史节点不同等级范围的遥感影像档案集。

(二)形成国家遥感影像档案"长青不老"体系

规范我国遥感影像档案在整理、归档、著录、检索和扫描数字化等方面的业务操作,形成一套标准、规范、完善的业务流程和管理制度,实现信息化模式下国家遥感影像档案的科学化、规范化管理,研究形成数字化扫描设备、档案身份标识、空间多维管理等专利成果,提高了国家遥感影像档案的信息化管理水平,增强国家遥感影像档案服务能力,保证国家遥感影像档案的可靠、安全管理。基于研究成果申报的"空天多源遥感影像质量自动检查系统关键技术研究与应用""国家测绘成果档案存储与服务关键技术研究及应用""测绘地理信息档案信息化技术研究与应用示范"多次获得测绘地理信息领域科技进步奖一等奖等奖项。

(三)支撑自然资源部重大项目"摘金折桂"

基于全球 30 米遥感影像档案,我国于 2014 年在世界上首次完成 30 米全球地表覆盖数据产品(2000 版和 2010 版)(图 7)并于同年 9 月捐赠给联合国,成为我国向联合国提供的首个高科技公共产品。该数据被联合国系统多个专门机构、130 多个国家用于全球变化分析、可持续发展规划等领域。2020 年 9 月新版数据再次赠送联合国,是中方在联合国成立 75 周年之际提供的又一个全球公共产品,是中方践行多边主义、推动构建人类命运共同体的具体体现。目前已有 2000、2010 及 2020 三版档案形成了 21 世纪以来全球陆地表面每隔 10 年一次的快照,有效反映了这 20 年间全球土地利用和景观格局的总体变化状况。项目成果获得世界地理空间信息技术创新奖、国家科技进步奖二等奖、测绘科技进步特等奖等奖项。

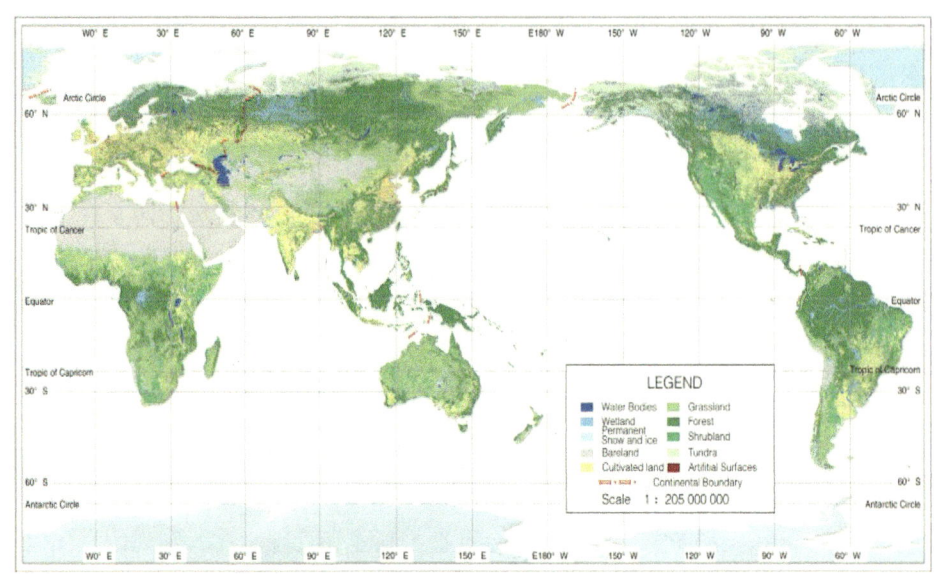

图 7　全球地表覆盖数字产品档案（2010 版）

基于我国优于 1 米遥感影像档案完成的国家地理信息公共服务平台（天地图）建设项目是构建"数字中国"、推动产业发展、让全社会共享测绘发展成果的战略举措，有效促进了我国地理信息资源共享和高效利用，提高了测绘地理信息公共服务能力和水平，更好地满足了国家信息化建设的需要。项目成果获国家科技进步奖二等奖、测绘科技进步特等奖。

基于我国优于 0.5 米遥感影像档案完成的全国地理国情普查监测项目，系统掌握了权威、客观、准确的地理国情信息，是制定和实施国家发展战略与规划、优化国土空间开发格局和各类资源配置的重要依据。项目成果获得测绘科技特等奖等多个奖项。

（四）实现影像档案和文物档案"申遗联姻"

习近平总书记曾指出："历史文化遗产是不可再生、不可替代的宝贵资源，要始终把保护放在第一位。"国家遥感影像档案数据，有效地填补了以往文化遗产保护的空白，在世界文化遗产申报工作中起到了关键的作用，2014 年助力丝绸之路申遗成功，2015 年助力土司遗址申遗成功，2016 年助力左江花山岩画申遗成功，2017 年助力鼓浪屿申遗成功，2019 年助力良渚古城遗址申遗成功。在世界文化遗产地保护管理方面，历史遥感影像档案作为不可替代的信息资源，在长城历史变化监测、大运河环境景观动态变化监测、平遥古城历史风貌变化、南京城墙本体砖文维护、乐山大佛环境景观监测、元上都历史景观变迁等遗产地保护中发挥了重要的作用。

（五）持续在重要历史节点时刻"出声发言"

习近平总书记曾强调，要加强史料收集和整理，让历史说话，用史实发言。在重要历史节点，国家测绘档案资料馆利用馆藏遥感影像档案等资料，先后制作档案编研系列三部作品：为纪念雄安新区设立1周年，制作介绍雄安新区"前世今生"的微视频《地图上的雄安》；为庆祝改革开放40周年，制作完成反映我国城市发展变化的微视频《地图上的城市》；为庆祝中华人民共和国成立70周年，推出反映我国山水林田湖草变化的微视频《地图上的中国》。在中国共产党成立100周年之际，国家测绘档案资料馆持续为社会各界提供不同历史节点的遥感影像档案，让国家遥感影像档案持续"出声发言"。

案例形成单位：自然资源部
案例形成单位：李明、王海清、孙运豪、王小平、宋鸿运、白驹

档案见证"一带一路"友谊

——中科院版纳植物园档案资源开发利用

一、案例概述

在党中央"一带一路"合作倡议倡导下,中国科学院(以下简称中科院)作为国家战略科技力量,率先尝试"走出去"在海外建设联合研究机构和科教合作平台。2013年起,中国科学院开始打造"人才、平台、项目"相结合的"一带一路"科技合作体系。中国科学院西双版纳热带植物园(以下简称版纳植物园)一方面依托中国科学院东南亚生物多样性研究中心(以下简称东南亚中心)产生的科研档案,通过档案展览还原版纳植物园与东南亚国家的科研合作历史、展示重要科研成果;另一方面聚焦中外合作重要见证者——周光倬人物档案,通过广泛收集、整理周光倬档案,打造多种类型档案编研产品,唤醒1934—1935中缅边界调查记忆,共同促进"一带一路"传统友谊长续永存。

二、实施背景

(一)"一带一路"倡导推动更大范围、更高水平、更深层次的大开放、大交流、大融合

党中央在党的十八大提出"以全球视野谋划科技创新",2013年9月和10月国家主席习近平分别提出建设"新丝绸之路经济带"和"21世纪海上丝绸之路"的合作倡议(以下简称"一带一路")。中国科学院党组审时度势、运筹帷幄,历史性地将中国科学院国际化发展提升至全院创新发展的战略高度,适时提出"走出去"在海外设立科教基地的设想,果断决策、积极布局、稳步推进,于2013年开始打造"人才、平台、项目"相结合的"一带一路"科技合作体系,目前,已建成9个海外科教机构,成为优势互补、互利共赢的科技合作开放基地,为中国科学院有效服务"一带一路"重大倡议,快速提升科技创新水平和国际影响力,加快迈向国际一流科研机构开启了全新的广阔天地。

（二）东南亚中心成立，成为中国科学院参与"一带一路"建设的窗口

东南亚中心成立于 2015 年 8 月，是中国科学院设立的第八个境外科教机构，也是中国科学院成立的非法人单元、非营利性科研合作组织，其依托单位是版纳植物园。东南亚中心以成为推动东南亚生物多样性保护与可持续发展研究的卓越科学中心、人才培养中心和国际合作中枢为目标。

自 2015 年启动以来，在东南亚生物多样性保护研究平台和合作网络建设、联合东南亚国家科学考察、生物多样性保护宣传、东南亚生物多样性保护人才培养和培训方面作出了突出贡献。

（三）规范境外机构档案管理，积累留存丰富档案资源

2017 年 11 月 28 日，版纳植物园与中国科学院档案馆签订了"境外机构档案工作管理模式与规章制度研究"课题。课题的实施根据新修订《中华人民共和国档案法》及《科学技术研究档案管理规定》，结合境外机构——东南亚中心的实际情况，创新性地探索和研究了其特殊的档案工作管理模式与规章制度，拟定了东南亚中心档案管理办法（试行稿），建立了归档流程；在中心设立了一名兼职档案管理员；有效地规范和促进了境外机构的文书、科研项目、基建、电子档案、宣传类的纸质和电子文件等同步归档工作；创新性地对电子文件提出建档要求，建立了丰富的室藏档案，为解决境外机构科研和管理活动中档案管理存在的实际困难和具体问题及全院境外机构档案工作开展打下基础。

三、创新做法

版纳植物园以与东南亚科研机构合作、科研人员科技交流为切入点，以档案资源为支撑，讲述版纳植物园在植物学研究中与周边东南亚地区"一带一路"友谊故事。

（一）依托科研档案，还原机构合作历史

1. 举办"跋涉千山万水，献礼'一带一路'"——东南亚中心档案图片展

利用东南亚中心积累的档案资源，在 2019 年国际档案日推出"跋涉千山万水，献礼一带一路"——东南亚中心档案图片展。用档案真实呈现东南亚中心的成立及建设过程；东南亚中心与缅甸自然资源与环保部、老挝生物技术与生态研

究所、泰国国家遗传工程和生物技术中心签署合作备忘录,在缅甸内比都成立缅甸中心和中缅科教中心,在老挝万象设立国家项目办公室等"一带一路"中外植物研究合作大事件;东南亚中心联合缅甸自然资源与环保部、老挝科技部,顺利实施了9次中缅野外生物多样性联合科考和3次中老队跨边界地区生物多样性野外科考;2016年至今,在中国政府奖学金、"一带一路"奖学金和中国科学院大学奖学金等的资助下,开展缅甸、泰国、老挝等东南亚国家研究生人才培养、培训交流等。多方位、立体展示东南亚中心与周边国家科技交流、友好合作历史。

2. 举办热带雨林生物多样性展——从西双版纳到中南半岛

西双版纳地处热带北缘,是亚洲热带雨林的北部边缘。经过中华人民共和国成立以来60多年三代科学家的努力,版纳植物园已经基本摸清了中国热带的生物多样性。随着"一带一路"重要战略的实施,中国科学家跳出国界,走出国门,在中南半岛与多国联合科考,形成大量科研成果。

2021年,在COP15生物多样性大会来临之际,版纳植物园挖掘本单位60年的雨林探索科研档案,总结东南亚中心和中国植物园联盟在广阔的中南半岛研究成果。以热带雨林生物多样性为主题,用档案向公众展示中国科学家从西双版纳到中南半岛,从独立研究到国际合作的整个研究过程中的突出成果。例如,中国第一张生态照片档案——一张模糊的大斑灵猫照片、西双版纳首次拍到国家一级保护动物金钱豹的照片档案、缅甸从死亡线上保存下来的陆生大龟——缅甸星龟照片档案、缅甸科考和老挝科考档案等。

(二)聚焦人物档案,唤醒中外合作记忆

版纳植物园在挖掘与东南亚机构开展科研合作历史的过程中,侧重从记忆视角下,利用历史参与者生成的档案资源还原历史全貌。筛选见证中外友谊的重要人物,聚焦人物档案讲述人物的人生历程,从点滴记录透视一段段友谊的建立和发展。

1. 筛选记忆核心人物,整合档案资源

地理学家周光倬是中国科学院西双版纳热带植物园早期的建园者之一。1934年1月20日,云南各族人民反抗英帝国主义武装侵占佤族班洪和班佬等部落共管地区(佤佤山区,该地区现属于缅甸)银矿,爆发了史上著名的"班洪事件"。"班洪事件"发生后,当时的南京国民政府迫于社会各界的压力,派云南旅京同

乡会请愿代表周光倬为"外交部特派云南边地调查专员",开展滇缅南段未定界调查。周光倬跨越2946千米行程的滇西南,收集资料、深入调查写成《滇缅南段未定界调查报告书》呈交国民政府,并附呈《云南边地调查照片集》《调查滇缅南段未定界经过路线图》《班洪附近形势略图》和《滇缅南段未定界五色线图》,为以后与英方交涉维护国家主权、会勘滇缅南段未定界搜集提供了可靠资料,是早期中缅边境科学研究的重要见证人。

周光倬作为中缅边地风貌的重要见证人,版纳植物园档案室梳理本单位有关档案资源,并积极征集周光倬小儿子周润康家的资料,联系云南省图书馆、云南大学档案馆、云南省档案馆等单位进行细致的资料检索,联系周光倬亲属、同事开展口述史资料采集,并将相关档案资源汇总整合,为后期开发利用奠定基础。

2. 举办"百年"中缅边地风貌——地理学家周光倬中缅边界调查史料展

2020年4月28日,版纳植物园举办"百年"中缅边地风貌——地理学家周光倬中缅边界调查史料展。展览以周光倬跨越2946千米行程的滇西南调查路线和时间为主轴,以其在历时一年调查中拍摄的照片档案为主要素材,分为前言、昆明筹备、挺进大理、保山调研、途经德宏、临沧勘界、民国普洱、版纳见闻、古道回昆、后记,以及地理学家周光倬京师求学和教书育人、结缘版纳十二个部分,反映了86年前的腾冲、保山、临沧、孟连、景迈、勐海、景洪、普洱等滇缅边境的山川地形、自然植被、风土人情、民族服饰、建筑风貌、社会经济和社会风貌。精美的老照片、详细的日记,为人们展示了"百年"前滇缅边境上难得一见的自然与社会风貌,今日看格外震撼。展览还展出了周光倬的一些日记、手绘地图、文章和信件等,在欣赏边境风貌的同时,也可了解老一辈科学家严谨的治学精神和艰难岁月中的家国情怀。

3. 系统整理周光倬日记,由周润康整理出版《周光倬1934—1935中缅边界调查日记》

版纳植物园在征集周光倬先生档案过程中,在其家属家中发现了大量周光倬在长期的教学过程、"班洪事件"和勘察滇缅南段未定界调查以及科学考察和工作中形成的日记、工作笔记,但由于并未公开,未为人知。为向公众完整、形象地展示该段历史,呈现早期中缅边境科学研究的艰辛历程,版纳植物园档案人员牵头着手对周光倬日记进行整理，2015 年率先由周润康整理出版《周光倬 1934—1935 中缅边界调查日记》并计划于 2022 年出版《周光倬日记》和文集。

四、效果及影响

"跋涉千山万水，献礼'一带一路'"——东南亚中心档案图片展、热带雨林生物多样性展——从西双版纳到中南半岛、"百年"中缅边地风貌——地理学家周光倬中缅边界调查史料展，分别从机构间合作历程、合作成果和多边友谊见证者三个角度共同阐释了中国与东南亚国家在科学研究上的友谊。展览获得了版纳植物园党委书记等领导的高度重视，被中国档案资讯网报道，既展示了中国科学院境外机构及本单位的发展成就和为新中国科技事业发展作出的重要贡献，弘扬爱国奉献、勇攀高峰的科学精神，让公众了解东南亚中心在生物多样性研究方面的工作和取得的成绩，又展现了科研档案"记录历史，服务科研"的价值，促进了"一带一路"友好合作进一步发展。

同时，在利用档案挖掘、展示"一带一路"友谊的过程中，多方收集、整理相关档案资源 440 余件，周光倬相关口述音频 120 分钟，用实际行动进一步提高科研人员和兼职档案人员对档案的认识。

案例形成单位：中国科学院西双版纳热带植物园
案例形成人：刘华清、刘光裕、段其武、崔晴岚、李仁、殷寿华

提升档案效能,助力特资工作显成效

一、案例概述

档案管理工作的最终目的,就是最大限度地开发利用档案信息资源,充分利用档案的潜在价值创造出经济效益和社会效益。随着经济和社会各项事业的发展,档案信息资源的开发利用越发重要,伴随着大数据、信息挖掘的快速发展,档案信息资源已经逐渐成为银行的重要战略资源。特别是在法律诉讼、资产保全等事务中,档案的作用尤其显著,起着基础支撑作用,丰富、完整、易用的档案成为保全资产的"知情人"和"见证者",为"用权留档,追责有据"提供有效保障。

二、实施背景

经过多年发展,中国光大银行股份有限公司上海分行(以下简称上海分行)在档案集中管理方面积累了一定经验,逐渐形成了"1+3+6"的档案管理体系,保证了上海分行档案的真实性、完整性、规范性,也为特资部门诉讼、保全资产等工作提供了有力支撑。

(一)管理特点

(1)数量多:上海分行办公室集中保管了分行自1993年筹建以来,28年121万余卷(件)档案。

(2)种类全:涉及文书、基建、资保、稽核、会计(财务、业务)、信贷(管理类、经营类)、贸易金融、声像、电子、实物档案十类档案。

(3)标准高:业务部门按分行办公室统一的档案标准整理,按卷按件验收整改,符合要求后入库,同时办公室编制各类档案归档操作手册供业务部门学习参照。

（二）管理模式

（1）集中管理：除文书、声像、电子、实物等传统档案以外，上海分行集中管理各类业务档案。

（2）全程管理：从各类档案制度制定、事先对接指导、用具配置、鉴定销毁指导、收集范围、检查验收等进行一条龙全程管理。上门一对一服务，对不同部门逐一建立业务登记反馈表。

（三）需求动因

1.适应业务发展的需求

业务类档案管理的发展及电子信息库的建立，不仅是传统档案管理水平不断提高的必由之路，也是挖掘数据内涵，提供决策依据，满足监管需求的必然要求。在诉讼过程中，特殊资产经营管理部需要对原始档案进行调取和利用，尤其是证明民事法律关系存在和约定权利义务的借款合同、保证合同、抵押合同、借据、开户资料等。在司法实践、金融消费类案件中，银行负有更多的举证责任，如无法提交，人民法院可以认定对方当事人所主张的书证内容为真实，银行将面临败诉的风险，这也对银行档案管理提出更高的要求。

2.实现信息共享，加强业务协同的需求

借助于信息技术和智能手段，加强档案管理系统、业务系统及公文系统间的业务协同，实现档案管理链条上数量众多的不同部门之间的互联互通，不断提高档案数据的使用率，是提高档案利用有效性的必由之路。特资业务对档案的需求也不限于传统档案，有时还需要对不同部门的业务档案进行检索，寻找有效信息。档案管理地触角向档案向部门不断延伸，实行前端控制，消除"信息孤岛"，实现共建共享，也能有效地帮助业务部门获取全面、客观、有效信息。

三、创新做法

档案具有历史再现性、知识性、信息性、价值性等特点，其中历史再现性为其基本属性，档案是再现历史真实面貌的原始文献。证据问题是诉讼业务的核心，在任何一起案件的审判过程中，都需要通过证据和证据形成的证据链再现还原事件的本来面目，依据充足证据而作出裁判。诉讼案件涉及法院对案件的排

期,尤其是涉案当事人的自身情况,随时提供准确、完整的资料是维护我行权益的保障。

(一)贸易金融业务档案帮助确认债权,为创造价值作贡献

某某公司为上海分行已核销不良贷款客户,欠款余额近7000万元,该客户在上海分行叙做保理业务,后因融资逾期进行诉讼,并取得胜诉判决。根据法院生效判决,保理买方企业承担连带还款责任。2019年年底,保理买方企业被法院依法裁定破产清算,而上海分行在破产初期并未收到向破产管理人申报债权的通知。后经上海分行与破产管理人取得联系并了解相关情况后得知,审计事务所在对买方企业进行破产清算审计时发现,买方企业留存的付款凭证对应的业务合同发票与生效判决对应的业务合同发票一致,其认为买方企业已向上海分行履行了付款义务,因此与上海分行没有债务关系而未通知上海分行申报债权。但实际上,上海分行从未收到该款项。经初步判断,认为买方企业的会计档案存在错误,上海分行立即向管理人和审计事务所进行了主张。

管理人和审计事务所表示,买方企业的会计档案确实存在一些缺失,在当初移交档案时也存在一定混乱。如果银行方面能够按照其要求提供有效档案,以证明银行融资完整性、连续性和有效性,就可以确认上海分行债权。可惜的是,该笔业务中的借款人和其他保证人都已经破产且无资产可处置,上海分行未能实现受偿。但最后的一线希望是,如果上海分行能够确认在买方企业的债权,这样就可以实现上海分行该笔已核销贷款清收(经了解,买方企业名下有厂房和土地,如上海分行债权得以确认,将能够从后续资产处置回款中实现受偿)。根据特殊资产经营管理部的需求,办公室通过电子案卷目录搜集到该笔业务自2012年至2015年期间所有的保理业务档案50余卷并进行实物调取。上海分行与管理人、审计事务所进行了为期一周的比对核查。经查,上海分行的贸易金融业务档案准确完整,业务连续性严丝合缝,证据链完整。在"铁证"面前,管理人和审计事务所最终确认了上海分行的债权。此外,上海分行的档案还丰富了审计事务所缺失的部分资料,为其后续的审计工作也带来了极大便利,得到了管理人和审计事务所的充分认可和感谢。目前,买方企业的资产处置已经进入最后阶段。根据上海分行的债权占比,最终预计可以在破产程序中受偿不少于1000万元,实现从"零"到有的飞跃。

（二）历史业务档案成为关键证据，避免经济损失

1998年原中国投资银行的全部债权债务由光大银行接收。凡是涉及原投资银行债权债务诉讼案件的，均需要原投资银行的原始档案资料。在原投行诉某公司及保证人某某公司的借款担保合同纠纷案中，经一审、二审审理，二审法院终审判决该公司向上海分行偿还借款，担保人某某公司对其担保范围内的款项承担连带保证责任。担保人某某公司履行担保责任后，向上海高院提出申诉，认为原审判决存在错误，上海高院也以原判认定事实不清、证据不足为由，裁定撤销原生效判决，发回重审。

因该案件追溯20多年前的合同纠纷，历经多年诉讼，贷款主体又为原投行，具体贷款的经办人已无法联系，对案件的基本情况无从了解。查找原始资料、提供准确证据成为上海分行应对申诉、争取胜诉的重要工作。原投资银行贷款因为历史久远，没有电子检索工具，很多原始档案寻找起来极为困难，可以说是大海捞针。办公室与特殊资产经营管理部通力合作，翻阅了几十箱近千卷的信贷、文书、会计档案以及相关资料。经过不懈努力，终于找到了与案件相关的借款合同、借据、保证合同、抵押合同等一系列关键证据，并以此为基础申请法院司法鉴定，取得了有利于上海分行的鉴定结果。正是因为上海分行提供的证据完整、充分，结合司法鉴定结果，法院认可了上海分行的原诉请，并重新做出了有利于上海分行的裁定，使上海分行权益得到了有效维护。

（三）文书档案证明合规管理，发挥举证作用

某零售客户向法院起诉，要求上海分行赔偿其损失，主要理由是认为上海分行管理不规范。为了有效应对诉讼，避免承担损失，特殊资产经营管理部向办公室申请调取了涉及法律合规部、零售业务部、信息科技部、纪委办公室等多个管理部门近几年向分行移交的非综合办公系统的文书档案，如法律合规部的常规检查文件，零售业务部的政策汇编类文件、工作措施、各类培训以及零售管理业务的发文记录，纪委办的监管文件，信息科技部的电子文件下发资料和涉事员工的电子阅读记录等。这些关联性材料充分说明了上海分行建立了严格的内控管理机制，并长期、连续、一贯地开展员工的检查、教育、学习，有力地证明了分行管理规范，经营合规。最终，法院判决上海分行不承担责任，避免承担不必要的损失。

(四)信贷业务档案提供财产线索,为强制执行争取先机

信贷贷前调查报告档案,是查找财产线索、锁定清收方向的重要手段之一,特殊资产经营管理部处理案件的财产线索一部分是通过查阅信贷贷前调查报告发现的。某某公司为已核销贷款客户,其保证人为其上级公司。因当年该企业实控人牵涉案件被监视居住,企业生产经营遭遇重大影响,资金链断裂,上海分行拟对其开展诉讼。但由于该笔业务的原经办人员当时已离职,企业的资产信息一时难以查找。特殊资产经营管理部通过检索集中保管的信贷业务档案电子目录,调阅到原信贷业务发放时的原始授信报告,从中寻找到了部分企业和保证人对外投资的股权线索和银行账户信息,并提交法院及时进行了查封保全。

四、效果及影响

上海分行通过全面做好档案"收、管、用"体系,丰富全行档案实体资源与信息资源,进一步保障档案实体安全与信息安全,为档案灵活、高效利用打下坚实基础。通过档案利用,有效支撑全行各项工作,又加深了员工档案意识,促进了档案资源的丰富,形成档案工作正循环,实现"以收促用、以用利收"的局面。

(一)档案管理体系进一步健全,为高质量发展提供有力的档案支持

办公室融入总行数字化档案信息平台扎实起步,有力促进了管理的规范化、制度化和数字化水平。上海分行建立健全档案管理制度机制,有效防止了决策不规范、责任不明确、机制不健全、流程不顺畅、管理不专业等方面的根本问题,为进一步推进档案管理工作适应信息化、数字化、网络化发展形势,奠定了坚实的制度机制基础。档案信息作为大数据时代的基础管理信息,为上海分行实现超前的科学高效决策提供了不可缺少的依据。档案管理体系形成、发展和创新,必然为各项工作提供有力的信息支撑,为高质量发展注入动力和活力。

(二)"大档案"为进一步提高档案共享利用水平搭建平台,为分行业务发展提供帮助

档案利用是档案核心价值的体现,文档一体化、网络化共享的整体优势能够更好满足上海分行和干部员工需要,提高档案信息资源开发利用的科学性、合

理性、系统性。上海分行档案的"大集中"管理,能够更好地满足分行业务发展需要,提高档案信息资源开发利用的科学性、合理性、系统性。特殊资产经营管理业务方面,管理部门可直接与分管全行档案的办公室直接对接,通过查询、复印、借出机制,分类管理,分级审批,及时有效地提供证据材料。银行业务千万难,不良清收难上难。上海分行特殊资产经营管理部在分行的领导下,围绕"价值创造",紧跟总行考核导向,强化经营职能,努力创造价值。2016年至今,部门承办诉讼、应诉案件800余件,已实现现金清收37.51亿元,为不良管控和价值创造作出贡献。成绩的取得离不开总行的政策支持,上海分行领导靠前指挥、以上率下,离不开特资队伍攻坚克难、勇于担当、敢打善赢的品质,也离不开分行办公室的档案支持。在诉讼过程中,正是因为相关档案材料的及时调取、完整呈现,确保证据充足完备,才能获得胜诉判决,减轻上海分行责任、减少上海分行损失。

(三)数字化档案成为分行实现档案资源整合发展和共享利用的必然途径

上海分行在特殊资产经营管理中,除了利用档案实体以外,还充分利用已实施开展的档案信息资源,通过文书档案线上利用、信贷业务系统的对公客户基础资料的扫描影像利用以及所有营业网点会计凭证的扫描影像利用。办公室通过数据分级分类管理,实现对分行所属单位的档案目录管理、资源整合和共享,进一步扩大档案信息资源收集范围,使档案拓展到语音、视频、图形图像等方面,保证了数字化档案建设工作稳步实施。在推进"文档一体化"的过程中,办公室针对当前纸介质档案为主要载体的管理现状,充分利用摄影、扫描等器具,开展数字化档案信息的制作、归类、录入等。办公室已启动的上海分行成立以来所有纸质文书档案的数字化并挂入系统工作,也将大大满足业务发展需要。

案例形成单位:中国光大银行股份有限公司上海分行
案例形成人:邢晓华、刘滨、姜小舟

挖掘照片档案价值，传承首堆"四新"智慧

一、案例概述

三门核电有限公司（以下简称三门核电）为实现 AP1000 国产化自主依托国家重托，重视技术载体——档案的全程管理和价值开发，尤其针对照片档案有记录快捷，不打乱现场工序、能够瞬时逼真记录工作场景，不因文字修饰和情绪化语言影响使用者认知，且拍摄简单、可多次提供原件等特点，将照片作为 AP1000 核电建设经验总结和知识传承价值载体，前瞻性部署，挖掘首堆档案在新标准、新技术、新设计、新工艺方面的经验，于 2020 年形成"一句话一幅图"的《AP1000 建造图册》成果文件。

二、实施背景

三门核电一期工程采用美国西屋公司开发的第三代压水堆核电技术 AP1000，建设 2 台 125 万千瓦的核电机组及相应的配套设施。机组使用非能动概念和数字化仪控的少系统技术，施工采取模块化建造工艺，这些特点决定了建造的复杂性。三门核电一期工程打破了传统意义上工序顺畅、专业有序的施工模式，取而代之的是建安深度交叉施工，工序交叉复杂的施工工艺，给施工管理提出了更高的管理要求。该项目是国产化依托项目，也就是明确通过项目的建造、调试、运营和管理，掌握三代核电各项技术，为我国核电和其他相关技术的发展发挥作用。

习近平同志指出：档案工作是一项非常重要的工作，主要是因为档案工作是一项基础性工作，经验得以总结，规律得以认识，历史得以延续，各项事业发展都离不开档案。三门核电文档部门主导，分析了国际首堆的技术特点和担负的重要责任，项目开展之初提出了"建立完整真实系统有效的首堆档案、培养一批 AP1000 档案专家、打造一个 AP1000 文档培训中心和开发一套 AP1000 文档管理标准体系"的四大愿景，建立了完整的项目文档管理程序体系，以图文详细记录项目技术和管理的各项活动，形成完整真实系统有效的首堆档案。考虑到"依

托",文档人员分析了工程照片档案具有拍摄简单、记录迅速、不影响工期工序、实景再现、场景可视化、内容客观、不受情绪化语言影响、复制不走形、可多次提供原件、图像显示不受语种限制等特点。三门核电决定由文档人员负责,重点加强照片档案管理,尤其是照片档案资源开发的规划与监督指导工作,收集、整理、记录、传承依托项目的新标准、新技术、新设计、新工艺。

文档人员分析梳理了项目活动业务逻辑关系,在三门核电工程管理规划中明确了建安照片档案的管理要求,根据照片的拍摄内容、角度、格式、数量、质量、收集范围、要素采集、归档移交等要求开发了专门程序,并纳入与合作方的合同之中。文档主导督导工程实体与照片档案的形成、收集、整理和归档同步执行。

为了更好地管理和发掘照片档案的价值,三门核电在文档管理平台上,自主开发了声像档案系统,系统结合档案分类规则、业务逻辑规则、用户使用习惯、档案内容关系等信息,确定了声像档案的元数据,使系统可根据不同用户习惯多维度展示声像档案,为经验传承和宣传起到了不可替代的作用。

三门核电一期工程 2018 年成功商运后,为了全面总结工程建设经验、真实回顾建设面貌和历程,启动了《AP1000 项目建造手册》的编撰工作。工程建设、质量保证和文档管理部门认为声像档案管理系统展示的照片,全面、完整、系统、真实记录了项目各项活动内容,可将照片档案纳入《AP1000 项目建造手册》,公司领导和《AP1000 项目建造手册》的编委认为照片档案很有价值,并确定《AP1000 建造图册》为第一卷,该卷以三门核电照片档案为素材,收录三门核电一期工程范围内的各个子项工程的施工过程照片,以"一张照片+一句话"的形式,展现三门核电一期工程建设的全过程。

三、创新做法

三门核电项目确定了技术路线为 AP1000 首堆后,三门核电根据 AP1000 核电技术特点,尤其是设备制造的复杂和工程建设的模块化施工工艺的特点,梳理了项目建设过程中的技术难点,在档案管理方面重点提出了照片和声像档案的管理要求,并落实到合同条款,夯实了照片档案采集、收集、整理与归档的要求;与此同时,三门核电以业务逻辑为主导,在先进的文档管理系统上自主开发了照片档案系统,不仅把收集的照片档案在文档管理系统中展示给项目参与者,而且在项目关键节点对已有照片和录像进行整合编辑，形成节点工程视频，用可视化一线档案激励员工热情；在项目实体竣工后，公司领导作为主编，组织编写人员完成了《AP1000建造手册》，记录了历史、记录了实况、记录了场景、使国际首堆建造实况可视化、场景化、标准化，使先进技术有记录、先进经验有传承、先进管理有成果。

（一）领导重视，前端部署，确保照片档案价值开发与主体项目"三同步"——构建领导管理体系

三门核电一期工程是国家三代核电"引进、消化、吸收、再创新"战略的实施平台，在这个平台上，不仅要完成三代核电AP1000首堆的建设任务，更重要的是要以此项目为依托，带动国内核电设计、制造、建造、调试能力提升，要实现吸收和再创新，档案作为载体，是无可替代的，为此，三门核电总经理部在项目之初就明确了在项目建设成功的同时，要做好经验反馈，完成《AP1000项目建造手册》，以助力中国三代核电技术的全面发展。三门核电党委和总经理部重视电站档案管理工作，对公司各个领域提出了分析项目技术和管理特点，有针对性地开创创新管理的要求。在文档管理方面，公司领导提出了"建立完整真实系统有效的首堆档案、培养一批AP1000档案专家、打造一个AP1000文档培训中心和开发一套AP1000文档管理标准体系"的四大愿景，亲自指导起草了《项目验收准备大纲》，规划了项目档案验收工作与项目实体同步规划、同步实施、同步验收，并强调AP1000核电项目采取的是模块化平行建造模式，关键设备设计技术和制造工艺是国际首次，文字记录并不能再现建造和制造场景，要求工程、设备监造、商务、质量保证和文档部门梳理业务逻辑，制定声像档案收集的范围，尤其是照片档案的采集范围、方位和数量，尽可能记录项目关键工序的实况，要通过不同形式展示项目的实况，落实核安全文化，充分利用照片档案总结规律，记忆建造历史，传承经验，记录历史，切实担负起依托项目的神圣职责，为后续项目提供有价值的参考。

（二）价值为导向，价值要素前置，确保照片档案客体价值属性标准化——构建制度体系

众所周知，档案的价值是档案的自然属性，档案是客体，档案的产生、利用者则是档案的主体，档案价值是主客体矛盾运动中不断展现的。如要快捷全面系

统完整地挖掘档案价值，就必须将档案自然属性和用户主观需求间的矛盾关系分析清楚，并通过二者的属性（画像）进行匹配，从而实现用档案的自然属性解决用户主体主观需求的矛盾。三门核电文档人员坚决贯彻档案主客体价值在矛盾中运动的理论，加强照片档案的标准前置到全生命周期的产生期，夯实细化。三门核电项目采取的是核岛总包、常规岛自主管理的少合同模式，尽管如此，三门核电一期项目仍然有很多合作单位，所有参建单位都是首次承担AP1000项目，对法规标准理解不一致，除业主对声像档案的重要性有较为深刻的理解外，其他合作方并不是十分理解，三门核电作为业主单位，担负了依托项目的职责，为此，三门核电沙盘推演了项目实施过程，制定了《建安及设备声像档案收集范围》（详见附件1），规定了项目照片档案收集的范围、数量、拍摄角度、照片格式、像素等元数据要求（详见附件2），将其作为合同附件纳入合同之中，夯实了合同依据，形成了项目参与者的共同工作目标。三门核电为了更好地管理照片档案，开发了照片档案管理程序，明晰了照片档案的各项元数据的具体要求，指导照片档案的产生、利用、归档、鉴定和保管的全生命周期，更好地落实了工作依据程序执行的核安全文化。

（三）管理先行，资源、督导做保障，实现照片档案记录业务活动全过程——构建内容体系

照片档案需快捷记录现场的关键、重要、重大的活动，因此三门核电为各个部门员工，尤其是质量监督人员、设备监造人员等一线员工，配备了数码相机，要求项目参与者按照附件1要求的范围采集整理相关照片；三门核电项目的文档人员牵头组织了集约化文档管理网络，通过制订与实体项目一致的文档管理检查计划、制定项目照片档案验收标准、组织业务与文档人员全面覆盖专业的检查团队，实施扁平化检查流程的照片档案管理活动，确保了项目照片档案覆盖了全员、全业务、全流程，确保了照片档案的真实、有效、及时和生动。

（四）技术支撑，构建专用系统，智慧技术赋能照片档案价值展现——构建技术管理体系

为更好地发掘照片档案的价值，发挥其不可替代的作用，三门核电遵循以业务为重点的指导思想，以提高声像数据利用为目标，对声像档案进行有目的、有

秩序的科学管理，遵循系统的先进性、实用性、易使用性及安全性的设计原则，构建了照片、录像、录音、流媒体等特种载体文档管理平台，满足三门核电对声像档案载体文件的日常管理要求，并为公司员工提供快捷查询的平台。系统包括了数据采集、数据展示、照片管理、虚拟组卷、运行维护和日志管理等功能模块，在数据展示方面，系统预设了数据治理规则，通过解析照片档案的记忆点，规范了"一张照片＋一句话"的知识重组原则，实现实体档案的内容聚合和关系聚合关联，构建了时空特点或者主体特点的产品，最终以根据用户画像特点，按照不同用户需求，设置了多种展示方式，如按照档案12大分类展示、按照子项展示、按照系统展示、按照专业展示等，使档案利用理念深入人心。档案全面开放，实现了服务群众各种需求的作用，实现了照片档案管理全面信息化、智能化，为后续工程建设数字转型奠定了基础，为发挥依托作用插上飞翔的翅膀。

（五）多维度聚合、服务核心，发挥照片档案资源价值——构建服务体系

三门核电项目作为AP1000全球首堆，担负中国核电的依托责任，项目活动的每个细小的经验和教训，其价值都是巨大的，影响深远。三门核电基于前面四个创新机制的成果，利用信息化工具针对不同用途，重点加强照片档案的聚合和编研，形成了宣传报道生动素材、培训和技术交流的直观载体。三门核电利用照片档案，先后给各级电视台提供多批次宣传材料，每年制作"6·9"档案日和各种宣传日展板、先进个人宣传、公司大事记等，使得照片档案发挥了巨大价值，《AP1000建造图册》对项目管理、技术和经验的记录与传承尤为突出。

在电站高质量建造完成并取得良好运行业绩后，三门核电决定启动《AP1000项目建造手册》的编制工作，公司领导鉴于照片档案的系统化管理成果，决定充分利用并发扬光大，决定编制《AP1000建造图册》等作为《AP1000项目建造手册》第一卷，以直观有冲击力的照档案开篇（图1）。

文档和工程技术人员共同策划，确定图册包含工程概况、土建工程篇、核岛安装篇、常规岛安装篇、电气安装篇、仪控安装篇、综合管理篇7大类近100个子项的重大节点、主要步骤、工程量、工程进度、施工工艺流程、工程管理和经验反馈7个二级类目（图2）。项目组按照以上分类和选择依据，确定图册从13978张照片中，遴选出4178张，查阅数万份项目档案，为每张照片配了一句

图 1 《AP1000 项目建造手册》第一卷

话,用"一句话+一张图片"的方式,再现了现场实况的《AP1000 建造图册》。该图册共计 796 页,77100 字。详细数据:"工程概况",共 142 张工程图片;"土建工程篇",共 878 张工程图片;"核岛安装篇",共 682 张工程图片;"常规岛安装篇",共 872 张工程图片;"电气安装篇",共 620 张工程图片;"仪控安装篇",共 638 张工程图片(图 3);"综合管理篇",共 346 张工程图片。

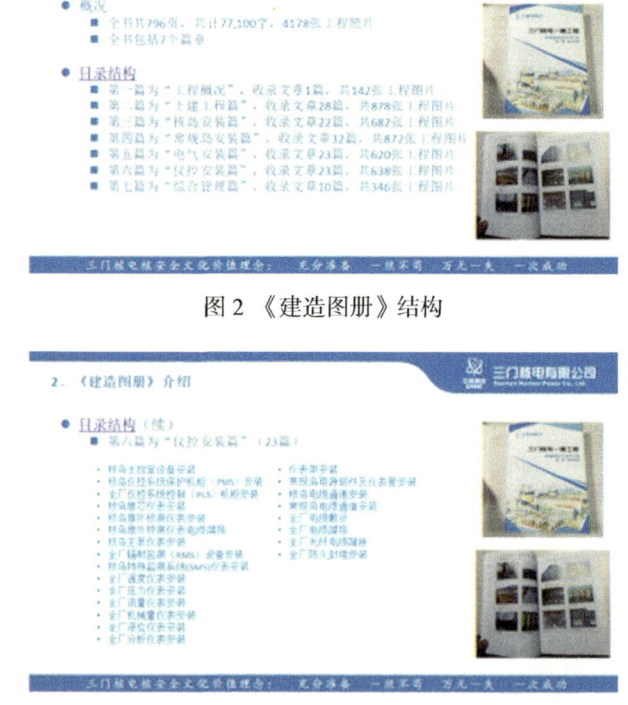

图 2 《建造图册》结构

图 3 "仪控安装篇"结构

《AP1000 建造图册》项目受到三门核电上级中国核电的重视，为了使建造图册等建造手册更完善、更全面、更翔实展示 AP1000 核电机组建造的全貌，为后续 AP1000 机组建造标准化提供可靠参考，中国核电组织专家对《AP1000 建造图册》等建造手册开展了评审专题会，全面审查，专家肯定了本项目的创新性和对后续机组建设的重大借鉴意义的同时，提出了 9 条建议，项目组逐条认真分析，集思广益，形成最佳整改方案，迅速完成整改后，获得专家认可，于 2020 年形成最终成果。

四、效果及影响

领导重视照片档案管理，制定收集全覆盖工艺流程和活动收集范围、完整而规范的元数据要求，形成对内的照片档案管理制度，对外落实到合同条款中，从制度上保障了项目照片档案收集的完整性，加强照片的全过程督导，利用先进的大数据、智慧技术做支撑，从用户利用角度出发，实现照片资料和照片档案主动服务，发挥其价值，成功实现了项目照片档案的制度体系、内容体系和服务体系建设的良好实践，并形成了"一张照片 + 一句话"的《AP1000 建造图册》，深度发掘档案价值，拓展了档案照片的成果展现形式。

AP1000 国际首堆照片档案，尤其是"一张照片 + 一句话"的《AP1000 建造图册》，为后续的生产维修提供了原始场景，为维修提供可视化场景，为维修准备提供了重要依据；是国际首堆建设者经验记录，为同行技术和现场管理的经验分享提供了鲜活的资料；是 AP1000 核电项目技术、工艺、现场管理培训的第一手可视化教材，传授新员工提供正确方法的生动教材；是国之重器、大国工匠精神宣传的鲜活资料，宣传一线员工和工程可视化进程有血有肉、有泪有笑的生动素材；"一张照片 + 一句话"的《AP1000 建造图册》项目实施过程中，运用了语义化重组知识的工具，是知识管理实施方法的创新。

"一张照片 + 一句话"的《AP1000 建造图册》作为历史、经验的记录，无法计算，也无法估算其经济价值，其记录了国际首堆建设的历史，记录了首堆建设者的经验和教训，作为教材、经验交流材料，其中以照片为基础编制的宣传材料，作为工匠精神记录，在中央电视台、浙江省电视台、"学习强国"、中国核工业报等各种媒体上播放刊登，传播着"中国核电"的风采。

附件1 三门核电一期项目照片采集清单

序号	拍摄内容	拍摄要求	照片数量
1.1 工程日常安全管理			
1.1.1	本工程重要工程安全协调会	表现活动主题、主要参加单位或人员等内容的全景照片	每次活动留存1~2张
1.1.2	安全委员会会议	表现会议主题、主要参加单位或人员等内容的全景照片	每次活动留存1~2张
1.1.3	安全监督检查活动	反映检查活动主题及检查主要结果	每次活动留存主题照片1~2张、反映检查结果的照片4~8张（包含示范和缺陷照片）
1.2 工程项目进展情况			
1.2.1	工程进展情况照片	表现工程进展情况	根据工程部位留存几张全景及部分细节照片
1.3 工程安全质量监督管理			
1.3.1	本工程重要工程协调会	表现会议主题、主要参加单位或人员等内容的全景照片	每次会议留存1~2张
1.3.2	安全监督检查活动	反映检查活动主题及检查主要结果	每次活动留存主题照片1~2张、反映检查结果的照片4~8张（包含示范和缺陷照片）
1.3.3	检查验收活动	主要缺陷及整改	每个案例留存整改前后照片1~2张
1.4 工程竣工验收			
1.4.1	检查验收活动	主要缺陷及整改	每个案例留存整改前后照片1~2张
1.4.2	检查验收会议	表现活动主题、主要参加单位或人员等内容的全景照片	每次会议留存2~3张
1.5 日常安全文明施工管理			
1.5.1	安全文明施工	表现人员培训教育情况，包括安全教育、安全交底等；安全文明施工情况，包括现场布置、安全防护用品（安全带、劳保用品、特种作业防护）、遵章守纪情况	每次培训教育留存照片1~2张，各种文明施工留存照片1~2张。每个主要作业点（如基础、组塔每基、架线牵张场及重要跨越架等）留存安全文明施工总体布置情况照片1张、防护用品使用情况照片1~2张、"三违"照片1~2张（若有）
1.5.2	定期安全检查		每个事件留存照片1~2张（每月至少1次）

续表

序号	拍摄内容	拍摄要求	照片数量
1.5.3	安全员日检	各种重大安全检查发现基本情况	每个事件留存照片1~2张（正常工作每天进行）
1.5.4	事件事故处理	表现施工安全的关键部位、工序、重点及危险作业项目安全员监护情况，现场违章情况	每个事件事故留存照片3~5张（发生未遂、轻伤及以上事故，或接到监理停工令或隐患通知单的事件）
1.6 质量控制活动（土建）			
1.6.1	见证取样及试件制作	表现取样及试件制作主要过程、操作人员等要素	每种材料至少留设一组，每组1~3张
1.6.2	设备开箱检验	表现设备整体外观、型号、缺陷（如有），型号及缺陷拍特写	重要设备每件留存整体照片一张，型号一张，缺陷（如有）1~3张
1.6.3	接地装置	表现埋设深度、焊接质量等要素	每处留存全景照片1张，局部特写1~2张
1.6.4	钢筋绑扎	表现钢筋数量、大小、间距等要素	每墙体或柱施工段至少1张
1.6.5	综合隐蔽验收	表现隐蔽内容，包括钢筋、埋设件等，反映钢筋保护层，楼板还应反映钢筋大小、间距等要素	每施工段留设3张，全景照片一张，局部特写1~2张
1.6.6	地基验槽	反映地基槽地质状况、地基深度等要求	每个建（构）筑物分别留存2~3张，其中一张反映全貌，1~2张特写
1.6.7	基层隐蔽（油漆施工前）	反映基层基本情况，包括清理、粗糙度、砂眼等情况	每标高层至少留取2张局部特写，重要设备基础每个留设1张
1.6.8	预应力施工	反映预应力张拉、灌浆（灌油）全过程	每个反应堆厂房留设2组，筒身及穹顶各一组，每组至少3张
1.6.9	不符合项处理	反映不符合项状态、处理及处理后状态	每个不符合项均留设至少3张
1.6.10	焊接见证件	见证件设置部位及位置（焊缝编号），焊工号、钢材炉批号、见证件编号等	重要见证件至少留设1张
1.7 施工质量控制活动（安装）			
1.7.1 材料和设备检验			
1.7.1.1	试件制作及见证取样	表现试件制作主要过程、操作人员等要素	重要试件每组1~2张，悉数留存
1.7.1.2	设备开箱检验	表现开箱设备整体外观、缺陷（如有）特写	重要设备每件留存整体照片1张，缺陷（如有）1~3张

续表

序号	拍摄内容	拍摄要求	照片数量
1.7.2 隐蔽工程验收			
1.7.2.1	预埋件	现预埋件形状、施工现状	根据不同区域留存整体照片1张,缺陷(如有)1~3张
1.7.2.2	接地装置	表现埋设深度、搭接长度、焊接质量、防腐情况等要素	每处留存全景照片1张,局部特写照片1~3张
1.7.3 施工安装验收			
1.7.3.1	安全壳厂房		每个房间全景1张,主要设备局部特写照2张
1.7.3.2	辅助厂房		每个房间全景1张,主要设备局部特写照2张
1.7.3.3	附属厂房		每个房间全景1张,主要设备局部特写照2张
1.7.3.4	柴油发电机厂房	主要记录应急柴油发电机组、柴油罐等施工活动	每个房间全景1张,主要设备局部特写照2张
1.7.3.5	放射性废物厂房		每个房间全景1张,主要设备局部特写照2张
1.7.3.6	钢结构施工	穹顶、结构模块、CV等安装(含吊装、过程、结果)活动	每个工序3~5张
1.7.3.7	管道	预制车间预制情况;现场安装情况;现场管道保护;管道运输;管道焊接;质检情况;阀门安装、吊装;支架预制、安装情况	主要管道的预制、运输、安装、焊接等关键步骤各3~5张
1.7.3.8	通风	通风各类设备、风管安装,结果形象;通风预制过程各道工序;重大质量问题、缺陷照片;施工难点照片	各系统设备、风管的预制、安装、等关键步骤各3~5张
1.7.3.9	电气	各类电气设备的安装、试验和结果形象;重大质量问题、缺陷的发现及处理;隐蔽验收等	各电气系统主要安装、试验、隐蔽验收和结果形象等每类各3~5张
1.7.3.10	仪控	主控室安装;主泵自带仪表安装;堆芯测量仪表安装	主控室安装10张以上;重大设备仪表安装每台3~5张
1.7.3.11	焊接	主管道、波动管焊接、结果形象;主蒸汽、主给水管道焊接过程、结果形象;凝汽器钛管和管板焊接;不锈钢覆面焊接等	重要管道、设备焊接过程、结果形象各3~5张
1.7.3.12	消防	预喷淋效果;主要设备	预喷淋效果1~2张,消防设备1~2张

续表

序号	拍摄内容	拍摄要求	照片数量
2 设备照片档案			
2.1 设备采购项目管理			
2.1.1	重要设备合同谈判签字		每次活动留存2~3张
2.1.2	重要设备协调会（质量、进度、投资、技术等）		每次活动留存2~3张
2.1.3	质保监察活动		每次活动留存2~3张
2.2 设备采购过程管理			
2.2.1	产品见证件的试件及见证取样	表现制作主要过程、操作人员等要素	重要试件每组留存典型照片1~2张；每次见证取样留存照片不少于1张
2.2.2	设备监造	表现监造主要过程和主要缺陷及整改等	每台设备监造主要过程留存照片1~3张，缺陷（如有）特写
2.2..3	设备开箱检验	表现开箱设备整体外观、缺陷（如有）特写	每台（件）留存整体照片1张，缺陷（如有）特写
2.2.4	设备的制造形象节点	表现设备外观、制造状态	至少留存2张
2.2.5	设备的性能试验	表现设备的全貌和试验状态	至少每台设备拍摄1张
2.2.6	设备的出厂验收	表现会议主题、参加单位或人员等内容	每次会议留存1~3张
2.2.7	设备的包装、装运、发货	设备全貌、运输、包装的状态全景	每个设备至少拍摄3张
2.2.8	设备的现场到货	设备到货的全貌、状态，包未卸载的情况、卸载或吊装过程中执行情况	每台设备至少拍摄3张
2.2.9	进口设备的到货商检	设备包装原貌、开箱过程及开箱后状态和参加人员、货损特写、恢复包装后的情况	每台设备的每个包装箱均需拍摄
2.210	国内设备到货检查	设备包装原貌、开箱后情况、货损特写、恢复包装后情况	每台设备在四种状态下各拍1张以上
2.2.11	主要设备仓储维护	设备仓储状态和维护情况	设备初次在现场存储的状态（安装之前）拍摄2张以上
2.2.12	设备NCR的实物状态	拍摄在设备制造、包装、运输、装卸、维护、存储时出现的NCR状态特写	不限张数，以能充分反映事实真相为原则

附件2 元数据著录要求

EMC		V1.1					sm_arc_number;object_name;sm_category;title;sm_page_count;sm_physical_media;sm_approve_date;sm_retention_period;sm_classification;sm_store_count;sm_file_format;sm_color;sm_audio_quality;sm_video_quality;sm_system;sm_capacity
Loader Utility		Verify		sm_audiovideo			
	r_object_id		object_name	file_path	file_format	r_folder_path	acl_name
			SS	SS	SS	SS	SS
			Object name	file source	format	linktarget	ACL Name
			SS	SS	SS	SS	SS

sm_box_number	sm_arc_number	sm_category	title	subject	sm_page_count	sm_unit
SS	SS	SS	SS	SS	SI	SS
盒号	档案号	特殊介质分类	标题	译文标题	数量	计量单位
SS	SS	SS	SS	SS	SI	SS

sm_author_unit	sm_physical_media	sm_approver	sm_approve_date	sm_retention_period	sm_classification	sm_store_count
SS	SS	SS	ST	SS	SS	SI
编制单位	原始载体类型	拍摄人	拍摄日期	保管期限	密级	库存份数
SS	SS	SS	ST	SS	SS	SI

sm_related_itemid	sm_file_format	sm_duration	sm_starting_point	sm_color	sm_audio_quality	sm_video_quality
RS	SS	SS	SS	SS	SS	SS
互见号	文件格式	时长	入点	色彩	声音质量	画面质量
RS	SS	SS	SS	SS	SS	SS

sm_system	sm_group_size	sm_spec_size	sm_capacity	sm_has_hard_copies	sm_remarks
SS	SI	SS	SN	SS	SS
制式	同组内数量	规格尺寸	容量(MB)	实体标识	备注
SS	SI	SS	SN	SS	SS

案例形成单位：三门核电有限公司

案例形成人：戴法、万小燕、王亮霞、瞿向阳、岳振兴、黄冬梅

面向中俄核能合作典范项目，探究档案资源智能开发利用

一、案例概述

2017年7月3日，习近平总书记对俄罗斯进行国事访问，接受俄罗斯主流媒体采访时赞誉"田湾核电站成为中俄核能合作典范项目"。江苏核电有限公司（以下简称江苏核电）为把习近平总书记的要求融入档案工作中，提高档案工作政治站位，立足于档案部门资源和专业优势，树立"大服务"理念，不断推动档案与业务的深度融合，致力于档案利用智能化、档案服务移动化、档案管理可视化，促进档案资源开发利用规模、质量和服务水平同步提升，确保习近平总书记对江苏核电项目管理的殷切期望落地生根。

二、实施背景

（一）档案与业务融合不够，设备与文档数据未建立关联

田湾核电站3号、4号机组设备信息以俄方、设计院、工程公司产生的数据和文件为主，虽然建立3号、4号机组关键厂房和设备三维数字化模型，但是模型对应的图纸信息需要用户进入文档管理系统自行查阅，需要不断切换平台，不满足用户便捷访问文档信息实际需求。因此，急需建立文档和三维模型的关联关系，通过三维可视化漫游快速访问设备关联的数据和文件，满足用户通过设备直接查看相关文件、图纸、数据等。

（二）档案利用智能化不高，无法精准快速查询所需文档

江苏核电文档管理系统主要根据元数据进行组合检索，需要用户熟悉各类文档元数据规则，有时查询结果较多，无法精准找到所需文件、不能实现快速模糊查询等。用户期望能够参考百度智能搜索功能，实现快速模糊查询、全文检索和

联想检索，并能定制常用文件查找功能，成为文档查询利用的发展方向。

（三）档案服务缺乏便捷性，无法随时随地移动化办公

在传统的办公模式下，员工更多是利用固定办公电脑处理工作任务及获取各类信息资源，在出差或者休假过程中，需要通过远程访问办公系统，无法通过智能移动终端快速处理业务及文档查阅，实现随时随地利用碎片化时间移动办公。

（四）档案管理可视化不高，档案库房管理耗时耗力

对比当前大数据、智能化、物联网、可视技术的飞速发展，江苏核电现有文档管理系统还不具备馆藏档案资源可视化管理，不能满足用户对馆藏档案资源快速、准确、全面的文档利用需求。目前各档案实体库房相配套的管理系统处于信息孤岛状态，无法实现信息的一站式访问，无法通过档案可视化管理向智慧型数字档案馆转型发展，急需借助新一代信息化技术，提升核电企业文档管控能力，促进降本增效。

三、创新做法

（一）多维数据融合，以三维利用方式焕发档案新活力

核电站工程阶段数据通过数字化移交，是对未来核电机组运行维修能力提升的有效支撑。田湾核电站3号、4号机组通过对工程阶段设计文件正向建模、逆向激光扫描方式，建立机组主要厂房三维模型，将数据、文件与三维模型建立关联关系，在3D平台中落地，实现图纸、文件、数据关联关系的可视化呈现；用户通过三维可视化漫游快速访问设备关联的数据和文件，实现3号、4号机组全局模型的图纸、文件、数据联动检索，以全新的三维方式赋予档案新活力。

实现基于三维模型的图纸、文件、数据可视化管理，主要包括图纸和文档等信息资产，例如布置图、系统图、流程图、计算说明书、系统设计手册、分析报告、材料清单等，以及设计规范、设计标准等参考文件。根据各建筑物的竣工文件的数据，显示各建筑物的基本档案信息，并可以显示各建筑物竣工文件档案分类及目录，点击后可浏览相应竣工文件。用户通过WEB浏览器可以在线查阅和管理以上图纸和文档，包括多种文档格式，且不需要安装任何插件或控件，用户可以在平台快速定位和查询相关图纸文件。

建立多维数据关联查询。将竣工图三维场景模型与关键设备精细化模型轻量化发布和在线浏览，支持全厂模型，将三维模型与工程阶段产生的图档和数据建立关联，实现多维关联查询。用户可以基于平台实现多维数据关联查询，查看一个物项三维模型的同时，可以通过关联关系，便捷地查阅其设计施工图、竣工图等图纸，计算报告、技术规格书等文件，设计参数、施工条件参数等结构化数据。图1为多维数据关联查询界面。

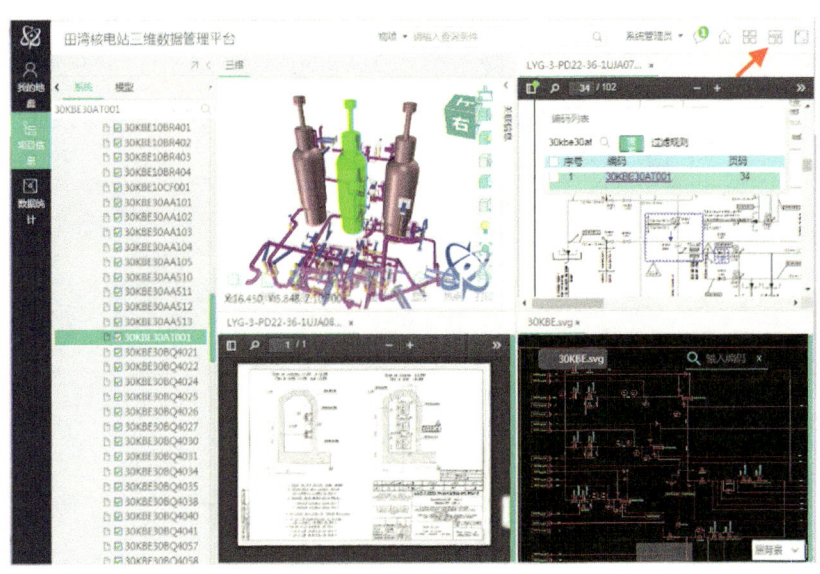

图1　多维数据关联查询界面

实现对平台数据全域范围内智能搜索，包括三维模型数据、图档数据、表单数据等涉及整个平台全部数据，以及平台内 Word 文档等可编辑文件全文检索。用户通过下拉框，按搜索对象类别进行分类搜索，对象类别包括三维模型、数据、图档，或者线缆、焊缝、测点等，以用户熟悉检索语言进行全域范围内智能检索。

（二）实现精准服务，以智能搜索提升文档利用效能

江苏核电利用最新搜索引擎技术，设计开发了文档资源智能搜索平台。该平台可实现快速模糊查询、智能搜索和全文检索功能，实时推荐和多字段模糊搜索，并提供常用文件类型的数据展示，以及本人检索历史和浏览历史，通过文档智能搜索平台，用户可以更简便、快速地搜索到所需文档信息，变被动搜索为主动推荐，实现文档信息的快速获取，最大化发挥文档资源的价值。

提供文档"一键式"搜索服务。参考百度智能搜索功能，开发文档一键搜索窗口。一键搜索窗口默认状态下对文件题名和文件编码进行查询，可以同时输入多个关键词进行模糊查询，关键词之间用空格隔开。点击二次查询，可以通过选择项目名称、文件类型、文件题名等组合查询。该功能支持实时推荐查询，例如输入"项目档案"，会自动弹出"项目档案组卷归档工作记录""项目档案验收准备与组织管理"等常用查询字段，在检索结果中可以将关联内容高亮显示。

支持常用文件与检索历史查询。根据用户的高频检索历史，在"常用文件搜索"框中展示用户的常用查询字段，在"检索历史"中展示用户近期的检索历史与文档的浏览历史，极大地提升了用户的查询效率，帮助用户快速浏览自己的关注的文档、高频利用文档等。图2为文档智能检索界面。

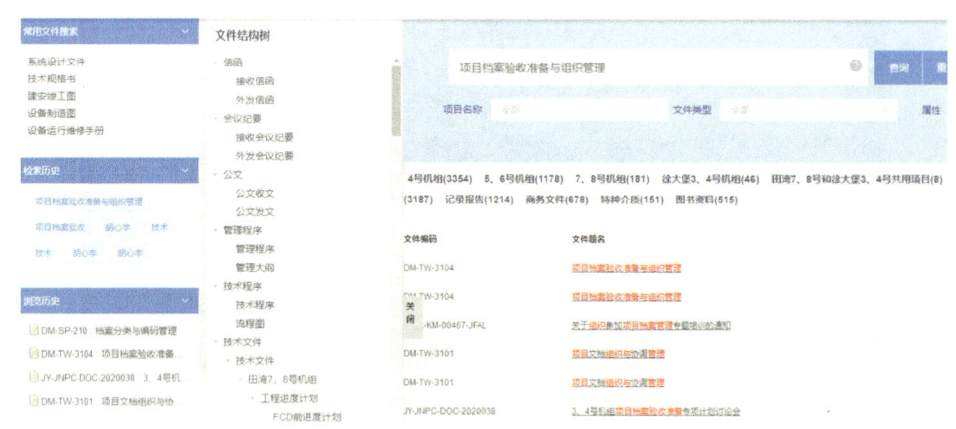

图2 文档智能检索界面

（三）掌上协作办公，以移动技术打造随身文档服务

建立关键流程移动化审批。结合移动应用平台，重点推进文档管理移动应用场景，扩大文档移动应用服务范围，方便公司用户快速、便捷、精准地查阅所需文档，及时处理个人待办、公办任务，加快文件流转时间，节省文件处理周期，提升工作效率。已完成技术程序编制升版申请、编制升版审批、撤销、补发，外发会议纪要，公文发文编制审批，系统流程图编制升版申请、审批，培训教材定期审查、编制升版审批，文档在线借阅等11支流程移动化审批。当用户在电脑端编制文件后，校核、审核、批准环节人员通过智能终端移动审批，用户利用碎片化时间缩短流转时间，提升工作效率。

搭建文档移动化在线查阅。江苏核电秉持"高效利用、安全可靠"的原则，将移动应用中的文件密级为内部公开、外部公开文件，授权用户通过经公司注册授信的手机，可查阅本人权限范围内的文件和档案，使馆藏文档利用更加智能化和便捷化，提升用户对文档利用的满意度。

当用户手机安装"企业微信"后，点击文档管理，通过文件查询和档案查询即可查询相关文档。例如，在文件题名输入检索词"党建工作"，文件类型选择"公文收文"，显示查询结果，点击某条信息，就能查阅相关文件信息和元数据信息、关联文件，满足用户随时、随地移动化查阅公司文档需求。图3为移动端文档查询界面示例。

图3　移动端文档查询界面示例

（四）数据一站可视，基于物联网打造智慧档案库房

为了降低管理成本，响应档案工作"十四五"规划的要求，文档人员积极探索利用信息化工具提升文档工作效率的手段，利用新一代信息技术打造3D可视化智能库房，实现档案库房管理信息和档案信息的可视化。

馆藏档案数据的可视化管理。通过对实际档案库房的虚拟化管理，能够构建虚拟的档案所在库房、区域及档案柜架的列、节、层、排位等对象，实现对实体档案所在库房位置的管理，快速完成对实体档案定位、入库、出库和盘库等操作。在智慧档案库房内，通过关键字可以搜索快速定位、高亮、聚焦显示查找结果，以动态闪烁的形式将满足条件的案卷所在密集柜展现出来。实现在线的档案浏览，高亮出来的案卷在点击之后，可通过链接到文档业务系统中案卷详情页面进行查看。档案盒可以近距离放大显示以及查看档案盒中的原件，让用户足不出户通过虚拟档案库房查阅档案，相比实体档案库房更加便捷。图4为档案虚拟库房示意图。

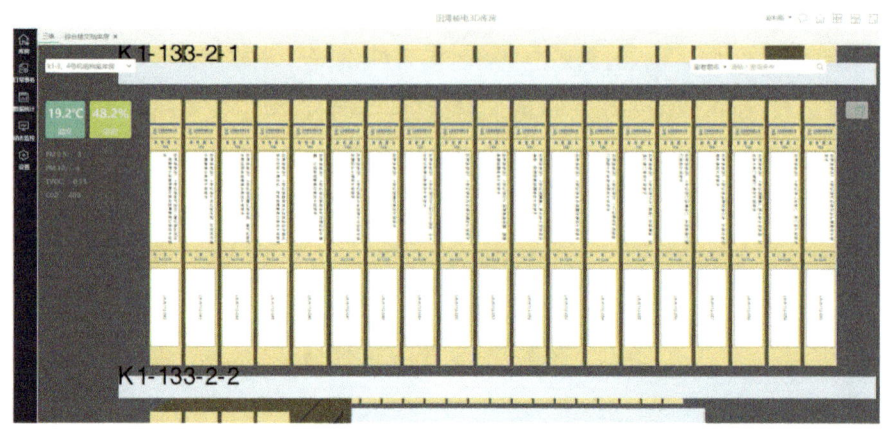

图4　档案虚拟库房示意图

档案库房参数的可视化管理。智慧档案库房基于搭建的档案馆库房、密集架、档案盒、库房设备等逐级可视的三维场景，集成档案管理、视频监控、门禁管理、温湿度管理等系统数据。图5为虚拟档案库房大屏展示样例。档案库房管理更加智能化、规范化、可视化，切实提升档案库房管理水平与管理效率，实现了馆藏库房更加安全有效、安防系统更加健全可视，让实体档案馆和虚拟档案馆共同服务于企业各级用户。

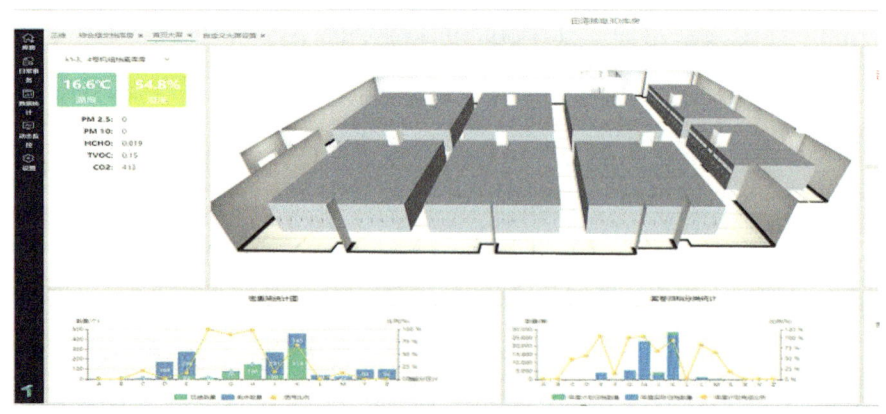

图5　虚拟档案库房大屏展示样例

四、效果及影响

（一）社会与管理效益

1. 基于新一代信息技术，提升档案服务水平

江苏核电自开展基于智能建设的档案资源利用以来，有效优化了档案利用，提高了文档管理人员的工作效率和管理水平。以文档移动化办公为例，移动技术的应用使得用户能够随时随地访问内部文件信息，极大地提高了工作的便利性。以智能搜索为例，人工智能与信息检索技术的结合是从知识中获取信息的有益尝试，江苏核电扩展了查询方法，优化了计算模式，将用户从原始的基于元数据检索转化为基于内容的一键式检索，极大地提升了检索效率，提高了应用能力，推动核电文档搜索技术的创新。

2. 搭建 3D 档案智能库房，提升档案管理水平

江苏核电基于智能建设的档案资源开发与利用项目，深入融合"大档案、大数据、人工智能"，均是公司自主设计、自主开发、具有完全知识产权的项目，在核电行业具有领先水平。以智慧档案库房为例，是江苏核电为提高馆藏档案查询利用运行效率和服务水平以及提升档案库房现代化管理水平的一次大胆创新实践，通过相应的技术手段和管理策略将档案实体、档案内容、档案管理信息与公司网络用户联系起来，实现用户对档案内容信息的全局性、系统性感知，以及对档案管理信息的感知，进而提供了可视化、可量化的数据支撑，实现档案信息、实体、管理环境的一体化整合管理，建立起广覆盖、多样化、多途径的档案信息利用体系，全方位提高档案信息利用的速率，以确保用户对档案信息资源的充分利用。

3. 变革管理模式，促进新技术与档案融合发展

传统文档管理主要依靠人工记忆，手动处理，在全社会各行各业引入"互联网+"、大数据等先进理论和技术的氛围下，档案管理也应与时俱进。基于智能建设的档案资源开发与利用是互联网+档案管理的一次成功尝试，它巧妙地利用当前"互联网+"、人工智能等先进理念和技术，大大提升了用户的工作效率，将使得江苏核电乃至中国核电在"互联网+"、工业 4.0 和大数据浪潮上夺得先机。以三维模型的图档智能利用为例，以机组生产运行后的数据应用需求为出发点，跳脱出传统的文档查询方式，将文档与业务充分关联，大胆变革文档利用方式，让图纸、文件、数据等资源活起来、动起来、用得上、用得好。

4. 自研档案智能平台，助推企业档案创新发展

基于新一代信息技术自主研发的智能搜索、智慧库房等档案管理创新成果，具有功能先进、档案法规遵从度高、对核电机组堆型依赖性低等优点，目前正在田湾核电基地内推广，同时具备向其他电站或其他行业推广的价值。以智慧档案库房为例，该平台是公司立足企业实际、跟踪现代化档案库房管理最新发展、不断推陈出新的成果，实现了档案实体与电子档案管理系统跨载体的数据互联互通，为其他单位优化档案库房管理提供新思路，具有一定参考借鉴价值。

（二）经济效益

以智慧档案库房为例，按照 6 台运行机组、50 年电站寿期计算，项目上线后，人力成本从上线前的 3 人降低为上线后的 0.5 人，每年人均成本至少节省 12 万元。试点前需人工巡查档案库房，纸质记录库房温湿度、人员出入库等记录，每年使用纸张 2000 张，试点后，无须使用纸质文件，累计节省人工成本约 1500 万元，节省纸张 10 万张，降本增效作用明显。另外，以智能搜索为例，项目基于开源产品自主设计、自主开发，不产生任何商业软件采购费用和服务费用以及软件开发费用，可替换同等功能的商业软件，若委托外部开发，预计需要额外支出 80 万元。

（三）生态效益

江苏核电通过新技术的应用，能够有效降低对打印、纸张的需求，一定程度上保护了生态环境，在践行绿色发展理念方面做出了尝试，能够为社会提供更高质量的产品和服务。

2021 年 5 月 19 日，中俄两国元首共同见证中俄核能合作项目开工仪式，习近平总书记提出三点殷切希望，江苏核电贯彻新发展理念，构建新发展格局，以高质量发展继续写好中俄核能合作"大文章"，切实履行新征程赋予全体中核田湾人的新使命。档案工作者更要不辱使命，为将 7 号、8 号机组建设成为"核安全领域全球标杆"目标，贡献文档智慧和力量。

案例形成单位：江苏核电有限公司

案例形成人：陈超、胡心宇、王印辉、查凤华、邹鸿运、周鹏

档案见证百年信物，航天精神薪火相传

——从于本水院士讲述"红旗二号"防空导弹研制始末讲起

一、案例概述

我国自行研制的首款地空导弹——红旗二号，在1967年9月成功击落窜犯我国领空美国代号"黑猫中队"U-2侦察机。作为建党百年的信物，航天科工集团推荐的红旗二号导弹的珍贵档案从航天科工集团二院二部馆藏中浮出水面，为"红旗二号"总体设计师于本水院士讲述当年"红旗二号"征战沙场、立下赫赫战功的故事提供重要证据和原始素材，于院士是"红旗二号"的总体设计师，历史档案和于本水院士的讲述见证了"红旗二号"的设计背景和历程，它的重要作用永远镌刻在航天防空导弹研制的历史丰碑中。

二、实施背景

不久前，中央电视台拍摄的《红色财经·信物百年》纪录片中，于院士讲述了我国在1967年用自主研制的红旗二号导弹击落美军侦察机一事，于总手中翻看的相册，揭开了那一段振奋人心的我国防空导弹研制的序幕。在新中国成立初期，我国对空防御能力不足，敌方侦察机肆意窜扰，直到红旗二号导弹的破空而出。这是我国自行研制的首型地空导弹，从红二开始，中国导弹工业以一个个"零"的突破创造了伟大奇迹。作为红旗二号的总体设计师，于本水院士讲述了红二导弹从1965年接到任务到1967年6月定型，航天技术人员在短短不到两年时间内完成导弹的设计试验，成功阻击U-2侦察机的伟大壮举。1963年，二院二部一室由于本水担任组长的型号总体组接到了解决抗U-2机动问题的任务，于总对项目进行了精心策划，率领课题组成员张品青、张志鸿等进行了技术攻关，在那个艰难的岁月，老一辈航天人始终秉承着守卫我国领空、维护国家安全的信念，在没有高端计算工具辅助的情况下，一位工程技术人员带一名计算员，纯粹依靠人工计算一条弹道需要二十天的速度，昼夜加班，奋斗了几百个日日夜夜终于完成了导弹的设计和论证，1963年，《关于543导弹攻击U-2型飞机问题》的科学技术报告成稿（图1）。

图1 《关于543导弹攻击U-2型飞机问题》的科学技术报告的原始档案

这些珍贵的历史都载入了史册，在航天科工集团二院二部档案馆的馆藏中，翻开那些泛黄的手稿，当年于院士率领团队工作的情景仿佛历历在目，在那些特殊的岁月，航天人奋斗不止、保家卫国的精神，一次次证明了靠中国人自己也能强起来。存档在航天科工集团二院二部的有关当年红旗二号以及红旗系列的大量设计报告和珍贵图片为于老的讲述提供了有力的佐证（图2至图4）。

图2 红旗二号研制过程珍贵手稿

图 3　归档前言及被击落的敌方侦察机残骸相册

图 4　"红旗"系列部分馆藏

三、创新做法

在搜集和利用历史档案的过程中，航天科工集团二院二部主要有以下做法。

（一）建立健全归档机制，确保重要档案应归尽归

二部自 1963 年开始形成档案，早期曾是部队编制，当年珍藏的党员花名册中就记录了于本水院士的名字，此后从首发地空导弹"红旗二号"研制的珍贵

手稿，到工会宣传的小型活动都有档案记录，这些档案得以留存，是得益于二部自始至终不断修订和完善的归档制度。到目前为止，二部共形成以《二部档案工作管理规定》为顶层要求的，《归档制度》《档案归档计划编制和管理办法》等为具体要求的二十三项管理办法，同时，根据国家档案局2015年下发的第10号令《企业文件材料归档范围和档案保管期限规定》的要求，同时切实落实《"十四五"全国档案事业发展规划》"全面推行档案分类方案、文件材料归档范围、档案保管期限表三合一制度，规范建档工作，提高归档文件质量"的要求，二部扩大了归档范围，把管理类档案纳入归档工作，进一步完善了归档内容，确保了二部档案的应归尽归。二部持续履行归档范围的全面覆盖的原则，使重要档案在任何时候都能发挥重要作用。

（二）加强历史档案的保护，完善馆藏条件

二部保存有大量重要历史档案的档案库房馆藏条件日益完善，二部为纪录片和院士传记丛书、型号研制大事记等事项提供的红旗二号及其系列型号相关档案，大部分都是珍贵的计算手稿，这些手稿基本形成于20世纪60年代，距今已近六十年。目前来看，所有手稿保存完好，字迹清晰，图样完整，得益于二部的馆藏条件随着科技水平的发展日益更新，除了国家规定的库房人防、物防、技防条件满足要求外，还全面升级了档案馆自动化温湿度设备，随时保证保管条件达标；配备全自动防火装置、灭火装置，保证档案安全；定期实行档案库房环境消杀，保证纸张不被破坏。此外，档案管理员定期对保管期限较长的档案进行检查和维修，通过字迹恢复、修裱技术等技术手段保护档案原件，确保了档案历久弥新，随时可以提供利用。

（三）推进档案数据化，利用手段智能化，自主开发国密网环境下的人脸识别技术，提高利用效率

在提供利用历史档案的过程中，二部档案部门深度分析了利用的目的，发现多数档案利用并不是仅仅满足于对大量信息本身的利用，而是希望能获取信息或数据蕴藏的知识。因此，在海量数据中提供有效的档案利用，基于用户需求挖掘相关有价值的信息知识，再采取相关方式提供有效利用是二部一直探索的方向。然而，深藏在档案信息中的知识，需要经过采集、抽取和挖掘才能展示。因此，

如何在海量数据中抽取和挖掘有用的信息和知识，并创新和运用相关技术从海量数据中提供有效的服务，亟待解决档案前端控制、全程管控、促进应归尽归的问题，更要利用智能化技术手段解决著录、整理和利用的问题。当前最为迫切的利用需求之一是对于海量馆藏档案，如何快速定位，精准匹配查找内容。

二部在国密网环境下依托图像识别、以图识图、深度学习等技术自主开发数码照片档案智能化识别技术，把新技术引入档案管理和档案系统中，使得档案系统具备图片智能分类、以文字搜照片、以图搜图、场景智能识别等功能。《"十四五"全国档案事业发展规划》在"面临的形势和挑战中"指出：新一代信息技术广泛应用，档案工作环境、对象、内容发生巨大变化，迫切要求创新档案工作理念、方法、模式，加快全面数字转型和智能升级。借鉴互联网等领域针对数码照片的智能应用模式，联系军工企业国密网环境下的业务开展应用设计，通过探索本单位数码照片智慧应用需求，以大数据存储、系统集成、图像识别、深度学习等新型技术手段为依托，实现对档案系统中海量数码照片资源的智慧管理及应用，切实助力企业提质增效及智慧转型升级。二院坚持工作创新机制，与实际工作紧密结合，研究的新技术在提供利用的服务工作中卓见成效，在为院士丛书、航天人物纪录片、型号大事记等重要事件提供档案素材时，极大缩短了查找时间，快速筛选，尤其是照片档案，一个小时完成了全部检索需求，充分利用新技术提高利用服务的工作效率（图5）。

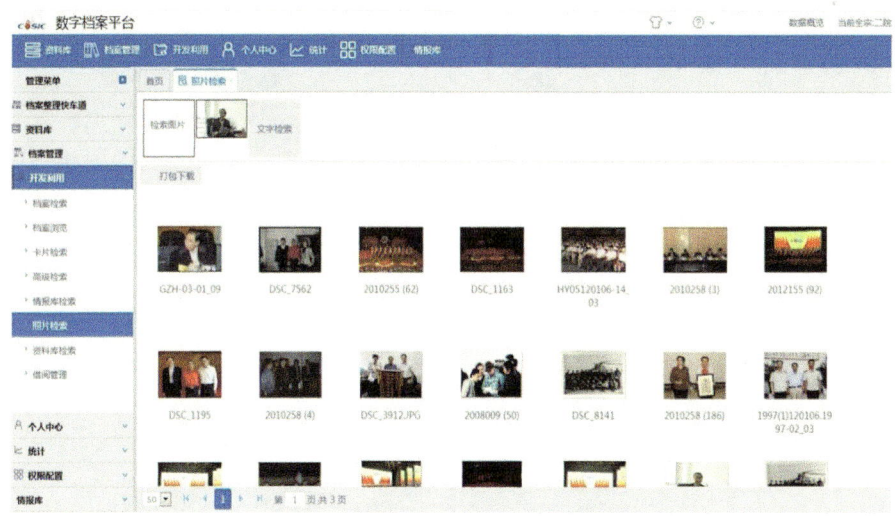

图5 人脸识别技术在档案系统的应用图例

（四）创新档案服务机制

1. 完善利用制度

档案的提供利用是档案管理工作中的最重要一环，档案只有利用才能实现其价值。随着数据时代的发展，将档案的实体管理领域扩展到了信息利用领域，即数字资源管理。首先，完善了本单位电子文件提供利用的方式和要求，加强对电子文件的管理，形成电子文件查借阅及开放原则的相关制度、实施规范，其次强化档案工作与利用者之间的联系，在坚持保密原则的前提下，加强数字档案资源的开发与公开。

2. 成立专项工作组

针对利用需求和特殊任务成立档案专项工作小组，对于集中的利用需求提供专项档案服务。本次为《红色财经·信物百年》纪录片以及《中国航天院士传记丛书——于本水院士传记》撰写过程中提供工作历程、人物事件及红旗系列研制档案，二院档案部门成立承担专项查找、编辑汇总、对外联络不同工作角色的三人工作小组，共提供档案134卷近千份，照片130余张，实物档案（证书、奖状）7份，快速、高效地完成了提供利用任务。

3. 创新档案利用服务手段

二院充分利用数字档案平台功能，点对点推送存在利用需求的档案。利用者在 OA 中收到推送信息提示后，即可在线快速浏览或下载人脸识别技术筛选后成组照片的信息。

4. 建设特色档案资源库

二院特色档案专题库以珍贵性、多样性、特殊性及利用的广泛性为原则进行建设。按照馆藏档案的生成时间、历史影响、重大贡献等进行排序和排架，优先选择国家重点型号、航天事业里程碑的事件等，在档案系统中建立对应的资源库，予以特藏档案的待遇。同时二院还定期开展重点历史档案的征集工作，完善了珍贵历史档案的素材，在给相关纪录片和人物传记等宣传素材提供利用档案时，快速、精准找到对应档案，极大提升利用效果。

（五）拟建立有序开放的档案共享利用平台

基于国密网环境的大部分企业均设置了档案的阅览权限，鉴于用户对档案的利用需求日益增长，专题化、人物化的需求尤为突出，二院也在探索有序扩大档案开放范围的策略，逐步增加专门的突出行业特色的档案数据库，尤其是反映了重要历史事件，弘扬航天精神的突出人物、横向同类项任务等，严格执行在为用户利用中保密与公开原则，在安全保密允许的范围内，赋予档案新的生命力，让更多的用户利用好档案。

四、效果及影响

（一）社会效益

1. 传承航天精神

一次次的发射成功，一次次的震慑外敌，几十年来，航天国防事业从无到有，从小到大，从弱到强，在二院档案中，浓缩地展现了整个航天国防事业的发展历程，每一次新品研制都是航天精神在不同历史时期的具体体现和继承发展，航天精神是中国航天企业文化之魂，是伟大民族精神与航天实践相结合的产物。

2. 宣传航天文化

航天院士系列丛书出版时，各大媒体对航天事业和人物争先报道。再次把以红旗二号为首的珍贵档案呈现在新一代航天人面前，既反映了二院导弹武器事业发展的辉煌历程，也体现了这一系统是由几代航天人乃至更多的航天人共同努力和奋斗的结果。档案只是从一个层面弘扬航天文化，以此为突破口面向社会宣传航天事业，增强中国人民的自信心、自豪感和凝聚力，提升国家的软实力。

（二）经济效益

档案助力航天院士系列丛书编纂，央视《信物百年》视频等制作，节约了证据材料的佐证时间，按照传统检索和新技术检索时间比对测算，预计缩短检索周期约2个月，项目团队相关3人，共计节约人力资源投入6人·月，按照单位5万元/（人·月）的人力资源成本标准计算，合计节约30万元的研制经费成本，即5万元/(人·月)×6人·月=30万元。同时，这样一批档案的强力佐证支撑，使丛书编纂周期、视频制作周期按照预定的计划顺利开展，还规避了出版进度拖期的管理风险，实现规避风险、降本增效双重效果。

(三)外部评价

在利用了众多珍贵史料和原始档案的《于本水院士传记》序言中,时任中国航天科技公司集团董事长、湖南省委书记许达哲说道,航天事业属于尖端技术领域,难度大、风险高、技术复杂,在发展历程中碰到过很多难题,经历过各种坎坷,甚至遭受过重大失利。以航天院士为代表的中国航天人,在困难和失败面前不动摇、不退缩,树立百折不挠、锲而不舍、脚踏实地、严谨务实的工作作风,不断攻坚克难、勇攀高峰,取得了一个又一个胜利,树立了一座又一座丰碑。"航天院士传记丛书"是为了传承航天院士的宝贵精神,使之生生不息、薪火相传,为"续航天梦、筑强军梦、圆中国梦"的伟大实践提供精神动力和思想源泉。

航天科工集团董事长袁洁在《信物百年》纪录片中讲述道:这是强弓长剑射天狼的自信,也是红旗招展漫天舞的豪情。凭借着报效祖国的铮铮誓言与决心,中国航天人向全世界彰显着守卫和平的自信与担当。

案例形成单位:航天科工集团二院二部
案例形成人:王莹、陈洪磊、苗薇、张迪、朱悦妮、陈佳音

飞航档案成就《中国飞航史》

一、案例概述

从 20 世纪 50 年代至今，中国飞航事业已经历经 60 余载，为新中国国防建设作出了不可磨灭的贡献。

随着钱学森回国，中国从 1957 年开始独立自主发展火箭、导弹事业，经过半个多世纪的发展，中国飞航导弹技术研究院（即中国航天三院）研制出包括巡航导弹、岸对舰导弹、舰对舰导弹、空对舰导弹、空对地导弹、无人机等武器系统，为火箭军、空军、海军提供主战武器装备，是我国富国强军、经略海洋的重要战略支撑。

中国航天三院自 2017 年起，由航天三院综合档案馆负责组织实施，集全院之力，经两年筹备，于 2019 年完成《中国飞航史》一书，共计 40 余万字。作为国内首部讲述中国飞航历史的长篇纪实史书，向祖国献礼。

二、实施背景

自党的十八大以来，文化建设作为社会主义现代化建设的重要战略任务，更是被提到了前所未有的高度。在党的十八大报告和两会报告中，文化越来越成为民族凝聚力和创造力的重要源泉，成为综合国力竞争的重要因素。提升文化软实力已成为建设社会主义文化强国的刚性需求。

中国航天三院以打造国际一流飞航技术研究院为战略目标，在飞航事业五十多年的长期发展中，已经形成了以"团结奋进，负重拼搏，科学求实，敢为一流"的飞航精神、"热爱祖国、自力更生、艰苦奋斗、大力协同、无私奉献、勇于登攀"的"两弹一星"精神、"国家利益高于一切"的核心价值观等为内容的企业文化。然而，纵观各大军工系统，航天三院飞航文化在社会上的竞争力和影响力，与航天三院国际地位尚不相适应，与航天三院六十年的历史沉淀不相适应。随着中国航天科工集团提质升级的要求和航天三院自身的飞速发展，迫切需要并提升文化软实力，打造飞航文化品牌，并以此为抓手，尽快抢救、积累、归档、利用和丰富文化资源，增强飞航文化的影响力。

为迎接中华人民共和国成立70周年，中国航天科工集团责成航天三院暨中国飞航导弹技术研究院，组织编写以中国飞航导弹发展历程为主要脉络的长篇报告文学作品，旨在以大国重器为载体，弘扬航天精神、"两弹一星"精神，同时拨开历史迷雾，纠正长期存在的传说与错讹，为共和国成立70周年奉献一部官修正史。

三、创新做法

《中国飞航史》是一项庞大的系统工程，需要各方面的大力协同支持，需要有权威的专家顾问和高效精干的专业编撰人才。航天三院决定由三院办公室牵头，三院综合档案馆组织实施，确定了《中国飞航史》编委会、工作组及编写组人员组成，并明确了各自的主要任务职责。为高质量地完成《中国飞航史》编撰工作，航天三院院长、书记任编委会主任一职。

为保证尽可能真实、客观、全面地再现中国飞航历史，三院综合档案馆收集、整理了大量具有原始记录性和权威性的档案史料。这些档案史料主要范围：反映在中国飞航事业各历史时期发生的重大活动和重大事件的各类史料；反映中国飞航发展历程及成就的重要产品的史料；反映在推进中国飞航发展进程中发挥积极作用的重要人物的史料；党和国家领导人视察、接见，或对中国飞航事业做出的讲话、指示、题词等史料；反映中国飞航事业各历史时期地域风貌、环境变迁、民生工程等情况的史料；反映历代飞航人艰苦创业、无私奉献的史料；其他能够反映飞航事业历史发展的具有长期保存价值的实物史料等。

海量的飞航档案成就了《中国飞航史》的诞生，也成为航天三院宝贵的文化资源。档案史料的收集主要通过四个方面。

一是对现有的已定向追溯过的历史资料进行收集，如航天三院在拍摄《中国飞航》纪录片，编撰《中国航天院士传记丛书》《中国飞航50年》文集以及其他纪念性文集，编写院史、三院历年年鉴等过程中，对当时生成这些纪录片、文集的有价值的素材进行统计、整理、归档和共享，共整理文字素材3000余万字。

二是向院属各单位及各部门征集现有留存的历史素材，共征集文章资料、图片、实物史料等1500余份。

三是向广大干部职工，尤其是向广大离退休人员有偿征集在个人手中留存的实物史料等档案素材，主要包括公文、委任书、合同、契约、手稿、书信、日记、回忆录、宣传品、报刊、地图、票证、模型、奖章、照片等，共征集有价值的实物史料100余份。

四是实地调研和采访相关单位和个人。如建院前期的历史素材收集，需了解二炮发源地、火箭军发源地，调研国家档案馆、320厂等单位，走访部分军方老领导以及航天系统老专家等。共整理口述档案、声像档案90余万字。

四、效果及影响

《中国飞航史》以时间为经，以事件为纬，以历史事件和型号研制中涌现的典型人物为枝叶，展示飞航精神的形成过程，讲述了中国飞航事业波澜壮阔的发展历史。《中国飞航史》的问世对飞航精神的传播有着积极的推动作用及深远的社会影响。

（一）史载盛世

在党的领导下，我们的国家正走着中华民族伟大复兴之路，飞航事业也正步入一条转型升级、跨越发展的快车道，步入了建设国际一流飞航技术研究院的快速发展时期。盛世修史、史载盛世，飞航事业历经半个多世纪的发展，现在终于有一部记载飞航事业发展历程的正史。航天三院作为在中国飞航事业中流砥柱，完成了这一历史壮举，必将能深入地传承飞航精神，进一步激励新时期飞航人，不忘初心，砥砺奋进。

（二）社会影响

航天三院文化中所蕴含的价值观、影响力、道德准则、文化感召力等无形的"软实力"，与航天三院赖以生存的科技进步、经济发展、军事打击等"硬实力"同等重要。《中国飞航史》的推出将进一步提升航天三院的文化软实力，强力推进打造有特色的飞航文化品牌，并进一步增强飞航文化的社会影响力。

（三）以史为鉴

以铜为鉴，可以正衣冠；以人为鉴，可以知得失；以史为鉴，可以知兴衰。《中国飞航史》通过对历史的梳理，梳理出飞航事业发展的历史脉络、经验教训，为领导决策提供参考，为飞航事业未来的发展提供必要的借鉴。

（四）文化传承

企业文化是企业的软实力，也是企业的核心竞争力。几十年来，航天三院以"国家利益高于一切"为核心价值观，以"科技强军、航天报国"为使命，弘扬航天精神，形成了"团结奋进，负重拼搏，科学求实，敢为一流"的飞航精神。《中国飞航史》将成为飞航文化传承的载体，助力飞航文化的传承与发扬，进一步增加职工归属感、自豪感与忠诚度。

（五）史料积累

《中国飞航史》编撰的过程，是大量档案史料收集、鉴定、整理和补充归档的过程，也是抢救、积累飞航事业历史文化资源的有效途径。自1961年建院以来，三院各级档案部门以留存文书档案、型号产品档案及固定资产投资项目档案为主，涉及三院文化的历史资料归档留存较少。直到20世纪90年代，三院各级档案部门才扩充文件资料整理归档的门类，三院文化资源的积累才逐步开展起来，但仍有大量重要的文化资源分散在部分机构和个人手中，尤其是建院初期的相关文化资源极为匮乏。随着《中国飞航史》的诞生，我国飞航文化档案资源也达到了前所未有的丰富程度。

案例形成单位：航天科工三院

案例形成人：王宇飞、马春勋、侯甫芳、焦成洋、柯清、张晓云

《丰碑之重托与荣光——航空赤子七十载筑梦报国志》专题档案资源开发案例

一、案例概述

新中国航空工业创建70周年历史进程中，一代代航空人砥砺前行的脚步汇聚成档案资源的海洋，这海洋承载着他们矢志不渝的航空报国精神、蕴含着我国航空工业自主创新的智慧结晶。中国共产党成立100周年之际，航空工业档案馆以联合编研形式组织60家相关单位，编纂出版《丰碑之重托与荣光——航空赤子七十载筑梦报国志》，首次向社会全貌呈现航空工业各个历史时期获得的国家认可，这是我国航空工业70年来向党和人民交出的成绩单。这本书同时也是国家级荣誉的百科书，大量权威数据、原始历史档案增强了全书的权威性、知识性和可读性。

二、实施背景

为了更好弘扬航空报国精神，向全社会展现我国航空人的热血忠魂，编写人员在浩如烟海的航空工业档案资源库中筛选出珍贵的国家荣誉档案，编辑出版《丰碑之重托与荣光——航空赤子七十载筑梦报国志》图书，权威发布航空工业国家级奖项荣誉地图，从一个独特而立体的视角呈现航空人谱写的历史华章，将人们带入激情燃烧的岁月，激发民族自豪感，提振自信心，吸引更多有识之士学航空、知航空、爱航空，也以此书献给党，这些荣誉凝聚的是党和人民对航空工业的关怀、肯定和褒奖，更是对全体航空从业者的鞭策。

（一）释放航空文化能量，提振民族文化自信底气

新中国航空工业从抗美援朝的硝烟中一路走来，始终与祖国同行。从初创岁月到跨步新时代，航空人与祖国同呼吸共命运，一代代航空人接续奋斗的战绩与辉煌也永久载入国家史册，熔铸成为我国国防科技工业领域的一座时代丰碑。航

空人的骄傲绝不止于航空人,航空精神同时也是宝贵的国家精神,进入中华民族精神宝库。通过深入挖掘航空工业历史档案,向全社会释放航空精神的时代价值无疑具有重大意义。通过这本书的编创,尽情释放航空文化能量,激发新时期航空报国情怀,提振文化自信底气。我们深信,祖国终将选择那些忠诚于祖国的人,祖国终将记住那些奉献于祖国的人,这丰碑既是历史的功勋簿,更是照亮未来的灯塔。

(二)展现航空智慧,分享航空经验

在中国共产党领导下,全国人民充分发挥"举国体制"优势,集中力量办大事,创造了民族振兴的历史。由于航空产品的设计、制造、试验、试飞,其全线研制与试验验证技术极其复杂,航空工业被誉为"现代工业的皇冠"。举国体制下,航空工业的发展历程同时也成为我国工业现代化进程的缩影。特殊的历史时期,面对技术封锁,航空人不辱使命,最终打赢了"卡脖子"反击战,航空工业在砥砺奋进的征程中不断超越,逐步站在了我国乃至世界科学技术之巅,逐步打造了我国科技人才高地,在推动我国基础工业整体现代化进程中发挥了不可替代的辐射带动作用。因此,透过原始历史档案,从不同侧面揭示航空智慧、分享航空经验,阅读此书,可使广大人民群众会更深入地汲取到航空智慧。

(三)牢记强军首责,不负报国使命

进入新时代,中华民族伟大复兴的中国梦在召唤。面对百年未有之大变局,以及前所未有之新机遇,新一代航空人这样表白:变化是每一个时代发展跨越的脉搏,不变的是一代代航空人航空报国的初心。习近平总书记批示:希望各方有关方面继续弘扬航空报国精神,切实贯彻新发展理念,奋力推动创新发展,再接再厉,大力协同,确保项目成功,继续为满足我国应急救援体系和国家自然灾害防治体系建设需要,实现建设航空强国目标而奋斗。新一代航空人向祖国保证:强军首责,时不我待!重任在肩,使命在前!昨天属于历史,今天播种希望,明天续写新篇!

三、创新做法

《丰碑之重托与荣光——航空赤子七十载筑梦报国志》的编创,是新时期航空工业档案编研工作的一次创新探索。总体而言,在编研课题整体策划、组织管

理、结构框架设计、历史档案数据的挖掘分析、典型佐证性档案史料的筛选等方面都实现了突破。

（一）策划先行，定位清晰，"档案编研服务于人民群众、服务于主业"的主基调贯穿始终

航空工业档案资源是关系国家安全的命脉资源，科技含量虽高，却不便于开放利用。档案编研成果更是由于受众范围小而鲜有社会影响力。《丰碑之重托与荣光——航空赤子七十载筑梦报国志》的编创，目标明确、定位清晰，以中国共产党成立100周年、航空工业创建70周年的历史节点为契机，充分利用全行业档案资源优势，将航空报国精神这座"无形丰碑"做一次"有形化"的尝试。通过充分论证，明确了项目成果的两层定位：一是文化精品，向全社会传递航空报国精神内涵，揭示航空人担当作为的事迹和他们的家国情怀；二是权威工具书，为全社会、全行业提供最权威的新中国航空工业荣誉专题信息检索工具书。同时，这也是全体航空人的"请战书"，通过这本书，全体航空人向党表决心、向人民群众展信心。

（二）精心组织、大力协同，项目实现"两促进、两提高"的管理突破

在项目目标指引下，项目团队开展了详细的方案策划和组织管理设计，经过多方征求意见和评审，方案得到确认，明确航空工业档案馆牵头，行业跨单位、跨业务领域协同编研的组织管理模式。由于年代跨度大、涉及单位多、业务领域范围广，各参与编研单位都明确了主责与协同机构，尤其对参与协同编研的人力资源部门、宣传部门、项目管理部门等提出了详细要求。通过协同编研项目的组织实施，推动了档案业务工作发展，具体体现在档案工作获得"两促进、两提升"的实效。"两促进"即促进了企业档案工作与业务工作的融合、促进了企业档案部门与各部门之间的业务协同；双提升即档案工作人员职业素养全面提升、企业全员档案意识全面提升。

（三）档案资源开发利用的理论方法、技术手段得到集成应用演练

为了使成果具备更高的审美价值、打造思想性和艺术性俱佳的文化精品，这项编研成果既注重思想内容的深度，又关注形式上的创新。在思想内容编研方面

广泛借鉴了航史研究、情报、宣传等领域专业方法和既有成果，比如，国家级典型荣誉筛选，将航空工业的成就放回到当时的社会整体背景中展示，同时将飞机型谱作为隐线插图，时代特色鲜明，时空纵线直观展现新中国航空工业进步

 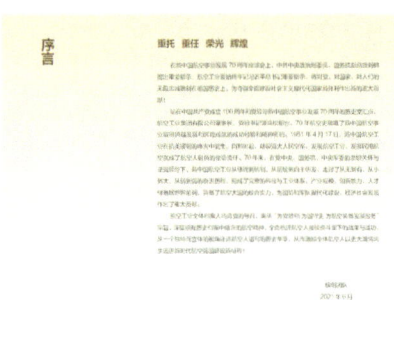 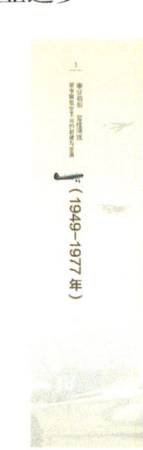

 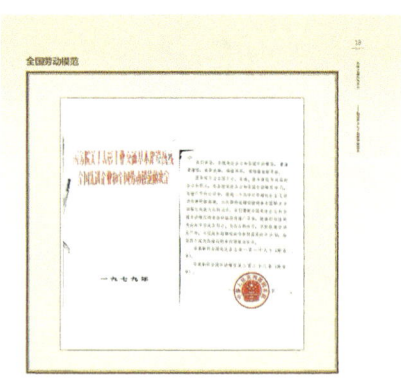 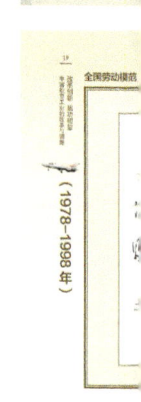

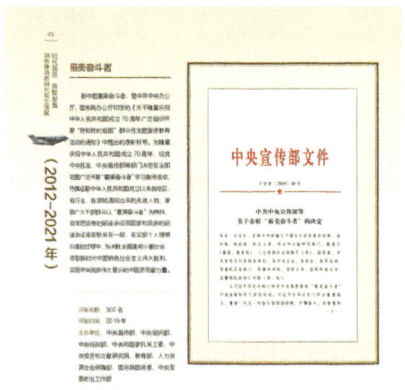  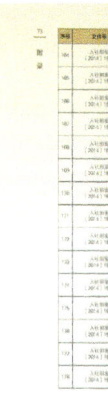

阶梯，而在框架阶段划分方面，直接借鉴《极简航空工业史》的年代划分方式，使读者更熟悉内容逻辑。全书框架及版面核心内容见表1，部分书稿内容展示如图1所示。

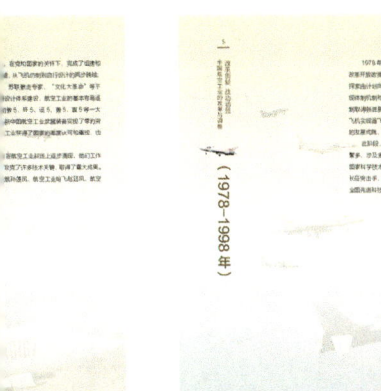
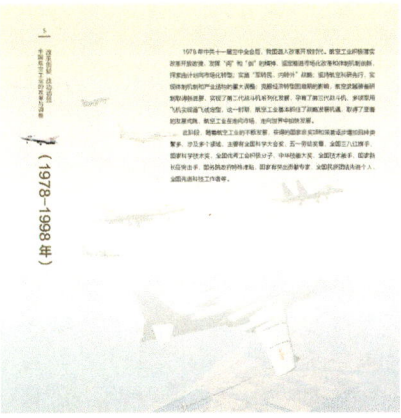
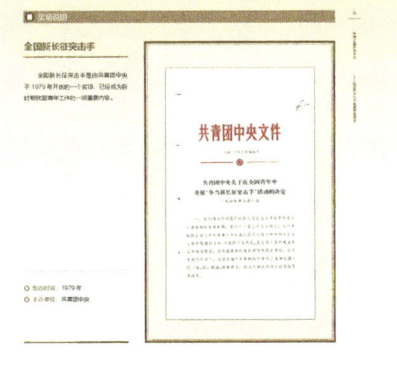

图1 部分书稿内容

表 1　全书框架及版面核心内容

序号	章节划分（历史阶段）	章节主题	核心内容	看点
1	1949—1977年：新中国航空工业的创建与发展	事业初创 劳模涌现	初创期的典型国家级荣誉介绍，劳模事迹原始档案等	1. 收录国家级荣誉152项，堪称荣誉圣殿，典型荣誉介绍精编具有百科知识性； 2. 展示种类丰富的高规格勋章、证书等荣誉实物档案，可读性强； 3. 首次公布部分国家荣典授予机构批复的历史文书档案，可供研究参考； 4. 全书按年代划分，采用航空工业发展史脉络，收录的荣誉档案时间跨度长达60余年，各年代代表机型作背景，独具内涵； 5. 权威发布，依据原始档案，精编2879人获奖基本情况统计表，是权威的航空工业荣誉专题检索工具书
2	1978—1998年：中国航空工业的改革与调整	改革创新 战功初显	改革调整期的典型荣誉介绍，有时代特点和代表性的勋章、证书等实物档案展示	
3	1999—2011年：中国航空工业的发展跃升	砥砺前行 载誉征途	发展跃升期的典型荣誉介绍，这一阶段奖项密集，安排的版面内容比较多，集中公布各类获奖文件档案	
4	2012—2021年：加快建设新时代航空强国	时代强音 辉煌新篇	新时期代表强军首责、使命担当的典型奖项介绍和典型事迹、奖项文件展示	
5		馆藏珍档	—	集中展示国家部分荣典授予机构批复文件及印章
6		工具性附录	—	附录1.航空工业各单位荣获国家级奖项（含集体）统计表； 附录2.各奖项情况统计表

在形式设计方面明确以"古风"为主、"现代"点睛的基调，综合运用数据可视化技术、视觉传达艺术等技术方法，设计了"航空工业创建70周年荣获国家级奖项荣誉地图"（图2）、"航空工业历年奖项分布图"（图3）等点睛之笔，这些可视化的展示从宏观数据视角带给人视觉冲击和心灵震撼，也极大引发读者阅读探究的兴趣，更加凸显了原始状态历史档案的时空代入感，实现了古风与现代的完美结合。全书文字精简、档案珍品汇聚、信息密集、知识性强，章节内容捧读可达到"案头展览"效果，工具性附录内容可供信息检索和专题研究参阅。

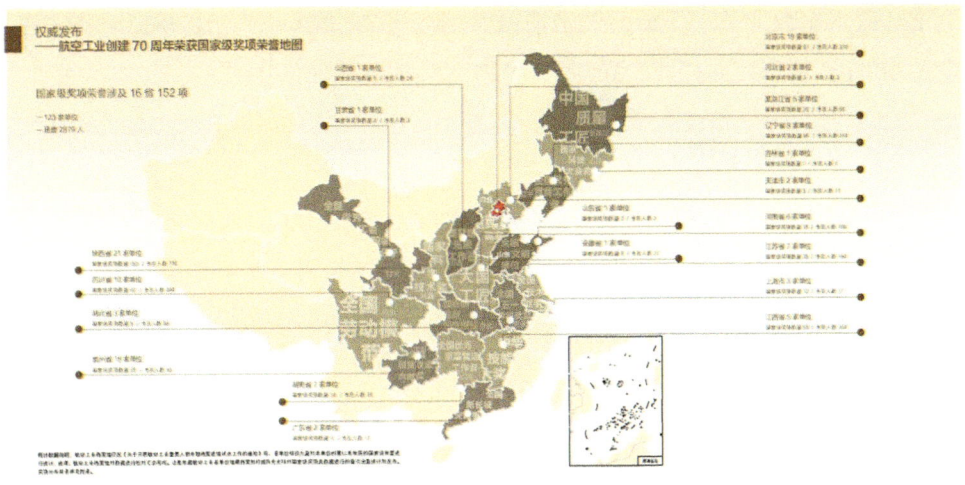

图 2 航空工业创建 70 周年荣获国家级奖项荣誉地图

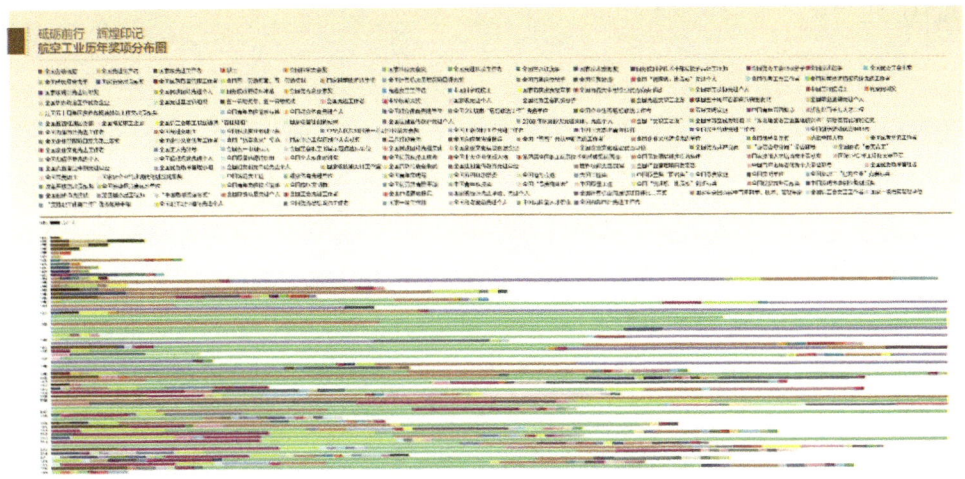

图 3 航空工业历年奖项分布图

（四）航空工业档案资源的整合力度进一步加大

权威性、真实性和利用价值是档案编研成果的生命线，好的编研成果必须以档案为基、以内容为王。此项成果编研，调集了航空工业集团总部及 60 家所属单位的历史档案资源，梳理、查阅历史档案 15.7 万余件，通过项目实施，航空工业档案馆进一步加大了档案资源整合力度，进馆范围得到拓展；同时也促进了航空工业所属各单位对各级各类荣誉档案的规范管理，进一步拓展了归档范围。

全书涵盖国家级荣誉173类，其中精编32类；收录部分文书、实物类馆藏珍档，涉及66件；依据原始档案，精编2879人获奖基本情况统计表。

四、效果及影响

进入"十四五"，档案资源开发成为重中之重的任务，航空工业档案工作，要通过打造精品编研项目促进档案工作队伍"强"起来、推动档案资源库"活"起来、促使档案"火"起来。在这种背景下，航空工业档案馆以中国共产党成立100周年、航空工业创建70周年的契机，结合党史学习教育现实需求，聚焦航空工业集团公司文化建设总目标，围绕"报国·航空""责任·航空""创新·航空""风采·航空"等多元文化维度，精心策划了此项目。

（一）助推航空文化传播，激发人民群众学航空、知航空、爱航空的热情

《丰碑之重托与荣光——航空赤子七十载筑梦报国志》作为优质的企业文创成果，是中国航空工业集团有限公司对外输出软实力、展示品牌形象、提升社会影响力的重要媒介之一，适用于企业参与的相关社会交流和商业推广活动；作为重要的航空知识读物，这项成果的社会受众也非常广泛，涵盖各领域科技工作者、历史研究工作者、大中院校学生、航空从业者、航空爱好者等。通过书籍的推广发行，航空工业整体品牌美誉度进一步提升，对促成商业合作，促进产品推广起到重要作用。围绕成果推广开展的形式多样的宣传活动，更是吸引激发了广大人民群众学航空、知航空、爱航空的热情。

（二）作为航空工业党史学习教育系列活动的特色学习读物，激发航空从业者自豪感、使命感、责任感

成果发布以后，航空工业集团有限公司总部及所属单位纷纷组织广大党员干部学习，很多单位将《丰碑之重托与荣光——航空赤子七十载筑梦报国志》作为重要学习读物，相关单位围绕书籍的学习，结合本单位实际，创新形式，组织了丰富多彩的活动。一些单位将本单位纳入书籍的先进人物请到现场进行深度交流，一些单位将重要先进人物专题档案进行延伸学习，一些单位组织了跨单位的交流活动，还有一些单位将这本书推广到家属、推广到子女所在学校……一段时

期掀起了学习先进典型的热潮,在集团公司内部起到了凝聚团队作用和激励示范效应。

(三)充分发挥历史档案多元价值,促进社会档案意识提升

此项目成果收录了大量社会公众难得一见的珍贵档案照片,发布了翔实权威的数据,这些都是社会公众难得一见的珍品,启发不同行业背景、不同年龄读者共同思考真相与价值,从更直观的视角了解档案事业的价值。

案例形成单位:航空工业档案馆
案例形成人:高大岭、齐元平、孙静波、李佳佳、刘春、桑庆红

为雷达工业留史烙印，向建党百年献礼致敬

一、案例概述

2021年是中国共产党成立100周年，为铭记百年党史，赓续红色血脉，宣传中国电科十四所作为中国雷达工业的发源地所肩负的"军工电子主力军、网信事业国家队、国家战略科技力量"使命责任，弘扬十四所以"三军之眼，大国重器"为己任的军工精神，十四所档案室牵头有关部门，秉承"为雷达工业留史烙印，向建党百年献礼致敬"的理念宗旨，在数字人文的大背景下，顶层策划，系统布局，从"面—线—点"三个维度出发，设计了以图书、电子书、画册、微视频、展览等为代表的系列化、立体式档案编研成果体系，全方位、多角度、高层次、系统化展现中国雷达工业在中国共产党的领导下所取得的辉煌成就。

二、实施背景

中央军委原副主席刘华清上将曾说过，十四所是中国雷达工业的"老母鸡"，十四所也是中国雷达工业的发源地，在20世纪50年代成功自主研制了我国第一部雷达314甲。十四所档案室成立于20世纪60年代，是十四所发展历程的忠实记录者，承担着所内档案的收集、保管和开发利用职能。档案室的馆藏档案真实记录了中国雷达工业在党的领导下，历经70多年发展壮大的辉煌历程，是中国雷达工业发展史的重要见证和宝贵财富。因此，在建党100周年之际，十四所档案室挖掘雷达工业的起源历史，宣传雷达事业的发展成就，弘扬雷达人的爱国情怀，使命在肩、责无旁贷。

自2019年11月起，十四所档案室联合十四所党委办公室、所办公室、离退休办公室、工会、科技部等有关部门，在总结中华人民共和国成立70周年档案编研工作的基础上，提前谋划，主动作为，广泛征集了十四所建所以来在中国共产党领导下取得成就的各类档案资料。2021年1月起，十四所档案室顶层策划、系统布局，"面—线—点"相结合，纸面媒介与新媒体相统一，适时推出了一系

列档案编研成果。这些编研成果见人见事、见精神、见真情,有血有肉,有故事、有情节,镌刻出了有温度、有质感的中国雷达工业发展的红色记忆,不仅受到了十四所雷达人的欢迎,得到了上级领导的认可,相关成果还在中国机电兵船档案学会编研成果评选中获得一等奖,并为中国雷达协会主持的《中国雷达工业大事记》编写工作提供了重要素材。

《中国电科十四所简史(1946—2019)》,全书共三大卷11万余字,全面记录了十四所70余年的发展历程;《院士风采录》《首席风采录》以所内院士和首席科学家为编研对象,展现了他们孜孜以求、勇攀高峰的科研精神和忘我工作、奉献国防的人格魅力。《初心》《见证》微视频,则通过视频的形式展现了十四所作为中国雷达工业发源地的起源历史和起步历程。"党领导下的中国雷达工业发展史"展览、"卓越之路——十四所重大档案荣誉汇编"荣誉展等展览活动,以图文并茂的形式讲述了十四所的在中国共产党领导下的发展史和成就史。

值此建党100周年之际,十四所推出的雷达工业发展系列编研成果,全方位展现了十四所人的艰苦奋斗精神和矢志爱国精神,激发了职工的自豪感和凝聚力,为十四所的党史学习教育提供了重要参考,并为中国电科建设电子信息领域具有全球影响力的科技型企业集团提供了重要支撑。

三、创新做法

2021年,档案室在前期征集工作的基础上,深度挖掘馆藏资源,走访离退休干部,赴中国第二历史档案馆查阅档案,适时推出了一系列档案编研成果。这些成果形式多样,表现有层次,内容有温度,生动描绘了中国雷达工业在党的领导下走过的风雨历程,不仅受到了企业职工的一致好评,也得到了上级领导和专家的肯定,取得了良好的社会效益。主要做法如下。

(一)顶层策划,系统布局,搭建档案编研成果体系

1. 以时间为经,以内容为纬,铺设档案编研体系的"面"

《中国电科十四所简史(1946—2019)》(图1)的内容主要分为三大卷,分别是《发展史》《雷达画册》和《大事记》,全面、系统、详细记述了十四所的发展概况、沿革变迁、产品特点和典型产品等。

图 1 《中国电科十四所简史（1946—2019）》封面

《党领导下的中国雷达工业发展史》展览，以《中国电科十四所简史（1946—2019）》为主要蓝本，以图文并茂的形式讲述了十四所在服务国家战略、中央领导视察、重要会议事件、重大荣誉奖励等主题中的历史场景。

2. 以事件为轴，拓展延伸，构建档案编研体系的"线"

《初心》《见证——中国雷达工业的诞生》微视频（图2），以十四所作为中国雷达工业的发源地为背景，围绕着雷达研究所在1949年光荣起义以及中国人民解放军第一〇一雷达营的建立和建所初期的典型产品等事件进行剪辑制作。

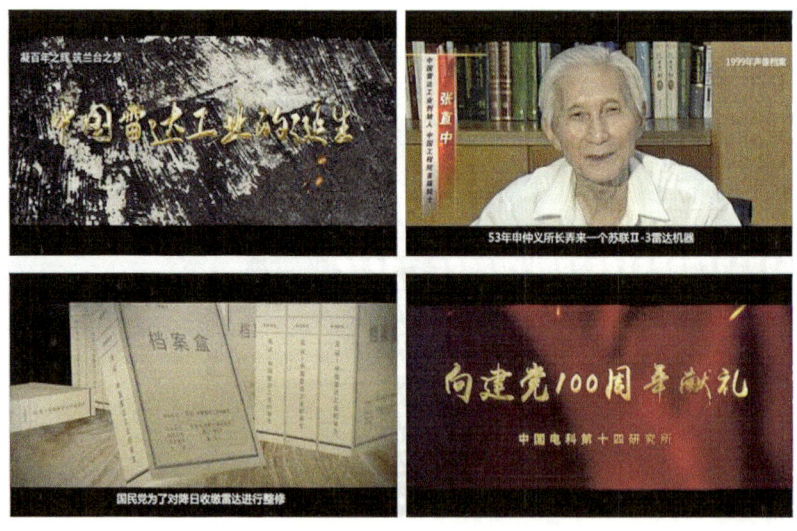

图 2 《初心》《见证——中国雷达工业的诞生》等微视频部分内容截图

"卓越之路——十四所重大档案荣誉汇编"荣誉展（图3），将14所获得的重大荣誉档案进行了数字化制作，以此来展现14所在发展过程中的辉煌历程。

图3　重大荣誉档案汇编数字化制品封面

3. 以人为本，突出典型，描绘档案编研体系的"点"

《院士风采录》电子书（图4），选取张光义、贲德两位院士作为编研对象，书中既有院士的真诚自述，也有照片的无声诉说，共同构筑了一个个生动、丰满、厚重的故事。

图4　《院士风采录》电子书封面

《首席风采录》电子书（图5），从人物简介、科研经历、人物贡献、所获荣誉四个维度进行深度编研，充分展示了十四所首席科学家、首席专家孜孜以求、勇攀高峰的科研精神和忘我工作、奉献国防的人格魅力。

图5 《首席风采录》电子书封面

（二）内外结合，深度挖掘，收集档案编研多样素材

1. 深入挖掘所内馆藏资源

《中国电科十四所简史（1946—2019）》以十四所档案室70余年的文书档案、科技档案和照片档案为基础，经团队协作，历时1年编纂完成。借助此次编纂机会，档案室将馆藏资源进行了一次全面、详细的梳理与分类。梳理十四所大事记、雷达史、年鉴百余份，查阅、复制、扫描档案2万余件，涵盖1946年至2019年70余年的档案素材，形成20余万字的素材稿，丰富的馆藏资源和有序的素材收集计划为档案编研提供了坚实的资源基础。

借助建党100周年微视频制作和档案展览活动，档案室将十四所馆藏的采访、展示、接待、项目建设等声像档案素材进行了再次翻阅，最终找到了一些珍贵的历史素材，如在十四所建所50周年（1999年）采访中国雷达工业创始人张直中院士、十四所建所初期军代表刘子真回忆建所历史的声像档案，成功为展览制作、微电影、专题片的拍摄提供了一手素材。镜头的重新组合，让中国雷达尘封已久的历史瞬间得以重现。

2. 广泛征集社会历史资料

在《见证——中国雷达工业的诞生》微视频策划和制作过程中，面临的最主要困难就是素材不足。在所党办及部门领导指导帮助下，档案室同志专门前往南京的中国第二历史档案馆查阅了相关档案，并成功查阅到了1948年国民党时期的《雷达研究所改编训令》，1949年雷达研究所起义后《致中国人民解放军的商请接收函》等珍贵历史档案。同时，档案室通过与十四所离退休办公室合作，向离退休人员进行档案征集，共收集照片300多张，实物100余件，为央视《国家记忆》栏目提供镜头素材200多个，访谈40多个小时，采集场景素材1000多分钟。

（三）精益求精、细微考证，确保档案编研精确无误

为了制作有深度、有内涵、有影响力的档案编研作品，仅靠档案人员是不够的，因此档案室联合十四所党办、离退休办公室、研究部等部门，开展合作，邀请雷达设计师、退休老领导、老院士等外部力量协同编研。

《中国电科十四所简史（1946—2019）》编写组邀请了十四所首席专家、情报室老领导、党办领导、所办领导等专家对编研成果进行严格把关，邀请各部门定密责任人对产品和事件的密级以及是否适宜对外开放进行严格鉴定。

《院士风采录》《首席风采录》涉及院士及首席科学家的个人情况介绍，因此档案室在编研前期向院士及首席科学家深入收集素材，编研中期与院士和首席科学家充分沟通协调，编研后期将成果发给院士及首席科学家本人进行审阅，编研成果在经本人审阅无误后最终进行发布。

《初心》和《见证——中国雷达工业的诞生》微视频，在制作过程中同样严格尊重史实。因担心人物采访有记忆不准确的地方，档案室同志将人物采访的内容和掌握的档案资料相互印证，确认无误后将该段采访视频进行剪辑使用。

（四）图文并茂、引人入胜，实现编研成果喜闻乐读

在编研成果出版过程中，编写组充分做到以用户为中心，图文并茂，增强编研成果的可读性。例如，《中国电科十四所简史（1946—2019）》共收录图片400余张，书中的内容也有很多是介绍院士之间是如何相识、如何合作的小故事，其

中所长与总工的趣闻轶事章节就记载了《二人初相识》《"看"出来的雷达》两篇文章，描写得非常形象，风趣自然。

《院士风采录》和《首席风采录》是使用 IE—BOOK 制作的电子书，书中有文、有图、有配乐，内容上有故事、有情节，不仅有记录院士科研攻关的艰苦卓绝，更有展现院士生活中的平易近人，在展示院士风采的同时，构筑起了读者与大师沟通的桥梁。

《见证——中国雷达工业的诞生》则通过视频的形式向公众介绍了解放战争时期雷达研究所如何在地下工作者的努力下，从国民党的一个军事要害部门起义后发展成为我党的骨干电子研究所。其内容有对起义亲历者国民党雷达研究所留守处主任汪乃秩以及杭州军管会接管雷达研究所军代表刘子真的采访（图6），将历史史实通过讲故事的形式呈现给了读者。

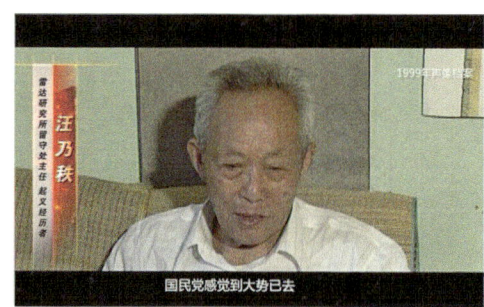 

图 6 《见证——中国雷达工业的诞生》微视频采访截图

（五）广拓渠道、创新宣传，助力编研成果广泛传播

编研成果借助十四所的宣传平台，以所微信公众号、视频号、《远望报》、出版物、社交网站、所内展览的形式进行广泛宣传，突破了传统档案编研的局限，有力扩大了编研成果的影响力和传播范围。

《中国电科十四所简史（1946—2019）》在所内作为十四所内部资料进行了传阅。

微视频《见证——中国雷达工业的诞生》在国际档案日期间通过十四所微信公众号以及十四所庆祝国际档案日视频号进行了发布，此外视频还在第九届世界雷达博览会开幕式进行了展播。微视频《初心》在"中国电科"微信公众号进行了发布。

《院士风采录》和《首席风采录》在十四所网站及十四所数字档案馆网站进行了展示。

"党领导下的中国雷达工业发展史"展览,在十四所展厅及道路展柜进行了展示。

这些编研成果向十四所员工和社会公众展现了中国雷达人不懈奋斗的精神风貌,弘扬了雷达人的爱国、爱党精神,激发了国防科技工作者的报国热情,反响良好。

四、效果及影响

十四所档案室通过联合十四所多个部门,在中国共产党成立100周年之际,开展了一系列的档案资源开发利用活动,形成了一批有影响力、有内涵、有深度、有特色的系列化、立体式档案编研成果体系,受到了企业职工和社会各界的广泛关注,取得了良好的社会效益,产生了较大的社会影响。

(一)弘扬了雷达工业的红色军工精神

档案编研成果体系生动展示并弘扬了十四所在雷达工业发展过程中以"海之星精神"和"预警机精神"为代表的红色军工精神。

微视频《初心》颂扬了雷达人隐姓埋名,默默奉献,坚守初心的崇高信念,获得由国资委宣传局、人民网联合开展的"百年铸辉煌 央企谱华章"第四届中央企业优秀故事三等奖。

微视频《见证——中国雷达工业的诞生》在相关平台发布后,引起了所内职工的共鸣,军工人的自豪感油然而生,并在微信朋友圈呈现刷屏态势,两天时间累积阅读3万余次,转发2000多次,点赞互动近万次。同时《见证——中国雷达工业的诞生》为央视《国家记忆》栏目提供了宝贵的历史素材。

《中国电科十四所简史(1946—2019)》获得中国机电兵船档案学会编研成果一等奖(图7)。

《院士风采录》和《首席风采录》在所网站发布后,累计点击2000余次,院士和首席科学家所展现的军工科研精神为青年科研工作者树立学习的榜样,营造了良好的科研氛围。

图 7 《中国电科十四所简史（1946—2019）》获奖证书

（二）为党史学习教育提供了生动素材

习近平总书记在党史学习教育动员大会上指出，党的历史是最生动、最有说服力的教科书。党史学习教育要注重方法创新，务求实效，档案编研成果体系为党史学习教育提供了生动素材。

"党领导下的中国雷达工业发展史"展览，以中国雷达发展的历史阶段为线索划分了五个章节，分别是修配阶段、仿制阶段、自主研制阶段、跟踪追赶阶段和比肩超越阶段，每个章节都通过图文并茂的形式讲述了十四所在中国共产党的领导下的发展历程和沿革变迁，以及十四所在服务国家战略、中央领导视察、重要会议事件、重大荣誉奖励等主题中的历史场景。所内职工通过观看展览，进一步加深了对身边党史、所史的了解程度。展览时长三个月，累计参观人次超5000余人次。

编研成果体系通过不同的表现形式，呈现党领导下的雷达发展态势和丰硕成果，进一步推进了党史学习教育走深、走实，同时对号召青少年投身电子强军事业、献身国防建设具有十分重要的教育意义。

（三）为雷达事业发展研究提供了参考

《中国电科十四所简史（1946—2019）》记录了中国雷达史上150多个重大历史事件，其中有许多事件都是首次公开披露的，涵盖重大科研进展、重大会议、历史变迁、领导视察、重大荣誉奖励、服务国家战略等多个方面，比较全面记录雷达史上的标志性事件，反映了中国雷达事业发展的历史轨迹，具有极高的史料价值。

《初心》《见证》微视频编研成果成功填补了十四所档案室在声像档案编研的空白。声像档案编研也是档案编研一个非常重要、非常直观的可视化展现方式，在记录历史、传承精神方面有着重要作用，也为十四所档案的编研提供了一个创造性思路。

《院士风采录》《首席风采录》电子书，是数字人文背景下人物档案编研形式的创新，也极大地丰富了档案馆藏的种类，为企业的对外宣传提供了有力支撑，也为后续档案资源开发利用积累经验，奠定了良好的基础。

各类编研成果都是基于档案史料，包括文字材料、实物、照片、影像资料等，这些资料中包含着对雷达事业发展历程、产品研制过程经验总结，雷达事业发展规划的内容，因此档案信息编研对中国雷达事业的未来发展、雷达产品的未来设计都有着重要的参考研究价值。

案例形成单位：中国电子科技集团公司第十四研究所
案例形成人：彭鑫、陈文惠、谢清、胡金涛、王文强、陈江波

牢记初心使命，传承红色基因

——我军指挥信息系统发展史档案编研案例

一、案例概述

作为推进我军信息化建设的核心骨干研究所，中国电子科技集团公司第二十八研究所（以下简称28所）在我军信息化建设过程中创造了多项"第一"，实现了我军指挥信息系统从无到有，从弱到强的飞跃。

科技档案记载了重大工程项目的科研轨迹，印证了我军科技创新发展的重要历程。2020年10月至2021年6月，28所以我军四代指挥信息系统发展历程为主线，翻阅3万余件馆藏档案，采访项目亲历者，结合信息化手段创新编研方法，形成了一系列丰硕成果。编研成果再现了我军从第一代以点、线建设为基本特征的指挥自动化系统，到第四代以网络为中心的网络化指挥信息系统的跨越发展，展示了广大科研工作者在支撑科技自立自强、加快国防和军队现代化建设作出的突出贡献。编研过程中制定的档案编研工作标准，为未来档案编研工作有序开展建立了长效管理机制。

二、实施背景

（一）响应国家战略，贯彻上级机关部署要求的必然需要

2021年，中共中央办公厅、国务院办公厅印发的《"十四五"全国档案事业发展规划》将"档案利用服务达到新水平"列入档案事业"十四五"发展目标之一，要求未来5年内明显提升档案资政服务、公共服务、文化教育能力，鼓励在重要时间节点、重大纪念活动，推出具有广泛影响力的档案文化精品，这为企业档案利用工作提供了行动指南。在此背景下，28所档案部门在深入学习研究国家、上级机关有关档案利用工作要求的基础上，对档案利用的目标进行了重新定位和再认识。档案利用要始终坚持"围绕中心、服务大局"工作方向，牢固树立

大局意识、创新意识和精品意识，把"档案库"变为"思想库""决策库"，才能体现新时代档案作为、档案担当。

（二）把握历史机遇，服务社会主义文化强国建设的迫切需要

2021年，是开启全面建设社会主义现代化国家新征程的第一年，也是中国共产党成立100周年，做好档案工作具有特殊的时代意义。深入贯彻习近平总书记关于"让历史说话、用史实发言"的重要指示精神，充分发挥档案工作优势，不断增强服务大局的能力和水平，是档案部门义不容辞的政治责任，也是档案部门展示形象的难得机遇。用好、用活档案资源，深入挖掘档案价值，把28所科技创新发展的重要历程展现出来，把我国国防和军队建设的发展变化展现出来，为学好百年党史、传承红色基因、践行"两个维护"提供翔实准确的史料支撑，这对于弘扬科学精神、服务社会主义文化强国建设具有重要意义。

（三）创新档案利用，提升档案服务效能的内在需要

信息化、"互联网+"时代的迅速发展，对多维信息的需求大幅增加，促使档案利用越发侧重于开发档案资源、发挥档案的文化价值。传统"你来我找"的被动型档案利用模式亟须向主动化、高效化、精准化转变，才能与现代化科研院所的建设和发展紧密衔接。通过开展我军指挥信息系统发展史编研，开拓档案利用新方式，充分展示档案魅力，为历史佐证、经验借鉴、对外展示、文化宣传、学习教育等提供系统化的信息资源，对促进档案工作转型升级、助力军工科研院所高质量发展起到积极作用。

三、创新做法

（一）实施过程

1. 明确立意，提高编研政治站位

档案编研的目的要明确、立意深远，深刻理解"档案为谁服务"，编研成果才能挖得深、有特色。28所高度重视本次档案编研工作，将其列为年度目标重点实施。为打造档案编研精品，为建党百年献礼，集团首席科学家、首席专家、相关领域技术专家、一线科研工作者等多次参与研讨，为档案编研提供了有力支

持。经过数度讨论,立意逐步清晰,即通过档案回顾我军指挥信息系统发展历程,从历史中汲取宝贵经验和精神财富,进一步坚定深化改革的信念,履行好"军工电子主力军、网信事业国家队、国家战略科技力量"使命责任,推动军工科研院所在新发展阶段实现高质量发展。

2. 把握大局,围绕中心选择主题

围绕服务科研生产中心工作开展有特色的档案编研,是做好档案编研工作的宗旨。作为我国第一个指挥自动化系统研究所,28所在我军信息化建设发展历程中创造了多项第一,科技档案中记载了这些标志性工程项目的科研轨迹,是28所文化的源头根脉,也是28所精神的初心印鉴。因此,编研团队精选25个历史重大科研项目,以我军指挥信息系统发展史上的"第一"为主题开展编研。这些典型项目代表了我军历代指挥信息系统发展的最高技术水平,可以为28所进一步深化改革、完善管理机制、制定发展战略规划提供历史借鉴和现实依据,为科研生产参考和利用创造条件,为总体文化精神的传承注入能量。

3. 统筹谋划,制定计划细致缜密

本次档案编研时间跨度长、内容涉及广、项目数量多,同时也是首次从档案视角围绕我军指挥信息系统发展历程开展编研。为此,28所档案部门专门成立"第一华章 再续辉煌"档案编研工作团队,全力支持和统筹推进工作开展。编研团队按照"进度优先,质量第一"的总体要求,制订详细的编研计划,包括编研的内容范围、结构体例、时间安排、组织分工、工作步骤等。同时,建立每周汇报、每月总结的工作机制和跨部门沟通协作机制,及时解决实施过程中遇到的困难,确保工作落地实施、顺利开展。

4. 梳理框架,编研大纲条理清晰

编研大纲在档案编研工作中发挥着提纲挈领的作用。本次档案编研大纲的最大特点是深度还原我军指挥信息系统项目建设的全过程,包含项目全称、项目代号、档案数量、研制背景、立项及批复情况、项目概况、主要完成人员、研制周期、大事记、关键技术突破、实施效果、应用推广、项目背后的故事等章节。

研制背景部分主要突出时代背景,关注项目背后有无重大历史事件;立项及批复情况部分重点关注项目产生的来往公文,为项目提供建设依据;项目概况部分是对项目建设内容的概括总结;大事记部分按照时间先后顺序梳理项目立项、评审、实施、考核、验收、交付、鉴定、获奖等关键节点；关键技术突破部分详细阐述项目的重大技术突破和创新；实施效果部分介绍项目的历史影响力和经济军事社会效益；应用推广部分关注项目成果的落地情况；项目背后的故事通过人物专访捕捉项目研制细节和引人回忆的历史故事，提炼精神力量。

5. 尊重历史，材料筛选严谨统一

编研团队历时八个多月，翻阅了 1964—2015 年 2339 卷共计 30972 份馆藏档案资料，在材料筛选过程中始终坚持三项原则：一是影响力，选取我军指挥信息系统发展历程中的重大项目和典型项目，凸显项目研制的历史意义和价值；二是权威性，优先选择来往公文、研制总要求、立项论证报告、总体方案、研制总结、技术总结、重大技术问题的技术攻关报告、现场考核意见、用户单位出具的使用情况报告、鉴定报奖文件等，选用的材料必须经过严格审核，确保真实无误；三是多样性，凡与主题相关的档案资料都要收集，在传统纸质档案的基础上，兼选相关的历史图片、视频资料、多媒体动画、新闻宣传报道、获奖证书奖牌、捐赠的实物档案等。

6. 客观记录，整理加工科学严谨

档案编研要精确、细致、尊重历史原貌，对所引用的文献资料不能随意修改和杜撰。编研团队在引用时对档案信息进行校核与注释，对相关文字、标点、图例、符号进行标准化审查，确保全文样式整齐划一。此外，对于项目背后的故事访谈资料的整理，在保证不改变受访者原意的基础上，进行适当的加工编辑。拟定的标题紧扣主题、通俗易懂，整理出来的文稿语言通顺、逻辑清晰，同时又能突出与主题相关的有效信息，具有可读性、生动性和感染力。当受访者口述内容与档案资料记载有所不同时，请受访者再次确认所述信息，确保关键信息准确无误。

7. 立体呈现，宣传方式丰富多样

档案宣传是档案工作服务社会主义文化强国建设的重要抓手。围绕庆祝建党 100 周年、党史学习教育、"6·9"国际档案日等重要时间节点、重大庆祝活动，通过 28 所微信公众号、所信息网、电子屏媒、展厅陈列等方式，扩大档案编研成果的宣传渠道，逐步树立档案特色品牌，提升档案工作影响力，对于增强科研工作者对军工文化的认同感和自豪感，推动"四史"学习宣传教育，为档案事业高质量发展营造良好舆论氛围等方面意义重大。

（二）对比分析

1. 围绕军用指控领域档案编研主题实现零的突破

过去档案编研选题内容较简单，仅围绕某个项目，或围绕一段时期内的项目开展，时间跨度较短，缺乏对我军指挥信息系统发展历程系统化的梳理和介绍。本次档案编研聚焦我军指挥信息系统发展这一主题，实现了从无到有的突破，具有较强的研究参考价值和文化价值。

2. 档案编研成果的形式更加多样

传统档案编研成果形式主要集中在单位志、大事记、年鉴、综述等方面，文字体例较多，并且因其内容的专业性、宣传模式的局限性等原因，受众范围较窄。本次档案编研深度融入科研生产主责主业，体现了科研档案的核心价值，形成了贴近科研生产实际的、高质量的编研精品，既具有存凭留史的历史价值，又能立足实用，满足科研人员对信息的全面性、准确性、科学性的利用需求。此外，通过丰富多样的宣传方式，扩大了编研成果的影响力和传播力。

3. 打造一支专业性强的档案编研队伍

档案人员作为项目组成员，从项目策划到项目建设整个过程深度参与，积累了丰富的型号项目知识。但由于档案人员以往工作重心主要在档案日常业务方面，时间和精力有限，缺乏系统性的编研理念和专业化的编研技术，导致开展编研工作的主动性不强，推进较慢，容易产生无从着手的畏难情绪。通过本次档案编研工作的锻炼，激发了档案管理人员的工作热情，更好地发挥专业作用，推动档案工作高质量发展。

四、效果及影响

（一）成果形式

1. 形成 1 部我军指挥信息系统发展史档案编研成果

历经八个多月酝酿筹备，档案编研团队翻阅 2339 卷共计 30972 份档案资料，4295 幅历史照片，形成首部我军指挥信息系统发展史档案编研成果——《第一华章 续写辉煌——档案见证二十八所军事指挥信息系统发展史上的第一（1964

年—2015年）》（图1）。该编研成果于2021年6月正式定稿，28所所长毛永庆亲自为本书作序。

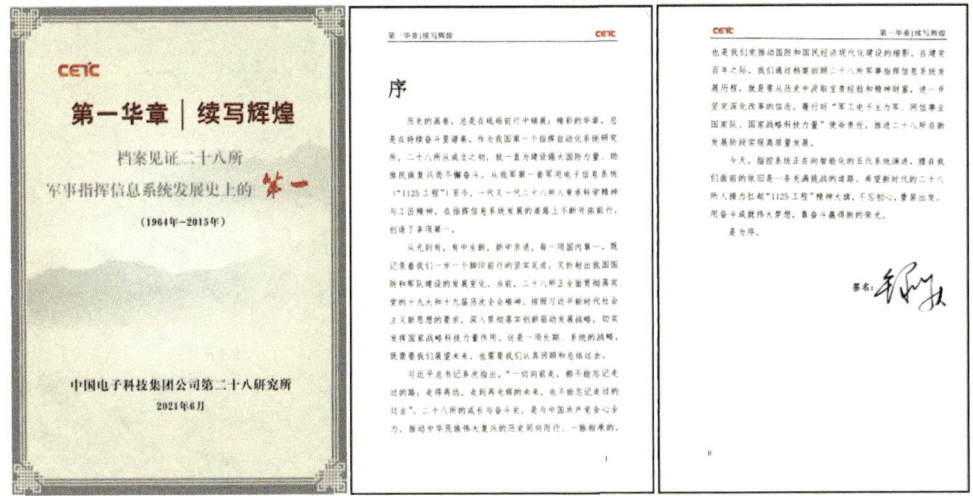

图1　28所编研成果

全书以我军指挥信息系统发展历程为主线，收录了25项28所作为研制总体单位的历史重大科研项目，以翔实的语言和大量的原始档案图片，再现了我军从第一代以点、线建设为基本特征的指挥自动化系统，到第四代以网络为中心的网络化指挥信息系统的跨越发展，展示了广大科研工作者在支撑科技自立自强、加快国防和军队现代化建设作出的突出贡献。全书11万余字，选材广泛、内容丰富、图文并茂，收录档案图片300余幅。全书从档案资料、亲历者口述等多方考证，力求真实还原史实，具有较强的研究参考价值和文化价值。

2. 建成1个口述历史档案资料库

为弘扬科研工作者与民族兴衰同荣辱，与国家发展共命运，与科技创新相始终的精神，同时也是对馆藏档案的进一步有益补充，档案编研团队按照"以尊重历史为基础，以挖掘事实为根本，以客观记录为原则"的工作方针，通过采访30余位重大项目的"亲历、亲见、亲闻"者（图2），包括已退休的领导专家、集团首席科学家、首席专家、所副总工程师、相关领域技术专家等，年纪最大的已近九旬，讲述项目研制、创业经历和奋斗历程背后的故事，并对受访者的视频、照片进行规范整理和校对核稿，对其捐赠的手稿、实物等档案资料开展了数字化工作，形成28所口述历史档案资料库，实现信息资源共享。

图2 重大项目的"亲历、亲见、亲闻"者

3. 围绕口述历史档案开展1场文化宣传活动

2021年"6·9"国际档案日来临之际,档案部门围绕"档案话百年"宣传主题,依托口述历史采访成果,选取项目有代表性的老照片,制成文化宣传材料在多个所区主要楼宇电子屏媒展出。一方面通过历史照片回顾项目研制的艰辛历程,展示建所以来在科研条件、环境面貌、规模设施等方面取得的成绩;另一方面通过呈现老专家们为国防事业奉献青春、挥洒汗水的精神风貌,对新一代科研工作者提出殷切希望,从历史中汲取宝贵经验,传承光荣传统和作风,为军工事业贡献青春和力量。

4. 打造1项特色档案数字人文项目

本次编研成果之一是结合数字人文技术应用,协助档案编研成果更好地重现历史场景和创造文化记忆,提供用户友好型的档案交互体验。编研过程中搜集了大量数字档案资源,如大事记历史影像、采访记录、花絮等图片和音视频资料。将数字档案资源通过交互式图像流的形式进行展现,对编研成果中出现的时间节点、大事记、主要研制人员等重要实体关系进行抽取,构建可视化的我军指挥信息系统的发展脉络和大事记图谱,让沉淀在档案中的历史借助数字化手段焕发新生,从而更有效地传承科研记忆,实现档案资源增值。

5. 制定 1 项重大项目档案管理规范

为贯彻落实 2020 年国家档案局第 15 号令《科学技术研究档案管理规定》,发挥档案编研的牵引作用,反过来促进档案资源的收集,档案部门修订了所级《档案管理工作规范》,推动建立重大项目档案管理机制。特别针对体系性军工重大工程项目,制定了重大项目档案归档范围和保管期限表,首次纳入管理性质的综合类文件,在档案收集范围上做到了"全覆盖",确保了档案的齐全、完整,为后续档案编研工作积累素材、打造编研精品提供了制度保证。

(二)成果影响

1. 传承弘扬军工历史文化,增强集体凝聚力和认同感

本次编研成果一方面具有科普价值,从档案视角充实和丰富了有关我军指挥信息系统发展历程的记录和描述,具有较强的历史研究价值;另一方面兼具人文关怀,通过口述故事展现了科研工作者献身国防事业的崇高精神风貌,彰显了"国家利益高于一切"的核心价值观,是一次不忘初心、牢记使命的爱国主义教育,对于新时代军工人永葆坚定信念、奋斗精神、担当本色具有重要意义。

2. 完善档案信息资源建设,助推档案工作转型升级

本次档案编研工作中广泛搜集的图片、影像资料和实物资料,以及最终形成的编研成果,是对馆藏科研档案资源的重要补充,使得档案资源覆盖面更加广泛、内容更加丰富。同时,本项工作也是档案利用的一次创新和尝试,通过充分研究档案资料信息,挖掘档案资料价值,推动档案工作转型升级,更好地适应科研生产活动的需要,为各项事业的发展提供决策支持,为今后的发展和规划提供借鉴和参考。

3. 优化档案人员知识结构,提升档案队伍综合能力

本次档案编研工作是对档案人员综合素质的一次极佳的锻炼机会。在学科知识方面,涉及型号科研知识、管理学、档案学、新闻学等专业知识的交叉运用;在工作态度方面,要有团结协作的大局意识,才能真正融入团队,同时还要踏实认真、耐心细致,才能从海量档案资料中甄选出有用信息;工作能力方面,要有

良好的沟通表达能力、扎实的专业写作能力和数据信息分析能力。通过上述综合能力的锻炼和培养,激发了档案人员的工作热情,更好地发挥专业作用,也成为档案工作提升的内在动力。

案例形成单位:中国电子科技集团公司第二十八研究所

案例形成人:侯悦、王洁、张瑜、王震亚、刘长晨、薛蕾

构建档案资源与科研互动平台，助推研制创新能力

一、案例概述

中国航发控制系统研究所（动控所）承接歼－××飞机研制专用的功率分出轴任务，此功率分出轴是连接发动机附件机匣与飞机附件机匣的关键产品，将发动机功率分配给飞机上其他用功设备使用。为进行功率分出轴研制过程中的各项验证试验，需研制专用的耐久性试验台，试验台耗资320多万元。档案部门根据项目研制需求，集中专业人员全程跟踪设备研制进程，为设备各阶段研制提供了有效的资源服务，为科研项目提供了重要支撑。

二、实施背景

单位档案部门建立健全有效的档案信息资源服务体系，积极主动推送档案信息资源，推广档案编研成果，转变档案信息开发利用服务形式和内容单一局面；2016年以来，档案部门主动提供本所相关研制设备档案的编研资料，积极开展设备、基建档案资料推送，馆藏信息资源、档案编研成果在设备研制过程中发挥了重要作用；同时，项目技术人员在数字档案馆在线查阅相关设计报告、图纸及数据记录的基础上，吸收、消化设计经验，创新设计试验台高低温运转试验的功能，使得SQ×××耐久性试验台成为新一代功率分出轴批产的坚实基础。

三、创新做法

SQ×××耐久性试验台主要用于缓解批产轴生产过程中试验任务重的问题，此外还满足×××工程功率分出轴的试验要求，由于×××工程功率分出轴要求的试验功率较大，电功率封闭式试验台将要配置大容量的变频电动机和发电机。项目组经初步调研、查阅各类资料发现，目前国内这样大功率的电功率封闭式试验台还未见介绍，除此之外在电源配置方面也有一定的困难。

（一）档案信息资源多模式推送，助力新试验台设计

（1）试验台研制任务下达后，项目组进行前期论证，前往档案馆查阅馆藏设备资料，档案部门了解情况后，改变单一的用户自主查阅档案的模式，主动推送所内×××设备档案的历史资料、××系列设备档案形成说明书、××自制设备编研材料；项目组根据档案部门提供的各类档案文件，并参照早期研制的×××试验台档案资料，顺利编制了SQ×××耐久性试验台研制任务书、方案设计报告，启动了新试验台的研制工作。

（2）在详细设计过程中，项目组通过档案部门主动提供的×××设备原理框图、系统电气原理及接线图、计算资料等设计图纸、设计文件后（档案部门共计提供××试验台设计文件、图纸、设备参考资料等档案文件245份1200余页），开展工程设计，消化、吸收历史设计经验，减少以往设计的弊端。在参考×××试验台电气传动系统、增速及功率封闭系统、扭矩模拟系统、测控系统等原有功能的基础上，成功设计出SQ×××耐久性试验台；该试验台进一步提高了试验的运转转速，并且增加了高低温运转试验的功能，此功能国内尚属首创；在项目设计过程中，技术人员通过学习、借鉴馆藏档案的文件资料，设计水平、实践能力得到快速提升。

（二）多种类档案资源利用，改造原有试验厂房

SQ×××耐久性试验台设计完成后，面临的就是试验场地的建设、相关控制室的建设问题。原厂房由于年代久远，电路陈旧，墙体、各类管路老化严重，存在安全隐患，已经不能满足此试验台的布置需求。由于生产紧、任务重，厂房翻建亟待解决，而要解决上述原厂房的问题，必须要以原设计资料及原基础处理资料为依据。因此，这项修复工程能否进行，取决于是否保存有原设计的完整图纸资料。

根据上述情况，当项目组、保障部门提出需求时，档案部门迅速响应，查找并分类提供给项目组原厂房的结构图、布局图、电气图、管路图等全套基建图纸、建筑设计要求；设计人员按照复建工程的要求对照原始档案，对基础、电路及相关管路、管道进行详细设计计算，很快提出了复修意见，并向施工单位提供了厂的主体结构、电路、供水、供气等全部工程档案。施工单位在主体结构不变的前提下，参照原有馆藏资料进行施工，SQ×××耐久性试验台很快就成功落

座在厂房内，试验控制间布局无论在外观还是功能结构上都得到极大改善，同时极大节省了改建时间与设计经费。

（三）数字档案馆应用，提供排查故障依据

SQ×××耐久性试验台完成竣工后，所有验收资料归入档案部门。随后，试验台开始了日常试验任务，试验台的运行数据也随产品试验记录归档。在设备研制投产以后，故障问题是很难以完全避免的，如何分析事故原因、分清事故机理、制定处理方案，原始档案资料是唯一的凭证和依据。

试验台投入生产后不久，设备出现异响，不能明确判断故障源，项目组原计划通过日常监控数据判断，排查潜在故障源，但由于试验台以往检测数据被循环覆盖，无法获取相应试验数据。最终项目组通过档案部门调取了产品试验记录，间接收集试验台的运行的历史数据，不断排查找到了潜在故障源，并通过查阅档案管理系统累计的试验台运行历史数据，统计分析后编制试验台故障应急预案，应急预案中记录了试验台运行的合理数据与预警数据值，为后期试验台的运行维护提供了保障依据。

（四）助力科研成果落地 开展科技奖项申报

SQ×××耐久性试验台成功应用后，在项目研制方面取得了很好的效果，项目组准备申报中航工业集团科学技术奖。档案部门通过检查设备归档资料完整性，调取《非标设备验收（鉴定）申请书》《非标设备验收（鉴定）报告》等案卷，最终确认该试验台的验收时间，满足申报要求，出具了设备资料归档证明，并提供试验台的试用报告、研制总结等技术资料作为报奖材料，开展科学技术奖申报工作。

四、效果及影响

档案工作的根本任务是为用户提供多方位、全角度的服务，档案利用者归根结底是索取档案载体内含的信息资源。

（一）丰富档案利用手段，创新档案服务理念

从SQ×××耐久性试验台立项论证、方案设计、详细工程设计、调试、厂房改建到验收证明等，数字档案馆提供了全方位的利用保障，得到项目组设计人

员的广泛认可。信息化手段的利用创新了档案服务理念，充分发挥了档案部门信息资源全方位、多渠道的综合开发、发布、利用功能。

（二）节省研制经费，提高研制效率

目前已归档的SQ×××耐久性试验台设计图纸、文件资料已经作为后续两机专项试验设备设计的重要参考资料，根据SQ×××耐久性试验台为原型设计的新试验台SQ×××耐久性试验台，已于2017年开始建造，相关部件级设备的研制、采购也参考了馆藏档案类似设备的设计文件及图纸，为国家节约了研制费用，缩短了研制周期。

（三）助力科研创新，彰显科技实力

SQ×××耐久性试验台研制达到国际先进水平，该项目中高低温运转试验功能在国内尚属首创，具有集成功率分出轴动态加载、动态位移、机动飞行力模拟试验、高低温模拟等特殊功能的动态耐久性综合试验功能，应用于新一代发动机功率分出轴的研制试验。经本试验台考核试验的功率分出轴在×××工程中已装机上天应用，具有重大的军事、经济和社会效益。

案例形成单位：中国航发控制系统研究所
案例形成人：杨玉颖、朱航兵、林庆霖

立体化的基建档案资源

一、案例概述

中国航发哈尔滨东安发动机有限公司（以下简称中国航发东安）建厂于日本"731部队"的机场废墟之上，几十年时间，几代人的汗水，洒在这片土地上，规划、建设，一座座厂房、办公楼拔地而起，厂区环境、布置整齐划一。这个过程中，也形成了大量的基建档案，这些档案，见证了工厂的发展，也对建筑者的维修、保养有着重要作用。

为更好地发挥基建档案的作用，让普通用户直观、立体地查找、利用档案，档案部门针对基建档案的特点，开发了"立体基建档案编研库"，将档案与基建物位置、厂区布置整体结合，使档案查找方法更加简化、形象化，提高了基建档案的使用效果。

二、实施背景

中国航发东安始建于1948年，70年艰苦创业，档案部门形成了大量的基建档案。在数字档案馆建设过程中，全部基建图纸已经进行了数字化，实现了电子的查找和利用。

这些档案良好地保存于档案库房中，按建筑物编号进行管理。但在使用过程中，用户却主要集中于项目管理部门（工程设计、规划使用）、运行维护部门（房屋检修使用），这两个部门因经常使用，且对建筑物编号较为熟悉，故而查找不存在难度。

但在实际工作中，普通用户并不关注建筑物的编号，经常提供的信息多数为使用单位、厂房位置等信息，以至于在实际需要时，无法提供厂房号等信息，造成查找困难。档案发挥作用有限，基建档案中蕴含的文化因素更无从展示。

档案部门一直探索如何将库存档案以员工喜闻乐见的形式加以展示，降低档案查找的难度。

借鉴国内外先进的档案编研事例，并根据基建用户需求习惯的调研，档案部门决定"化平面为立体，化编号为实物"，借鉴展览馆中建筑物模型的展示方式，开发一款直观、立体的厂区档案模型。

三、创新做法

（一）主动挖掘分析用户需求

为服务公司普通用户探索展示档案资源形式，中国航发东安档案部门采用用户调研问卷的方式，收集、识别、分析用户需求。用户的共性需求：通过平台能够快速、高效地查询厂房方位、技术要求、主要性能等有用相关信息；通过图片可以校验查找建筑物资料是否准确；进一步查询档案部门建筑物存档情况及电子图纸等。通过对用户的需求分析，形成了重要的管理目标，确定好基建档案的编研方向。

（二）结合厂区布局，建立立体展示库

首先收集厂区内建筑物平面布局，进行整体设计，从用户需求考虑除主体厂房、办公楼等建筑物外，还将主体厂房附楼、道路等区域包含在内，确定好厂区平面布局图后，化平面为立体，建立厂区立体布局模型。用户可以通过平台展现的厂区立体模型确定所要查找建筑物的位置和编号，通过页面跳转进一步查询建筑物相关信息及档案。

（三）有效整合建筑物各类档案资源

汇总调研用户的需求，整合档案部门建筑物各类资源材料，全面收集整理建筑物有关的文字资料、图纸、照片和声像等材料，能够完整地展现公司厂区内各建筑物不同角度、不同载体的整体风貌，促使档案信息资源呈现多样化。

（四）做好数据库的预留，不断丰富展示内容

提前做好该平台数据库空间预留，不断征集用户使用感受。在展示内容方面，在保留原有部分内容的基础上，结合馆藏档案增加新的元素，更加直观全面地展现公司各建筑物的档案信息内容，增强档案展示利用，提高了基建档案的使用效果。

四、效果及影响

(一)响应国家"新基建"发展战略

随着东安厂区建设的全面铺开,全方位联动性推进,信息档案中心的业务拓展也逐渐扩充,蓄能东安基建创新发展。立体化基建档案资源模式的应用不仅是为了追求高技术,追随时代的步伐,也是为了在实际基础建设中应用档案信息化、可视化,以追求工作流程时效的高效性,及在实施方案实施工程过程中的高质量,加强工程链条中彼此间业务信息的交流。在此之前,基建管理侧重的是较为传统的沿袭下来的保守管理模式,部分信息化方案策略之前试验应用过,但并不能优化现有的管理手段,厂房的扩建,土地的流转大幅跟进,对传统基建档案模式产生的冲击已初见端倪,立体化基建档案资源的设计提前上马可抵挡日常工作中焦灼的局面。

(二)配套东安"协同办公平台"建设规划

中国航发东安吸收学习外国先进管理生产管理理念和生产经营模式,立体化的基建档案资源引领步调。未来建设完善步伐中,立体化基建档案平台在此规划中:设立数据库服务器、文件服务系统、工程基建管理系统、综合信息管理平台、进度管理、工程文件与资料管理、施工现场管理、成本管理、质量安全管理。在项目蓝图中此远景规划可大大提高工作流畅性,相关工作人员第一时间获取所需档案资料,数据信息告别人员一级级地传递和督办的时代不是遥不可及。

(三)助力信息档案中心基建档案管理安全性,增强档案馆对档案资源管控权威性

立体化利用档案模式,可随利用进程留痕,实时监控档案利用流程,每个参与阅研档案的人员也必须遵守相应的规则规范。此种有效跟踪手段,可尽量规避归档借阅中的扯皮现象,避免人为因素而导致的文件材料丢失,对借用人员产生无可比拟的约束力,提升档案馆的权威性和行政地位。

(四)顺应社会化政策改变,应对工程管理建设业的完善

随着企业体制外社会政策的不断发展,基建档案信息化在实际中显得越发

的举足轻重。众所周知，如今政府的监督、施工单位的管理、监理的过程中都需要利用信息化来获得最便捷的信息，社会和企业联合开展的工程建设，遇到规模大、工期紧、参与人员特多的项目，要处理的借阅资料冗杂，立体化基建档案资源就可以系统指明收录，为以后企业的基建资源管理提供很好的范本。

　　小小档案，价值千万。如何让馆藏的海量档案为用户所了解，并且能够"随时需要、随时利用"，是信息资源时代每一个档案人的重要任务。本案例中的开发，就是在充分地对用户行为时为进行调研，以利用为导向而进行，因此收到了良好的效果。未来，档案工作将以此为方向，不断深入进行资源的探索与开发。

　　案例形成单位：中国航发哈尔滨东安发动机有限公司
　　案例形成人：徐曼、李昂、胡海燕

注重"地质—井筒—地面"工程资料一体化归档,助力打造世界一流储气库

一、案例概述

新疆油田呼图壁储气库(图1)是目前我国建成投产库容最大的储气库,是西气东输战略调峰和新疆地区冬季用气的重要保障。设计库容107亿立方米,工作气量45.1亿立方米,由濒临枯竭的气田改建而成;该工程于2011年7月开工,2018年2月完成全部工程建设;2018年6月通过中国石油天然气股份公司档案专项验收,7月通过竣工验收。

该工程建设实施阶段,新疆油田分公司坚持"三同时"原则,选派专职档案员负责项目档案工作的组织、协调、检查和审核工作,落实协同工作机制。同时,由于呼图壁储气库工程的特殊性,将"地面建设工程"与"地下钻采工程"同步纳入档案管理,确保了档案齐全和完整性,为后期的科研攻关、优化运行及实施数字化移交试点提供了重要资料保障。

图1 呼图壁储气库集注站俯视图

二、实施背景

新疆油田呼图壁储气库工程是中国石油同期在建的储气库中规模最大的一类建设项目，是新疆油田分公司近年来投资额最高的一个单项工程。

建设项目归档文件的质量，在一定程度上体现了工程建设者行为的规范化程度。在油气田产能建设项目中，通常将地面工艺设施设备建设产生的工程资料作为建设项目类档案归档，而将同步实施新钻井产生的钻井、测井、录井、试油等资料作为勘探开发类资料归档。同一工程产生的档案在两个类别归档保管且分类正确，但对于档案的完整性、系统性而言，新钻井产生的管理文件、工序文件、监督文件等将因老的工作模式对后期利用者查找利用造成困扰。为确保储气库工程档案的完整性、准确性和系统性，全过程全方位做好项目档案管理工作，新疆油田通过加强队伍建设，协同各方力量，以建设项目归档文件的质量要求进一步促进工程建设者行为的规范化，杜绝建设者行为的随意性，通过优秀的项目档案全过程管理，促进了项目管理水平的进一步提高。

一是专门抽调业务熟练、经验丰富的档案专职人员负责项目档案工作的组织、协调、检查和审核工作，督促各参建单位均同步成立了档案管理机构，配备专职档案人员，使项目档案工作全程受控。

二是坚持"三同时"原则，规范管理流程，要求建设单位将项目文件的收集、整理和归档纳入项目的合同管理之中，合同条款明确规定了参建单位档案管理职责、归档内容、套数、时间及违约责任，使参建单位对项目归档文件的管理责任更加清晰具体且更具有刚性约束力。

三是对"地面建设工程"与"地下钻采工程"同步实施管理、归档。特别跟踪、组织地下钻采部分从钻井、测井、录井到试油的一系列资料按照建设项目的管理文件、工序文件、施工记录、监督文件的立卷、排序思路进行收集、整理、归档，保证了工程档案的完整性、工程实施记录的系统性。

四是深入推进验收问题整改销项工作。全面梳理项目档案中存在的问题，举一反三，提出系统解决问题的建议，形成工作报告呈递油田公司业务主管领导，督促相关单位和部门不断提升项目档案管理水平。

三、创新做法

（一）选派专人负责，落实项目档案分级管理工作机制

在呼图壁储气库工程项目建设初期，新疆油田分公司领导针对项目档案工作全程化、同步化提出具体要求，专门抽调业务熟练、经验丰富的档案专职人员负责项目档案工作的组织、协调、检查和审核工作；落实协同工作机制，人员参加项目工作例会，及时掌握项目进展情况，同步建立项目文件管理目录，分级落实收管责任；将档案专业管理的理念和方法带到项目建设管理中，做好现场跟踪指导，帮助参建单位资料人员解决问题，结合实际组织档案收集、整理和E6离线客户端使用等业务培训，统一了具体要求和方法。各参建单位均同步成立了档案管理机构，配备专兼职档案人员，使项目档案源头重视、提早介入、过程控制、检查把关等管理措施在建设中能够顺利实施，保证了项目各阶段形成的文件真实反映项目实际情况，实现了纸质与对应电子文件同步收集完整且整理规范（图2）。

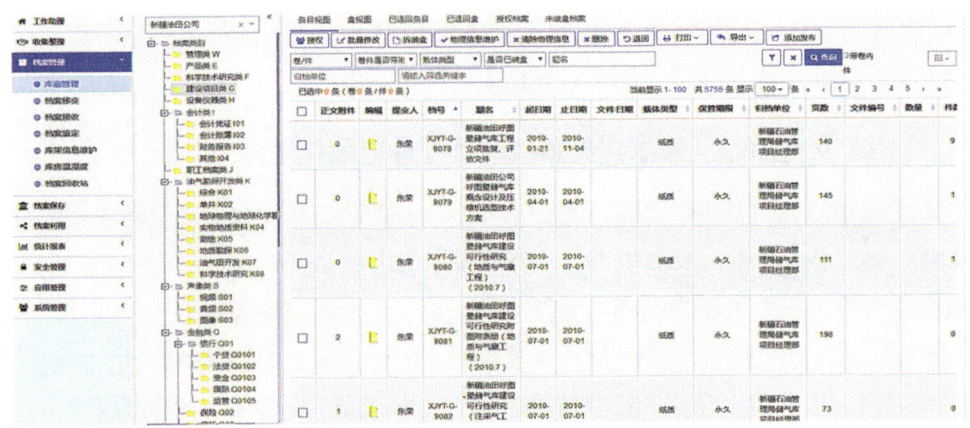

图2　呼图壁储气库工程档案保管界面

（二）严格程序管理，推进项目文件材料管理各环节质量受控

紧密跟踪工程进展，要求相关专业技术人员负责、监督文件形成的内在质量，档案人员统筹按照编制单位自检、监理人员审查、监督人员审查、建设单位审查的顺序依次开展审查，从严要求；对于涉及工程关键部位、隐蔽工程的记录，坚持必须严格按程序签署意见，做到有责任、有要求、有检查、有落实，谁

审查谁签署。同时，不定期对施工单位文件的形成、积累和整理工作进行检查，发现问题及时解决、及时纠正，保证了建设过程中交工技术文件的质量，使项目档案的完整性、准确性和系统性始终处于可控状态。

为规范储气库地面建设工程交工技术表格的使用，避免表格不适用造成归档工作的返工，结合该工程是"业主+监理+EPC总承包"管理模式这一实际，对手册当中交工技术表格的适用性进行了调整，由储气库项目经理部会同基本建设工程处、工程质量监督站、档案中心、EPC项目部、监理公司等单位对修订后的表格进行确认，为建设过程中有效执行归档文件的规范性要求奠定了基础，避免了表格不适用造成归档工作返工情况的出现。

该工程充分发挥EPC联合体的优势，由设计单位结合设计变更、签证、隐蔽工程等依据，在施工图基础上进行修改完善形成竣工图后，由施工单位进行复核确认、监理单位审核签署，避免了在施工图上直接修改导致图面杂乱、不清晰、不易辨识等情况，减少了纸质竣工图通过扫描形成电子文件的环节。由设计单位将CAD格式的电子版竣工图直接转换成PDF格式，既符合归档要求的格式、节约了扫描成本，也完全满足利用查阅的需求，比蓝图扫描的电子版更清晰，首次实现了电子版竣工图格式转换。

（三）坚持地面、地下建设项目归档文件一体化管理

产能建设项目常规归档做法是地面建设部分归档文件按建设项目类要求整理归档，地下建设部分（包括钻井、井下作业、录井、试油、测井等专业）归档文件按勘探开发类要求整理归档。发挥"地下地上一盘棋"统筹思路，新疆油田着眼于储气库工程在安全运管方面不同于一般产能建设项目的极其特殊性，要求该工程地面、地下建设项目归档文件必须实行一体化管理，提出了地面建设项目、地下建设项目归档文件统一整理的方法及要求，是油田公司建设历史上第一个地面工程、地下工程统一按照建设项目的归档要求整理、归档的项目。股份公司档案专项验收组对这一做法表示肯定，并表示在集团同期建设的其他储气库工程档案专项验收时应该统一要求，具有重要借鉴价值。

（四）坚持声像档案按照建设阶段整理归档

照片档案是直观反映工程建设的重要载体，能够更直观地记录、反映工程各个阶段的重要事件、重要会议、重要工程节点等，比文字材料更具有说服力。新

疆油田坚持力推储气库工程图片归档工作，指定EPC总包单位和监理公司熟悉工程建设的人员分别整理了工程过程的数码照片，选择了具有代表性、完整性的数码照片共919张，并按照工程前期、施工、试运行、竣工阶段整理排序，著录清晰，避免缺项。其中按单位工程进度形成的集注站部分单元照片档案如图3所示。

图3 呼图壁储气库集注站部分单元照片档案

同时，为完整展现呼图壁储气库这一重点工程的建设历程，新疆油田分公司安排专人拍摄制作了视频短片《蓄气待发，再创辉煌——呼图壁储气库建设纪实》，比纸质和多媒体汇报更有展现力。

四、效果及影响

呼图壁储气库投产运行以来，以《中华人民共和国安全生产法》《中华人民共和国环境保护法》为准则，全面贯彻"环保优先、安全第一、质量至上、以人为本"的管理方针，加强生产管理，安全生产平稳运行。2013年，被国土资源部评定为"国家级绿色矿山试点单位"（图4）；2019年，石油天然气工程建设质量奖审定委员会、中国石油工程建设协会专家组对该工程进行了现场和竣工档案的核查，该工程被评为2019年度石油优质工程金奖。

图 4 "国家级绿色矿山试点单位"证书

(一)坚持协同工作机制,将档案工作融入项目建设管理

通过全面、系统地梳理公司建设项目档案管理工作的经验,查找补齐短板弱项,系统梳理分析项目档案存在的问题与其管理工作的映射关系,提出工作建议,形成倒推机制,迫使工程实施将档案管理工作融入项目建设的各个管理环节中,督促工程签署审批规范化、施工标准化,进一步提升了公司对档案工作重视程度与项目管理工作成效。

(二)优化地面工艺,确保储气库安全平稳高效受控运行

完整的工程档案,有利于实现对井筒、地面管线、动静设备、仪表等的全过程管理,通过查阅分析档案中的资料技术参数,有利于确定井筒、地面装置及设施故障发生的规律,便于运行状态跟踪、排除故障和完善备品备件。通过对工程档案的查阅和分析,已完成了储气库低温分离器的改造和储气库完善工程的实施,通过优化地面工艺,不断提高工作效率及地面装置生产运行管理水平,从而为储气库安全平稳高效受控运行提供有力保障。

(三)提升科研攻关水平,优化储气库注采运行

对于科研工作而言,查阅档案是其中一个重要环节,发挥了承前启后的作用。将注采工程形成的档案同步纳入档案管理,为科研项目的开展提供了有力参考依据,是推进科研技术水平不断提高的重要保障。

储气库强注强采的运行模式存在圈闭漏失、井筒密封失效等安全风险。为确保储气库长效安全运行，技术人员结合同步归档建设项目的钻井档案，针对气藏圈闭密封性、井筒完整性和地面设备设施完好性等多个方面开展了"呼图壁储气库库容动用及调峰能力储蓄提升潜力研究"等数十项科研项目，制定了"分阶段调配、分区域控制"的注气政策以及采气期"一井一策"的采气策略，优化储气库注采运行。坚持地面建设、地下建设项目归档文件一体化管理为科研项目的有序、高效开展提供了有力支撑，依托科研项目的不断创新和完善，在保障储气库密封性完好的前提下实现了科学高效运行，有效提升了储气库的科研攻关水平。

（四）推行试点工程，积极探讨数字化移交可行性

呼图壁储气库工程地面建设项目、地下建设项目归档文件一体化管理，包含地面、地下声像各载体类型文件累计归档5755卷。由于呼图壁储气库工程规模及投资较大，给工程管理带来前所未有的难度，新疆油田分公司通过该工程积极探索了线上签署审批、数字化移交档案的可行性。目前，已将呼图壁储气库工程的后续工程——"呼图壁储气库调整工程"，作为公司标准化施工和数字化移交的重点工程进行推进，为更先进的档案管理模式做先驱式试验（图5）。

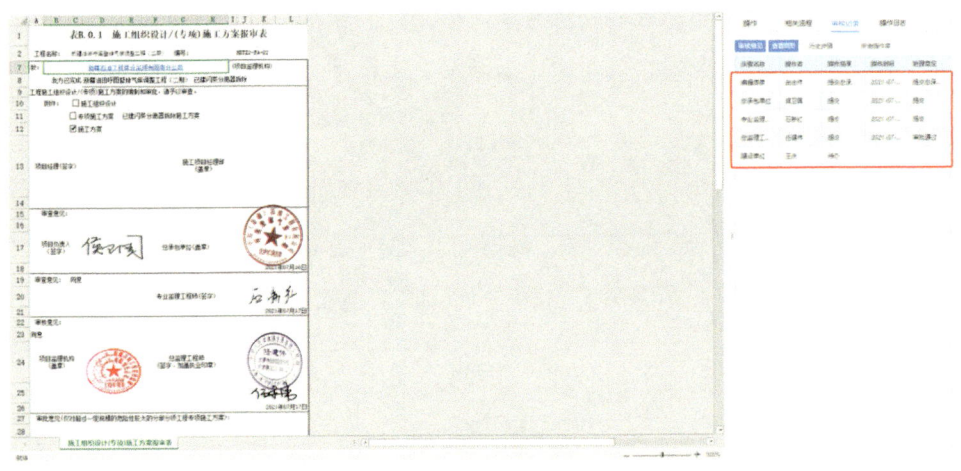

图 5 数字化交付管理平台节点审批截图

（五）社会及经济效益

呼图壁储气库2013年6月注气系统投产，2013年11月采气系统投产，投

运注采井36口，截至2021年7月已累计注气150.9亿立方米、采气104.8亿立方米，单井最高日采气量143万立方米，单井最高日注气量147万立方米，采气系统最高日采气量2804万立方米。乌鲁木齐市为了改善环境，实施了"蓝天工程"，将冬季采暖燃煤锅炉改造为燃气锅炉，用气量大幅度增加，呼图壁储气库为该"蓝天工程"提供了强有力的气源保障，有效保障了新疆地区用气安全。采出气经西气东输二线外输，为管道沿线地区稳定供气发挥了重要作用。

该工程研究形成了一套高压、大排量注采地面工艺设计与施工技术：（1）首创了高压单井注采同管、集气分输、组合式管网集气工艺；设计采用了防止CO_2腐蚀的双金属复合管新产品，研发了一体化复合管件；建成了集输能耗低、寿命长的注采同管（32兆帕）、高压集输（16兆帕）系统。（2）自主研发了大口径双金属复合管安装工艺，焊接一次合格率达到95%以上。（3）创建了四位一体（井筒、井口、集配站和集注站）的自动化安全控制系统，实现了四级关断、集注站远程控制、井口和集配站无人值守。（4）首创了注气压缩机兼做采气压缩机的设计先例，使注气压缩机在注、采两个周期都能得到充分利用，减少采气压缩机4台，节约工程投资1.2亿元。

案例形成单位：中国石油勘探与生产分公司、中国石油新疆油田公司
案例形成人：班兴安、苗新康、东静波、徐长峰、赵婵娟、印祖军

传承红色基因，凝聚奋进力量

——大庆油田档案工作助力党史学习教育纪实

一、案例概述

为深入贯彻落实习近平总书记"把蕴含党的初心使命的红色档案保管好、利用好，把新时代党领导人民推进实现中华民族伟大复兴的奋斗历史记录好、留存好"的重要指示精神，广泛宣传中国共产党人精神谱系之大庆精神铁人精神，大庆油田档案系统牢牢把握"庆祝中国共产党成立100周年在全党开展党史学习教育"契机，充分挖掘馆藏红色档案资源，坚持"六化运行"模式，开发建党百年"七个系列"成果，将红色档案做成党史学习教育最为生动的"教科书"，激励员工从伟大奋斗历程中汲取继续前进的智慧和力量。

二、实施背景

大庆油田1959年发现，1960年开发建设，至今已走过了60多年的发展历程。60多年来，这片神奇的土地在党的领导下不断演绎着传奇。从20世纪50年代末荒原深处的油龙出世，到新世纪的曙光照耀现代化油城，她的精神与贡献已融入国家、民族的永恒记忆，成为党领导建设社会主义工业企业的成功典范。

中华人民共和国成立之初，我国的石油工业形势十分严峻。1950年的全国石油产量只有区区20万吨。因为缺油，首都北京长安街上的公共汽车背上了沉重的煤气包，河南等地的汽车烧起了酒精、"老白干"和木炭，许多工厂被迫停产，飞机、坦克不能正常工作，就连国防部队执勤、训练也受到了影响。中共中央和毛泽东主席对石油工业非常关心，多次作出重要指示。1958年2月，邓小平在听取石油工业部工作汇报后，提出石油勘探战略东移决策，加速了大庆油田的发现。1959年9月26日，在中华人民共和国成立10周年之际，松基三井喷出工业油流，标志着大庆油田——一个世界级特大型陆上砂岩油田诞生。从此，中国石油工业翻开了新的篇章。

60多年来，大庆油田始终以党旗领航发展，掌握了领先世界的陆相油田开发技术，实现年产原油5000万吨以上连续27年高产稳产，年产原油4000万吨以上连续12年持续稳产，累计生产原油24.3亿吨，上缴税费及各种资金2.9万亿元，3次荣膺国家科技进步奖特等奖，油田勘探开发成果与"两弹一星"等共同载入了我国科技发展史册。

在庆祝中国共产党成立100周年之际，中共中央印发《关于在全党开展党史学习教育的通知》，引导干部群众把党的历史学习好、总结好、传承好、发扬好。大庆油田档案系统深入挖掘红色档案资源，开发系列档案编研成果，生动阐释在中国共产党领导下，大庆油田的艰辛创业史、改革创新史，讲述大庆人不懈奋斗的革命精神，折射出大庆人对国家和民族的热爱之情，全方位弘扬艰苦奋斗和爱国精神，全面展现与祖国同行的大庆油田，以保障国家能源战略安全为己任，积极探索新型工业化发展道路，为全面推进百年油田建设，支持国民经济发展作出的卓越贡献。

三、创新做法

红色档案是中国共产党人信仰、信念、信心的见证。在庆祝建党百年、深入党史学习教育之际，大庆油田档案系统坚持"六化运行"模式，利用档案资源23723件，开发了建党百年"七个系列"编研成果（图1）。丰富的馆藏资源和有

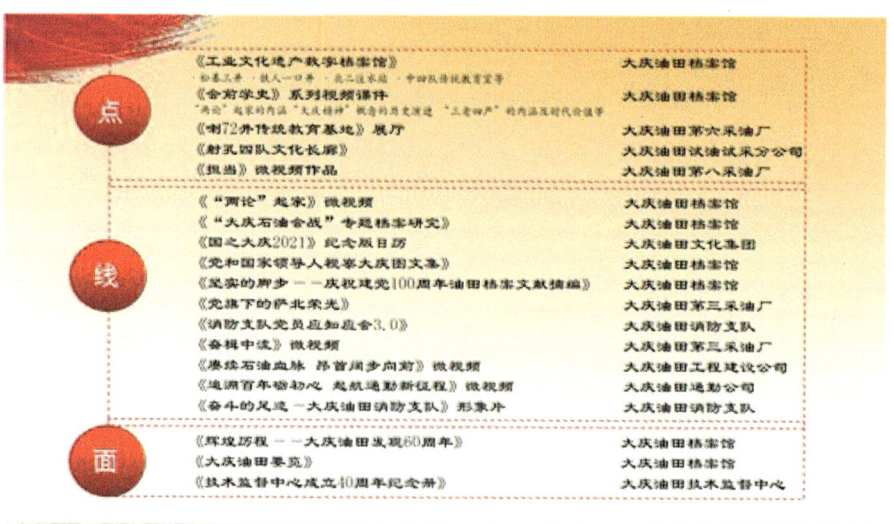

图1 建党百年"七个系列"编研成果

序的素材收集为档案系列编研成果提供了坚实的资源基础，使大庆油田的历史得以重现。

（一）坚持集成化服务，加强顶层设计，促进档案资源开发水平和服务水平双提升

树立档案工作大局意识、宗旨意识，在深入开展企业职能分析和馆藏分析的基础上，制定《档案信息资源开发规划》和《档案编研工作指导意见》，确立"统筹规划、循序渐进、安全共享、全面整合"的档案资源开发原则，通过"点、线、面"结合，实现全资源开发、集成化服务目标。

1. 以文化发源地构建油田开发建设的"点"

开展《大庆油田工业文化遗产数字档案馆》专题编研，包含松基三井、铁人一口井、北二注水站、中四队"三老四严"传统教育室等专题，深挖文化遗产基地红色资源，阐发珍贵民族精神传承与发展的起点，建立企业文化坐标。

2. 以专题性编研构建档案资源开发的"线"

开展《坚实的脚步——大庆油田党建文献摘编》《党和国家领导人视察大庆油田图文集》等档案专题编研，基于馆藏档案资源，围绕某一主线开展专题项目开发或研究，集中展现党领导大庆油田取得的突出成就。

3. 以综合性编研构建档案资源开发的"面"

开展《辉煌历程——大庆油田发现60周年》《大庆油田要览》等档案综合性编研，全面、系统、有序地记述大庆油田在发展进程中做出的历史性抉择、战略部署、重大决定和事关全局、影响深远的重大举措、取得的重要成绩。

（二）汇聚各方力量，实行项目化运行，推动档案编研工作由"小编研"向"大编研"转变

"项目化运行"即以专题项目组为单位开展专题编研，有利于优化人员配置，提高编纂质量，降低编纂成本，发挥档案部门主观能动性，全面保证开发质量与效率，同时借助专业部门解决经费、人员、技术等问题。

《"两论"起家》《党和国家领导人视察大庆油田图文集》《坚实的脚步——大庆油田党建文献摘编》等项目均实行"项目化运行"，开发效果良好。

（三）依托现代信息技术，开展数字化编研，积极探索档案资源开发新途径

档案工作的宗旨是为企业发展服务，服务的最佳方式是通过档案资源开发将"死档案"变为"活资源"。大庆油田将信息技术与编研工作有效融合，立项研发"档案信息集成系统"，实现计算机辅助编纂、审核、校对，在提高编研效率的同时，实现档案资源整合，形成档案专题产品，为利用者提供集成化的信息服务。

依托"大庆油田档案信息集成系统"开展《辉煌历程——大庆油田发现60周年》专题编研（图2），整理大事要览242条，收集中央媒体对大庆油田的报道文章456篇、视频22个，收录国家级荣誉奖励及重大科技成果奖励225项，以时间为轴集中展现了大庆油田在党和国家的亲切关怀下创造的历史性成就。

图2 《辉煌历程——大庆油田发现60周年》专题编研

（四）以全资源为基础，建立联动化机制，最大限度实现档案信息资源共享

本着最大限度减少实体利用、开放电子利用、开发产品利用的原则，简化利用手续，减少审批环节，构建档案资源开发利用新模式。建立远程联动机制，将油田所属档案机构编研人员组成编研工作群，实行首问负责制，启动联动查找机

制,以全资源满足油田档案开发利用需求。

开展《辉煌历程——大庆油田发现60周年》专题编研,由油田档案馆成立专题项目组负责项目开发,编纂范围为大庆油田层面开发建设60年期间取得的辉煌成就;由油田基层档案馆(室)负责,在"大庆油田辉煌历程"编纂成果基础上,对编研成果内容进行拓展和延伸,最终形成《大庆油田辉煌历程》系列编研成果39个。

(五)创新理念方法,通过网络化利用,提高档案信息利用效率,改善用户利用体验

随着信息技术的发展,网络已经成为人们获取信息的重要渠道。大庆油田面向油田局域网用户,搭建"一站式"档案信息服务平台,即"大庆油田档案信息管理与服务平台",通过网络传播、展示、利用档案信息集成产品,有效推动成果价值转化。

《"两论"起家》微视频作品参加国家档案局举办的"凝百年智慧,筑兰台之梦"档案微视频征集展播活动,从来自全国的2100部作品中脱颖而出,于2021年6月14日在中国石油档案馆主办的"石油档案"公众号中展播。

《辉煌历程——大庆油田发现60周年》专题成果通过网络以电子成果形式在档案信息平台发布,核心内容入选工信部和国家档案局开展的工业企业档案展,受到参观者的广泛关注与好评。

(六)推进多维开发,形成系列化成果,打造全方位、立体版的档案信息集成服务产品

1. 微视频系列

围绕建党100周年主题,充分挖掘档案资源,深度融合党史资料,开发了《"两论"起家》《会前学史》《奋楫中流》《赓续石油血脉,昂首阔步向前》等系列档案微视频成果(图3)。

2. 图文集系列

开展《党和国家领导人视察大庆图文集》《消防支队党建回眸图片》《技术监督中心成立40周年纪念册》等成果编研,生动记录一幕幕定格在大庆油田开发建设特定时期的历史瞬间(图4)。

图 3 微视频系列成果

图 4 图文集系列成果

3. 党建书籍系列

组织编写《坚实的脚步——大庆油田党建文献摘编》《大庆油田要览》《国之大庆 2021》《党旗下的萨北荣光》等以党建为主题的书籍，致敬油田建设者的坚实脚步（图 5）。

图 5　党建书籍系列成果

4. 专题展览系列

主动服务第六采油厂"喇 72 井传统教育基地展厅"建设,与中国石油档案馆、大庆市档案馆多方沟通,联动查找,深入挖掘喇 72 井井史等喇嘛甸油田会战相关史料 9075 件。组织开展大庆油田"一公分"精神和"铁门槛"精神发源地——试油试采分公司射孔四队"文化长廊"建设,充分展示试油试采人的严细认真、敬业奉献,是传承与发扬新时代大庆精神铁人精神的光辉实践。专题展览系列成果如图 6 所示。

5. 数字化编研系列

有效应用《中国石油档案管理系统(E6)》《大庆油田档案信息集成系统》(图 7)等信息系统开展数字化编研,专题成果同步数字出版传播,以电子形式在档案信息平台发布,促进了成果共享范围和成果利用效率的有效提升。

6. 数字档案馆系列

大庆油田工业文化遗产数字档案馆试点建设项目(图 8),包括"松基三井""北二注水站"、中四队"三老四严"传统教育室、铁人一口井、大庆石油会战指挥部旧址、创业庄家属基地、5-65 井址 7 个子项目,为利用者提供历史沿革、文化背景、核心物项展示,实现馆藏档案在线利用、征集、交互服务等功能。

图6 专题展览系列成果

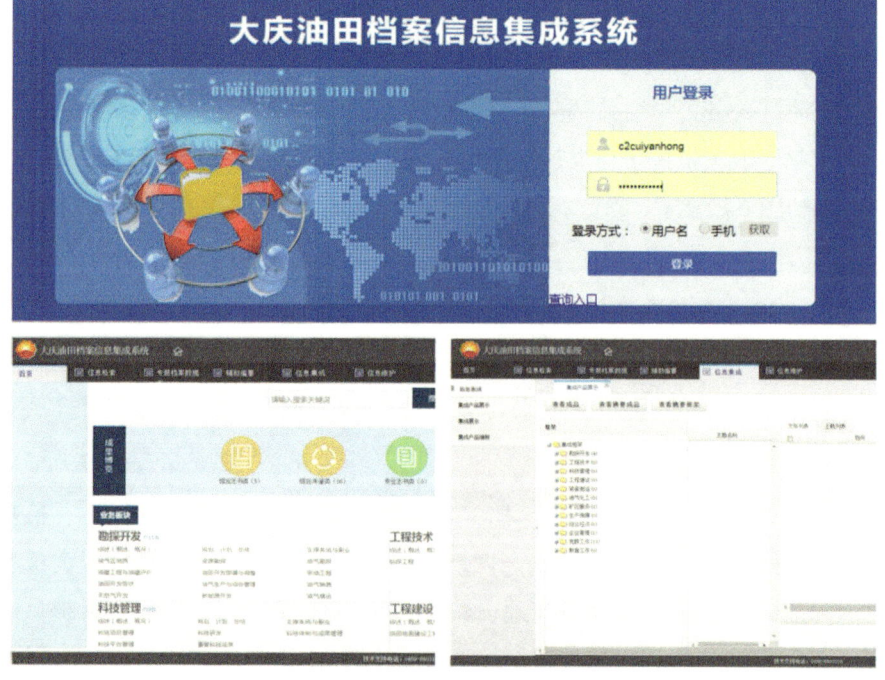

图7 数字化编研软件《大庆油田档案信息集成系统》

图 8 大庆油田工业文化遗产数字档案馆效果图

7. 专题档案研究系列

"大庆石油会战专题档案研究"项目,依托"大庆石油会战"专题档案资源,重温会战队伍战天斗地、艰苦创业的光辉岁月,立体展现大庆精神铁人精神孕育、形成、发展、传承的历史过程,同时也是探索档案信息集成化服务路径的一次有效实践(图9)。

图 9 "大庆石油会战专题档案研究"项目基础资料

四、效果及影响

档案记录历史、服务当代、昭示未来。在建党百年、深入开展党史学习教育之际，大庆油田档案馆充分挖掘红色档案资源，开发系列档案编研成果，将红色档案做成党史学习教育最为生动的"教科书"，受到广泛关注与好评，取得了良好的社会效益，产生了积极影响。

（一）弘扬了大庆精神大庆传统

档案是企业历史传承的重要文化记忆资源，是见证企业发展不可再生和替代的唯一凭证，同时具有史料研究和文物珍藏价值。大庆石油会战史及那一特殊历史时期形成的工业文化遗产是共和国的石油记忆，更是国家记忆。档案系列成果是生动讲述大庆石油人初心和使命的有效载体，这些珍贵的档案资料传递着共产党人的热血真情和铁骨忠魂，极具感染力，使成果利用者可以近距离感悟熠熠生辉、永不褪色的大庆精神、铁人精神和石油会战优良传统，充分发挥党史学习教育中的档案力量。

（二）丰富了党史学习教育素材

大庆精神铁人精神是中华民族精神和中国共产党伟大精神的重要组成部分，是石油先辈馈赠给我们的宝贵经验。大庆油田档案系统充分挖掘红色档案资源，开发建党百年"七个系列"成果，通过建好红色基地、编好红色作品、讲好红色故事、传好红色精神，有效丰富了党史学习教育的内容和形式，助力大庆油田党史学习教育高质高效推进。

（三）提升了档案工作的影响力

档案资源开发利用的水平是档案管理水平的集中体现，建党百年系列编研成果（图10）的发布与利用，能够将珍贵档案所蕴含的价值发挥出来，为档案部门树立开放、鲜活的崭新形象，有效提升了企业员工的档案意识，扩大了档案工作影响力，提升了档案宣传与服务水平。通过档案资源开发工作的深入开展，在发挥档案价值、提升档案价值的同时，也促进了档案资源体系建设。

图 10　建党百年系列编研成果展示

（四）保护了油田馆藏档案实体

档案资源的开发利用，特别是引入信息技术开展数字化编研与利用，是保护馆藏档案实体最为行之有效的措施之一。经过60余年的历史积淀，大庆油田开发建设初期的馆藏历史档案显得格外珍贵，可谓蕴含着民族精神内涵的"活化石"，亟待抢救性保护。通过档案资源的深入开发能够丰富开发主题相关的档案资料，激活沉睡已久的珍贵信息，对档案实体也起到了较好的保护作用。

（五）创新了档案资源开发模式

建党100周年系列成果的开发过程中，融合现代化信息技术，探索了档案资源开发新模式，将成果以动态、新颖的形式呈现在大众面前，是实现档案信息从载体管理转向内容管理、知识管理的成功实践。大庆油田工业文化遗产专题数字档案馆建设，以专题数据库建设为基础，开启了专题数字档案馆建设的创新尝试。《辉煌历程——大庆油田发现60周年》将信息技术应用到专题选材、加工、编纂过程中，并采取数字发行的方式提供利用，是对档案资源数字化编研的有效探索。

(六)为企业发展提供了信息支持

大庆油田庆祝建党 100 周年系列成果,基本做到了油田开发建设史上的沿革变迁、领导视察、重大事项、重大成果、重大会议、重大战略、重大荣誉奖励全覆盖,各项成果都是基于档案史料的选材和加工,选用的珍贵档案、图片、影像材料很多都是首次公布,是近期深入挖掘馆藏档案资源所获得的珍贵成果。成果全面反映了大庆油田开发建设的历史轨迹,具有较高的史料价值,是企业对外交流与宣传的重要媒介,对石油工业发展具有重要的参考价值。

案例形成单位:中国石油大庆油田档案馆
案例完成人:唐姝、杜鑫、崔艳红、陈娇红、鞠九达、冉海燕

工程项目档案助力水电站库坝管理智能化转型

一、案例概述

黄登水电站位于云南省兰坪县境内,总装机容量190万千瓦,电站坝高203米,建成时是亚洲最高碾压混凝土重力坝。

黄登·大华桥电厂(以下简称电厂)在黄登水电站建设期间自主研发了数字黄登大坝施工管理信息系统,积累了海量的施工过程数据,形成了较为完整的工程项目档案。电站投运后,电厂利用工程项目档案为库坝运行期综合安全评价和智能化管控提供重要的数据和应用支撑,依托数字黄登大坝施工管理信息系统平台和已有的海量数据,开发建成数字黄登库坝安全智能管控平台,提升了水工日常管控工作效率和管理决策水平,推动了水电站库坝管理智能化转型。

二、实施背景

黄登水电站是我国"十三五"期间建成投产的"西电东送"骨干电源点,面对高山峡谷区超高碾压混凝土坝和季调节能力水库运行管理经验缺乏、库坝智能化运行管理转型等实际需求,电厂锐意创新,敢为人先,利用工程项目档案助力水电站库坝管理向智能化成功转型。

(一)黄登水电站工程项目档案情况

黄登水电站具有投资体量大、建设周期长、工程项目多、库坝战线长等特点,建设期间电厂高度重视档案管理工作,建立了完善的档案管理体系和档案管理制度,配置了完备的档案设施设备,采取有效措施加强项目档案的过程管理,切实保证项目档案工作与工程建设同步开展。电站建设期间累计形成项目档案1.9万余卷,全部实现了数字化管理,其中包括大量涉及库坝管理的档案材料和基础数据。

（二）运行期库坝管理智能化转型基础和需求

黄登水电站建设期间，电厂开发了具有自主知识产权的数字黄登大坝施工管理信息系统，该系统汇集了施工期多种施工数据，同时预留了运行期部分数据业务接口，这为运行期库坝智能化管控打下了坚实的基础。同时，电站建设期间，均布设了系统、完善的安全监测及自动化系统，涉及内观、外观（滑坡体GNSS测点）、大坝强震等独立子系统；布设了水库诱发地震台网，实时在线采集库区地震数据；建立了闸门在线监测系统，实时监测金属结构的运行状态。上述各系统涉及不同阶段、不同专业、不同厂家，存在系统相对独立、数据分散管理、综合应用不畅等问题，为便于电厂统一运行管理，结合黄登为已建最高碾压混凝土坝的特点，亟须打造一个全面实时在线感知、数据融合共享、快速分析诊断、智能运行决策的综合运行管理平台，从而提高电站智能化管控水平，确保工程的永久安全运行。

三、创新做法

推进水电站库坝管理智能化转型是水电站实现现代化管理、提高运行管理能力和效率质量的现实需求。为了深入推进水电站库坝管理智能化转型，电厂高度重视，深挖"数字黄登"资源，通过查找大量的工程项目档案数据和互联网上的历史文献，完成数字黄登库坝安全管控平台建设方案的编写工作，建成了数字黄登库坝安全管控平台，有力推进库坝管理智能化转型。

（一）深入研究库坝管理智能化转型需求

1.数字黄登价值延伸的需要

数字黄登大坝施工管理信息系统是黄登水电站混凝土重力坝施工质量智能控制及管理信息化的综合系统，系统通过利用先进网络信息技术、物联网技术、三维可视化技术等技术手段，结合现场实际施工管理体系，实现了大坝进度与质量数据的在线实时采集、分析、预警反馈机制，以及从混凝土开仓申请的录入、提交、校核审批，到混凝土浇筑前、中、后工序质量评定、单元评定等流程；同时实现了大坝混凝土从原材料、生产、运输、浇筑到运行的全面质量监控，对现场碾压混凝土施工过程进行了完整的碾压监控和热升层监控。施工期完成后，数字大坝平台累积了海量的工程建设数据，实现了黄登水电站大坝混凝土全过程动态质量控制，达到管理规范化、标准化、提升管理水平的目的，也为工程运行期的综合安全评价及智能化管控提供了重要的数据和应用支撑。

2. 无人值班发展的需求

当前，实现无人值班是现代化水电厂的发展要求，电厂以库坝实际运行数据及建设期相关数据（数字黄登）为基础，综合评价库坝结构性态和安全状况，实现安全风险超前预警，防患于未然，提高大坝水工安全保障和管理能力，对于保障无人值班具有十分重要的意义。目前水电站机电设备运行已经基本上实现了自动化控制，而水工大坝等建筑物的运行管理水平自动化水平较低。随着计算机技术的发展，大数据、移动互联、BIM、GIS、VR等新技术不断在行业应用实践，为传统行业发展注入了活力。通过建立基于先进信息技术的运维期水工智能化运行管理平台，库坝水工管控工作可以极大提升日常工作效率，降低安全运行风险，使得电站运维管理达到无人值班、少人值守的发展目标，实现水工建筑物的智能化管控。

3. 全生命周期智慧示范工程行业引领的需要

数字黄登的成功实施为黄登工程积累了丰富的施工期数据资产，运维期可通过施工期数据与运维期监测数据的空间关联分析等进行综合分析评价，提高水工智能化运行水平，为水电工程运维管理提升提供宝贵经验。同时施工期、运维期数据汇集后形成黄登电站的全生命周期大数据管理平台，通过数据分析挖掘分析，反馈水电行业勘察设计、建设、运维等，建立行业标杆，引领全生命周期智慧水电工程行业发展。

（二）充分利用工程项目档案

1. 充分利用数字黄登大坝施工管理信息系统形成的档案

传统的碾压混凝土坝施工质量主要由人工通过巡检、旁站等方式进行控制，受人为因素影响大，质量控制的精度低，缺乏高精度、自动化的施工质量实时监控手段与方法。如何减少人为因素影响，对施工过程进行精细化管理，实现高精度、自动化的碾压混凝土坝施工质量实时监控，是亟待解决的科学问题。与施工质量控制常规方法相对应的是施工质量实时监控方法，通过实时监控相关施工参数，可连续、实时、精确地对施工过程质量进行控制。数字黄登大坝施工管理信息系统在糯扎渡等数字大坝基础上进行迭代升级，实现了对黄登水电站大坝建设质量（混凝土温控和浇筑碾压环节等）和施工进度的在线实时监测和反馈控制；将大坝碾压质量、温控、仓面施工、坝面检测以及大坝施工进度等信息进行集成管理，为大坝建设质量和进度监控，以及坝体安全诊断提供信息应用和支撑平台；为实现黄登工程综合信息（施工期和运行期）数字化管理提供基础。据统计，数字黄登大坝施工管理信息系统形成工程项目档案案卷共296卷，依托这些工程项目档案，电厂在数字黄登系统平台基础上，将这些工程建设期形成的档案作为基础数据，为建立智能化库坝管控平台打下基础。

2. 充分利用其他工程项目档案

黄登水电站库坝管理除了利用数字黄登大坝施工管理信息系统形成的档案外，还深入挖掘工程建设期大坝坝肩及基础开挖、导截流工程、闸门及金属结构、引水发电系统、库区沿江公路等项目档案有效资源，积极利用工程建设期和运行期安全监测资料等，把工程项目档案资源通过数据收集、分析、清洗等，将档案资源转化为数据资源，提升了档案利用的成效。

（三）开发建设数字黄登库坝安全管控平台

基于已建数字黄登大坝施工管理信息系统、安全监测自动化系统、大坝强震和水库诱发地震台网、金属设备实时在线监测系统等，智能汇集水库大坝运行管理等各项数据，采用大数据平台、数据仓库等技术构建电站运行海量数据平台，汇集、抽取、清洗、管理及应用各类安全运行数据，结合电厂水工建筑物巡视检查、水下检测、安全监测、运行维护等业务及管理要求，打造库坝水工智能化运行管控系统平台，最终实现电站运行数据的智能汇集、高效管理、智慧分析、专业应用。2021年5月，电厂建成了数字化库坝安全管控平台建成投运。

数字化库坝管控平台融合内外观安全监测数据、巡视检查信息、地震信息，基于报告模板，自动生成监测月报、年报、巡视检查报告、地震专项监测报告，这些报告与工程设计、建设、运维各阶段的工程文档在档案管理中进行分类集成管理。同时，系统提供文档审核机制，文档上传到系统中后，先经过技术班组审核，然后部门领导审核后入库保存，确保工程文档资料有效性和准确性，为库坝分析决策提供支持。

四、效果及影响

经过三年多的不断探索实践与改进完善，利用工程项目档案，2021年5月，数字黄登库坝安全管控平台建成投运，助力黄登水电站成功实现了库坝管理智能化转型，创造了良好效益，产生了较好影响，主要体现：

一是为黄登水库大坝安全与运维管理提供了决策支持。黄登水电站属于高坝大库，该平台的成功建成，实现了数据的自动化采集、基于大数据平台的统一管理、基于多模型和方法的分析评估、基于可视化技术的成果展现与交互，为科学决策提供了支持。

二是将库坝运维过程中积累的处理经验、工艺工法、处理方案等做成知识库，以便流域公司其他用户在遇到相同的问题时可借鉴，实现对工程经验的积累。

三是发挥了工程项目档案的作用，为今后水电工程建设和库坝运行管理提供了经验借鉴。在黄登水电站库坝管控平台建设的成功经验基础之上，目前大华桥电站也利用工程项目档案开发建成了库坝安全智能管控平台，大大缩短了开发周期。

四是提高了对档案重要性的认识。通过利用工程项目档案，助推黄登水电站库坝智能化转型，使工作人员充分认识到档案在工作生活中的重要性。利用档案进行科技创新项目比比皆是，而每一个项目的创新都离不开档案信息资源的支撑。所以说做好档案的"收、管、用"工作十分重要，每一位档案工作者一定要做好档案重要性的宣传工作，使大家更好地意识到档案在工作、生活的作用，积极配合档案人员做好归档工作，为企业和社会的发展提供有力的保障。

案例形成单位：华能澜沧江水电股份有限公司黄登·大华桥水电厂
案例形成人：郑雪筠、李吉波、伏兆东、邓正春、李如美、陈锐

档案利用服务电厂中央空调改造助力企业环保节能显实效

一、案例概述

内蒙古大唐国际托克托发电有限责任公司作为全球最大的火力发电厂，积极树立绿色低碳转型发展理念，推进"风光火热储"智慧能源基地建设，将能效为核心的技术进步作为节能减排的动力，将绿色低碳能源生产作为发展方向，致力于节能减排和低碳技术的研发以及节能环保设备的推广应用。2020年通过对全厂中央空调进行环保节能改造，提高了中央空调系统及电子设备系统可靠性，彻底解决了电子设备间环境高温导致的频发故障，改善了一线员工的生产条件，取得了显著的节能环保效益和经济效益。该工程从项目立项审批、可研、招投标、合同签订到施竣工验收、投产，档案中心提供纸质档案文件附电子档案32卷218件。因档案文件齐全、准备充分、安排周密，确保了中央空调改造工程全过程的顺利开展，有效助力企业环保节能及安全生产工作。

二、实施背景

按照企业绿色转型、提质增效的发展需求，为进一步提高全厂电子设备的可靠性，保证电子设备间及集中控制室的恒温环境，彻底解决电子设备高温故障频发问题以及原湿冷机组高水耗、高电耗、高维护量的现状，根据全厂中央空调服役年限及设备现实状况，需对相关设备进行综合升级改造。通过对能效对标、设备维修成本投入、低能耗环保设备形式、寿命等方面的综合评估，最终确定将原有中央空调湿冷机组改造为屋顶恒温恒湿风冷机组。

（一）环境保护和节能减排的需要

根据《蒙特利尔议定书》中关于HCFC-含氢的卤代烃将逐步禁用的相关规

定，截至 2015 年，日本、欧盟体已全部禁用该类材料。托克托电厂中央空调使用的 HCFC22（R22）制冷剂已进入逐步替代阶段，亟须更换为符合环保要求的设备。原中央空调系统为湿冷机组，室外冷却水塔冬季易受冻泄漏。同时，原空调系统部分水泵、管道服役年限过长腐蚀、老化泄漏，造成除盐水损失严重。此外，中央空调改造为风冷机组后，无须水泵运行，可以大幅降低厂用电的使用。因此，从环保形势和节能减排角度考虑，改造势在必行。

（二）提高设备可靠性、降低运营成本的需求

原中央空调系统采取湿冷设备，其冷却水塔只能布置在室外。托克托电厂冬季气温较低，因冷却水塔蛇形盘管内积水无法彻底排放，极易造成设备受冻损坏。同时，一些附属设备如水泵、管道等腐蚀老化严重，特别是水泵机械密封、油封和轴承的消耗较为频繁，人工维护量较大，维护成本居高不下。通过对比分析现有系统修复与改造为风冷机组两个方案，后者无论是设备可靠性还是运行维护成本都具备明显优势。因此，改造现有湿冷中央空调为屋顶恒温恒湿风冷机组十分必要。

三、创新做法

（一）以需求为导向，专项整理"托电公司中央空调档案专题目录"，提供优质档案利用服务

托电公司档案中心积极配合全厂中央空调改造工程，根据工程责任部门需求，提前搜集准备相关档案文件，在中央空调改造立项前期就着手整理了"托电公司中央空调档案专题目录"（图1）提供给项目技术人员，其内容涵盖了项目审批单位、设计院、施工单位、设备厂家等多方面材料来源，重点包括以下项目：

（1）各期机组基建期的请示、批复、合

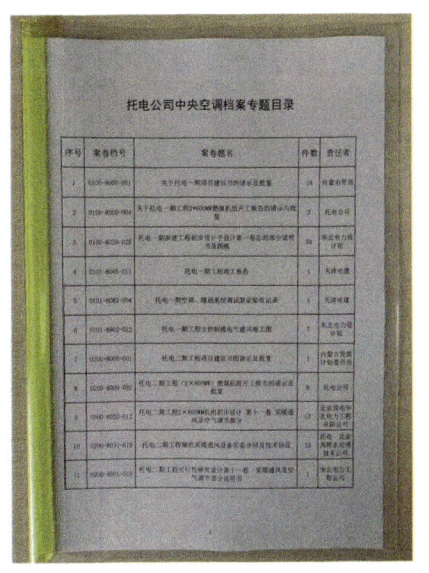

图 1 托电公司中央空调档案专题目录

同、招投标等文件。这些资料为中央空调改造项目在项目申请、上报、审批、立项中提供了全面的政策依据性文件，为工程顺利通过审批奠定了基础。

（2）自机组投产以来的中央空调定期维护保养、检修相关项目和报告、配套技术方案等文件，全厂中央空调送风道、回风道和风阀、防火阀在构建筑物中的布置图纸，电源及电缆图，水系统及制冷剂系统图等图纸。

（3）中央空调基建期涉及的施工图、合同、招投标、施工文件、竣工图、竣工验收、设备资料等文件。这些资料为中央空调改造工程项目设计、开工、施工、竣工验收过程中提供了大量的技术支持性文件，为工程竣工和投入使用奠定了基础。

（4）中央空调系统的仪表、阀门、补偿器、配电柜等厂家文件。

（二）全过程参与改造工程实施，及时高效提供档案信息，确保档案利用效果

（1）在初步可研阶段，档案中心积极协助工程技术人员，通过查阅基建档案，了解原湿冷机组送风道、回风道和风阀、防火阀的布置情况，提前确定了利旧系统和设备清单，确定了原中央空调蒸发器的制冷能力、供暖能力和中央空调所服务的电子设备间、集中控制室设计面积、送回风机维修保养记录等相关数据，为项目可研提供了费用预算和方案设计依据。特别是在起草可行性研究报告时，需查阅中央空调各系统的文件量大、类目也多，一些资料需要从机组投产初期的源头文件查起。特别是对于隐藏在结构建筑物中的送风道、回风道及其风阀、防火阀的位置确认和状况排查，只能通过查询档案中心的存档资料才能确定。在此过程中，提前整理的"托电公司中央空调档案专题目录"有效降低了技术人员的查阅难度、节省了查阅时间，也大大降低了拆除墙体或吊顶的检查工作量，使整个工程得以顺利进行。

（2）在中央空调改造设计施工阶段，为了保证项目实施的可靠安全和成本控制，同时对周边运行设备影响及集中控制室噪声影响降至最低，需要了解并评估集中控制室屋顶载荷、强度以及原系统拆除后各遗留基础强度。同时，还需要了解中央空调系统周边电缆槽盒尤其是穿墙部分的布置和走向以及构建筑物墙体结构，减少墙体破坏量，减少施工中电缆长度。在此过程中，技术人员凭借档案中心整理的"托电公司中央空调档案专题目录"快速查阅并高效解决了相关问题，

同时大量节省了电缆用量，并置换了近一年维护保养所需的 R407C 制冷剂、冷冻油、干燥过滤器和空气过滤器，从而既保证了中央空调改造工程的施工质量、改造工期，又简化了系统布置，同时为后续的安全运行提供了备件保障。

四、效果及影响

托克托电厂通过对全厂中央空调改造，提高了中央空调系统及电子设备系统可靠性，彻底解决了电子设备间环境高温导致的频发故障，从根本上消除了环境高温引发的一系列危及发电机组安全稳定运行的不利因素，有效改善了集中控制运行人员的工作环境，取得了显著的节能、环保、经济效益。2018 年至 2020 年，平均每年节约除盐水量约 8500 吨，节约厂用电约 42.5 万度。

案例形成单位：内蒙古大唐国际托克托发电有限责任公司

案例形成人：宁学谦

天健美朗电厂基于电子信息技术的企业电子档案

一、案例概述

随着电子档案标准规范和法律条文的落地以及企业档案工作数字化转型需要,天健美朗电厂(南苏1号)开展基于电子信息技术的企业电子档案技术研究并实施,以形成项目完整的电子文件归档软件系统为目的,并建立项目电子档案规范化、科学化管理制度体系,从而实现取消纸版文件的流转和打印,节省人工成本,提高工作效率。

二、实施背景

(一)研究背景和必要性

国家档案局"十四五"规划将"企业档案工作数字化转型"作为重点工作任务,项目档案单套制归档是电子文件未来发展的大趋势。本项目将探索电子文件"一键式归档"集成技术,全面提升建设项目文档管理的数字化和智慧化水平,项目成果将在行业内形成引领和示范作用,助力天健美朗电厂档案工作数字化转型。

本项目积极探索电子文件归档和电子档案管理的有效途径,确保项目文件的真实性、完整性、可用性、安全性,并能有效保证竣工档案的过程控制和及时归档;可以为降低企业管理成本提供支撑,也可以为国家进一步出台相关规章制度和标准规范提供实践依据。

实现电子单套制归档,可以取消纸版文件的流转和打印,节省人工成本,提高工作效率。研究天健美朗电厂电子文件管理和归档的核心技术,为实现无纸化办公和全部文档单套制归档等提供技术储备。因此天健美朗电厂研究电子档案单套制归档集成技术是必要的。

（二）国内外研究现状和发展趋势

1. 国内研究情况和发展趋势

国家修订并出台的 GB/T 18894—2016《电子文件归档与电子档案管理规范》《建设项目电子文件归档和电子档案管理暂行办法》《国务院关于在线政务服务的若干规定》等多个标准规范，为电子文件归档和电子档案管理提供依据；新修订的《中华人民共和国档案法》也从法律层面明确了电子文件的法律效力。国内会计、铁路等行业都在开展电子文件单套制管理和归档的相关实践，取得了一定的可借鉴的成果；2016年7月，国家档案局分批组织开展企业电子文件归档和电子档案管理试点工作，已有20余家单位通过验收。本项目研究建设项目电子文件归档和电子档案管理的核心技术，实现电子文件一键式归档。

2. 国外研究情况和发展趋势

2001年，欧盟制定《电子文件管理通用需求》（MoReq），2008年2月欧盟出台《电子文件管理通用需求》第二个版本 MoReq2，研究电子文件归档和元数据等相关技术。2011年，美国开展 ERA 项目研究；2017年8月，美国国家档案馆宣布2022年年底前将停止接收各联邦机构移交的非电子档案，未来的美国国家档案馆将演变为单套制数字档案馆。国外多个行业已经开展多年的电子文件归档和电子档案管理研究，取得了丰硕的成果。可见，国外开展电子文件归档和管理的相关研究比较超前，电子文件归档是电子文件发展的大趋势。

三、创新做法

（一）技术路线

利用电子签名的法律效力、文件标准的存储格式、电子文件命名规范、电子文件封装、电子文件的自动组卷，形成项目管理系统将项目完成签批后，移交至文控系统，最终归档至档案管理系统。

（二）主要方法

（1）利用电子签名、签章的加密算法，确保电子文件的真实性。
（2）发布电子文件和电子档案元数据标准，实现各系统数据标准化。
（3）利用电子文件到电子档案的分类对应关系，实现电子文件到电子档案的一键式归档。

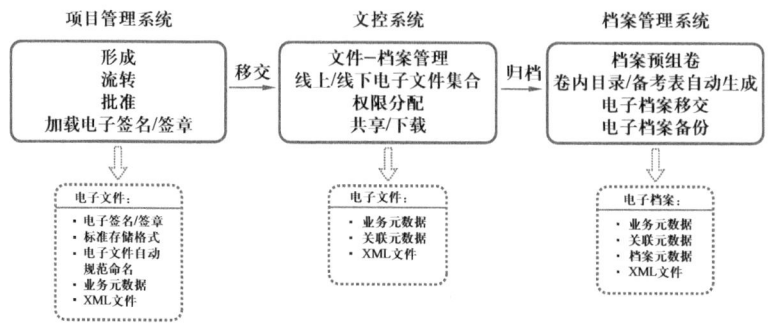

（4）基于 XML 电子文件封装技术，实现电子文件和元数据的封装。

（三）主要创新点

（1）通过技术手段，实现电子文件四性（真实性、完整性、可靠性、可用性）检测。

（2）建立项目管理系统、EDOC 文控管理系统和清华紫光档案管理系统之间的接口，实现电子文件一键式归档。

（3）基于 XML 电子文件封装技术，实现电子文件和元数据同步移交和归档。

四、效果及影响

（一）经济效益

本项目实现电子单套制归档，文件不再打印纸版；项目文件审批效率可由 2 天/份的平均流转周期提高至 0.5 天/份；以 2×350MW 机组为例，项目可节省纸张打印费用、人工成本、海外文件运输费用等约 105 万元。

（二）社会效益

本课题研发成功，将实现电子单套制归档，节约管理成本，提高文件审批和归档效率，提升建设项目文档管理的数字化和智慧化水平，项目成果将在行业内形成引领和示范作用，助力天健美朗电厂档案工作数字化转型。

案例形成单位：神华国华（印尼）天健美朗发电有限公司
案例形成人：刘建波

快速反应，与时赛跑，精准服务

——中建八局二公司档案管理筑牢人民生命安全线

一、案例概述

档案作为信息输送、共享的重要来源，在应急突发事件处置、决策过程中发挥了重要作用。中建八局二公司积极探索应急档案建设，推动信息化与标准化融合，创新开展业务编研，形成档案 129996 卷/件，为应对各类应急突发事件提供了可靠的基础资料。

2021 年 7 月 20 日郑州发生特大洪水后，公司迅速启动应急预案，第一时间调阅、整理案卷 42 卷，档案人员作为专家参与现场抢险救灾，平均反应时间缩短 9 分钟，效率提升 27%，助力郑大一附院提前 50 小时恢复供电，1.5 万名病患重新得到及时救治，节约管理成本 2000 万元，累计创效 9000 万元，5 次登上央视，带动合同额 65 亿元。2021 年 7 月 23 日台风"烟花"过境期间，线上档案馆 24 小时提供档案借阅，150 分钟内梳理、提供档案 60 卷，效率提升 22%，避免安阳万达项目索赔 1.2 亿元，支持预案助力项目提前 6 天完成修复，彰显了央企担当，展现了公司红色基因一脉相承、关键时刻"顶得上、靠得住、打得赢"的铁军作风。

二、实施背景

尽管我国受到台风、旱涝等自然灾害的频频侵扰，但重大灾害的发生频率相对较低，各界对应急档案建设重视不足，2020 年前国家、行业缺乏专门的政策法规，各单位实际工作中缺少专业性的指导，部分单位重应急处理、轻应急后归档，归档不规范、不及时，造成档案部门无法进行专题开发，进而导致突发应急事件发生时，档案查找速度、内容检索精准度不能满足对救灾减灾的迫切需求。

中建八局二公司基层档案人员始终怀着"档案提早一分钟找到，就有可能多救数百人、减少损失数亿元"的信念，积极寻求探索解决方案，在有效应对新冠疫情、台风洪涝等突发应急事件的经验基础上，着力探索应急档案管理建设，争取用最快时间挽回最大损失。

三、创新做法

（一）档案助力郑大一附院抢险救援

1. 档案管理纳入企业应急管理体系

面对形势与需求，二公司高度重视、勇担作为，将档案管理纳入企业应急管理体系。一是搭建了全生命周期一体化应急专项档案管理体系，党委统一领导，档案归口部门、各业务系统多元共治，构建了"矩阵式"管理框架，分工明确、配合密切。二是出台了一系列制度规范，依据《中华人民共和国档案法》，广泛参照美国档案工作者协会应急建档指南，编制了《突发事件应急预案》，对档案收集目标范围、职责要求等进行了明确。三是细化了管理举措，强调"统一整理、统一质量、统一保管、统一利用"的"四统一"应急档案管理措施，坚持"谁施工、谁管理"属地化原则，敦促各区域公司及时做好资料运维与异地备份。四是形成了完备的专题数据库，对重点项目、重要结构、难新技术进行分级分类管理，针对参与重大项目建设的关键技术人员建立专门档案，累计建设2510卷/件，并过程跟踪完善，形成数据共享平台，打造"24小时不关门档案室"。郑大一附院遇险后，二公司按照预案迅速启动应急程序，主要领导亲自指挥，档案人员、技术人员快速响应，由主管生产的副总经理带队，成立了临时组织及责任人工作机制。

2. 灾害预判提升快速反应能力

2021年进入7月以来，台风、洪涝、高温、疫情等因素叠加，"突发"事件复杂性显著增加，档案人员时刻紧绷应急之弦，利用大数据随时关注全国形势，结合气象部门发布的信息，重点关注可能对工程造成重大损害的暴雨等气象灾害预警，密切追踪，提前预判，预先准备了河南、四川等区域重点项目核心资料，以备不时之需。在郑大一附院遇险后，档案人员快速反应，用时26分钟梳理提供了土建、给排水、建筑电气竣工图35卷/件，共1833页，电子文件308个，平均节约用时9分钟，较以往速度提升27%。

3. 档案人员作为专家参加抢险救援

面对来势汹汹、瞬息万变的洪水，为因地制宜、果断决策，二公司紧急成立河南区域防汛应急指挥小组，档案人员与建设经验丰富的工程技术人员一道，组成应急专项技术专家组，总工程师任组长，连续3天奋战在抢险一线，依据档案资料，结合现场形势，指导项目进行抽水、清淤与灾后重建事宜。其间，为确保所需资料第一时间找到、第一时间送达、第一时间应用，总部机关档案室实行轮班制度，档案管理人员新老搭配、以老带新，24小时轮班坚守，随时待命、有召必应。

4. 集成管理助力精准研判与支持预案快速形成

二公司充分发挥集成优势，借助平台资源整合形成的项目突发事件预测与处置研究报告和应急专题数据库，对工程受损情况进行研判，并快速形成支持预案。2021年7月20日，在郑大一附院地下三层设备房与停车场被淹、电力系统遭破坏被迫停业后，应急专项技术专家组、参与项目建设的电力系统调试负责人与安装机电专业同事一道，借助档案室提供的包含给水系统原理图、管道隐蔽工程验收记录、排水管道灌水试验记录、强电设计施工说明、高低压配电系统图、水泵房配电系统图、热交换站配电系统图、配电箱系统图等在内的35卷档案图纸，对地下室设备和电路进水情况逐一摸排、精准研判，形成支持预案。技术人员结合医院受损情况，借助支持预案，经3小时论证，当天便确定了临时保障供电方案，绕开地下主供电线路，重新搭接临时供电线路，在24日中午完成全部装配，下午开始由发电机直接为医院各科室层层提供稳定临时用电，保证了晚8点的通电亮灯，重新点亮郑大一附院这艘"诺亚方舟"，最大限度减少了损失。

5."全员皆兵"提供高效精准服务

着力加强专项档案建设管理规范宣贯，引导工程建设者、档案管理者等所有参与项目建设人员，主动提高站位，加大重视程度，树立"人人都是档案工作者"的意识，提升服务应急事件的自觉性与主动性。为应对洪水对郑大一附院造成的损害，二公司通过办公平台、工作群等发布紧急通知，注明所需档案资料，总部机关、二级单位、项目部三级联动，近20人主动请缨连夜投入到档案整理工作中，经过不断接力，及时将已竣工11年的医院地下室土建、给排水、建筑电气竣工图累计42卷、2004页交付抢险救援团队使用。同时，公司借助关键技术人员专项档案紧急抽调、集结此前参与郑大一附院项目建设的项目经理与技术人员，与主动对接的在郑金水区市民中心、郑大一附院教学科研楼项目管理人员，联合组成抽水排水小组和电力保障团队，给予郑大一附院人力与技术的双重支持。据统计，在此次救援服务过程中，累计100余人次参与，"全员皆兵"得到充分诠释。

6. 以人为本筑牢保障坚实后盾

二公司始终遵循习近平总书记"安全至上 生命至上"重要指示原则，针对应急突发事件，搭建安全教育知识平台，对所有专兼职档案人员进行培训交底，明确注意事项与应急处置措施，并通过安全竞赛、讲座等方式，引导广大员工做好自我保护，促升团队安全意识与防范能力。在郑大一附院抢险救援服务期间，坚持以人为本，为救援人员提供安全防护与应急装备，所有人员全程佩戴反光应急救援马甲和安全帽，在排水清淤、电力抢修、应急救援、志愿服务期间，无一人掉队或受伤，圆满完成救援任务。

（二）档案助力安阳万达项目免责与修复

1. 灾害预判提升快速反应能力

2021年7月下旬，台风"烟花"登陆，档案人员高度重视、提高警惕，利用大数据随时关注气象形势，结合气象部门发布的信息，密切追踪台风移动轨迹，提前做好形势预判，预先准备了浙江、江苏、安徽、上海区域重点项目核心资料。7月23日台风抵达河南安阳后，造成安阳万达广场项目地基整体上浮，情况十分危急。接到通知后，档案人员快速反应，用时150分钟梳理、提供土建竣工图、原材料出厂质量证明及复试报告等技术资料60卷/件共10218页，电子文件336个，相同作业量下效率较以往提升22%。

2. 移动终端建设提供全天候借阅服务

"烟花"过境期间，为应对台风带来的诸多不确定性，二公司依托应急档案信息集成平台，在分级分类精准管理基础上，充分利用档案信息系统专项档案管理差异化模块，在微信公众号添加档案服务板块，24小时在线申请、在线审批、在线借阅。7月23日20时至23时，通过在线审批，数字档案馆线上提供安阳万达1～4号楼地下室土建竣工图336件/次，工程施工方案、检测复试报告等技术资料455件/次，第一时间满足了档案借阅需求。

3.以档为凭进行缜密论证

安阳万达项目因台风受损后,二公司科技部、质量监督管理部人员第一时间联系档案室调阅预先准备好的工程资料,并在档案人员协助下将60卷档案及其电子版带往现场。在完备、齐全的档案支持下,科技人员认真梳理,对工程建设从水泥复试报告、商品混凝土、砌体结构、灰土土工密度、土工击石、地下防水检查、隐蔽验收、现浇结构、地基承载力等进行了缜密周全的复盘、论证,得到原设计单位、监理与业主的认可,厘清了责任,避免因工程质量问题造成的责任赔偿。

4.支持预案助力项目抢险修复

技术人员借助素土、灰土土工密度检验报告,地下防水效果检查、隐蔽验收、现浇结构与模板安装工程验收记录及土建竣工图纸,对项目地基上浮受损情况进行研判,并联合原设计单位论证研讨,在支持预案帮助下,快速形成了满足甲方对工程不造成二次损坏、最大限度减少损失要求的工程修复方案,一次性通过审核,节约用时近20小时,为安阳万达尽快投入受损部分修复工作提供了便利,为修复过程顺利推进创造了条件,为安阳万达早日实现正常运营奠定了良好基础。

四、效果及影响

二公司集"开放性、动态性、便用性"于一体的档案管理体系,实现了档案资源的高效整合与利用,在郑州特大洪水、台风"烟花"过境期间,助力抢险救灾,产生了巨大的经济效益与社会效益。

(一)郑大一附院项目影响

1.传承红色基因,献礼建党百年

三十八年来,二公司坚持听党话、跟党走,参与应急抢险传统由来已久。在玉树援建、甘肃舟曲泥石流救援、深圳滑坡抢险等艰难险重面前都能见到八局二公司的身影,斩获荣誉无数,获"全国五一劳动奖状""全国青年文明号""工人先锋号"等称号,"中国青年五四奖章"获得者更是受到习近平总书记的亲切接待。充分发挥应急档案管理体系作用,参与郑大一附院工程抢险救援,是二公司不泯初心使命的坚守,传扬了"令行禁止,使命必达"的铁军作风,体现了公司关键时刻"顶得上、靠得住、打得赢"的担当,是公司整体实力与档案建设成果在建党一百周年之际向党和人民的集中汇报,更是红色基因薪火相传、党建引领品质发展的生动诠释。

2. 提升救援效率,筑牢生命屏障

在郑大一附院 7 月 20 日被特大洪水淹没后,二公司迅速启动应急专项档案工作机制,迅速、准确地为陷入险情的郑大一附院抢险、修复提供资料支撑和决策依据,仅用 72 小时就完成了郑大一附院整座门诊楼稳定供电(图 1),抢险救援用时平均缩短 50 小时,整体缩短 30% 左右,提升了救援效率,为这一亚洲规模最大医院恢复开诊奠定了基础,更为被迫转移的 1.5 万病患重新及时得到救治,抢通了一条绿色通道,用时间与效率守护了生命,档案价值得到充分发挥,兑现了"以最快速度挽救更多生命"的承诺,影响不可估量。

图 1　郑大一附院 7 月 24 日通电亮灯

3. 助力成本节约,实现经济创效

二公司档案为郑大一附院工程抢险救援提供了极大的便利,受时间成本缩短影响,人力、物力成本在人数与时间因素双重缩减下,成本节约超过 50%,金额在 1000 万元左右。工作流程的持续优化,信息化手段节省了非必要旅途往返,仅差旅费节约200万元左右,综合管理费用节省800万元左右。累计节约管理成本约2000万元。

此外,快速精准的档案服务,为郑大一附院及时止损、创效发挥了巨大作用。据统计,郑大一附院年营业收入在120亿元左右,平均每天营业收入为3288万元。郑大一附院早复诊一天,便可挽回3000余万元的损失。洪水期间,二公司至少提前两天点亮郑大一附院,实现复诊,挽回经济损失7000万元左右。

综上,档案管理在应对郑州特大洪水期间创效9000万元左右,约占全年利润的5%。

4.强化品牌宣传,提升企业形象

完善应急档案管理,助力郑大一附院抢险修复,是二公司书写大爱情怀、展现央企担当的具化。中建八局二公司保障民生、助力郑大一附院全面复诊受到了中央电视台、人民日报、人民网、河南电视台等媒体的关注报道(图2),5次登上央视,在30多家主流媒体发布新闻报道近百篇,树立了公司的光辉形象,打造了公司最靓丽的名片,极大提升了公司声誉,为后续承接项目提供了有利条件。郑大一附院抢险救援宣传报道带动作用明显,公司8月份中标额猛增310.4%,带动合同额约65亿元,档案融入生产经营扎实有力,为全年目标任务完成奠定了良好基础。

图2 郑大一附院抢险救援登上央视

5. 积累集成经验，助力复制推广

在应对郑州特大洪水中，公司档案管理体系响应快速、服务精准，经受住了考验，积累了档案在应急突发事件中发挥服务与保障作用的经验，起到了关于重大项目档案管理示范引领作用，形成了可复制、可推广的经验，一定程度上弥补了工程局乃至集团相关领域的空白，并为后续档案在突发应急事件中的应用研究提供了新思路。

6. 优化档案体系，推动管理提升

专题数据库的建设，助力了工程后续服务能力和维养水平的提升，相同问题归类整理、维养方案专题归纳，有助于维养效率进一步提高。同时，应急专项档案管理体系的建立，完善了档案管理系统，推动了基础管理能力和管理效能的提升，为二公司转型升级和高质量发展战略实施，提供了坚实的基础。这既是着力培育现代企业管理能力与管理体系的大胆尝试，也是深入贯彻落实国企改革三年行动的必然要求，为公司迈向千亿集团、实现跨越发展夯基固本。

郑大一附院重大突发事件专题档案利用见表1。

表1 重大突发事件专题档案利用表

项目名称	查阅档案数量	节约时间	节约管理成本	创造经济效益	挽救生命
郑大一附院	42卷	50小时	2000万元	挽回损失7000万元；带动合同额65亿元	15000名被迫转移病患及时得到救治

（二）安阳万达项目影响

1. 理清责任归属，避免经济赔偿

面对业主质疑，档案人员连夜梳理、汇总的60卷、10047页大商业图纸、原材料出厂质量证明及复试报告、技术方案交底等资料，验证了安阳万达广场地基上浮与公司施工技术、质量无关，第一时间厘清了责任，为避免责任赔偿提供了坚实凭证，避免损失高达1.2亿元。

2. 提升修复效率，积累维养经验

在档案资源支持下，工程修复进展顺利，进度较以往大幅提升，总体效率提升20%左右。此外，安阳万达广场项目的修复，技术复杂、难度较大，档案室提供的 60 卷工程档案与支持预案，帮助技术人员快速确定修复方案，最大限度减少了甲方损失、发挥了档案价值，为公司后续类似工程维养积累了宝贵经验，有利于进一步提升服务能力、维养效率和水平。

安阳万达广场项目重大突发事件专题档案利用见表 2。

表 2 重大突发事件专题档案利用表

项目名称	查阅档案数量	节约时间	避免经济赔偿
安阳万达广场	60 卷	6 天	12000 万元

案例形成单位：中建八局第二建设有限公司
案例形成人：郑沼虎、王琳、杨英、唐卫华、邵汝凤、葛金云

档案管理助力 CRTS Ⅲ 型先张法预应力轨道板智能自动生产线设计关键技术研究

一、案例概述

在研发、课题申报、评奖申报等过程中,中铁九局集团第三建设有限公司档案部门积极配合相关工作,顺应历史和时代发展趋势,引入物联网技术加速电子化档案进程,档案管理与现代化信息技术相结合,不断提升工作效率,安排专人对接,全程参与协助,对编制工艺流程、计算经济效益等工作进行分析并提供数据支撑,助力 CRTS Ⅲ 型先张法预应力轨道板智能自动生产线设计关键技术研究。

二、实施背景

中国高铁建设从 20 世纪 90 年代初期经历了 CRTS Ⅰ、CRTS Ⅱ 型轨道板等多个时代,CRTS Ⅰ、CRTS Ⅱ 型轨道板为日本和德国的知识产权。近年来,在"一带一路"国家背景下,为了落实先进轨道交通装备领域国务院"中国制造 2025"精神纲领,2014 年 5 月,习近平总书记视察中铁装备,在充分肯定了中铁装备自主创新能力的同时,提出了全新要求:实现我们伟大复兴的中国梦,装备制造业这个基础必须打牢。装备制造业的核心还是技术创新,要"推动中国制造向中国创造转变,中国速度向中国质量转变,中国产品向中国品牌转变"。正是在这一系列背景下,中国中铁所属中铁九局集团第三建设有限公司深入践行习近平总书记三个转变重要指示,为进一步提升我国具有自主知识产权的无砟轨道板制造工艺和制造智能化程度,攻坚克难,永不停歇,逐步迈向世界一流。

三、创新做法

(一)引入智能化信息化档案管理 RFID 助力难点解决

当前国内已有多个公司在积极研发自动化流水机组法生产线,但是在研发试制过程中均存在诸多问题。

在进行先张法预应力混凝土轨道板生产线中央控制系统研究过程中,遇到了一些难点与瓶颈,例如,由于自动化生产车间每个工位的工作、状态完成时间不一致,需要合理控制所有工位工作和中控室集中操作。

在具体实践过程中,档案部门不仅结合了传统的档案信息管理方法,积极查阅资料总结经验,协助相关部门引入了RFID这一新时期档案信息科技管理工具,即采用以太网技术与中央数据服务器计算机通信来控制,这是一项检索系统的核心技术,具有识别速度快、非接触传输、使用寿命长等特点。整个车间采用信息识别系统RFID,进行轨道板各工序"五扫""十一控"信息化管理,在生产过程中实现实时生产数据的采集和可视化,无须人工记录工序、时间、数据,最终这些汇总的生产数据将会以电子档案的形式存储到信息系统中,实时监控并加以预警,实现轨道板自动信息化生产(图1)。

图1　轨道板生产线中央控制系统现场

另外,在管理模具板块,采用RFID阅读器可以对电子芯片进行扫描识别,每一个电子芯片具有唯一的电子编码,存储着模具的相关电子档案,阅读器进行识别后可以读取档案数据并通过网络上传至中央控制系统进行模具确认、识别、传输、感知、交流,从而达到自动化管理。

应用在实际生产过程中:每个轨道板所有生产档案信息会集中到他的"身份证"即电子芯片中,生产时,将它与轨道板合体一起浇筑(图2)。相当于给该轨道板制定了所属唯一的"身份证号",里面的档案信息无法更改,一旦出现问题,无论何时何地,只要用阅读器扫描,就能立刻获得生产档案信息等资料,就像在浩瀚的档案馆中迅速便捷检索到所需要的数据,实现信息共享和利用,从而实现追根溯源,严格把控,真正地实现了智能化的人与物的沟通(图3);不再需要花费大量人力去档案馆查阅,"电子芯片"省去了纸质化办公流程,节约资源的同时节省了大量人力和时间,大大提高了管理效率。

图 2　红色为储存轨道板生产档案的电子芯片

图 3　技术人员扫描电子芯片读取轨道板生产档案相关数据

(二)全力配合、做好辅助工作

档案作为记录内容和成果的重要载体,中铁九局集团第三建设有限公司精细化的档案管理使得企业发展历程中各类图纸图像、文字材料、声像资料等保存完善,便于查找和调阅,在规划、设计、施工、维修、调研、检测、科研、项目申报等方面都做到了有迹可循、有法可依。档案部门积极查阅海量资料、文献、期刊等,为研发标准的制定提供了可靠可行的依据和分析对比,例如,TJ/GW 156—2017《高速铁路 CRTS Ⅲ型无砟轨道先张法预应力混凝土轨道板暂行技术要求》(铁总工管〔2017〕4 号)、TB 10754—2018《高速铁路轨道工程施工质量验收标准》、TB 10424—2018《铁路混凝土工程施工质量验收标准》、TB/T 3275—2018《铁路混凝土》、《高速铁路 CRT Ⅲ 型板式无砟轨道先张法预应力混凝土轨道板快速封锚砂浆暂行技术要求》(工管线路函〔2014〕430号)、《CRCC产品认证实施规则 预应力混凝土枕》(中铁认函〔2017〕448号)(V1.1)等，凝聚了多少档案人的汗水。

企业高速发展的同时研发工作庞大繁杂，现代化的档案室保存了历年来上万卷档案，做到了整合资源，总结经验，分析对比，为决策和研发服务，提供良方，指引方向。

四、效果及影响

（一）主要成果

现代化的管理系统与传统的档案管理相结合，此外还利用了云计算、大数据、人工智能等技术，研发设计了"1个统一平台+N个应用模块"的全新轨道板厂综合信息管理平台。

在整个生产流程中，档案信息管理贯穿始终，建立集中统一、管控一体的信息化管控体系，实现整条智能生产线的协调运行和集成管理。

利用 RFID、二维码等感知设备随时抓取信息，实现数据共享，有效监控关键节点的生产，提供有利帮助（图4）。

图4　技术人员扫描二维码随时获取数据资料

信息化智能化档案管理不仅减少了大量人力物力损耗，而且提高了档案信息管理的效率和自动化，真正做到了档案实时管理，降低浪费、使得信息与流程综合体现、精确定位，流程步步有记录、可查询、可追溯。全面监控生产流程、持续改进了产品品质，切实解决了生产质量通病问题，便捷的检索方式，系统地管理碎片化的信息，严格把控，真正做到了助力 CRTS Ⅲ 型先张法预应力轨道板智能自动生产线设计关键技术研究。

中铁九局集团第三建设有限公司为适应中国铁路的发展，打造中国无砟轨道自身品牌，总结既有经验，结合企业实际，专注攻关轨道智能制造技术，围绕先进轨道交通装备的数字化和智能化需求，工艺设计数字化、生产流程自动化、检测设备在线化、生产管理信息化、彻底改变了以大规模人力投入为主的传统生产模式，实现了轨道板生产信息化、标准化，技术达到国际领先，实践完成了 300km 时速以上高速铁路所需并且具有自主知识产权的 CRTS Ⅲ 型无砟轨道板目标（图 5）。

（二）综合效益

CRTS Ⅲ 自动化流水线在新建京沈专辽宁段 TJ-13 标轨道板预制中的实施和应用，采用了智能化生产及物流设备和信息生产管理系统，实现轨道板生产过程智能档案管理的自动化、数字化、绿色化；使中铁九局苏北板厂在生产实践中满足施工需要，工程质量和安全保证，比传统的"台座法"生产节约 290 万元，取得了良好的社会效益和经济效益。该成果申请了发明专利 11 项、实用新型专利 12 项，形成一套企业级工法，实现了向智能化生产迈进，谱写了中国高铁轨道板基建领域新篇章。

2021 年，中铁九局集团第三建设有限公司轨道板代表中国中铁先进制造业在辽宁省城市更新暨第九届中国（沈阳）国际现代建筑产业博览会展出，受到高度重视和普遍认可。中铁九局集团第三建设有限公司将会继续深入贯彻落实习近平总书记三个转变重要指示精神，坚持创新驱动，推动制造向创造转变；坚持智能制造，推动速度向质量转变；坚持绿色建造，推动产品向品牌转变。凝心聚力，追求卓越，勇于跨越，利用现代化科技智能档案管理技术，助力企业打造一流品牌，体现中国力量。

图 5 轨道板生产线车间及流转系统现场图

案例形成单位：中铁九局集团第三建设有限公司
案例形成人：淡瑞

建世纪工程，创一流档案

——港珠澳大桥岛隧工程项目档案管理的探索与实践

一、案例概述

港珠澳大桥是世界上最长的跨海大桥，由中国交通建设集团有限公司（以下简称中交集团）承建，2011年开工伊始，中交集团提出了"建世纪工程、创一流档案"的管理目标，开创了一套科学规范、可推广的重大项目档案管理模式，取得数百项发明专利和一系列科研成果，形成项目档案4600余卷、声像档案4TB，挖掘档案价值展现了大桥的建设伟业，荣获了多项国内外工程大奖和创新大奖，提升了中国建造的知名度和影响力，实现了项目档案管理目标。

二、实施背景

港珠澳大桥是我国继三峡工程、青藏铁路、南水北调、西气东输、京沪高铁之后又一重大基础设施项目，东连香港，西接珠海、澳门，全长55千米，被誉为桥梁界的"珠穆朗玛峰"。主体工程是集"桥、岛、隧"为一体的超大型综合集群跨海通道，是国家高速公路网规划中珠江三角洲地区环线的组成部分，是跨越伶仃洋海域的关键性工程，是具有国家战略意义的世界级跨海通道（图1）。项目建成后，将从根本上改变珠江西岸地区与香港之间的客货运输以水运为主和陆路绕行的状况，从而完善国家和粤港澳三地的综合运输体系和高速公路网络，密切珠江西岸地区与香港地区的经济社会联系，改善珠江西岸地区的投资环境，加快产业结构调整和布局优化，拓展经济发展空间，提升珠江三角洲地区的综合竞争力，保持港澳地区的持续繁荣和稳定，促进珠江两岸经济社会协调发展。

岛隧工程全长7440.546米，由沉管隧道、东西人工岛、接合部桥梁三大部分组成，其中沉管隧道是世界上综合施工难度最大的深埋沉管隧道工程之一。围

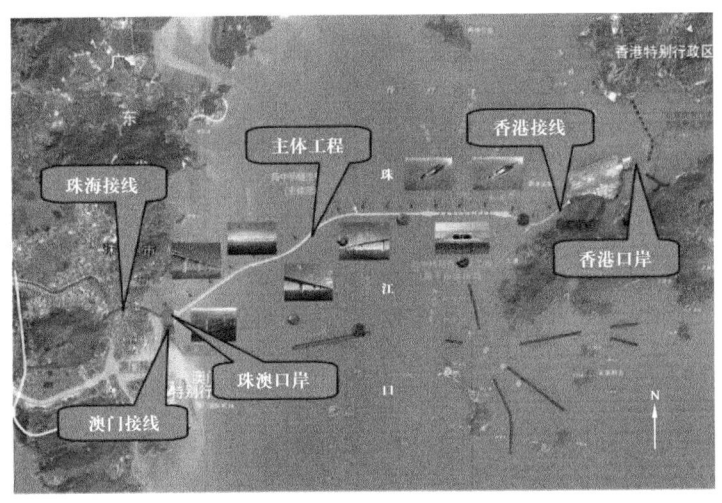

图 1 港珠澳大桥总平面图

绕项目档案管理目标，总项目部领导充分认识到做好项目档案管理的重要性和必要性，在档案管理和验收工作中进行了深入的探索和实践，通过领导高度重视、真抓实干、上下联动形成合力，最终形成了收集齐全、整理规范、真实反映项目建设全过程的项目档案，也探索出一些科学高效的项目档案管理经验，全面提升了项目档案质量和档案工作整体水平，有效克服了项目周期长、标段多和人员变化等诸多因素对项目档案工作造成的不利影响。本项目采用设计施工总承包模式，涵盖工程勘察、设计及施工、缺陷责任期全部工作。港珠澳大桥岛隧工程项目的档案工作具有如下特点：

（1）工程为超大型项目，国内外合作单位多达40家，档案资料收集地域跨度大、数量大、涉及专业范围广，档案资料移交保管要求高。

（2）工程项目建设期长达6年，档案形成周期长，工程实体资料需随着分项工程的完成同步进行立卷和归档。

（3）项目涉及公路、水工、建筑等多个专业，划分为11个单位工程，档案管理系统性强，标准化要求高，各专业、各单位工程档案文件需规范统一。

（4）港珠澳大桥工程定位为世界级管理水平项目，工程影响力大，社会关注度高，因此，档案管理需高标准、严要求。

（5）为确保资料的真实性、完整性，档案管理实行"同步生成、同步搜集、同步整理"三同步的时效目标和优质档案的质量目标。

三、创新做法

港珠澳大桥工程规模和实施的复杂性决定了做好档案管理是一项复杂而系统的管理工程。为力争成为全国交通建设项目档案标准化管理工作范本之一，中交集团档案室与项目档案中心创新性地制定并实施了六大举措加强档案管理。

（一）筑架构促机制，确保档案管理有序开展

1. 健全档案管理组织机构

项目建设之初，中交集团办公室主动和交通运输部档案馆沟通，明确归档要求，档案人员到项目现场指导，与文件管理员建立联系，随时指导。项目总经理部开工伊始即成立了档案工作领导小组，形成了"总部全面统筹、工区分级管理档案工作责任主体"的档案管理体系（图2、图3），全面负责项目档案管理工作，确保项目档案始终处于受控状态。成立中心档案室，负责档案日常管理工作。

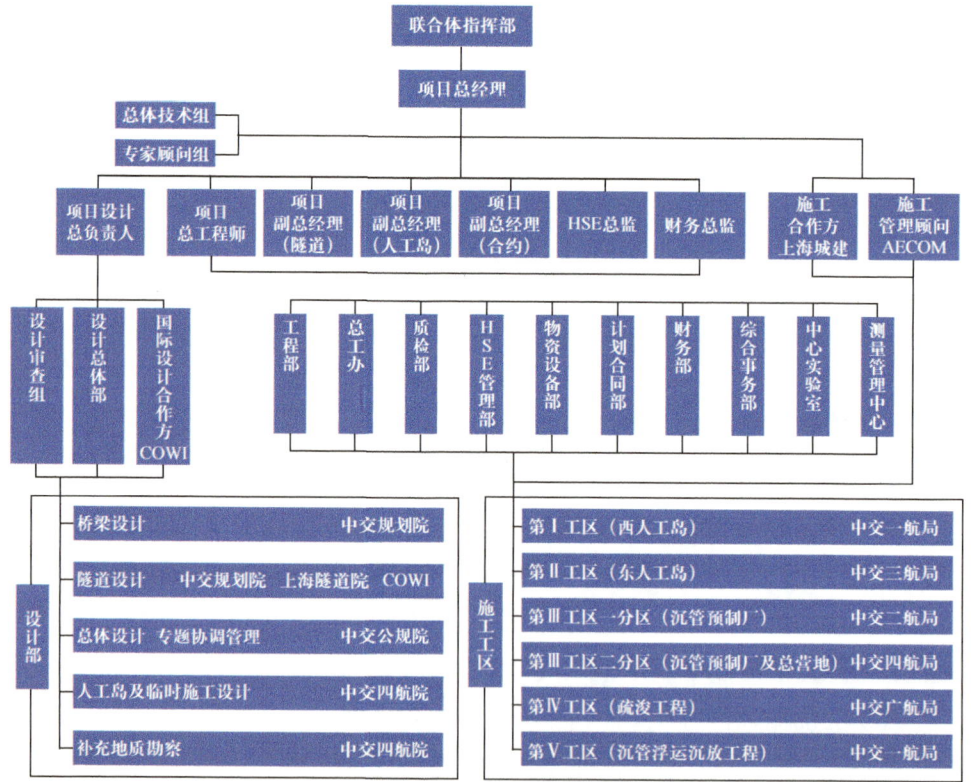

图 2　岛隧工程项目总经理部组织机构图

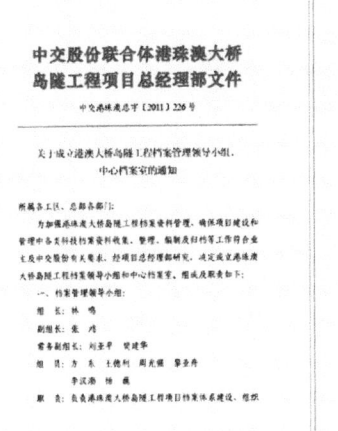

图3 成立岛隧工程项目总经理部档案领导小组的通知

2.规范制度体系建设

项目坚持"工作制度化、制度流程化、流程表单化、表单信息化"的原则，建立了档案管理制度体系，制定了《工程竣工档案编制管理办法》《声像资料管理办法》《信息系统管理办法》，形成《工程设计施工总承包管理制度汇编》，对项目文件的收集、整理、保管及利用等工作进行规范，将工作流程细化到岗到人，形成了一整套切合实际的项目档案管理制度和工作程序。

3.考核激励措施到位

总经理部将档案管理工作纳入管理程序，纳入项目建设程序同步管理，纳入有关领导和人员的工作职责同步考核。总经理部在与工区签订责任状时，明确了项目文件材料归档和项目档案整理要求，依靠法律手段和经济手段形成有效制约，有力地保障了项目档案的完整、准确和系统。

（二）完善基础设施，保障档案资料安全

总经理部设立了独立档案库房（图4），配备了"八防"器材设备，档案办公设备齐全，装具符合国标；建立OA办公系统、工程资料流转报审网络系统，设立了专门信息化机房配备独立的服务器，保证项目档案系统中庞大数据的储存及安全保障。项目建设期间多次经历台风等极端天气，施工营地数次受风暴潮影响，海水倒淹营地，档案资料完好无毁。

图 4　总经理部中心档案室库房

（三）夯实档案业务，提高档案工作标准化

1.强源头、细分工，控过程、保质量

（1）项目文书档案与工程技术档案分类管理，总部各部门、各工区分别设专门人员收集整理。技术档案管理员负责工程施工文件资料的收集、整理和归档；文书档案管理员负责日常综合类文件的收发登记和归档。

（2）项目工程资料报审、文件收发全部进入 OA 办公系统审批流转，共设立工程资料分类 37 项。总经理部中心档案室通过 OA 系统对资料报审、文件流转过程进行严格把关、跟踪落实，并及时反馈对管理局、总监办审批回复的审查意见、报审确认回复等资料，做到了工程资料报审、传递规范有序。

2.依计划、促进度，勤检查、重奖惩

总经理部积极协调各部门、各工区，制定了详尽的《岛隧工程竣工档案控制计划》，对预立卷档案完成情况进行统计、汇总、上报工作，并于每月 25 日前以工作联系单形式报送管理局档案中心备案。同时，根据各工区每月按时上报的档案月报及工程进度报表，及时进行月度常规检查，掌握工程内业资料同步整理情况是否匹配档案工作计划，并对各工区预立卷编制完成情况考核评价，进行奖惩。

3.首件制、定标准，预立卷、奠基础

总经理部以东、西人工岛救援码头和 E1、E2 管节预制为首件预立卷，积极开展预立卷工作。对首件预立卷案卷题名、卷内目录题名、备考表的格式、文件形成、书写用笔、签字手续、分类排列等进行了明确规定，确保文件的有机联系，能全面、准确地反映工程的实际情况，经过省交通运输档案信息管理中心和港珠澳大桥管理局验收检查后，全面推进预立卷工作。项目经理部组织各工区学习首件预立卷形成标准模板，安排专职档案人员不定期到各工区进行检查、指导，发现问题及时解决，逐步使各工区统一标准，为档案资料组卷工作奠定了良好的基础。

4. 系统＋签名备案，促同步、保真实

积极推行信息化管理手段，所有质量检验文件均通过"广东省交通工程质量监督管理系统"填报、审批，通过系统检查施工记录和试验资料的录入、电子签名，通过现场检查有效地保证了档案的同步性、真实性和完整性。开展"文件材料签字备案"各工区自查自纠、中心档案室跟踪抽查，确保文件材料签字真实，手续规范，杜绝漏签、代签现象；并签署了《工程质量责任登记表》《归档文件材料签字备案登记表》《U-Key人员使用管理台账》等签字备案材料（图5），有效地保证了各类档案的同步性、真实性和完整性，提升档案管理水平。

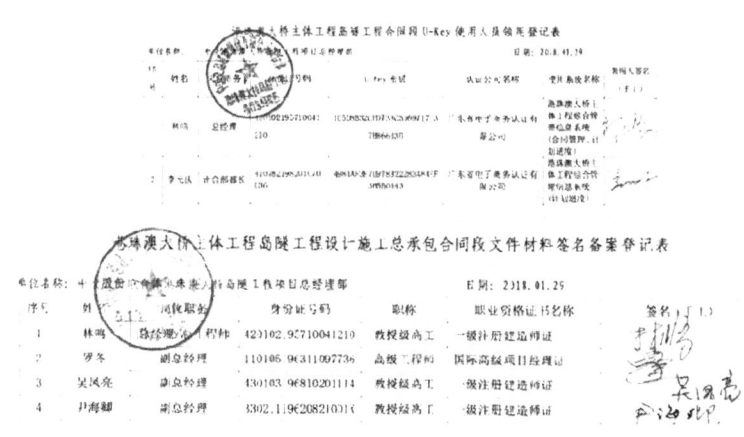

图5 U-Key人员使用登记与签字备案登记

（四）加强归档移交，守好档案最后一道关口

1. 严格分工，逐级审查，确保档案"完整、准确、系统"

总经理部统一规范了各工区和业务部门的资料移交工作要求（图6）。各工区和业务部门按照划定的职责范围做好预立卷，移交到总经理部档案室进行复查、重组、案卷排序、打码、扫描上传、装订，完成最终档号编制等全部工作。在交工验收后，移交管理局档案中心及中交集团。

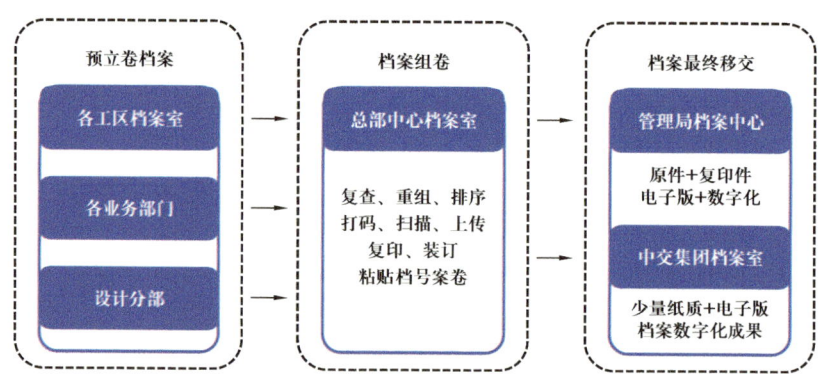

图6 档案归档移交流程图

2. 引入数字化手段，提升档案归档及利用效率

项目档案组卷完成后，全部进行扫描，上传"港珠澳大桥主体工程综合管理信息系统工程档案子系统"和"中国交建数字档案馆"（图7），可实时地对文件录入、组卷过程中存在的问题进行检查、纠正，确保电子版档案与纸质版原件档案一致性，保证真实性，顺利完成向建设单位和中交集团总部的档案移交，也为档案长期存储及日后利用提供更加安全便捷的平台。

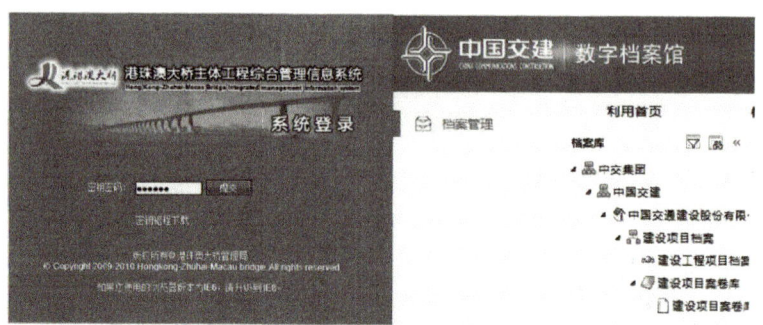

图7 数字档案管理系统

（五）科学谋划布局，为成果申报筑基搭台

1. 定制度、严落实，规范科研资料归档

岛隧工程施工过程中运用了很多新思维、新理念、新做法，产生了众多新工

艺、新技术，使用了很多新装备，创造了行业典范。为了做好这部分档案的收集整理工作，结合总经理部实际情况制定了《项目管理与工程技术总结编制管理办法》《科研项目管理办法》，明确规定了科研项目验收和评审课题承担单位必须提供的材料范围，材料不全不予验收；同时规定主办部门科研资料归档范围及相关职责。

2. 重创新、铸品牌，科研赋能伟大工程建设

港珠澳大桥岛隧工程累计申报专利537项专利，目前已获得授权384项，申报国际专利18项，已获得授权12项，获得32项省部级科技进步奖（其中特等奖5项，一等奖18项）；获得省部级工法10项，出版技术类书籍19册。自主开发《外海沉管隧道施工成套技术》《整体式主动止水最终接头技术》等拥有自主知识产权，实现了我国外海沉管安装技术的突破，技术水平达到国际领先水平。岛隧工程积累形成的数百项发明专利和一系列科研成果（图8），构建了跨海沉管隧道工程建设关键技术体系，实践中获得的宝贵经验和财富正逐步转化为行业标准和规范，档案资料为这些行业及国家标准的编制提供了基础材料。

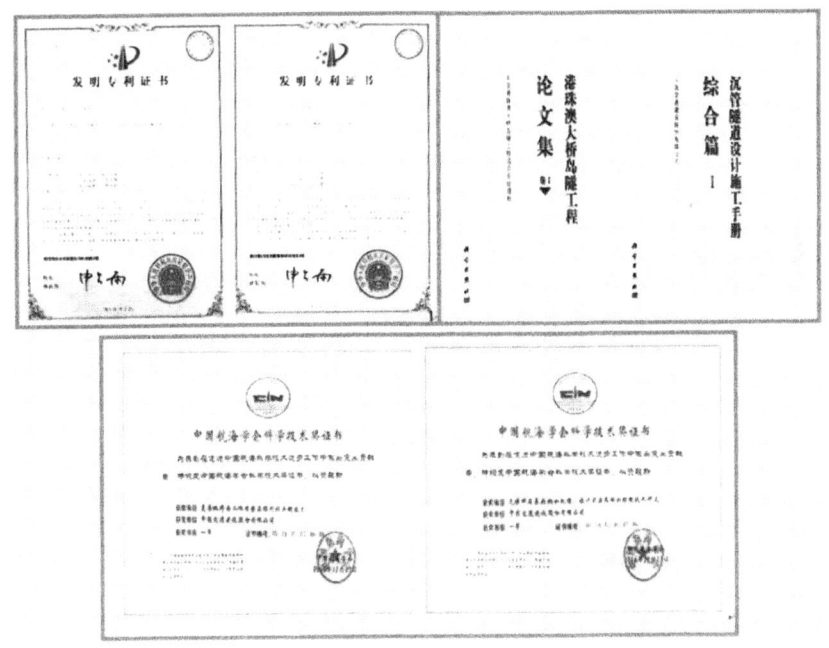

图8 科研成果与证书

（六）开展指导检查，提升档案管理水平

为规范项目文件材料归档工作，中交集团制定了《直管项目文件归档工作考核办法》，将项目档案工作纳入项目负责人业绩考核，且与效益挂钩；组织直管项目部开展档案工作自评，通过项目自评、专家初评、复核与整改，提升了项目档案管理与服务水平。

四、效果及影响

档案真实记录了工程建设管理全过程，对于提高工程标准化建设程度、创造品质工程、积累设计施工总承包管理经验发挥着积极的凭证和参考作用，为项目调整概算、结（决）算、审计工作等提供有力保障，为工程全生命周期管理和运营维护进行追本溯源提供重要的依据。

（一）强化预立卷制度，形成可推广项目档案管理经验

港珠澳大桥岛隧工程项目档案工作取得了非常好的成效，文件收集齐全，内容填写真实、准确，签字手续完备，分类准确、排列有序，获得了各级档案单位高度认可。珠海市档案局、大桥管理局、中国交建、省交通运输档案信息管理中心、国家档案局等单位调研项目档案管理情况，多次深入交流研讨经验。档案预立卷管理模式系统性强，规范化、标准化程度高，为大型项目档案管理提供了借鉴和示范。

（二）强化数字化转型，为公司高质量发展强基铸魂

目前岛隧工程基本完成档案数字化工作，上传竣工档案4081卷，移交项目档案4600余卷，精选照片、影像资料4TB，这些数字档案以不同的档案类型客观地记录了岛隧工程建设的全过程，为集团数字化档案发展、为粤港澳大湾区建设和发展、为交通强国建设提供了宝贵的资料和经验。

（三）强化影像档案制作，展现建设伟业提升国际影响力

岛隧工程建设期间拍摄大量影像资料，历年各重大节点、关键环节、重要事件、隐蔽工程完工状态均拍摄留存大量照片、视频数据，为纪录片《超级工程》《港珠澳大桥》的成功制作提供了珍贵的档案素材。其中纪录片《超级工程》国

际发行超过180个国家,创下央视纪录片国际发行纪录。

(四)强化档案与技术融合,培养出一批档案业务骨干

既能懂档案又了解技术是本项目档案管理重要目标之一。预立卷实施过程中,项目非常重视人才培养工作,通过开展专项档案业务培训、邀请专家现场指导和委外培训等举措,提升专兼职档案人员、技术人员的档案意识和业务水平;通过引入质量安全管理系统,规范档案编制质量,提升档案人员信息化管理水平和工作效率;通过各工区对标学习交流,促进各单位档案人员的专业水平的提升,积累了宝贵的档案管理经验。

(五)强化编研开发,挖掘档案价值彰显建设文化新高度

港珠澳大桥一桥飞架三地,横跨伶仃洋,连接粤港澳。它不仅作为中国的地标助推着粤港澳大湾区发展,更是作为人类桥梁工程史上的里程碑,镌刻着迄今为止人类在桥梁工程建造技术、建造标准、环保要求、管理水平上所攀越的最新高度。

为记载港珠澳大桥岛隧工程七年建设历程,利用港珠澳大桥岛隧工程项目档案资料编撰了《港珠澳大桥岛隧工程年鉴》(共十册)(图9),全面、系统记录港珠澳大桥岛隧工程的建设过程、重大事件,为各类需求人士提供最翔实资料和数据;汇集了国内外各大媒体的报道,将工程建设与社会关注融为一体,加深了大众对国家工程的认知,也丰富了年鉴类书籍的体裁。

图9 《港珠澳大桥岛隧工程年鉴》

（六）强化品牌效应，提升中国建造知名度和影响力

港珠澳大桥岛隧工程2018—2020年荣获五项国际工程大奖与一项国内创新大奖，2018年获评《美国工程新闻记录》（ENR）"全球最佳桥隧项目"和国际隧道协会（ITA）"2018年度重大工程奖"；荣获英国土木工程师学会（ICE）核心期刊《NEW CIVIL ENGINEER》（NCE）的"2018年度隧道工程奖（10亿美元以上）"，荣获国际隧道协会（ITA）"2018年度重大工程奖"；2019年荣获"第四届中国质量协会创新大赛V级最高奖"东人工岛岛上建筑设计荣获"2019年度AEC全球工程建设业卓越BIM大奖"；2020年大桥设计荣获国际桥梁工程界最高奖项"国际桥协2020年度杰出结构工程奖"（图10）。这些奖项不仅体现了中国工程的品质和质量做到了世界一流水平，体现了在土木工程行业的地位和国际影响力，更展现了从东方到西方对中国工程建设的高度关注和广泛认可，赢得了全球同行的肯定和好评，增强了我国交通工程在国际道路上的"中国自信"。

图10　三项国际大奖

案例形成单位：中国交通建设股份有限公司
案例形成人：孟庆龙、陈刚强、陈伟彬、刘月艳、黄中梅、宋莹

树丰碑，颂忠魂，历史印记永留存

——档案助力山丹马场场史馆建设

一、案例概述

中农发山丹马场有限责任公司（以下简称山丹马场）两千多年厚重的历史，积淀了丰富的文化底蕴，孕育了独一无二的"军马文化"。特别是在中华人民共和国成立后，两代牧马人爬冰卧雪、风餐露宿，为保国防养军马，凝铸了艰苦奋斗、无私奉献、勇于担当、开拓进取的"牧马人精神"。历经30多年培养的军马新品种——山丹马，1985年荣获国家级科学技术进步奖一等奖及全军科技成果奖一等奖（图1）。在军队管理50多年间，累计提供军马（骡）84866匹，民马124790匹。随着军队现代化建设水平的提高，"铁马"代替军马，山丹马场及时

图1　山丹马

调整产业结构，依托丰富的土地、草场资源和特有的冷凉气候，将山丹马场建设成为河西走廊油菜、大麦、青稞的重要产区，为国防建设和国家经济建设作出了突出贡献。为了抢救、挖掘、整理和弘扬历史文化，开启展示山丹马场历史的窗口，搭建传播"军马文化"、弘扬"牧马人精神"的平台，2009年，正值中华人民共和国成立60周年，也是山丹马场建场60周年之际，自筹资金修建了山丹军马场场史馆。

通过对大量档案历史资料的查阅，山丹马场场史馆以历史发展为脉络，以"军马文化"为依托，由厚重历史、激情创业、同心建设、聚力发展、突出贡献五部分组成，收录各类历史片375幅、实物100多件，集中采用图版、照片、实物、场景等形式，浓缩展示了山丹马场历史，客观反映了山丹马场经济、文化、党建的方方面面，填补了军马场文博事业的空白，先后被列为张掖市及国资委爱国主义教育基地。

二、实施背景

（一）社会背景

山丹马场历史可以追溯到公元前121年，西汉骠骑将军霍去病驱逐匈奴，在此屯兵牧马，直至清朝，均为皇家马场，至今已有2100多年的历史。自古就以皇家马场、官牧之地而名扬九州，中华人民共和国成立后更以国内最大的军马繁育基地、世界第一大马场而蜚声海内外，是国家首批命名的"中华老字号企业"。1949年9月21日，第一野战军遵从毛泽东主席"要完整无缺地把玉门油矿和山丹军牧场接收下来"的电令，派部队接管了山丹军牧场。70多年来，山丹马场管理体制经多次变化，前五十年基本由军队管理。2001年9月，按照党中央、国务院、中央军委印发的《关于军队保障性企业移交工作的实施意见》（中办发27号），山丹军马场整体无偿移交中国牧工商（集团）总公司管理。由于长期处于军队计划经济管理体制下，山丹马场形成了相对封闭的小社会，融入市场步履迟缓，经济不断滑落衰退，企业持续亏损，资不抵债。2009年，山丹马场实现主营业务收入11880.41万元，实现净利润-1788.04万元，企业负债率135.35%。在此困难时刻，为纪念建场60周年，追忆马场人艰苦创业的光辉历史，展示几代"牧马人"无私奉献的青春岁月，抢救山丹马场军马文化历史，展示企业形象，提高企业知名度，进一步激发广大干部职工二次创业的激情，凝心聚力走出困境，推动发展，山丹马场决定自筹资金将一处电影院改建为山丹军马场场史馆。

（二）文物收集

在场史馆筹建通知下发后，山丹马场各单位进行了广泛宣传，以查阅档案资料为主线，动员许多老干部、老党员拿出自己珍藏多年的珍贵照片、实物，共收集到能够见证马场历史变迁的实物、图片资料；特别是古老马场回到人民怀抱以后，在山丹军牧场、国营山丹牧场、总后山丹军马场、总后青（西）办军马局、兰州军区军马总场、兰后（联）马场管理局和甘肃中牧山丹马场总场等各个历史阶段，农牧工商科教文卫等各个行业特色纪念图片、实物等2000余件。主要包括以下几大类。

一是集中反映马场各个历史阶段生产经营、社会事业、改革发展、场区建设等方面的图片、文字资料，包括上级领导视察马场老照片、场区重大历史事件照片、反映场情的油印小报、画册及文件资料。

二是马场各个历史阶段农、牧、工业、科研、医疗、教育等行业，科研装备、生产用具实物，开展群众性文化活动使用的各类乐器等。

三是各个历史阶段英模人物照片、事迹、奖状、勋章等，以及投诚起义官兵、西藏转业军官、复员军人、知青、科技工作者、老一辈知识分子等各类典型人物照片、文字介绍等。

四是反映各个历史时期培育、驯养军马新品种——山丹马的珍贵历史照片，育种研究资料，鉴定验收文件，"山丹马"获奖证书、奖章等；培育"山丹马"使用的各种科研器具；军马配备的鞍具、鞍屉、镫、肚带、小勒、大勒、马鞭等物品；赛马、马术表演用具；马匹饲养用具、马民俗工艺品；老一辈牧马人荣获的奖状、勋章，放牧使用的衣物和装备等。

通过对山丹马场悠久历史及创业、建设和发展各个时期重大事件、代表人物、工作生活状况的回顾和展示，框架式、重点性地展现山丹马场走过的风雨历程和牧马人艰苦奋斗、战天斗地的豪迈精神。

三、创新做法

（一）加强基地建设，打造红色教育地标

山丹军马场场史馆展室总面积260平方米，展室门口置放三块碑石，把昔日马场建设者们的典型形象，聚合为三类不朽群体和力量的代表，分立"牧马石""军牧石"和"知青石"以示纪念。居中的牧马人纪念石背面镌刻"艰苦奋斗、无私奉献、开拓进取"的牧马人精神，成为山丹马场地标式建筑（图2）。展室场地和主题和谐统一，烘染一体，适当安排实物及造型场景，重点突出灯光效果，有效展现了山丹马场悠久的历史文化和老一辈牧马人艰苦创业的风雨历程。

图2　山丹军马场场史馆

值此建党100周年之际，为让广大党员干部在重温历史中汲取信仰力量，让"牧马人"精神代代相传，让红色文化直抵人心，进一步引导广大党员干部在深学细悟中重温党史荣光，在学史增信中传承红色基因、牢记初心使命、增强责任担当，山丹马场将场史馆基地建设作为重中之重，拟增设第六展厅，第六展厅为生态环保专题，重点反映山丹马场在祁连山生态环境保护工作中所做的工作和突出贡献，深度维护马场历史记忆，打造党史学习教育基地"强磁场"。

（二）挖掘档案资料，展现馆藏价值

为了进一步发挥档案作用，增强档案利用价值，以马场志记载为依据，按时间、事件发生的先后为序，分为历史篇（秦汉时期—1949年9月）、创业篇（1949年9月—1968年）、建设篇（1969—1996年）、改革篇（1997—2004年）、发展篇（2005年至今），山丹军马场翻阅老旧档案上百余卷千余份，将珍贵档案资料影印件12件、锦旗16幅、奖杯23个、奖牌13块，在场史馆馆内展出，重点突出聚力建设、同心发展篇，生动展现了在中国共产党的领导下，马场人民为实现经济繁荣、社会发展、前赴后继、艰苦奋斗的历史篇章，充满时代记忆和岁月痕迹。

（三）甄选场史图片，展示企业历程

回顾山丹军马场70多年风雨历程，渗透和凝结了各个群体、几代牧马人的艰辛和汗水。特别是山丹马场解放初期，面对满目疮痍、百废待兴的古老马场，来自全国各地的建设者们，以忘我的激情投身马场创业、建设的洪流，使山丹军马场告别了单一养马的历史，发展成为以农牧业为基础、牧农工贸综合经营的大型农牧企业，谱写了山丹军马场服务国防、建设家园、发展经济、造福社会的崭新篇章。从马场发展建设的历史档案资料、企业数据信息和陆续收集到的大量图片、实物中，山丹经过反复推敲、甄选，将一些具有代表意义的物件，包括建场时期地貌图文、组织机构资料、企业资质、马场建设、改革发展、转型升级、先进人物、荣誉等陈列于馆内，使场使馆成为山丹马场全体干部职工、家属以史鉴今，砥砺前行的"活教材"。

（四）加强红色宣传，发挥职能作用

1958年4月，国营山丹牧场奉命接收西藏军区转业军官（18军）574人。他们来场后，放下手中枪，扛起犁捞耙，发扬解放军一不怕苦、二不怕累、三不怕死、顽强拼搏的革命精神，奋力投身山丹军马场的建设事业，成为马场建设主要的组织领导者。20世纪50年代末期至60年代，山丹马场接收复员军人、支边青年、周边地区人员万余人，他们成为马场初期建设的中坚力量。

以建党100周年为契机，立足场史馆档案资源特色，在进一步拓宽场史馆宣传渠道、唱响红色主旋律上下功夫，坚持氛围营造在前、舆论导向在前、新闻报道在前的宣传方法，吸引各级党组织、党员干部前来参观学习，开展形式多样、内容丰富的党史学习教育，增强党员群众的知晓率、参与率，充分发挥场史馆"以史鉴今，资政育人"的功能作用，使山丹马场场史馆宣传工作提升到一个新的水平。

四、效果及影响

山丹军马场场史馆自建馆以来，接待过中央、国资委、省市县各级领导人和众多外地游客。特别是2019年8月20日，习近平总书记莅临山丹马场视察，第一站就参观了山丹军马场场史馆，更是凸显出发展不能忘历史，将场史档案挖掘好、保护好、管理好、运用好，让档案资源成为全体员工学习教育的"活教材"，传承红色基因，讲好代代牧马人故事的重要性。2021年，山丹军马场场史馆被国资委命名为首批100个中央企业爱国主义教育基地。

案例形成单位：中农发山丹马场有限责任公司
案例形成人：韩宏海、常小龙、张兰、关莹

改革开放诞大亚,核电精神耀党辉

——"博物大亚湾"档案品牌系列宣传活动

一、案例概述

大亚湾核电运营管理有限公司(以下简称运营公司)2019年创建"博物大亚湾"档案品牌系列宣传活动,2019年至2021年连续三年分别开展"博物大亚湾,致敬中华人民共和国成立70周年""博物大亚湾,珍贵手稿展——深圳特区四十周年及中广核(大亚湾核电)与特区同成长特展"和"博物大亚湾,贺建党百年——大亚湾核电庆祝中国共产党成立一百周年企业史特展"为主题的国际档案日宣传活动。通过深度挖掘档案价值、契合建党100周年、中华人民共和国成立70周年和深圳特区成立40周年等国家热点、邀请核电创业者和管理层深度参与、打造沉浸式体验等创新做法,促使"博物大亚湾"档案品牌系列宣传活动成为运营公司、集团公司乃至行业范围内颇具影响的档案宣传品牌,在践行档案人"为党管档,为国守史,为民服务"初心和使命担当方面走在时代前列,同时与党的建设和企业文化建设高度结合,取得良好的档案宣传效果。

二、实施背景

大亚湾核电站是我国第一座百万级大型商业核电站,是在党中央、国务院的正确领导和亲切关怀下,在中央各部委、广东省委、深圳市委和全国各参建单位的各级党组织的全力支持下,在改革开放的浪潮中取得的伟大成就。习近平总书记在2009年9月29日见证大亚湾核电站签订延长合营期合同时指出,大亚湾核电站自投产以来一直安全稳定运行,为香港和珠三角地区的经济社会发展和环境保护作出了贡献。大亚湾的核电创业精神蕴含于海量的档案资料中,为了深度挖掘馆藏资源历史文化价值、传承核电精神、践行核电建设初心使命,档案馆创建了"博物大亚湾"档案品牌系列宣传活动,旨在通过挖掘档案馆馆藏资源让历史说话,征集运营公司建设和运营阶段有历史意义的藏品,契合国家大事和企业发展目标进行策展,为发掘和保存中广核和大亚湾核电站历史记忆,留住中广核文化的"根",为建立大亚湾核电博物馆打下基础,为创建世界一流企业留住我们的文化基因。

三、创新做法

运营公司档案馆连续三年开展"博物大亚湾"档案品牌系列宣传活动坚持党的集中统一领导,自始至终在公司党委、部门党支部的直接领导下进行。活动始终赓续红色血脉,用党的光荣传统和优良作风坚定信念、凝聚力量,以丰富的企业史启迪智慧、砥砺品格,激励一代又一代核电人创造不负创业先辈期望,无愧于历史和人民的安全业绩。每个专题展览活动坚持精益求精和全身心投入,制定合理可行、方式新颖的策划方案。从展览选题、选材到活动策划、流程设置都精雕细琢,力求完美呈现。每年的策划方案都经过数次研讨、修改后最终确定。选题是展览的灵魂所在,每年选题都紧扣当年的宣传主题及核电相关大事,具体做法如下。

(一)征集和收集藏品,保存核电历史记忆

征集或收集大亚湾核电建设者、先行者们(包括集团首任董事长昝云龙、大亚湾核电站首任厂长濮继龙、大亚湾核电黄金人等)的老物件、老资料等珍贵历史纪录,截至2021年7月底累计收集和整理大亚湾核电建设和运营阶段有历史意义的几千件文物藏品和上万份文档藏品,为发掘和保存中广核和大亚湾核电历史记忆,留住中广核文化的"根",为建立大亚湾核电博物馆打下基础,为创建世界一流企业留住文化基因。

通过开展"博物大亚湾口述历史"档案采集活动,带动起历史参与者主动述说故事的热潮。核电前期创业先辈们携带着身边的物品,或是合营时代的章程的来历,或是当年吃饭堂使用的陶瓷碗,或是那枚小小的党章……在档案工作者聊天式的谈话中,他们打开了尘封的记录,悠悠地诉说着这段青葱岁月,在这段闲聊中,档案人员利用录音笔、录像机将这精彩瞬间载入历史。档案工作人员从以往"冷冰冰"的载体采集,转变成为挖掘文化价值、记录情感记忆,并将其与一件件物品对应关联,使老物件散发出记忆醇香,既还原了历史故事,也让新参与者触摸到历史的温度。

（二）运用前瞻的策展模式，契合热点、以线带面策划展览

大亚湾核电档案馆于2019年、2020年和2021年联合党群宣传部门，连续三年成功举办了"博物大亚湾"档案品牌系列宣传展览活动，策展人将宣传主题与国家热点（建党百年、中华人民共和国成立70年和深圳特区成立40周年）、企业目标深度契合，以时间为线，展示大亚湾、中广核乃至深圳、新中国和中国共产党的建设发展过程和成就，深度挖掘核电档案、藏品的价值。

2021年以"博物大亚湾，贺建党百年——大亚湾核电庆祝中国共产党成立一百周年特展"进行策展，展览采取展板与实物展出相结合的方式，展板设计以党建红为背景主色调，辅以大亚湾核电构筑物和厂房装饰点缀，充分说明大亚湾核电流淌着红色血液，传承着红色基因。展板内容分别以"博物大亚湾 贺建党百年——大亚湾核电庆祝中国共产党成立一百周年特展"序言、第一篇：改革开放起大潮，核电起步诞明珠、第二篇：以核养核伟战略，滚动发展迎岭澳、第三篇：安全质量双驱动，世界标杆创未来展示了大亚湾核电站在党中央的关怀和领导下，高起点起步，通过引进、消化、吸收、创新，逐步成为世界一流的核电运营企业的历程。精选展出的内容包括大亚湾核电建设发展历程重大里程碑和党中央领导对大亚湾核电站的重要指示批示精神，记录了大亚湾核电先辈们在党中央的领导下披荆斩棘、艰苦奋斗，成为核电建设的中流砥柱，肩负起发展核电、造福人类的伟大使命。传承好核电红色基因将有助于为实现"两个一百年"奋斗目标注入新的生机和活力，助力核电事业高质量发展。

（三）创新档案宣传模式，深度挖掘馆藏价值

在组织"博物大亚湾"展览的同时，配套推出老领导讲党课、制作档案宣传微视频、"我和我的老物件"摄影活动、"我和我手稿"摄影活动、书法国画体验活动、"我与历史同款"3D主题拍照等系列丰富多彩的活动，创新多种宣传方式方法。运用先进的五感体验，创建沉浸式展览（通过多种感官，听、看、触摸等进行布展）。展板与实物相结合，展览与活动相结合，静的图片与动的视频相结合，营造了沉浸式的布展空间，调动受众的主动性和参与性。展览既有精心设计的展板讲解展品背后的故事，又有实物吸引受众的目光，更有经典老视频展播的视听体验，加上员工与老物件和手稿合影摄影活动、书画家指导下参与书法绘画DIY，丰富了展览的趣味性和参与感。为档案的深度挖掘和利用提供了良好实

践,为未来档案宣传的亲民性和多样化提供了示范。

四、效果及影响

"博物大亚湾"系列展览活动先后吸引和接待了几十批次的各方参观者,超过2000人次参观展览、参加相关活动。展览被中广核大学选为2019年度"红鹭-助跑计划"标准课程内容、被集团文化周"寻根活动""家庭日"和大学生夏令营作为参观环节,被整体复制参与南国书香节、部分复制参与集团七十周年摄影展,被2020年中国核电厂防人因失误竞赛、中广核夏令营活动等选为参观项目。

2019年制作微视频作品《核电站建设项目的"法"——大亚湾核电站三大合同档案》荣获得国家档案局建设项目档案微视频制作二等奖,2021年制作的微视频作品《百年之辉耀华夏,四十余载建大亚》荣获国家档案局组织的"凝百年之辉,筑兰台之梦"为主题微视频征建设项目类优秀作品,排在20部获奖微视频首位,并在国家档案局官网展播,在全国档案行业取得较好反响。

博物大亚湾系列活动在晶报、"学习强国"、集团公司和运营公司官微进行了宣传,受到集团公司各界好评,吸引核电员工家属、中外合作伙伴、部分深圳市民参观展览,也得到中核集团核电同仁和外部档案同仁的关注和高度评价,取得了广泛、良好的社会效益,擦亮了大亚湾核电这个中国核电圣地的品牌。

案例形成单位:大亚湾核电运营管理有限责任公司
案例形成人:杨祥、黄洁萍、王志慧、郭炳杰、沈洪伟、郭晓辉